Kohlhammer

Beat Weber

Werkbuch Psalmen III

Theologie und Spiritualität des Psalters und seiner Psalmen

Verlag W. Kohlhammer

Phil Botha in Freundschaft
und dem Department of Ancient Languages
der Universität Pretoria (Südafrika) in Verbundenheit

Gesamtherstellung:
W. Kohlhammer Druckerei GmbH + Co. KG, Stuttgart
Printed in Germany

ISBN 978-3-17-018676-7

VORWORT

Die beiden bisher erschienenen Bände (2001/03) "Werkbuch Psalmen" (Wb Pss) haben eine gute Aufnahme gefunden. Mit der Erarbeitung der 150 Psalmen war das Projekt abgeschlossen. Erst ein Jahr nach Erscheinen des zweiten Bandes entstanden Überlegungen für ein Wb Pss III als Ergänzung zu den Vorgängerbänden: thematisch-theologische Querschnitte verbunden mit Aspekten einer Theologie und Spiritualität des Psalters. Bis zur vorliegenden Ausgestaltung bedurfte es mancher Überlegungen, Gespräche und Vorarbeiten. Die Durchführung zog sich, nicht zuletzt aufgrund der pfarramtlichen Haupttätigkeit des Verfassers, über einen Zeitraum von rund fünf Jahren hin. Damit sind Vor- und Nachteile verbunden: Der wiederholte Wechsel von Diensten in der Kirche als Gemeindepfarrer und als Seminardozent im Unterricht einerseits und der Arbeit am Wb Pss III andererseits hat zu einer "Erdung" beigetragen und war dem Anliegen, spirituelle und praktische Aspekte einzubringen, dienlich. Allerdings waren die zum Teil längeren Unterbrechungen für die Ausrichtung der Abschnitte auf eine Gesamtsicht hin nicht eben förderlich. Entsprechend mag man bemängeln, dass das "Werkbuch" gewisse Wiederholungen aufweist und nicht als aus einem Guss wirkt. Ein Stück weit fügt sich dies freilich zum Werkstattcharakter der Bände: Das Wb Pss ist weder ein ausgearbeiteter Psalmenkommentar (Wb Pss I/II) noch eine abgerundete Psalter- und Psalmentheologie (Wb Pss III). Es will, wissenschaftlich abgestützt, Beobachtungen und Überlegungen, Ressourcen und Bausteine liefern – vornehmlich den "Praktikern" zur Weiterverwendung in verschiedenen Diensten. Den Echos auf Wb Pss I/II von Studierenden und sogar Dozierenden an Theologischen Fakultäten und Seminaren ist zu entnehmen, dass ihnen die bisherigen Bände ebenfalls nützlich waren. Analoges erhoffe ich mir für Wb Pss III und von daher sind Studierende der Bibel und der Theologie als Zielpublikum mit einbezogen.

Der Brückenschlag zwischen Wissenschaft und Theologie auf der einen und Spiritualität und "Praxis" auf der anderen Seite ist das wesentliche Anliegen der Wb Pss. Transferleistungen zwischen hochgradig ausdifferenzierter Bibelwissenschaft (und anderen theologischen Disziplinen) und der mit Gegenwarts-, Umsetzungs- und Praxisrelevanz beschäftigten Dienste in Kirche, Schule und Gesellschaft scheinen mir nötiger denn je. In dem Sinn versteht sich das Wb Pss als Beitrag zu dem – meines Erachtens künftig vermehrt zu entwickelnden – intermediären Arbeitsbereich einer "angewandten Wissenschaft" (*applied theology*). Einige mögen sich ein stärker praxisbezogenes und anwendungsorientiertes "Werkbuch" wünschen. Tatsächlich bietet Wb Pss III (nur) die erste Wegstrecke auf dem Weg von der Psalmenforschung hin zur Psalmenanwendung für die eigene Spiritualität, im Rahmen einer Unterrichtslektion, eines seelsorglichen Gesprächs, der liturgischen oder homiletischen Gestaltung eines Gottesdienstes oder anderem mehr. Die zweite Wegstrecke wird dem Benutzer des Wb Pss anvertraut und zugemutet: die dargebotenen Hinweise für die jeweiligen Erlebens- und Handlungsfelder situativ zu bedenken, auszuwählen, den Stoff zu "portionieren" und zu adaptieren. Die kursiv gesetzte Inhaltsübersicht vor jedem Hauptteil und die Register (Stellen und Begriffe) sollen als Arbeitshilfen dafür den Zugang erleichtern. Für Un- oder Nichtmehr-Kundige des Bibelhebräischen wurde in Wb Pss III auf die Verwendung hebräischer Schriftzeichen verzichtet. Wo angebracht, werden hebräische und griechische Begriffe in (vereinfachter) Umschrift und mit Übersetzung angeführt. Um wissenschaftlichen Standards zu genügen und zur vertieften Beschäftigung werden gegenüber Wb Pss I/II neu Literaturhinweise angeführt. Vor jedem Hauptkapitel findet sich eine Literaturzusammenstellung (ohne Untertitel) im Hinblick auf die nachfolgenden Erörterungen. Insbesondere sind Beiträge aufgeführt, die zitiert werden und für die Ausarbeitung wegleitend waren. Zudem sind eigene Studien angezeigt, die als "Vorarbeiten" für das Wb Pss III entstanden sind und bei Bedarf konsultiert werden können. Weit über die bibliographischen Angaben hinaus sind über die Jahre dabei Einsichten und Überlegungen vieler literarischer und persönlicher Gesprächspartner aus Wissenschaft und Kirche in die Ausführungen eingeflossen. Das Literaturverzeichnis am Schluss trägt in den von Wb Pss I/II gewohnten Rubriken (in I. 3. zur Erleichterung neu mit vorangestellten Psalmangaben) die seit ungefähr 2003 (Wb Pss II) erschienene Literatur nach.

Am Schluss steht der Dank an viele, die mich beraten oder auf diesem Unternehmen begleitet und so zu dessen Gelingen beigetragen haben. Prof. Dr. Peter Wick (Bochum) und Prof. Dr. Bernd Janowski (Tübingen) haben mir bei der Konzeption Hilfestellungen gegeben. Letzterer hat mir auch ermöglicht, am Tübinger Theologicum in vorzüglichem Umfeld arbeiten zu können. Daraus ergaben sich kollegiale Kontakte zu Mitarbeitenden an seinem Lehrstuhl und darüber hinaus. Dank gebührt insbesondere auch dem "Department of Ancient Languages" innerhalb der geisteswissenschaftlichen Fakultät der Universität von Pretoria (Südafrika). Dort wurde ich als *research associate* akkreditiert, durfte mehrere Forschungsaufenthalte verbringen und konnte Teile dieser Arbeit fertigstellen. Die Verbindung von exegetisch-theologischer Arbeit, persönlicher Spiritualität und kirchlichem Dienst hat mich bei den südafrikanischen Kollegen beeindruckt. Dem gesamten Department, insbesondere Prof. Dr. Phil Botha, der mir zum Freund geworden ist, sei dieser Band gewidmet. Ohne meine Arbeitgeber, die ihren Pfarrersleuten nach zehn Dienstjahren einen Studienurlaub gewähren, wäre dieses Buch kaum zustande gekommen. Zu danken habe ich ferner all denen, die Korrekturlesungen übernommen haben: Pfr. i.R. Lic. theol. Reinhard Fritsche, Pfr. i.R. Dr. Edgar Kellenberger, Lic. theol. Mathis Sieber und Pfr. Dr. Torsten Uhlig. Meine Frau Sonja M. Weber-Lehnherr hat mir vieles in Haus und Beruf abgenommen und mir so den Rücken frei gehalten für die geliebte Arbeit an der Bibel. Über allem steht die Treue Gottes, die mich – wie die Menschen in den Psalmen mit ihren Gebeten – durch Tiefen und Höhen getragen hat. Mit der im Blick auf meinen Namen doppelsinnigen (lateinischen) Psaltereröffnung sei es gesagt: *Beatus vir!*

Linden BE (Schweiz), im Juli 2010 Beat Weber

P.S.: Hinweise jeder Art nehme ich – wie schon zu Wb Pss I/II – auch zu Wb Pss III unter weber-lehnherr@sunrise.ch wiederum gerne entgegen.

INHALTSVERZEICHNIS

ABKÜRZUNGEN

Was die Abkürzungen bei bibliographischen Angaben (Zeitschriften, Buchreihen etc.) angeht, richten sich diese nach S.M. SCHWERTNER, Internationales Abkürzungsverzeichnis für Theologie und Grenzgebiete (IATG²), Berlin – New York ²1992 bzw. S.M. SCHWERTNER, Theologische Realenzyklopädie. Abkürzungsverzeichnis, Berlin – New York, NY ²1994 oder: Abkürzungen Theologie und Religionswissenschaften nach RGG⁴ (UTB 2868), Tübingen 2007.

I. Abkürzungen der biblischen Bücher und Umschriften

Gen Ex Lev Num Dtn Jos Ri Rut 1. Sam 2. Sam 1. Kön 2. Kön 1. Chr 2. Chr Esr Neh Est Hi Ps Spr Koh Hld Jes Jer Klgl Ez Dan Hos Jo Am Obd Jon Mi Nah Hab Zeph Hag Sach Mal

Mt(Ev) Mk Lk Joh Apg Röm 1. Kor 2. Kor Gal Eph Phil Kol 1. Thess 2. Thess 1. Tim 2. Tim Tit Phlm Hebr Jak 1. Petr 2. Petr 1. Joh 2. Joh 3. Joh Jud Offb

Hebräische Konsonanten: *' b g d h w z ch th j k l m n s ' p(h) tz q r sh/sch t*
Hebräische Vokale (*schwa, chateph-Laute und patach furtivum* = hochgestellt, Längen ansonsten nicht differenziert): *a e i o u*
Griechische Buchstaben: *a b g d e z ä th i k l m n x o p r s t ü ph ch ps oh (spiritus asper = h)*

II. Abkürzungen weiterer Schriften

1./2. Makk	1./2. Buch der Makkabäer
bBB	Babylonischer Talmud: Traktat Baba Bathra
mMid	Mischna-Traktat Middot
mPes	Mischna-Traktat Pesachim
mSuk	Mischna-Traktat Sukka
mTaan	Mischna-Traktat Ta'anit
mTam	Mischna-Traktat Tamid
MTeh	Midrasch Tehillim (Psalmen)
PsSal	Psalmen Salomos

Q	Qumran-Handschrift (die Ziffer davor bezeichnet die jeweilige Höhle, die Nummern bzw. Abkürzungen danach das Fragment und die Stelle[n] darin)
(Prol)Sir	(Prolog zu) Jesus Sirach
Weish	Weisheit

III. Übrige Abkürzungen

Adj	Adjektiv
äg.	ägyptisch
AK	Afformativkonjugation ("Perfekt")
Akrost.	(alphabetisches) Akrostichon
Art.	Artikel
AT	Altes Testament
atl.	alttestamentlich
bibl.	biblisch
bzw.	beziehungsweise
christl.	christlich
d.h.	das heisst
dt.	deutsch
ebd.	ebenda
Ed.	Editor(en), Herausgeber (für nicht deutschsprachige Titel)
EG	(Deutsches) Evangelisches Gesangbuch (Stammteil)
EG-West	EG für die evang. Kirchen (reformierter Prägung) des Westbundes
eigtl.	eigentlich
engl.	englisch
etc.	et cetera (und so weiter)
etw.	etwas
evang.	evangelisch
evang.-ref.	evangelisch-reformiert
evtl.	eventuell
f	femininum
f.	folgender (Vers)
ff.	folgende (Verse)
FS	Festschrift
Frag.	Fragment(e)
franz.	französisch
G	griechische Textüberlieferung
griech.	griechisch
hebr.	hebräisch
hi	hiph'il (H- bzw. Kausativ-Stamm)
Hrsg.	Herausgeber

Impt	Imperativ
Inf	Infinitiv
inkl.	inklusiv(e)
Jh.	Jahrhundert
jüd.	jüdisch
Koh	Kohortativ
Kol.	Kolumne(n)
koll	kollektiv
lat.	lateinisch
LXX	Septuaginta (griechische Übersetzung des ATs)
LXX.D	Septuaginta Deutsch (griechisches AT in deutscher Übersetzung)
MT	masoretische (hebräische) Textüberlieferung
m	maskulinum
m.E.	meines Erachtens
m.W.	meines Wissens
Ms(s)	Handschrift(en)
n.Chr.	(Jahr) nach Christus
ni	niph'al (N-Stamm)
NT	Neues Testament
ntl.	neutestamentlich
o.ä.	oder ähnlich
P	(grammatikalische) Person
par	Parallele(n), Parallelstelle(n)
pi	pi'el (D[oppelungs]-Stamm)
PK	Präformativkonjugation ("Imperfekt")
pl	plural
Präp	Präposition
proph.	prophetisch
Ptz	Partizip
qal	Grundstamm des Verbs
R	Refrain oder Rahmen
rabb.	rabbinisch
ref.	reformiert
RG	Gesangbuch der Evang.-ref. Kirchen der deutschsprachigen Schweiz
s.	siehe
sg	singular
sog.	sogenannt
s.o.	siehe oben
s.u.	siehe unten
Suff	Suffix
syr.	syrisch
theol.	theologisch
u.a.	unter anderem
u.a.m.	und andere(s) mehr
u.ä.	und ähnliche(s)

Übers. — (alte) Übersetzung(en), Übersetzer(in)

u.ö. — und öfters

u.s.w. — und so weiter

u.U. — unter Umständen

V. — Vers (um der Klarheit willen; oft einfach Verszahl ohne V.)

v.a. — vor allem

v.Chr. — (Jahr) vor Christus

vgl. — vergleiche

w — Konjugation w^e ("und")

Wb Pss — Werkbuch Psalmen

weish. — weisheitlich

wiss. — wissenschaftlich

z.B. — zum Beispiel

z.T. — zum Teil

(?) — Unsicherheit in der Übersetzung (unklare Vorlage oder Textverderbnis)

I, II, III — Stanzen oder Strophen (poetische Textbausteine)

… — Weitergehender Text (Auslassung)

(…) — "wörtliche" Textbedeutung

[…] — sinngemässe Ergänzung oder Einklammerung innerhalb runder Klammern

// — Markierung der Verszeilen-Trennung innerhalb eines Verses

| — Abtrennung von Einheiten

|| — parallel zu

– — bis

+ — und

= — gleich, identisch

≠ — ungleich, nicht identisch

=> / <= — in Beziehung zu

<=> — gegensätzlich zu

* — Der angegebene Textumfang (z.B. Ps 2–89*) enthält Ausnahmen

1

VORÜBERLEGUNGEN

Am Anfang stehen Überlegungen zum "Einstichpunkt" bei der Beschäftigung mit den Psalmen. Daran schliessen sich grundlegende, das Verstehen leitende Bemerkungen über Perspektiven und "Stimmen" im Umgang mit dem Psalter und seinen Psalmen an. Es folgen Überlegungen zu zwei Problemfeldern, die es bei der Verwendung der Psalmen in modernen bzw. christlichen Kontexten zu beachten gilt: ihre Abständigkeit sowie ihre Israelbezogenheit. Die Vorüberlegungen schliessen mit knappen Hinweisen zum Standort des Verfassers sowie einem Blick auf die Gliederung des Wb Pss III.

I. Psalmenwahl und Psaltertheologie

BADER G., Psalterspiel (HUTh 54), Tübingen 2009 • BRUEGGEMANN W., The Message of the Psalms, Minneapolis, MN 1984 • CREACH J.F.D., The Destiny of the Righteous in the Psalms, St. Louis, MO 2008 • JANOWSKI B., Konfliktgespräche mit Gott, Neukirchen-Vluyn ³2009 (2003) • KÖNIG J., Die Theologie der Psalmen, Freiburg i.Br. 1857 • KRAUS H.-J., Theologie der Psalmen (BKAT XV/3), Neukirchen-Vluyn ²1989 (1979) • KURTZ J.H., Zur Theologie der Psalmen, Dorpat 1865 • MAYS J.L. The Lord Reigns, Louisville, KY 1994 • MITCHELL D.C., The Message of the Psalter (JSOT.S 252), Sheffield 1997 • SPIECKERMANN H., Heilsgegenwart (FRLANT 148), Göttingen 1989.

1. Einen Psalm auswählen!?

Ein Buch liest man in der Regel vom Anfang bis zum Schluss. Bei den Psalmen geschieht das meist anders: Einer kranken Person im Spitalbett geht das Wort durch den Kopf: "Der HERR ist mein Hirte ..."; sie ruft sich Ps 23 in Erinnerung oder nimmt eine Bibelausgabe zur Hand, um ihn betend zu lesen und daraus Zuversicht zu schöpfen. Ein an Gott und an der Gerechtigkeit im Leben zweifelnder Mann stösst in der Bibel blätternd auf Ps 73 und findet sich durch dessen Worte verstanden und aufgehoben. Eine Pfarrerin wählt Ps 130 für ihre Abdankungsrede, um anhand dieses Psalms das Leben der verstorbenen Person zu bedenken und der Trauergemeinde Gottes Trost und Beistand zu verkünden. Ein Poet lässt sich von einem Psalm zu einer Nachdichtung inspirieren oder komponiert ein "neues Lied". Ein Posaunenchor sieht im Lobpreis Gottes seine Berufung und interpretiert seine musikalische Tätigkeit im Licht von Ps 150.

Diese Beispiele lassen sich leicht vermehren. Sie sind Ausdruck dafür, wie Lebens- und Verkündigungssituationen, existentielle Betroffenheit u.a.m. beeinflussen, *was* und *wie* von der Bibel (in unserem Fall: den Psalmen) *wo* und *wozu* aufgenommen, bedacht und weitergegeben wird. Dabei zeigt die Erfahrung, dass man bei den Psalmen – mehr als bei anderen (bibl.) Büchern – anscheinend fast beliebig mit Hören bzw. Lesen anfangen kann. Die Besonderheit der Psalmen äussert sich also einerseits darin, dass es sich innerhalb des Buchs um eingegrenzte Einheiten handelt, andererseits, dass sich mit ihnen eine Vielfalt von Einstiegsoptionen, Zugängen und Verstehensweisen verbinden lässt. Nicht nur wer die Psalmen liest, bedenkt und nachbetet, steht vor der Wahl, sondern auch solche, die in kirchlichen und anderen Diensten Psalmen verwenden. Sie suchen verwendungsorientiert nach einem passenden Psalmtext für ein seelsorgliches Gespräch, eine Unterrichtslektion, eine gottesdienstliche Lesung, eine Predigt, eine Kasualrede u.a.m.

Neben diesem "Einzelgebrauch" lädt der Psalter ein, ihn als Buch wahrzunehmen und entsprechend mit Ps 1 zu beginnen und das Psalmenbuch von Ps 1 bis Ps 150 (wiederholt) zu "durchwandern". Es handelt sich bei ihm nämlich um keine "Lose-Blatt-Sammlung", sondern um ein Buch innerhalb des Grossbuchs "Heilige Schrift". Dieser Hör- und Leseweise kommt ein besonderer Rang und eine spezielle Verheissung zu. Der Psalter als Buch ist der "privilegierte Kontext" (Georg Steins) der einzelnen Psalmen. Zu einem solchen "ganzheitlichen Zugang" führt der Psalter selbst hin, wie bereits die ersten beiden Verse (Ps 1,1–2) deutlich machen. Mit ihm verbindet sich das Versprechen – gemäss dem dritten Vers des Psalters (Ps 1,3) – von üppigem und gelingendem Leben, in Gemeinschaft mit Gott und seinem Volk. Aus diesem Grund behandelt Wb Pss III nicht nur Gattungen und Themen der einzelnen *Psalmen*, sondern legt besonderes Gewicht auf die dem *Psalter* als ganzem Buch eingeschriebene Theologie und Spiritualität.

2. Eine Psalmen- oder eine Psaltertheologie gestalten?!

Günter BADER (Psalterspiel, 1–42) bedenkt die in obiger Überschrift angezeigte Fragestellung mit Abschnittstiteln, die zwei Aussagen machen und eine Frage stellen: "1. Es gibt keine Theologie des Psalters", "2. Es gibt eine Theologie der Psalmen" und "3. Kann es eine Theologie des Psalters geben?". Seine "Skizze einer Theologie des Psalters" fasst er in das sinnige Wort "Psalterspiel" (s.u.). Mit diesen Stichworten sind Möglichkeiten und Unmöglichkeiten, Grenzen und Chancen des Unternehmens, nicht nur jeden Psalm für sich zu betrachten, sondern eine wie auch immer geartete "Zusammenschau" der Psalmen vorzunehmen, abgesteckt. Mit ihrer Vielzahl an Gestalten und thematischen Aspekten bilden die Psalmen das AT im Kleinen ab. Entsprechend liegt eine Gefahr beim Fortschreiten von der Exegese zur Theologie darin, die Vielgestaltigkeit in ein "Korsett" – wie immer dieses auch geschnürt wird – zu pressen. So ist das Fragmentarische dem Unternehmen gleichsam eingestiftet. Der Problemhorizont, der sich unter kanonhermeneutischem Bewusstsein in jüngerer Zeit verstärkt stellt (und von Bader diskutiert wird), lässt sich in die Fragestellungen fassen: Ist eine Theologie der Psalmen oder eine Theologie des Psalters sachgemäss? Oder beides? Gibt es überhaupt eine Differenz? Wenn ja: Worin besteht sie?

Angesichts dieser Herausforderungen überrascht es nicht, dass sich bisher relativ wenige an ein derartiges Unterfangen herangewagt haben. Heute kaum mehr bekannt ist "Die Theologie der Psalmen" des Freiburger katholischen Alttestamentlers Joseph KÖNIG aus der Mitte des vorletzten Jahrhunderts. Er verstand die Psalmen als Lehr- und Offenbarungsquellen und ordnet den Stoff anhand dogmatischer *loci* unter die Hauptteile "Lehre von Gott" und "Lehre von der Creatur". Ähnliches gilt vom einige Jahre später erschienenen Werk "Zur Theologie der Psalmen" des lutherischen, im Baltikum lehrenden Theologen Johann Heinrich KURTZ. Er beschränkte sich darauf, wichtige Momente einer Psalmentheologie darzustellen und schreibt: "Nach der heilsgeschichtlichen Seite hin beabsichtigen wir den messianischen Gehalt, nach der religiösethischen Seite hin aber die Vergeltungslehre, die Selbstgerechtigkeitsäußerungen und die anstößigen Imprecationen der Psalmen zur Betrachtung, Erläuterung und Würdigung herbeizuziehen." (ebd., 5) Die vor gut dreissig Jahren verfasste (auch in engl. Übers. vorliegende) "Theologie der Psalmen" des Alttestamentlers und Systematikers Hans-Joachim KRAUS ist dagegen gut bekannt – nicht zuletzt aufgrund der Tatsache, dass sie als Begleitband zu dem zweibändigen Psalmenkommentar in der renommierten Reihe "Biblischer Kommentar Altes Testament" (BKAT) erschienen ist. In sammelnder Art gliedert er darin den Stoff thematisch unter sieben Paragraphen, angefangen bei "Der Gott Israels" (§ 1.) bis "Die Psalmen im Neuen Testament" (§ 7.). Rund zehn Jahre später (1989) hat Hermann SPIECKERMANN mit seinem Buch "Heilsgegenwart" eine anders akzentuierte "Theologie der Psalmen" – so der Untertitel – vorgelegt. Er konzentriert sich in seiner Abhandlung auf eine Auswahl von Psalmen. Als Gemeinsamkeit bestimmt er deren Ausprägung als Jerusalemer Tempeltheologie mit ihrem thronenden Königsgott. In ihr äussert sich der *Deus praesens*; es geht – wie der Titel anzeigt – um "Heilsgegenwart". Da sich bei den Psalmen Theologie und Anthropologie stark durchdringen, ist auch die Psalmenanthropologie von Bernd JANOWKSI anzuführen. Sie trägt den Titel "Konfliktgespräche mit Gott", ist auf individuelle Bitt- und Dankgebete fokussiert und verbindet Textarbeit mit anthropologischen Themenbereichen.[1] Ein kurzer Blick noch in den engl. Sprachraum, wo einige Werke vorliegen, die zumindest Teilaspekte einer Psalmen- bzw. Psaltertheologie darbieten: Walter BRUEGGEMANN hat in "The Message of the Psalms" diese in das heuristische Ablaufparadigma "Psalms of Orientation" (Schöpfung, Tora, Weisheit), "Psalms of Disorientation" (Klagepsalmen) und "Psalms of New Orientation" (Danklieder und Hymnen) eingeordnet. David MITCHELL, "The Message of the Psalter", sieht im Psalmenbuch eine eschatologische Orientierung eingeschrieben. James Luther MAYS stellt sein theologisches Handbuch zu den Psalmen unter den Titel "The Lord Reigns" und sieht in der Königsherrschaft JHWHs das Zentrum des Psalters. Sein Schüler Jerome CREACH beurteilt dagegen nicht die Königsherrschaft Gottes als primäres Thema des Psalmenbuchs, sondern stellt dieses unter den programmatischen Titel: "The Destiny of the Righteous in the Psalms". Gegenüber den genannten, von Alttestamentlern verfassten Studien geht der Systematiker Günter BADER mit seinem "Psalterspiel" einen eigenen Weg. Er bringt – unter Bedingungen der Modernität – alte Dimensionen dieses bibl. Buchs in neuer Weise "ins Spiel". In reflexiver Tiefsinnigkeit wie theologiegeschichtlicher Breite bezieht er die "Psalterkünste" ein und bedenkt den Psalter entsprechend als Bildpsalter ("Ikonik"), Musikpsalter ("Musik") und Wortpsalter ("Poetik"). "Name" (Gott) und "Wiederholung" sind nach ihm die Kräfte, die im Innersten Psaltertheologie wirken: "Psalter ist das Spiel, das entsteht, sobald eine der Psalterkünste oder mehrere zusammen an den Namen rühren." (ebd., 418) Das hier vorgelegte Wb Pss III schliesslich entnimmt der Psalmen-Ouvertüre (Ps 1–3) die Programmatik einer Psaltertheologie und -spiritualität im Sinne einer Verbindung von Weisheit, Königsherrschaft und Gebet (vgl. dazu 2).

[1] Ein von der Deutschen Forschungsgemeinschaft (DFG) unterstütztes und von Frank-Lothar Hossfeld geleitetes Projekt "Theologie des Psalters" ist derzeit am Laufen (dazu http://www.ktf.uni-bonn.de/Einrichtungen/alttestamentliches-seminar/projekt-psalter-1, eingesehen am 17.V.2010).

BADER (ebd., 13) hat Recht: "Die Theologie der Psalmen weist über sich hinaus. Theologie des Psalters ist mehr. Dort einzelne Psalmen; hier der Psalter als Buch. Der Psalter verlangt eine geordnete Gestalt anstelle von zufälliger Anhäufung, Einheit anstelle von Vielheit." Wie im Untertitel von Wb Pss III angezeigt, verbinden sich Vorgehen, Inhalt und Anliegen mit zwei Wortpaaren. Mit "Theologie" ist ein reflektierendes wie strukturierendes Moment gegeben; mit "Spiritualität" – man könnte auch das alte Wort "Frömmigkeit" verwenden – ist angezeigt, dass das Bibelbuch und seine Inhalte auf die Begegnung mit Gott, die Ausrichtung auf sein Wort und gelingendes Leben aus sind. Entsprechend soll dies aufgenommen und die Rezeption nicht auf das vernunftgeleitete Verstehen allein reduziert werden. Schliesslich zeigt die Wortfügung "Psalter und seine Psalmen" an, dass sowohl eine auf das Buch als *Einheit* bezogene "Theologie und Spiritualität des Psalters" als auch eine auf die Einzelpsalmen in ihrer *Vielheit* bezogene "Theologie und Spiritualität der Psalmen" angezielt wird. Mit der Reihenfolge ist, kanonhermeneutisch begründet, die Vorordnung der Ganzheit (Psalter) vor den Teilen (Psalmen) ausgedrückt.

II. Hermeneutische Bemerkungen und theologische Positionierungen

BALLHORN E., Zur Pragmatik des Psalters als eschatologisches Lehrbuch und Identitätsbuch Israels, in: A. GERHARDS u.a. (Hrsg.), Identität durch Gebet, Paderborn 2003, 241–259 • BADER G., Psalterspiel (HUTh 54), Tübingen 2009 • BALLHORN E., Kontext wird Text, BiLi 77 (2004) 161–170 • BRAULIK G., Rezeptionsästhetik, kanonische Intertextualität und unsere Meditation des Psalters, in: G. BRAULIK / N. LOHFINK, Liturgie und Bibel (ÖBS 28), Frankfurt a.M. 2005, 523–547 • GOULDER M.D., The Psalms of the Sons of Korah (JSOT.S 20), Sheffield 1982 • JANOWSKI B., Konfliktgespräche mit Gott, Neukirchen-Vluyn ³2009 (2003) • SEYBOLD K., Die Psalmen (HAT I/15), Tübingen 1996 • WEBER B., Psalm 77 und sein Umfeld (BBB 103), Weinheim 1995 • WEBER B., Von der Psaltergenese zur Psaltertheologie, in: E. ZENGER (Ed.), The Composition of the Book of Psalms (BEThL 238), Leuven 2010, 733–744.

1. Blickrichtungen und Stimmen

Die in Wb Pss III dargebotenen Ausführungen verstehen sich als "angewandte Wissenschaft" (*applied theology*) und wollen Einsichten der gegenwärtigen Psalmenforschung (primär) für den Dienst der Kirche fruchtbar machen. Es geht um die Bereitstellung von "Verstehensräumen" mit dem Ziel, dass die alten Texte ihr bleibendes Wort in neuen Zeiten aktuell und wirkkräftig zu sprechen vermögen. Das Geschehen selbst bleibt allerdings der Machbarkeit entzogen und damit unverfügbar. Von daher ist von "Verstehensräumen" die Rede. Dabei sollen zunächst die Blickrichtungen und die involvierten "Stimmen" bedacht werden.

A) Blickrichtungen

Im Wb Pss III kommt eine zweifache Perspektive zum Tragen: Zum einen werden unter begrifflichen, thematischen, situativen wie funktionalen Gemeinsamkeiten einzelne

Psalmen oder Psalmgruppen zusammengestellt und erörtert. Dies ist die bisher vorherrschende Methodik, eine Theologie der Psalmen oder zumindest Bausteine einer solchen zu erarbeiten. Eine solche Sicht- bzw. Darstellungsweise kommt schwerpunktmässig im Hauptkapitel [3] zur Anwendung.

Die zweite Optik ist gegenläufig zur ersten. Sie sammelt und bedenkt nicht gemeinsame Phänomene einzelner Psalmen, sondern richtet ihren Blick aufs Ganze und von dort her zurück auf seine Teile. Es geht um Gestalt und Gehalt des Buchs als Teil des Kanons der Heiligen Schrift(en). Zu diesem Ansatz einer Psaltertheologie haben jüngere Entwicklungen innerhalb der Psalmenforschung beigetragen. Sie führten zu einer Neueinschätzung und -gewichtung der finalen Textgestalt und zum (neuerlichen) Ernstnehmen ihrer normativen Geltung. Unter Aufnahme literaturwissenschaftlicher und kommunikationstheoretischer Überlegungen wurde die wechselseitige Verknüpfung zwischen den autoritativen Schriften und den sie überliefernden respektive aus ihnen lebenden Glaubensgemeinschaften (Israel und die Kirche) ins Blickfeld gerückt. Die im Psalter anvisierten Hörenden und Meditierenden sind weniger Einzelpersonen als ein Kollektiv, das als "hermeneutische Gemeinschaft" die Psalmen empfängt, deutet und aus ihnen lebt. Die Stichworte dieser Forschungsrichtung lauten "vom Einzeltext (Psalm) zum Gesamttext (Psalmenbuch/Bibelkanon)" und "vom Verfasser über den Text zum Hörer/Leser" (vgl. BRAULIK, Rezeptionsästhetik, 523–528). Die Formulierungen machen deutlich, dass auch dieser Neuansatz in den Bahnen historisch-genetischen Verstehens verbleibt. Er soll durch eine Optik ergänzt werden, die sich auf den Leitsatz bringen lässt: "Von der Psaltergenese zur Psaltertheologie" (dazu [7] IV. und WEBER, Psaltergenese). Damit wird eine kanontheologische Sichtweise in Anschlag gebracht, die nicht den End-, sondern den Ausgangspunkt beim Ganzen des Psalters nimmt und die einzelnen Psalmen dezidiert als seine Teile akzentuiert. Der Endpunkt der Buchkomposition ist nämlich der Anfangspunkt theologischen Verstehens. Diese psaltertheologische Optik kommt in den Hauptkapiteln [2] und [6] sowie teils auch in [4] und [5] zum Tragen.

B) Stimmen

Psalter und Psalmen haben eine Nähe zum "Gespräch" bzw. lassen sich als Gesprächsausschnitte verstehen. Ihre Interpretation vollzieht sich entsprechend in Gesprächen über Gespräche. Gegenüber anderen Bibelbüchern und -texten gilt dies verstärkt, zumal im Text selbst "Stimmen", die in Kommunikationen eintreten, hörbar werden. Die Psalmen vermitteln ein zutiefst dialogisches Geschehen und involvieren darin ihre Hörer bzw. Leser. Ein Blick auf die wichtigsten Kommunikations- und Interpretationsdimensionen soll dies verdeutlichen.

Psalmen sind vertextete Reden. In ihnen artikuliert sich zumindest *ein* sprechendes "Ich" oder "Wir". Öfters sind in einem Psalm verschiedene Stimmen von unterschiedlichen Personen(gruppen) zu vernehmen, die in positiven oder negativen Konstellationen zueinander stehen bzw. treten. Die Träger dieser Stimmen, ihre sozio-religiöse Situation, werden freilich meist nur konturenhaft ansichtig. Eine dieser Stimmen ist JHWH, der Gott Israels. Er tritt in den Psalmen eher selten als Sprechender auf (Prophetie); ungleich häufiger wird er von einem sprechenden "Ich"/"Wir" angerufen (*invocatio Dei*), werden ihm in "Du"-Reden Sachverhalte vorgetragen (Gebet) oder wird in "Er"-Rede über ihn gesprochen (vgl. dazu detailliert unter [3] IV. 4.).

Nicht mehr direkt auf der Textebene, aber noch auf der Ebene der Einzelpsalmen ist das Gebet von Menschen bzw. einer Gemeinschaft *mit* den Psalmen anzusiedeln. Möglicherweise bereits bei der Entstehung, definitiv aber bei der Wiederverwendung von Psalmen sind das (nach)sprechende "Ich" oder "Wir" des Psalms nicht identisch mit deren Verfasser. Dabei kommen Identifizierungsvorgänge zum Tragen, wo sich "neue" Stimmen in "alten" Stimmen wiederfinden, diese sich zu eigen machen und in alten Worten neue Anliegen vor Gott (aus)tragen. Solches gilt für das alte Israel wie für die jüd. und christl. Gemeinde bis heute. Auch was "Gott" betrifft, finden neue Verstehens-, Identifizierungs- und Adressierungsprozesse statt. Die Psalmen laden über die Zeiten hinweg zum Gespräch mit ihm ein. Dabei ist es aber nicht mehr nur der im Text genannte, "damalige" Gott JHWH, sondern zugleich der als je gegenwärtig Angeredete und Aufgerufene. Gottes Sein und Tun akzentuiert sich, über das im konkreten Psalm von ihm Genannte hinaus, für die ihn Nachsprechenden aufgrund von Aussagen und Erfahrungen aus Bibel, Geschichte und Gegenwart.

Auf der Ebene von Psalter und Bibelkanon treten weitere "Stimmen" hinzu und kommen neue Dialoge zustande. Mit der Einfügung der Psalmen in ein Buch treten die einzelnen Psalmen in ein "Gespräch" untereinander: mit ihren "Nachbarn", dann auch in ihren Teilgruppen, Teilbüchern und darüber hinaus. In diesen Dialog der Psalmen im Psalter werden auch die ihn Betenden, Meditierenden, Auslegenden mit involviert. Im kanonisch-intertextuellen Gespräch von Psalter und Psalmen mit anderen bibl. Texten und Büchern weitet sich der Gesprächsraum dann nochmals. Je nach Grenzziehung und Umfang des Kanons normativer Schriften – bei den Juden die hebr. Bibel (und der Talmud), bei den Christen das AT und das NT – sind diese Dialoge unterschiedlich strukturiert.

In Zuwendung zu Psalter und Psalmen sind wir als Gemeinde wie Einzelne demnach beteiligt an einem Identität stiftenden und erhaltenden Dialog mit der grossen Zahl derer, die vor und mit uns Gleiches getan haben und demselben Gott begegnet sind. Den Psalmen ist gleichsam – so könnte man Umberto Ecos Dreifachoptik von *intentio auctoris, intentio operis* und *intentio(nes) lectoris* ergänzen – eine *intentio communicationis* eigen. Sie zielt auf eine Vielzahl von vergemeinschaftenden Dialogen und Identifikationen und ist verbunden mit der Verheissung, Menschen ins Gespräch mit dem lebendigen Gott und Gott ins Gespräch mit Menschen zu bringen – damit das Leben gelingen kann und Gott geehrt wird. Auch ohne Zugehörigkeit zu einer Glaubensgemeinschaft oder aus nicht-religiösen Gründen, z.B. aus Interesse an den Psalmen als hoher Literatur, kann und darf man sich den Texten zuwenden und in einen Dialog mit ihnen treten. Bei einer solchen Leseperspektive *allein* wird man sich aber bewusst sein müssen, dass dies weder die von den jüd. und christl. Glaubensgemeinschaften noch v.a. die vom Psalter selbst nahe gelegte Rezeptionsweise ist – wie schon der Eröffnungspsalm deutlich macht (vgl. [2] I.).

C) Fazit: Multiperspektivität und Dialogizität

Michael GOULDER (Psalms, 1) schreibt: "The oldest commentary on the meaning of the psalms is the manner of their arrangement in the Psalter." Er macht damit deutlich, dass die Buchgestalt "Psalter" und die Platzierung der Psalmen darin theol. Deutungen mittragen. Die kanonisch gewordene Psalmenreihenfolge im (hebr.) Buch Psalter als Teil der Heiligen Schrift Alten und Neuen Testaments dient als Leitperspektive für das

Wb Pss III. Darüber hinaus werden als Zweitperspektive begriffliche, thematische und theol. Querschnitte vorgenommen. Diese duale Optik lässt sich mit den Stichworten "Kontext" (Kanonhorizont) und "Kategorie" (Themen- und Funktionshorizonte) benennen. Mit ihr verbunden ist eine multiple Dialogizität als Charakteristikum von Psalmen und Psalter als (Gebets-)Rede(n). Multiperspektivität und Dialogizität öffnen weite Felder von Neuvertextungen und Gesprächsangeboten. Psalmen kommen aus Dialogen und wollen zu neuen hinführen; sie machen "dialogfähig". Derartige Vielfältigkeit ist nicht mit Beliebigkeit und einer "Selbstbedienungsmentalität" gleichzusetzen. Denn es zeigt sich, dass im Psalter auch Abweisungen von Stimmen und Abbruch von Dialog ihren Platz haben. Gegenüber heutigen "Selbstentwürfen" entfaltet sich im Psalter ein "Gottesentwurf". In ihm werden wir zur Gottesbegegnung wie zu sozialer Gerechtigkeit und gelingendem Ergehen geleitet.

2. Problemanzeigen und Vorentscheidungen

A) Über-setzungen

Die mit dem Wb Pss III angestrebte "Über-setzung" altorientalischer Texte, wie die Psalmen es sind, in heutige (post)moderne Gegebenheiten wirft Fragen nach der Legitimität der hermeneutischen Transferbewegungen auf. Ein Kollege hat eine der involvierten Problematiken einmal auf folgende Frage zugespitzt: Wie verhalten sich die in den Psalmen angesprochenen Feinde (Israels) zu meinen heutigen Widersachern oder gar zu meinem "inneren Schweinehund"? Die Beantwortung dieser und ähnlicher Fragen führt zu einer doppelten Aufgabe: einerseits die Aussagen der Psalmen in ihrer Abständigkeit wahrzunehmen und nicht zu vereinnahmen und andererseits sie zugleich in solchem Masse als aktuell zu erweisen – damit sie in unsere so ganz andere Zeit ihr Wort zu sagen und dieses mit unserem Leben zu verbinden vermögen. Für diesen hermeneutischen Brückenschlag ist der Heilige Geist gleicherweise vonnöten wie verheissen: seine Potenz, unterschiedliche (Kon-)Texte zu "vergleichzeitigen", der Schrift als Gotteswort ihre Wirkmächtigkeit zu verleihen und sie im Leben der Gemeinde Gestalt werden zu lassen.

Ein weiterer Problemhorizont ergibt sich angesichts der unterschiedlichen Glaubensgemeinschaften mit ihren jeweiligen Leseperspektiven. Die überliefernden Grössen Israel bzw. das Judentum und die Kirche(n) mit ihren hermeneutischen Verstehensschlüsseln lassen sich nicht einfach ausblenden. Israel als Gottesvolk gebührt das "Erstlingsrecht": Erstbeteiligter, Erstadressat, Erstempfänger (auch) des Psalters. Dass sich daraus nicht der Anspruch auf "Alleinbesitz" ableiten lässt, deuten universale Aussagen in den Psalmen selbst an. Als Kirche aus den Nationen, die ihre Wurzeln selbst im Judentum hat, sind uns die Psalmen von Israel überkommen und sind als Christen "Zweitempfänger". Als Gotteswort teilen wir sie mit dem Judentum. Diese Sekundarität und damit verbunden die "Gnade der späteren Geburt" muss in der Kirche – entgegen Tendenzen, den Juden ihre Bibel zu "enteignen" – dankbar bezeugt werden und bewahrt bleiben. Zugleich kommt die Kirche nicht umhin, die Psalmen im Licht von Jesus Christus *auch* als ihr ureigenstes Gotteswort zu betrachten. Die in den Kirchen zu aller Zeit verwendete, wenngleich je unterschiedlich akzentuierte christologische (und ekklesiologische) Interpretation der Psalmen hat ihr *grundsätzliches* wie bleibendes Recht, allein schon aufgrund der auf Jesus bezogenen Deutung der Psalmen in den

Schriften des NTs. Darüber hinaus ist der hebr. und noch mehr der griech. *Psalter selbst* – ich formuliere zurückhaltend – (auch) auf eine messianische Deutung hin angelegt. Dass auch andere Deutungszugänge zu den Psalmen ihr Recht haben und nicht jede christologische Auslegung adäquat ist, soll freilich nicht bestritten werden. Von daher scheint mir legitim und angebracht, den Psalter rückblickend vom NT und dem Christusgeschehen her ("christologisch") zu lesen, als auch in umgekehrter, historisch-theologisch akzentuierter Blickrichtung den Psalter nach seinen Eigenaussagen im Horizont des ATs zu befragen und von dort aus ins NT zu blicken. Die beiden Sichtweisen – die erste wird stärker von der Kirche, die zweite von der wiss. Theologie (jedenfalls westlicher Prägung) vertreten – können sich m.E. ergänzen.

B) Standort

Zum Anspruch wiss. Verantwortbarkeit in postmodernem Kontext gehört die Einsicht, dass Aussagen nicht einfach Objektivität beanspruchen können, sondern Stückwerkcharakter haben und durch subjektive Gegebenheiten mitbestimmt sind. Einiges davon ist bereits angeklungen. Ergänzend dazu seien einige Worte zu Standort und "Sitz" der Psalmen im Leben des Verfassers der Wb Pss angesprochen (vgl. auch Wb Pss I, 5).

Meine Beschäftigung mit den Psalmen hatte einen akademischen Auslöser: die Teilnahme an einem Psalmenseminar an der Theologischen Fakultät der Universität Basel in den späten 80er Jahren des letzten Jahrhunderts. Daraus ergab sich ein Doktorat (WEBER, Psalm 77) verbunden mit der assistierenden Mitwirkung am Psalmenprojekt des Doktorvaters, dessen Ertrag im Kommentar der Reihe "Handbuch zum Alten Testament" vorliegt (SEYBOLD, Psalmen). Letzteres wiederum bot die Vorarbeit zu meinen Wb Pss I/II, welche nach Abschluss der Forschungsassistenz im Pfarramt geschrieben wurden. Seither ist mir die eigenständige Bedeutung des Buchs zunehmend wichtig geworden. Als besonderes Vorrecht betrachte ich es, dass in all diesen Jahren akademische Beschäftigung, pfarramtliche Dienste und spirituelle Erfahrungen zusammen kamen und sich wechselseitig bereicherten. Von daher verdankt sich das Wb Pss III einem integrativen Ansatz, der die (oft noch übliche) strikte Trennung zwischen akademischem und glaubensmässig-kirchlichem Umgang überbrücken möchte.

Bei allem Lernen von andern Traditionen bringt die eigene Geschichte und Biographie neben Reichtum auch Beschränkungen mit sich. Als in der Schweiz aufgewachsener und hier lebender Mann (mit Jahrgang 1955), der wiss. Bildung und westlichen Lebensstandard geniessen konnte, aber auch Gefährdungen des Lebens (u.a. mit unserer schwerbehinderten ältesten Tochter) und des Zeitgeistes ausgesetzt war und ist, werde ich die Psalmen bei allem Bemühen um Ausgewogenheit anders lesen und auslegen als eine Frau in Afrika, die neben der Erziehung ihrer Kinder noch hart körperlich arbeiten muss, um ihre Familie einigermassen durchzubringen. Und als evangelisch-reformierter Pfarrer der Berner Kirche mit freikirchlich-täuferischen Wurzeln gehe ich auch anders mit den Psalmen um als ein orthodoxer Priester der Ostkirche oder der Leiter einer charismatischen Gemeinde in Südamerika. Das mögen Selbstverständlichkeiten sein; sie seien gleichwohl genannt und damit bewusst gemacht. In dem Sinn möchte das Wb Pss III auch in ein Gespräch über die Psalmen mit Menschen aus unterschiedlichen Lebenszusammenhängen treten.

III. Aufbau

Wb Pss III beginnt nach diesen Vorüberlegungen aufgrund der Leitoptik auf den Psalter als Buch in Teil 2 mit einer Grundlegung der Psaltertheologie. Es soll dabei aufgewiesen werden, dass diese der Psalter-Ouvertüre Ps 1–3 programmatisch eingeschrieben ist. Entsprechend wird das hermeneutisch-theologische Programm des Psalters anhand der drei Eröffnungspsalmen skizziert.

In den Teilen 3 bis 5 wird dieses Programm entfaltet, und zwar in umgekehrter Reihenfolge zu den Eröffnungspsalmen. Im Hauptteil 3 geht es zunächst weniger um Psaltertheologie (Buch), sondern um Psalmentheologie (Synthese von Einzeltexten und ihren Themen). Eingewiesen von Ps 3 werden Dimensionen des Betens und Singens mit den Psalmen erkundet und deren "liturgische" Aspekte gewürdigt. Die einzelnen Abschnitte sind nach begrifflichen, thematischen und funktionalen Gesichtspunkten strukturiert. In den folgenden Kapiteln steht dann die Psaltertheologie im Vordergrund: Im Hauptteil 4 werden von Ps 2 herkommend die Königs- und JHWH-Königs-Psalmen bedacht und Aspekte der Herrschaft Gottes und seines Messias entwickelt. Auch die proph. Dimension des Psalters wird erörtert. In 5 heissen die Leitworte "Weisheit" und "Wegweisung" (Tora). Ausgehend von Ps 1 und der Tatsache, dass sich weish. Kreise für die Gestaltung des Psalters als Buch verantwortlich zeichneten, werden die Weisheits- und Tora-Psalmen und ihr Stellenwert im Blick auf die Lesung des Gesamtpsalters bedacht. Schliesslich wird gezeigt, dass der Psalter nicht nur einen programmatischen Anfang, sondern auch einen ebensolchen Ausgang aufweist: Im Hauptteil 6 richtet sich der Blick darauf, wie der Psalter die auf ihn Hörenden entlässt und was dies für sein Verständnis bedeutet. Der das Buch beschliessende Hauptteil 7 bietet Bündelungen, Vertiefungen und Kontextuierungen. Wesentliche Merkmale und Stationen der Psalmen und des Psalters in Geschichte, Theologie und praktischer Spiritualität werden erörtert und nachgezeichnet.

2

DER PSALTER-EINGANG ALS LESEANLEITUNG

Wie jedes biblische Buch legt auch der Psalter nahe, vom Anfang bis zum Ende auf ihn zu hören bzw. ihn zu lesen (Fortlesung). In der Regel gibt der "Buchverfasser" (Autor, Redaktion) dabei Hinweise, in welcher Absicht er schreibt und in welcher Richtung er die Äusserungen verstanden haben möchte (Lesesteuerung). Dies ist auch beim Psalter der Fall: In dessen Ouvertüre, die nicht nur die beiden ersten, sondern die drei ersten Psalmen umfasst, werden Verstehenshinweise mitgegeben und Charakteristika angezeigt, die für das Buch insgesamt bedeutsam sind. Ihnen wird in diesem zweiten Hauptteil nachgegangen. Zunächst wird jeder der drei Eröffnungspsalmen einzeln und anschliessend die Bucheröffnung als Ganzes betrachtet. Dabei geht es weniger um das Verständnis der Psalmen für sich (dazu Wb Pss I)[1]*, als um deren Funktion als "Einweisung" in den Psalter. Die Psalterouvertüre Ps 1–3 eröffnet den das Buch bestimmenden Dreiklang an Theologie und Spiritualität: Weisheit und Wegweisung (Ps 1) – Königsherrschaft und Prophetie (Ps 2) – Beten und Singen (Ps 3).*

I. Psalm 1: Wegweisung

CREACH J.F.D., The Destiny of the Righteous in the Psalms, St. Louis, MO 2008 • JANOWSKI B., Die »Kleine Biblia«, in: E. ZENGER (Hrsg.), Der Psalter in Judentum und Christentum (HBS 18), Freiburg i.Br. 1998, 381–420 • STICHER C., Die Rettung der Guten durch die Selbstzerstörung des Bösen (BBB 137), Berlin 2002 • WEBER B., Psalm 1 and Its Function as a Directive into the Psalter and towards a Biblical Theology, OTE 19 (2006) 237–260 • WEBER B., Der Beitrag von Psalm 1 zu einer "Theologie der Schrift", JETh 20 (2006) 83–113 • WEBER B., Psalm 1 als Tor zur Tora JHWHs, SJOT 21 (2007) 179–200 • WEBER B., "HERR, wie viele sind geworden meine Bedränger ..." (Ps 3,2a), in: E. BALLHORN / G. STEINS (Hrsg.), Der Bibelkanon in der Bibelauslegung, Stuttgart 2007, 231–251 • WEBER B., Mit den Psalmen leben, in: W. HAUBECK / W. HEINRICHS (Hrsg.), Geistlich leben (Theologische Impulse 15), Witten 2007, 46–72 • WEBER B., Makarismus und Eulogie im Psalter, OTE 21 (2008) 193–218 • WEBER B., "Dann wird er sein wie ein Baum ..." (Psalm 1,3), OTE 23 (2010), im Druck • WEBER B., Von der Psaltergenese zur Psaltertheologie, in: E. ZENGER (Ed.), The Composition of the Book of Psalms (BEThL 238), Leuven 2010, 733–744.

[1] Gegenüber den Übersetzungen und Gliederungen der Psalmen in Wb Pss I/II wurden in Wb Pss III einige Modifikationen vorgenommen, die sich durch Einsichten bei der Weiterarbeit an den Psalmen aufgedrängt haben. Zudem sind in Wb Pss III bei den Psalmstrukturen aus praktischen Gründen Vereinfachungen vorgenommen worden (Reduzierung auf Hauptgliederungen).

1. Psalm 1[2]

1,1 Glückpreisungen dem Mann, der
nicht geht in einer Gemeinschaft von Frevlern
und auf einen Weg von Sündern nicht tritt
und an einem Sitz von Spöttern nicht sitzt,
2 sondern an der Wegweisung ("Tora") des HERRN seine Lust hat
und in seiner Wegweisung murmelnd sinnt bei Tag und Nacht!
3 Dann wird er sein wie ein Baum, (ein)gepflanzt an Wasserrinnen,
der seine Frucht bringen wird zu seiner Zeit,
und sein Laub wird nicht welken.
Ja, in allem, was immer er tut, wird er Gelingen erfahren.

4 Nicht so die Frevler;
sondern wie die Spreu sind sie,
die verwehen wird ein Wind.
5 Deshalb: Nicht aufzustehen vermögen Frevler im Gericht
und Sünder in einer Versammlung von Gerechten.

6 Gewiss, kennend ist der HERR den Weg von Gerechten,
aber der Weg von Frevlern wird sich verlieren.

2. Wegweisung

A) "Tora" als Schlüsselwort und Psalm 1 als Januskopf

"Tora" = "Wegweisung"[3] lautet das Schlüsselwort von Ps 1. Es ist das Leitkonzept, unter das der Psalter gestellt wird. Das hebr. Wort *tora* bezeichnet die mündliche (Unter-)Weisung, die (später) in die Gestalt autoritativer Verschriftung überführt wurde. Die ausgedrückte Tätigkeit wie der vermittelte Inhalt führen in den Kontext der "Pädagogik" Israels (Familie, Volk). Dabei durchläuft das Bedeutungsspektrum von "Tora" Stadien und weitet sich aus. Es dient zur Bezeichnung der legislativen Bestimmungen in den Mose-Büchern und steht schliesslich für diese insgesamt (Tora = Pentateuch). Die in Ps 1 vorliegende Wendung "die Tora JHWHs" meint die Gesamtbekundung des Willens Gottes und bezieht über den Pentateuch hinaus weitere autoritative Schriften mit ein (vgl. WEBER, Beitrag, 87–89).

Die "Wegweisung" wird uns, von Ps 1 ausgehend, den "Weg" durch den Psalter führen und diesen selbst als "Wegweisung" verstehen lernen. Zunächst jedoch verweist "Tora" nicht *in*, sondern *vor* den Psalter (vgl. WEBER, Beitrag, 86–95). Der Psalter nimmt seinen Anfang nämlich nicht bei sich selbst, sondern hat ihn ausser bzw. vor sich. Es gibt ihn, weil es *vor ihm* – zeitlich (Geschichte) wie "örtlich" (Kanonteile) verstanden – autoritative Schriften gibt. Den Psalter als Buch haben wir nicht isoliert, sondern nur *zusammen mit* den Kanonteilen "Tora" (Mosebücher) und "Nebiim" (Prophetenbücher, d.h. im hebr. Kanon: Jos bis Mal). Am Psaltereingang befinden wir uns da-

[2] Zum Psalm selbst vgl. WEBER, Function.

[3] "Tora" wird hier mit "Wegweisung" übersetzt – zum einen, weil der "Weg"-Begriff für Ps 1 charakteristisch ist (V. 1.6), zum anderen, weil dadurch ausgedrückt wird, dass die "Tora" bzw. das "Gotteswort" auf einen Weg einweisen und mitnehmen will. Die Übersetzung "Gesetz" (engl. *law*) wird gemieden, weil sie missverständliche Assoziationen weckt (Legalismus) und damit auf eine falsche Fährte führt.

mit an einer kanontheologischen Scharnierstelle: Ps 1 ist Tor zwischen einem "Aussenraum" (Tora + Nebiim) und einem "Innenraum" (Psalter). Oder anders formuliert: Ps 1 hat wie das Haupt des Janus ein Doppelgesicht: Er blickt zurück und schliesst den Psalter an die autoritativen Schriften "Tora und Nebiim" an (Andockungsfunktion). Zugleich blickt er nach vorne, in das Buch Psalter hinein und leitet an zu dessen Verstehen (Einweisungsfunktion).

a) Rückbindung

Zur Wahrnehmung der Intertextualität bedarf es des genauen Hinhörens. Aus der Zahl der Anspielungen in Ps 1 im Sinn von Rückverweisen auf Tora und Nebiim sollen einige Beispiele genügen (dazu ausführlicher WEBER, Beitrag; WEBER, Tor). Zuvorderst – aufgrund seiner Wichtigkeit und Verbreitung – steht das bekannte *sch^ema' jishra'el*, der "Schlüsseltext zum Glaubenlernen" (Norbert Lohfink). Die für Ps 1,1–2 relevante Passage lautet (Dtn 6,4–7):

> 6,4 Höre, Israel: Der HERR ist unser Gott – der HERR einzig! 5 Und du sollst lieben den HERRN, deinen Gott, mit deinem ganzen Herzen, mit deiner ganzen Seele und mit deiner ganzen Kraft. 6 Und es sollen diese Worte, die ich dir heute gebiete, auf deinem Herzen sein. 7 Und du sollst sie deinen Kindern wiederholt vorsprechen, und du sollst über sie reden: bei deinem Sitzen in deinem Haus, bei deinem Gehen auf dem Weg und bei deinem Niederlegen und bei deinem Aufstehen.

"Die Tora" und die von ihr abgeleiteten Bestimmungen (vgl. Dtn 4,44; 6,1) sind gegenwärtig zu halten und weiterzugeben. Dtn 6,7 bestimmt dies anhand von vier Verhaltensweisen aus dem Alltag: Das erste Paar (Sitzen im Haus/Gehen auf dem Weg) umspannt den Lebensraum und meint "überall", das zweite (Niederlegen/Aufstehen) die (Tages-)Zeit und steht für "jederzeit". Letzterem entspricht die Aussage von Ps 1,2, das Gotteswort "bei Tag und Nacht" sich zu vergegenwärtigen. Drei der vier Verhaltensweisen von Dtn 6,7 erscheinen in Ps 1,1 negativ abgewandelt. Sie sind als *Nicht*-Verhalten akzentuiert und haben eine ethische Einfärbung. Diese Dreiheit erweist sich als Kehrseite der ebenfalls dreifachen Formulierung der Gottesliebe in Dtn 6,5. Der Rückbezug von Ps 1 auf Dtn 6 lässt sich folgendermassen ausdeuten: Der Ganzheit der Gottzuwendung entspricht die Meidung einer Vergemeinschaftung mit Verhaltensweisen, die dieser abträglich sind. Sie erfordert die ganzheitliche und stetige Zuwendung zur "Wegweisung JHWHs". Damit werden Gottesliebe (Dtn 6) und "Lust" am Gotteswort (Ps 1) in eine wechselseitige Beziehung gebracht: Es sind die beiden Seiten *derselben* Münze.

Deutlicher noch als der Rückbezug zu Dtn 6,7 ist der Anschluss von Ps 1,1–3 (v.a. V. 2) auf das Eröffnungskapitel des Kanonteils Nebiim (Jos 1). Im Vordergrund stehen Jos 1,7–8, wo Gott zu Josua die folgenden Worte spricht:

> 1,7 Nur sei stark und sehr mutig, zu bewahren, zu tun gemäss der ganzen Wegweisung, welche dir geboten hat Mose, mein Knecht. Nicht sollst du abweichen von ihr, weder rechts noch links, damit du zu Erfolg gelangen wirst in allem, worin du wandelst. 8 Nicht weichen soll das Buch dieser Wegweisung von deinem Munde, dass du murmelnd sinnst in ihm bei Tag und Nacht, damit du bewahren wirst, zu tun gemäss allem Geschriebenem in ihm; denn dann wirst du Gelingen erfahren auf deinem Weg, und dann wirst du zu Erfolg gelangen.

Gott verpflichtet Josua, den Nachfolger Moses – und mit ihm in der Buchgestalt alle weiteren "Nachfolger" –, auf die nun schriftlich ("Buch") vorliegende Tora. In diese Fussstapfen tretend preist der Sprechende von Ps 1 glücklich, wer dieser Aufforderung nachkommt, und zwar mit und durch das Nachsinnen (*h-g-h* "murmelnd sinnen" Jos 1,8; Ps 1,2) des Psalters als Gottes Wegweisung. Besondere Beachtung verdient die "Drehscheibe"-Funktion: Im kanonischen Kontext verweist Jos 1 zurück auf das Ende der Mose-Bücher (vgl. Dtn 31,6–8; 34,9). Zugleich wird das Buch Josua und mit ihm die gesamten Prophetenbücher (Nebiim) eröffnet und dergestalt unter eine Leitaussage gestellt. Hat Jos 1 im Blick auf den Kanonteil der "Nebiim" ein "Doppelgesicht", so Ps 1 im Blick auf den Psalter. Damit schliesst Ps 1 den Psalter an die Prophetenbücher an und mit ihnen zusammen zugleich auch an die Mose-Bücher.

Nach dem Bezug auf Jos 1 aus den "vorderen Propheten" (Jos–Kön) soll noch eine Passage aus den "Hinteren Propheten", den Schriftpropheten (Jes–Mal), in den Blick genommen werden. Es handelt sich um die Fluch-Segen-Sequenz in Jer 17,5–9, aus der wir Jer 17,7–8 als Wort, an das sich Ps 1,1.3 anlehnt, herausgreifen:

> 17,7 Gesegnet der (starke) Mann, der auf den HERRN vertraut, ja, der HERR wird sein Vertrauen sein. 8 Dann wird er sein wie ein Baum, (ein)gepflanzt an Wassern, ja, an einen Wasserlauf wird er strecken seine Wurzeln; und er fürchtet sich nicht, wenn Hitze kommt, vielmehr wird sein Laub üppig sein; und in einem Jahr der Dürre wird er nicht in Sorge sein, ja, nicht wird er ablassen, Frucht zu tragen.

Die Gegenüberstellung von Fluchwort (Jer 17,5–6) und Segensspruch (Jer 17,7–8) findet ihr Abbild in Ps 1 durch die Polarität zwischen "Frevlern" und dem/den "Gerechten". Wird das Bildwort vom "Baum" in Jer 17 mit dem Motiv des JHWH-Vertrauens verbunden, so dasjenige in Ps 1 mit der Meditierung der JHWH-Tora. Aufgrund der Intertextualität wird eine Verschränkung beider Momente nahegelegt: Beziehungsorientierung (JHWH vertrauen) und Schriftorientierung (die Wegweisung JHWHs murmelnd sinnen) bedingen sich wechselseitig. Darüber hinaus zielt die Hereinholung von Jer 17 in Ps 1 auf eine Verbindung von (Tora-)Weisheit und Prophetie. Sie trägt dazu bei, zwei grosse bibl. Aussagebereiche miteinander in Beziehung zu setzen und den Psalter als "prophetisch" auszuweisen (vgl. auch die vorangestellte Botenformel in Jer 17,5: "So spricht JHWH: ...").

b) Einweisung

Das mit Ps 1 angestossene Verständnis des Psalters als weish. Wegweisung wird in 5 näher zu entfalten sein. Von daher genügen an dieser Stelle einige Hinweise zur Einweisungsfunktion von Ps 1 in den Psalter. Wir konzentrieren uns auf den "Baum"-Vergleich. Wurde zuvor aufgewiesen, wie sich mit ihm ein Anschluss an eine Prophetenstelle (Jer 17,8) ergibt (s.o.), so ist nun darzulegen, dass mit diesem Bildwort zugleich eine Spur eröffnet wird, die im Laufe des Buches aufgenommen und variiert wird. Hierzu seien die beiden deutlichsten Passagen, Ps 52,10 und Ps 92,8.13–16, aufgeführt, auf welche Ps 1,3 zuläuft:

52,10 Ich aber bin wie ein üppiger Ölbaum im Hause Gottes;
vertraut habe ich auf die Gnade Gottes immer und ewig.

92,8 Immer wenn Frevler sprossten wie Kraut
und blühten alle Übeltäter,
[dann nur,] dass sie vertilgt würden für immer. ...

13 Der Gerechte wird wie die Palme sprossen,
wie eine Zeder im Libanon wird er emporwachsen.
14 Als (Ein-)Gepflanzte im Hause des HERRN,
in den Vorhöfen unseres Gottes werden sie zum Sprossen gebracht.
15 Noch gedeihen werden sie im Greisenalter,
saftig und üppig werden sie sein.
16 Um zu verkünden: "Geradlinig ist der HERR,
mein Fels, und kein Unrecht ist an ihm."

Wie Ps 1,3 vergleichen diese beiden, später im Buch erscheinenden Psalmpassagen den Gerechten mit einem gut gedeihenden Baum, der als Ölbaum respektive Palme und Zeder eine konkrete Gestalt bekommt. Vereindeutigt wird auch der Standort: Ist in Ps 1 die Beheimatung des Baums am (Jerusalemer) Tempel via Ez 47,12 lediglich angedeutet, so ist dieser in den Belegen aus den Teilbüchern II (Ps 52) und IV (Ps 92) konkretisiert und ausgestaltet. In Ps 52 kommt das Moment des Gottvertrauens zum Tragen, das in Ps 1 nicht erwähnt ist, wohl aber im Bezugstext Jer 17,7 eine Rolle spielt (s.o.). Deutlicher als in Ps 52 wird in Ps 92 wie in Ps 1 (und Jer 17) eine Gegenüberstellung zwischen Gerechten und Frevlern formuliert. Dabei steht in Ps 92,8 das Frevler-Wort voran; vergleichbar mit der "Spreu" in Ps 1 ist "Kraut" hier Sinnbild für Vergänglichkeit und Bedeutungslosigkeit. Gegenüber der "natürlichen" Vegetationsabfolge "Wasser" => "Laub" => "Frucht" (vgl. Jer 17,8) betonen Ps 1,3 (vgl. Ez 47,12) und noch stärker Ps 92,14f. die anhaltende Vegetation (immergrünes Laub, Üppigkeit). Die "Frucht" bleibt unerwähnt bzw. wird – unter Verlassen der Metaphorik – im Schlussvers (Ps 92,16) in der Bezeugung der Gottesgerechtigkeit am Ende eines langen und erfüllten Lebens greifbar.

B) Psalm 1,2 als "Herz"-Wort und Programm der Psalterlektüre

Der zweizeilige Vers Ps 1,2 steht in der Mitte der ersten Stanze (Ps 1,1–3), die denjenigen beglückwünscht, der – in Gegenüberstellung zu den "Frevlern" – zu den "Gerechten" (Ps 1,5–6) gerechnet wird. Er lautet:

1,2 ... sondern [der] an der Wegweisung des HERRN (*b^etorat jhwh*) seine Lust hat (*chephtzo*)
und in seiner Wegweisung murmelnd sinnt (*ub^etorato jehgeh*) bei Tag und Nacht!

Mit der Platzierung in der Mitte des Hauptteils (Stanze I) ist auch eine theologische und spirituelle "Mitte" signalisiert. Der Vers kann als "Herz"-Wort des Psalms bezeichnet werden und leitet an zum rechten Umgang mit dem Psalter. Entsprechend verdient er sorgfältige Beachtung und ausführliche Erläuterung.

a) Glückpreisungen

Bei Ps 1,(1–)2 handelt es sich weder um eine Aussage noch eine Aufforderung, sondern um eine (weish. geprägte) Glückpreisung. Diese Eingangsadressierung schillert zwischen Zuspruch und Anspruch. Sie bestärkt, ermutigt, fordert heraus und vermag entsprechend unterschiedliche Motivierungsimpulse auszulösen. Die Glücksbeschreibung zielt auf das Leben insgesamt: Wer so handelt, dem wird "Seligkeit" und – wie Ps 1,3 nachher ausführt – gelingendes Leben zuteil. Damit begrüsst Ps 1 seine Hörer/Leser und weist sie in doppelter Weise ein: in rechtes Verhalten zu gelingendem Leben und in die geöffnete Schrift(rolle), um durch sie Wegweisung zu empfangen und zu bewahren.

Kanontheologisch wird mit *'aschre* "Glückpreisungen ...", dem allerersten Wort des Psalters, an das im Rahmen des Pentateuchs von Mose zuletzt gesprochene Wort in Dtn 33,29 angeknüpft (vgl. WEBER, Tor, 186f.):

> 33,29 Glückpreisungen dir (*'aschreka*), Israel! Wer ist wie du?! Ein Volk, gerettet durch den HERRN, dem Schild deiner Hilfe, und der das Schwert deiner Hoheit ist! So dass dir unterwürfig Ehre bezeugen müssen deine Feinde, du aber auf ihre Höhen trittst.

Mose "versiegelt" damit den an Israel mit seinen zwölf Stämmen gerichteten Segen (vgl. Dtn 33,1). Es ist dies nicht nur sein letztes Wort, sondern die einzige Seligpreisung, die wir aus Moses Mund (und im Pentateuch überhaupt) zu hören bekommen. Analog zu dieser Mose-Seligpreisung eröffnet der Psalter und nimmt mosaische Autorität und Akzentuierung (Tora-Weisheit) mit in das Buch hinein: Moses testamentarischer Segen und die abschliessende Glückpreisung werden denen, die sich dem Psalter zuwenden, in Erinnerung gerufen; in Verbindung mit der Ausrichtung auf Gottes Wille und Wort (Tora JHWHs) werden sie seines Segens teilhaftig. Durch die "Israel"-Nennung in Dtn 33,29 kommt in Ps 1 hinter den je einzelnen "Gerechten" und ihrer Gemeinschaft das Gottesvolk als Adressat in den Blick: Die sich auf Gottes Wegweisung ausrichten, sind das wahre Israel. Dieser Gottesvolk-Bezug wird durch die zweite Seligpreisung am Ende von Ps 2 gestützt und verstärkt (Ps 2,12). Wer den Psalter meditiert, steht unter dem Segen des Gottesvolkes und gehört ihm zu.

Weish. Glückpreisung und göttlicher Segen stehen also am Anfang. Und beide Momente begleiten die Psalter-Meditierenden und -Betenden durch das gesamte Buch hindurch. Immer wieder, besonders an Nahtstellen des Psalters, werden Glückpreisung (*'aschre*) und Segen (*b-r-k/b^e^raka*) laut – mit inhaltlich variierten Zuordnungen und Aussagen (mehr dazu unter 5 III. 2., vgl. auch WEBER, Makarismus). Damit wird ein Grundton angestimmt, der als *ostinato* die verschiedenen "Melodien" begleitet und grundiert. Er zieht sich hin bis zu Ps 144, wo – wie beim abschliessenden Mose-Segen (Dtn 33) – nochmals beides zusammen erklingt: Der im Psalm sprechende David eröffnet mit einer Benediktion (Ps 144,1) und schliesst mit einem (doppelten) Makarismus (Ps 144,15, nachklingend in Ps 146,5):

> 144,1 Zugehörig David.
>
> Gepriesen (*baruk*) sei der HERR, mein Fels,
> der Lehrer meiner Hände zum Kampf,
> meiner Finger zum Streit! ...
>
> 15 Glückpreisungen (*'aschre*) dem Volk, um welches es so steht,
> Glückpreisungen (*'aschre*) dem Volk, dessen Gott der HERR ist!

b) Einverleibung

Mit dem Vollzug des murmelnden (Nach-)Sinnens der Wegweisung JHWHs befinden wir uns im Zentrum dessen, was Psalter-Spiritualität ausmacht. Die Wendung "die Wegweisung JHWHs" legt nämlich nahe, *auch* den Psalter als autoritative Belehrung, als Ausdruck von Gottes Willen und Wort zu verstehen. Das verwendete Verb *h-g-h* "murmelnd sinnen" spricht von der *Weise*, wie der Psalter als Gotteswort angeeignet werden will. Es verweist auf den Atem und damit auf das sprachfähige Geschöpf, das in Beziehung zum Schöpfer und seiner Tora steht. Das Verb dient an dieser Stelle (wie in Jos 1,8) als Fachausdruck für das Aus- bzw. Inwendiglernen. Solches geschieht durch halblautes (murmelndes) Vor-sich-Hersagen (mehr auf das Ohr als wie beim [stillen] Lesen auf das Auge bezogen) und schliesst Momente des Repetierens, Memorierens und Meditierens ein. Das Ziel ist die Aneignung, die "Einverleibung" des Gotteswillens, und daraus die Transformation in fruchtbare Existenz und gelingendes Leben gemäss Ps 1,3. Die Verbform und insbesondere die Zeitangabe "bei Tag und Nacht" (Merismus mit der Bedeutung "allezeit") sprechen von einer andauernden, intensiven Beschäftigung mit dem belehrenden Gotteswort.

Derartiges "murmelndes Sinnen" ist ausgerichtet auf eine zweifache Form der Aufnahme und Verinnerlichung des Psalters (vgl. 7 III. 4.): einerseits durch Fortlesung (*lectio continua [narrativa]*), andererseits durch Wiederholung (*lectio repetitiva [poetica]*). Die Gestalt des Psalters als Abfolge bzw. Verkettung einzelner Psalmen legt eine Fortlesung nahe, also einen Durchgang durch den Psalter von Ps 1 bis Ps 150. Die einzelnen Psalmen in ihrer verspoetischen Form hingegen bedürfen einer zirkulären Erschliessung bzw. wiederholten Lesung, um den eingelagerten Sinnreichtum zu heben. Wiederholte Rezeption verbunden mit Memorierung erfordert freilich auch das Buch *insgesamt*, ansonsten sind seine Bedeutungstiefe und die Vielzahl zwischentextlicher Vernetzungen nicht zu erfassen (vgl. WEBER, Psaltergenese). Mit dem stetigen murmelnden Sinnen mit und über dem Wort ist also die Fortlesung durch den Psalter wie die Wiederholung der einzelnen Psalmen und des Psalters insgesamt angezielt. Dadurch kommt eine Vergegenwärtigung des Gottesworts im Gedächtnis zustande. Sie ist Ausdruck der Gottesliebe und vermag das Leben des Gottesvolkes zu prägen und eine "Gegenkultur" gegenüber der Vielzahl anderer Stimmen (vgl. Ps 1,1) zu etablieren.

Eine derartige Einverleibung des Psalters wird nicht ohne Anstrengung, Verpflichtung und Übung zu gewinnen sein. Glücklich gepriesen wird aber keine Handlung aus Pflicht, sondern ein "lust-voller" Umgang mit dem Gotteswort. Mit "Lust" bzw. "Wohlgefallen" (Ps 1,2) ist Freude und Befriedigung zum Ausdruck gebracht. Zu den mit der Memorierung verbundenen Momenten des Denkens und Wollens tritt damit ein emotiver Aspekt und führt zu einem ganzheitlichen Geschehen. Es geht weder um einen "Wissenszugriff", der den Psalter in die Verfügungsgewalt des Menschen brächte, noch ist eine Aufspaltung von "Erkennen/Wissen" einerseits und "Handeln" andererseits im Blick. Vielmehr wird eine frei gewählte, mit "Lust" verbundene, ganzheitliche Hinwendung zur Wegweisung JHWHs als Ausdruck der Liebe zu Gott – wie der Bezug zum *sch^{e}ma' jishra'el* (Dtn 6,4ff.) deutlich macht (s.o.) – glückselig gepriesen.

C) Abgrenzungen und gelingendes Leben

Das "Herz"-Wort Ps 1,2 ist gerahmt durch Aussagen der Abgrenzung einerseits (Ps 1,1) und dem Versprechen von gelingendem Leben andererseits (Ps 1,3). Durch diese poetische Gestaltung wird angezeigt, dass beide Formulierungen auf diese "Herz"-Mitte hin und von ihr her zu verstehen sind. Zugleich wird deutlich, dass die Rahmen-Aussagen als aufeinander bezogen und sich ergänzend zu interpretieren sind, will heissen: ohne Abgrenzung kein gelingendes Leben.

Die Glückpreisung setzt auffälligerweise und betont (Dreiheit) nicht mit dem Tun des Rechten und Guten (Ps 1,2), sondern mit dem *Nicht*-Tun des Schlechten (*via negativa*) ein (Ps 1,1). Derartigem Nicht-Handeln gilt die Seligpreisung ebenfalls, und auch dieses steht unter der Verheissung gelingenden Lebens. Dass sich diese dreifache Verhaltensabgrenzung als Gegenfolie an der Ganzheit der Gottesliebe und der Verpflichtung gegenüber der Wegweisung JHWHs orientiert (vgl. Dtn 6,4–7), wurde bereits ausgeführt (s.o.). Abgrenzung geschieht damit nicht um der Abgrenzung willen, sondern aus Verpflichtung einem hohen Ziel gegenüber. Dieses erfordert Konzentration und Verzicht und ist nicht zu haben, ohne dass Verhaltensmuster gemieden werden. Die Formulierung macht deutlich, dass es nicht – jedenfalls nicht primär – um Abgrenzungen von Menschen(gruppen) geht, sondern um die Vermeidung von Verhaltensweisen. Die drei Satzaussagen von V. 1 sind nicht nur synonyme Variierung, vielmehr ist mit der Staffelung eine Steigerung verbunden: Mit dem "Gehen" verbindet sich ein weniger intensiver Kontakt als mit dem "Sitzen", welches Momente der Sesshaftwerdung und Verwurzelung bei sich hat. Die den Ortsveränderungsverben zugeordneten nominalen Wendungen sind mit Kollektiven verbunden, denen in unterschiedlicher Nuancierung Gott-losigkeit eigen ist: "Frevler" – "Sünder" – "Spötter". Die Meidung der Vergemeinschaftung mit ihren Aufenthaltsorten respektive ihren Verhaltensmustern verhilft zum nötigen Freiraum zur Gemeinschaft mit Gott und seinem Wort. Dabei geht es zunächst weniger um das ethische und soziale Verhalten des Gottesvolkes im Kontext eines Gott-feindlichen Umfelds – dieses Tor stösst Ps 1 durchaus auch auf – als um Konzentrierung und Fokussierung auf Gottes Wort und Willen.

Dem "Herz"-Wort nachgeordnet und dem Abgrenzungs-Wort gegenübergestellt ist die "Baum"-Aussage (Ps 1,3). Der Vergleich des "Gerechten" mit einem "Baum" wird durch drei Bildzüge erläutert (vgl. WEBER, "Baum"): Erstens ist der Baum nicht naturhaft oder zufällig geworden bzw. gewachsen, sondern verdankt sich einem Akt der (Ein-)Pflanzung. Seine Sesshaftigkeit steht der Unbeständigkeit der Spötter gegenüber (und überdauert sie). Auch die "Wasserrinnen" sprechen von Kultivierung; es handelt sich um angelegte Kanäle und nicht um natürliche Fliessgewässer. Mit der Mehrzahl von Wasserrinnen, die *einen* Baum nähren, ist (Über-)Fülle ausgedrückt. Auf dem Hintergrund des vorangegangenen Verses (und innerbibl. Quervergleiche) erhält "Wasser" eine Metaphorik auf die Gottes-Tora hin in ihrer Ergiebigkeit, Fülle und v.a. Nährkraft. Über den Rückbezug auf Ez 47,(1–)12 deutet sich zudem an, dass dieses Wasser sich vom Tempel(berg) her speist und der Baum damit an einem Ort besonderer Gottnähe (Gottesgarten, Tempelvorhof) eingepflanzt ist ("'Planted' in God's Presence", vgl. CREACH, Destiny, 51f.). Am Bildwort haftet eine vertikale wie statische Dimension. Als Gegensatz dazu sind beim Vergleich der Frevler mit der vom Wind verwehten Spreu (4) Horizontalität und Flüchtigkeit dominant.

Im zweiten Bildzug geht der Blick auf die "Frucht" (als Gesamtertrag) des Baumes, die dieser "bringen" wird. Bei "*seiner* Frucht" wird man – im Bild bleibend – zunächst an den Baum zu denken haben (als Verbildlichung des "Gerechten"). Mit dem Possessivsuffix dürfte auch ein Bezug zu JHWH mitgegeben sein. Gegenüber dem Raum-Aspekt beim gepflanzten Baum (wie bei den Abgrenzungsformulierungen) steht bei der Frucht-Aussage die Zeit – und weder Menge, Qualität noch sättigender Charakter – im Vordergrund. "Frucht" wird zugesagt, aber sie kommt nicht sofort und ist nicht verfügbar. Der Baum bringt bzw. trägt sie, wenn die für die Reifung angemessene Zeit vergangen und der rechte Zeitpunkt für die Ernte gekommen ist. Die Bildrede spricht nicht von "Resultaten" oder "Erfolgen", sondern von einem wachstümlichen Prozess. Auch hier ist das Suffix im Ausdruck "zu *seiner* Zeit" auf den Baum, aber ebenso auf den Schöpfergott, der die Zeit(en) regiert, zu beziehen.

Die Baummetaphorik wird mit einer dritten und letzten Sequenz abgeschlossen. Sie lautet: "... und sein Laub wird nicht welken". Wie bei der "Frucht" ist auch beim "Laub" eine Ganzheit gemeint: das gesamte Blattwerk des Baumes. Die Formulierung ist verneinend und ruft – ins Positive gewendet – die Vorstellung eines immergrünenden Baumes wach. Das Moment des anhaltenden Sprossens und Blühens ist herausgestellt (vgl. Ps 92,13–15, dazu s.o.).

Die Glückpreisung des Verhaltens und Ergehens des Tora-meditierenden Gerechten (Ps 1,1–3), insbesondere aber der Vergleich mit einem prosperierenden Baum wird mit einer Schlusszeile bilanzartig abgeschlossen: "Ja, in allem, was immer er tut, wird er Gelingen erfahren." Die Formulierung ist generalisierend und ausweitend: Ein umfassendes, das gesamte Tun einbeziehendes Gelingen wird versprochen. Damit sind die Bildmomente der Fruchtbarkeit und Nachhaltigkeit ("nicht welken") mitgenommen und ethisch-lebenspraktisch auf Tun und Ergehen bezogen. Mit dem Schillern zwischen Bild- und Realaussage wird dem Tun des Menschen zugleich unterlegt, dass es nicht selbsteigen geschieht. Wie der Baum sich aus "Wasserrinnen" speist, fliesst das Handeln aus der Beschäftigung mit "der Wegweisung JHWHs". Der Verbalausdruck "Gelingen erfahren" hat eine Nähe zur Wachstumsmetaphorik des Baum-Bildes. Als letztes Wort der Stanze I (Ps 1,1–3), das den Gerechten zeichnet, bildet es mit dem ersten Wort einen inhaltlichen Rahmen: Glückpreisung und Gelingen gehören zusammen wie gegebene Zusage und geschenkte Einlösung.

Gelingendes Leben ist dem versprochen, der sein Leben am bzw. auf das Gotteswort ausrichtet. Solches geschieht durch die Hinwendung zur Wegweisung JHWHs, die Frucht, Blüte und Gelingen mit sich führt. All dies wird nicht irgendwo, sondern am Eingangstor zum Psalter ausgesagt und entsprechend mit einem spezifischen Sinn ausgestattet. Es geht um die Motivation, den Psalter als Gottes Wegweisung ins Ohr, ins Herz und ins Verhalten zu nehmen. Mit Bernd JANOWSKI (»Kleine Biblia«, 410) gesprochen: "Die Psalmen – vorab der den Psalter eröffnende und mit Ps 2 redaktionell verbundene Ps 1 – werden so zur Quelle für die Suche des Einzelnen bzw. Israels auf dem Weg des Gehorsams gegenüber JHWHs Tora: auf dem Weg, der vom Tod zum Leben führt." Die ersten drei Verse des Psalters entwerfen dergestalt eine Spiritualität der Ausrichtung auf Gott und sein Wort.

D) Die biblische Weisheit: "Gerechte(r)" oder Frevler

Im Schlussvers (Ps 1,6) wird mit einer Gegensatzformulierung der "Weg" der "Gerechten" und der "Frevler" bilanziert. Die beglückwünschte Abgrenzung des Gerechten von den Frevlern (1) resultiert in einer Trennung beider Gruppen. Am Ende steht die endgültige Scheidung der beiden "Wege". Formulierungen in der Form von Antithese bzw. Polarität sind charakteristisch für weish. Denken und Lehren. Sie bilden sich in der dreiteiligen Struktur des Eingangspsalms ab: "Gerechter" (1–3) <=> "Frevler" (4–5) => Bilanz beider Wege (6). Zudem äussern sie sich in der Gegenüberstellung der Vergleichsbilder "Baum" und "Spreu" bzw. den mit ihnen assoziierten Vorstellungen von Nährung, Fruchtbarkeit und Nachhaltigkeit auf der einen sowie Flüchtigkeit, Unbeständigkeit, Wertlosigkeit auf der anderen Seite. Mit der Scheidung der Wege von Frevlern und Gerechten wird Ps 1 beschlossen und der Psalter eröffnet. Diese Polarität des Sozial- und Gottesverhaltens, verbunden mit dem daraus resultierenden Ergehen, durchzieht und bestimmt ihn zu grossen Teilen und manifestiert seine weish. Einfärbung (vgl. 3 IV. 3. B a und 5 I./II. 2. A).

Erkenntnisfindung der Weisheit (mehr dazu unter 5 I./II. 2. A) geschieht im Koordinatensystem von Verbinden und Scheiden: Es gilt das Gemeinsame zu suchen und das Trennende zu entdecken. Mit Gegensatz-Formulierungen werden Grundpositionen artikuliert und geschärft. Die dabei formulierten "Gesetzmässigkeiten" basieren auf dem so genannten "Tun-Ergehen-Zusammenhang", wonach das Handeln eines Menschen (Tun) und dem, was ihm (daraus) widerfährt (Ergehen), miteinander verknüpft sind (s. 3 IV. 3. B c/d). Derartiges weish. Typen- bzw. Gegensatzdenken ist als pädagogisches Bemühen zu verstehen. Mit seinem Entweder-Oder zielt es auf Unter-scheidung und damit auf Klärung. Die Schärfung von Konturen steht gegenüber dem Bemühen um Ausdifferenzierung im Vordergrund. Die Antithetik ist weniger anthropologisch-ethisch als theologisch zu fassen: Es geht – um bei Ps 1 zu bleiben – nicht (vorrangig) um das Gegenüber von "guten" (Gerechten) und "bösen" Menschen (Frevlern). Entsprechend handelt es sich bei den "Gerechten" nicht – in moralischen Kategorien gesprochen – um "Unfehlbare" bzw. "Sündlose". Vielmehr sind die "Gerechten" diejenigen, welche in Anbindung an Gott, dessen Willen und Wegweisung leben (zur Skizzierung der "Gerechten" vgl. CREACH, Destiny, 2ff.17ff.). Von daher ist die Alternative: Gottverbundenheit oder Gottferne – ohne dritte Option – einsichtig. Wer den Weg der Gottesliebe und der Hinwendung an das Gotteswort geht, wird glücklich gepriesen; wer sich dagegen mit Gott-losem Verhalten vergemeinschaftet, verfällt der Nichtigkeit; sein Weg verliert sich und bleibt ohne Zukunft. Einen "Zwischenweg" gibt es der Weisheit zufolge nicht. In den *rechten* Weg zu gelingendem Leben will Ps 1 einweisen. Und mit diesem Psalm will die Weisheit zugleich *recht* in den Psalter einweisen: belehren, stärken, ermutigen auf dem Weg durch das Buch und durch das Leben (vgl. WEBER, Function, 242–244).

Die bibl. Weisheit ist auf Ganzheit und Vollkommenheit hin angelegt. Mit der poetischen Technik der alphabetischen Akrostichie, der Eröffnung der Zeilen oder Verse in der Abfolge der 22 Konsonanten des hebr. Alphabets, wird diese Umfassendheit bei einer Reihe von Psalmen (zusätzlich) zum Ausdruck gebracht (vgl. u.a. Ps 25; 34; 37; 111f.; 119; 145). Ps 1 bringt dieses alphabetisierende Ganzheitsmoment auf andere Weise zum Ausdruck: Der Psalm und mit ihm das Buch eröffnet mit dem ersten Buchstaben des hebr. Alphabets (*'aleph*) und lässt diesen in den anschliessenden beiden Wörtern nachklingen (Alliteration): *'aschre ha'isch '^{a}scher* "Glückpreisungen dem Mann, der ..." Zudem schliesst der Psalm mit einem Verbalausdruck, der mit dem letzten Konsonanten des Alphabets (*taw*) beginnt. In diesem allerletzten Wort wird das Ganze insofern gedoppelt, als nach dem *taw* (präformatives Verbalbildungsmorphem) der Buchstabe *'aleph* (erster Konsonant der dreiradikalen Wurzel) erscheint: *to'bed* "er

[= der Weg] wird sich verlieren". Auf diese Weise bringt Ps 1 zum Ausdruck, dass der Psalter als Wegleitung von A (*'aleph*) bis Z (*taw*) verstanden werden will.

E) Vom "Aufstehen" zum "Auferstehen"

Mit einem letzten Hinweis zu Ps 1 soll der Blick über die hebr. Textgestalt hinaus auf die griech. Übers. ausgeweitet werden. Die LXX zieht eine Linie deutlicher aus, die im MT durch die Aneinanderreihung von Ps 1–3 verborgener angelegt ist. Mit der Metaphorik von der vom Wind verwehten Spreu (4) deutet sich das (endzeitliche) Gericht an. Als Folgerung des Spreu-Vergleichs wird dies in V. 5 explizit gemacht. Allerdings bleibt dieser Vers insofern in einer gewissen Schwebe, als ihm sowohl ein diesseitig-menschliches Gericht (Torgerichtsbarkeit) als auch ein jenseitig-göttliches Geschehen (endzeitliches Gericht) entnommen werden kann. Die zweite "Lesart" dürfte sich aufgrund der umgebenden Verse in den Vordergrund schieben. In LXX liegt aufgrund der Übers. von *qum* "(nicht) aufstehen" mit *anistämi* "(nicht) auferstehen" – der Begriff wird auch für die Auferstehung Jesu verwendet (vgl. u.a. Mk 9,9f.31; 16,9; Apg 2,24.32; 1. Thess 4,14) – dann eine eindeutig eschatologische Akzentuierung vor (vgl. STICHER, Rettung, 68f.). Vom doppelten Ausgang des endzeitlichen Weltgerichts ist auch in Mt 25,31–46 die Rede. In diesem Sinn führt "die Wegweisung JHWHs" nicht nur in den Psalter hinein, sondern mit seinen Worten zugleich über ihn hinaus und verweist auf die ewige Gemeinschaft der mit Gott Verbundenen.

II. Psalm 2: der Himmelskönig und sein Messias

GILLINGHAM S., From Liturgy to Prophecy, CBQ 64 (2002) 470–489 • WEBER B., "HERR, wie viele sind geworden meine Bedränger ..." (Ps 3,2a), in: E. BALLHORN / G. STEINS (Hrsg.), Der Bibelkanon in der Bibelauslegung, Stuttgart 2007, 231–251 • WEBER B., Mit den Psalmen leben, in: W. HAUBECK / W. HEINRICHS (Hrsg.), Geistlich leben (Theologische Impulse 15), Witten 2007, 46–72.

1. Psalm 2

2,1 Warum haben die Völker getobt
und sinnen die Nationen immer wieder Eitles?
2 Warum stellen sich die Könige der Erde immer wieder hin,
ja, haben die Machthaber miteinander sich verschworen
gegen den HERRN und seinen Gesalbten?
3 "Lasst uns zerreissen ihre Fesseln
und von uns werfen ihre Stricke!"

4 Der im Himmel Thronende wird lachen,
der Herr wird über sie spotten.
5 Dann wird er zu ihnen in seinem Zorn sprechen
und in seinem Grimm sie schrecken:
6 "Ich selbst aber habe doch meinen König eingesetzt,
auf dem Zion, meinem heiligen Berg."

7 Ich will verkünden die Satzung des HERRN:
Er hat zur mir gesagt: "Mein Sohn bist du,
ich habe dich heute gezeugt!
8 Erbitte von mir,
und ich will dir die Völker zum Erbbesitz geben,
ja, zu deinem Besitz die Enden der Erde.
9 Du sollst sie mit eisernem Szepter zerschmettern,
wie Töpfergeschirr sie zerschmeissen."

10 Aber jetzt, ihr Könige, werdet klug!
Lasst euch warnen, ihr Regenten der Erde!
11 Dient dem HERRN mit Furcht,
und jubelt mit Zittern!
12 Küsst den Sohn, damit er nicht zürnen wird
und ihr umkommen werdet auf dem Weg,
denn sein Zorn kann leicht entbrennen!
Glückpreisungen allen, die sich bei ihm bergen!

2. Der Himmelskönig und sein Messias

A) Kommunikative Interaktionen

Im weish. Ps 1 wird Glückpreisung ausgesprochen und Wegweisung erteilt. Von einer Reaktion wird nicht berichtet, und zu einer Interaktion zwischen Gerechten und Frevlern kommt es nicht. In dem Sinn eröffnet Ps 1 in den Psalter hinein eine Perspektive der Reflexion, die einen Betrachterstandpunkt verlangt und eine vertiefte Sicht auf Geschehenszusammenhänge freilegt. Sie scheint im Psalter durch die Einfügung spezifischer "Weisheitspsalmen" immer wieder auf (vgl. dazu unter 5 II. 1.) und durchbricht derart die mit Ps 3 einsetzende Abfolge der "Konfliktgespräche" (Bernd Janowski) mit Gott, in denen sich weniger Distanz und Reflexion als Existenznähe und unmittelbare Betroffenheit äussert.

Ps 2, der unmittelbar (ohne Überschrift) an Ps 1 anschliesst, hat einen "offenen Anfang". Er setzt ein ungenanntes Geschehen voraus, auf das der Psalm reagiert, nämlich das Verhalten der Fremdvölker und ihrer Könige. Der Sprechende als auch die Angesprochenen bleiben dabei (zunächst) anonym. Die Kommunikation unter diesen ist in diesem Psalm ungleich komplexer als in Ps 1 (vgl. dazu mehr unter 3 IV. 4.). In Ps 2,3 liegt das erste Mal im Buch eine "Zitat"-Einspielung vor. Ihr eignet der rhetorische Effekt der Hervorhebung. Die vereinte Stimme der "unheiligen Allianz" der Völker wird hörbar. Sie haben sich zusammengerottet, um sich von Gott sowie dem König auf dem Zionsthron loszureissen. In 4f. meldet sich der anonyme Sprecher erneut, und in 6 findet sich wiederum eine Zitat-Einspielung. Diesmal ergreift Gott selbst das Wort. In 7 erscheint der in der Gottesrede erwähnte Zionskönig als Sprecher. Ein drittes Mal erscheint eine Rede, und zwar wieder ein (an ihn ergangenes) Gotteswort, diesmal von längerem Umfang (Ps 2,7b–9). In Ps 2,10–12 schliesslich ist es ein anonym bleibender Sprecher – jedenfalls weder Gott noch der König –, der die Fremdvölker-Regenten anredet und sie zu Dienst und Unterordnung unter Gott und seinen Sohn aufruft. Die Seligpreisung in der Schlusszeile führt wiederum zu einer anderen kommunikativen Situation respektive zu einer Öffnung des Adressatenkreises über die im Text selbst erwähnten Personengruppen hinaus (dazu unter [3] IV. 4. C a).

Der knappe Durchgang durch Ps 2 mit den in ihm aufgespannten Kommunikationssituationen samt den eingebrachten "Stimmen" gibt einen ersten Eindruck davon, wie kontrovers und konfliktträchtig der Dialog in diesem Psalm geführt wird. Mit Menschen(gruppe)-Stimme (Israel?), Feind(völker)-Stimmen, Königs- und Gottesstimme lässt der Psalm am Eingangstor zum Psalter wesentliche, im Buch vorkommende Akteure pointiert auftreten. Damit eröffnet er bedeutende Aspekte des Psalters: interaktives Wortgeschehen und konfliktreiche Beziehungsgeflechte.

B) Hoffnung, Eschatologie und Prophetie

Ps 1 hat mit der Aussage geendet, dass der Weg der Frevler sich verlieren wird (6). Die Gegenwartsrealität sieht vielfach anders aus; insofern ist dies weithin noch Zukunftsmusik. Bereits im zweiten Ouvertüre-Psalm zeigen sich neue Widersacher. Die Frevler-Gesellschaft hat sich zu einer Völker-Koalition verschoben, und die Gottferne lädt sich auf zu einer Rebellion. "Sinnt" (*h-g-h*) der Gerechte von Ps 1 in "der Wegweisung JHWHs" und erfährt darin Gottes Willen (Ps 1,2), so "sinnen" (*h-g-h*) die Nationen "Eitles" und "verschwören" sich konspirativ "gegen JHWH und gegen seinen Gesalbten" (Ps 2,1f.). Ps 2 ist gekennzeichnet durch einen Antagonismus der Mächte um die Weltherrschaft. Diesen Mächtigen der Welt droht dabei das gleiche Schicksal wie den Frevlern – falls sie sich nicht vor dem Messias beugen. In Ps 1 wie Ps 2 findet sich das gleiche hebr. Verb *'-b-d*: Sie werden "sich verlieren" oder – wie auch übersetzt werden kann – "umkommen (auf dem Weg)" (Ps 1,6; 2,12). Solches ist gewiss, aber auch dies ist noch Zukunftsmusik – wie Ps 3 zeigen wird.

Unter den Ouvertüre-Psalmen 1–3 kommt in Ps 2 am deutlichsten eine Zukunftsperspektive zum Tragen. Es ist derjenige Psalm am Psaltereingang, der die Fackel der Hoffnung entzündet und mit ihr weit in den Psalter hineinleuchtet. Die Hoffnung ist getragen von der in Ps 2 zum Ausdruck kommenden Gewissheit, dass JHWH gegen die Mächtigen dieser Welt die Oberhand behalten wird. Solche Hoffnung wird dadurch autorisiert und verstärkt, dass Gott selbst das Wort ergreift. Das Gotteswort wird – wie das Wort der rebellierenden Völker zuvor – in der Form eines "Zitats" in den Psalm eingebracht. Bevor im Psalter der Mensch sich im Gebet an Gott wendet (Ps 3), richtet sich Gott an die Völkerwelt (Ps 2,6), an den Gesalbten auf dem Davidsthron (Ps 2,7–9) und – durch die Vermittlung seiner Worte im Psalter – an das Gottesvolk. Mit solcher proph. Rede schliesst Ps 2 (nach Ps 1) seinerseits den Psalter an die Nebiim (Jos–Mal) an (vgl. insbesondere 2. Sam 7,14 und Jes 9,5f.). Er setzt damit eine erste Markierung, die durch weiteres Gotteswort – v.a. in den Psalterbüchern II (Ps 42–72) und III (Ps 73–89) – aufgenommen und weitergeführt wird (vgl. [4] III. 2.). War in Ps 1 mit der Wendung "die Wegweisung JHWHs" bereits vom Gotteswort die Rede, so ergeht dieses in Ps 2 nun direkt, womit seine Bedeutung hervorgehoben ist. Ps 2 steht dafür, dass Gott *einst* gesprochen hat und durch das eingebrachte, neu kontextuierte und aktualisierte Prophetenwort je aufs Neue *jetzt* spricht.

C) Machtfrage und Königsherrschaft

In Ps 2 wird die "Machtfrage" gestellt. Der Sprechende des Psalms beobachtet und lässt seine Hörer mit ihm zusammen beobachten: Zwei Machtblöcke stehen sich gegenüber: eine umfassende Völkerkoalition mit ihren Regenten auf der einen sowie der Himmelskönig und "sein Gesalbter/Messias" (*m^e schicho*) auf der anderen Seite. Die Koalition wird zur Rebellion: Sie trachtet danach, sich von der als Gefangenschaft empfundenen Herrschaft JHWHs und seines Zionskönigs loszureissen. Warum nur?, fragt der Psalmsprecher, gibt darauf aber keine – jedenfalls keine direkte – Antwort. Stattdessen schwenkt der Blick von den Heidennationen weg in den Himmel und macht die Reaktion des Himmelskönigs auf deren Provokation zugänglich (vgl. 4–6). Sie beinhaltet Spott, Zorn und ein Gotteswort. In Letzterem wird die Installation des Königs auf dem Jerusalemer Tempelberg als von höchster Stelle autorisiert dargestellt. Zugleich wird angedeutet, dass sich der Aufruhr insbesondere gegen die Herrschaft dieses Gottgesalbten richtet. In dem als "Satzung JHWHs" vom König proklamierten Gotteswort wird Besitzanspruch und Gerichtsbarkeit expliziert: Der Messias ist nicht nur König in Israel, sondern von Gott eingesetzt als Weltenherrscher (vgl. 7–9). Die Zeit für das Völkergericht scheint jedoch noch nicht reif. Der Schlusspassus (10–12) wendet sich zur Belehrung, ruft zur Einsicht und warnt. Die Alternative lautet: Huldigung dem Himmelskönig und seinem Sohn oder dessen Zorn und das Verderben.

Historische Haftpunkte von Ps 2 im alten Israel auf dem Hintergrund orientalischer Königsideologie sollen nicht bestritten werden. Allerdings ist offenkundig, dass in der Psaltereintextung dieser Psalm einen endzeitlichen Horizont hat. Eine davidisch-messianische Rezeption von Ps 2 wurde durch den Umstand erleichtert, dass die griech. Übers. (LXX) gegenüber der hebr. Vorlage (MT) die Kommunikationsstruktur veränderte: Der gesamte Passus 6–12 und damit die proph. Gottesrede wird als vom König gesprochen verstanden. Bekanntlich ist Ps 2 im NT häufig und vielfältig rezipiert und interpretiert worden (zu den Belegen vgl. Wb Pss I, 54). Die messianische Legitimation und Gottessohnschaft Jesu werden namentlich unter Verweis auf 7 zum Ausdruck gebracht. Die in Ps 2 damit eng verbundene Machtfrage wird in den Evangelienberichten allerdings kaum aufgenommen – jedenfalls nicht unter Bezugnahme auf Ps 2. Sie erscheint aber in den von der Apokalypse des Johannes gezeichneten endzeitlichen Konstellationen und führt dort die endgültige Durchsetzung und Aufrichtung der Gottesherrschaft herbei (vgl. Offb 19,15f., ferner 2,26f.; 12,5).

Gleich zu Beginn des Psalters macht Ps 2 deutlich: Es führt kein Weg an der Machtfrage vorbei. Diese ist für alle Zeiten geklärt, wenn auch noch nicht (vollends) durchgesetzt. Die Polarität zwischen "Gerechten" und "Frevlern" in Ps 1 wird in Ps 2 zur Alternative zwischen Rebellion (1–3) oder Respektierung der Königsherrschaft Gottes und seines Sohnes (11f.) – auch hier ohne dritte Option. Zugleich wird die individuelle bzw. gruppenspezifische Ebene von Ps 1 in Ps 2 auf eine kollektive gehoben: Israel, die Nationen und den ganzen Erdkreis einbeziehend.[4] Die in Ps 2 gemachten Gottesaussagen erweisen sich als Garant dafür, dass Gerechtigkeit sich durchsetzt und zum Ziel kommt. Der am Ende von Ps 1 deklarierte doppelte Ausgang (6) bliebe leer

[4] Zwischen den jüdischen ("Frevler", Ps 1) und den heidnischen Feinden ("Nationen", Ps 2) wird eine Analogie hergestellt (Synonymisierung). Dies bestätigt sich nicht nur an der Rezeption von Ps 2 in Apg 4,23–31, sondern bereits durch die Ps 1 und 2 verbindende Aufnahme in 4Q174+177 [MidrEschat = Florilegium + Catena A] Kol. III und PsSal 17.

und uneingelöst ohne die in Ps 2 aufgeworfene und grundsätzlich geklärte Machtfrage. Die Zukunft des Gottesvolkes steht und fällt mit der Machtfrage und d.h. mit der Herrschaft des Himmelskönigs und seines Messias.[5]

Bemerkenswert ist, wie in Ps 2 von Königsherrschaft die Rede ist und als Interaktion dreier "Königtümer" angezeigt wird: den Völker-Königen, dem Himmelskönig und dem Zionskönig. Die Konfliktlinie läuft zwischen der Allianz der "Könige der Erde" einerseits und "JHWH und seinem Gesalbten" andererseits (2). Betont ist dabei die enge Beziehung zwischen Gott und dem Jerusalemer König (David ist im Blick, aber ungenannt). Der König auf dem Zion hat seine Würde nicht in sich selbst und agiert nicht von sich aus, sondern empfängt Würde, Autorisierung und Macht allein vom Himmelskönig, wie auch die mit Possessivsuffixen versehenen Bezeichnungen "*sein* Gesalbter" (2), "*meinen* König" (6) und "*mein* Sohn" (7) deutlich machen. Der Fokus richtet sich auf Erwählung und Installation. In solcher Dichte und Konstellation ist dies – vielleicht mit Ausnahme von Ps 110 – in der Bibel einzigartig.

Ps 2 kommt im Blick auf den Psalter die Funktion einer Grundlegung zu. Ausgehend von diesem (zweiten) Eingangspsalm entwickelt sich die Königsthematik durch den Psalter hindurch (vgl. dazu [4]). Die enge Verbundenheit zwischen Himmelskönigtum und Zionskönigtum wird dabei nie auseinandergerissen. Die Entfaltung geschieht gleichwohl in unterschiedlichen Linien, die man mit den Stichworten "Königspsalmen" und "JHWH-Königs-Psalmen" benennt (vgl. die Übersicht in [4] I.). Grob gesagt steht in den Psalterteilbüchern I–III (Ps 1–89) das davidische Königtum und in den ("nachexilischen") Teilpsaltern IV–V (Ps 90–150) das Gottkönigtum im Vordergrund. Das hängt mit historischen sowie mit in den Psalter eingeschriebenen geschichtstheologischen Gründen zusammen.

Um nur einige Stationen der beiden Linien zu nennen: Mit Ps 18 wird das aus 2. Sam 22 bekannte königliche Danklied mit geringen Modifikationen in den Psalter aufgenommen. Kurz darauf – nach einem "eingeschobenen" Tora- und Schöpfungspsalm – folgen mit Ps 20 und Ps 21 zwei weitere Königspsalmen. Mit Ps 29 erscheint – quasi als "Vorläufer" der Gruppe der JHWH-Königs-Psalmen – ein Hymnus, der Gott als über dem Kosmos thronend preist. Die Königspsalmen 72 und 89 sind nicht nur an "Scharnierstellen" platziert (Ende von Teilbuch II bzw. III), sondern markieren auch inhaltlich Wendepunkte: in Ps 72 ist es die Stabübergabe von David an Salomo und in Ps 89 der Untergang der Davidsdynastie (Exilssituation). Auf diese Situation "antwortet" der Psalter mit einer Neubetonung des Himmelskönigtums. In der Gruppe Ps 93–100 findet sich eine Serie von JHWH-Königspsalmen. In Ps 110 erscheint der Zionskönig

---

[5] Dazu stichwortartig einige Anschlussüberlegungen im Blick auf Konstellationen und Umgangsweisen mit Macht in Gesellschaft, Politik und Kirche: Die ab der Neuzeit vollzogene Übertragung der "Macht" an das Volk ("Demokratie") hat ihre Vorteile gegenüber anderen Herrschaftsformen. Aufgrund ihrer Überhöhung und Überschätzung bleiben aber problematische Züge unterbelichtet. Anders als beim alten Königtum kommt sie ohne Gott aus. Zudem formalisiert sie die Gerechtigkeit, und es mangelt ihr entsprechend an externen Normenbindungen ("die Mehrheit hat recht"). Damit werden Tendenzen zur Verschiebung und Verschleierung von Macht gefördert (es etablieren sich "Machtkartelle" wie etwa die Medien, globale Unternehmungen etc.). Auf dem Hintergrund einer weithin anti-autoritären gesellschaftlichen Kultur haben autoritätsgeladene bzw. "martialische" Psalmen wie Ps 2 keine Konjunktur. Auch in Theologie und Verkündigung liegen die Betonungen auf der Herablassung Gottes, seiner barmherzigen Zuwendung (Ohnmacht im Kreuzesgeschehen) und ähnlichen Themen. Andere wie die Autoritäts- und Machtfrage und damit auch die der Durchsetzung der Gerechtigkeit und dem Gericht sind dagegen abgeblendet. Ps 2 (und mit ihm der Psalter) konfrontiert auch das heutige Gottesvolk mit der Herausforderung, dass kein Weg an der Machtfrage vorbeiführt – und dies nicht erst in ferner Zukunft.

aufs Neue und – mit Ps 2 vergleichbar (auch hinsichtlich der proph. Akzentuierung) – wiederum in Autorisierung durch JHWH, diesmal in priesterlicher Funktion.

Besonderes Augenmerk verdient, wie gegen das Buchende hin die beiden von Ps 2 ausgegangenen Fäden des Himmels- und Zionskönigtums wieder zusammengezwirnt werden (vgl. 5 III. 6. und 6 II.). Der aus Fragmenten (v.a. aus Ps 18) gefertigte Ps 144 ist ein Königsgebet, das weish. eingefärbt und auf das Volk hin ausgeweitet ("demotisiert") ist. Im letzten, David zugewiesenen Ps 145 preist dieser die immerwährende Königsherrschaft JHWHs und unterstellt sich ihr. Er gibt gleichsam seine Königskrone dem alleinigen Herrscher über Israel und die Welt zurück. Im finalen Hallel (Ps 146–150) spielt der Zionskönig keine Rolle mehr, vielmehr schwillt das Lob über den einen und einzigen Herrscher über den gesamten Kosmos immer lauter an.

D) Glückpreisungen

Wie Ps 1 (und mit ihm der Psalter) mit einer Seligpreisung eröffnet, so schliesst Ps 2 damit. Die zusammen das Doppelportal zum Buch bildenden Psalmen werden dadurch verklammert (*inclusio*). In Ps 2,12 erfolgt der Übergang von den Aufforderungen zur Glückpreisung in der Schlusszeile recht abrupt, so dass sich eine Zäsur ergibt. Sie wird noch verstärkt durch die Öffnung des Adressatenkreises: Sind zuvor die Könige bzw. Regenten der Erde angesprochen (10), so gilt die Seligpreisung nun "allen", genauer: "allen, die sich bei ihm bergen". Damit überschreitet diese Schlusspreisung die Textwelt, richtet sich zugleich an die Text*hörer*welt und lädt diese (mit) ein bzw. preist sie selig. Die ans Ende gestellte Präpositionalfügung "bei ihm" schillert – vermutlich bewusst – zwischen der Referenz auf "den Sohn" (Ps 2,12) und JHWH selbst (Ps 2,11). In der Deutungslinie, die Ps 2 vorgibt, legt sich ein Sowohl-als-auch nahe: Wer beim Messias Zuflucht sucht, steht zugleich unter dem Schutz Gottes und umgekehrt.

Bei der Erörterung von Ps 1,1f. wurde ein impliziter Anschluss an die Mose-Seligpreisung an Israel in Dtn 33,29 erwogen (s.o.). Unter Hinzuziehung der Seligpreisung von Ps 2,12 bestätigt und verstärkt sich dieser Rückbezug. Die dortige Redeweise von JHWH als "Schild (deiner Hilfe)" fügt sich nämlich zur Glückpreisung derer, die sich "bergen bei ihm" (Schutz- und Zufluchts-Motivik). Gegenüber dem Israel-Bezug von Dtn 33 und der Fokussierung auf den/die "Gerechten" in Ps 1, hat Ps 2 mit dem Einbezug "aller" einen universalen Akzent.

Die aufeinander bezogenen Seligpreisungen von Ps 1 und Ps 2 lassen einen Zweitakt der Spiritualität des Psalters anklingen – bevor Ps 3 noch eine dritte Taktart hinzufügt. Die Rede ist von der Verbindung der weish. Unterweisung JHWHs (Gegenwart) mit der proph. Proklamation der Königsherrschaft Gottes und seines Messias (Zukunft). Oder in der Akzentuierung von Susan GILLINGHAM (Liturgy, 477): "A wisdom reading would give the community faith for the present, and the prophetic reading, hope for the future." Es werden damit zwei Momente zusammengebracht, die nicht nur den Psalter als Buch bestimmen, sondern in Jesus als "messianischem Lehrer der Weisheit" (Martin Hengel) in besonderer Weise Gestalt annehmen (z.B. in der Bergpredigt).

III. Psalm 3: Beten und Singen mit David

BOTHA P.J. / WEBER B., 'Killing Them Softly with this Song ...', OTE 21 (2008) 18–37.273–297 • HARTENSTEIN F., "Wach auf, Harfe und Leier, ich will wecken das Morgenrot" (Psalm 57,9), in: M. GEIGER / R. KESSLER (Hrsg.), Musik, Tanz und Gott (SBS 207), Stuttgart 2007, 101–127 • JOHNSON V.L., David in Distress (Library of Hebrew Bible / Old Testament Studies 505), New York, NY 2009 • WEBER B., "HERR, wie viele sind geworden meine Bedränger ..." (Ps 3,2a), in: E. BALLHORN / G. STEINS (Hrsg.), Der Bibelkanon in der Bibelauslegung, Stuttgart 2007, 231–251 • WEBER B., Mit den Psalmen leben, in: W. HAUBECK / W. HEINRICHS (Hrsg.), Geistlich leben (Theologische Impulse 15), Witten 2007, 46–72.

1. Psalm 3

3,1 Ein Psalm – zugehörig David – als er floh vor Absalom, seinem Sohn.

2 HERR, wie viele sind geworden meine Bedränger,
viele sind es, die aufstehen gegen mich!
3 Viele sind es, die sagen betreffend meiner Person:
"Es gibt keine Rettung für ihn durch Gott!" – Sela.
4 Aber du, HERR, bist ein Schild um mich herum,
meine Ehre und der emporhebt mein Haupt.

5 Laut, zum HERRN, rief ich wiederholt,
da antwortete er mir von seinem heiligen Berge her. – Sela.
6 Ich, ich legte mich nieder und schlief;
ich erwachte, denn der HERR stützt mich.
7 Nicht fürchte ich mich vor Zehntausenden an [Kriegs-]Volk,
die ringsum sich aufgestellt haben gegen mich.

8 Stehe bitte auf, HERR!
Rette mich, mein Gott!
Denn geschlagen hast du alle meine Feinde betreffend die Kinnbacke,
die Zähne der Frevler hast du zerbrochen gemacht.
9 Beim HERRN ist die Rettung!
Auf dein Volk komme/kommt dein Segen! – Sela.

2. Beten und Singen mit David

Wer den Psalter ins Ohr bekommt oder zur Hand nimmt, stösst mit Ps 3,1 auf eine Sequenz von Äusserungen, die markant anders sind als der bisherige poetische Duktus. Der Fortgang der Lektüre von Ps 1–2 zu Ps 3 wird dadurch unterbrochen (vgl. WEBER, "HERR", 240–243). Mit diesen Angaben zum Psalm (Metatext) wird ein Interpretationshorizont aufgespannt, der das Verstehen des (nachfolgenden) poetischen Textes leiten soll. Diese metatextlichen Hinweise fordern vom Hörer/Leser eine erhöhte Interpretationsleistung ein: Sie müssen eingeordnet und mit der poetischen Textumgebung in einen Verstehenszusammenhang gebracht werden. Solches geschieht nachher noch viele Male, so dass die Psaltermeditierenden sich daran gewöhnen werden. Hier aber, am Anfang von Ps 3, erscheinen derartige Überschriftsangaben erstmals. Entsprechend kommt ihnen hervorgehobene und einweisende Bedeutung zu.

Ps 3,1 besteht aus drei unterschiedlichen Verweisangaben: Die erste ("ein Psalm") ist ein Gattungs- und Aufführungshinweis; die zweite ("zugehörig David") erwähnt den Namen "David" (ohne Nennung seines Königsamtes) und verbindet das poetische Stück mit einer spezifischen Gestalt der Geschichte Israels; die dritte ("als er floh vor Absalom, seinem Sohn") konkretisiert in Verbindung mit der Namenszuweisung den geschichtlichen bzw. literarischen Geschehenszusammenhang, von dem her der anschliessende Psalm zu deuten ist.

A) Musik und Gebet

Mit der ersten Überschriftangabe wird der nachfolgende Psalm als *mizmor* bezeichnet, üblicherweise übersetzt mit "ein Psalm". Das von der Wurzel *z-m-r* abgeleitete Nomen meint ein instrumental begleitetes Lied. Für den Psalterhörer ist diese Bezeichnung auffällig, weil er sie – selbst wenn er zuvor schon auf Tora und Nebiim gehört hat – zum allerersten Mal antrifft. Im Laufe des Psalters wird er ihr noch viele Male begegnen – letztmals Ps 143,1 –, darüber hinaus in der hebr. Bibel aber nie mehr. Um den Sinn des Nomens *mizmor* im vorliegenden Kontext zu erfassen, wird der Psalterhörer memorierend auf einen ihm bekannten Textzusammenhang zurückgreifen (können). Es handelt sich um das "Danklied Davids" (2. Sam 22), wo – analog und unter Verwendung des wurzelgleichen Verbs *z-m-r* – ebenfalls eine poetische Textaufführung mit David in Verbindung gebracht wird. In der dortigen Überschrift wird diese zunächst als *schira* "(gottesdienstlicher) Gesang" bezeichnet (2. Sam 22,1). In den Schlussversen (2. Sam 22,50f.) des poetischen Stücks wird dann die Absicht, musikalischen Lobdank darzubringen, mit folgenden Worten, die eine Nähe zu *mizmor* in Ps 3,1 (und darüber hinaus) aufweisen, geäussert:

> 22,50 Deshalb will ich dir lobdanken, HERR, unter den Völkern,
> ja, deinen Namen will ich zu Instrumentenspiel besingen (*ʾazammer*).
> 51 Der gross macht die Rettungserweise an seinem König
> und erweist Gnade gegenüber seinem Gesalbten,
> David und seiner Nachkommenschaft, für allezeit.

Die musikalische Überschriftsangabe in Ps 3,1 ruft in Verbindung mit vorangegangenem (Ps 2) und nachfolgendem Psalm (Ps 3) 2. Sam 22(f.) ins Gedächtnis (vgl. auch die Erwähnung Davids als "Lieblicher der [instrumental begleiteten] Lieder Israels" in 2. Sam 23,1). Weitere, noch zu erörternde Textsignale bestätigen dies (s.u. sowie BOTHA/WEBER, 'Killing', 288–290). Damit wird angezeigt, dass der nachfolgende Psalm, nämlich die von David her zu artikulierenden Worte, *musikalisch* (vokal und instrumental) vorzutragen ist. Durch den Horizont, der vom Lied 2. Sam 22 als kanonisch vorgelagertem Text als Abschluss der Davidbiographie (vgl. den Hinweis im Präskript 2. Sam 22,1) aufgespannt wird, erfährt Ps 3 eine positive Grundierung: Die geäusserte Not ist getragen durch die in 2. Sam 22 gesungenen Rettungsbezeugungen, denn zum Schluss bleibt der Lobdank über die Durchhilfe JHWHs. Psalm(gebet) ist mit Musik(aufführung) verbunden, und diese "vermittelt" den Gotteskontakt (vgl. HARTENSTEIN, "Harfe").

Der poetisch geformte Text von Ps 3 eröffnet mit einer Gottesanrufung (Vokativ: "JHWH ...!"). Damit liegt das erste Gebet vor. Drei weitere Male wird in diesem Psalm an signifikanten Stellen (Abschnittsanfang oder -ende) Gott bei seinem Namen respektive als "mein Gott" angerufen (V. 4.8.8). Die Weise des Anrufens und damit die Gattung des Gebets ist die der "Klagebitte" (*t^ephilla* – der hebr. Ausdruck dafür erscheint erstmals in Ps 4,2). Sie ergeht aus der Not und erbittet Gottes Eingreifen zur Rettung (vgl. 3 II. 2.). Das Psalmenbuch verortet das Beten zunächst also in den Tiefen menschlicher Not, und die Mitbetenden des Psalters werden angehalten, diesen Weg mitzugehen. Er beschränkt sich nicht auf Ps 3, sondern wird fortgeführt: Die gesamte Psalter-Kleingruppe Ps 3–7 setzt sich aus "Klagebitten" zusammen.

Damit kommt in Ps 3 in doppelter Weise Neues zum Tragen: Erstmals wird Gott angerufen und somit gebetet. In die Abfolge Ps 2 => Ps 3 ist damit gleichsam eingeschrieben: Reden zu Gott (Gebet) hat das vorgängige Reden Gottes (Prophetie) zur Grundlage. Und erstmals ist im Psalter von Musik die Rede: Das Gebet ist vokal vorzutragen und instrumental mit Saitenspiel zu begleiten, und beides dient der Verbindung mit Gott. Schliesslich ist festzuhalten: Nicht das Lob steht am Anfang des Betens in den Psalmen, sondern die aus der Not heraus an JHWH gerichtete Klagebitte.

B) Mit David leiden, beten und bekennen

a) Der vor Absalom fliehende David

Ps 3 ist der erste Psalm, der "zugehörig David" ist. Noch viele Male werden aufgrund der Präskripte Psalmen mit dem grossen König Israels verbunden. Darüber hinaus wird hier – und in zwölf weiteren Überschriften (vgl. JOHNSON, David) – diese Zuweisung lebensgeschichtlich präzisiert: In Ps 3 hören wir David mit Gott sprechen aus der Situation: "als er floh vor Absalom, seinem Sohn". Das den Psalter meditierende und nachbetende Gottesvolk wird dadurch angewiesen, Ps 3 nicht beliebig und zunächst auch nicht im Blick auf analoge Situationen aus dem eigenen Leben bzw. dem von Mitmenschen zu situieren. Vielmehr ist dieser Psalm vorrangig mit David und spezifischen Umständen seines Lebens in Verbindung zu bringen. Zugleich wird davon ausgegangen, dass die zusammen mit dem bedrängten David Ps 3 Betenden die Absalomgeschichte und damit die im Kanonteil Nebiim aufbehaltene Erzählung 2. Sam 15–19 kennen und sie mit dem vorliegenden Psalm in einen Zusammenhang zu bringen vermögen. Von daher ist zu erwarten, dass der Psalmtext Verbindungslinien zur Absalomgeschichte enthält bzw. ermöglicht. Wir stehen damit vor einem Phänomen, das sich bereits in Ps 1 anzeigte (s.o.), durch das Präskript hier aber explizit gemacht wird: Der Psalter hat seinen Anfang nicht bei sich selbst; er ist insofern "sekundär", als er "vorgelagerte" (autoritative) Texte bzw. Schriften voraussetzt und auf sie verweist. Dies gilt für das gesamte Buch: Der Psalter hat eine die grosse Geschichte und die kleinen Lebensgeschichten verarbeitende – agierende, reagierende, interpretierende – Qualität und Funktion. Bezeichnenderweise geschieht solches weithin im Modus des Sprechens mit Gott (Gebet).

Nehmen wir also den Lese- und Vertextungshinweis des Präskripts ernst und bedenken Bezüge, welche den Psalm mit der Absalomerzählung verweben (vgl. BOTHA/WEBER, 'Killing', 285–288; JOHNSON, David, 14–27). Das in der Überschrift (Ps 3,1) gegebene Stichwort des "Fliehens" findet sich auch im Anfangs- und Schlussteil der Absalom-Erzählung (vgl. 2. Sam 15,14; 19,10). Die eröffnende Leidschilderung von Ps 3,2f. steuert 2. Sam 15,12 an (vgl. auch 2. Sam 18,31f.), wo sich mit *rab* "viel, zahlreich" eine Ableitung derjenigen Wurzel findet, die mit ihren Derivaten zur

Schlüsselbegrifflichkeit von Ps 3 gehört (vgl. 2f.7) und zur Bezeichnung der Übermacht der Feinde dient.[6] Auch in der Erzählung der Absalom-Revolte hört man David beten. Dort lautet sein kurzes Bittgebet: "Mache doch töricht den Rat Ahitophels, JHWH!" (2. Sam 15,31). Der Fluchtsituation und dem Aufenthalt Davids (und seiner Truppe) fern von Jerusalem entspricht der in Ps 3,5 gegebene Hinweis, dass die Gebetsantwort JHWHs "von seinem heiligen Berge her" (Zion) geschah – dort, wo Gott ihn als "meinen König" eingesetzt hatte (Ps 2,6).[7]

Die kanonisch-intertextuelle Zuordnung von Ps 3 zur Absalom-Geschichte bereichert bzw. konkretisiert einerseits den Psalm und führt andererseits zu einer gebetstheologischen Vertiefung der Erzählung. Haftet die Rettung Davids in der Erzählung an "vordergründigen" Momenten wie dessen Flucht, einem Stossgebet sowie Taktik und Täuschungsmanövern, so verdankt sich im Psalmgebet die Rettung "hintergründig" Davids Beten, seiner Zuversicht und v.a. Gottes Handeln. Damit wird unter den Gestalten von Gebet, Bekenntnis und Belehrung das in den Samuel-Büchern erzählte Geschehen theologisch vertieft. JHWH wird als antwortend und eingreifend erfahren, bezeugt und gepriesen.

Ps 3 bietet erstmals die Verbindung von Erzählung (Präskript) und Poesie (Psalmkorpus). David ist im Psalter der erstgenannte und auch zeitlich wie qualitativ der erste, nämlich der prototypische Beter. Die David-Absalom-Geschichte wird spirituell vertieft und das damit verknüpfte Gebet auf Wiederverwendung und Nachvollzug hin geöffnet. Damit lädt der Psalter das Gottesvolk ein, sich in und mit diesem und nachfolgenden Gebeten ihrem König – sei es in seiner historischen (David) oder messianisch-eschatologischen Gestalt (Jesus als "Davidssohn") – anzuschliessen und analog im Gespräch mit Gott je eigene Situationen auf spirituellen Wegen durch die Zeiten zu bewältigen.

b) Wechselnde Zeiten von Not und Rettung

In Ps 2 sind Machtkonstellationen zu beobachten. Sie werden erkennbar anhand von "Stimmen". Dabei kommt der Gottesrede (Prophetie) besonderes Gewicht zu (s.o.). Ps 3 hat ebenfalls ein dialogisches Gefälle. Die dominante Rederichtung ist gegenüber Ps 2 vektoriell umgekehrt (Gebet). Vergleichbar sind die Feindrede-Einspielungen (Ps 2,3; 3,3). Stärker als im zeitübergreifend bzw. endzeitlich konturierten Ps 2 wird in Ps 3 ein geschichtliches Geschehen greifbar, das verschiedene Zeitebenen (und damit verbunden: Geschehensräume) umgreift. Anders als in Erzählungen können in poetischen Texten Zeitebenen nebeneinander geschoben und Zeitübergänge oder -sprünge hin und zurück eingebaut werden. Solches geschieht in Ps 3. Dies lässt sich, in Verbindung mit Formelementen, folgendermassen skizzieren (vgl. BOTHA/WEBER, 'Killing', 21–30):

---

[6] Zu den "Feinden" vgl. Ps 3,8 mit 2. Sam 18,19.32, 19,10, zum (feindlichen) "(Kriegs-)Volk" vgl. Ps 3,7 mit 2. Sam 15,12; 16,15; 18,6–8.

[7] Die die Gottesgegenwart repräsentierende Lade, welche mit dem Priester Zadok zunächst mit auf der Flucht war, wurde auf das Geheiss Davids hin wieder nach Jerusalem zurückgebracht (vgl. 2. Sam 15,24–29).

I	2–4	GEBET I	GEGENWART
	2f.	Klagegebet (Notschilderung)	(Vergangenheit =>) Gegenwart
	4	Bekenntnis I (Zuversicht & Schutz)	Gegenwart
II	5–7	GEBETS- UND HILFSERFAHRUNG(EN)	VERGANGENHEIT
	5	Schilderung I (Beten => Erhörung)	Vergangenheit
	6	Schilderung II (Schlaf => Erwachen => Gotteshilfe)	Vergangenheit Vergangenheit => Gegenwart
	7	Bekenntnis II (Furchtlosigkeit, trotz Übermacht)	(Vergangenheit =>) Gegenwart Gegenwart <= Vergangenheit
II	8–9	GEBET II	GEGENWART
	8	Bittgebet	Gegenwart
	8	Schilderung III (Gotteseingreifen gegenüber den Feinden)	Vergangenheit (=> Gegenwart)
	9	Bekenntnis III (Rettung)/Segenszuspruch	Gegenwart (/Zukunft)

Die skizzierte Gesamtanlage macht deutlich, wie in diesem (in der Sprechgegenwart vollzogenen) Gebet zurückliegende Geschehnisse und Erfahrungen aufgegriffen werden und Interaktionen zustande kommen. Es macht den Anschein, dass der in Not befindliche Beter derartiger Rückgriffe bedarf, weil in der Vergangenheit Gotteserfahrungen eingelagert sind, die nicht in den Strudel gegenwärtiger Not hereingerissen werden können. Vielmehr vermitteln sie Zeiten und Geschehnisse, in denen Gott gehandelt hat; daraus erwächst Motivation und Zuversicht für die notvolle Gegenwart. Haben wir als Psalter-Charakteristikum die Rückbezüglichkeit auf Traditionen und Schriften genannt (s.o.), so zeigt sich dies auf der Ebene der einzelnen Psalmgebete im Ausgreifen auf Zeiten und darin gemachten Gotteserfahrungen.

Die Nachbarschaftsstellung von Ps 2 und Ps 3 bringt Clusters von Ähnlichkeit und Gegensätzlichkeit ins Spiel und eröffnet damit spannungsvolle Momente, die in den Psalter hinein verlängert werden. Zunächst wird die in Ps 2 angedeutete Identifizierung des Gott-gesalbten Königs mit David in Ps 3 explizit gemacht. In beiden Psalmen ist der Zionskönig mit einer Übermacht von Gegnern konfrontiert, die sich durch den Entschluss zur Losreissung (Ps 2,3) respektive der Bestreitung des Gottesheils (Ps 3,3) zu Wort melden. Mit der Kontiguität der beiden Psalmen werden die Weltvölker (Ps 2) und die Königsfeinde inmitten Israels (Ps 3) in eine symbiotische Beziehung gebracht (vgl. auch Apg 4,23–31). In Ps 2 ist der Zion als Gottes "heiliger Berg" Ort der Einsetzung des Königs als "Sohn Gottes" und Ort der Huldigung durch die Feinde. In Ps 3 wird David von eben diesem Berg durch den eigenen Sohn vertrieben und erfährt dann in der Ferne die Gottesantwort von eben dort her (womit sich Gott auch in Zionsferne als nahe erweist). Ist in Ps 2 das Zionskönigtum unter dem Aspekt seiner "Hoheit" gezeichnet, so geschieht dies in Ps 3 im Zeichen der "Niedrigkeit".[8] In Ps 2 vermag nicht einmal eine Weltallianz dem Gesalbten Gottes zu widerstehen; in Ps 3 dagegen wird der König sogar im eigenen Haus und Volk angefeindet und muss fliehen. Es macht den Eindruck, als solle der Gemeinde, die den Psalter meditiert, nach der Hoheit Davids auch seine Niedrigkeit und Bedrängnis nahe gebracht werden. Dadurch wird sie

[8] Diese Doppelheit erweist sich als anschlussfähig auf den Messias Jesus hin. So lässt sich z.B. die Wegstrecke von Ps 2 zu Ps 3 als vom Palmsonntag ("Hosianna dem Sohn Davids! Gelobt sei, der da kommt in dem Namen des Herrn! Hosianna in der Höhe!" [Mt 21,9b]) hin zum Karfreitag ("Kreuzige, kreuzige ihn!" [Lk 23,21]) deuten.

belehrt, wie im Anschluss an David sich das Gottvertrauen in der Not bewährt und Gott Rettung zuteilwerden lässt. Mit der Leserichtung Ps 2 => Ps 3 wird zugleich die Zuversicht eingestiftet, dass Gott im Regiment bleibt, den Messias und sein Volk retten und die Widersacher richten wird. Das "Du"-Bekenntnis JHWHs zu seinem Gesalbten (Ps 2,7) hat sein Gegenstück im "Du"-Bekenntnis Davids, in welchem er im Angesicht der Feinde sein Gottvertrauen ausspricht (Ps 3,4). Die Seligpreisung am Ende von Ps 2 löst David als Erster ein – für sich und das Gottesvolk (vgl. Ps 3,9) –, indem er sich unter Gottes Schild birgt (vgl. Ps 2,12 und 3,4, dazu als "Verbindung" Dtn 33,27–29 und 2. Sam 22,2f.31.36.51).

c) Der bekennende und lobdankende David

Die Bedeutung des Bekennens wird durch den Umstand unterstrichen, dass der kurze Psalm drei Bekenntnisformulierungen enthält (Ps 3,4.7.9). Dabei hat jede Bekenntnisaussage innerhalb dieses Psalmgebets ihren spezifischen Ort und Zusammenhang (vgl. dazu obige Überblicksskizze). Das "Du"-Bekenntnis von 4 reagiert unmittelbar auf die Erhebung der Widersacher und deren Rede. Darin wird klargestellt, dass JHWH Schutz gewährt und den Bedrängten Würde verleiht. Das "Ich"-Bekenntnis von 7 proklamiert angesichts nächtlicher Zusage (Traum?) die Furchtlosigkeit angesichts einer Übermacht von Feinden. Und das beschliessende Bekenntnis von 9 – der Sprechende bleibt ungenannt (neben dem Psalmsprecher ist die gottesdienstlich versammelte Gemeinde denkbar) – stellt für David und Gottes Volk die Gleichung "Gott ist die Rettung" her und enthüllt damit das Feindwort von Ps 3,3 als perfide Lüge. Die Redeform des Bekennens markiert gleichsam das "Zwischenstadium" zwischen der aus der Not ergehenden Klagebitte und dem Zeugnis eingetroffener Gottesrettung. Auch angesichts noch nicht behobener Not wird (aufgrund früherer Erfahrungen) Gott das Vertrauen ausgesprochen und ihm die Realisierung der Rettung zugetraut und zugesprochen.

Solches Bekennen von David wird dadurch grundiert und getragen, als der Lobdank Davids von 2. Sam 22 als Hintergrundfolie von Ps 3 aufscheint (s.o.). Wenn nämlich vom Ende her klar ist, dass JHWH David "aus der Hand aller seiner Feinde errettet hat" und ihm David dafür lobdanken kann (2. Sam 22,1), dann lässt sich auch in argen Nöten anders beten. Dass dieser poetische Epilog der Samuelbücher Ps 3 als "Prolog" der David-Gebete hintergründig bestimmt, lässt sich anhand intertextueller Bezüge erhärten. Eine Zusammenstellung der für Ps 3 relevanten Passagen von 2. Sam 22 (vgl. Ps 18), welche sich namentlich im Anfangs- und Schlussbereich finden, soll dies verdeutlichen:

22,3 Gott meines Felsens(?), ich berge mich stets neu bei ihm,
mein Schild und Horn meiner Rettung,
meine Feste und meine Zuflucht,
mein Retter, von der Gewalttat rettetest du mich wiederholt.
4 "Gepriesen" rief ich wiederholt den HERRN,
ja, von meinen Feinden bin ich stets neu errettet worden. …

7 In der Bedrängnis mir rief ich immer wieder den HERRN,
ja, zu meinem Gott rief ich stets neu.
Da hörte er aus seinem Tempel meine Stimme,
ja, mein Geschrei drang in seine Ohren. …

31 Dieser Gott, vollkommen ist sein Weg;
das Wort des HERRN ist lauter;
ein Schild ist er für alle, die sich bei ihm bergen. ...

49 Und mich herausziehen liessest weg von meinen Feinden,
ja, über die, die gegen mich aufstanden, hast du mich stets erhöht;
vom Mann der Gewalttaten hast du mich wiederholt befreit.
50 Deshalb will ich dir lobdanken, HERR, unter den Völkern,
ja, deinen Namen will ich zu Instrumentenspiel besingen.
51 Der gross macht die Rettungserweise an seinem König
und erweist Gnade gegenüber seinem Gesalbten,
David und seiner Nachkommenschaft, für allezeit.

In 2. Sam 22,3 ist es David, der Bergung bei Gott als seinem "Schild" bezeugt (vgl. Ps 3,4), und in 2. Sam 22,31 wird (vom sprechenden König) Gott als "(Schutz-)Schild" zur Bergung aller proklamiert (vgl. Ps 2,12). Im Psalter ist die Reihenfolge umgekehrt: Die Seligpreisung von Ps 2 wird vom bedrängten David mit seinem Bekenntnis in Ps 3 eingelöst. Das Stichwort "Rettung" ist für Davids Notgebet wie sein Danklied prägend (vgl. 2. Sam 22,3.4.28.36.42.47.51 mit Ps 3,3.8f.). Gegenüber denen, die "aufstehen" gegen David (Ps 3,2, ferner 3,8), hat dieser von Gott stets neu Erhöhung erfahren (2. Sam 22,49, ferner 22,39f.). Vergleichbar mit Ps 3,5 ist in 2. Sam 22,7 ein Zusammenhang von Davids Gottesanrufung und der Gebetserhörung vom Tempel bzw. vom Berg Zion her gegeben. In Ps 3,7f. finden sich zwar kein Bezug zu Davids finalem Lobdank, wohl aber dürfte sich dahinter der Hymnus der Frauen nach dem Goliat-Sieg spiegeln. Er hat Bekanntheit und Verbreitung gefunden (1. Sam 18,7f., vgl. 21,12; 29,5, ferner Dtn 32,30 und Ri 15,15f.). Der Gottesappell in Ps 3,8 kann an analoge Formulierungen des Danklied-Eingangs anknüpfen (2. Sam 22,3f.), und das Rettungsbekenntnis am Schluss von Ps 3 hat seinen Anhalt im David-Bekenntnis im Schlussvers seines Lobdanks (2. Sam 22,51). Was für Ps 3 gilt, lässt sich auch für Ps 4ff. festhalten: Die David-Gebete zu Beginn des Psalters sind Notgebete, aber sie werden von Ps 2 und v.a. 2. Sam 22 her in das Licht der Erhörung bzw. des machtvollen Eingreifens Gottes gestellt. Diese in den Psalter eingeschriebene Aussicht und Zielperspektive leitet das mit seiner "Bibel" vertraute Gottesvolk beim Nachbeten.

IV. Psalm 1–3: der eine Psalter und seine drei Verstehensweisen

WEBER B., Psalm 78 als "Mitte" des Psalters? – ein Versuch, Bib. 88 (2007) 305–325 • WEBER B., "HERR, wie viele sind geworden meine Bedränger ..." (Ps 3,2a), in: E. BALLHORN / G. STEINS (Hrsg.), Der Bibelkanon in der Bibelauslegung, Stuttgart 2007, 231–251 • WEBER B., Mit den Psalmen leben, in: W. HAUBECK / W. HEINRICHS (Hrsg.), Geistlich leben (Theologische Impulse 15), Witten 2007, 46–72.

1. Die Ouvertüre des Psalters

In der Psalmenforschung werden allermeist lediglich die ersten beiden Psalmen als eng verknüpft und entsprechend als "Doppelportal" zum Psalterbuch angesehen. Tatsächlich sind die Verbindungen von Ps 1 und 2 eng. Deren Zusammengehörigkeit wird insbesondere durch die beiden rahmenden Seligpreisungen (Ps 1,1; 2,12) angezeigt. Zudem bestätigt die Zusammenstellung von Weisheits- und Königspsalmen im Fortgang des Psalters diesen Befund zusätzlich (vgl. dazu unter 5 III. 4.). Im Rahmen einer auf die Buchgestalt (Komposition) ausgerichteten Sichtweise lässt sich daher mit Recht von einem doppelten Proömium Ps 1–2 und einem mit Ps 3 beginnenden ersten Hauptteil sprechen. Die hier vertretene Trippelouvertüre Ps 1–3 argumentiert von einer Lese- und Rezeptionsperspektive her, die das Buch (zunächst) von vorne nach hinten liest. Dabei wird der Hörende/Lesende des Psalters von Ps 1 über Ps 2 zu Ps 3 jedes Mal in eine neue Textwelt eingeführt, die sich in unterschiedlicher Gattung, Thematik und Kommunikationsrichtung niederschlägt. Dies ändert sich mit Ps 4, der sich eng an Ps 3 anschliesst und diesen fortführt. Bei Ps 4 angekommen, begegnet dem Rezipierenden nicht mehr grundlegend Neues, sondern eine Variation dessen, was er bereits in Ps 3 angetroffen hat: Wiederum eine vergleichbare Überschrift, wiederum eine Gottesanrufung, wiederum eine mit David in Verbindung gebrachte "Klagebitte". Und solches Beten setzt sich auch in Ps 5ff. fort. Aufgrund dieser Steuerungssignale wird den Meditierenden deutlich, dass mit Ps 1–3 dreimal Neues beginnt und dieses dann – zunächst betend – in den folgenden Psalmen modifizierend fortgeführt wird (vgl. WEBER, "HERR", 248–251).

Mit der Psalterouvertüre haben wir nicht nur drei poetische Stücke vor uns, sondern in sie ist das spirituell-theologische Programm des Psalters eingeschrieben – und zwar in der durch die Fortlesung (*lectio continua*) vorgegebenen Reihenfolge. Es werden drei grosse, den Psalter bestimmende Themen angeschlagen, die sich unter die Stichworte "Wegweisung" (Ps 1), "der Himmelskönig und sein Messias" (Ps 2) und "Beten und Singen mit David" (Ps 3) bringen lassen. Mit ihnen sind unterschiedliche Gattungen und Rederichtungen verbunden: In Ps 1 haben wir es mit weish. Belehrung zu tun (Rederichtung: horizontal), in Ps 2 begegnet uns im Zentrum des Psalms Prophetie (Rederichtung: vertikal, "von oben nach unten"), und in Ps 3 gelangen wir zum ersten Gebet (Rederichtung: vertikal, "von unten nach oben"). Diese hier skizzierte Eröffnungstrilogie des Psalters bildet – in umgekehrter Reihenfolge – den Ausgangspunkt für die nachfolgende, in den Hauptkapiteln 3 bis 5 dargestellte Entfaltung.

Die genannten drei Redeweisen und Thematiken finden sich eingetextet in das Buch, das auf der Spur der autoritativen Grössen Tora (Pentateuch) und Nebiim (Jos–Kön und Jes–Mal) auf dem Weg ist, selbst Gottes Wort zu werden und zum Bibelkanon zu gehören. Ps 1–3 enthalten eingelagerte Bezüge zu diesen vorgegebenen Schriften. Dadurch vermitteln sie Anschluss an diese und zeigen, dass der Psalter nicht für sich selbst steht, sondern als ihnen nach- und zugeordnetes Wort sich seinerseits auf "Schrift" (Tora und Nebiim) und die darin zum Ausdruck gebrachte Geschichte, Belehrung und Prophetie bezieht.

2. Stabübergaben und Verbindungslinien

Der in Ps 1 sprechende Weisheitslehrer im Gewand des Mose übergibt den Stab an den Propheten aus Ps 2, der die Botschaft des Himmelskönigs an seinen Messias überbringt; dieser reicht ihn weiter an David als Beter und Sänger von Ps 3 (und der nachfolgenden Psalmen). Die Sprecher wechseln, die "Stimmen" und "Dialoge" nehmen ebenso wie die Interaktionen der Zeitebenen zu, aber die Mitte des Raums und der irdische Ort der Gottesgegenwart bleibt: Es ist der Zion.

Die Ouvertüre zum Psalter wäre falsch verstanden, wenn Thematik und Programmatik der drei Eingangspsalmen lediglich im Sinne einer Addition aufgefasst würden. Es handelt sich nicht um lose, nebeneinander laufende Text- und Themenbereiche, vielmehr ist eine vielschichtige Interaktion und Verknüpfung mitgegeben. Auf wesentliche Verbindungen ist in der vorangegangenen Erörterung bereits hingewiesen worden (s.o.). Sie sollen hier durch ein Beispiel lediglich noch ergänzt werden: Die den Psalter prägenden Gestalten "Mose" und "David" samt der ihnen anhaftenden Vorstellungen werden im Rahmen des Psalter einander zugeordnet. In der bibl. Überlieferung ist Mose vornehmlich mit Unterweisung und David mit Poesie und Liturgie verbunden. Beide Gestalten werden zudem mit "Prophetie" in Verbindung gebracht: zunächst Mose (vgl. v.a. Dtn 18,15–22; 34,10–12) und später auch David (vgl. 2. Sam 23,1–3; 2. Chr 29,25.30, ferner Apg 2,25–31; 4,25). Was die Königsherrschaft betrifft, geht von Mose das Wort aus: "JHWH ist König auf immer und ewig!" (Ex 15,18). David dagegen wird das Wort überbracht: "Ich werde den Thron deines Königtums festigen für immer ... Dein Haus aber und dein Königtum sollen vor dir Bestand haben für immer, dein Thron soll feststehen für alle Zeit." (2. Sam 7,13.16) Im Psalter begegnen und verbinden sich Aussagen des immerwährenden Königtums Gottes bzw. des königlichen Gesalbten auf dem Jerusalemer Thron in differenzierter Weise. In Ps 1 ist es hintergründig Mose als Lehrer (vgl. Dtn 33,1.29), der mit seiner Seligpreisung das Gottesvolk der "Gerechten", das sich an "der Wegweisung JHWHs" orientiert, unter den Segen Gottes (gelingendes Leben) stellt. Ps 2 enthüllt die enge Verbindung zwischen Gottes Königsherrschaft und dem Zionsthron und ruft via die Nathan-Verheissung (vgl. 2. Sam 7) bereits die Gestalt von König David auf. Ps 3 und die sich ihm anschliessenden Psalterteilbücher I und II (Ps 1/3–72) zeigen David als königlichen Beter und Sänger in seinen vielfältigen Bedrängnissen und enden mit der Übergabe der Königswürde an Salomo (Ps 72). Teilbuch III (Ps 73–89) bezeugt den Zerfall Israels und endet mit der Klage über Gottes Preisgabe des David-Bundes – an den zugleich erinnert und an dem festgehalten wird (Ps 89). Die Psalterteilbücher IV und V (Ps 90–145/150) greifen in nachexilisch-königloser Zeit zurück auf Mose (Ps 90[–92]) und die mit ihm verbundenen Fundamente: Heilsgeschichte und Tora (Ps 105f.; 119). In Anlehnung an Ex 15,18 proklamieren sie in veränderter Zeit aufs Neue die universale Königsherrschaft JHWHs (Ps 93–99/100). Doch auch David und die Messias-Erwartung tauchen wieder auf (Ps 103f.; 108–110; 138–145). Am Ende, vor dem Halleluja-Finale (Ps 146–150), erhebt David selbst im letzten ihm zugeschriebenen Psalm 145 – unter Verwendung des mosaischen Wortes aus dessen Schilfmeerlied! – JHWH als immerwährenden König. Damit ist der Psalter nicht nur königstheologisch verklammert (Ps 2/145), sondern er hält in Gestalt von Weisheit, Prophetie und Gebet die Verbindung von davidisch-messianischem *und* Gottes Königtum wach und bringt diese mit den grossen Gestalten in Israel, Mose und David, in einen vielschichtigen Zusammenhang. Ps 78, in der "Mitte" des Psalters, markiert dabei einen wichtigen Verknüpfungspunkt beider Aussagelinien (vgl. 5 III. 5., ferner WEBER, Psalm 78).

3. Der Dreiklang einer Theologie und Spiritualität des Psalters

Der in der Ouvertüre (Ps 1–3) angestimmte Dreiklang von weisheitlich vermittelter Wegweisung, prophetisch angezeigter Königsherrschaft Gottes und seines Gesalbten sowie liturgischem Singen und Beten mit David und seinen Psalmen macht die Welt des Psalters und damit seine Theologie und Spiritualität aus. Im Weitergehen durch dieses Buch werden die drei Tonlagen wie ihr Zusammenklingen in vielfacher Variation hörbar. Sie bilden den Klang- und Lebensraum, in dem bibl. Spiritualität gedeiht. Vom Psalter ausgehend führt sie in die Weite der gesamten Heiligen Schrift und zu Christus hin.

Im Blick auf die Gesamtkonstellation der Tripelouvertüre nimmt Ps 2 eine literarische wie theol. Zentralstellung ein. Zunächst zeichnet ihn ein grösserer Umfang gegenüber den flankierenden Ps 1 und 3 aus. Zudem ist er mit beiden Nachbarn – die ihrerseits untereinander nur lose verbunden sind – sorgfältig verklammert. Dies zeigt sich – um nur die markantesten Merkmale herauszugreifen – an den Seligpreisungen, die den Rahmen um die beiden Eingangspsalmen bilden (Ps 1,1; 2,12): Wer sich an der Wegweisung JHWHs ausrichtet, ist denen gleich, die sich beim Himmelskönig und seinem Messias bergen und umgekehrt. Auch die Gegner dieser Ausrichtung und Haltung werden assoziiert: die Frevler und die rebellischen Völker mit ihren Herrschern. Ferner konkretisiert sich der von Gott gesalbte König aus Ps 2 in der Gestalt des von Widersachern bedrängten David in Ps 3. Auf das proph. Wort von Gott an ihn (Ps 2) antwortet er betend mit eigenen Worten (Ps 3). Die in Ps 2 ausgesprochenen Zusagen bilden die Basis, um angesichts der Not in Ps 3 Gottvertrauen und Zuversicht durchhalten zu können. David löst damit als erster des Gottesvolkes die am Ende von Ps 2 ausgesprochene Glückpreisung ein und sucht bzw. bekennt seine Zuflucht bei Gott als seinem "Schild". Auf dem Zion, dem heiligen Berg, wurde er nicht nur eingesetzt, sondern von dort her kommt ihm auch die Gotteshilfe zu. Auch hier stellt sich in der Rezeption gleichsam eine Symbiose zwischen den rebellierenden Nationen (Ps 2) und den revoltierenden Scharen aus dem eigenen Haus Israel (Ps 3) ein. Obwohl diese in der Überzahl sind, steht Gott zu seinem König und Volk und erweist sich als mächtig.

In jedem Psalm dieser Ouvertüre finden sich Feindkonstellationen und ein unterschwelliger (Ps 1 schwächer, Ps 3 stärker) oder expliziter (Ps 2) Zion- bzw. Tempelberg-Bezug. Mit dem Zionstempel ist in facettenreicher Weise der "Ort" des Psalters angesprochen (vgl. [3] III. 3. B): Von dort kommt Unterweisung her; mit diesem Ort verbindet sich Prophetie; dort hat das himmlische Königtum Gottes seine irdische Repräsentanz und seinen Repräsentanten; dorthin ist das Gebet gerichtet; von dort kommt die rettende Antwort her; dort findet sich – später im Psalter – das Gottesvolk ein, um im kleinen Kreis ihm den Lobdank darzubringen und in der grossen Versammlung JHWH als Schöpfer, Lenker der Geschichte und Weltenherrscher zu lobpreisen.

Das nachfolgende Schaubild stellt abschliessend die wesentlichen Momente der erörterten Aspekte zum Psaltereingang als programmatischer Leseanleitung zusammen (vgl. WEBER, "HERR", 249).

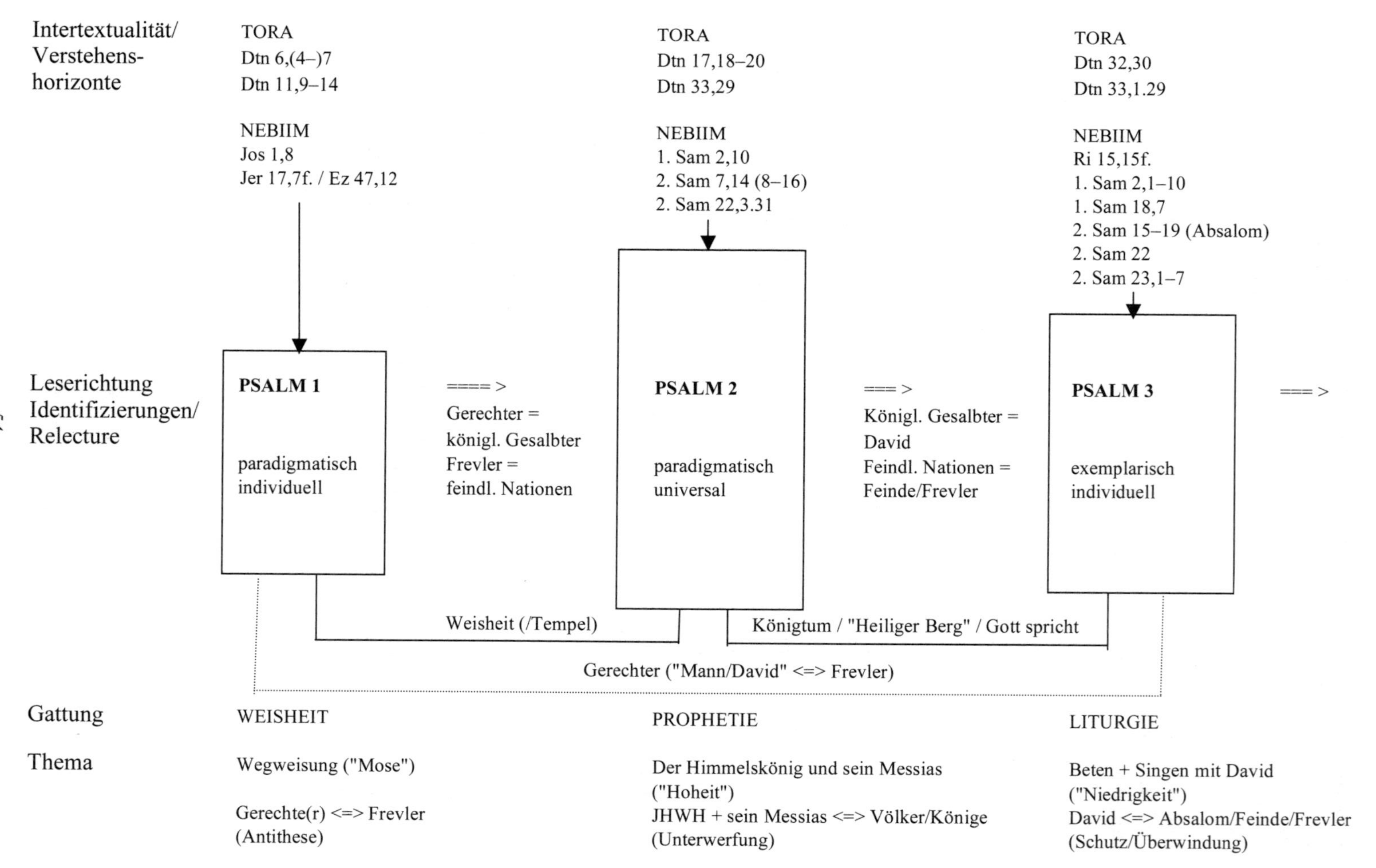

Intertextualität/
Verstehens-
horizonte
TORA
Dtn 6,(4–)7
Dtn 11,9–14
NEBIIM
Jos 1,8
Jer 17,7f. / Ez 47,12
TORA
Dtn 17,18–20
Dtn 33,29
NEBIIM
1. Sam 2,10
2. Sam 7,14 (8–16)
2. Sam 22,3.31
TORA
Dtn 32,30
Dtn 33,1.29
NEBIIM
Ri 15,15f.
1. Sam 2,1–10
1. Sam 18,7
2. Sam 15–19 (Absalom)
2. Sam 22
2. Sam 23,1–7
Leserichtung
Identifizierungen/
Relecture
PSALM 1
paradigmatisch
individuell
====>
Gerechter =
königl. Gesalbter
Frevler =
feindl. Nationen
PSALM 2
paradigmatisch
universal
===>
Königl. Gesalbter =
David
Feindl. Nationen =
Feinde/Frevler
PSALM 3
exemplarisch
individuell
===>
Weisheit (/Tempel)
Königtum / "Heiliger Berg" / Gott spricht
Gerechter ("Mann/David" <=> Frevler)
Gattung
WEISHEIT
PROPHETIE
LITURGIE
Thema
Wegweisung ("Mose")
Gerechte(r) <=> Frevler
(Antithese)
Der Himmelskönig und sein Messias
("Hoheit")
JHWH + sein Messias <=> Völker/Könige
(Unterwerfung)
Beten + Singen mit David
("Niedrigkeit")
David <=> Absalom/Feinde/Frevler
(Schutz/Überwindung)

3

BETEN UND SINGEN ("LITURGIE")

War im zweiten Hauptteil mit dem Bedenken der Ouvertüre der Fokus auf dem Psalter als Buch, so liegt in diesem dritten und zugleich längsten Hauptteil das Gewicht auf den Psalmen, namentlich den (individuellen) Gebetspsalmen als Einzeltexten. Der im Psalter mit Ps 3 gelegten Spur des Betens und Singens folgend, werden querschnittartig wichtige Schlüsselbereiche der Psalmgebete angesprochen und dergestalt Aspekte und Themen einer Psalmentheologie (und Psalmenanthropologie) skizziert. Nach einer Hinführung (I.) kommen die Psalmengattungen zur Sprache (II.). Anschliessend werden in den Psalmen sich abbildende Zeiten, Räume und Wege erörtert (III.). Danach werden im ausführlichsten Abschnitt Personen, Stimmen und Konstellationen (IV.) und schliesslich bedeutende Motive, Themen und Traditionen (V.) bedacht. Die Hauptabschnitte werden in der Regel mit einer Anwendung der behandelten Gesichtspunkte an einem konkreten Psalm beispielhaft beschlossen.

I. Hinführung

WENHAM G., Prayer and Practice in the Psalms, in: B.BECKING / E. PEELS (Ed.), Psalms and Prayers (OTS 55), Leiden 2007, 279–295.

In diesem Hauptteil 3 ist nicht der Gedanke der Einheit, gefasst im Buch Psalter, leitend. Es geht vielmehr um Wahrnehmung und Darstellung der Vielheit und Unterschiedlichkeit, die sich in der Vielzahl der in dieses Buch eingegangenen Psalmen zeigt. Im Vordergrund stehen die mit Ps 3 einsetzenden Psalmgebete. Das Reden mit Gott verdankt sich mancherlei Situationen und Anlässen und verlangt entsprechend eine Vielheit an Formen, Inhalten, Ausrichtungen: klagen, bitten, danken, loben … – in gottesdienstlicher Gemeinschaft, in einer Kleingruppe (wie z.B. bei der Toda-Feier) und allein mit Gott. Das Beten in und mit den Psalmen realisiert damit gleichsam die Aufforderung des Apostel Paulus: "Betet ohne Unterlass!" (1. Thess 5,17). Gleichwohl ist auch ein Einheitsgedanke bestimmend. Er ergibt sich aufgrund der gewählten Methodik, die mit Kategorisierungen und Thematisierungen arbeitet. Dadurch werden Merkmale und Charakterisierungen, die den Psalmen *gemeinsam* sind, zwangsläufig in den Vordergrund gerückt. Als Ausgleich dazu wird jeder Themenbereich mit Textbeispielen konkretisiert und gelegentlich auch eine (persönlich gefärbte) Brücke zur Gegenwart geschlagen.

Wenn es nachfolgend darum geht, Aspekte einer Psalmentheologie und -spiritualität zusammenzustellen, so wird der Faden dort aufgenommen, wo das Bedenken der Psalterouvertüre Ps 1–3 aufgehört hat, bei Ps 3 (vgl. 2 III.). Mit ihm liegt nicht nur der erste präskribierte Psalm vor, sondern auch erstmals ein Gebet. Daher stösst nicht Ps 1 und auch noch nicht Ps 2, sondern eigentlich erst Ps 3 die Türe in die Welt der Psalmen auf. Es ist dies eine Welt, wo zwar nicht nur oder ausschliesslich, aber meist und immer wieder Menschen mit ihrem Gott sprechen, also beten. Psalmen, in denen *keine* Worte an Gott adressiert werden, gibt es wohl, sie bilden aber die Minderheit. Von daher überrascht es kaum, dass dieses mit "Beten und Singen" überschriebene Hauptkapitel das umfangreichste und weitläufigste ist. Beigegeben ist die Bezeichnung "Liturgie". Damit sind Aspekte wie Gottesdienstlichkeit, Gemeinschaftlichkeit und Öffentlichkeit angezeigt. Die Hinweise im Präskript von Ps 3 verbinden die (Nach-)Betenden nicht nur mit David und seinem Ergehen, sondern auch mit seinem bzw. Gottes Volk. Die Kennzeichnung als *mizmor* "Psalm" zeigt zudem an, dass "seine" Psalmen singend und zu Instrumentenspiel vorgetragen wurden bzw. werden sollen. Ein solch liturgisches Moment lässt sich nicht denken, ohne dass eine Gemeinde – sei es real oder im (späteren) Buchkontext zumindest virtuell – anwesend ist. Ein gottesdienstlich-liturgisches Setting wird nicht nur durch das Präskript von Ps 3 angezielt, sondern findet sich auch im Psalmcorpus selbst, wenn am Ende des Psalms (9) das Gebet "angehalten" wird und mit Bekenntnis und Segenswort das partizipierende Gottesvolk in den Blick kommt. Was für Ps 3 ausgeführt wurde, gilt für die nachfolgenden und viele weitere Psalmen.

Ist Psalmentheologie vornehmlich eine Theologie des Gebets, dann ist damit auch gesagt, dass eine distanziert-reflektierende Betrachtung der Sache, um die es geht, nur unzureichend gerecht wird. Auf die existentielle Dimension und die damit verbundene Gottesbeziehung ist explizit hinzuweisen, denn sie entspricht den Psalmen. Beten ist mehr und anderes als Reden *über* das Beten. Daher und aufgrund der genannten Einzeichnung in die Glaubensgemeinschaft ist Psalmentheologie zugleich Psalmenspiritualität. Dass dem Beten der Psalmen eine transformierende Dimension eigen ist, haben schon die Väter der frühen Kirche erkannt (vgl. [7] VII. 1. B). Gordon WENHAM (Prayer, 294) sagt es in heutiger Sprachdiktion auf diese Weise: "It seems to me that praying the psalms is also a performative action: saying these solemn words to God alters one's relationship in a way that mere listening does not."

II. Situationen – Ausdrucksformen – Verwendungszusammenhänge

BAYER O., Erhörte Klage, NZSTh 25 (1983) 259–272 • BAYER O., Theologie der Klage, in: O. BAYER, Zugesagte Gegenwart, Tübingen 2007, 61–69 • CRÜSEMANN F., Studien zur Formgeschichte von Hymnus und Danklied in Israel (WMANT 32), Neukirchen-Vluyn 1969 • DECLAISSÉ-WALFORD N.L., An Intertextual Reading of Psalms 22, 23, and 24, in: P.W. FLINT / P.D. MILLER (Ed.), The Book of Psalms (VT.S 99), Leiden 2005, 139–152 • GERSTENBERGER E.S., Der bittende Mensch (WMANT 51), Neukirchen-Vluyn 1980 • GUNKEL H. / BEGRICH J., Einleitung in die Psalmen, Göttingen [4]1985 (1933) • HIEKE T., Schweigen wäre gotteslästerlich, in: G. STEINS (Hrsg.), Schweigen wäre gotteslästerlich, Würzburg 2000, 45–68 • JANOWSKI B., Konfliktgespräche mit Gott, Neukirchen-Vluyn [3]2009 (2003) • KELLENBERGER-SASSI C. und E., Psalmen am Krankenbett, in: B. HUWYLER u.a. (Hrsg.), Prophetie und Psalmen (AOAT 280), Münster 2001, 175–181 • LOHFINK N., Psalmengebet und Psalterredaktion, in: G. BRAULIK / N. LOHFINK, Liturgie und Bibel (ÖBS 28), Frankfurt a.M. 2005, 337–459 • MILLER P.D., Kingship, Torah Obedience, and Prayer, in: K. SEYBOLD / E. ZENGER (Hrsg.), Neue Wege der Psalmenforschung (HBS 1), Freiburg i.Br. 1994, 127–142 • SPIECKERMANN H., Hymnen im Psalter, in: E. ZENGER (Hrsg.), Ritual und Poesie (HBS 36), Freiburg i.Br. 2003, 137–161 • WAGNER A., Der Lobaufruf im israelitischen Hymnus als indirekter Sprechakt, in: A. WAGNER (Hrsg.), Studien zur hebräi-

schen Grammatik (OBO 156), Fribourg 1997, 143–154 • WEBER B., Lob und Klage in den Psalmen des Alten Testaments als Anfrage und Herausforderung an unsere Gebets- und Gottesdienstpraxis, JETh 13 (1999) 33–47 • WEBER B., Zum sogenannten "Stimmungsumschwung" in Psalm 13, in: P.W. FLINT / P.D. MILLER (Ed.), The Book of Psalms (VT.S 99), Leiden 2005, 116–138 • WEBER B., Klagen ist nicht das Letzte, Brennpunkt Seelsorge 3+4 (2005) 46–51 • WEBER B., Psalm 30 als Paradigma für einen heutigen "Kasus der Wiederherstellung", JETh 21 (2007) 31–50 • WESTERMANN C., Lob und Klage in den Psalmen, Göttingen ^{6}1983 (1977) • WILLIAMSON H.G.M., Reading the Lament Psalms Backwards, in: B.A. STRAWN / N.R. BOWEN (Ed.), A God So Near, Winona Lake, IN 2003, 3–15.

1. Einführung

Nachfolgend geht es darum, Ausdrucksformen und Verwendungszusammenhänge des "Betens und Singens" mit den Psalmen in den Blick zu bekommen – auch für Gegenwartsverwendungen. Dazu greifen wir auf Kategorisierungen zurück und nehmen Impulse der formgeschichtlichen Methodik auf (vgl. GUNKEL/BEGRICH, Einleitung; WESTERMANN, Lob). Solchem Vorgehen liegt die Tatsache zugrunde, dass keine sprachliche Kommunikation ohne Regeln, Prägungen bzw. Konventionen auskommt. Dies betrifft bereits die Regulatur der Grammatik, bestimmt aber auch Reden und Texte hinsichtlich Herkunft, Gestaltung und Absicht. Dabei ist die Konventionalität der eine, die Individualität und Originalität der andere, dazu komplementäre Aspekt. Stets sind beide Momente involviert, doch das "Mischverhältnis" ist je nach Textsorte und Kultur ein unterschiedliches.[1]

Ein solcher Mix bestimmt auch die Psalmgebete und -lieder. Zu berücksichtigen ist, dass – anders als in der Moderne – im damaligen Kulturraum Momente der Authentizität, Individualität und Originalität weniger gewichtig waren. Insofern ist – anhand wiederkehrender Formulierungen in den Psalmen erkennbar – der Aspekt der Konventionalität generell höher zu veranschlagen als bei heutiger Literatur. Gegenüber der früheren formgeschichtlichen Psalmenauslegung, welche die Psalmen einem (zu) starken "Kategorisierungsdruck" unterwarf, hat das Pendel inzwischen in die Gegenrichtung ausgeschlagen. Dies zeigt sich in der verstärkten Wahrnehmung der jeweiligen Eigenheit und Besonderheit jedes Psalms. Auch die Zuweisung von Psalmen zu Gattungen und spezifischen Verwendungszusammenhängen ("Sitz im Leben") wird heute problematisiert. Trotz berechtigter Vorbehalte und notwendiger Korrekturen hat diese Zugangsweise gleichwohl ihr Recht und verhilft bei umsichtiger Anwendung zu wesentlichen Einsichten. Sie ist nicht zuletzt für die Adaptierung einzelner Psalmen in heutige Verwendungszusammenhänge unverzichtbar. Allerdings ist stets zu bedenken, dass "(reine) Gattungen" eine abstrahierte Typik darstellen und die einzelnen Psalmen diese mehr oder weniger realisieren. Nicht wenige Psalmen sind zudem gattungskomposit, d.h. sie nehmen Elemente unterschiedlicher Gattungen bzw. Traditionen auf.

Ergänzend dazu sind einige Überlegungen zu den Kategorien "Individualität" und "Kollektivität" angebracht. In den Psalmen finden sich "Ich"- als auch "Wir"-Formulierungen. Entsprechend werden Gattungen und Ausdrucksformen einer Einzelperson

[1] Ein Beispiel aus der Gegenwart soll dies verdeutlichen: Die Gattung "Todesanzeige" ist gekennzeichnet durch ein hohes Mass an konventionellen Elementen (schwarze Umrandung, ähnliche Formulierungen mit Name und Lebensdaten des Verstorbenen und Angaben der Hinterbliebenen etc.). Die Gattung "Liebesbrief" demgegenüber ist ungleich weniger formalisiert und durch ein hohes Mass an "originalen" Äusserungen charakterisiert.

oder einem Kollektiv (Gruppe, Volk) zugeordnet. Auch diesbezüglich finden sich aber "Mischungen" in ein-und-demselben Psalm. Hinzu kommt, dass wo der König als "Ich" spricht, liegt Kategorie *sui generis* vorliegt, denn dieser steht und spricht in besonderem Status. Individualpsalmen sind in der Überzahl. Der Sachverhalt ist allerdings komplex: Zum einen stellt sich – auch aufgrund der Überschriften – die Frage, ob irgendein individuelles "Ich", ein Repräsentant des Volkes oder aber der König spricht bzw. als (Erst-)Sprecher gemeint ist. Zum andern kann der Befund unter den Bedingungen der Moderne leicht fehlinterpretiert werden. Anders nämlich als in der Neuzeit, wo das Individuum bzw. die Indvidualität stark betont ist und vom Einzelnen zum Kollektiv hin gedacht wird (additives Denken), ist das damalige Gefälle umgekehrt (partitive Vorstellung): Israel als Volk ist auserwählt und (primärer) Bündnispartner Gottes. Der Einzelne ist Teil seines Volkes; entsprechend ist seine Gottesbeziehung weniger "genuin" als durch dieses "vermittelt". Ähnliches gilt für das Beten mit bzw. im Anschluss an David, den König. Angesichts der ganz anderen geistesgeschichtlichen und religiös-kulturellen Lage geschieht der Nachvollzug der Psalmen heute – jedenfalls in westlichen Gesellschaften – in einer exklusiver gefassten "Ich-Du"-Beziehung zwischen Mensch und Gott. Dies ist nahezu unumgänglich, und dagegen ist auch nichts einzuwenden. Gleichwohl ist der Vorrang des Kollektiven vor dem Individuellen in der Herkunftssituation der Psalmen zu bedenken und dadurch die Gefahr von überpersonalisierender Vereinnahmung der Psalmen kritisch im Blick zu behalten.

In den nachfolgenden Abschnitten werden Sprach- und Verwendungscharakteristika der Psalmen erörtert (für Konkretisierungen und Details vgl. die Ausführungen in Wb Pss I/II). Dabei beschränke ich mich auf die Haupttypen: die Individualgattungen "Klagebitte" und "Lobdank" und die Kollektivgattungen "Klagebitte des Volkes" (Volksklage) und "Lobpreis/Hymnus" (zu den stärker inhaltlich bestimmten Kategorien der [JHWH-]Königs- und der Weisheitspsalmen vgl. die Ausführungen unter 4 und 5). Im Anschluss an die knappe Skizzierung der Typik werden Hinweise für die Neuverwendung von Psalmen in heutigen Situationen und Kontexten gegeben. Am Schluss stehen Ausführungen, in denen beispielhaft an zwei Psalmen (Ps 13 als "Klagebitte" und Ps 30 als "Lobdank") und einer Psalmengruppe (Ps 22–24 als "Gebetsweg") der Ertrag gattungsspezifischer Psalmauslegung im Blick auf theol. Gehalte sowie liturgische und praktisch-existentielle Nachvollzüge aufgezeigt werden.

2. Die "Klagebitte"

A) Bezeichnung

In Wb Pss III wird für hebr. *t^ephilla* die Bezeichnung "Klagebitte (des Einzelnen)" verwendet und damit die für diese Gattung charakteristische Verbindung von Klage und Bitte zum Ausdruck gebracht. Üblich ist der Ausdruck "Klagelied/Bittgebet des Einzelnen" (engl. *lament*). Die "Klagebitte des Volkes" als koll. Gattung weist gegenüber der individuellen "Klagebitte" teils übereinstimmende Elemente auf (s.u.). Von der Leid- bzw. Notklage abzugrenzen ist die "Totenklage" (hebr. *qina*), vgl. z.B. Gen 50,10; 2. Sam 1,17–27.

B) Psalmen dieser Gattung innerhalb des Psalters

Die Gattung "Klagebitte" ist im Psalter häufig vertreten. Ihren Schwerpunkt hat sie in den ersten beiden Psalterteilbüchern (Ps 1–41/42–72). In den einzelnen Psalmen ist sie unterschiedlich ausgestaltet. Zudem ist die Zuweisung von Psalmen zu dieser Gattung nicht in jedem Fall unumstritten. Insbesondere mit dem "Lobdank" (s.u.) gibt es Überschneidungen, und dies führt zu teils unterschiedlichen Gattungszuweisungen einzelner Psalmen(teile).

Zu den "Klagebitten" werden in der Regel (u.a.) die Psalmen 3–7; 13; 17; 22 A; 25–28; 35; 38f.; 42f.; 51; 54–57; 59; 64; 69f.; 86; 88; 102; 109; 140–143 gerechnet.

C) Formelemente

Nicht alle Elemente erscheinen bei allen Klagebitten, und auch die Reihenfolge ist nicht stets gleich; manchmal kommen auch Mehrfachdurchgänge vor. Wesentliche Formelemente sind (in Klammern die Versangaben zu Ps 13 als Beispiel – ausführlicher zu diesem Psalm s.u., 6. B):

- Gottesanrufung (*invocatio Dei*), im Vokativ (2.4)
- Klagerede oder -schilderung (2f.), differenzierbar in:
  - Gott-Klage (2)
  - Ich-Klage (3)
  - Feind-Klage (3)
- Bitten, teils verstärkt durch Motivierungshinweise (4f.)
- Bekenntnis der Zuversicht bzw. des Vertrauens/Erhörungsgewissheit (6)
- Lobversprechen (Gelübde) (6)

D) Entstehungs- und Verwendungszusammenhänge

Realhintergrund individueller Klagebitten sind lebensbedrohliche Notlagen wie Krankheit, Rechtsbedrängnis und Anfeindung, die (nur) den Psalmen selbst zu entnehmen sind. Meist ist die Not nicht diagnostisch präzise geschildert, sondern nur angedeutet. Nicht selten ist diese multifaktoriell zu veranschlagen. Ähnliches gilt im Blick auf die Auswirkungen der Not bzw. das Ergehen des Betroffenen: Der gesamte Mensch in seiner psycho-physischen Integrität und seinen Sozialbezügen (Gott, Selbst- und Fremdbeziehungen) ist involviert. Im Einzelnen sind folgende, z.T. miteinander verknüpfte Notzustände erkennbar: Gottferne, psychische und/oder somatische Formen der Erkrankung, Todesnähe bzw. -bedrohung, Eigen- und/oder Fremdschuld, Verleumdung, Verfolgung, Verlassenheit, Ausgrenzung, Verlusterfahrung, Formen der Gewalt (psychische, leibliche und soziale bzw. strukturelle Gewalt).

Die näheren Umstände der Gebetsdarbringung bzw. des liturgischen Zusammenhangs der Klagebitten sind bislang nicht restlos geklärt. Die Situationen, die in ihnen angesprochen sind, verweisen jedenfalls auf Isolierung und auf Gott- und Tempelferne. Da die Gebete weithin formularischen Charakter haben, auf Wiederverwendung angelegt und dazu in der vorliegenden Form kaum als Gelegenheits- bzw. Laiengebete von Privatpersonen verfasst worden sind, ist in der einen oder anderen Weise eine Vermittlung vom Tempel her (Beistand eines Priesters oder Leviten?) bzw. zu ihm hin (Deponierung bzw. [Neu-]Aufführung der Klagebitten?) zu vermuten (vgl. GERSTENBERGER, Mensch, 113ff.). Die Einschätzung des in den Klagebitten auftretenden "Stimmungsumschwungs" (z.B. zwischen Ps 13,5 und 6) ist umstritten, namentlich die damit verbundene Erklärung, dass ein (von einem Priester) überbrachter Heilsbescheid diesen bewirkt habe (vgl. WEBER, "Stimmungsumschwung").

E) Sonderformen und Untertypen

Als mit der Klagebitte (und auch dem Lobdank) verwandte (Sub-)Gattung werden einige Psalmen als "Vertrauenslieder" oder "Vertrauenspsalmen" apostrophiert. Zu ihnen werden (u.a.) gerechnet: Ps 11; 16; 23.

Seit der alten Kirche sind die Psalmen 6; 32; 38; 51; 102; 130; 143 als die "Sieben Busspsalmen" zusammengestellt und gemeinsam bedacht worden (vgl. 7 VII. 1. B). In formgeschichtlicher Hinsicht ist die Sammelbezeichnung "Bussgebete" nur bedingt zutreffend, da ein zugrunde liegendes Sünden- und Umkehrgeschehen nicht für alle sieben Psalmen gegeben ist.

F) Überlegungen im Blick auf Neuverwendungen in der Gegenwart

Im persönlichen Leben wie in Kirche und Gesellschaft begegnen Leid und Not in vielfältiger Weise. Dieses darf, ja, soll mit Klagebitten aus dem Psalmenbuch – allenfalls paraphrasiert und adaptiert – zu Gott gebracht und vor ihm ausgesprochen werden. Mit Psalmworten lassen sich eigene wie fremde Nöte zur Sprache bringen. Die Klagebitte, insbesondere die darin aufgehobene Dimension des (An-)Klagens bedarf dabei neuer Gewichtung in Theologie, Spiritualität und kirchlicher Liturgie (dazu s.u. [Ps 13] und vgl. WEBER, Lob; BAYER, Erhörte Klage).

In pfarramtlichen und kirchlichen Verwendungen bieten sich über den gottesdienstlichen Gebrauch (z.B. als Lesung in der Passions- bzw. Fastenzeit) hinaus als Verwendungszusammenhänge namentlich die Seelsorge und der Kasus der Bestattungspredigt an. Ein "Verzeichnis", welcher Psalm(ausschnitt) für welche Situation "passt", kann hier – von der jeweiligen Situation abstrahierend – nicht gegeben werden (vgl. zur Situation am Krankenbett mit praktischen Beispielen KELLENBERGER-SASSI, Psalmen). Als Anregung sei aber eine Zusammenstellung von Psalmen und möglichen (adaptierbaren, erweiterbaren) Not- bzw. Ergehenskontexten der Gegenwart (die nicht mit den Entstehungszusammenhängen übereinstimmen müssen) dargeboten:

- Ps 3 Einer feindlichen, bedrängenden Übermacht ausgeliefert sein
- Ps 5 Verleumdung, Heuchelei
- Ps 6 Seelische Not/Depression, Krankheit, (sexueller) Missbrauch
- Ps 7 Falschanklage, Rechtsbeugung
- Ps 13 (Anhaltende) Gottverlassenheit, Lebensverunsicherung
- Ps 17 Verleumdung, Heimtücke, Todesbedrohung
- Ps 22 A Ausgeliefertsein, Angst, Verzweiflung, Gottferne
- Ps 28 Falschanklage, Vergeltung ("Rache")
- Ps 38 Krankheit, Vergehen/Schuld, Verlassenheit
- Ps 39 Hinfälligkeit/Todesnähe, Krankheit, Schuld
- Ps 42f. Seelennot, Depression, Trauer, Heimweh/Sehnsucht

- Ps 51 Sünde(nbekenntnis), Zerbrochenheit
- Ps 55 Lebensbedrohung (aus engstem Umfeld), (sexueller) Missbrauch
- Ps 56f. Nachstellungen, Kränkungen ("Mobbing")
- Ps 59 Verleumdung, Nachstellung
- Ps 64 Verschwörung
- Ps 69 Verzweiflung ("Überflutung"), Entfremdung, Verspottung
- Ps 70 Verspottung, Schadenfreude
- Ps 88 Finsternis, Todesnähe, Krankheit, Aussichtslosigkeit, Isolierung
- Ps 102 Psycho-somatisches Kranksein
- Ps 109 Verleumdung, Falschanklage, Angriff auf Angehörige
- Ps 140 Verleumdung, Hinterhältigkeit
- Ps 142f. (Feind-)Bedrängnis, Verlassenheit

3. Der "Lobdank"

A) Bezeichnung

Die hebr. Bezeichnung der Gattung lautet *toda* "Dank(opfer)lied", abgeleitet von *j-d-h* hi "bekennen, danken, loben". Von den Handlungsvollzügen, die im Bedeutungsspektrum des Verbs angezeigt sind, trägt die verwendete Wiedergabe mit "Lobdank" zwei der drei genannten Aspekte Rechnung. Der mit einer Opferart ("[gemeinschaftliches] Lobdankopfer", vgl. Lev 7,11ff.) verbundene Begriff verweist auf die (ursprünglich) kultische Einbettung ("Lobdankopferlied") des Psalmbeitrags. Üblicherweise wird für diese Gattung die Bezeichnung "Dankgebet" bzw. "Danklied eines Einzelnen" (engl. *song of thanksgiving*) verwendet. Ihre Psalmen werden zu den Individualpsalmen gerechnet, setzen jedoch ein Kleingruppen-Setting voraus (zu Ps 30 s.u., 6. B). Ein "Lobdank des Volkes" ist im Psalter – wenn überhaupt – nur in Umrissen und ansatzweise greifbar (diskutiert werden die Psalmen 67; 124; 129) und als Gattung umstritten. Wahrscheinlicher sind Gattungsverbindungen zwischen (individuellem) Lobdank und (kollektivem) Lobpreis/Hymnus (s.u.) (vgl. Ps 65–67; 100; 118), zumal institutionelle Berührungen zwischen nationalen Fest- und Wallfahrtsgottesdiensten (Lobpreis) und "Kleingruppengottesdiensten" (Lobdank) – je am Tempelvorhof – vorlagen (auch der Königs-Lobdank Ps 18 führt in einen nationalen Kontext).

B) Psalmen dieser Gattung innerhalb des Psalters

Abgrenzungen der Lobdank-Psalmen, die auf die Behebung einer Not durch Gotteshilfe reagieren, gegenüber den Klagebitten, die aus der (noch vorliegenden) Not ergehen, sind nicht immer leicht (vgl. WILLIAMSON, Reading). Dies hat zum einen mit der Einschätzung der Zeitlagen ("Tempora") zu tun, zum andern mit dem Umstand, dass Klagebitten auf den Lobdank vorgreifen (Versprechen, Gelübde, z.T. sogar Vollzug) und umgekehrt im Lobdank nicht nur auf die Notlage zurückgeschaut, sondern nicht selten Teile einer Klagebitte aufgenommen sind. Vermutlich sind einige der üblicherweise als Klagebitten klassifizierten Psalmen als Lobdank zu bestimmen (z.B. Ps 9f.; 31; 130).

Zu den Lobdank-Psalmen gehören (u.a.) die Psalmen 9f.; 18; 22 B; 30–32; 34; 40f.; 103; 116; 138.

C) Formelemente

Wie bei der Klagebitte gilt auch hier: Nicht alle Elemente erscheinen bei allen Lobdank-Palmen, und auch die Reihenfolge ist nicht immer gleich. Wesentliche Formelemente sind (in Klammern Versangaben zu Ps 30 [s.u., 6. B] als Beispiel):

- (Einführende) Absichtsbekundung (Kohortativ) zum Lobdank (2.13)
- Rückblick auf Notlage (8) bzw. aus ihr geäusserte Klagebitte (9–11)
- Bericht über (antwortende) Hilfe/Rettung Gottes (2–4.12)
- Lobdank-Vollzug (12f.)
- Worte (Aufforderungen, Belehrungen etc.) an die mitfeiernde Gemeinschaft (5f.)

D) Entstehungs- und Verwendungszusammenhänge

Der Lobdank antwortet auf von Gott ergangene Hilfe bzw. Rettung aus der Not. Was Situationen der Not betrifft, kann weithin auf die Zusammenstellung unter der Gattungsrubrik Klagebitte verwiesen werden (s.o.). Der Lobdank-Psalm ist ursprünglich Teil eines liturgischen Settings, das sich – wohl im Kontext der nationalen Wallfahrtsfeste – als Opferdarbringung und anschliessende Mahlfeier im Kreis von Angehörigen und Freunden (und evtl. weiteren Volksgenossen) am Tempelvorhof in Jerusalem vollzog. Häufig wurde damit ein im Zusammenhang mit der Bittklage abgegebenes Lobversprechen (Gelübde) im Fall der Gebetserhörung eingelöst. Jedenfalls beschloss der Lobdank die von Gott gewährte Wiederherstellung. Dazu konnten – wie Ps 116,12–19 zeigt – folgende (verbale und nonverbale) Elemente gehören (vgl. JANOWSKI, Konfliktgespräche, 208–305):

- Schlachtung des als Lobdankopfer dargebrachten Opfertiers mit Gottesanrufung
- Essen des gebratenen Opferfleischs in der Mahlgemeinschaft
- Erheben des "Bechers der Rettungstaten" durch den Wiederhergestellten
- Musik und Reigentanz
- Vortrag des Lobdank-Psalms (Gelübde-Einlösung als Gebet und Bezeugung)

E) Sonderformen und Untertypen

Der Zusammenhang der Lobdank-Psalmen mit den Klagebitten wurde bereits angesprochen (s.o.). Ähnliches gilt im Blick auf die so genannten "Vertrauenslieder bzw. -psalmen" (aufgeführt unter der Gattung der Klagebitte). Auch auf (teils fliessende) Übergänge zum Lobpreis bzw. Hymnus wurde bereits hingewiesen (s.o.).

F) Überlegungen im Blick auf Neuverwendungen in der Gegenwart

"Danken schützt vor Wanken, Loben zieht nach oben", sagt der Volksmund. Dem ist, unter Hinzufügung der Lobadresse (Gott), im Blick auf den bibl. Lobdank zuzustimmen, wie etwa Ps 30 deutlich macht (dazu s.u., 6. B). Die Verbindung vom Lobversprechen (Gelübde) zur Loberstattung (Gelübde-Einlösung) macht deutlich, dass Lobdank nach erfahrener Rettung keineswegs als "fakultativ" empfunden wurde, sondern wesentlicher Abschluss einer ganzheitlichen Wiederherstellung war. Im Blick auf heutige Verdankung von Rettung und Heilung – aus Widerfahrnissen, die ein weites Spektrum von Krankheit über "Mobbing" bis hin zu sexuellem Missbrauch umgreifen können – ist diesem Umstand Rechnung zu tragen. Der damalige Kontext lädt jedenfalls zu Überlegungen über liturgisches Handeln, basierend auf einer Theologie der Dankbarkeit, geradezu ein (vgl. WEBER, Psalm 30). Im Blick auf heutige Kontexte ist zudem der "halböffentliche" Charakter derartiger Mahlfeiern (eine Art "Nischengottesdienste" im Rahmen der nationalen Gottesdienste Israels) bedenkenswert. Er steht im Gegensatz zur gegenwärtigen Tendenz der "Privatisierung" und optiert für einen Einbezug von Familie und Freundeskreis als Gemeinde-Repräsentanz (z.B. in einem Kleingruppen- oder Hauskreis-Gottesdienst).

Was die Zuordnung von Lobdank-Psalmen zu modernen Konstellationen betrifft, gilt Entsprechendes zu dem unter der Gattungsrubrik "Klagebitte" Gesagten. Die dort aufgeführte Liste von Psalmen und Situationskonstellationen lässt sich auch auf Lobdank-Psalmen adaptieren (zu Lobdank-Beispielen vgl. ebenfalls KELLENBERGER-SASSI, Psalmen). Darüber hinaus sind (u.a.) folgende Verwendungszusammenhänge denkbar (im Gegensatz zu den Klagebitten ist Erhörung und Errettung hervorgehoben):

- Ps 9f. Rechtsangelegenheit (unschuldig angeklagt, strukturelle Gewalt)
- Ps 30 Falsche Sorglosigkeit, Überheblichkeit, Freude(nfest)
- Ps 31 Gefangensein, Enge, Verlassenheit, Lügenreden
- Ps 32 Schuld und Vergebung, Schutz
- Ps 34 Aus Not/Mangel zu Rettung/Fülle, neue Dankbarkeit/Verantwortung
- Ps 40 Verderben, Gebetserhörung, Gottvertrauen, Treue Gottes
- Ps 41 Böse Reden ("Killerworte"), Krankheit, Verrat durch Freund, Sünde
- Ps 103 Verfehlung, Krankheit, Erbarmen Gottes
- Ps 116 Todesnähe, Krankheit, Gebundenheit und Befreiung

4. Die "Klagebitte des Volkes"

A) Bezeichnung

Hebr. *t^ephillat ʿam* "Klagebitte des Volkes" (vgl. Ps 80,5); üblich ist die Gattungsbezeichnung "Klagelied des Volkes" (engl. *communal lament*). Der Gebrauch desselben hebr. Begriffs für das Einzel- wie das Volksgebet zeigt die Gattungsverwandtschaft an. Diese äussert sich auch in ähnlichen Formelementen. Mit der Klagebitte des Volkes verwandt sind die aus der mesopotamischen Literatur bekannten Stadt(untergangs)- und *balag*-Klagen. Ob und inwieweit die Volksklagen im Psalter davon beeinflusst sind, ist umstritten (die Annahme, dass solche den Verstehenshintergrund für Klgl 1f.; 4 bilden, ist wahrscheinlicher).

B) Psalmen dieser Gattung innerhalb des Psalters

Die Gattung "Klagebitte des Volkes" ist innerhalb des Psalters relativ spärlich vertreten und konzentriert sich auffälligerweise – namentlich, wenn man die "Mittlerklage" mitberücksichtigt (dazu s.u.) – auf Psalmen der Asaph-Gruppe (Ps 73–83).

Unter diese Gattung werden in der Regel (u.a.) die Psalmen 44; 60; 74; 79; 80; 83; 85 subsumiert. Bei Ps 83 handelt es sich möglicherweise um einen "Mittlerpsalm" (s.u.), und Ps 79 ist mit seinem – für diese Gattung untypischen – Schuldbekenntnis (form)geschichtlich als Spätform der Volksklage zu beurteilen.

C) Formelemente

Auch bei den Klagebitten des Volkes erscheinen nicht alle Elemente oder aber diese nicht in gleicher Weise oder Reihenfolge. Mit Ausnahme des Rückblicks auf das geschichtlich-mythische Heilswirken Gottes stimmen sie weithin mit denjenigen der individuellen Klagebitte überein. Es handelt sich um folgende Formelemente (in Klammern die Versangaben zu Ps 74 als Beispiel):

- Gottesanrufung (*invocatio Dei*), im Vokativ (1.10.18.22)
- Klagerede oder -schilderung (1–11), differenzierbar in:
  - Gott-Klage (1–3.10f.)
  - Wir-/Volks-Klage (9)
  - Feind-Klage (4–8)
- Rückblick auf Gottes früheres (grundlegendes) Heilshandeln (2.13–17)
- Bitten, teils verstärkt durch Motivierungshinweise (18–23)
- Bekenntnis der Zuversicht bzw. des Vertrauens; Erhörungsgewissheit (12)
- Lobversprechen (Gelübde) (21)

D) Entstehungs- und Verwendungszusammenhänge

Realhintergrund der Klagebitte des Volkes sind militärische Niederlagen, Zerstörungen (Hauptstadt, Tempel), Tötung vieler Menschen, Verschleppungen, Plünderungen und Schmähungen. Darüber hinaus können Notlagen wie Epidemien (Pest), Dürre und Hungersnot Auslöser für Volksklagen werden (dafür finden sich eindeutige Beispiele allerdings nur ausserhalb des Psalters). Die Not wird in der Regel nicht mit schuldhaftem Verhalten des Volkes in Zusammenhang gebracht, sondern wirft die theol. Frage nach der Mächtigkeit und Verantwortlichkeit des Bundesgottes Israels auf – was sich als notverschärfend auswirkt. Angesichts der Unerklärlichkeit von Gottes Verhalten richten Volksklagen ihren "Protest" an Gott und rufen ihn mit Vehemenz auf, (endlich) einzugreifen. Ob und inwieweit ein Gottesbescheid auf die Klagebitte des Volkes hin überbracht wurde bzw. in einzelnen Psalmen greifbar ist, ist umstritten.

Was den Verwendungszusammenhang dieser Kollektivgebete angeht, liegen Hinweise vor, die an eine (ursprünglich) liturgische, teils mit Fasten verbundene Aufführung bzw. Begehung (am Heiligtum) denken lassen (vgl. 1. Sam 7,5f.; Jer 41,4f.; Ps 74,2f.; Sach 7f.; 2. Chr 20,5–17).

E) Sonderformen und Untertypen

Als mit der Klagebitte des Volkes eng verwandte (Sub-)Gattung lassen sich einige Psalmen eruieren, wo Volksnot im Blick ist, aber ein "Ich" spricht, das sich als Mittler (wie Mose) in den Riss zwischen Gott und sein Volk stellt. Mittler können der König oder hochgestellte Funktionsträger am Hof oder Tempel sein. Als "Mittlerklagen" kommen Ps 77 und allenfalls Ps 44; 83; 89 in Frage.

Spätformen der Klagebitten des Volkes bzw. der Mittlerklagen sind die das Volk betreffenden "Bussgebete" (z.T. ebenfalls von Mittlern gesprochen), zu denen Ps 106 (und über den Psalter hinaus Esr 9; Neh 1; 9; Dan 9) zu zählen sind.

F) Überlegungen im Blick auf Neuverwendungen in der Gegenwart

Kriege, Nöte und Katastrophen betreffen Menschen in dieser Welt direkt oder aber werden im Rahmen des *global village* durch Medien vermittelt. Neben der Spontanhilfe haben sich spezielle Dienste etabliert, die den betroffenen Menschen humanitäre Hilfe und/oder geistlichen Beistand (z.B. als Armee- oder Notfallseelsorge) leisten. Zudem werden in Fürbitte-Gebeten derartige Nöte aufgenommen. Dabei ist nicht selten eine gewisse Hilf- und Sprachlosigkeit erkennbar, zumal in christl. (anders als in jüd.) Gemeinschaften eine Scheu vor dem Gebrauch des Klagens (zu bzw. vor Gott) festzustellen ist.

Transfers von bibl. Klagebitten des (Gottes!-)Volkes zur Verarbeitung von heutigem katastrophischem Geschehen wird man nicht unbesehen und unter Abstreifung des theol. Bundeskontextes vornehmen können. Ein nochmals anderer und näher liegender Verwendungshorizont ergibt sich im Blick auf grössere (auch spirituelle?) Notlagen, Verfolgungen und – unter Einbeziehung der Gattung (kollektiver) Bussgebete – Versagen der Kirche bzw. in den Kirchen. Bei der Rezeption derartiger Psalmengebete ist jedenfalls zu bedenken, dass die in ihnen zum Ausdruck kommende Verbindung von Land, Volk/Gemeinde und Glaube für die Kirche nicht in derselben Weise wie für das alte Israel gegeben ist und entsprechende Modifizierungen erfordert.

5. Der "Lobpreis"

A) Bezeichnung

Hebr. *t^e^hilla* "Ruhm, Lobpreis", von *h-l-l* pi "rühmen, (lob)preisen" (vgl. "Halleluja" = "lobpreist JH[WH]"). Gegenüber dem hier bevorzugten Ausdruck "Lobpreis (JHWHs)" wird diese "Gattung" meist mit dem aus dem Griech. stammenden Terminus "Hymnus" (engl. *hymn*) benannt. Es handelt sich in der Regel – trotz des teils sprechenden Ichs (wie z.B. in Ps 8; 104) – um eine kollektive, (ursprünglich) liturgische und tempeltheol. Gattung. (Götter-)Hymnen sind – in unterschiedlicher Ausgestaltung – auch aus altorientalischen und antiken Kulturen und Religionen bekannt.

Mit der Bezeichnung "Lobpreis" ist die Nähe zum (in der Regel individuellen) "Lobdank" (s.o.) angedeutet. Die entsprechenden hebr. Termini bzw. die ihnen zugrunde liegenden Verben *j-d-h* und *h-l-l* finden sich denn auch parallelisiert oder sonst kontextuell verbunden (vgl. Ps 35,18; 44,9; 100,4; 106,1; 109,30; 111,1; 147,1.7). Obwohl der ursprüngliche Verwendungszusammenhang der beiden Gattungen unterschiedlich ist, scheint es – insbesondere auf der literarischen Ebene – zu Vermischungen und Angleichungen gekommen zu sein (vgl. etwa Ps 65f.; 95; 100; 103; 111).

B) Psalmen dieser Gattung innerhalb des Psalters

Gegenläufig zu den Klagebitten, die in den ersten beiden Psalterteilbüchern ihren Schwerpunkt haben, hat der Lobpreis (Hymnus) in den letzten beiden (Ps 90–106/107–150) seinen Schwerpunkt. Mit dem Hallel (Ps 146–150) endet der Psalter mit dem Lobpreis JHWHs (s.u., 6 II.).

Zu den Lobpreis-Psalmen, die thematisch-theologisch vielfältig sind, gehören (u.a.) die Psalmen 8; 19 (Eingang); 29; 33; 47; 67f.; 93; 96–99; 104f.; 113f.; 117; 134–136; 145–150.

C) Formelemente

Lobpreis-Psalmen sind – eng gefasst – keine Gebete, da ihnen eine Gottesanrufung und meist auch eine "Du"-Anrede fehlen. Sie eröffnen überwiegend im Modus der Ankündigung ("Ich"-Formulierung) und/oder mit Aufrufen, die an ein Kollektiv gerichtet sind. Ob die mit der Partikel *ki* anschliessenden Beschreibungen und Schilderungen des Gotteshandelns noch unter dem Vorzeichen der Aufforderung stehen (kausales *ki* "denn" = Begründung, vgl. GUNKEL/BEGRICH, Einleitung, 42f.) oder bereits als Einstimmung in den Lobpreis zu fassen sind (emphatisches *ki* "ja, fürwahr" = Vollzug, vgl. CRÜSEMANN, Studien, 32ff.), wird nicht immer klar. Der ersten Option dürfte der Vorzug zu geben sein, wobei ein gewisses Changieren zwischen Aufruf und Vollzug nicht ausgeschlossen werden kann.[2] Die Hymnen sind zudem gekennzeichnet durch eine Schwebe zwischen Lobpreis-Darbringung und Verkündigung (von Gott ist überwiegend in der "Er"-Form die Rede). Sie haben ihren Ort – ob real oder literarisch imaginiert – im Gottesdienst.

Eine Kategorisierung der atl. Lobpreis-Psalmen, bei denen zwischen imperativischer und partizipialer Ausprägung unterschieden werden kann (vgl. CRÜSEMANN, Studien), gelingt im Blick auf die wiederkehrenden Formelemente nur dürftig. Von einer "Gattung" lässt sich daher nur bedingt sprechen (SPIECKERMANN, Hymnen, 142ff., spricht von einer "theologischen Denkform"). Formelemente sind eigentlich nur im Eröffnungsbereich und zudem nur im Haupttypus dieser je nach Definition breitgefächerten "Gattung" (s.u.) greifbar. Gemeinhin werden folgende Strukturbausteine angeführt (in Klammern Versangaben zu Ps 33 als Beispiel):

- Aufgesang (Lobpreisaufforderung, hymnische Einführung) (1–3)
- Hauptstück/Korpus (Anlass bzw. Inhalt des Lobpreises, oft im Partizipialstil), eingeführt mit überleitendem *ki* im Sinne einer Begründung (oder einer Vollzugsanzeige (4–19)
- Abgesang (20–22)

[2] In diese Richtung geht ein dritter, von WAGNER, Lobaufruf, eingebrachter (Vermittlungs-)Vorschlag, der die Imperative/Jussive als "indirekte Sprechakte" auffasst. Gemeint ist damit eine Äusserung, die das Lob (implizit) vollzieht, indem sie dazu auffordert.

D) Entstehungs- und Verwendungszusammenhänge

Im Gegensatz zum (individuellen) Lobdank reagiert der (kollektive) Lobpreis nicht auf eine konkrete (Rettungs-)Situation, sondern bringt Grunderfahrungen und -einsichten Israels zum Ausdruck. JHWH wird gepriesen in seiner Gerechtigkeit und Barmherzigkeit, als Schöpfer und als Herrscher, Lenker und Retter in der Geschichte. Der Lobpreis Gottes, der auf das erfahrene Tun JHWHs antwortet, gründet auf dem Verhältnis des Bundesvolkes zu seinem Gott. Im Lobpreis verdichtet und erfüllt sich "Theologie", findet menschliches Tun seine schöpfungsgemässe Bestimmung.

Beim Lobpreis ist – jedenfalls ursprünglich – von einem liturgisch-gottesdienstlichen Verwendungszusammenhang, überwiegend am Jerusalemer Tempel im Rahmen von Volks- und Wallfahrtsfesten, auszugehen. Von dort her ergeben sich institutionelle Schnittflächen mit dem Lobdank (s.o.). Namentlich bei den vielen Hymnen im letzten Psalterdrittel wird die Frage diskutiert, ob sie mit liturgischen Aufführungen in genuinem Zusammenhang stehen oder (lediglich) literarische Nachbildungen darstellen.

E) Sonderformen und Untertypen

Der geschichtliche Typus des Lobpreises hat seine Wurzeln im Siegeshymnus nach erfolgreichem Kampf (vgl. Ex 15,1–18.21; Ri 5). Er ist greifbar in Ps 105 (und in gewisser Weise auch in Ps 78 als "Vorgänger" von Ps 105f.), ferner in Ps 114; 135f. Ein anderer, ebenfalls mit dem Siegeslied verbundener Typus stellen sog. JHWH-Königs-Hymnen wie die Psalmen 29; 47; 93; 96–99 dar.

In vielen Lobpreis-Psalmen richtet sich die Aufmerksamkeit auf JHWH als Schöpfer. Dazu gehören Ps 8; 19 (Eingang); 33 und v.a. 104. Oft sind dabei Momente der Schöpfung mit Gottes Geschichts- und Gnadenwirken und/oder seiner Wegweisung (Tora) – teils mit weish. Einfärbung – verbunden.

F) Überlegungen im Blick auf Neuverwendungen in der Gegenwart

Die unter der Rubrik "Entstehungs- und Verwendungszusammenhänge" gegebenen Hinweise (s.o.) lassen sich relativ leicht auf Neuverwendungen in der Gegenwart übertragen. Die gottesdienstliche Verwendung steht dabei im Vordergrund.[3] Mit den Bereichen: Schöpfung/Kosmos, Heilsgeschichte sowie Gottes Königs- und Gnadenwirken sind die wesentlichen Themen des Lobpreises angesprochen. Im Blick auf mögliche Neuverwendungen in heutigen Kontexten sei nachfolgend eine Aufschlüsselung (Suchliste) dargeboten:

- Ps 8 Der Schöpfer und sein Werk: Gestirne, Vieh und v.a. der Mensch
- Ps 19 Verbindung Schöpfungshymnus, Tora-Weisheit und Bekenntnis/Gebet
- Ps 29 Gottes Macht und Ehre im Kosmos (Schlüsselbegriff: Stimme/Donner)

[3] Der in christl. Gemeinden – v.a. charismatischer Ausrichtung – entstandene Anbetungs- und Lobpreis-Kultur mag man eine gewisse Nähe zur alten Jerusalemer Tempeltheologie und -liturgie attestieren. Gegenüber den stärker kognitiven Gottesdienstformen protestantischer Kirchen (v.a. ref. Prägung), die ihre Vorläufer eher in der Synagoge als im Tempel haben, nimmt sie – vergleichbar mit Ausdrucksformen in Afrika und Lateinamerika – verstärkt emotionale und musikalische Elemente auf.

- Ps 33 JHWH über Schöpfung, Kosmos und Geschichte
- Ps 47 Einzug JHWHs als Völkerkönig inmitten der Gottesdienstgemeinde
- Ps 65 Lobdank und Lobpreis (u.a. angesichts der Fruchtbarkeit des Landes)
- Ps 66 Lobdank und Lobpreis (u.a. über Gottes Wirken in der Geschichte)
- Ps 67 Aufforderung zum Völker-Lobpreis und Segensbitten
- Ps 68 Gottes mächtiges Wirken in der Geschichte, gefeiert am Heiligtum
- Ps 93 JHWH ist König (geworden); Sieg über die Chaosmächte
- Ps 95 Der Schöpfer von Kosmos und Volk; Warnrede vor Verhärtung
- Ps 96 Gottes Majestät und Aufruf zur Völker-Huldigung
- Ps 97 Gottes Kommen mit Macht (Sinai); Recht und Gerechtigkeit
- Ps 98 Musikalischer Lobpreis am Tempel und des ganzen Kosmos
- Ps 99 Gottes Thron und seine Rechtssatzungen (via Mose, Aaron und Samuel)
- Ps 100 Israels Einladung an die Völkerwelt zur Huldigung JHWHs
- Ps 103 Selbstaufforderung; Gottes Erbarmen in Geschichte und Gegenwart
- Ps 104 Schöpfungshymnus, Fürsorge/Sättigung betreffend Mensch und Tier
- Ps 105 Heilsgeschichte von Abraham bis zur Gabe des Landes
- Ps 111 Die Wundertaten Gottes (Erlösung, Land, Gebote)
- Ps 113 Der erhabene Gott richtet die Geringen auf
- Ps 114 Israels Auszug aus Ägypten; tanzende Schöpfung
- Ps 117 Die Gnade und Treue Gottes als Grund zum Lobpreis
- Ps 134 Aufruf zu Lobpreis und Segenserteilung
- Ps 135 Gottesdienstlicher Lobpreis; der Schöpfer und Retter Israels
- Ps 136 Der Wundertuende und die antwortende Gemeinde (Responsorien)
- Ps 145 Lobpreis angesichts der immerwährenden Königsherrschaft JHWHs
- Ps 146 Halleluja: der König als Helfer der Bedürftigen
- Ps 147 Halleluja: Erbauer Jerusalems, Regenspender (Fruchtbarkeit)
- Ps 148 Halleluja: Aufruf zum Lobpreis durch Gestirne, Fauna, Flora, Mensch
- Ps 149 Halleluja: Schöpfungs-, Gottesdienst- und Gerichtsjubel
- Ps 150 Halleluja: alles, was Odem hat: Halleluja!

6. Ausgewählte Beispiele

Individualgebete, die den Gattungen "Klagebitte" (t^e*philla*) bzw. "Lobdank" (*toda*) zugerechnet werden, sind im Psalter häufig vertreten. Sie verdanken sich *derselben* Konstellation, nämlich einer (wie immer auch gearteten) Notlage. Formuliert werden sie aber zu unterschiedlichen Zeitpunkten auf der Geschehensachse: Während die Klagebitte sich in der Not an Gott wendet, blickt der Lobdank auf die von Gott zum Guten hin gewendete Not zurück. Eine kleine Skizze soll dies verdeutlichen:

———X————————————————X————> Geschehenslinie (Zeitachse)
Notereignis => Klagebitte   Wiederherstellung ("Rettung") <= Lobdank

Die beiden Gattungstypen gehören entsprechend zusammen bzw. sind reziprok aufeinander bezogen. Klagebitten blicken denn auch häufig auf den Lobdank voraus bzw. versprechen, ihn bei erfahrener Rettung zu erstatten (Gelübde). Umgekehrt beinhaltet der Lobdank in der Regel einen Rückblick auf die Not und die Rettung daraus. Mit der von Gott zuteil gewordenen Rettung ist der Mensch der Sphäre des Unheils allerdings noch nicht vollends entronnen. Erst mit der im Lobdank-Psalm formulierten Bezeugung vor Gott (Lobdank) ist die Wiederherstellung und Neuintegration in Gottesbeziehung und Gemeinde lebensgeschichtlich wie theologisch abgeschlossen. Die Not hat das Leben und die Beziehung zu Gott und Menschen für den Betroffenen beeinträchtigt; in der Todafeier ist die von Gott geschenkte Behebung derselben und damit die Rückkehr in seinen "Schalom" bezeugt. Dergestalt schliesst sich der Geschehensbogen.

Nachfolgend greifen wir aus der Vielzahl an Klagebitte- und Lobdank-Psalmen Ps 13 und Ps 30 heraus. Die Psalmworte werden aktualisierend ausgelegt und der Zusammenhang zwischen den beiden Gebetsäusserungen deutlich gemacht. Dabei ist zu bedenken, dass wir aller Voraussicht nach nicht Psalmen und Gebete überliefert haben, die *unmittelbarer* Ausdruck "biographischer" Erfahrungen sind. Vielmehr eignet den meisten Psalmen ein exemplarischer bzw. paradigmatischer Charakter. Es ist von einer wechselseitigen Beeinflussung von konkreten Lebensumständen einerseits und typischen Geschehensmustern sowie offenen Formulierungen andererseits auszugehen. Damit verbindet sich Authentizität wie Situationsoffenheit. Als (von Tempeldichtern aufgrund von Zeugnissen erstellte?) "Gebetsformulare" erweisen sich diese Psalmen als anschlussfähig insofern, als sie von Nachbetenden je neu mit existentiellem Erleben gefüllt werden (können).

A) Psalm 13: eine Klagebitte

13,1 Dem Musikverantwortlichen – ein Psalm – zugehörig David.

2 Bis wie lange, HERR – willst du mich vergessen für immer?
Bis wie lange willst du verbergen dein Angesicht vor mir?
3 Bis wie lange muss ich hegen Sorgen in meiner Seele,
Kummer in meinem Herzen tagelang?
Bis wie lange darf sich erheben mein Feind über mich?

4 Schau bitte her, antworte mir, HERR!
Mein Gott, mach bitte hell meine Augen!
Damit ich nicht entschlafe zum Tode,
5 damit nicht sage mein Feind: "Ich habe ihn überwältigt!",
meine Bedränger nicht jubeln, dass ich wanke!

6 Ich aber, aufgrund deiner Gnade habe ich vertraut.
Jubeln soll mein Herz aufgrund deiner Rettung:
"Ich will singen dem HERRN, denn wohl getan hat er an mir".

Nachbetende der Psalmen sind nicht selten irritiert über das in den Psalmen recht häufige Klagen zu Gott und teils sogar Anklagen Gottes. Dies meist darum, weil "Klagen" als mit der von Jesus Christus bewirkten Erlösung schwer vereinbar bzw. als "vorchristlich" empfunden wird. Nicht selten wird diese Gebetsform darum gemieden. Von daher erstaunt es nicht, dass Klagebitten in der christl. Liturgie wie in den Gesangbüchern einen bescheidenen Raum einnehmen. Ihre Bedeutung ist erst wieder in neuerer Zeit – unterstützt durch psychologische Einsichten zur Leidbewältigung und Trauerarbeit – erkannt worden. Ps 13 gehört zu diesen Psalmen und gilt als typische Form der Klagebitte (zum Psalm und der angesprochenen Thematik vgl. WEBER, Lob; WEBER,

"Stimmungsumschwung"; WEBER, Klagen). Zunächst gilt es, die Textspur von Ps 13 mit den Formelementen wahrzunehmen. Sie stellt sich folgendermassen dar:

1 Überschrift
2–3 Klagen:
  2 Gott-Klage
  3 Selbst-Klage
  3 Feind-Klage (mit "Zitat")
4–5 Bitten:
  4 Appelle
  4f. "worst case"-Szenarien ("damit nicht …")
6 Vertrauensbekundung + Lobdank (Versprechen + Vollzug [mit "Zitat"])

Nicht immer wird wie in Ps 13 die Not direkt als von Gott verursacht angesprochen. Klagen gehört gleichwohl – etwa auch als Leidschilderung (vgl. Ps 3,2f.) – wesentlich zum im Psalmenbuch breit bezeugten Gebetstypus der *t^e^philla* "Klagebitte". Im vorliegenden Psalm ist Klage zugleich Anklage. Sie äussert sich darin, dass repetitiv Variationen derselben Grundfrage nach dem zeitlichen Andauern der Not bzw. dem Verzug der Hilfe Gott entgegen "gehämmert" werden (2f.). Irgendwelche "Sünden" werden als Begründung nicht angeführt und sollten auch nicht "hineininterpretiert" werden, denn dafür gibt der Psalm keine Anhaltspunkte. Die Not ist vielmehr eine zutiefst *theologische*, insofern es für den Betenden keinen erkennbaren Grund für die fortgesetzte Abwesenheit, ja, nahezu "Feindschaft" Gottes gibt (2). Die Überhebung der "Feinde" (3) ist – ebenso wie die Beeinträchtigung des gesamten Menschseins (2f.) – Folge (und nicht Ursache) der Verborgenheit Gottes. Zwar sind sämtliche "Sozialdimensionen" (Eigen-, Fremd- und Gottesbezug) des betenden Ichs betroffen, Gott und sein unerklärliches Verhalten (Absenz) jedoch ist das *eigentliche* Problem, das hinter den Psalmworten aufscheint. Dies offenzulegen und ins Gespräch mit Gott zu bringen, macht die tiefe Berechtigung bibl. Klage aus (bis hin zu Jesu Nachbeten von Ps 22 am Kreuz, vgl. Mt 27,46 par). Im Gegensatz zum in Selbst- und Fremdbezichtigungen festgefahrenen "Jammern" hat "Klagen" eine Adresse und ist somit eine (legitime) Form des Betens. Provokant und treffend formuliert Thomas HIEKE: "Schweigen wäre gotteslästerlich". Die ungeheure Spannung besteht darin, dass zu dem als abwesend, verborgen und nicht-(er)hörend erfahrenen JHWH dennoch gesprochen und von ihm Antwort, Zuwendung und Hilfe erwartet wird – woher sonst soll Rettung kommen?! Gott wird in die Ver-ant-wort-ung gerufen und die Gottesbeziehung gerade nicht preisgegeben, sondern inmitten der Not Vertrauen (neu) investiert. "Klagen ist nicht das Letzte", habe ich meine seelsorgliche Besinnung zu diesem Psalm übertitelt (WEBER, Klagen); aber – so ist im Blick auf Ps 13 zu ergänzen – Klagen ist (oft) das Erste und Notwendige. Der oder die Betende öffnet vor Gott sein/ihr Herz unzensiert und steigt mit der Klage bis auf den Grund des Elends hinab. Wird die Klage nicht zugelassen bzw. übersprungen, so fehlt dem Gebet – jedenfalls *diesem* Gebet – Entscheidendes.

Hat die Klage ihren Platz und ihre Zeit gehabt, mündet sie ein in Bitten. Gegenüber dem Klagen mit seiner Expressivität und Repetivität geschieht das Bitten fokussierter: Im Bittgebet wird die Klage umgemünzt in konkrete Anliegen. In Ps 13 ergeht dieses in Gestalt dreier Appelle (4), verbunden mit ebenfalls drei "damit nicht …"-Formulierungen (4f.). Die Verklammerung von Klage und Bitte manifestiert sich im Anschluss der Bittinhalte an die eingeklagten Umstände. Sie betreffen das "Gesichtsfeld" Gottes (sehen, hören) wie das des Betenden. Mit Letzterem ist eine Handlungsaufforderung an "meinen Gott" verbunden – damit das Leben nicht gänzlich entschwindet und dem Tod Platz macht. Die in 4f. Gott vorgelegten "*worst case*"-Szenarien sind als die Appelle flankierende Motivierungen Gottes zu interpretieren. Dieser wird herausgefordert, das darin Ausgesprochene – auch um seiner eigenen Ehre willen (vgl. Ps 4,4; 5,12f.; 88,10–13 u.ö.) – nicht zuzulassen.

Mit Klage und Bitte endet der Psalm noch nicht. Zwischen 5 und 6 ist ein auffälliger "Stimmungsumschwung" zu konstatieren. Nach dem Klagen und Bitten kommt dieser dritte Schritt freilich nicht aus dem Nichts, sondern fliesst in gewisser Weise aus dem Vorangegangenen. Zwar geschieht mit dem betont vorangestellten "Ich aber ..." (6) eine Neusetzung, die (wieder)gefundene "Ich"-Stärke verrät. Die artikulierte Vertrauensbekundung hat sich gleichwohl über den Weg der Klage und Bitte entwickelt, zumal der Name Gottes bereits zweimal an- und ausgerufen (2.4) und JHWH sogar als "*mein* Gott" angesprochen wurde. Zumindest ein "Restvertrauen" ist damit schon im Klage- und Bittgebet greifbar. Ohne erinnertes Vertrauen und erwartete Erhörung ist Klagen und Bitten denn auch unmöglich bzw. sinnlos (vgl. BAYER, Theologie der Klage, 68). Gewährtes Vertrauen und neue Zuversicht sind allerdings unverfügbar und geschehen "aufgrund deiner Gnade" (6). Derartiges "Vertrauenswagnis" führt nun zum Vorausblick auf den Tag, an dem die Not gewendet sein wird und das Leid dem Jubel – mit Rückbezug auf den drohenden Bedränger-Jubel (5) – weichen muss. Dass damit eine künftige Lobdank-Situation (*toda*) angezielt ist, zeigt die Kommunikationsverschiebung in der Schlusszeile: Das Gebet macht der Bezeugung des Heilshandelns Gottes Platz – vor versammelter Gemeinde (ungenannt, aber vorausgesetzt). Wenn ich recht sehe, ist es eine Liedstrophe, die das Ich anzustimmen gedenkt; und zwar nicht irgendeine, sondern diejenige von der grossen Erlösung Israels einst am Schilfmeer (vgl. Ex 15,1[ff.]). Damit rückt der Betende die (erwartete) "kleine" Heilstat Gott an seinem Leben in das grosse, in Israel stets neu vergegenwärtigte Heilshandeln Gottes an seinem Volk ein.

"Klagen in Moll und Loben in Dur sind die beiden Melodien des Gesprächs mit Gott" (WEBER, Klagen, 48). Klagen ist dabei nicht das Letzte, sondern der Lobpreis Gottes. In christl. Horizont ist mit Oswald BAYER (Theologie der Klage, 63–66) von der "Eschatologie der erhörten Klage" zu sprechen. Auf dem – in der Nachfolge Davids (Ps 13,1) bzw. des davidischen Messias abgeschrittenen – Weg von der Klage über die Bitte zum Lob wird das Vorherige und Notvolle nicht abgestossen, sondern in und mit diesem Psalm zeugnishaft aufbewahrt. Damit bleibt der gesamte Erlebensbogen mit der Gotteserfahrung verklammert. Die in diesen wenigen Versen verdichteten Momente des Betens mögen in Lebensschicksalen biographisch-zeitlich auseinanderliegen. In Ps 13 sind sie verbunden zu einem *einzigen* Gebet. Die darin angezeigte Reihenfolge des Betens ist nicht beliebig, sondern zeigt den Weg zu Heil und Heilung an (auch wenn sie evtl. mehrfach zu durchlaufen ist). Er kommt dort zum Abschluss, wo Gott und dem Gottesvolk gegenüber das Heilshandeln Gottes bezeugt wird – in der Darbringung der *toda*. Damit sind wir beim "Lobdank" angelangt, den wir anhand von Ps 30 bedenken wollen.

B) Psalm 30: ein Lobdank

30,1 Ein Psalm – ein Lied der Einweihung des [Tempel-]Hauses – zugehörig David.

2 Erheben will ich dich, HERR, denn herausgeschöpft hast du mich,
aber nicht fröhlich gemacht meine Feinde über mich.
3 HERR, mein Gott,
ich schrie um Hilfe zu dir, und du hast mich geheilt.
4 HERR, du hast heraufgeholt aus der Unterwelt meine Vitalität,
hast mich zum Leben [zurück]gebracht aus denen, die in die Grube hinabfuhren.

5 Musiziert für den HERRN, ihr seine Begnadeten,
und lobdankt zum bekennenden Gedenken seiner Heiligkeit!
6 Denn einen Augenblick lang [verharrt er] in seinem Zorn,
ein Leben lang in seinem Wohlgefallen.
Des Abends kehrt Weinen ein,
aber zum Morgen hin Jubel.

7 Ich aber, ich dachte in meiner [Selbst-]Geruhsamkeit:
"Nicht werde ich wanken, niemals!"
8 HERR, in deinem Wohlgefallen hattest du [mich] auf trutzige Berge gestellt.
[Doch als] du verbargest dein Angesicht, wurde ich schreckensstarr.

9 Zu dir, HERR, rief ich immer wieder,
ja, zu dir flehte ich unentwegt um Gnade:
10 "Was für ein Gewinn [ist dir] an meinem Blut, wenn ich hinabfahre ins Grab?
Wird dir der Staub lobdanken? Wird er deine Treue kundtun?
11 Höre, HERR, und sei mir gnädig!
HERR, sei ein Helfer mir!"

12 Gewendet hast du meine Trauerklage zum Reigentanz mir;
gelöst hast du meinen Trauerumhang und mich umgürtet (mit) Freude,
13 auf dass [meine] Ehre dir fortwährend musiziere und nicht verstumme.
HERR, mein Gott, für immer will ich dir lobdanken!

In Ps 30 (vgl. dazu WEBER, Psalm 30) liegen Formulierungen vor, die gleichsam an Ps 13 anknüpfen (ohne dass ein identisches Not-Ereignis vorliegt): So ist der befürchtete Jubel der Feinde angesichts der Not (Ps 13,5) nicht eingetreten (Ps 30,2), vielmehr konnte der Betende über Gottes Rettungshandeln jubeln bzw. Gott loben (Ps 13,6; 30,2.6.12f.). Das Leben hat nicht im Tod geendet, sondern ist neu geschenkt worden (Ps 13,4; 30,4).

Der Textverlauf und v.a. die Schichtung der Zeiten sind in Ps 30 ungleich komplexer als beim – abgesehen vom Schlussvers – weithin in der gesprochenen Gegenwartszeit verbleibenden Ps 13. Eine Aufschlüsselung der Formelemente und Zeitlagen präsentiert sich folgendermassen:

1	Überschrift	
2–4	Rettungsbericht	
2	Lobdank (aktuell)	(Gegenwart)
2–4	Schilderung der Gotteshilfe	(Vergangenheit I)
3	(eingelagert:) Gebet aus der Not	(Vergangenheit II)
5–6	Lobdank + Aufforderung zum Mitvollzug	(Gegenwart)
7–8	Die der Not vorausgehende "Selbstgeruhsamkeit"	(Vergangenheit III)
9–11	Gebet aus der Not	(Vergangenheit II)

12–13 Rettungsbericht
12f. Auswirkungen der Gotteshilfe (Vergangenheit I)
13 Lobdank (anhaltend) (Gegenwart => Zukunft)

Psalmenpoesie mit der ihr eigenen "Räumlichkeit" macht es möglich, Zeit- und Geschehensebenen gestaffelt nebeneinander zu fügen, wie es in diesem Psalm geschieht. Die Sprechgegenwart des Lobdanks (Vollzug bzw. Entschluss und Aufforderung dazu) findet sich am Anfang (2) und am Schluss (13), dazu eingeschoben in der ersten Psalmhälfte (5f.). Er ist ursprünglich (d.h. vor der Eintextung in den Psalter) institutionell verbunden mit am Tempelvorhof vollzogenen rituellen Abläufen (vgl. Ps 116,12–19). Dazu gehören die Darbringung eines Tieropfers und das Essen von dessen Fleisch im Zusammenhang einer Mahlgemeinschaft. In diesem Rahmen wird auch der Lobdank durch den aus der Not Erretteten im Kreis der Mitfeiernden vorgetragen. Dabei wird ersichtlich, dass das sprechende Ich auf eine Notlage und die Rettung daraus zurückblickt und Letztere dankbar als von Gott geschehen bezeugt und verdankt. Im Unterschied zu Ps 13 macht Ps 30 nicht explizit, dass eine unerklärliche Gottferne Auslöser des Leides und des daraus ergehenden Gebets war – wenngleich eine solche auch hier mit ihm Spiel gewesen sein dürfte (vgl. 8, ferner "Zorn" Gottes in 6). Situativer Hintergrund von Ps 30 wird eine Krankheit sein, die den Betroffenen an den Rand des Todes führte (3f. ["du hast mich geheilt"] und 9–11). Für diesen Psalm spezifisch wie für eine *toda* ungewöhnlich ist, dass der Sprechende noch weiter zurückblickt und bei sich eine problematische Lebenshaltung ausmacht, die der Notlage vorausging. Es handelte sich um falsche Sorglosigkeit bzw. Überheblichkeit, die in der Aussage gipfelte: "Nicht werde ich wanken, niemals!" (7). Anscheinend hatte er sein Wohlergehen nicht auf Gottes Wohlgefallen abgestellt und erfahren müssen, dass Gott sich verbarg – von der Heimsuchung durch ein unpersönliches "Schicksal" ist jedenfalls nicht die Rede. Die daraus resultierende "Schreckensstarre" ist möglicherweise Ausdruck eines Krankheitsbefunds (8).

Die *toda* ist bestimmt von einem "transitorischen Akt" (Bernd Janowski) vom Tod zum Leben, der sich in Zeit (Vergangenheit => Gegenwart/Zukunft) und Raum (Unterwelt => Tempel) vollzieht und in der Artikulation des Danklieds gleichsam festgemacht wird. In Ps 30 ist die Wende von der Unheilssituation bzw. Todessphäre zu neuem Heil und Leben begleitet von der Erfahrung, dass Trauer und Weinen sich in Freude, Jubel und Tanz wandeln (6.12f.). Dabei kommt eine "religiöse Topographie" zum Tragen, die zwischen realem Erleben und metaphorischem Beschreiben schillert – mit gegenläufigem Gefälle von "oben" nach "unten" und umgekehrt. "Ort" der Not ist die dunkle Tiefe ("Unterwelt, "Grube" 4; "Grab", "Staub" 10), in die der Todgeweihte "hinabfährt" (4.10), nachdem er ins "Wanken" geraten und ihm der feste Boden weggebrochen ist (vgl. 7). Von dort wird er von Gott selbst "herausgeschöpft" bzw. "heraufgeholt" (2.4). So wird ihm "Heilung" und "Leben" zuteil (3f.6). Dies äussert sich dahingehend, dass er sich auf festen Boden gestellt, ja, auf "trutzige Berge" erhoben weiss (4.8). Gegenüber den Not-"Orten" sind dies "Orte" der Gottesnähe. In besonderer Weise gilt dies für den Tempelberg (Zion), wo der Lobdank vorgetragen wird (vgl. 1). Die "Wiederherstellung" aus der Todesnähe zum Leben beinhaltet in dreifacher Weise den Wandel von der Isolierung zur Integrierung: im Blick auf die Gottesbeziehung ("Zorn" => "Wohlgefallen", 6), die Sozialbeziehung (vom Einflussbereich der "Feinde" in den Kreis der "Begnadeten", 2.5) und die Selbsterfahrung (=> "Ehre", 13). Im Lobdank (*toda*) zeigen sich damit gegenüber der Klagebitte (*t^ephilla*) Differenzierungen, die sich erst aus der Retrospektive und damit der *gewendeten* Not einstellen. In der *t^e^philla*, die inmitten der Not artikuliert wird, sind die Zeitrelationen nämlich vereinfacht: Alles ist hineingerissen in die leidvolle Gegenwart. Demgegenüber ermöglicht die Heilswende eine nuancierte Wahrnehmung und Beurteilung. Vergleichbar mit den Zeitdimensionen können auch Todes- und Heilsrealitäten erst im Zuge der Wiederherstellung differenziert erkannt und benannt werden.

Erfahrungen gewendeter Not und Wiederherstellung gab es damals und gibt es durch die Zeiten hindurch bis heute; sie konnten bzw. können auf unterschiedliche Gründe und Umstände zurückgeführt werden. Wesentlich für den Geschehensbogen von der Not über die Klagebitte bis hin zur Wiederherstellung und deren Bezeugung im Lobdank ist die *theologische* Verankerung: Wie Unheil nicht ohne Gottes Zutun bzw. Wegtreten hereinbricht, so werden auch Rettung und Wiederherstellung weder Selbstheilungskräften noch schicksalhaften Umständen noch Drittpersonen zugeschrieben, sondern Gottes Eingreifen. In (post)moderner Perspektive mag man dies als religiöses Interpretament auffassen; allerdings verrät eine derartige Zuweisung eine Fragmentierung der Wirklichkeit, die der bibl. Sicht nicht entspricht. In diesem *toda*-Psalm äussert sich das Wissen um ein Eingefügtsein in eine umfassende Realität, in der Geschehen und Erleben in Absehung von Gott nicht denkbar ist oder nur als "Frevel" gedeutet werden kann. Zu solchem Erfahren und Verstehen fügt sich, dass der Abschluss der Wiederherstellung in rituell-religiöser Weise begangen und als Lobdank an JHWH ausgerichtet wurde. Anders als bei der Klagebitte aus der Not, die als Vereinzelung erfahren wird, manifestiert sich im Lobdank die (Re-)Integration in die Gottes- und Sozialgemeinschaft. Die *toda*-Psalmen haben entsprechend nicht nur eine vertikale Kommunikationsachse (Gebet), sondern eine horizontale dazu: Rettung wird nicht nur bei Gott verdankt, sondern zugleich in der Gemeinschaft bezeugt. Solchem kommt eine glaubensstärkende und -ermutigende Funktion zu. Die persönliche Rettungserfahrung wird eingemittet in die des Gottesvolkes und seiner Heilsgeschichte. Die Mitfeiernden werden zu analogem Vertrauen aufgerufen bzw. – wie in Ps 30 – zum kollektiven Mitvollzug des Lobdanks mit Gesang, Saitenspiel und Reigentanz (5f.12f.). Für den Geretteten hat sich über die gottesdienstliche Begehung der Wiederherstellung hinaus Grundlegendes geändert. Dies wird durch die Wiederaufnahme der im Hebr. identischen Wendung (*l^e^'olam*) angezeigt: Dachte er früher selbstgeruhsam, dass sein Leben *"niemals"* ins Wanken gebracht werden könne (7), so weiss er sich nun als zu den "Begnadeten" Gottes gehörig (5) und verspricht, JHWH *"für immer"* zu lobdanken (13).

In den einführenden Überlegungen (s.o.) wurde darauf hingewiesen, dass der Mensch erst mit der Erstattung des Lobdanks zu Gott und der Rettungsbezeugung vor der mitfeiernden Heilsgemeinschaft der Sphäre des Unheils vollends entronnen und die Wiederherstellung damit abgeschlossen ist. Auf den Punkt gebracht heisst das auch für die gegenwärtige Glaubensgemeinschaft: Kein Heil ohne *toda*! Wo nach erfahrener Hilfe, Rettung, Wiederherstellung einfach zum "Alltag" übergegangen und keine Wegmarke des Lobdankes im Beisein von Gottesvolk gesetzt wird, werden Defizite, Fragmentierungen und Isolierungen mitgenommen, bleiben latent "unheilvoll" und beeinträchtigen den von Gott gestifteten "Schalom". Von daher ist auch die Kirche herausgefordert, (gottesdienstliche) Formen zu entwickeln und eine Art "Kasus der Wiederherstellung" anzubieten – dass Gott die Ehre gegeben, Menschen in die Sphäre des Heils zurückgeführt und die Gemeinde ermutigt wird.[4]

C) Psalm 22–24: ein "Gebetsweg"

Beten in Not (Klagebitte) und angesichts der Rettung aus Not (Lobdank) wurden beispielhaft anhand von Ps 13 und 30 erörtert. Dazu wurden die beiden Einzelpsalmen aus dem Psalterbuch "isoliert" und derart ihre (Wieder-)Verwendung bedacht. Werden die Psalmen dagegen als Teile eines Buches wahrgenommen und interpretiert, ergeben sich zusätzliche Sinnhorizonte. Mit ihrer Zusammenstellung und Verkettung stellen sich Sequenzen ein, die einen Stationenweg abbilden (können). Dies soll beispielhaft und auszugsweise anhand der Komposition Ps 15–24 aufgezeigt werden (vgl. 4 II. 2. b, ferner Wb Pss I, 120–131; MILLER, Kingship). Dabei richtet sich unser Augenmerk vornehmlich auf das Ende der Psalmengruppe: Ps 22–24 (vgl. LOHFINK, Psalmengebet, 452–458; DECLAISSÉ-WALFORD, Reading). Die Komposition Ps 15–24 steht unter der programmatischen Eingangsfrage (Ps 15,1, vgl. ähnlich 24,3):

> 15,1 HERR, wer darf als Gast weilen in deinem Zelt?
> Wer darf wohnen auf deinem heiligen Berg?

Die Eckpsalmen 15 und 24 sind als "Tempeleinlass-Liturgien" aufeinander bezogen und strukturieren die Psalmengruppe als eine Art Zionwallfahrt zum Gottkönig hin. Wie die Gruppe mit einer "Wer?"-Frage im Blick auf die Pilger anfängt, so schliesst sie mit einer "Wer?"-Frage, die nach dem Namen des Königs fragt und ihn auch benennt (Ps 24,10, vgl. bereits 24,8):

> 24,10 Wer ist dieser, der König der Herrlichkeit?
> Der HERR der Heerscharen!
> Er ist der König der Herrlichkeit!

Die Komposition ist konzentrisch angelegt (vgl. 4 II. 2. B). Ihre Mitte hat sie in Ps 19, einem Lob auf den Schöpfer, seiner Schöpfung und dessen Wegweisung (Tora), welcher sich der Sprechende verpflichtet weiss. Er redet von sich als "Knecht JHWHs" (Ps 19,12.14). Diese Bezeichnung verweist im Licht der Überschrift zum Psalm und der umliegenden Königspsalmen 18 und 20f. (vgl. insbesondere Ps 18,1) auf David (und allenfalls auf Nachfolger auf seinem Thron).

Im Falle von Ps 22, bei dem wir unser Wegstück beginnen, sind die Gattungen Klagebitte und Lobdank, die wir anhand von Ps 13 und 30 bedacht haben (s.o.), in *einem* Psalm vereint. Die Klagebitte umfasst Ps 22,2–22 (A) und beinhaltet drei Klagegänge (2–6.7–12.13–22), von denen die ersten beiden mit Vertrauensäusserungen beschlossen werden. Die dritte Sequenz geschieht in Form einer Leidschilderung und mündet in ein Bittgebet. Dieses und damit die gesamte Klagebitte schliesst mit der Bezeugung: "Du hast mir geantwortet" (Ps 22,22). In Ps 22,23–32 (B) folgt – anstelle

---

[4] Die Überschrift verweist noch auf Neuanfänge anderer Art: Die Psalmaussagen lassen sich mit Hiskia auf dem Davids-Thron in Verbindung bringen. Jedenfalls weist Ps 30 Parallelen zum Hiskia-Gebet (Jes 38,10–20, vgl. 2. Kön 20,1–7; 2. Chr 32,24–26) auf. Von einer Tempel(neu)einweihung (mit "Lobdank"-Darbringungen) weiss 2. Chr 29f. zu berichten.

einer Vertrauensäusserung oder eines Lobversprechens – der *vollzogene* Lobdank. Unter Beachtung der Eintextung von Ps 22 in den Psalter klagt, bittet und lobt (zunächst) nicht irgendein Mensch, sondern der davidische König. Diese Identifikation ergibt sich nicht allein aus dem Präskript von Ps 22,1, sondern drängt sich auch angesichts der vorauslaufenden Königspsalmen (Ps 18 und 20f.) auf. Zudem hallt in Ps 22,9 ein deutliches Echo von Ps 18,20 (vgl. auch Ps 18,18.44.49). Die Königsklage Ps 22 (A), in der laut und massiv die Not der Gottverlassenheit herausgeschrien wird, steht aufgrund der Lesesequenz nicht isoliert da, sondern wird grundiert durch den Königslobdank Ps 18. Die in Ps 22 animalisch gezeichneten, den König umzingelnden Feinde werden im Kontext bisheriger Psalmen transparent auf Frevler aus dem eigenen Volk (vgl. Ps 1) *und* Nationen, die den Gesalbten JHWHs bedrängen (vgl. Ps 2). Auch der in der zweiten Psalmhälfte angestimmte Lobdank (Ps 22 B) nimmt neue Momente auf: Er wird inmitten der grossen Gemeinde Israels dargebracht; zugleich sind die Fremdvölker im Blick: ihre Umkehr und ihre Huldigung JHWHs als Weltenherrscher.

Mit seiner Eröffnung knüpft der bekannte Ps 23 insofern an Ps 22 an, als David der Sprechende bleibt und die Rede vom Hirten (als altorientalischer Königsmetapher) an das Gottkönigtum JHWHs in Ps 22,29 anschliesst (in diesem Licht ist Ps 23,5 als Hinweis auf die Königssalbung zu deuten). Als "Vertrauenspsalm" schliesst Ps 23 an den Lobdank von Ps 22,23–32 an bzw. gründet auf dem darin Ausgeführten: Gott sättigt an seinem Tisch die Armen und Elenden seines Volkes (Ps 22,25.27) und auch den davidischen König (Ps 22,2f.5). Die "Fetten der Erde" dagegen müssen sich vor ihm beugen (Ps 22,30) bzw. bleiben als Feinde von Gott unbewirtet (Ps 23,5). Im Lobdank von Ps 22 ist der Ort implizit gegeben (*toda* geschieht am Tempelvorhof), am Ende des Vertrauenslieds Ps 23 wird er explizit gemacht: das "Haus JHWHs". Örtliche wie qualitative Nähe zur Gegenwart Gottes ist zum Ausdruck gebracht und ein Wechsel gegenüber der in der Klagebitte von Ps 22 artikulierten "Ferne" (V. 2.12.20) vollzogen.

Am Ende von Ps 23 ist David und mit ihm der Psalter-Meditierende im Zionstempel angekommen. In der Weiterlesung wird am Anfang von Ps 24 die Schöpfungsmacht und Herrschaft JHWHs bezeugt (Ps 24,1f.). Anschliessend wird in diesem Schlusspsalm der Komposition die zu Beginn (Ps 15,1) aufgeworfene Frage nach dem Zugangsrecht zum heiligen Berg bzw. Ort erneut gestellt (Ps 24,3). Auf dem Hintergrund der dazwischen gefügten Psalmen, insbesondere von Ps 23 her, erhält sie aber eine neue Akzentuierung: Das Volk, das zusammen mit David JHWH als königlichen Hirten bekennt und sich nach Rückkehr zum bzw. dem bleibendem Wohnen im Hause Gottes sehnt (Ps 23,1.6), ist willkommen. Die Antwort auf die Frage beim Tempeleintritt wird analog zu Ps 15, wenngleich verkürzt, in Ps 24,4 gegeben. Anders jedoch als beim Eingangspsalm der Komposition Ps 15–24 stehen im Schlusspsalm nicht mehr Zulassbedingungen und ihre Erfüllung im Fokus, sondern der dort regierende "König der Herrlichkeit" (Ps 24,7–10). JHWH selber ist es, der siegreich im Triumphzug einzieht und die Gemeinde der Gerechten, Lobdankenden und Gesegneten anführt. Diesem Zug der Gottverehrer dürfen sich – insofern der Umkehrruf in Ps 22,28–32 Gehör gefunden hat – auch Wallfahrer aus den Heidenvölkern anschliessen. Sie strömen zum Zionberg, um den wahren Gott aufzusuchen und ihm zu huldigen.

Der Abfolge Ps 22–24 ist dergestalt ein "Gebetspilgerweg" eingeschrieben, auf den die Psalter-Meditierenden mit König David geleitet werden und der zu JHWH als König hinführt. Werden die Psalmen in dieser Verkettung wahrgenommen, stehen nicht (mehr) Einzelschicksal und Individualgebet im Vordergrund. Es ist dies vielmehr der Gebetsweg des Gottesvolkes: der Gemeinde der Gerechten Israels und dann auch der JHWH Huldigenden aus der Völkerwelt. Er nimmt seinen Anfang in tiefer Not, aus der die Klagebitte von Ps 22,1–22 ergeht. Diese erfährt Erhörung und resultiert im Lobdank von Ps 22,23–32. Dieser wiederum grundiert die Zuversicht des Vertrauenspsalms 23. Er führt in bleibende Gottesnähe, an den Tempel, wo in Ps 24 der Gottkönig triumphierend einzieht und – auf diesem Lesehorizont – eine endzeitliche Völkerwallfahrt angedeutet ist. Dass dieser Gebetsweg auch vom Messias Jesus (und seinem Volk) beschritten wurde, zeigt sich in der Aufnahme der Eröffnungsworte von Ps 22 durch den Gekreuzigten (Mt 27,46 par). Darüber hinaus ist die in den Evangelien beschriebene Passion Jesu insgesamt von der Klagebitte in Ps 22 durchdrungen (vgl. JANOWSKI, Konfliktgespräche, 347–365). Schliesslich erweisen sich auch Lobdank, Vertrauenspsalm und Einzug in Jerusalem als anschlussfähig im Blick auf Jesu Leben, Wirken und (Wieder-)Kommen.

III. Zeiten – Räume – Wegstationen

ASSMANN J., Das kulturelle Gedächtnis, München 1992 • BADER G., Psalterspiel (HUTh 54), Tübingen 2009 • BALLHORN E., Das historische und das kanonische Paradigma in der Exegese, in: E. BALLHORN / G. STEINS (Hrsg.), Der Bibelkanon in der Bibelauslegung, Stuttgart 2007, 9–30 • DOAN W. / GILES T., The Song of Asaph, CBQ 70 (2008) 29–43 • GILLINGHAM S., The Zion Tradition and the Editing of the Hebrew Psalter, in: J. DAY (Ed.), Temple and Worship in Biblical Israel, London 2005, 308–341 • GUND A. / JANOWSKI B., "Solange die Erde steht ...", in: B. JANOWSKI / K. LIESS (Hrsg.), Der Mensch im alten Israel (HBS 59), Freiburg i.Br. 2009, 487–535 • JANOWSKI B., Konfliktgespräche mit Gott, Neukirchen-Vluyn ³2009 (2003) • JANOWSKI B., Ein Tempel aus Worten, in: E. ZENGER (Hrsg.), The Composition of the Book of Psalms (BEThL 238), Leuven 2010, 279–306 • JENNI E., Adverbiale Zeitbestimmungen im klassischen Hebräisch, ZAH 17–20 (2004–2007) 92–108 • JOSUTTIS M., Der Weg in das Leben, Gütersloh ³2000 (1991) • KEEL O., Die Geschichte Jerusalems und die Entstehung des Monotheismus (OLB IV,1), Göttingen 2007 • KÖRTING C., Zion in den Psalmen (FAT 48), Tübingen 2006 • MERKLEIN H. (Hrsg.), Der Tempel von Jerusalem, WUB 4 (13/1999) • LINDSTRÖM F., Suffering and Sin (CB.OT 17), Stockholm 1994 • STAUBLI T. u.a., Musik in biblischer Zeit und orientalisches Musikerbe, Fribourg 2007 • STEINS G., Kanon und Anamnese, in: E. BALLHORN / G. STEINS (Hrsg.), Der Bibelkanon in der Bibelauslegung, Stuttgart 2007, 110–129 • VAN HARN R.E. / STRAWN B.A. (Ed.), Psalms for Preaching and Worship, Grand Rapids, MI 2009 • WEBER B., Entwurf einer Poetologie der Psalmen, in: H. UTZSCHNEIDER / E. BLUM (Hrsg.), Lesarten der Bibel, Stuttgart 2006, 127–154 • WEBER B., "Es sahen dich die Wasser – sie bebten..." (Ps 77:17b), OTE 19 (2006) 261–280 • WILLI T., Das schjr hm'lwt, in: B. HUWYLER u.a. (Hrsg.), Prophetie und Psalmen (AOAT 280), Münster 2001, 153–162.

1. Einführung

Geschöpfliches Leben ist in Raum und Zeit gegeben. Mit den Dimensionen sind Symbolsysteme mitgegeben. "Texte" und in ihnen zum Ausdruck kommende Erfahrungen stehen in Beziehungen zu Zeiten und Räumen und vermitteln diese zugleich (vgl. dazu GUND/JANOWSKI, "Erde"). Die Psalmen des alten Israel kommen aus anderen Zeiten und Orten. Im Laufe der Geschichte nimmt die Distanz zu. Ohne die mit dem Status des Psalters als Heilige Schrift verbundene Einsicht, dass derart Entlegenes für je gegenwärtige Zeiten und Räume bedeutsam ist, würden die Psalmen kaum bis heute gelesen und schon gar nicht gebetet und gesungen. Im Modus des Wiederverwendens wird

Distanz und Differenz nicht aufgehoben. Gleichwohl wird aber in Verbindung mit mentalen Prozessen (Imaginierung) Gleichzeitigkeit (und in gewissem Sinn auch Gleichörtlichkeit) gestiftet: Zeiten und Orte werden gegenwärtig, bzw. wir suchen sie im Geiste auf. Analogien werden hergestellt, und Über-setzung ist im Spiel. Psalmentheologisch lässt sich von der Heiligung des Raumes und der Heiligung der Zeit insofern sprechen, als Orte besonderer Gottespräsenz und Festzeiten zur Geltung kommen. Wo in Zeit und Raum Gott dagegen als nicht gegenwärtig bzw. fern erfahren wird, da schwindet das Leben, und der Mensch steht im Bannkreis des Todes. Auch davon wird in diesem Hauptabschnitt zu sprechen sein.

Die Doppelgesichtigkeit der Zeit als Linearität und Zyklizität drückt sich in der Organisations- und Rezeptionsweise von Literatur aus: Bei Erzählungen steht die Linearität, bei Poems die Zyklizität (und mit ihr der Aspekt der "Räumlichkeit") im Vordergrund (vgl. 7 III. 3. B). Die Sprachgestalt von Psalmengebet und -liturgie ist die der Poesie. Als Veranschaulichung des Unterschieds zwischen textlicher Narrativität und Poetizität sei auf das Nebeneinander von Exoduserzählung (Ex 12–14) und Schilfmeerlied (Ex 15) hingewiesen: Mit Letzterem wird an diesem heilsgeschichtlichen Brennpunkt der Erzählfaden in seiner zeitlichen Abfolge und örtlichen Bewegung gestoppt: Mose und Israel halten inne, um Gott in seinem Machtwirken singend zu lobpreisen. Mit Egbert BALLHORN (Paradigma, 147) gesprochen:

> "Der Psalm [gemeint ist Ex 15, BW] erfüllt die Funktion, das einzelne, unwiederholbare Exodusereignis in die Form überzeitlicher Gültigkeit zu transformieren und seine zeiten- und generationenüberdauernde Potenz in Sprache zu fassen. Das Siegeslied am Schilfmeer wird zum Aneignungsparadigma des zuvor geschilderten Geschichtsereignisses, das allein in dieser Form verbindlicher Darstellung und Deutung zugänglich ist und weit über seine Situativität hinausweist."

Im Psalter ist das Verhältnis der beiden Textgenres umgekehrt: Die poetisch geformten Psalmen tragen das Gewicht und werden durch knappe Überschriftsangaben u.a.m. quasi narrativ ins Buch und in geschichtliche Kontexte eingebunden. Die Poesie der Psalmen mit ihrem spezifischen Gepräge dient dazu, Gotteswirken und Gotteslob, Geschichte und Liturgie zu verbinden und auf eine (gottesdienstliche) "Jederzeitigkeit" (Max Seckler) hin zu öffnen.[5] Dass die Jederzeitigkeit zur "Jetztzeitigkeit" wird, wir im konkreten Psalmwort Gott hören und mit den Gebetsworten zu ihm geführt werden, macht Gottes Geist. Die Psalmenpoesie lässt sich insofern als "sakramental" bezeichnen, als in und mit ihr unterschiedliche Zeiten, Orte und Geschehnisse aufeinander bezogen und zusammengeführt werden können. Poetische Liturgie trägt dazu bei, kanonische Texte und Theologie als "Anamnese" (Georg Steins) zu verstehen.

---

[5] DOAN/GILES (Song, 41–43) fassen den Unterschied zwischen Erzählung und Liedpoesie als Differenz zwischen "dialektischem" und "ikonischem" Präsentationsmodus. Betont der erste *becoming*, so der zweite *being*. In der Poesie ist entsprechend Zeiterfüllung wichtiger als Zeitablauf. Zu texttheoretischen Unterschieden zwischen Erzählung (Linearität, Temporalität, Kausalität) und Poesie (Rekurrenz, Spatialität, Zirkularität) vgl. WEBER, Entwurf, 131–136.

2. Von der Zeit und den Zeiten

A) Zeitebenen und Zeitverhältnisse

Zeitebenen, Zeitrelationen und Zeitdauer sind wesentliche Parameter von Textaussagen, auch in den Psalmen. Neben den Verbalformen werden Verzeitungen durch adverbiale Bestimmungen ausgedrückt. Entsprechend ist die temporale Textspur verbalen und nominalen Zeitaussagen zu entnehmen. Bestimmung und Auswertung des zeitlichen Gefälles der Aussagen eines Psalms gehören zu den wichtigsten, aber auch schwierigsten Aufgaben der Psalmeninterpretation. Eine Herausforderung für die Interpretation stellt die Bedeutungseinschätzung der hebr. Verbalsyntax dar. Dazu gehört die grundsätzliche wie im Einzelfall zu beantwortende Frage, *welche* der Kategorien "Aspekt", d.h. die Unterscheidung zwischen abgeschlossener ("perfektiv") und unabgeschlossener Handlung ("imperfektiv"), "Aktionsart" (z.B. "ingressiv", "resultativ", "iterativ" etc.) und "Tempus" (Zeitbezug) für das hebr. Verbalsystem *wie* in Anschlag zu bringen sind. Ein vergleichender Blick in Bibelübersetzungen und Psalmenkommentare zeigt, wie Verbalaussagen unterschiedlich eingeschätzt werden. Das (zu) häufig verwendete dt. Präsens dient nicht selten als "Allerweltstempus" und ebnet Zeitlagen- und Aspektunterschiede ein. Anders als in der Geschichtsschreibung und Erzählung, welche zeitliche Geschehensabfolgen vermitteln, sind in der psalmischen Verspoesie unterschiedliche Zeitebenen aufeinander bezogen und miteinander verschränkt. Entsprechend sind Perspektivenwechsel von zurückliegendem zu gegenwärtigem (und zukünftigem) Geschehen und umgekehrt in ein- und demselben Psalm nichts Ungewöhnliches. Anhand von Ps 30 ist eine derartige Staffelung der Zeit- und Geschehensebenen bereits erörtert worden (s.o., 3 II. 6. B).

Zur Erarbeitung des zeitlichen Textgefälles hat sich die auf Hans Reichenbach zurückgehende Differenzierung zwischen "Sprechzeit" (S), "Ereigniszeit" (E) und "Referenzzeit" (R) etabliert: S ist mit der jeweiligen Sprechgegenwart identisch (Äusserungszeit); die Grössen E und R sind zu ihr entweder gleichzeitig (S = E = R), vorzeitig (Vergangenheit) oder nachzeitig (Zukunft). E erfragt die Situation einer Aussage und bezeichnet die Zeit, in der das ausgedrückte Geschehen sich abspielt bzw. der Zustand gilt (thematisierte Zeit). R antwortet auf die Frage: wann?/wie lange? und bezeichnet die Zeit, auf die verwiesen wird (aussertextliche Zeitwirklichkeit). Die Relationen zwischen E und R sind entweder gleichzeitig (E = R)[6], vorzeitig (E vor R)[7] oder nachzeitig (R vor E)[8]. Adverbiale Zeitbestimmungen, mit denen sich sowohl einfache als auch mehrfache Zeitkonstellationen (wie Wiederholungen, Frequenzen etc.) beschreiben lassen, sind für die Erhebung der Referenzzeit bzw. für die Erfassung der temporalen Beziehung zwischen den genannten Zeitkategorien von Bedeutung. Darüber hinaus kann differenziert werden zwischen Zeitaussagen, die vom Sprech(er)zeitpunkt unabhängig (objektiv, nicht-temporaldeiktisch) und solchen, die von ihm abhängig bzw. mit ihm verbunden sind (subjektiv, temporaldeiktisch). Objektive Zeitbestimmungen sind kontextbestimmt und auf der Zeitachse den Grundrelationen "vorher", "gleichzeitig" oder "nachher" zuzuordnen. Subjektiv bzw. temporaldeiktisch dagegen sind Zeitbestimmungen wie "jetzt", "von nun an", "bisher", "bald", "heute", "morgen", "damals". Dabei

[6] Beispiel (S = E = R): Peter kauft sich (E) gerade (R) ein Auto.

[7] Beispiel (S vor E vor R): Peter hat sich letztes Jahr (R) ein Auto gekauft (E).

[8] Beispiel (S vor R vor E): Peter wird sich nächstes Jahr (R) ein Auto kaufen (E).

wandert der Ausdruck, z.B. "heute" (hebr. *hajjom* "der/dieser Tag"), gleichsam mit dem Sprechenden durch die Zeit (vgl. dazu JENNI, Zeitbestimmungen). Als kleines Beispiel mögen die ersten beiden Verse von Ps 125 dienen:[9]

> 125,1 Die vertrauen auf den HERRN sind wie der Berg Zion:
> Er kann nicht ins Wanken gebracht werden, wird für immer bleiben.
> 2 Jerusalem hat Berge ringsum sich,
> und so ist der HERR ringsum sein Volk –
> *von nun an* und für immer.

B) Mythos, Geschichte, Vergegenwärtigung

a) Gedenken

Sich Gottes und seiner Heilstaten je neu zu erinnern, ist von zentraler Bedeutung für den jüd. wie christl. Glaubensvollzug. Mit *z-k-r* "gedenken, (sich) erinnern" ist nicht nur ein wichtiges Lexem, sondern zugleich ein theol. Leitkonzept der Bibel angesprochen. Es ist Zeit-relevant wie Zeiten-übergreifend insofern, als bestimmte Vergangenheit (Tradition, Überlieferung) für die Gegenwart (und Zukunft) von grösster, heilsstiftender Bedeutung ist, bleibt bzw. je neu wird. "Vergegenwärtigung" bringt den Sachverhalt auf den Begriff. Ein im engeren Sinn theol. Gebrauch von *z-k-r* (mit Ableitungen, Synonymen und dem Antonym *sch-k-ch* "vergessen") ist dort im Spiel, wo entweder von *Gottes Gedenken* oder aber vom *Gedenken an Gott* (und seinen Heilstaten, Geboten u.ä.) die Rede ist. Im Blick auf die Streubreite des Begriffs in den bibl. Büchern nehmen die Psalmen mit über sechzig Belegen allein von der Wurzel *z-k-r* (neben Dtn und den Prophetenbüchern) einen prominenten Platz ein. Psalmenpoesie und -theologie führt den Modus der Erinnerung, Vergegenwärtigung und – ebenfalls ein Bedeutungsmoment von *z-k-r* – der (feierlichen) Nennung mit sich. Dabei findet sich im Psalter der Gebrauch mit Gott als Subjekt (mit forensischer Nuancierung) sowohl als Aussage ("JHWH gedenkt ..." o.ä., vgl. Ps 8,5; 9,13; 103,14; 105,8.42) wie auch als Aufforderung ("Gedenke, JHWH ..." o.ä., vgl. Ps 20,4; 25,6f.; 74,2.18.22; 89,48.51), ausserdem mit Gott (inkl. Name, Heils- und Wunderwirken o.ä.) als Objekt menschlichen Erinnerns (vgl. Ps 6,6; 20,8; 22,28; 42,7; 63,7; 77,4.12). Greifen wir zur Veranschaulichung den ersten (Ps 6,6) und letzten Beleg (Ps 145,7) der Wurzel *z-k-r* aus dem Psalmenbuch heraus (beide Male wird das Nomen *zeker* verwendet):

> 6,6 Denn im Tod gibt es kein Gedenken an dich (*zikr^{e}ka*);
> in der Unterwelt: Wer wird dir da lobdanken?
>
> 145,7 Das Gedächtnis (*zeker*) an deine grosse Güte sollen sie hervorsprudeln lassen
> und deine Gerechtigkeit bejauchzen.

Besondere Bedeutung nimmt das "Gedenken" – möglicherweise angestossen durch das Moselied (vgl. Dtn 32,6f.) – in den sog. "Geschichtspsalmen" (und den Volksklagen) ein. Es sind dies nationale Psalmen, die mittels koll. Gedenkens auf vergangene Gottestaten rekurrieren (vgl. u.a. Ps 74; 77; 78; 105; 106). Zeitlichkeit ist ferner im Spiel,

---

9 Zur Hervorhebung sind nicht-temporaldeiktische (objektive bzw. objektbasierte) Aussagen unterstrichen, temporaldeiktische (sprecherbezogene) kursiv markiert.

wo es um Mythos, Geschichte und deren Vergegenwärtigung geht. Im Blick sind auch dort Psalmen, die koll. Genres angehören. Der erinnernde Rückgriff auf (fundierende) Vergangenheit und früheres Gotteswirken samt dessen Vergegenwärtigung hat mit der Identität Israels als Gottesvolk zu tun und ist Teil der Bildung und Festigung des "kollektiven/kulturellen Gedächtnisses" (Jan Assmann). Er geschieht oft in umkämpften Zeiten, wie die "Klagebitten des Volkes" (s.o., II. 4.) deutlich machen.

b) Mythos und Geschichte

Zur Verhältnisbestimmung von Mythos und Geschichte gibt es eine lange Diskussion. Davon können nur wenige Facetten dargeboten werden. Zunächst ist festzuhalten, dass "Mythos" und "Geschichte" Bezeichnungen und Beschreibungskategorien sind, die der atl. Überlieferung selbst nicht zu entnehmen sind.[10] Mythos meint ursprünglich eine (mündliche) Göttererzählung vor bzw. jenseits der Geschichte, in der sich meist ein zyklisches Zeitverständnis (Kreislauf der Jahreszeiten/Vegetation) spiegelt. Dem Mythos kommt eine die Wirklichkeit begründende Funktion zu. Auf die Bibel bezogen wird der Begriff in modifiziertem Sinn gebraucht als Israels Existenz begründendes, ur- bzw. vorzeitliches Geschehen (hebr. *qedem*, vgl. Ps 44,2; 55,20; 74,2.12; 77,6.12; 143,5). Die oft vorgenommene (Unter-)Scheidung zwischen mit Faktizität in Verbindung gebrachter "Geschichte" und (meist) mit Fiktivität assoziiertem "Mythos" wird der "symbiotischen" Wirklichkeitsauffassung bibl. Texte kaum gerecht. Begründender Mythos ("Urzeit") und heilsbegründende Geschichte ("Frühzeit") sind im kulturellen Gedächtnis Israels nämlich eng verknüpft. Sie stehen der jeweiligen Jetztzeit gegenüber und fundieren diese zugleich. In den Worten von Jan ASSMANN (Gedächtnis, 52):

> "Mythos ist eine fundierende Geschichte, eine Geschichte, die erzählt wird, um die Gegenwart vom Ursprung her zu erhellen. Der Exodus ist, völlig unabhängig von der Frage seiner Historizität, der Gründungsmythos Israels: als solcher wird er im Pesach-Fest begangen und als solcher gehört er ins kulturelle Gedächtnis des Volkes. Durch Erinnerung wird Geschichte zum Mythos. Dadurch wird sie nicht unwirklich, sondern im Gegenteil erst Wirklichkeit im Sinne einer fortdauernden normativen und formativen Kraft."

Ein Blick auf Ps 77, insbesondere Ps 77,16–21, soll die Verbindung von "Mythos" und "Geschichte" beispielhaft konkretisieren (vgl. Wb Pss II, 40–45; WEBER, Wasser). Anhand der leitmotivischen Verwendung von *z-k-r* "erinnern, gedenken" (und parallelen bzw. gegenläufiger Begriffe) in Ps 77,4.7.10.12f. wird evident, dass es angesichts einer koll. Notlage zentral um Vergegenwärtigung geht. Im Fokus ist dabei nicht die nähere, sondern die ferne, ur- und frühzeitliche Vergangenheit, wie Ps 77,6 deutlich macht. Nach der hymnischen Prädizierung des gegenwärtigen Gottes in Ps 77,14f. wird sein einstiges Heils- und Machtwirken in Ps 77,16–21 geschildert und zugleich als grundlegend für die Gegenwart (und Zukunft) relevant gemacht. Dabei kommen in Ps 77,16.20f. Geschehnisse zur Sprache, die man gemeinhin als "Geschichte" deklariert. Es handelt sich um Verweise auf Gottes rettendes und leitendes Wirken beim Exodus (Schilfmeer) und in der Wüste. Darin eingelagert sind mit Ps 77,17–19 Aussagen, die

---

[10] Im NT finden sich einige Belege für "Mythen" (stets im Plural), nämlich in 1. Tim 1,4; 4,7; 2. Tim 4,4; Tit 1,4; 2. Petr 1,16; der Begriff ist dabei durchwegs negativ (der "Wahrheit" entgegengesetzt) bewertet.

JHWH als Wettergott schildern und üblicherweise dem "Mythos" zugewiesen und als Chaoskampf- und Theophanie-Motivik bezeichnet werden. Die spiegelsymmetrische Anlage der fünf Verse Ps 77,16–21 (ABCC'B'A'-Schema) macht deutlich, dass die beiden Weisen des Wirkens Gottes in Geschichte und Kosmos als aufeinander bezogen verstanden werden wollen. Über diese strukturelle Verklammerung hinaus lässt sich dies an weiteren Gestaltelementen festmachen, von denen zwei herausgegriffen seien: Zum einen wird über die Rezeption des Schilfmeerlieds als Spendertext (vgl. Ex 15,8.10.13f.16) die Parallelisierung der Feindmächte "(Fremd-)Völker" (Ps 77,14) mit den "(Chaos-)Wassern" (Ps 77,17) und von Heilsgeschichte und kosmischer Theophanie etabliert. Zum andern sind in Ps 77,20 beide Aussageweisen vermengt: Der Vers reminisziert an das (geschichtliche) Schilfmeergeschehen, spricht aber nicht vom rettenden Durchzug von Israel, sondern von Gott selbst. Angesichts dessen, dass Gott "die Wasser" – ein weiteres "mythisches Moment" – durchschritten hat, sind diese ihrer Feindpotenz verlustig gegangen.

In Ps 77 (und andernorts) findet sich eine Analogisierung von "naturhaftem", zeitgelöstem, unmittelbarem Gotteseingreifen ("Mythos") und von "heilsgeschichtlichem", zeitverhaftetem, vermitteltem Gotteswirken ("Geschichte"). Entsprechend ist gegenüber einer dualen Kategorisierung oder gar Entgegensetzung Zurückhaltung geboten. Mittels beider Aussagemodi wird vielmehr eine von Gott bestimmte Weltwirklichkeit im Sinne eines gründenden, "Ordnung" stiftenden Geschehens in der Früh- bzw. Urzeit geschildert. Solches geschieht zugunsten von Gottes Volk und bleibt über die Zeiten hinweg bis in die Gegenwart von entscheidender Relevanz insofern, als der darin aufgerufene, einst handelnde Gott seine Wirkung in der Jetztzeit neu entfaltet. Die Assimilierung von Geschichte und Mythos hat also ihre Relevanz für und in der Gegenwart. Gottes gründendes und ordnendes Wirken in ferner Zeit stiftet dem Gottesvolk Identität, vermag die aktuelle Geschichte zu transformieren und auf die Zukunft hin zu öffnen. (Kollektives) Gedächtnis, Erinnerung, Anamnese, Vergegenwärtigung sind zentrale theol. Signaturen – gerade in der (Psalmen-)Poesie mit ihrer (ursprünglichen) Einbettung in gottesdienstliche Feiern und liturgische Begehungen. In deren Zentrum steht die Proklamation des *Deus praesens*, die "Heilsgegenwart" Gottes (Hermann Spieckermann). Ps 77,20f. machen freilich deutlich, dass der heilspräsente Gott verhüllt und unverfügbar bleibt (20) und sein Volk durch die von ihm beauftragten "Mittler" führt (21).

C) Zeiten des Heils und des Unheils

a) Notzeiten

Erfahrungen von Heil und Unheil werden allgemein oder spezifisch mit Zeit(en) in Verbindung gebracht bzw. ihr zugewiesen. So ist etwa von einer "Zeit (Tag) der Bedrängnis" (*jom tzar[a]*) die Rede (vgl. Ps 20,2; 50,15; 59,17; 77,3; 86,7). Sie wird zum Auslöser der Gottesanrufung um Antwort und Hilfe (s.o., II. 2.). Persönliche wie koll. Notlagen werden als lebensgefährdend erfahren und eingeklagt. Den Notäusserungen zugrunde liegt die Erfahrung der (unerklärlichen) Abwesenheit JHWHs. Der Zeit- bzw. Zeitverzugsaspekt äussert sich in Fragen wie: "bis wann?", "wie lange (noch)?" o.ä. (*'ad-mataj* Ps 6,4; 74,10; 80,5; 90,13; 94,3, *'ad-ma* Ps 79,5; 89,47, *'ad-'ana* Ps 13,2f.). Zudem finden sich Schilderungen, dass Leid und Geschrei zu Gott "Tag und Nacht" bzw. "den ganzen Tag" aufsteigt (vgl. Ps 22,3; 32,4; 42,4; 55,18; 77,3; 88,2). Ist in dem Zusammenhang von "Nacht" die Rede, handelt es sich oft um mehr als nur eine Zeitaussage: Sie und die mit dem Chaos verbundene "Finsternis" vermitteln Wirklichkeiten, die mit Not, Schrecken, Tod(esnähe) und Gottferne verbunden sind oder jedenfalls sein können (vgl. Ps 6,7; 23,4; 88,7.19; 91,5; 105,28; 107,10.14; 139,11f.; 143,3).

In vielen Psalmen spiegeln sich Notzeiten, die aus einem Spektrum von Erfahrungen individueller, gruppenspezifischer sowie nationaler Art herrühren. Mit oft bilderreichen Schilderungen (aus Tier-, Jagd- und Kriegswelt) wird auf Situationen und Zeiten von psycho-physischer Beeinträchtigung (z.B. Krankheit, meist mit Todesnähe), sozialen Bedrängnissen (durch "Feinde") sowie militärischen Konstellationen verwiesen (s.u., IV. 3.).

b) Heilszeiten

Nicht nur die Not, sondern auch das Heil hat seine spezifischen Zeiten (zu den Festzeiten s.u.). Das Vertrauen auf JHWH und das Bekenntnis zu ihm als "mein Gott" führt den Betenden zur Aussage, dass "meine (Lebens-)Zeiten" in Gottes Hand sind (vgl. Ps 31,15f.). Der "Morgen" und mit ihm der Sonnenaufgang ist auf altorientalischem Vorstellungshintergrund die Zeit, in der Gott antwortet, richtet wie rettet und auf Seiten des Wiederhergestellten Jubel auslöst (vgl. Ps 5,4; 30,6; 57,9; 59,17; 88,14; 90,14; 143,8). JHWH wird zwar nicht (wie in Ägypten und Mesopotamien) mit Himmelskörpern (wie die Sonne) identifiziert, gleichwohl wird das Licht (seines Angesichts) als mit Recht, Heil und Leben eng verbunden erfahren (vgl. Ps 4,7; 18,29; 27,1; 31,17; 37,6; 43,3; 46,6; 56,14; 67,2; 80,4.8.20; 97,11; 112,4).[11] Im Lobdank (s.o., II. 3.) wird eine nicht nur qualitative, sondern auch temporale Asymmetrie zwischen Gottes "Zorn" – der "einen Augenblick lang" währt – und seiner "Gunst" – die "lebenslang" anhält – bezeugt (Ps 30,6, vgl. Ex 34,6f.; Ps 103,8f.17).

Mit Israel und David geht JHWH einen "immerwährender Bund" ein (vgl. Ps 18,51; 89,4f.29; 105,8–10). Gott selbst ist zeitenthoben ("seit jeher bis jehin", Ps 90,2), und seine Gnade und Treue währt immerdar, von Generation zu Generation (vgl. Ps 23,6; 40,12; 89,2f.; 100,5; 103,17; 118,1–4.29; 136,1–26). Korrespondierend dazu wird anhaltendes Lob versprochen, dazu aufgerufen bzw. solches angestimmt (vgl. Ps 30,13; 34,2; 61,9; 106,48; 113,2f.; 145,1f.). Zeitdauer- bzw. "Ewigkeits"-Formeln finden sich (neben anderen Totalitätsformulierungen) im Psalter häufig, meist an markierten Stellen: am Ende von Strophen, Stanzen und Teilbüchern (vgl. Ps 7,12; 15,5; 16,11; 18,51; 30,13; 45,18; 72,19; 100,5; 106,48; 115,18; 131,3; 145,1.21; 146,6.10).

---

[11] Ob sich, verbunden mit solaren Vorstellungen des Königsgottes, ein institutionelles Ritual am Tempel abheben lässt, wonach der Hilfesuchende dort die Nacht verbringt und am Morgen einen Heilsbescheid bekommt, lässt sich an (Psalm-)Texten (wie z.B. Ps 63) nicht mit Sicherheit erhärten.

D) Gotteszeiten, Jahreszeiten, Festzeiten

a) Der Jahreskreis und seine Feste

Feste sind wiederkehrende Zeiten, und als solche geben sie dem koll. Erinnern eine Gestalt. Im Jahreskreis finden sich herausgehobene, "heilige" Zeiten, die begangen wurden (und noch werden). Dazu gehörten in Israel die als *chag* (von *ch-g-g* "sich [kreisförmig] drehen") bezeichneten Jahres- und Pilgerfeste (Passa-)Mazzot, Schabuot (Wochen) im Frühling und insbesondere Sukkot (Laubhütten) im Herbst (vgl. u.a. Ex 12,1–13,10; 23,14–19; 34,18–26; Lev 23; Num 28f.; Dtn 16,1–17; 30,9–13; Esr 6,19–22; Neh 8,13–18; 2. Chr 30). Ihr gottesdienstliches Setting umfasste im engeren Sinn den Kult (Opferdarbringung), darüber hinaus aber auch Rituale, Liturgien, Prozessionen u.a.m. Eine Teilhabe an ihnen war mit Sinneseindrücken (hören, sehen, erkennen, riechen etc.), Erfahrungen, Expressionen (Festjubel u.a.) und v.a. (Gott-)Begegnungen verbunden. Wallfahrtsmotivik spiegelt sich namentlich in Ps 42f.; 83 und 122 (zu Ps 120–134 als sog. "Pilger"- bzw. "Wallfahrtspsalmen" s.u., III. 3. A c und B c). Die Jahres- bzw. Wallfahrtsfeste wurzeln in zwei grundlegenden Momenten des Wirkens Gottes: In Bezug zu den Jahreszeiten wird JHWH als Schöpfer erfahren und gefeiert. Er spendet Regen, gibt Gedeihen und Ernteertrag. Und in Aktualisierung der Heils- und Bundesgeschichte wird JHWH als Befreier und Retter Israels aus der Macht Ägyptens und weiteren Heilstaten gefeiert.

Mit Schöpfung wie Geschichte verbundene, rituell begangene Festzeiten, in denen Wiederholung und Vergegenwärtigung zum Tragen kommen, sind auch in den Psalmen greifbar. Freilich spiegelt sich in ihnen nur der verbale Ausschnitt eines umfassenderen Festgeschehens. Wo Festzeiten erkennbar werden, stellt sich zudem die Frage, ob der entsprechende Psalm in einem *direkten* oder einem *indirekten* Bezug dazu stand. Im ersten Fall wurde der Psalm im Festrahmen gottesdienstlich vorgetragen und war Teil der Liturgie. Im zweiten Fall nimmt er wohl darauf Bezug, ohne selbst (mehr) Teil des Kults zu sein; entsprechend hat man eher von einem literarisch-spirituellen denn einem liturgisch-rituellen Zusammenhang auszugehen. Im Einzellfall sind solche Einschätzungen aber nicht leicht und entsprechend in der Psalmenforschung oft umstritten. Als generelle Tendenz lässt sich sagen, dass viele Psalmen zunächst am Tempel verwendet wurden (Sitz im Gottesdienst). Im Zuge der Eintextung in den Psalter wurden sie (teilweise) aus diesem Zusammenhang gelöst und einer literarisch-spirituellen Verwendung zugeführt (Sitz im Buch). In der Neueinlösung durch die Zeiten hindurch kommen beide Verwendungsarten in unterschiedlicher Gestaltung je wieder zu ihrem Recht.

Ausgeprägt liturgischen Charakter haben die Ps 50; 81 und 95. Sie sind untereinander durch inhaltliche Parallelen verbunden und werden gerne als "Festpsalmen" apostrophiert. In Ps 81 (mehr dazu unter 4 III. 2. C) wird im Texteingang (1–6) ein Festszenario angesprochen. Die imperativische Eröffnung (1–4) ruft die Gemeinde zum Jubelgeschrei und die Instrumentalisten (Leiern, Handpauke, vgl. dazu STAUBLI u.a., Musik, 13–24) zur Intonierung auf. Das Blasen des Widderhorns (Signalton) am Anfang (Neumond, Neujahr) und Höhepunkt (Vollmond, Laubhütten) innerhalb des Herbstfest-Zyklus dürfte den Beginn einer (Tora-)Lesung an einem Sabbat- oder Jobeljahr (vgl. Dtn 31,9–13.28ff.; Lev 25,9) anzeigen. Anschliessend wird in 5f. das Thema angesprochen: die Proklamation von Satzung und Rechtsbestimmung, die in Israel vom "Gott Jakobs" her gilt und ihren Haftpunkt im Geschehen von Gottes Rettung hat (Auszug aus Ägypten). Es folgt eine proph. Gottesrede (7–15/17), bestehend aus Verweisen auf Gottes Wirken (Heilsindikativ, 7f.), einer Mahnrede, auf Gott zu hören und ihn allein zu ehren (Heilsimperativ, 9–11), und einem konkretisierenden Fazit zum Schluss (12–17).

b) Gottes Wirken in Schöpfung und Geschichte

Vom Wirken Gottes in der Schöpfung (und im Kosmos) im weiteren sowie Gedeihen und dem Segen der Ernte im engeren Sinn spricht eine Reihe von Psalmen. Dazu gehören Ps 8; 19; 65; 67; 104; 126; 128; 133f.; 135f.; 144; 146–148. Meist stehen Schöpfungs- und Ernteaussagen nicht allein, sondern sind mit anderen Motiven und Themen verbunden. In Ps 67 (und Ps 65) ist am deutlichsten ein Festzusammenhang mit Erntehintergrund eruierbar (Herbstfest). Öfters erscheint die Schöpfung in den Psalmen als handelndes Subjekt (Personalisierung). Insbesondere bringt sie verbal oder nonverbal Gott den ihm gebührenden Lobpreis dar (vgl. u.a. Ps 19,2–7; 65,13f.; 96,11f.; 97,1–6; 98,7f.).

Ebenso finden sich – teils mit Motiven von JHWH als Schöpfer (und anderen Momenten) verknüpft – Aussagen über Gottes Heilswirken in der Früh- und Urzeit (s.o.). Zu den "Geschichtspsalmen" im engeren Sinn – der Begriff ist unscharf – werden gemeinhin die in Paaren angeordneten Ps 77f.; 105f.; 135f. gerechnet. Geschichtliche (und mythische) Reminiszenzen und Aktualisierungen im Blick auf die "Wundertaten" JHWHs (inkl. dessen Gerichtshandeln) finden sich zudem in einer Vielzahl weiterer Psalmen, u.a. in Ps 44; 60; 68; 74; 76; 79–81; 83; 89; 95; 99; 107f.; 114; 132; 137. Wie bei der Schöpfungsthematik lässt sich auch bei den Psalmen mit geschichtlichen Aussagen selten ein spezifischer Festzusammenhang ausmachen.

In einer Reihe Psalmen wird Gottes Wirken in Schöpfung und Geschichte *gemeinsam* erörtert (vgl. Ps 33; 74; 95f.; 102; 135f.; 146–148). Entsprechend erweist sich seine Königsherrschaft in geschichtlichem (als Kriegsheld) wie schöpferischem Handeln (vgl. Ps 24; 29; 44; 74; 93; 95–99; 149). Was die Psalmen betrifft, die JHWH als König feiern (v.a. Ps 47; 93; 96–99), wird z.T. die Annahme vertreten, dass im Rahmen eines Jerusalemer Festritus (im Herbst), allenfalls in Verbindung mit einer (Lade-)Prozession (vgl. Ps 24,7–10; 68,25ff.), dessen (urzeitliche) Inthronisation jährlich neu begangen wurde (Sigmund Mowinckel: "Thronbesteigungsfest JHWHs").

c) Hinweise über Festzusammenhänge anhand der Überschriften

Hinweise auf Aufführungs- und Festzusammenhänge (musikalische Darbietungen) ergeben sich auch aus den Überschriften. Zu erwähnen ist etwa die auf den Jerusalemer Tempel zu beziehende Angabe "ein Lied zur Einweihung (*chanukka*) des Hauses" (Ps 30,1). Denkbar ist eine (spätere?) Verbindung mit der Tempelneuweihung 164 v.Chr. und dem damit verbundenen Chanukka-Fest (vgl. 2. Makk 1; 10,1–8). Ps 92 trägt die Überschrift "für den Tag des Sabbats" und Ps 100 "für die Dankopferfeier".

Den Psalmen 120–134 ist die Bezeichnung *schir hamma*^{a}*lot* "Lied der Hinaufzüge" o.ä. beigegeben. Unter den möglichen Deutungen hat die Interpretation als "Wallfahrtspsalmen" besonderen Sukkurs erfahren. Dafür sprechen ihr starker Zionsbezug sowie die Motive des Hinaufziehens und des Segens. Thomas WILLI (*schjr hm'lwt*) plädiert dafür, diese Psalmen mit den im Jahresturnus sich ablösenden, zum Tempeldienst hinaufziehenden und zurückkehrenden Priestern und Leviten (*mischmarot* "Dienstmanschaften") zu verbinden. Sie wurden von Laiendelegationen von "Beistehenden" (*ma^{a}madot* "Standmannschaften") begleitet; zugleich versammelten sich Daheimgebliebene in lokalen Zusammenkünften (zu Schriftlesung und Gebet). Auf diese Weise repräsentierten sie gemeinsam das Volk vor Gott (vgl. 1. Chr 24f.; mTaan VI).

Ohne Hinweis in den Psalmüberschriften, aber durch andere Quellen verbürgt, ist die (spätnachexilische) Aufführung des sogenannten Ägyptischen Hallels Ps 113–118 als liturgisches Ensemble an Jerusalemer Pilgerfesten, insbesondere beim Passa (vgl. Mt 26,30; Mk 14,26; mPes X,6f.).

d) Psalmenverwendung in heutigen Festzeiten

Zum Schluss dieses Abschnitts soll der Sprung zu gottesdienstlich begangenen Festzeiten der Gegenwart gewagt werden. Die nachfolgenden Hinweise bieten einige Anregungen für die Verwendung von Psalmen(ausschnitten) an christl. Festttagen und weiteren Anlässen (zum gesamten Jahreszyklus vgl. VAN HARN/STRAWN [Ed.], Psalms):

- Advent: Ps 24 (V. 7ff.); 47; 72; 80 (Refrain); 102 (V. 13ff.)
- Weihnachten: Ps 2; 96–98
- Epiphanias: Ps 72 (V.11.17); 100
- Passionszeit: Ps 6; 32; 38; 51; 102; 130; 143 (sieben Busspsalmen); 123; 126
- Palmsonntag: Ps 24 (V. 7ff.); 118 (V. 24ff.)
- Gründonnerstag: Ps 113–118 (Hallel)
- Karfreitag: Ps 22; 69
- Ostern: Ps 16 (V. 10f.); 107; 116; 118 (V. 14ff.)
- Himmelfahrt: Ps 47 (V. 8f.); 110
- Pfingsten: Ps 23 (V. 5f.); 84; 104 (V. 30); 133
- Buss- und Bettag: Ps 6; 32; 38; 51; 102; 130; 143 (sieben Busspsalmen)
- Erntedank: Ps 8; 65 (V. 10ff.); 67; 104; 136; 147f.
- Toten- bzw. Ewigkeitssonntag: Ps 16; 49; 73; 90; 102; 126
- Silvester/Neujahr: Ps 1; 8; 90; 121
- Taufe: Ps 23; 42f.; 91; 105
- Konfirmation: Ps 1; 19; 23; 37; 73; 103; 139
- Abendmahl: Ps 23; 34; 103f.; 116
- Trauung: Ps 8; 31 (V. 20ff.); 67; 128; 145
- Abdankung: Ps 23; 46; 49; 73; 90; 103; 116; 121; 130; 139
- Ordination: Ps 1; 57 (V. 8ff.); 117; 132; 134
- Einweihung: Ps 84; 122 (V. 6ff.); 127 (V. 1)
- Wiederherstellung (Genesung etc.): Ps 18; 30f.; 100; 103; 116; 124; 136
- Abschied/Segen: Ps 67; 121; 128; 133f.

3. Räume, Orte und Wege

A) Konturen einer religiösen Topographie

Wie die Zeiten sind auch die Orte in Israel (und dem Alten Orient) weithin nicht einfach "neutrale" Gegebenheiten. Vielfach sind sie eingebunden in ein Ensemble religiöser Auffassungen und vermitteln Gottnähe oder -ferne, Heil oder Unheil, Leben oder Tod(esnähe). Orte und Räume verweisen in solchen Fällen zum einen auf aussertextliche Wirklichkeiten (Referenz) und sind zum andern zugleich Teil eines Sinn- und Symbolsystems (Weltbild). Ein derartiges Durchdringen der beiden "Welten" ist auch in Psalmtexten greifbar bzw. grundiert sie.

Die Vorstellung von JHWH als Gottkönig, welche die Jerusalemer Tempeltheologie und damit viele Psalmen prägt, lässt sich in eine "sakrale Landkarte" bzw. "religiöse Topographie", deren Zentrum der Zion bildet, überführen. In Anlehnung an Bernd JANOWSKI (Konfliktgespräche, 25–27) soll dies mit nachfolgender Skizze geschehen, die bei den einzelnen Psalmen je neuer Justierung bedarf:

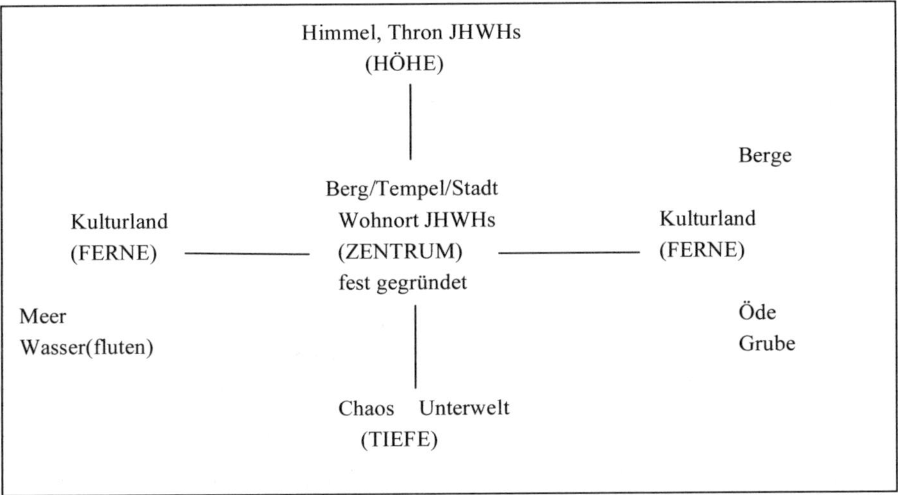

In Ps 30 (s.o., II. 6. B) steht die *vertikale* Achse (Höhe – Tiefe) im Vordergrund; mit ihr werden Sphären von Heil und Leben respektive Unheil und Tod(esnähe) vermittelt. Der Zion als Heilsort ist im Psalm selbst nicht genannt, aber aufgrund des Darbringungsorts (Tempelvorhof) des Lobdanks (*toda*) implizit präsent. Der Sachverhalt lässt sich bei diesem Psalm schematisch folgendermassen darstellen:

Ps 30	TIEFE (und Bewegung nach oben)	HÖHE
(1)		(Einweihung des Hauses)
2	herausgeschöpft hast du mich	erheben will ich dich
3	ich schrie um Hilfe …	… zu dir, du hast mich geheilt
4	aus der Unterwelt …	… heraufgeholt
	aus denen, die in die Grube hinabfuhren	zum Leben gebracht
5		musiziert, lobdankt
6	Zorn	Wohlgefallen
6	Weinen (Abend)	Jubel (Morgen)

8	Gottes Angesicht verborgen, schreckensstarr	auf trutzige Berge gestellt
10	hinabfahren ins Grab, Staub	
12	Trauerklage, Trauerumhang	Reigentanz, Freude

In Ps 42f. dagegen ist die *horizontale* Achse (Zentrum – Ferne) und mit ihr die Spannung von Gottnähe/-distanz betont, wie eine Zusammenstellung wesentlicher Begriffe veranschaulicht (Übersetzung der Begriffe gemäss Wb Pss I, 197f.):

Ps 42f.	FERNE (und Ausrichtung zum Zentrum)	ZENTRUM
42,2	lechzen	Gott
3	dürsten	lebendiger Gott
	kommen, schauen	Angesicht Gottes
5	einherziehen, dahinschreiten	Haus Gottes
6.12	harren	Heilswirkungen seines Angesichtes
7	Jordan-Land, Gebirge des Hermon, Berg Miz'ar	
8	Flut, Wasserfälle, Wellen	
10	Feind	Gott, mein Fels
43,1	unfrommes Volk, Mann des Trugs/Unrechts	Recht
2	Feind	Gott meiner Festung
3	leiten, bringen	Licht, Wahrheit
		Berg deines Heiligtums
		deine Wohnungen
4	gehen	Altar Gottes

B) Zion: Berg – Heiligtum – Stadt

a) Namen und Geschichte

Nach bibl. Bericht wurde das jebusitische Jersusalem von David eingenommen und zur Königsresidenz sowie zur Hauptstadt Judas/Israels gemacht (vgl. 2. Sam 5,6–10). Zuvor befand sich an diesem Ort eine kanaanäische Stadt – wohl mit einem Heiligtum –, wie u.a. Briefe eines Stadtfürsten von Jerusalem an die äg. Hegemonialmacht, datiert aus dem 14. Jh. v.Chr. (Amarna-Tafeln), zeigen.

Die Ursprungsbedeutung des zweiteiligen Namens *j^e ru-schalem* ist nicht sicher. In bibl. Zeit dürfte die Bedeutung "Gründung/Stadt des Friedens" (von *schalom*) gegolten haben, wie auch wortspielartige Bezüge in einigen Psalmen nahelegen (vgl. Ps 76 [mit Kurzform "Salem"]; 122; 147). Auch die Bezeichnung "Zion" ist etymologisch nicht sicher (= "Trockenplatz"?). Sie haftete zunächst an einer Bergkuppe bzw.- feste, verband sich dann mit einem Stadtteil (Osthügel) und schliesslich mit der Stadt insgesamt. Insbesondere verwies sie auf das auf diesem Berghügel bzw. Stadtteil errichtete Heiligtum und akkumulierte dadurch religiöse Sinnhorizonte. Von zentraler Bedeutung ist die Aussage, dass JHWH selbst sich diesen Ort zum Wohnsitz erwählt hat (vgl. u.a. Ps 2,6; 78,68f.; 132,8.13f.). Ob respektive wann in Verbindung mit der Überführung der Lade nach Jerusalem (vgl. 2. Sam 6), dem Bau eines Altars (vgl. 2. Sam 24,18–25) bzw. des salomonischen Tempels (vgl. 1. Kön 6, Einweihung 1. Kön 8) vorisraelitische (solare) Heiligtumstraditionen eingeflossen bzw. vom Gott Israels okkupiert wurden, wird diskutiert (vgl. KEEL, Geschichte Jerusalems, 40ff.).

Über Bau, Einrichtungen, Dienste u.a.m. des ersten (Salomo) und zweiten (nachexilischen) Jerusalemer Tempels (und seines "Vorläufers", der "Stiftshütte") geben eine Vielzahl bibl. Texte Auskunft (vgl. u.a. Ex 25ff.; 1. Kön 6–8; ; 2. Chr 3–7; Esr 3–6; Ps 48; 87). Darüber hinaus helfen ausserbibl. Textquellen, archäologische Grabungen und Funde sowie zeichnerische und plastische Rekonstruktionen, sich ein Bild zu machen von der wichtigsten Stadt der Bibel und darin dem wichtigsten Ort des ATs, dem Jerusalemer Tempel als (irdischem) Haus JHWHs (vgl. Ps 23,6; 27,4; 92,14; 122,1.9; 135,2) samt seinen Vorhöfen und Einrichtungen (vgl. dazu KEEL, Geschichte Jerusalems, v.a. 264ff.1029ff., und mit Bildmaterial MERKLEIN [Hrsg.], Tempel).

b) Zion in den Psalmen

Über die Psalmen kann nicht gesprochen werden, ohne deren "Raum" bzw. "Ort" *par excellence* zu würdigen: Jerusalem respektive Zion – die Stadt (mit ihren Bauten und Bewohnern), der (heilige) Berg und auf ihm der Tempel (mit seinen Räumen, Einrichtungen, Riten und dem Dienstpersonal). Denn Zion ist der auserwählte und geliebte Ort JHWHs. Dort hat er seine irdische Wohnstätte bzw. seinen königlichen Thronsitz (vgl. u.a. Ps 9,12; 15,1; 24,3; 42,5; 43,3f.; 63,3; 65,2.5; 68,30; 76,3; 78,54.68f.; 84,1ff.; 87,1ff.; 99,1f.5.9; 110,2; 135,1f.21). Ein Blick in die Konkordanz unterstreicht die Wichtigkeit dieser Örtlichkeit samt den damit verbundenen Gegebenheiten und (theol.) Vorstellungen (sog. "Zionstheologie").[12] Gemäss der Zusammenstellung von Susan GILLINGHAM (Zion Tradition, 313–317) enthält die Hälfte aller Psalmen *Zion markers*. Zudem ist davon auszugehen, dass der überwiegende Teil der Psalmen entweder bereits in Jerusalem entstand oder aber – früher oder später – dorthin gelangte und dort aufgeführt, überliefert und gesammelt wurde. Dieser Umstand bildet die Rahmenbedingung dafür, dass Psalmen später Eingang in den Psalter fanden.

Die Verwendung und Füllung der Bezeichnungen "Jerusalem" bzw. "Zion" (samt der mit ihnen assoziierten Begriffe und Vorstellungen) ist im Psalter differenziert und vielschichtig. Mit den Bezeichnungen kommen nämlich unterschiedliche Momente zum Tragen, wie Corinna KÖRTING (Zion) dargelegt hat. Aufschlussreich diesbezüglich ist der Vergleich der Psalmen 87 und 122, in denen aussschliesslich "Zion" (Ps 87) respektive "Jerusalem" (Ps 122) verwendet wird: Zion – bei femininem Genus ist die Stadt, bei maskulinem der Berg im Fokus – ist Bürgerort der JHWH-Bekenner, Mutterstadt der Völker, "Nabel der Welt" und hat eine universale Dimension bei sich; Jerusalem andererseits ist Zentrum der Stämme Israels sowie Wirkungsort der davidischen Könige und hat (zunächst) eine genuin nationale Ausrichtung. Die Liebe JHWHs zum auserwählten Zion, dem "heiligen Berg" und der "Stadt Gottes", ist einzigartig (vgl. Ps 78,68; 87,2). Die Liebe des Volkes andererseits gilt Jerusalem (vgl. Ps 122,6). In Psalmen, in denen Jerusalem/Salem *und* Zion Verwendung finden (vgl. Ps 51; 76; 102; 128; 135f.; 147), ergeben sich Übertragungen von Attributen und Konstellationen vom einen zum anderen Begriff. Betende äussern eine enge Bindung zu Jerusalem, die sich an der Verknüpfung des eigenen Schicksals mit dem der Stadt abzeichnet. An Jerusalem haftet neben dem nationalen zudem ein anthropologisch-soziales Moment. Zion dagegen ist stärker theol. (und kultisch-liturgisch) bestimmt: in der Urzeit gegründet,

---

[12] Die verwendete Computerkonkordanz (Accordance) hat für den Psalter 17 Belege für "Jerusalem" (dazu "Salem" in Ps 76,3) und 38 Einträge für "Zion". Dazu kommen eine Vielzahl von Begriffen, die ebenfalls zu diesem Ort bzw. Wortfeld gehören (z.B. "Berg JHWHs", "heiliger Berg", "Stadt Gottes", "Vorhöfe", "Tore", "heiliger Ort", "Heiligtum", "Tempel", "Haus Gottes", "Altar", "Wohnort [Gottes]").

von JHWH gebaut, der dort thront, in Ewigkeit bestehend, gegenüber Chaos- und anderen Mächten nicht wankend, unangreifbar. Das Heiligtum (wie die königliche Dynastie) kann zwar zerstört werden, der heilige Berg Gottes jedoch nicht. Zion ist die zerstörte und aufzubauende Stadt, insofern der Begriff mit Jerusalem genannt und sinnverwandt verstanden wird. Insofern hat sie Teil an Jerusalems Bedürftigkeit, die der Zuwendung JHWHs bedarf und deren Schicksal mit dem Geschick des einzelnen Gerechten verbunden ist. Umgekehrt weitet sich durch den Zion-Einfluss das von Jerusalem vermittelte Bild – auch über die nationalen Grenzen hinaus.

Die gottesdienstlich zur Aufführung gebrachten Psalmen haben ihren Ort in Jerusalem, auf dem Zion, im Tempel (Vorhof) – und zwar in mehrfachem Sinn. Der äussere Ort ist nämlich zugleich ihr innerer Ort: die Gottesgegenwart als Heilspräsenz. Die Psalmen reden zwar auch vom Kult im engeren Sinne, der Opferdarbringung. Doch der Opferkult nimmt insgesamt einen relativ geringen Raum ein; die Belege konzentrieren sich weithin auf die Psalterteilbücher I und II (Ps 1–41/42–72) mit einem starken Akzent in Ps 50f. Die im Psalter geläufigste Opferart ist der mit verbalem, vokalem und instrumentalem Vortrag verbundene Lobdank (s.o., II. 3.). Zum spärlichen Opfer-Befund gesellt sich eine gewisse Opfer-Relativierung: Einerseits finden sich Opfer-kritische Töne, die sich gegen eine Art "Heilsautomatismus" wenden und für einen Gottesdienst der Herzen einstehen (vgl. Ps 40,7; 51,18ff.). Andererseits liegen Opfer-spiritualisierende Aussagen vor, bei denen nicht sicher ist, ob der Lobdank (auch) noch opferrituell vollzogen ist oder "lediglich" in geistig-geistlichem Sinne dargebracht wurde (vgl. Ps 27,6; 50,13f.; 69,31f.; 141,2).

Als Fazit wird deutlich: Die Psalmen haben ihren Ort auf Zion, aber nicht im priesterlichen Opferkult, sondern in dem Leviten bzw. Tempelmusikern zugewiesenen gottesdienstlich-liturgischen Bereich. Die Psalmen gewichten nicht die Opferdarbringung, sondern das Beten und Singen. Ins "Buch" gefasst sind die Psalmen teils – wenn auch nicht gänzlich – vom Tempelbetrieb gelöst worden und dien(t)en literarisch der spirituellen Wegleitung.

c) Zum Zion hin – vom Zion her

In der Skizze zur religiösen Topographie (s.o., 3. A) bildet "Zion" die Schnittstelle zwischen vertikalem und horizontalem Koordinatensystem. Das Modell ist jedoch nicht nur mit einem räumlich-statischen, sondern ebenso einem dynamischen Aspekt zu verbinden. Entsprechend ist nicht nur von Orten und Räumen, sondern auch von realen wie symbolischen "Wegen" (samt Stationen und Markierungen) zu sprechen. Sie verknüpfen Orte miteinander bzw. setzen Sphären untereinander in Beziehung.[13]

Mit Psalmen verbundenes Beten, Singen und Musizieren geschah weithin auf dem Zion selbst (Tempelvorhof). Im Vordergrund standen gemeinschaftliche, gottesdienstliche und gruppenspezifische Vollzüge. Lobpreis (*t^ehilla*) und Lobdank (*toda*) waren mit dem Erscheinen "bei Gott auf Zion" (Ps 84,8) verbunden. Anders verhielt es sich vermutlich bei den (individuellen) Klagebitten. Der erste "Weg" – das Wort selbst (*derek*) wird freilich nicht verwendet –, der im Psalter auf den Zion hin beschritten

---

[13] In den folgenden Überlegungen klammern wir den Tora-ethischen Gebrauch von "Weg" im Sinne rechten Verhaltens aus (dazu unter 2 I. 2. sowie 5 III. 2.) und konzentrieren uns auf effektive Strassen sowie spirituelle Wege.

wird, ist der spirituelle des Gebets. In der allerersten Klagebitte Ps 3 (vgl. dazu 2 III.) wird nämlich deutlich, dass das sprechende Ich fern von Jerusalem zu JHWH betet und daraufhin "von seinem heiligen Berge her" Antwort erhält (5). Nach Zion richtet sich das Gebet bzw. von dort her geschieht Antwort und Hilfe/Rettung (vgl. Ps 5,8; 14,7; 18,7; 20,2f.; 53,7; 138,2). Betende äussern die Sehnsucht, real/leiblich zum Zion zu kommen bzw. in Gottes Nähe sein zu dürfen (vgl. Ps 23,6; 42f.; 84). An mehreren Stellen ist über die Person des Adressierten (Gott) hinaus auch dessen "(Wohn-)Ort" auf Zion bzw. im Tempel ersichtlich. Dabei ist allerdings nicht immer feststellbar, ob das himmlische oder irdische Heiligtum im Blick ist. Selbst wo der Ort nicht genannt wird, dürfte in der Vorstellung der Betenden – und ebenso nach Aussagen der Psalmen und weiterer Texte – JHWH nicht nur im Himmel, sondern auch auf seinem heiligen Berg o.ä. wohnen. Der Ritus der Gebetsausrichtung nach Jerusalem (vgl. 1. Kön 8,38ff., ferner Dan 6,11) schattiert sich auch in Psalmen ab (vgl. Ps 5,8; 138,2).

Nicht nur Gebete "gehen" zum Zion hin, sondern auch Menschen(gruppen). Das gilt im Wechsel für die am Tempel dienenden Mannschaften von Priestern und Leviten sowie im grösseren Stil für Israel insgesamt anlässlich der Wallfahrtsfeste (s.o.). Ps 84 ist einer der Psalmen, die davon sprechen. Bevor man die Wege *per pedes* beschreitet, bedarf es der rechten Einstellung und Ausrichtung. Der Psalmist spricht von "gebahnten Strassen im Herz" (6). Die Pilger werden beflügelt auf ihrem Weg, denn sie "gehen von Kraft zu Kraft" (8); selbst auf dürren Wegstrecken ("Baka-Tal") werden ihnen frische Quellen und fruchtbares Land zuteil (7). Auch in Ps 42,5.7; 43,3 ist von einem vorgesehenen Pilgerzug aus der Ferne zum Gotteshaus hin (zur Lobdank-Darbringung) die Rede (vgl. ferner Ps 55,15).

In der Gruppe Ps 120–134, welche die Überschrift "Lied der Hinaufzüge" o.ä. tragen (s.o.), ist das Gesamtensemble so strukturiert, dass ein Pilgerzug auf den Zion erkennbar wird – mit folgenden Stationen: Weilen in Bedrängnis und Fremde (Ps 120) => Aufblick und Aufbruch/Abschiedssegen (Ps 121) => Ankunft in der Stadt (Ps 122) => Aufblick (im Tempelvorhof?) auf Gott im Himmel (Ps 123). Die gleiche Psalmgruppe 120–134 kennt in ihrer zweiten Hälfte eine gegenläufige Bewegung vom Zion her. Sie akzentuiert sich allerdings weniger als Rückkehr der Wallfahrer (oder Dienstmannschaften), sondern als vom Zion ausgehende Sphäre des Heils und Segens. So wird am Ende von Ps 125 – wohl noch in der "Stadt des Friedens" – "Frieden über Israel" (5) ausgesprochen. In Ps 126 ist vom erwarteten Erntejubel (5f.), in Ps 127 vom Segen reichlicher und tüchtiger Nachkommenschaft (3–5) vom Mann her, in Ps 128 von der Frau her (3–6) die Rede. Ps 129 spricht (wiederum) von Ernte und Segen (7f.), Ps 130 dagegen von zuteil werdender Vergebung bzw. von Erlösung in Assoziation mit dem Sonnenaufgang (3ff.). Im theol. gewichtigen Königs- und Zionspsalm 132 wird vom Segen königlicher Nachkommenschaft auf dem Davidsthron (11–13) sowie von Sättigung (15) gesprochen. In den letzten beiden Psalmen dieser Komposition werden die diesen "Wallfahrtspsalter" Betenden und Bedenkenden mit dem vom Priester erteilten JHWH-Segen "vom Zion her" (134,3) entlassen. Die Fliessbewegung des Salböls vom Haupt über den Bart zum Saum des Aaroniden wird analogisiert mit dem Fruchtbarkeit stiftenden Tau, der vom Hermon zu den Bergen Zions als Segen JHWHs herabfliesst und allezeit Leben stiftet (133). Die Vorstellung, dass vom Zion (als Paradiesgarten) her – vermutlich assoziiert mit der Gihon-Quelle und dem Ehernen Meer im Tempelbereich – Wasserströme ausgehen und der auf Zion herrschende Schöpfergott dem Land Ernte und dem Volk Segen gedeihen lässt, liegt auch in weiteren Psalmen vor. Dazu gehören Passagen wie Ps 65,10–14; 67,2.7f.; 144,12–15. Umgekehrt findet sich auch das Motiv, dass Gedeihen mit der Einpflanzung bzw. Verwurzelung in Gottes Tempelgarten (Vorhof) o.ä. geschenkt wird (vgl. Ps 1,3; 23,6; 52,10; 92,13–15).

Als Adaptionen dieser "Wege" auf den Zion und von ihm her bieten sich Überlegungen an zur spirituellen Pilgerschaft des Gottesvolkes durch die Zeiten bis heute (vgl. u.a. 2. Kor 4,16ff.; Hebr. 11,13–16; 1. Petr 1,1.17; 2,11). Der Weg führt christl. vom Zion nach Golgatha und eröffnet von dort her nochmals einen neuen Zugang zum "Heiligtum" (vgl. Mt 27,31–54). Alte und heute wieder neu entdeckte, im Falle des bzw. der Jakobswege teils säkularisierte Formen des Pilgerns ("Beten mit den Füssen"), sind auf Formulierungen in den Psalmen hin anschlussfähig. Momente der aufgezeigten Doppelbewegung auf den Zion hin und von ihm her lassen sich ferner auf liturgische Stationen übertragen, insbesondere für Sammlung und Segen (auch als Reise-, Familien- und Erntesegen oder vor bestimmten Lebensabschnitten). Schliesslich lassen sich Analogien für die Begleitung von Menschen auf Stationen des Lebens und Glaubens gewinnen – etwa im Kontext von Kasualhandlungen und -reden. Anregungen finden sich bei Manfred JOSUTTIS (Weg), der unter den Stichworten "Verhalten" – "Gehen" (mit Abschnitten u.a. zu "Feste" und "Jahreszyklus") – "Sitzen" – "Sehen" – "Singen" – "Hören" – "Essen" – "Gehen" (mit Abschnitten u.a. zu "Entlassung/Sendung" und "Segen") eine "Einführung in den Gottesdienst auf verhaltenswissenschaftlicher Grundlage" bietet.

d) Psalm 48 als Beispiel eines Zionlieds

Der den Söhnen Qorachs zugewiesene, vorexilische Ps 48 gilt als ein, wenn nicht *das* Zionslied schlechthin (vgl. zu diesem Psalmtypus auch Ps 46; 84; 87). An ihm soll Jerusalem als "Ort der Psalmen" veranschaulicht werden (vgl. Wb Pss I, 219–222 [mit Modifikationen]; KÖRTING, Zion, 165–177).

48,2 Gross ist der HERR und zu lobpreisen sehr
in der Stadt unseres Gottes, auf seinem heiligen Berg:
3 prächtig an Höhe, Frohlocken der ganzen Erde;
der Berg Zion im äussersten Norden,
Stadt eines grossen Königs!
4 Gott ist in ihren Prunkburgen,
kundgetan hat er sich als Schutzhöhe.

5 Denn siehe: Die Könige hatten sich verabredet,
zogen heran gemeinsam.
6 Sie, [wie] sie sahen, so erstarrten sie,
wurden erschreckt, wurden bestürzt.
7 Ein Beben hatte sie ergriffen dort,
Wehen wie die Gebärende.
8 Durch einen Ostwind machst du zerbrochen
die Schiffe von Tarsis.

9 Wie wir gehört haben, so haben wir gesehen
in der Stadt des HERRN der Heerscharen, in der Stadt unseres Gottes:
Gott wird sie fest gründen auf alle Zeiten hin! – Sela.
10 Wir haben verglichen, Gott, deine Gnade
inmitten deines Tempels.

11 Wie dein Name, Gott, so der dir gebührende Lobpreis bis an die Enden der Erde:
Mit Gerechtigkeit ist gefüllt deine Rechte.

12 Es freue sich der Berg Zion,
jubeln sollen die Töchter Judas
aufgrund deiner Rechtsentscheide.
13 Umkreist Zion, ja, umschreitet sie,
zählt ihre Türme!
14 Richtet euer Herz auf ihren Festungswall,
mustert ihre Prunkburgen,
damit ihr erzählen könnt der künftigen Generation!

15 Gewiss, dies ist Gott,
unser Gott allezeit und für immer!
Er selbst wird uns leiten für stets(?).

Die Gesamtgestalt ist vierteilig (mit leicht abgesetztem Schluss, 15) mit spiegelsymmetrischem Arrangement (ABB'A'). In den hymnischen Aussenstanzen 2–4 (I) und 12–14 (IV) befinden wir uns gleichsam vor Ort: in Zion, der Gottesstadt auf dem Berg. Im Zuge der Begehung wird die Befestigungsarchitektur gemustert und gottesdienstlicher Lobpreis dargebracht. In den Innenstanzen 5–8 (II) und 9–11 (III) werden Zusammenhänge sinnenhaft wahrgenommen und Vergleiche gezogen. Eine anmarschierende Königskoalition wird "dort" von einem Gottesschrecken befallen (II); ein Kollektiv bilanziert, dass die "Gottesstadt" von Gott selbst gegründet ist, für alle Zeiten bleibt und dem Gott der Gnade und Gerechtigkeit der Lobpreis gebührt (III).

Nach diesem Überblick richtet sich unsere Aufmerksamkeit auf Einzelzüge: In der Eröffnung (2–4) wird JHWH als "gross" gepriesen, und zwar an besonderem Ort: in der Gottesstadt respektive "auf seinem heiligen Berg" (2). Dass der *Ort* zugleich mit der *Grund* des Lobpreises ist, zeigt sich in den folgenden Zeilen: JHWH ist in besonderer Weise dort gegenwärtig. Man beachte in Stanze I die Parallelisierung von Berg und Stadt und die jeweiligen Verknüpfungen. Stadt wie Berg sind mit Gott verbunden (2), aber es liegen Nuancierungen vor: Die Stadt ist "*unseres* Gottes", womit sie Gott und mit ihm zugleich einer gottesdienstlichen "Wir"-Gruppe (vgl. 9ff.) zugewiesen wird. Der Berg dagegen gilt als "heilig"; das Possessivsuffix "*seinem*" rechnet ihn der Sphäre JHWHs zu. Bereits beim Psalmeingang zeichnet sich eine Differenzierung zwischen einem Nah- (Stadt) und einem Distanzbereich (Berg) im Blick auf Gott ab. Die nachfolgende Beschreibung setzt den Wechsel zwischen Stadt und Berg mit ihren je unterschiedlichen Akzenten fort (3f.). In 2–4 dürfte er nach dem Muster einer gedoppelten Spiegelsymmetrie (abb'a') angeordnet sein: im ersten Fall mit der Stadt in den Aussengliedern und dem Berg in den Innengliedern und im zweiten umgekehrt. Das ergibt folgende Parallelisierungen und Gruppierungen: "Stadt unseres Gottes" (2b) || "Freude der ganzen Erde" (3a) und "auf seinem heiligen Berg" (2b) || "schön an Höhe" (3a) sowie "Berg Zion im äussersten Norden" (3b) || "(kundgetan) als Schutzhöhe" (4b) und "Stadt eines grossen Königs" (3c) || "in ihren Prunkburgen" (4a).[14] Bei einem derartigen

[14] Diese Struktur gilt unter der Annahme, dass in 3c indeterminiert "Stadt eines grossen Königs" zu lesen ist und die Königserwähnung sich nicht auf JHWH, sondern auf den (regierenden) Davididen bezieht (vgl. dazu Ps 2 als möglichen Hintergrund). In der Regel lesen die Ausleger "den grossen König" bzw. "den Grosskönig" und beziehen die Aussage auf Gott. Dabei wird auf die für assyrische Herrscher (aber nicht Gottheiten?) bezeugte Titulatur "Grosskönig" (vgl. Jes 36,4.13 par) verwiesen.

Wechsel bestätigt und vertieft sich die Differenzierung zwischen Stadt und Berg: Die Stadt wird assoziiert mit Volk und König, ist damit irdisch verhaftet und hat darüber hinaus einen universalen Akzent ("Frohlocken auf der ganzen Erde"); der Berg dagegen wird vertikal (Höhe, Schutzhöhe) und horizontal (*tzaphon* = mythisch umrankter Nordberg) "abgehoben" und als heilige Sphäre Gottes aufgefasst.

In Stanze II (5–8) wird auf eine neue Szenerie umgeschwenkt ("Denn siehe ..."). Eine Koalition von Völkerkönigen ist – offensichtlich mit feindlicher Absicht – im Anmarsch. Im vorliegenden Textzusammenhang kann dieser sich nur gegen Jerusalem/Zion richten. Von einer Belagerung oder gar einem Waffengang ist allerdings nicht die Rede. Vielmehr führt eine Sehwahrnehmung der Könige zu grösster Bestürzung und wohl auch zur Flucht der Mächte. Der Inhalt ihres Sehens wird nicht angezeigt, aber die Formulierungen lassen an einen Gottesschrecken, d.h. ein kriegerisches Eingreifen JHWHs (z.B. in Gewitterphänomenen) vom Zion her zugunsten seiner Stadt, denken. Betont ist aber nicht dies, sondern die dadurch ausgelöste Reaktion. Sie wird als Chaosbeben verstanden und mit plötzlich eintreffenden, schmerzhaften Geburtswehen verglichen. Will man die Aussage mit historischen Konstellationen verbinden, so sind verschiedene Ereignisse denkbar. Im Vordergrund dürfte der Assyreraufmarsch unter Sanherib zur Zeit König Hiskias (701 v.Chr.) und die wundersame Verschonung Jerusalems stehen (vgl. 2. Kön 18,13–19,37). Die Tarsis-Schiffe lassen sich vermutlich nicht einem spezifischen Geschehen zuordnen, stehen vielmehr für die Weltmächte, welche der Gott vom Zion her zunichtemacht (vgl. v.a. Jes 23,1.11–13). Insgesamt weist die Schilderung Anklänge an die Völkerrebellion und die Reaktion des Himmelskönigs in Ps 2 auf.

In Stanze III (9–11) äussert sich eine Gruppe ("wir") – wahrscheinlich dieselbe, die bereits in 2 den Lobpreis auf JHWH angestimmt hat. Ihre Tätigkeit besteht darin, wahrzunehmen, Vergleiche anzustellen und aus beidem Folgerungen zu ziehen. In den Rahmenversen (9.11) geschieht dies mittels "wie ... so ..."-Formulierungen (ähnlich bereits in 6). "Wie wir gehört haben ..." wird sich auf die in 5–8 erwähnten Geschehnisse beziehen. Das Hören wird ergänzt durch das Sehen (vgl. 6a) und ergibt zusammen ein Ganzes. Analog zur Psalmeröffnung (vgl. auch die identische Wendung "Stadt unseres Gottes" 3b.9b) erläutern die beiden Halbverse von 9 sich wechselseitig (aba'b'-Muster) und beleuchten neuerlich den Berg- und den Stadt-Aspekt Zions. Das Sehen meint die "Stadt unseres Gottes" (mit ihren Befestigungsanlagen), während das Hören mit der "Stadt JHWHs der Heerscharen" zu verbinden ist, der (von seinem heiligen Berg her) die Könige-Koalition in die Flucht geschlagen hat. Ist dem so, wird erstmals im Psalm auch die "Stadt" mit einer hoheitstheologischen Aussage versehen, die sonst mit dem "Berg" verbunden ist. Beides zusammen macht die Aussage möglich, dass gegenüber Gefährdungen durch Chaos- bzw. Heeresmächte die Stadt von Gott für alle Zeiten fest gegründet bleibt (d.h. nicht wanken bzw. beben [vgl. 7] wird). Die Integration der Aspekte von Zion als Berg ("theologisch") und Stadt ("sinnenhaft") bestimmt den Fortgang des Psalms bis ans Ende. Der Schlussvers des Abschnitts (11) formuliert wie der Anfangsvers, allerdings verschiebt sich die Vergleichsaussage von der Wahrnehmung zur theol. Hymnik: Gott gebührt der Lobpreis, und zwar (von der Gottesstadt ausgehend) bis an die Enden der Erde (vgl. 2a.3a). Er gipfelt im Bekenntnis: "Mit Gerechtigkeit ist gefüllt deine Rechte". Damit ist die in Stanze II demonstrierte Mächtigkeit mit Recht (bzw. gerechtem Gericht) verbunden. In der Stanzenmitte (10), zwischen den Vergleichs- und Bekenntnisformulierungen (9.11), spricht die gottesdienstliche "Wir"-Gruppe nochmals von einem Vergleichsvorgang. Er geschieht "inmitten deines Tempels". Erstmals und einzig in Ps 48 ist gegenüber der Dominanz der Stadt- und Berg-Akzentuierung vom Zions*heiligtum* die Rede (= "Verbindungsort" zwischen numinosem Berg und materiell-fassbarer Stadt?). Vergleichsgrösse ist "deine Gnade": Loyalität und Verpflichtungstreue, welche die Gemeinde empfängt bzw. erkennt. Allerdings fehlt hier (wie in 9.11) eine zweite Vergleichsgrösse, weshalb das Verb in 10 meist mit "bedenken, erwägen" o.ä. übersetzt wird. Das Fehlen einer solchen ist theol. begründet: Es gibt keine damit vergleichbare Grösse. Damit ist von einer impliziten Unvergleichlichkeitsaussage Gottes auszugehen.

Die Stanze IV (12–14) schliesst an den Lobpreis Gottes angesichts seiner Gerechtigkeit an (vgl. 11) und konkretisiert die Partizipation bzw. weitet sie noch aus. Der "Berg Zion" (vgl. 2f.) selber soll den Jubel eröffnen und die Bewohnerschaft, die über Stadt selbst hinausreicht ("Töchter Judas"), sich ihm anschliessen. Der vertikal-religiös konnotierte Berg und die mit Stadt und Land verbundene Bewohnerschaft werden damit zur Vergemeinschaftung im Lobpreis aufgefordert. Aufgerufen wird zu einer Art Prozession. Adressaten sind nicht explizit genannt. Es dürfte sich kaum um die bestürzten Könige (vgl. II) handeln – wenngleich man für die Verbindung von Kriegshandeln und Huldigung Ps 2 ins Feld führen könnte –, sondern um die eben genannte Bevölkerung von Stadt und judäischem Umland (vgl. 12b). Auch der Zielpunkt der Tradierung (vgl. 14c) spricht für dieses Verständnis. Mit Zion steht dabei nicht der Berg, sondern die Stadt im Vordergrund, wie die femininen Pronomina in 13f. anzeigen. Die Begehung dient (wie 9) der sinnhaften Wahrnehmung. Sie setzt mit einem Umkreisen der Stadtmauern ein – vergleichbar mit der von der Königsallianz beabsichtigten Belagerung, aber nun in ganz anderer Absicht. Beim Abschreiten, Mustern und Inventarisieren verbinden sich handfeste "Realien" mit spirituellen Dimensionen. Beides zusammen dient der Memorierung und Überlieferungsbildung für die kommende Generation. Der Inhalt dieser spirituellen Dimension wird im bilanzierenden Schlussvers (15) auf den Punkt gebracht: Dies alles ist, d.h. macht Gott aus. Er ist "unser Gott" (vgl. 2c.9b) für immer und leitet uns (durch die Geschichte [vgl. die Ausrichtung auf die künftige Generation in 14c])[15]. Othmar KEEL (Geschichte Jerusalems, 737) spricht davon, dass die konkrete Stadt "als 'Sakrament' der Schutzmacht JHWHs wahrgenommen und gefeiert" werden soll.

Eine allfällige Verwendung dieses Zionslieds in einem kirchlichen Kontext wird mit Bedacht zu geschehen haben. Dies angesichts der so signifikanten Verbindung Gottes mit der "Materialität" dieser Stadt und einer Geschichte, in der diese massive Befestigungsarchitektur von anstürmenden Truppen sehr wohl zu Trümmern gemacht worden ist. Zudem finden sich gegenüber einem derartigen "Zionismus" bereits innerbibl. kritische Stimmen (vgl. etwa das Büchlein der Klagelieder). Einer spirituellen Dimension zwar nicht dieses, aber des verwandten Zionpsalms 46 hat Martin Luther mit seinem bekannten Lied "Ein feste Burg ist unser Gott ..." (EG 362, RG 32) den Weg gewiesen. Ps 48 wird man u.a. als Lesung für Palmsonntag, aber auch im Sinne einer Ausrichtung auf das neue, endzeitliche Jerusalem hin (vgl. Offb 21f.), z.B. im Advent, verwenden können.

[15] Das letzte Wort im MT ("auf den Tod" o.ä.) will keinen Sinn machen und wird mit G meist zu "in Ewigkeit" (hier: "für stets") geändert.

C) Ein Tempel aus Worten

Im Psalter finden sich oft Aussagen *über* Räume, Orte und Wege im Allgemeinen und den Tempel im Besonderen. Darüber hinaus lässt sich der Psalter *selbst* als gestalteter und abzuschreitender "Raum" begreifen. Bernd JANOWSKI (Tempel) verwendet dazu in Anlehnung an Hieronymus die Haus-Metaphorik und spricht von einer theol. Architektur des Psalters, nämlich von einem "Tempel aus Worten" bzw. einem *templum spirituale*.

Die Dimensionen dieses vielräumigen "Wort-Hauses" oder "Buchtempels" (Günter Bader), seine Weite, Höhe und Tiefe, gilt es wahrzunehmen, sie abzuschreiten und so immer mehr "heimisch" zu werden. Zur Raum-Metaphorik gesellt sich die Weg-Metaphorik und verbindet den Raum mit der Zeit. Sie lässt den Psalter als theol. Itinerar zur Bewältigung paradigmatischer Lebenssituationen verstehen.

D) Vom Himmel bis zur Unterwelt

a) Himmel und Erde

Christen richten ihre Gebetsworte zum "Vater unser *im Himmel*". Damit ist die Sphäre seines Wohnens und Herrschens (vgl. auch "*wie im Himmel* so auf Erden") genannt. Sie wird bereits in den Psalmen angesprochen, zumal vom "Himmel" (*schamajim*, mit Plural der räumlichen Ausdehnung) in den Psalmen häufig die Rede ist (über 70mal). Wenn in einer Reihe von Psalmen es ausserdem heisst, dass JHWH auf Zion präsent ist (s.o.), stellt sich die Frage nach der Zuordnung der beiden "Orte". Im Verstehenskontext des Alten Orients waren markante "Erhebungen" wie Berge oder hoch gebaute Tempelanlagen wie die babylonischen Zikkurate (vgl. den "Turmbau zu Babel", Gen 11,1–9) mythisch umrankt. Es sind "Berührungspunkte" zwischen irdischer und himmlisch-göttlicher Welt. Beim Tempel JHWHs auf seinem "heiligen Berg" Zion, bei dem sich die topographische Erhebung mit der Bauanlage verbindet, gilt Ähnliches. Allerdings findet sich in den Psalmen zugleich die Vorstellung, dass Gott in der Tempelpräsenz auf Zion nicht aufgeht, ja, teils als abwesend erfahren wurde (vgl. Ps 74,2f.7f.11; 79,1–5.10; 89,39–42). Er wohnt bzw. thront – auch bzw. vor allem – "im Himmel". Ab der Exilszeit hat sich diese Vorstellung, ausgelöst durch die Zerstörung des Tempels 587/6 v.Chr. (der Gottesbezug zum "heiligen Berg" wurde dadurch allerdings nur bedingt tangiert), wohl verstärkt.

Aufs Ganze gesehen spiegelt sich in den Psalmen eine Doppelpräsenz JHWHs "im Himmel" wie "auf Zion". Beide Vorstellungen *zugleich* drücken wahrscheinlich Ps 2 (V. 4.6f.); 14 (V. 2.7); 20 (V. 3.7); 50 (V. 2–5); 53 (V. 3.7); 57 (V. 2.4); 68 (V. 6.9f.16–19.25.30.34–36); 76 (V. 3f.9f.12); 93 (V. 4f.); 99 (V. 1f.5.9) sowie evtl. auch Ps 9 (V. 5ff.15); 11 (V. 4.7); 18 (V. 3.7.10ff.); 74 (V. 2–4.12ff.22); 80 (V. 2.15); 92 (V. 9.14f.); 108 (V. 5f.8); 132 (V. 7f.13f.); 135 (V. 1f.6f.21) aus. Allerdings ist nicht immer klar, ob mit Gottes Wohnen bzw. Thronen das Gotteshaus auf Erden (Zion) oder der Himmel gemeint ist (vgl. Ps 11,4; 22,4; 45,7; 60,8; 92,9; 93,2.5). Tendenziell ist die Gottespräsenz auf Zion stärker mit (individueller) Hilfe und Heil(serwartung) verbunden; der Himmel dagegen wird mit Gott als majestätischem König, Krieger, Weltenrichter sowie Chaos-Bändiger (vgl. Ps 74,12–17; 77,17; 89,10–15; 93; 114,3) assoziiert. Dazu gehören auch Gewitter-Theophanien (vgl. Ps 18,7–16; 29; 50,3;

68,34–36; 77,17–19; 104,7), wo weitere, dem Himmel zugeordnete Elemente wie Wolken, Blitz, Donner und Regen Erwähnung finden. In ihnen äussert sich nicht der ruhende, sondern der dynamische (kriegerische) Aspekt des Himmelsgottes.

Der Himmel ist nicht nur der Ort, wo Gott wohnt bzw. thront (vgl. Ps 9,5.8; 11,4; 103,19) und von woher er schaut (vgl. Ps 14,2; 33,13–15; 53,3; 102,20), antwortet (vgl. Ps 81,8) oder herkommt (vgl. Ps 18,10f.; 104,3f.; 144,5–7). Er ist auch Objekt seines schöpferischen Wirkens (vgl. Ps 33,6f.; 96,5; 104,2). Oft wird der Himmel zusammen mit der Erde im Sinne der kosmischen Ganzheit (Merismus) des Schöpferhandelns Gottes genannt (vgl. Ps 102,26; 115,15; 121,2; 124,8; 134,3). Auch die Formel "Himmel – Erde – Meer" o.ä. (vgl. Ps 8,8f.; 69,35; 96,11; 135,6; 146,6; 147,8) und andere drei- und viergliedrige Formeln (vgl. Ps 95,4f.; 139,8f.; 147,8) finden sich im Psalter. Die Nennungen von Himmel und Erde können mit Momenten wie Gerechtigkeit und Gericht (vgl. Ps 50,4; 76,9; 85,12), Majestät, Ehre und Lobpreis (vgl. Ps 8,2; 57,6.12; 108,6) sowie anderem (vgl. Ps 73,9.25; 102,20; 103,11) verbunden sein.

Ist der Himmel der Wohnort Gottes, so die Erde derjenige der Menschheit, wie es Ps 115,16 mit folgenden Worten auf den Punkt bringt:

> 115,16 Der Himmel ist als Himmel des HERRN,
> die Erde aber hat er gegeben den Menschenkindern.

Nun kann *'eretz* bekanntlich "Erde" (vgl. Ps 2,2.8.10; 18,8; 19,5 u.ö.) oder "Land" (vgl. Ps 25,13; 35,20; 37,3.9.11.27.29.34 u.ö.) bedeuten (auch "Erdboden" wie in Ps 7,6; 17,11). Nicht bei jeder (Psalmen-)Stelle ist sicher, welche Bedeutung im Vordergrund steht. Zu dieser Bedeutungsdifferenzierung verhält sich ein ethnischer Aspekt weithin parallel: Das Land ist dem Volk (sg = Israel), als Gott gehöriger bzw. von ihm gegebener (dauerhafter) "Erbbesitz" bzw. "(Land-)Anteil" (vgl. Ps 28,9; 33,12; 47,5; 68,10; 74,2; 79,1; 94,5.14, ferner 16,5f.), die Erde jedoch den Völkern (pl = Heidennationen) zugewiesen.

b) Gottferne und Unterwelt

Auf der vertikalen Achse der mythischen "Landkarte" Israels (s.o., III. 3. A) steht dem Himmel die Unterwelt polar entgegen. Mit 16 Belegen gibt *sch^e'ol* den Hauptbegriff dafür im Psalmenbuch ab (vgl. Ps 6,6; 9,18; 16,10; 18,6; 30,4; 31,18; 49,15f.; 55,16; 86,13; 88,4; 89,49; 116,3; 139,8; 141,7). Öfters erscheint er parallelisiert bzw. verbunden mit dem "Tod" (vgl. Ps 18,6; 49,15.18; 55,16). Die Unterwelt als Welt des Todes und der Toten ist der Ort der Gottferne bzw. -abwesenheit. Gegenwirklichkeit dazu ist "Leben", und dieses lässt sich ohne Gottes Wirken und Walten nicht denken (vgl. Ps 30,4; 71,20; 88,49; 116,9; 118,17; 142,6). In der Unterwelt herrscht Schweigen und fehlt Gottesgedenken und -lob (vgl. Ps 6,6; 88,11; 115,17). Nicht selten wird Todesnähe zudem mit Begriffen wie "(Fang-, Fall-)Grube" oder "(Wasser-)Zisterne", "Grab", "Staub" u.ä. ausgedrückt (vgl. Ps 7,6; 16,10; 22,16; 28,1; 30,4.10; 40,3; 88,5–7.12; 103,4; 143,7). Auch einsame und verlassene Gegenden (Öde, Wüste, Ruinen u.ä.) sind mit dem Tod assoziierte Orte (vgl. Ps 102,7f.; 107,4f.). Gefangensein, Lebensgefährdung und Todesnähe (geminderte Existenz) verbinden sich mit der Metaphorik derartiger Unterweltstopik. Wie der Begriff der "(Wasser-)Tiefen" deutlich macht (vgl. Ps 69,3.15; 130,1; 140,11), ist ihr zudem ein Zug in Tiefe und Finsternis eigen (vgl. Ps

23,4; 88,13.19; 107,10.14). Ferner ergeben sich Berührungen mit "Wasser(-Tiefen)" und "Fluten" als Ausdruck der Chaosmächte, die den Bedrängten überfluten, in Schrecken versetzen, zum Wanken bringen können (vgl. Ps 13,4f.; 32,6; 42,8; 55,5f.; 69,2f.15f.; 71,20; 88,18; 107,26; 124,4; 144,7).

Die Todessphäre reicht ins Leben hinein und ergreift Bedrängte, Angefeindete und Kranke. Der Notleidende "berührt" (Ps 88,4) gleichsam die Unterwelt bzw. ist bis an die "Pforten des Todes" (Ps 107,18) gelangt. Man kann sagen: "Any weakness in life is a form of death" (LINDSTRÖM, Suffering, 40 [Zitat]). Die genannten Orte samt der mit ihnen verbundenen Befindlichkeiten sind mit Gottferne und sozialer Isolierung verbunden (vgl. Ps 30,7f.; 88,6). Der "Gottesentzug" (Zorn, Verbergen seines Angesichts u.ä.) ist denn auch *der* theol. Auslöser für Unheil, Not und Tod (dass auch Gottnähe als bedrohlich empfunden werden kann, zeigen Ps 39,14; 51,10; 139,5.10). Neben Äusserungen, die von einer Polarität von Tod und Leben ausgehen, zeigen sich (im Empfinden der Sprechenden) gelegentlich auch graduelle Momente, d.h. es sind Abstufungen der Verhaftung in Elend und Todesumklammerung erkennbar. So richtet sich im "Sehnsuchtspsalm" 42f. trotz notvoller Situation der Blick hoffnungsvoll auf eine Zeit, wo das betende Ich in die Gottesgegenwart des Tempels sich einfinden wird. Der Betende von Ps 88 dagegen ist derart "traumatisiert" und von der Todesrealität eingeholt, dass er ganz auf sich und seine Ergehen zurückgeworfen und ihm nahezu jegliches Licht der Hoffnung abhanden gekommen ist.

Die Totenwelt ist das "Land des Vergessens", wo Gottes Wundertaten nicht erzählt und er dafür nicht gepriesen wird (vgl. Ps 6,6; 30,10; 88,11–13; 115,17f.). Der aus der Todesumklammerung Herausgerissene, Gerettete und (neu) mit Leben und Vitalität Beschenkte dagegen soll/wird JHWH den Lobdank (*toda*) erstatten (vgl. Ps 30,4.12f.; 107,19–22 u.ö.). An einigen Stellen zeigt sich, dass Gott selbst im Todesbereich gegenwärtig ist bzw. sein kann (Ps 139,8.12) und er nicht nur *vom* Tod, sondern auch *vor* und sogar *aus* dem Tod zu retten vermag (vgl. Ps 16,10f.; 49,16; 73,23f.26).

4. Psalm 102 als abschliessendes Beispiel für Zeit- und Raumaussagen

Mit Ps 102 sollen die Ausführungen über Zeit-, Raum- und Wegaussagen in den Psalmen abgeschlossen und vertieft werden. Dabei geht es – der Thematik entsprechend – nicht um eine Gesamtinterpretation dieses Psalms; vielmehr steht die Darstellung der genannten Aspekte im Vordergrund (zum Psalm vgl. auch Wb Pss II, 168–173 [mit geringen Modifikationen]; KÖRTING, Zion, 32–48).[16]

102,1 Eine Klagebitte – zugehörig einem Armen – wenn er kraftlos wird
und vor dem Angesicht des HERRN ausschüttet seine Klage.

2 HERR, höre bitte meine Klagebitte,
und mein Schreien, zu dir komme es.

[16] Wesentliche Zeitaussagen sind durch Kursivsetzung, wichtige Orts- bzw. Raumaussagen durch Unterstreichung angezeigt. Die Markierungen sind nicht vollständig; syntaktische und semantische Momente (wie u.a. die "Verbaltempora") führen weitere Zeit- oder Raumaspekte mit sich.

3 Verbirg nicht dein Angesicht vor mir
am *Tag*, da Bedrängnis mir [zuteil geworden ist]!
Neige herab zu mir dein Ohr
am Tag, da ich rufe – *schnell* antworte mir!
4 Denn entschwunden sind im Rauch *meine Tage*,
und meine Gebeine sind wie ein Feuerherd durchglüht worden.
5 Gestochen worden (von der Sonne) wie das Kraut und verdorrt ist mein Herz,
denn ich habe vergessen zu essen mein Brot.
6 Aufgrund meiner Stöhnenslaute
klebt mein Gebein an meiner Haut.

7 Ich bin gleich geworden einer Dohle [in] der Wüste,
bin geworden wie eine Eule [in den] Ruinen.
8 Ich bin schlaflos geworden und bin geworden
wie ein Vogel, einsam auf einem Dach.
9 Den *ganzen Tag* haben geschmäht mich meine Feinde;
die mich zum Gespött machen, mich haben sie zum Fluch gemacht.
10 Denn Staub habe ich wie das Brot gegessen,
und meinen Trank habe ich mit Tränen gemischt
11 angesichts deines Grimms und deines Zorns.
Denn aufgehoben hast du mich und [wieder] hingeworfen;
12 *meine Tage* [sind] wie ein lang gewordener Schatten;
ja ich, wie das Kraut verdorre ich.

13 Aber du, HERR, *für immer* thronst du,
und das Gedenken an dich [währt] *von Generation zu Generation.*
14 Du, du wirst dich erheben, wirst dich des Zions erbarmen,
wenn *Zeit* [ist], ihm gnädig zu sein,
wenn gekommen ist *der (rechte) Zeitpunkt.*
15 Denn Wohlgefallen gefunden haben deine Knechte an seinen Steinen,
und sein Schutt erweckt immer neu ihr Mitleid.
16 Dann werden fürchten die Nationen den Namen des HERRN
und alle Könige der Erde deine Herrlichkeit.
17 Wenn der HERR [wieder auf]gebaut haben wird den Zion,
sich [wieder] gezeigt haben wird in seiner Herrlichkeit;
18 sich hingewendet haben wird zur Klagebitte des/der Entblössten
und nicht mehr verachtet haben wird ihre Klagebitte.

19 Aufgeschrieben werden soll dies für eine *künftige Generation*,
ja, ein [neu] geschaffenes Volk soll lobpreisen den HERRN.
20 Denn hernieder geschaut hat er von seiner heiligen Höhe;
der HERR, vom Himmel hat er zur Erde geblickt,
21 um zu hören das Stöhnen der Gefangenen,
zu befreien die Söhne des Todes,
22 dass verkündigt werde auf Zion der Name des HERRN
und sein Lobpreis in Jerusalem,
23 wenn sich versammeln Völker miteinander
und Königreiche, um zu dienen dem HERRN.

24 Bedrückt hat er auf dem Weg meine Kraft,
verkürzt meine Tage.
25 Ich sage: "Mein Gott, raffe mich nicht hinweg in der *Mitte meiner Tage*!"
Über Generationen hinweg [währen] *deine Jahre.*
26 *Vorzeiten* hast du die Erde gegründet,
und das Werk deiner Hände ist der Himmel.

27 Sie, *vergehen werden sie*; du aber, *du bleibst bestehen*;
ja, sie alle, wie das Gewand werden sie zerfallen;
wie das Kleid wirst du sie ersetzen, so dass *sie verschwinden*.
28 Du aber bist derselbe,
und *deine Jahre* werden nicht *ablaufen*.
29 Die Söhne deiner Knechte werden wohnen bleiben,
und *ihre Nachkommenschaft* wird vor deinem Angesicht *Bestand haben*.

Die Besonderheit von Ps 102 liegt darin, dass mittels der Gattung "Klagebitte" (*t^ephilla* 2.18, vgl. 1) Individual- und Zionsergehen *zugleich* geäussert und miteinander in Beziehung gebracht werden (vgl. in anderer Weise auch Ps 125). Der Psalm beginnt nach der Überschrift (1) als Bittgebet eines Einzelnen (2–12), wechselt zur Zionsthematik (13–23) und verbindet am Schluss (24–29) beide Momente. Die Not des Einzelnen und die Not (und Wiederherstellung) des Zion – im Fokus ist Stadt und Bewohnerschaft (nicht der Berg und auch nicht der Tempel) – sind miteinander verwoben. Derart bekommt die Klagebitte eine kollektivierende bzw. paradigmatische Einfärbung: "Meine Klagebitte" (2) wird zu "ihrer Klagebitte" (18), nämlich die des/der "Entblössten" – der Begriff schillert in seiner Bezeichnung zwischen Person(en)- (Tragen des *shaq*-Gewands als Leid- und Bussritus) und Stadt (entblösste, d.h. geschleifte Stadt), vgl. Jes 23,13; 25,2; 32,11. "Meine Stöhnenslaute" (*qol 'anchati* 6) verbinden sich mit dem "Stöhnen der Gefangenen" (*'enqat 'asir* 21). Entsprechend werden Motive der Individualklage transparent auf das Ergehen von Zionsstadt und -volk hin. Der deplorable Zustand der in "Steinen" und "Schutt" liegenden Stadt (15) spiegelt sich in (metaphorischer) Begrifflichkeit wie Öde, Versehrtheit und Trauer (v.a. "Ruinen" 7, "Staub" 10).

Der Zeitauffassung kommt ein tragendes Moment zu. "Tag" ist mit insgesamt sieben Belegen (*jom* 3.3.4.9.12|24.25) Leitwort der Klagebitte und drückt die Zeitlichkeit (Zeitpunkt und Zeitdauer) des betenden (paradigmatischen) Ichs und d.h. seine Leidverhaftung, Bedürftigkeit und Vergänglichkeit (dazu "verdorren" 5.12) aus. Es droht dem Notleidenden Verkürzung der Lebenstage und Hinwegraffung aus der Mitte seines Lebens (24f.). Darum ist "schnelle" Antwort (und Hilfe) gefragt (3). Dieser menschlichen Befindlichkeit wird kontrastiv ("Aber du, JHWH ...") die immerwährende Dauer ("für immer") der Königsherrschaft JHWHs gegenübergestellt (13). Ihr entspricht die Stetigkeit ("von Generation zu Generation") des (preisenden) Gedenkens von Seiten seines Volkes. Zu dieser Differenz von menschlich-bedürftiger Zeitlichkeit und göttlicher Zeitumgriffenheit bzw. "Ewigkeit" tritt eine weitere – und damit sind wir auf der Ebene von Ortsaussagen. Das "für immer" JHWHs verbindet sich mit der Vorstellung seines (königlichen) "Thronens" (13). In 20 wird evident, dass mit dem Ort der Himmel gemeint und ein vertikales Gefälle im Spiel ist. Von dort her geschieht Gottes Wahrnehmung der Not und die Rettung daraus. Der im Himmel verorteten und damit jeder Gefährdung entzogenen Gottesresidenz, stabil und mächtig, stehen metaphorisch oder real zu fassende "Örtlichkeiten" gegenüber. Diese sprechen (mit emotionaler Einfärbung) von Lebensminderung, Zerstörung, Tod(esnähe) – und zwar im Blick auf das Leben des Einzelnen sowie des Kollektivs Zion (Stadt und Bevölkerung): "Wüste" (Öde), "Ruinen" (Zerstörung), "Dach" (Einsamkeit), "Steine" und "Schutt" (Zion als Stadt). Die Hinwendung JHWHs an den/die Notleidenden wird zeitlich bestimmt, womit zugleich eine Verbindung zwischen den zeitlichen und örtlichen Vergänglichkeitsschilderungen sowie den Aussagen über die zeitliche wie örtliche Stetigkeit und Mächtigkeit Gottes hergestellt wird. Es wird zu einem Zions-Erbarmen Gottes kommen, allerdings (erst) zum von JHWH gesetzten Zeitpunkt (14). Gegenwärtig steht die Ohnmacht der Notleidenden, der Menschen wie des Zion, der Gottesmacht noch fremd gegenüber. Doch es wird die Zeit der Heilswende kommen, und auf diese hin soll der Psalm als Zeugnis "aufgeschrieben" werden: zum "Gedenken" (13) "für eine künftige Generation" (19). Mit ihr ist nicht nur eine personale Grösse (ein Volk, dass sich Gott selbst neu schafft) angesprochen, sondern zugleich eine Zeitaussage gemacht. Mit 19 wird dieses Dokument der Zukunft übergeben: Weil das Volk erfahren haben wird, dass er sich der Notleidenden Zions erbarmt hat, wird es dereinst Gott lobpreisen. Dies wird in der Welt kund werden (Völkerwallfahrt). Die an 19 sich anschliessenden Verbalformen von 20–23 (AK) sind als perfektisches Futur II zu interpretieren.

Der Schlusspassus 24–29 verbindet die Zeitaussagen der vorangegangenen Abschnitte 2–12 (Individualergehen) und 13–23 (Zionergehen) und führt zugleich einen Schritt weiter. Das sprechende Ich stellt, je gedoppelt, "meine Tage" (24f.) menschlicher Vergänglichkeit "deinen Jahren" (25.28) göttlicher Unvergänglichkeit gegenüber (vgl. auch die Aussage der vorzeitlichen Gründung der Erde durch JHWH in 26). In 27(f.) wird zudem der Gegensatz zwischen "vergehen" und "bestehen (bleiben)" formuliert und die Vergänglichkeit anhand von Kleid-Metaphorik ausgemalt. Sie ist insofern radikalisiert, als selbst Gottes Schöpfungswerke "Erde" und "Himmel" der Vergänglichkeit anheimfallen – allein JHWH bleibt derselbe (28). Damit kommt ein eschatologischer Zug zum Tragen. Im Schlussvers wird ein Bezug hergestellt sowohl zur leidenden Gegenwartsgeneration ("deine Knechte" 15) als auch zur "künftigen Generation" bzw. dem "(neu) geschaffenen Volk" (19). JHWH bleibt, und mit ihm wird der Nachkommenschaft der gegenwärtig an eigener wie Zions-Not Leidenden eine Zukunft eröffnet.

Ps 102 lehrt auch (uns) "Nachgeborenen", die "Zeiten" zu beachten und zu gewichten – insbesondere im Leiden. Notvolle Gegenwart stellt sich nicht nur individuell ein; sie kann zu Identifizierungen – wie hier mit Gottesstadt und -volk (Zion) – führen und derart sozial-ekklesial erfahren werden. Selbst wo eine Gegenwartsgeneration für sich keine Heilswende mehr zu gewärtigen meint, wird eine solche für das Gottesvolk kommender Zeiten als gewiss bezeugt und – sogar schriftlich – festgehalten. Es ist JHWH in der Höhe, der "für immer" im Regiment bleibt, um den Zeitpunkt der gnädigen Wiederherstellung weiss und sie gewähren wird. Sogar wenn menschliche Tage verkürzt werden, laufen Gottes Jahre nicht ab. Sie sind die Grundlage dafür, dass die mit ihm Verbundenen eine Zukunft haben – zumindest inmitten der von ihnen ausgehenden künftigen Generationen. Leid und Heil sind real und erlebensmetaphorisch an "Orten" verhaftet. Zwar sind wir – wie Christian Brüning als Titel über seine Monographie über Ps 102 wählt – "mitten im Leben vom Tod umfangen" (vgl. EG 518, RG 648); ebenso sehr macht der Psalm aber deutlich, dass wir mitten im Tod vom Leben umfangen sind. Das Ostergeschehen hat dies gewisser gemacht und die Psalmaussage damit verstärkt und vertieft.

IV. Personen – Stimmen – Konstellationen

BADER G., Psalterspiel (HUTh 54), Tübingen 2009 • BAYER O., Erhörte Klage, NZSTh 25 (1983) 259–272 • BAYER O., "Dein Wille geschehe", in: M. BAUKS u.a. (Hrsg.), Was ist der Mensch, dass du seiner gedenkst? (Psalm 8,5), Neukirchen-Vluyn 2008, 15–21 • BESTER D., Die Sprache der Hände, in: M. BAUKS u.a. (Hrsg.), Was ist der Mensch, dass du seiner gedenkst? (Psalm 8,5), Neukirchen-Vluyn 2008, 23–32 • BUKOWSKI P., Die Bibel ins Gespräch bringen, Neukirchen-Vluyn [6]2007 (1994) • BUYSCH C., Der letzte Davidpsalter (SBB 63), Stuttgart 2009 • DI VITO R.A., Alttestamentliche Anthropologie und die Konstruktion personaler Identität, in: B. JANOWSKI / K. LIESS (Hrsg.), Der Mensch im alten Israel (HBS 59), Freiburg i.Br. 2009, 213–241 • GROHMANN M., Fruchtbarkeit und Geburt in den Psalmen (FAT 53), Tübingen 2007 • HARTENSTEIN F., Personalität Gottes im Alten Testament, in: W. HÄRLE / R. PREUL (Hrsg.), Personalität Gottes (MJTh 19), Leipzig 2007, 19–46 • HARTENSTEIN F., Das Angesicht JHWHs (FAT 55), Tübingen 2008 • IRSIGLER H., Psalm-Rede als Handlungs-, Wirk- und Aussageprozeß, in: K. SEYBOLD / E. ZENGER (Hrsg.), Neue Wege der Psalmenforschung (HBS 1), Freiburg i.Br. 1994, 63–104 • JANOWSKI B., Der Mensch im alten Israel, ZThK 102 (2005) 143–175 • JANOWSKI B., Konfliktgespräche mit Gott, Neukirchen-Vluyn [3]2009 (2003) • KRAUS H.-J., Theologie der Psalmen (BKAT XV/3), Neukirchen-Vluyn [2]1989 (1979) • KRUGER P.A., Gefühle und Gefühlsäußerungen im Alten Testament, in: B. JANOWSKI / K. LIESS (Hrsg.), Der Mensch im alten Israel (HBS 59), Freiburg i.Br. 2009, 243–262 • LUX R., Die Kinder auf der Gasse, in: A. KUNZ-LÜBCKE / R. LUX (Hrsg.), "Schaffe mir Kinder ..." (ABG 21), Leipzig 2006, 197–221 • MALINA B., The Individual and the Community, BTB 9 (1979) 126–138 • REVENTLOW H. Graf, Gebet im Alten Testament, Stuttgart 1986 • PEELS E., 'I Hate Them with Perfect Hatred' (Psalm 139:21–22), TynB 59.1 (2008) 35–51 • SHEPPARD G.T., "Enemies" and the Politics of Prayer in the Book of Psalms, in: D. JOBLING u.a. (Ed.), The Bible and the Politics of Exegesis, Cleveland, OH 1991, 61–82 • STEYMANS H.U., Psalm 89 und der Davidbund (ÖBS 27), Frankfurt a.M. 2005 • STICHER C., Die Rettung der Guten durch Gott und die Selbstzerstörung der Bösen (BBB 137), Berlin 2002 • WAGNER A., Die Stellung der Sprechakttheorie in Hebraistik und Exegese, in: A. LEMAIRE (Ed.), Congress Volume Basel 2001 (VT.S 92), Leiden 2002, 55–83 • WAGNER A., Beten und Bekennen, Neukirchen-Vluyn 2008 • WAGNER A., Gottes Körper, Gütersloh 2010 • WEBER B., Psalm 77 und sein Umfeld (BBB 103), Weinheim 1995 • WEBER B., Der Asaph-Psalter – eine Skizze, in: B. HUWYLER u.a. (Hrsg.), Prophetie und Psalmen (AOAT 280), Münster 2001, 117–141 • WEBER B., Klagen ist nicht das Letzte, Brennpunkt Seelsorge 3+4 (2005) 46–51 • WEBER B., Entwurf einer Poetologie der Psalmen, in: H. UTZSCHNEIDER / E. BLUM (Hrsg.), Lesarten der Bibel, Stuttgart 2006, 127–154 • WEBER B., Psalm 30 als Paradigma für einen heutigen "Kasus der Wiederherstellung", JETh 21 (2007) 31–50 • WEBER B., "JHWH, Gott meiner Rettung!", VT 58 (2008) 595–607 • ZENGER E., Ein Gott der Rache?, Freiburg i.Br. 1994.

1. Einführung

In den Psalmen kommen "Stimmen" in mannigfacher Weise zu Wort und richten ihre Aussagen an unterschiedliche Adressaten. Sprechrichtungswechsel in ein-und-demselben Psalm sind nichts Aussergewöhnliches, und nicht selten sind im gleichen Psalm unterschiedliche Sprechende zu vernehmen.

In diesem Hauptabschnitt geht es um in den Psalmen agierende bzw. darin genannte, einzelne und kollektive personale Grössen, Gott eingeschlossen. Mitbedacht werden zudem verschiedene Aspekte der Personalität, Namen und Nennungen – sei es als Selbst- oder Fremdbezeichnung – sowie textlich greifbare Verlautbarungen von Fremdstimmen.

Unter den literarisch erscheinenden Akteuren gibt es sozio-theol. Konstellationen und hierarchische Gefälle. Die Involvierten stehen untereinander mehr oder minder in Interaktionen, die sich als gut, problematisch, schlecht oder wie auch immer anzeigen.

Die Dialogizität der Psalmen äussert sich vornehmlich darin, dass personale Grössen in Handlungsfeldern, v.a. aber im Gespräch in irgendeiner Weise untereinander in Beziehung treten, sich zu dazu äussern bzw. sie thematisieren. Als klassisch gilt dabei das Beziehungsdreieck "sprechendes/betendes Ich" – "Feind(e)" – "Gott", das in einer Vielzahl von Psalmen der Gattung Klagebitte (und Lobdank) greifbar ist. Von daher ist es notwendig, bei der Behandlung einzelner Personen den systemischen Hintergrund im Blick zu behalten. Die Spiritualität der Psalmen ist wesentlich eine solche des Gesprächs, auch wenn die Psalmen oft nur einen "Ausschnitt" desselben darstellen.

2. Gott

A) Die Personalität Gottes

Friedhelm HARTENSTEIN (Personalität, 19–20.22) schreibt: Die bibl. Redeweisen von Gott "zielen primär weniger auf ein bewusstes Verstehen als auf *Verständigung*, nicht nur als *Übereinstimmung in der Glaubensgemeinschaft*, sondern vor allem im Sinne einer *Einstimmung in das Gespräch mit Gott*. In diesem Gespräch wissen sich die biblischen Texte immer schon angesiedelt, und aus ihm verabschieden sie sich an keiner Stelle." Und weiter: "Die menschliche Sprache von und zu Gott *als einer Person* ist das vorfindliche Mittel, sich in der Beziehung zu ihm zu halten und dieser zu entsprechen. *In gewisser Weise 'ist' Gott als Vorstellung und als Ziel des Glaubens allein durch die 'doppelte zweite Person' (Ricoeur) der ihm antwortenden Rede eines Angeredeten gegeben.*" (Hervorhebungen FH)

Was Hartenstein im Blick auf das Reden von Gott im AT generell schreibt, gilt in verdichteter Weise für die Psalmen. In ihnen kommt *Gott selbst* zu Wort (proph. Passagen und Psalter als Teil der Heiligen Schrift), in ihnen wird *über bzw. von ihm* und nicht zuletzt wird in direkter Weise *zu ihm* (Gebet) gesprochen. All dies geschieht unter Beteiligung personaler Subjekte. Anders als in neuzeitlichen Diskursen (vgl. dazu REVENTLOW, Gebet, 9–80) wird weder die Personalität Gottes noch die Möglichkeit bzw. Gegebenheit eines *face-to-face*-Dialogs zwischen Gott und Mensch(en) bestritten. Man mag aus aufgeklärter, (post)moderner Sichtweise dies als Naivität bezeichnen. Es handelt sich dabei allerdings um eine "Kindlichkeit", die von Jesus im NT als vorbildliche Haltung der Glaubensbeziehung zwischen Mensch und Gott gepriesen wird (Mt 18,1–5 par; 19,13–15 par, vgl. auch Ps 8,3). Damit ist nicht gesagt, dass in den Psalmen nicht auch Momente wie die Andersheit, Unerklärlichkeit oder Unvergleichlichkeit Gottes angezeigt wären. Zudem wissen die Psalmen sehr wohl von Beziehungsstörungen und Kommunikationsabbruch und thematisieren Derartiges auch – und zwar nicht nebenbei, sondern als eine, wenn nicht sogar *die* Not in der Beziehung zwischen Gott und Mensch.

Psalmen und Psalter sind insofern "sekundär", als sie die vertikale Dialogizität, insbesondere von "unten" (Mensch) nach "oben" (Gott), zur Sprache bringen, diese Beziehungsrelation aber nach dem Zeugnis der Bibel durch göttliche Initiative gestiftet wurde und erhalten wird. Die Artikulation der individuellen, kollektiven oder paradigmatischen "Person" im Psalmenwort ist auf dem Hintergrund der vom pro-aktiven Gott (mit)bewirkten "Vorgeschichte" entsprechend als re-aktiv zu beurteilen. Reden zu Gott kann der Mensch nur und insofern, als Gott ihm Sprache verliehen, ihn angerufen hat und ihm den "Zugang" zu sich offen hält. Wie diese Beziehung zu Gott bzw. zu dessen

"Angesicht" in der Sphäre seiner Präsenz (Tempel) (neu) gesucht, erhalten und gestaltet wird, davon geben die Psalmen ein beredtes Zeugnis.

B) Der eine Name und die vielen Bezeichnungen

a) Der eine Name

In Anlehnung an Gershom Scholem formuliert Günter BADER (Psalterspiel, 429): "*Sprache ist Namen*: das ist der kürzestmögliche Grundsatz aller Theologie des Psalters." (Kursivsetzung GB) In seinem Namen gibt Gott sich selbst, wird anrufbar und "zugänglich": "Ein Gottesdienst ohne Kenntnis des Gottesnamens, ein Verkehr zwischen Gott und Mensch, der nicht auf einen anrufbaren *schem* [hebr. für "Name", BW] bezogen ist, kann nicht als denkbar angenommen werden. Indem Jahwe sich selbst vorgestellt hat, übergab er seinen Namen seinem Volk." (KRAUS, Theologie, 21) In den kollektiven Asaphpsalmen 50; 81 und 76 vernehmen wir Gottes Selbstvorstellung in Israel, aber auch die Kunde, dass sein Name "angekommen" und damit "bekannt" sei in folgenden Worten:[17]

> 50,7 Höre bitte, mein Volk, damit ich reden kann,
> Israel, damit ich gegen dich zeugen kann!
> Gott (Elohim = JHWH), dein Gott bin ich!
>
> 81,11 Ich, der HERR, bin dein Gott,
> der dich Heraufführende aus dem Land Ägypten.
>
> 76,2 Bekannt in Juda ist Gott (Elohim = JHWH),
> in Israel ist gross sein Name.

Ein weiterer Asaphpsalm vermerkt, dass (Heiden-)Völker Gott und seinen Namen weder (an)erkennen noch anrufen, vielmehr angesichts der Not des Gottesvolkes spottend nach seiner Macht und Wirklichkeit fragen (Ps 79,6.10).

Der Gott Israels (und des gesamten Kosmos) hat sich – vermittelt durch Mose (Ex 3,14f., vgl. 33,19; 34,6f.) – mit dem Namen JHWH (Kurzform: JH) zu erkennen gegeben und wird unter diesem Namen angerufen, bekannt, gepriesen. Entsprechend ist eine Psalmentheologie und -spiritualität ohne Bezug zum Namen Gottes, seiner Anrufung und Reflexion undenkbar. Von den mehr als 6'800 Stellen im AT (inkl. Kurzform) enthält der Psalter mit rund 700 Belegen neben dem Buch Jeremia den Gottesnamen am häufigsten (insofern man im sog. "Elohistischen Psalter" Ps 42–83 mit Substitutionen von *jhwh* durch *ᵓᵉlohim* rechnet, vermehrt sich die Zahl, und das Psalmenbuch steht dann absolut an der Spitze). Dabei weist Ps 118, der 29 Verse umfasst (Rahmenverse 1 und 29 sind identisch), mit insgesamt 28 Belegen des Gottesnamens (22mal JHWH, 6mal JH) – noch vor dem ungleich grösseren Nachbarpsalm 119 (mit 24 Belegen, stets JHWH) – die grösste Häufigkeit auf. Hans Ulrich STEYMANS (Psalm 89, 277–288.446) erkennt im Psalter eine absichtsvolle Anordnung des Tetragramms in fünf Blöcken zu 128 Belegen (Ps 1–24|27–40|51–100|101–118|120–150) und schreibt dazu: "Offenbar sollte der Psalter als ein geistliches Heiligtum konzipiert werden, das

[17] Da sie dem sog. "Elohistischen Psalter" (Ps 42–83) zugehören, vertritt die Bezeichnung "Elohim/Gott" weithin den Gottesnamen JHWH ("HERR").

die Frommen durch das Aussprechen des Gottesnamens beim Rezitieren der Psalmen erschaffen" (ebd., 446). Dabei ist der *eine* sich im Namen JHWH offenbarende Gott zugleich der *einzige*, wie Ps 86,8 formuliert: "Keiner ist wie du unter den Gottheiten, Herr …!" Unvergleichlichkeit in umfassenden Sinn (vgl. Ps 35,10; 40,6; 50,21; 71,19; 77,14; 89,9; 113,5) gehört zu seinem Namen und Wesen.

Der Eigenname Gottes (JHWH) wirkt gegenüber den appellativen Bezeichnungen verstärkt identifizierend. In der Bibel generell und beim Gottesnamen speziell ist der Name keineswegs "Schall und Rauch", sondern "vertritt" die Person, für die er steht (vgl. etwa die Formulierung "um deines/seines Namens willen" u.a. in Ps 23,3; 25,11; 31,4; 79,9). Entsprechend häufig ist im Blick auf JHWH substituierend von seinem "Namen" (*schem*) die Rede. Deshalb ist der Name Gottes prägend für jede Beziehung mit ihm. Vom Kennen, Lieben, Gedenken und Verkünden des Gottesnamens (Ps 5,12; 9,11; 20,8; 2,23 u.ö.) ist genauso die Rede wie vom Lobpreis seines Namens mit Wort und Musik (Ps 7,18; 9,3; 18,50; 44,9; 68,5 u.ö.), denn Gottes Name ist hoch erhaben, heilig und herrlich (Ps 8,2.10; 29,2; 119,9 u.ö.).

Trotz Gottes Kundgabe seines Namens, seiner Herabneigung und vitalen Präsenz unter dem Gottesvolk, bleibt er menschlichem Zugriff entzogen. Selbst wenn er erscheint (Theophanie), z.B. in Verbindung mit Gewitterphänomenen (vgl. z.B. Ps 18,8–16; 29,3–10; 77,17–20; 97,4–6), verbleibt Gottes Offenbarung im Geheimnis. Mit seinem Namen verbindet sich entsprechend Enthüllung wie Verhüllung, Nähe und Ferne. Diese Spannung schlägt sich neben den diesbezüglich "klassischen" Texten aus dem Exodus-Buch (Ex 3,12–15; 19,9–25; 20,18–21; 33,18–23; 34,5–7) in unterschiedlicher Weise auch in Aussagen der Psalmen nieder (vgl. etwa Ps 10,1f.11.16–18; 13,2.6; 18,12–16; 22,2–6.20–25; 71,1f.6f.; 77,20f.; 139,1–12).

b) Die vielen Bezeichnungen

Gottes Eigenname findet sich – gerade in den Psalmen – häufig durch weitere Hinzufügungen und Attribute (Epitheta) ergänzt. Vielfalt und Varianz der Gottesnennungen und -bezeichnungen führen die Potenz mit sich, ihn und damit seinen "Charakter" sowie seine Handlungsweisen aspektreich zu erschliessen. Mit gut 350 Belegen ist "Elohim" (*ᵓᵉlohim*) neben dem Namen JHWH/JH die wichtigste Bezeichnung (Appellativum) für Gott in den Psalmen. Sie kann mit Artikel oder Suffix (z.B. "dein/unser Gott") oder aber als Teil einer Genitivverbindung (z.B. "der Gott Israels") erscheinen. Die Verwendung dieses Nomens nähert sich dem Eigennamen an und steht für bzw. "vertritt" JHWH. Dies gilt insbesondere für den Bereich der Psalmen 42–83, wo auffälligerweise der Eigenname JHWH, ungleich seltener als sonst in den Psalmen üblich, Verwendung findet und stattdessen Elohim bevorzugt wird. Entsprechend redet man hinsichtlich dieser Psalmengruppe vom "Elohistischen Psalter".

Die Gründe für dieses Phänomen sind unklar. Eine Erklärung geht dahin, dass sich in der gehäuften Verwendung von *ᵓᵉlohim* das theol. Anliegen spiegelt, weniger den Bezug auf Israel, demgegenüber sich Gott als JHWH offenbart, als stärker den universellen Machtanspruch Gottes zu betonen. Eine andere Erklärungsmöglichkeit ist die einer regional-theol. Akzentuierung: Die Elohim-Aussagen (samt diesen Psalmen) sind überwiegend in Träger- und Überlieferungskreisen aus dem (ehemaligen) Zehnstämmereich Israel und (ursprünglich) nicht in Juda/Jerusalem verankert. Da sämtliche Asaph-Psalmen zum "Elohistischen Psalter" gehören, ist eine solche Annahme nicht ganz von der Hand zu weisen (vgl. WEBER, Asaph-Psalter).

Besondere Erwähnung verdient auch die Gottesbezeichnung "El" (*'el*), welche mit über 70 Belegen im Psalter mehr als ein Viertel sämtlicher atl. Stellen ausmacht. El – als Eigenname gebraucht – stand als Hochgott (Vater, Schöpfer) an der Spitze des himmlischen Hofstaats der kanaanäischen Gottheiten (wozu auch Ba'al gehörte). In den Psalmen wird El als normales Nomen verwendet, das inhaltlich aber für JHWH steht und dabei Momente des kanaanäischen Hochgotts übernehmen kann (vgl. insbesondere Ps 82). Das zeigt sich auch an der engen Verbindung von *'el* und *'eljon* und damit an der Rede vom "höchsten Gott" o.ä. (Ps 57,3; 73,11; 77,10f.; 78,17f.35; 107,11).

Als dritte Gottesbezeichnung neben Elohim und El ist *'adon* "Herr" zu erwähnen. Sie erscheint überwiegend in der (pluralen) Form *'adonaj* "mein Herr" (= JHWH); gelegentlich wird auch *'adonenu* "unser Herr" verwendet (im Psalter auf JHWH bezogen 63 Belege). Mit der Grundbedeutung "Herr, Gebieter" (im Gegenüber zum Korrespondenzbegriff *'ebed* "Knecht") verbinden sich Aspekte der Überordnung und Herrschaft, aber auch der Verantwortung und Fürsorge. In den Psalmen wird mehr als die Hälfte dieses Herrentitels (mit einer Affinität zu Zion/Jerusalem wie in Jes?) in Anrufungen Gottes, insbesondere in Bitten um Zuwendung bzw. Hilfe, verwendet.

Nachfolgend seien – auszugsweise und unvollständig – einige, stets auf JHWH bezogene Gottesbezeichnungen, -zuschreibungen und -attribute (oft verbunden mit Personalsuffixen wie "mein" etc.), die in den Psalmen Verwendung finden, aufgelistet:

- "JHWH Elohim" (über 30mal, u.a. Ps 7,2.4; 18,29; 41,4; 59,6; 76,12; 81,11)
- "JHWH/Elohim der Heerscharen" (u.a. Ps 24,10; 46,8.12; 69,7; 80,5.8.15.20)
- "Gott (Elohim/El) Jakobs" (Ps 20,2; 46,8.12; 75,10; 76,7; 81,2.5; 84,9; 94,7)
- "Gott (Elohim/El) Israels" (Ps 41,14; 59,6; 68,9.36; 69,7; 72,18; 106,48)
- "Gott (El) der Ahndung" (Ps 94,1, vgl. 18,48; 99,8)
- "Heiliger Israels" (Ps 71,22; 78,41; 89,19)
- "Hirte (Israels)" (Ps 23,1; 80,2, vgl. 74,1; 77,21; 78,71f.; 79,13)
- "König" (u.a. Ps 5,3; 10,16; 20,10; 24,7–9; 29,10; 44,5; 47,3.7–9; 93,1)
- "Richter (der Erde)" (Ps 7,12; 9,5; 50,6; 58,12; 94,2, vgl. u.a. 7,9; 9.9.20; 10,18)
- "Fels" (u.a. Ps 18,3.32.47; 19,15; 28,1; 31,4; 42,10; 62,3.7f.; 71,3; 89,27; 94,22)
- "Zuflucht(sort) o.ä. (u.a. Ps 9,10; 46,8.12; 59,10.17f., vgl. u.a. 57,2; 91,4; 143,9)
- "Schild" (u.a. Ps 3,4; 7,11; 18,3; 28,7; 33,20; 59,12; 84,12; 115,9–11, vgl. 35,2)
- "Retter, Befreier" o.ä. (u.a. Ps 7,11; 17,7; 18,3; 27,1; 35,10; 40,18; 68,20f.)
- "Erlöser" (Ps 19,15; 78,35, vgl. u.a. 69,19; 74,2; 77,16; 103,4; 106,10; 107,2)
- "Licht" (Ps 27,1, vgl. u.a. 18,29; 31,17; 36,10; 43,3; 104,2)
- "lebendiger Gott/Gott meines Lebens" (Ps 42,3.9; 84,3, vgl. 18,47; 36,10)
- "Gott meiner Freude" o.ä. (Ps 43,4, vgl. u.a. 16,11; 118,24; 149,2)
- "Treuer/barmherziger/gnädiger Gott" (u.a. Ps 31,6; 86,15; 145,8, vgl. u.a. 108,5)
- "Grosser Gott" (Ps 77,14; 95,3, vgl. u.a. 86,10; 99,2f.; 145,3)

Eine auffällige Dichte und Vielfalt von Gottesnennungen und -bezeichnungen findet sich in den Asaph-Psalmen (Ps 50; 73–83 – vgl. dazu mit einer Zusammenstellung aller Belege WEBER, Psalm 77, 281f.). Die hinter diesen Psalmen stehenden Kreise pflegten – *nota bene* in Konstellationen von Gericht und Not – eine Art "Namenstheologie" (vgl. WEBER, Asaph-Psalter, 124). Wahrscheinlich ging es den mit diesen Psalmen verbundenen Trägerkreisen darum, die Gottesoffenbarung und -präsenz zu betonen und Gott in besonderer Weise als gegenwärtig und mächtig redend bzw. handelnd herauszustellen. Über den die Machtfrage unter den Gottheiten thematisierenden Ps 82 hinaus sei auf Ps 50,1 und 83,19 hingewiesen. Die beiden Belege markieren Anfang und Ende in der Anordnung der Asaph-Psalmen (Ps 83,19 bildet zudem den Schluss des "Elohistischen Psalters"). Diese Platzierung indiziert Betonung.

> 50,1 Gott (*'el*), Gott (*'ᵉlohim*), HERR (*jhwh*)!
> (Er) hat geredet und (auf)gerufen die Erde.
>
> 83,19 Und dann werden/sollen sie (an)erkennen, dass du – dein Name ist HERR (*jhwh*) –,
> allein Höchster (*'eljon*) über die ganze Erde bist.

Die Eröffnung von Ps 50 mit einer Triplette von Gott-Benennungen ist einzigartig und emphatisch zugleich. Grammatikalisch lässt sich die Satzaussage so verstehen, dass (a) Gott der Rufende und damit Subjekt oder aber (b) der von der "Erde" (Subjekt) An- bzw. Aufgerufene ist. Die Variante (a) ist wahrscheinlicher, weil die nachfolgenden Verse die Betonung auf Gottes Handeln und Reden legen (vgl. 4ff.). Die vorangestellte dreifache "Titulatur" ist nicht einfach ein normales Satzsubjekt, sondern hat ein vokativisches Moment insofern, als nicht nur eine Redehandlung Gottes geschildert, sondern mit ihr dieser selbst als mächtig Präsenter an- und aufgerufen wird. Mittels einer Gerichtstheophanie wird Gott als Erscheinender gezeichnet, bevor ab 5 der Inhalt seiner Rede (proph.) kundgetan wird. Die Erwähnung der Mächtigkeit Gottes über den Erdkreis bestimmt auch den Schluss von Ps 83. Der Psalm und mit ihm der Asaph-Psalter schliesst damit, dass die Koalition der die Existenz Israels bedrohenden Fremd- und Feindvölker angesichts des Eingreifens des Gottes Israels ihn als den "allein Höchsten über die ganze Erde" unter dem Namen JHWH anerkennen muss (vgl. auch Ps 2).

C) Der An- und Aufgerufene

Die Besonderheit der Verwendung von Gottesname und -bezeichnungen in den Psalmen besteht darin, dass nicht nur *von* bzw. *über JHWH* gesprochen wird. Gelegentlich kommt er auch (proph. vermittelt) selbst zu Wort (vgl. 4 III.). Namentlich aber wird von Einzelnen und Kollektiven *zu ihm* gesprochen. Die Psalmenworte sind damit Teil der Beziehung zwischen Gott und seinem Volk (bzw. dessen König) respektive einzelnen Gliedern. Sie vermitteln in ihrer Wiederverwendung immer neu ein Beziehungsgeschehen bzw. befähigen dazu. Dieses verdichtet sich dort, wo Gott *direkt* – sei es mit seinem Eigennamen oder einem Appellativum – an- bzw. aufgerufen wird (grammatikalisch: Vokative). Solches geschieht in den Psalmgebeten ausgesprochen häufig – 200 Belege von JHWH/JH sind Vokative! –, oft sogar mehrmals in demselben Psalm.

> Die Bedeutung dieser Tatsache zeigt ein Blick auf das erste Gebet des Psalters, die "Klagebitte" Ps 3 (dazu eingehend unter 2 III.). Das erste Wort dieses Gebetstextes (von der Überschrift abgesehen) ist eine Anrufung JHWHs (*invocatio Dei*). Darüber hinaus finden sich in diesem kurzen Psalm (9 Verse) noch drei weitere Gottesanrufungen (4a und 8a mit JHWH, 8b mit "mein Elohim" im Vokativ). Zudem wird noch von einem Rufen zu JHWH berichtet (5a). Die übrigen Gotteserwähnungen sind in bekenntnisartige Formulierungen eingebettet (3b, 6b und 9a).

Die anrufende Nennung Gottes erfährt, bezeugt und versteht die in und mit diesem Namen bezeichnete "Person" als gegenwärtig, d.h. als wirk- und heilsmächtig. Die Anrufung zeigt an, dass mit dem *Deus praesens* gerechnet wird – und zwar selbst dann, wenn – wie in "Klagebitten" – die Beziehung und Kommunikation "gestört" ist und Gott als abwesend, taub, zornig, heilsfern o.ä. erfahren wird. Die Tatsache des Betens selbst, insbesondere die auf (frühere) Beziehung gründende Anrufung Gottes, ruht in diesen Notgebeten auf einem hintergründigen, wenn auch umkämpften Vertrauen. Dies kann sogar – wie im dunkelsten aller Psalmen, nämlich in Ps 88 – soweit gehen, dass in Leidumnachtung das einzige verbliebene "Textfenster" zum Gottesheil die Vokative, insbesondere die eröffnende Gottesanrufung: "JHWH, Gott meiner Rettung ...!" (Ps 88,2), darstellen (vgl. dazu WEBER, "JHWH"). Jede *invocatio Dei* zielt in Notsituationen auf eine *evocatio Dei*, JHWHs Eingreifen zum Heil.

Die Anrufung Gottes findet sich nicht nur im Zusammenhang von Klageäusserungen und Bittappellen (vgl. Ps 3,2.8; 4,7; 5,2.9 u.ö.). Einen grossen Stellenwert hat sie auch im Rahmen von Bekenntnissen, wo JHWH gegenüber Vertrauen und Zuversicht (hinsichtlich seines Schutzes, seiner Hilfe etc.) geäussert wird (vgl. Ps 3,4; 4,9; 5,4.13 u.ö.). Wurde die Not gewendet, wandelt sich das Bekenntnis zur Dankbezeugung (vgl. Ps 9,2; 18,50; 30,2.13; 40,6.10 u.ö.). Auch im (koll.) Lobpreis finden sich Anrufungen JHWHs. Darin werden seine Herrlichkeit und Wundertaten erhoben (vgl Ps 8,2.10; 33,22; 67,4.6; 68,8.10f.25.29.36 u.ö.). Gegenüber dem eigentlichen Gebetsvollzug mit Gottesanrufung überwiegt in diesen Hymnen allerdings der Aufruf zum Lobpreis (vgl. z.B. Ps 33,1–3) und die Schilderung von Gottes Grösse (vgl. Ps 33,4ff.) (s.o., II. 5.).

D) Das Reden von Gott mit "Leib"-Begriffen

Ähnlich wie *schem* "Name" können auch Manifestationen von Gottes "Leib" für ihn selbst stehen. Sie stellen unterschiedliche Aspekte seines Wesens und Handelns sowie der Kommunikation mit ihm in den Vordergrund (vgl. WAGNER, Beten, 289–317). Die Redeweise vom "Leib" Gottes kann als anthropomorph wie theomorph bestimmt werden. Sie führt Ähnlichkeit (vgl. Gen 1,26f.) wie Andersartigkeit (vgl. Hos 11,9) im Blick auf den Vergleich zwischen Gott und Mensch mit sich.[18]

Andreas WAGNER (Gottes Körper, 104–109.135ff.) bietet einen Gesamtbestand atl. Leibbegriffe und notiert, welche davon (wie häufig) für Gottesaussagen Verwendung finden. Sein Befund für das gesamte AT gilt ähnlich auch für die Psalmen. Gesamtheitliche Bezeichnungen wie "Leib" oder gar "Fleisch" werden im Blick auf Gott ebenso wenig verwendet wie geschlechtsspezifische Körperteile. Auf Gott bezogen fehlt in den Psalmen zudem der Begriff *nephesch* "Kehle, Hals", weitergefasst "Leben, Vitalität, Seele", und von Gottes *leb(ab)* "Herz" ist nur selten die Rede (Ps 33,11; 78,72? [Bezug auf David und/oder JHWH möglich]). Wohl aber werden einzelne Teile des "Leibs" mit Gott in Verbindung gebracht, wenngleich deren Gebrauch für den/die Menschen häufiger ist. Das Spektrum reicht vom "Haupt" (nur Ps 60,9 = 108,9 in proph. Rede) bis zu den "Füssen" (Ps 18,10; 99,5; 132,7). Recht häufig ist von den oberen Extremitäten, "Arm" (Ps 44,4; 71,18; 77,16; 79,11; 89,11.14.22; 98,1; 136,12), "Finger" (Ps 8,4) und v.a. "(rechte/offene) Hand" (*jad, j^{e}min, kaph*: Ps 8,7; 10,12; 16,11; 17,7.14; 18,36; 19,2; 20,7; 21,9; 28,5; 31,6.16; 32,4 u.ö.), die Rede. Jeder dieser Begriffe stellt einen oder mehrere funktionale Aspekte göttlichen Seins und Handelns

---

[18] Üblicherweise wird solches Reden von Gott als metaphorisch, insbesondere als "anthropomorph" bezeichnet. Die Bezeichnung verdankt sich einem modernen, beim Menschen einsetzenden (und Gott "vergeistigenden") Einstichpunkt. Von der bibl. Sichtweise her ist ein reziproker, d.h. theomorpher Ansatz, der den Mensch als "Ebenbild" Gottes versteht, naheliegender. Vergleichbares ist zu sagen im Blick auf menschliches und göttliches Königtum.

heraus und vertritt zugleich Gottes Personalität insgesamt. Beispielhaft seien einige Akzentuierungen von "Hand"-Aussagen aufgeführt:

- Gottes schöpferische/schaffende Hände bzw. deren Werk: Ps 8,7; 19,2; 28,5
- Gottes machtvoll erhobene/eingreifende (Kampf-)Hand: Ps 10,12; 21,9; 44,3
- Gottes schützende/fürsorgliche Hand: Ps 31,6.16; 80,18
- Gottes bedrückende/bekämpfende Hand: Ps 32,4; 38,3; 39,11
- Gottes stützende/ergreifende Hand: Ps 37,24; 73,23
- Gottes zurückgezogene (hilfsunwillige) Hand: Ps 74,11
- Gottes sich öffnende/sättigende Hand: Ps 104,28
- Gottes leitende Hand bzw. Hände: Ps 78,72; 139,10

Neben den Extremitäten finden sich namentlich Gottesaussagen in Verbindung mit dem Kopf- bzw. Gesichtsbereich. Dazu gehören sein(e) "Auge(n)" (Ps 5,6; 11,4; 31,23; 32,8; 33,18; 34,16; 51,6; 72,14 u.ö.) und "Ohr(en)" (Ps 10,17; 17,6; 18,7; 31,3; 34,16; 71,2 u.ö.). Seltener ist von Gottes "Mund" (Ps 18,9; 33,6; 119,88) und seinen "Lippen" (Ps 17,4), nie von seiner "Zunge" die Rede. Der aus Gottes "Mund" ausgehende Hauch schuf die himmlischen Heerscharen (vgl. Ps 33,6); sein Entzug lässt die Lebewesen sterben (vgl. Ps 104,29f.). Gottes "Nase" findet in Ps 18,9.16 Erwähnung; damit assoziiert wird dasselbe Wort (*'aph*) öfters von seinem "Zorn" gebraucht. So wird in Ps 18,16 im Zusammenhang von Gottes machtvollem Erscheinen und damit verbundenen Auswirkungen vom Atem in Verbindung mit der "Nase" bzw. dem mit ihr assoziierten "Zorn" gesprochen: "... angesichts deines Scheltens, JHWH, angesichts des Schnaubens des Hauchs deiner Nase/deines Zorns." Mehrheitlich ist vom Gesichtsfeld Gottes indirekt die Rede, nämlich durch Verben, die von seinem "Sehen", "Hören" und "Reden" sprechen. Vergleichbares gilt in Bezug auf seine "Hände" für diverse Handlungsweisen Gottes. Am deutlichsten zeigt sich die Verbindung zwischen Gott und Mensch in den Psalmen darin, dass Gott *ru^{a}ch* "Wind, Hauch, Geist" eigen ist und – von ihm empfangen – dem Menschen auch.[19]

Besonders wichtig ist die Rede vom "Angesicht JHWHs" (*p^{e}ne jhwh*) – in nominalen oder präpositionalen Fügungen (Ps 4,7; 9,4.20; 11,7; 21,10; 27,8; 100,2 u.ö.). Was für die Detailbegriffe des Gesichtsfeldes gilt, manifestiert sich bei dieser Wendung verstärkt: Das Gesicht ist der "Ort" der Wahrnehmung, der Kommunikation und damit der Beziehungsaufnahme und -pflege schlechthin. Friedhelm HARTENSTEIN (Angesicht JHWHs) hat sämtliche Psalmenbelege zusammengestellt und klassifiziert (ebd., 223–262), deren Bedeutungshintergrund als "Thronaudienz vor dem (Gott-)König" ausgeleuchtet (ebd., 1ff.) und anhand von Ps 27 exemplarisch erörtert (ebd., 63ff.). Mit dem "Angesicht JHWHs" sind eine Reihe von Motiven und Begrifflichkeiten ("Zelt" und "Flügel" als Schutz, ferner Licht und Rettung) assoziiert. Diese Vorstellungen und Erfahrungen sind mit dem Jerusalemer Tempel, insbesondere mit Lade und Kerubenthron, verbunden. Die "Schau" der auf dem Thron sitzenden Gottgestalt mit seinem (strahlenden) Angesicht "ist nach unseren Maßstäben eine innere, geistige, *für antike Menschen war sie aber sehr wahrscheinlich eine höchst konkrete und »reale« Begegnung mit der Gottheit"* (ebd., 123 – Kursivsetzung FH).

---

[19] Dies entspricht einer Schöpfungstheologie, welche die Leiblichkeit des Menschen als von Gott geformt und den von ihm eingehauchten Lebensodem als gegenüber den Tieren spezifisch versteht (vgl. Gen 2,7, ferner 1,26f. – in Ps 104,29f. wird der Odem Gottes allerdings auch mit der Tierwelt in Zusammenhang gebracht). Die damit gegebene Vitalität, seine Existenz als *nephesch chajja* "lebendige(s) Seele/Wesen", kommt im engeren Sinn von Gott her bzw. ist mit ihm verbunden ("Ebenbildlichkeit").

"Leib"-Begrifflichkeit wird nicht selten in ein-und-demselben Psalm sowohl auf Gott als auch auf menschliche Subjekte bezogen. Dadurch wird ein dynamisches Wechselverhältnis generiert bzw. unterstützt. Ein Blick auf den königlichen Ps 18 (= 2. Sam 22) mag dies verdeutlichen (zu Text und Erläuterungen vgl. Wb Pss I, 103–109): Das im Psalm sprechende "Ich" (König David) bezeugt, dass JHWH seine "Stimme" gehört habe, sein Geschrei vor Gottes "Angesicht" bzw. dessen "Ohren" vorgedrungen sei und aus dem Tempel Erhörung gefunden habe (7). Das (aus dem Mund ergehende) Rufen des Königs findet das Ohr des Gottkönigs und damit Erhörung, die sich in der anschliessenden Theophanie (8–16) manifestiert. Darin ist in Macht- und Gerichtsaussagen von Gottes "Nase" (9.16), "Mund" (9) und "Füssen" (10) die Rede. Die Bezeugung der Rettung durch JHWH wird mit der Gerechtigkeit des Königs und der "Reinheit seiner Hände" (21.25), die vor Gottes "Augen" (25) war, begründet. Demgegenüber werden "stolze Augenpaare" (28) von Gott erniedrigt. Ist diese "Augen"-Relation *ad malam partem* gefärbt, so die Erwähnung der "Füsse" des Königs (34) in Rückbezug auf die "Füsse" JHWHs (vgl. 10) *ad bonam partem*. Die reinen "Hände" aus V. 21.25 werden gleichsam tauglich zur von Gott gelehrten Kampfestüchtigkeit mit "Händen" und "Armen" (35). Im anschliessenden Vers kommt die "(rechte) Hand" Gottes ins Spiel, die den König schützt und stützt (36). Danach ist von den sicheren "Schritten" des Königs (37) die Rede und von dessen "Füssen", unter die seine Feinde gefallen sind (39f.). Damit wird neuerlich zurückgeblendet, nicht nur auf 34, sondern v.a. auf 10, wo Gewölk "unter den Füssen" des mächtig (zum Kampf) einher fahrenden Gottes ist. Hat der König bezeugt, dass sein Gebet Gottes "Ohr" gefunden hat (7), so müssen nun fremde Völker auf den Jerusalemer König "mit dem Ohr" hören und ihm gehorchen (44f.). Dieser kurze Durchgang durch den Psalm deutet an, wie poetisch sorgfältig und theol. absichtsvoll göttliche und menschliche "Leib"-Aspekte aufeinander bezogen sind.

E) Der himmlische Hofstaat und Fremdgottheiten

JHWH erscheint unter verschiedenen Namen und Bezeichnungen bzw. wird damit an- und aufgerufen. In seiner Sphäre ist er nicht allein oder isoliert, vielmehr wird – gerade in den Psalmen – ersichtlich, dass er von himmlischen Wesen umgeben ist. Meist führen sie dienend seine Befehle aus. Zu erwähnen ist die mit Silo, später mit Jerusalem verbundene Bezeichnung "JHWH/Gott der Heerscharen" (*jhwh/'*^{e}*lohim tz*^{e}*ba'oth*). Sie findet namentlich in Psalmen Verwendung, die den Nachfahren von Qorach zugeschrieben werden (Ps 46,8.12; 48,9; 84,2.4.9.13, ausserdem Ps 24,10; 59,6; 69,7; 80,5.8.15.20; 89,9, vgl. auch Ps 103,21; 148,2).[20] Auf Gottes Hofstaat verweisen ferner "die Söhne des Höchsten" (Ps 82,6) und "Götter-/Gottessöhne" (Ps 29,1; 89,7), ebenfalls die "Ratsversammlung Gottes" (Ps 82,1) und der "Kreis (*sod*) der Heiligen" (Ps 89,8). Vom "Boten" bzw. "Engel" JHWHs ist (sg oder pl) in Ps 34,8; 35,5f.; 91,11; 103,20; 148,2 die Rede (zu "Winden " als Gottesboten vgl. Ps 104,4, zu Gottes "Unheilsboten" Ps 78,49).

In besonderer Weise thematisiert der Asaph zugeschriebene, proph. akzentuierte Ps 82 die Superiorität JHWHs als Herrscher/Richter über andere Gottheiten bzw. Gott-

---

20 Dies unter der Annahme, dass mit den "Heerscharen" (auch) Gottes Himmelsheer gemeint ist, das seine Macht unterstreicht.

wesen (vgl. Wb Pss II, 73–77). Die in der Regel für den Gott Israels verwendete Bezeichnung *ᵉlohim* kann pluralisch auch für fremde Gottheiten stehen wie in einigen JHWH-König-Psalmen – sei es, dass diese in untergeordnete Beziehung zu JHWH als Gottkönig (Ps 95,3; 96,4; 97,7.9) oder abgewertet als "Nichtse" (Ps 96,5) erscheinen. Auseinandersetzung und Spott gegenüber (von Händen gemachten) "Götzen" bzw. ihren Verehrern ist über Ps 96f. hinaus in Ps 16,4; 31,7; 78,58; 81,10; 106,19f.36–38; 115,1–8; 135,15–18 belegt.

3. Der Mensch[21]

Die hebr. Singularform *'adam* (gut 60mal im Psalter) verweist in Anlehnung an *'adama* "Erdboden" auf die Erdbeschaffenheit ("Erdling[e]", vgl. Gen 2,7) und ist kollektivierend mit "Gattung Mensch, Menschheit" zu übersetzen (u.a. Ps 17,4; 32,2; 36,7; 49,13.21). Mit Hilfe dieses Gattungsbegriffs kann – meist verbunden mit dem Abstammungsindikator – auch Singularität (*ben-'adam* "Menschensohn/-kind": Ps 8,5; 80,18; 146,3), Pluralität (*bᵉne 'adam* "Menschensöhne/-kinder": Ps 11,4; 12,2.9; 14,2 u.a.) oder Totalität (z.B. Ps 116,11b: "Jeder/alle Mensch/en ist/sind Lügner!", ferner Ps 33,13; 64,10) ausgedrückt werden. Als poetischer Parallelbegriff neben *'adam* findet sich *ᵉnosch* "Mensch(lein)", nicht selten die Hinfälligkeit betonend (u.a. Ps 8,5; 10,18; 73,5; 90,3; 103,15). Der Schöpferhymnus Ps 8 gehört zu den bedeutendsten bibl. Texten über den Menschen (vgl. Wb Pss I, 72–74). Singulär ist seine Betonung der herausragenden Stellung des Menschen unter Gottes Schöpfungswerken, ja, dessen "Krönung mit Ehre und Hoheit" durch JHWH selbst. Gleichsam gegenläufig zu Ps 8 bieten Ps 49 und 90 Überlegungen, welche die menschliche Vergänglichkeit herausstellen.

Personale Grössen werden in den Psalmen nicht einfach sachlich-objektivierend dargestellt. Sie stehen vielmehr in vielfältigen, positiven wie negativen bzw. konfliktreichen Beziehungen. Die Relationen werden – anders als in westlich-modernen, diesbezüglich einen reduktionistischen Zug aufweisenden Menschenbildern – nie ausschliesslich horizontal bestimmt. Stets sind die menschlichen Gegenüber in eine wie auch immer geartete Gottesbeziehung, -verantwortung und -beurteilung involviert.

Darstellung und Wertung der Beziehungen, Einstellungen, Emotionen und Verhaltensweisen der Akteure erfolgen praktisch durchwegs aus der Perspektive des/der Sprechenden. Selbst wo die Sichtweise anderer Akteure durchscheint, haben wir diese insofern "gefiltert", als sie aus der "ein-seitigen" Optik des Schildernden erfolgt. Eine "Objektivität" der Sachverhalte ist nicht angestrebt, was nicht mit der Relativierung des je eigenen Standpunkts in eins gesetzt werden darf. Dem "Standpunkt Gottes" kommt Deutungshoheit in der (moralischen) Einschätzung der menschlichen Akteure selbst und deren Konflikte zu. Dieser ist zwar ebenfalls (nur) über die Sprechenden vermittelt. Das bedeutet jedoch nicht, dass diese das Verhältnis zu JHWH – sei es ihres selbst oder dasjenige ihrer Widersacher – nicht differenziert darzustellen vermögen. Die Wertung der Sprechenden ist von derjenigen von Gott zwar zu unterscheiden, gleichwohl hat erstere in gewisser Weise autoritativen Status gewonnen. Dies dank des Umstands der Überlieferung und Weiterverwendung der Psalmen durch die Glaubensgemeinschaft und deren Ein-

[21] Wenn in der nachfolgenden anthropologischen Skizze individuelle und soziale Aspekte unterschieden werden, so geschieht das behelfsmässig und im Bewusstsein der gegenseitigen Durchdringung. Ohnehin ist bei Begriffen wie "Individuum" und "Einzelner" als Problemanzeige auf die Gefahr der vorschnellen Eintragung eines modernen Subjektverständnisses in die Psalmentexte hinzuweisen (zum diesbezüglichen Unterschied zwischen Bibel und Moderne vgl. DI VITO, Anthropologie, 217f.223ff.).

gang in den Kanon Heiliger Schriften. In dieser Verkontextung wird das Menschenwort (auch) als Gotteswort gehört und entgegengenommen.

Die Erhebung der sozio-theol. Interaktionen sind wesentlich für die Interpretation der Psalmen. Entsprechend legt sich eine systemische Betrachtungsweise nahe. Allerdings setzen die zeitliche Abständigkeit der im Text gespiegelten Interaktionen und die weithin (nur) konturenhafte Zeichnung der menschlichen Akteure einem solchen Unterfangen Grenzen. Wird die Erfassung der Geschehenskonstellationen dadurch erschwert, so erleichtert dies im Gegenzug Identifizierungen mit den im Text eingeschriebenen Akteuren und damit die Reaktualisierung der Psalmen.

Das in den Psalmen zum Ausdruck kommende altisraelitische und antik-jüd. Menschenbild ist als "konnektiv" zu bezeichnen (vgl. JANOWSKI, Mensch): Der Mensch erfährt sich nicht als "autonom", sondern in grossem Mass als "abhängig" (auch "ausgeliefert") und "bezogen". Dies betrifft die gesamte "Aussenwelt", von Kosmos/Schöpfung über die Gemeinschaft bis hin zu Gott. Die raum-zeitlichen Phänomene werden elementar und die eigene Existenz als Teil eines kosmisch-numinosen Gefüges erlebt. Die menschliche Sphäre prägt sich als Eingebundenheit der Einzelnen in Gemeinschaft(en) aus. Von daher ist von einer Vorordnung menschlicher Sozialität vor Individualität und zugleich von einer Verwiesenheit auf die Gottheit als Ordnungsmacht und den mit ihr verbundenen institutionellen Konstellationen zu sprechen.

A) Individuum

a) Person-Charakterisierungen

Die Gattung Mensch existiert in zwei Geschlechtern (vgl. Gen 1,26f.; 2,18–25). Die bibl. Psalmen dürften weithin männliche Verfasser(kreise) haben, und sie wurden ursprünglich wohl in aller Regel von (kultberechtigten) Männern (auch in Vertretung für Geschicke ihrer Familien?) vorgetragen. Dass "Psalmen" und Lieder auch mit Frauen in Verbindung standen bzw. von ihnen aufgeführt wurden, zeigen allerdings Ex 15,20f.; Ri 5,1–31 und 1. Sam 2,1–10. Namentlich das "Hanna"-Lied steht den Texten aus dem bibl. Psalter nahe. Es ist durchaus möglich, dass wir auch Psalmen aus Frauenhand haben. Ps 113 und 131 sind dafür Kandidaten. In der Regel ist das Geschlecht (Sex, Gender) – mit Ausnahme der Königspsalmen – nicht derart männlich signifiziert, als dass Reaktualisierungen durch Frauen verunmöglicht würden. Zudem finden sich Motive – sowohl im Blick auf Gott als auch auf Menschen –, die der weiblichen Lebenswelt entnommen sind (vgl. dazu GROHMANN, Fruchtbarkeit). Der/die in den Psalmen Sprechende(n) ist/sind häufig nicht geschlechtsspezifisch markiert; diesem Umstand lässt sich mit der Redeweise vom "sprechenden Ich/Wir"[22] Rechnung tragen.

[22] Literaturtheoretisch gesprochen handelt es sich um eine textinterne Grösse (*internal/implied speaker*), die in den jeweiligen Psalm eingeschrieben ist und im Nachvollzug durch Sprechende Identifizierungsmöglichkeiten bietet. Wo auf diese eingegangen wird, wird das interne "Ich/Wir" gleichsam extern "realisiert". Davon zu unterscheiden ist ein "Ich" oder "Wir" als textexterne Grösse(n), die für die Entstehung verantwortlich ist/sind (Verfasser[kreis], evtl. Redaktor[en]). Sie muss/müssen nicht zwingend mit der Profilierung des eingeschriebenen Ich/Wir übereinstimmen – man denke z.B. an die Möglichkeit, dass Tempelpersonal Gebete nicht für sich selbst, sondern zur situativen Benutzung für Menschen, die den Tempel aufsuchen, verfasst hat.

Grammatikalisch wird dieses "Ich" am Häufigsten als Verbalmorphem der 1. P sg realisiert. Seltener erscheint im Hebr. das betonte Personalpronomen "Ich" (*'ani/'anoki*) für ein menschliches Subjekt (wie u.a. in Ps 3,6; 5,8; 6,3; 13,6; 17,4.6.15; 22,7; 39,13 – zur Verwendung dieses Personalpronomens für den sprechenden "Gott" vgl. u.a. in Ps 2,6f.; 46,11; 50,7; 75,4; 82,6). Zum konkreten Menschsein gehört auch das jeweilige Lebensalter, die soziale Zugehörigkeit und anderes mehr. Zum Alter der in den Psalmen auftretenden Personen lässt sich wenig sagen. Generell wird vom Erwachsenenalter auszugehen sein. In Ps 127f. ist jedenfalls ein Familienvater wenn nicht der Sprechende so der Angesprochene, und Ps 37 (vgl. V. 25) und 71 (vgl. V. 9.17f.) deuten auf ein fortgeschrittenes Alter des Formulierenden hin (vgl. V. 9.17f.). Lebensalter und Vergänglichkeit sind in Ps 49 und 90 thematisiert.

Das hebr. Menschenbild geht von der Ganzheit und Einheit des Menschen aus. Eine im griech. Denken verwurzelte Dichotomie "Leib – Seele" lässt sich den Psalmen ebenso wenig entnehmen wie eine Trichotomie "Leib – Seele – Geist". Die personale Ganzheit impliziert Involvierung und Wechselwirkung zwischen Aspekten, die wir als "leiblich", "seelisch", "sozial" und "theologisch/spirituell" klassifizieren. Die Einheit ist auch dann nicht aufgegeben, wenn Befindlichkeiten aspektiv dargestellt, im Rahmen einer "Anatomie des Leibes" lokalisiert und damit ein Moment der Person besonders hervorgehoben wird. Da aufgrund der Verwobenheit der Aspekte ein Teil stets auch auf das Gesamte verweist, wird und bleibt der Mensch insgesamt ansichtig (vgl. JANOWSKI, Konfliktgespräche, 7ff.166ff.204ff.; WAGNER, Beten, 289–317).

Auf dieser Erde lebt der Mensch "leib-haftig" und ist zugleich Teil eines "sozialen Leibes". Mit diesen Gegebenheiten verbinden sich Erfahrungen, Zuordnungen, Orientierungen und Wertigkeiten. So ist der "Kopf" nicht nur oben und die "Füsse" sind unten, sondern mit der Nennung dieser Körperteile wird zugleich unterschiedliche "Würde" angezeigt. Bruce MALINA (Individual, 132–136) unterscheidet beim Menschen folgende drei untereinander verbundene Bereiche und ordnet ihnen innere/äussere "Glieder" und Tätigkeiten zu: (1.) dem kognitiv-emotionalen Bereich (*core personality*) u.a. Augen und Herz mit den Fähigkeiten des Erkennens, Fühlens, Wollens, (2.) dem expressiven Bereich des Sprechens Mund, Zunge sowie den Fähigkeiten des Hörens (Ohren) samt unterschiedlicher Formen von Wortartikulationen und (3.) dem Bereich des zielgerichteten Handelns Hände, Arme, Füsse und die motorischen Handlungen.

Dem Gesamtbegriff "Leib, Körper" kommt die hebr. Bezeichnung *bashar* "Fleisch" am Nächsten (knapp 20 Psalmbelege, u.a. Ps 16,9; 27,2; 38,4.8 – von Tieren: Ps 50,13). Mit ihr wird gemeinhin die "materielle" Seite der Existenz bezeichnet, die aber auch einen dynamischen Aspekt haben kann (vgl. die Rede vom Schmachten des "Fleisches" nach Gott in Ps 63,2). Der wichtigste Human-Begriff ist aber zweifellos *nephesch* mit gut 140 Psalmbelegen (u.a. Ps 3,3; 6,4f.; 7,3.6). Oft wird er, etwas irreführend, weil (griech.) Vorstellungen hineintragend, als "Seele" übersetzt. Zunächst bezeichnet er die "Kehle" (vgl. Ps 107,5.9.18?). Dort haben vitale Bedürfnisse wie Atmen (zu *ru^{a}ch* "Atem, Wind, Geist" s.u.), Essen und Trinken ihren "Ort". Ausweitend ergibt sich dann die meist im Vordergrund stehende Bedeutung "Vitalität, Leben(digkeit)" (Ps 6,5; 16,10 u.ö.). In diese Richtung verweist auch die Parallelisierung mit *chajjim* "Leben" (Ps 7,6; 26,9; 88,4). Manchmal dient der Begriff – abgeblasst – fast nur noch als Platzhalter eines Pronomens bzw. einer pronominalen Fügung ("Ich", "für mich" etc.). Als "vitales Selbst" ist die *nephesch* auch Ort von Gefühlen wie Freude und Leid. Stirbt der Mensch, verlässt die *nephesch* den Leib und hat ihren Ort in der Unterwelt (*sch^{e}'ol*).

Annähernd so viele Belege wie für *nephesch* finden sich in den Psalmen für den Begriff *leb/lebab*, der gemeinhin mit "Herz" übersetzt wird (vgl. u.a. Ps 4,5.8; 7,10f.; 9,2; 13,3; 15,2). Die Bedeutungsnähe der beiden Bezeichnungen manifestiert sich im Umstand, dass sie in parallelen (synonymen) Verszeilen erscheinen (vgl. z.B. Ps 13,3; 16,9; 24,4; 84,3). An Stelle von "Herz" ist eine Wiedergabe mit "Geist, Verstand" (oft) ebenso berechtigt. Nach bibl. Verständnis ist es nämlich das "Herz", das denkt, plant, versteht und will, das aufrichtig, weise und rein, aber auch eingebildet und töricht sein kann (vgl. etwa Ps 7,11; 10,6.11; 14,11; 36,2.11; 37,4; 73,1.7.13; 90,12). Das Herz ist zugleich auch – heutigem Verständnis näher liegend – der "Ort" der Emotionalität (vgl. Ps 4,8; 19,9; 27,3; 28,7). Mit einigem Recht kann man vom Personzentrum des Menschen sprechen. Auch somatisch-vegetative Aspekte können sich mit *leb(ab)* verbinden (vgl. Ps 22,15; 38,11; 102,5; 104,15). Den Bereich der emotionalen Empfindungen wie des Kognitiven teilt das "Herz" mit den "Nieren" (vgl. Ps 16,7; 73,21). Gott prüft denn auch – wie das Sprichwort bis heute weiss – "(auf) Herz und Nieren" (Ps 7,10; 26,2).

Knapp 40 Belege finden sich im Psalter für *ru^{a}ch*. Der Begriff steht für den menschlichen bzw. göttlichen "Atem(stoss)" (u.a. Ps 18,16; 33,6; 78,39; 104,29f.; 135,17), den "Wind" (u.a. Ps 1,4; 11,6; 18,11.43; 35,5) und – mit "Geist" übersetzt – für die Existenz des Menschen bzw. sein Vermögen zum Wollen und Handeln (u.a. Ps 31,6; 32,2; 34,19; 51,12–14.19; 76,13 – zum "Geist" Gottes vgl. Ps 51,13; 139,7; 143, 10; 146,4). Parallelformulierungen von "Geist" und "Herz" bieten Ps 35,19; 51,12.19; 77,7; 78,8; 143,4. Auch von "Fleisch" (u.a. Ps 16,9; 27,2; 38,4.8; 73,26) und "Gebein" (u.a. Ps 6,3; 22,15.18; 102,4.6) von Menschen ist die Rede, ebenso vom "Bauch, (Mutter-)Leib" (u.a. Ps 17,14; 22,10f.; 58,4; 132,11) sowie anderen Teilen des Leibes, die damit jeweils einen besonderen Aspekt der Person herausstellen.

In den Psalmen sind Begriffe für den "Kopf" (u.a. Ps 3,4; 7,17) mit dem "Angesicht" (u.a. Ps 21,13; 42,12) und den Wahrnehmungs- und Artikulationsorganen ("Mund", "Lippe[n]", "Zunge", "Nase" [als Ort des Zorns], "Ohr[en]", u.a. Ps 8,3; 12,3–5; 34,14; 37,8; 40,7) häufig und wichtig. Im Weiteren finden die oberen Extremitäten ("[rechte] Hand", "Arm", "Finger", u.a. Ps 10,15; 18,21.25; 26,6.10; 144,1) und die "Füsse" (u.a. Ps 8,7; 9,16; 22,17) Erwähnung. Dass mit Leib-verhafteten Personbegriffen eine Vielzahl von Wahrnehmungen, Erfahrungen, Ergehens- und Handlungsweisen verbunden sind, verdeutlichen einige "Hand"-Beispiele: "Hände" werden als rein bezeichnet (Ps 18,21), an ihnen kann aber auch Schandtat und Bestechung haften (Ps 26,10). Sie dienen als Mittel und Bezeichnung für "(unterdrückende) Macht" (Ps 31,9; 71,4), werden aber auch zum Gebet erhoben – aus der Not heraus (Ps 28,2) wie zum Lobpreis (Ps 134,2). Mit den letzten Beispielen sind wir bei Formen der Kommunikation und Interaktion angelangt, die teils unter Zuhilfenahme des Leibes respektive Teilen von ihm geschieht (Gestik und Mimik). Sie kann non-verbal bleiben oder aber geäusserte Worte begleiten bzw. unterstützten (der solcher "Leibsprache" zugrunde liegende kulturelle Code ist nicht immer hinreichend erschliessbar). Erwähnt sei das "Aufsperren des Mundes" in Ps 119,131 (Nahrungsbegehren, Sehnsucht), das "Schütteln des Kopfes" in Ps 22,8; 109,25 (Verhöhnung, Spott) – in Ps 22,8 zudem verbunden mit dem "Verziehen der Lippen" –, das "Klatschen in die Hände" in Ps 98,8 (Freudenbekundung) und das "Zusammenkneifen/Zwinkern des Auges" in Ps 35,19 (Hohn).

b) Der Arme und der Leidende

Für den Menschen finden sich über die aufgeführte "Leib"-Begrifflichkeit hinaus (Selbst-)Bezeichnungen, die seine Verhaftung in den Bereichen Sozio-Ökonomie und Politik anzeigen. Es fällt auf, dass das sprechende Ich sich häufig als angefeindet, verlassen, bedürftig, elend o.ä. erfährt und sich damit einer Situation von Mangel und Gefährdung ausgesetzt weiss. Diese Befindlichkeit liegt insbesondere Psalmen der Gattung Klagebitte (vgl. [3] II. 2.) zugrunde, wird aber auch – aus der Perspektive der Notbehebung durch Gottes Helfen und Retten – in den Lobdank-Psalmen ansichtig. In den Individualpsalmen finden sich folgende, mehr oder weniger durchscheinende Nöte (vgl. JANOWSKI, Konfliktgespräche, 53ff.98ff.134ff.174ff.): (1.) psycho-physische Beeinträchtigungen wie (schwere, lebensbedrohliche) Krankheit (u.a. Ps 6; 38; 41; 102), (2.) soziale, ökonomische, juristische und/oder politisch-strukturelle Bedrängnisse (u.a. Ps 3; 5; 7; 17; 31; 35; 37), die durch "Feinde" verursacht wurden (s.u.) und (3.) theologische Nöte (Gottferne, Gottesverlust, teils verursacht durch Sündenschuld) (u.a. Ps 13; 22; 32; 51; 88). Oft erweist sich die Not als multifaktoriell bedingt (z.B. Ps 13 Gottverlassenheit *und* Feindbedrängnis, Ps 22 Gottverlassenheit *und* Feindbedrängnis *und* psycho-somatische Leiden).

Not und Leid spiegeln sich zudem in folgenden Begriffen: *ᵃnawim* "Elende, Gebeugte" (stets pl, u.a. Ps 10,12[?].17; 22,27; 35,3; 147,6), ähnlich (z.T. mit Formenvermischung) *'oni* "Elend(er)" (u.a. Ps 9,13[?].14.[19?]; 10,2.9.12[?]; 88,10.16), *'ebjon* "Arm(er)" (u.a. Ps 9,19; 12,6; 40,18; 72,4.12f.) und *dal* "Geringer, Armer" (Ps 41,2; 72,13; 82,3f.; 113,7). Die Bedeutungsnuancierungen zwischen diesen Begriffen sind schwierig zu eruieren, zumal sie häufig synonym bzw. parallelisiert verwendet werden. In ihnen prägen sich ökonomische, soziale und theol. Momente aus. Das Erfahrungsfeld dieser "Armen/Elenden" umgreift Momente wie: Mangel an Essen, Besitz, Geld (Ps 49,3; 132,15), Ungerechtigkeit/Rechtlosigkeit (Ps 83,3f.; 140,13), Beschämung, Entwürdigung, Verwundung (Ps 74,21; 109,22; 113,7), soziale Isolation/Hilflosigkeit (Ps 72,12), Unterdrückung (Ps 72,4; 74,21) u.ä. Die Nöte sind – jedenfalls in einem Teil der Psalmen – nicht nur partikular und individuell. Darüber hinaus wird hinter den Bedrängten eine Gruppe mit einer spezifischen "Armenfrömmigkeit" erkennbar, die sich als wahre Gottesgemeinde versteht. Leidbegriffe können derart (auch) zu Würdebezeichnungen werden, insofern sich darin eine besondere Abhängigkeit und Bindung an JHWH artikuliert. Für Jesu Selbstverständnis und Verkündigung waren solche, nicht zuletzt aus den Psalmen geschöpfte armentheol. Akzente wesentlich (vgl. u.a. Mt 5,3–12; 11,4–6.28–30).

c) Der Feiernde

Nicht nur der notleidende, sondern auch der feiernde Mensch hat seinen Platz in den Psalmen. Wesentlich ist dabei das Eingefügtsein in eine Gemeinschaft respektive das Erleben und Wissen, Teil davon zu sein. Feiern tat und tut man nicht allein, sondern in und mit der Gemeinschaft – in den Psalmen: der Gemeinschaft der Begnadeten, Erlösten, Lobdankenden. Doch nicht allein dies: Festfreude ist in den Psalmen ohne erlebte und geäusserte Gotteserfahrung, ohne Gemeinschaft mit ihm und seinem Volk nicht denkbar. Wenn in den Psalmen gefeiert wird, dann wird Gott gefeiert, denn er ist der "Gott meiner Jubel-Freude" (Ps 43,4). Bevorzugter Ort ist der Tempel auf Zion (s.o., III. 3. B). Dort wird JHWH kollektiv Lobpreis für seine Wundertaten in Schöpfung und Geschichte oder individuell-gruppenspezifisch Lobdank für seine Hilfe und Rettung im persönlichen Leben dargebracht. Dahinter steht die Grundhaltung der Dankbarkeit.

Liturgisches Feiern geschieht namentlich zu Festzeiten (s.o., III. 2. D) und hat genuin mit Freude und diese wiederum mit (neu) geschenktem Leben in seiner Fülle zu tun. Die bibl. Hauptbegrifflichkeit für "Freude" bilden verbale und nominale Ableitungen der Wurzel *sh-m-ch* mit insgesamt rund 70 Psalmbelegen. Damit ist keine verhaltene Gemütsverfassung, sondern eine expressiv sich äussernde (Fest-)Freude angezeigt. Der Psalter ist dasjenige Bibelbuch, in dem "Freude" den grössten Raum einnimmt. So ist das Verb *sh-m-ch* "sich freuen" (pi: "Freude machen, erfreuen") mit rund einem Drittel aller atl. Belege (rund 50) in den Psalmen vertreten. Dabei ist es nicht nur der Einzelne (vgl. Ps 9,3; 16,9) oder der König (vgl. Ps 21,2), der sich freut, sondern es werden auch Kollektive (u.a. Israel) zur Freude aufgerufen bzw. Freude von diesen zum Ausdruck gebracht (vgl. u.a. Ps 5,12; 14,7; 32,11; 40,17). Sogar Grössen wie "die Stadt Gottes" (Ps 46,5), "der Berg Zion" (Ps 48,12), "Inseln" (Ps 97,1) freuen sich oder werden erfreut. Und auch vom Freuen JHWHs ist die Rede (Ps 104,31).

In das Umfeld der Freude gehören expressive, weithin synonyme Äusserungen wie *r-n-n* "jubeln" (Ps 5,12; 20,6; 32,11 u.a.), *g-j-l* "jauchzen, frohlocken" (Ps 2,11; 21,2; 35,9 u.a.) und *'-l-z/tz* "frohlocken" (Ps 68,4f.; 149,5 u.a.). Stärker auf den Inhalt als die Artikulation bezogen äussert sich Freude und Feiern in Vorgängen, die mit Verben wie *h-l-l* pi "lobpreisen" (Ps 22,23f.27; 44,9; 48,2 u.a.), *j-d-h* hi "bekennen, lobdanken, lobpreisen" (Ps 7,18; 9,2; 30,5.10.13 u.a.) und *b-r-k* pi "segnen, loben" (Ps 16,7; 34,2; 66,8 u.a.) angezeigt bzw. ausgedrückt werden und in den Psalmen ebenfalls häufig sind (schwergewichtig in den Psalterteilbüchern IV und V).

B) Widersacher

Menschen mit negativem Verhalten nehmen im Psalmenbuch einen auffallend breiten Raum ein. Sie werden als "Widersacher, Feind, Frevler, Gottloser" u.ä. bezeichnet und erscheinen allein oder als Gruppe. "Feind"-Schilderungen sind nicht nur häufig, sondern die "Konflikte" werden direkt angesprochen, verbal oft "heftig" ausgetragen und mit unverhohlenen Gerichtswünschen verbunden. Solches mag überraschen, nicht selten auch befremden. Nicht wenigen Menschen bereiten derartige, als "Feind"- oder "Rachepsalmen" apostrophierten Text(teil)e Mühe. Unverständnis oder Widerstand gegenüber gewissen Psalmaussagen manifestiert sich auf dem Hintergrund einer religiösen oder humanistischen Kultur, in der "Dialog", "Toleranz", "Frieden", "Versöhnung" u.ä. als Leitmaximen gelten. Entsprechend verlangen sie nach Erklärungen, oder aber sie werden bei Psalmverwendungen stillgestellt, weggelassen oder uminterpretiert. Aufgrund dieser ersten Hinweise wird ersichtlich, dass in diesem, mit "Widersacher" überschriebenem Kapitel ein ganzes Bündel exegetischer, hermeneutischer, bibeltheol. und seelsorglicher Themata verwickelt ist.

a) Begriffe und Konstellationen

Zunächst richtet sich der Blick auf die in den Psalmen gängigsten Begriffe für "Widersacher" (eine Zusammenstellung mit Erörterungen bietet STICHER, Rettung, 315–332). Am stärksten verbreitet sind die Bezeichnungen *'ojeb* "Feind" und *rascha'* "Frevler, Gottloser": *'ojeb* erscheint im Psalter 70mal, was rund ¼ sämtlicher AT-Belege ausmacht; das Substantiv *rascha'* findet sich in den Psalmen rund 90mal (zudem prominent vertreten in Spr), wo sich deutlich mehr als ¼ aller AT-Belege konzentrieren. Auch wenn die beiden Begriffe hier zusammen genannt wurden und gelegentlich auch gemeinsam bzw. parallelisiert erscheinen (vgl. Ps 3,8; 17,9; 37,20; 55,4), ergeben sich inhaltlich und vom Verwendungskontext her doch Unterschiede, die nachfolgend zu akzentuieren sind.

Parallel- bzw. Synonymbezeichnungen zu *'ojeb* "Feind" sind *tzar* "Bedränger" (Ps 3,2; 27,12; 44,6.8.11; 74,10 u.a.) und *tzorer* "Bedränger" (Ps 23,5; 129,1f.; 143,12 u.a.). Semantischer Gegensatz zum *'ojeb* "Feind" ist der *'oheb* "Freund" (entsprechend ist "Hasser" in Ps 18,18 Parallelbegriff für "Feind[e]"). "Feind"-Begriffe erscheinen häufig mit angehängtem Possessivpronomen (z.B. "mein[e] Feind[e]" Ps 3,8; 9,4; 13,3.5 – "deine Feinde" [von Gott gesprochen] Ps 21,9) und markieren einen negativen Beziehungsaspekt zweier personaler Grössen. Ein spezifischer Verwendungsbereich – namentlich im Gegenüber zum König oder Israel als Volk – bildet das Reden von den "Feinden" in politisch-militärischen Zusammenhängen (vgl. Ps 18,1.4.18.31.41.49; 45,6; 72,9; 74,10.18 u.a.). Angesichts dessen, dass manche Individualpsalmen sich auch als Königspsalmen lesen lassen (nicht zuletzt aufgrund der Präskriptangaben), ist nicht in jedem Fall klar, ob sich im "Feind" (lediglich) eine persönliche oder aber (auch) eine national-politische Ebene akzentuiert (vgl. z.B. Ps 3,2.8). Lebensbedrohung kann freilich auch in nicht explizit militärischen Kontexten von Feinden ausgehen. Kommt dazu, dass das Nomen *'ojeb* überwiegend im Plural erscheint und damit für eine Vielzahl von Feinden respektive eine Feindesmacht steht (der Singular lässt sich als Gattungsbezeichnung im Sinne von "*der* Feind" auffassen). Überwiegend tauchen Feindaussagen in den Psalmgattungen Klagebitte und Lobdank auf.

Eine Debatte hat sich an der Frage entzündet, wie diese "Feinde" zu fassen sind respektive wer hinter ihnen steht. Zu konstatieren ist ein eigentümliches Schillern zwischen Konkretion und Anschaulichkeit einerseits und Generalisierung bzw. Typisierung andererseits: Das feindliche Handeln wird als wirkmächtig und das daraus resultierende Ergehen für den Notleidenden als bedrohlich geschildert. Andererseits sind die Feinde nur in Umrissen und ihr Verhalten gefiltert durch die Schilderungen des Psalmisten greifbar. Der Grund für diese Doppelheit dürfte im Umstand liegen, dass Psalmen kaum spontane Gebetsäusserungen sind, sondern mit ihrem formularischen Charakter der wiederholten Verwendung dienten. Entsprechend boten sie ein "Geschehenssetting" dar, in dem die (Nach-)Betenden mit ihren je anders akzentuierten Erfahrungen sich "unterbringen" konnten bzw. bis heute können. Darüber hinaus wird gerade im Zusammenhang der Feindschilderungen ersichtlich, wie reale Aussenwelt und im Gebet formulierte Erlebenswelt stark diffundieren – ein Umstand, der bei traumatischen Erfahrungen, die mit überfliessenden Gefühlen einher gehen, bis heute gegeben ist. Schliesslich erlebte sich der damalige Mensch in viel umfassenderer Weise eingefügt in gesellschaftliche und kosmische Konstellationen (wozu auch "böse/dämonische Mächte" gehörten), als dies in unseren – jedenfalls den westlichen – Lebensumständen (mit Ausnahme von Kindern) gegeben ist. Bedrohungen wirkten unmittelbar und überwältigend; sie stellten die Welt- und Gerechtigkeitsordnung bzw. das Leben elementar in Frage. Der Betroffene war partizipativ "hineingerissen" respektive von ihnen "umzingelt"; kognitive Distanzierungen vom Geschehen waren kaum denkbar bzw. allein im Angesichte Gottes möglich, wie die Gebetssprache der Psalmen dies ausweist. Durch derartige Feind-Bedrängnis wurden nicht nur das persönliche Gottvertrauen, sondern ebenso die kosmische Gerechtigkeits- und Weltordnung herausgefordert bzw. in Frage gestellt. Wer dieser "Feind" ist bzw. wie er erlebt wird, ist den einzelnen Psalmen mit ihren Feindschilderungen abzuhorchen. Im Sinne einer Groborientierung sind folgende Feind-Bestimmungen erkennbar:

- Feinde im engeren (Familie, Freundeskreis) und weiteren Beziehungsfeld
- Feinde als "Chiffre" für Böses schlechthin (evtl. mit "dämonischem" Akzent)
- Feinde als "Zweitverursacher" der Not (neben Krankheit, Gottverlassenheit etc.)
- Feinde in militärischem Sinn
- Politische und strukturelle Feindmächte (Ächtung, "öffentliche Meinung" u.ä.)

Neben *'ojeb* "Feind" ist *rascha'* "Frevler, Gottloser" der zweite prägnante "Widersacher"-Begriff. Er ist in den Psalmen noch geläufiger als der erstgenannte (4mal auch als Verb: Ps 18,22; 37,33; 94,21, 106,6). Sein Gegenpol ist, namentlich in weish. geprägten Psalmen, der *tzaddiq* "Gerechter" (Ps 1,5f.; 5,13; 7,10.12; 11,3.5.7 u.a., vgl. auch die Sachbegriffe *tzedeq/tz^{e}daqa* "Recht, Gerechtigkeit"). In dessen Nähe gehört auch der *chasid* "Begnadeter, Frommer" (vgl. Ps 37,28; 97,10). Synonymbegriffe zu *rascha'* "Frevler" dagegen sind u.a. die *po^{a}le 'awen* "Täter des Unheimlichen, Übeltäter" (stets pl: Ps 5,6; 6,9; 14,4; 28,3 u.a.) und die *chaththa'im* "Sünder" (Ps 1,1.5; 25,8; 26,9; 104,35 u.a.). *rascha'* "Frevler" ist gegenüber dem auf die (negative) Beziehung abstellenden Begriff *'ojeb* "Feind" stärker inhaltlich akzentuiert. Er bezeichnet den, der sich gemeinschaftswidrig (unterdrückend, treulos etc.) und zugleich gottwidrig (gottlos) verhält. Anders als beim "Feind" ist beim "Frevler" damit von vornherein eine religiöse Komponente implementiert. Dazu fügt sich, dass "Frevler, Gottlose" keinen Bestand haben, sondern Gottes Gericht und dem Verderben anheim fallen (vgl. u.a. Ps 1,5f.; 3,8; 9,6). Ist in den Psalmen vom "Frevler" die Rede, wird – signifikanter noch als bei "Feind"-Äusserungen – ein Beziehungsdreieck aufgespannt bzw. ist untergründig virulent. In diesem wird das sprechende Ich – zu den Gerechten/Begnadeten gehörend – dem/den Frevler(n) gegenübersteht bzw. von diesem/n angefeindet (–).

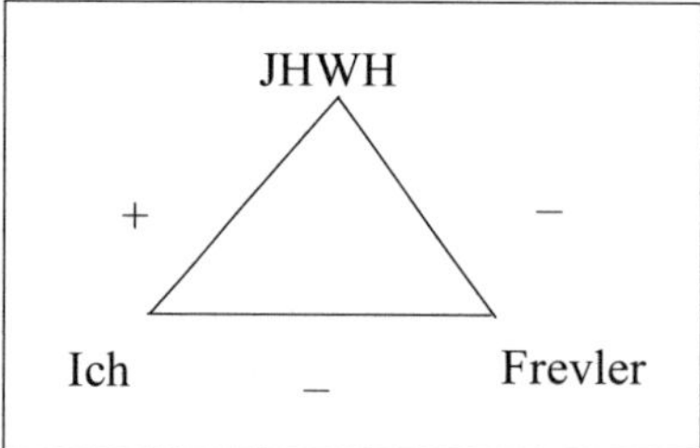

An der Spitze dieses Dreiecks steht JHWH. Ihm weiss sich das sprechende Ich verbunden (+) und bittet um Rettung von den Frevlern. Deren Gericht wird herbeigewünscht, zumal die Frevler zugleich Gottesfeinde sind (–). Widersacher erscheinen nicht nur unter der erwähnten Begrifflichkeit, sondern sie werden auch mit wilden bzw. gefährlichen Tieren verglichen (besonders dicht in Ps 22,13–22). Dadurch ergibt sich nicht nur eine emotionale Aufladung, sondern es werden auch gewisse Aspekte der Feindschaft herausgestrichen. Der (afrikanische) Löwe – im dortigen Kontext das grösste und gefährlichste Raubtier – wird am häufigsten erwähnt. Mit ihm verbindet sich das Auflauern der Feinde (Ps 10,9; 17,12) und v.a. tödliches Verschlingen durch den aufgerissenen Rachen und die zubeissenden Zähne (Ps 7,3; 22,14.22; 57,5). Der Löwe reisst auch *tzo'n* "Kleinvieh" (vgl. Mi 5,7); diese Metapher dient zur Bezeichnung der Beziehung zwischen JHWH als Hirte und Israel als seiner Schafherde (vgl. u.a. Ps 23,1–4; 74,1; 77,21; 79,13; 80,2). Vom Stier als dem stärksten unter den domestizierten Tieren ist in Ps 22,13.22 die Rede (Umzingelung, aufspiessende Hörner). In diesem Psalm (V. 17.21) sowie in Ps 59 (V. 7.15f.) sind ferner wilde, umherstreunende und sich gegen den Psalmisten zusammenrottende Hunde erwähnt. Schliesslich sei noch die Schlange mit ihrem lähmend-tödlichen Gift angeführt (Ps 58,5; 91,13; 140,4).

b) Feindverhalten und Notsituationen

Eher noch als eine Feindidentifikation ist in den Psalmen das Feind*verhalten* bestimmbar. Allerdings ist auch dieses angesichts mehrdeutiger oder knapper bzw. auslassender Sprachdiktion nur bedingt greifbar. In den Kollektivpsalmen ist das Feind- bzw. Notgeschehen überindividueller bzw. nationaler Art. Neben Schmähungen und militärischen Bedrohungen, Angriffen, Plünderungen, Exilierungen (inkl. Land- und Tempelverlust) durch Feindmächte sind auch mit Vegetation/Ernährung und Gesundheit in Zusammenhang stehende Notlagen wie Dürre, Missernte, Hunger und Plagen nicht auszuschliessen. Quasi zwischen individueller und kollektiver Bedrohung sind Konstellationen anzusiedeln, die mit sozio-ökonomischen und innenpolitischen Verhältnissen in Zusammenhang stehen. Dazu gehören Ausbeutung, Verarmung und diverse Formen von struktureller Gewalt. Zu den individuellen Nöten ist neben (in Todesnähe führender) Krankheit und eigener Sündenschuld ein weit gestecktes Feld sozialer Bedrängnisse zu rechnen, die von einem oder mehreren "Feinden" verursacht wurden. Dabei ist auffallend häufig durch "Zungensünden" ausgelöstes Leiden wie Verleumdung und Falschanklage (teils mit hängigem Rechtsverfahren) erwähnt. In individuellen wie kollektiven Klagebitten werden schliesslich auch "theologische" Nöte zu Wort gebracht, die direkt oder indirekt von JHWH selbst verursacht sind respektive mit seinem Verhalten in Zusammenhang gebracht werden. Die nachfolgende Zusammenstellung von Notursachen bzw. Notverursachern mit Angabe der Psalmen, in denen sie gewichtig vorkommen, kann als Orientierungshilfe dienen:

- Verleumdung, Falschanklagen: Ps 4f.; 7; 12; 17; 109
- Weitere Formen persönlich-sozialer Feindbedrängnisse: Ps 17; 22; 26; 37; 54
- Strukturelle Gewalt: Ps 55; 140; 142
- Krankheit und Todesnähe: Ps 6; 38f.; 41; 51; 88
- Gottesferne: Ps 13; 22; 42f.
- Eigene Sündenschuld: Ps 38–41; 51; 130
- Chaos- und kollektive Feindmächte: Ps 2; 18
- Militärische Niederlage, Zerstörungen (teils mit Deportation): Ps 44; 60; 74; 79f.

c) Folgen der Not und ihre Überwindung

Nach den "Feinden" und den von ihnen und anderen Umständen verursachten Nöten ist zuletzt von den sich dadurch einstellenden Folgen und ihrer Überwindung zu sprechen. Namentlich in Elendsschilderungen und Rückblicken geben Psalmen darüber ein beredtes Zeugnis. Auch diesbezüglich sind das gesamte Volk betreffende oder individuelle bzw. gruppenspezifische Leiden zu unterscheiden. Jedenfalls wirken sich Nöte auf das Gesamtbefinden des/der Betroffenen aus (zur Depression vgl. KRUGER, Gefühle,

250–255). Sie ziehen unterschiedliche Lebens- und Erlebensbereiche in ihren Bann. Zu den Beeinträchtigungen und Leiderfahrungen gehören namentlich (mit Textbeispielen):

- Psycho-physische Beeinträchtigungen: Ps 6,3f.7f.; 13,3f.; 22,15–19; 55,5f.
- Soziale Isolierungen: Ps 25,16; 55,13–15; 102,7f.; 142,5.8; 143,3
- Theologische Isolierung/Anfechtungen: Ps 6,3; 10,1f.4f.; 13,2; 22,2f.; 44,10ff.
- Fremdvölkerbedrückung: Ps 44,11f.; 74,8.19f.; 79,1–3.11
- Diverse Gewalterfahrungen: Ps 7,2f.; 17,9; 54,5; 56,2f.7; 59,3–5
- Ehrverletzung, Beschämung, Verhöhnung: Ps 4,3; 22,7–9; 44,18f.; 79.10.12

Fragt man, wie Notbewältigung und Feindüberwindung möglich wurde, so steht – insofern uns die Psalmen darüber Auskunft geben – an erster Stelle das Schreien zu und Reden mit Gott (vgl. WEBER, Klagen). Es handelt sich – mit einem Buchtitel von Bernd JANOWSKI gesprochen – um "Konfliktgespräche mit Gott". Selbst angesichts der Erfahrung von Gottferne wird dieser Weg beschritten; denn es gibt keine andere bzw. höhere Instanz, die zu helfen und retten vermag. Solches Gottesgespräch umfasst mehrere Schritte: Im Klagen wird Ergehen und Befindlichkeit ungeschönt zum Ausdruck gebracht, in den Bitten wird mit Appellen und Argumenten Gott zum Hören und rettendem Einschreiten auf- und herausgefordert, in Bekenntnissen und Zuversichtsaussagen wird in Gott (neu) Vertrauen investiert, in Gelübde- und Lobversprechen die Proklamation seines Heilswirkens versprochen und im Lobdank dies proleptisch vorweggenommen (vgl. dazu Ps 13 und die Eröterungen unter II. 6. A).

Zum skizzierten Gebetsvollzug kann auch das Einbringen fremder "Stimmen" ins Gebet gehören. In unserem Zusammenhang geht es namentlich um sog. "Feindzitate". Es lassen sich dabei Angriffe gegen das sprechende Ich/Wir (vgl. u.a. Ps 3,3; 10,6; 22,9; 35,21.25; 40,16; 83,5) und gegen JHWH (vgl. u.a. Ps 2,3; 10,11; 12,5; 14,1; 79,10; 83,13) unterscheiden, wenngleich beide Aspekte im Gebetskontext meist zusammenhängen. Je ein Beispiel soll zur Verdeutlichung beitragen (Ps 3,3; 79,10):

> 3,3 Viele sagen, meine Person betreffend:
> "Es gibt keine Rettung für ihn durch Gott!"
>
> 79,10 Warum (dürfen) sagen die Völker:
> "Wo [ist denn] ihr Gott?"?

Die längste, wahrscheinlich als "Feindzitat" einzuschätzende Passage im Psalter findet sich in Ps 109,6–19 (vgl. Wb Pss II, 215–220). Sie hat die Funktion, die Heimlichkeit und Verwerflichkeit des Verhaltens einer Frevlergruppe ans Licht zu bringen und vor Gott in Worte zu fassen.[23] Damit soll die sich in ihnen manifestierende Macht gebrochen und die Dringlichkeit von Gottes Eingreifen angesichts grosser Gefährdung – es geht um ein Gerichtsverfahren mit Falschanklage – unterstrichen werden. Attacken gegen JHWH zielen auf dessen Abwesenheit, Machtlosigkeit und damit auch Vertrauens(un)würdigkeit. Mit dem Einbringen dieser Worte durch den/die Betenden wird Gott herausgefordert, deren Maul zu stopfen, seine Macht zu erweisen und seine Ehre wiederherzustellen. Schliesslich können Feindzitaten auch eine pädagogische Funktion

---

[23] Man kann sich fragen, ob sich hinter solchen als "extern" dargestellten Stimmen von Feinden nicht zugleich auch – zumindest gelegentlich – "interne" Stimmen im Sinne von "Anfechtungen" des Betenden spiegeln.

zukommen; sie dienen dann als Negativbeispiele dafür, sich nicht so zu verhalten bzw. Heidennationen gleichzustellen.[24]

Ein wichtiges Moment in der Notbewältigung ist die in den Psalmen häufig artikulierte Schutz- und Zufluchtssuche bei JHWH (vgl. u.a. Ps 5,3; 18,3.31; 27,5; 31,4f.; 57,2; 118,8f., näher dazu unter [3] V. 3.). Sie geschieht im Gebetsvollzug und verweist auf Vorstellungen, die mit aussersprachlichen Realitäten verbunden sind. In den gegebenen Textzusammenhängen ist jeweils zu erwägen, inwiefern mit den Psalmworten über einen imaginierten "Schutzraum bei Gott" hinaus konkrete Vorgänge des Bergens, v.a. am Jerusalemer Tempel als Ort der Heilspräsenz JHWHs, verbunden sind. Am Tempel sind Einrichtungen und Verfahren wie Schutzasyl und Tempelgerichtsbarkeit (mit Gottesurteil) zu vermuten, die Hilfen zur Notabwendung bzw. -überwindung boten. Inwieweit sie den Verstehenshintergrund von Psalmen abgeben, ist allerdings selten sicher zu eruieren und entsprechend unter den Auslegern strittig (vgl. u.a. Ps 7; 11; 27f.; 63 und die Ausführungen dazu in Wb Pss I).

Zuletzt ist auf die Strategie der Feind- und Unrechtsüberwindung durch Unschuldsbeteuerungen einerseits (vgl. u.a. Ps 7,4–6; 17,3f.; 18,22–24; 26,2–6.11; 44,18f.) und Feindschafts- und Vergeltungsaussagen sowie Gerichtswünsche andererseits (vgl. u.a. Ps 5,11; 9,6–9; 56,8; 58,7–11; 59,12–14; 137,7–9; 139,19–22; 143,12; 149,7–9) einzugehen. Grundlage ist die sog. *lex talionis*, wonach Ahndung nicht willkürlich und masslos sein soll, sondern auf ein Gleichgewicht zwischen erlittenem Schaden und daraus abgeleiteter Strafe abzustellen ist (vgl. Ex 21,24; Lev 24,20; Dtn 19,21: "Auge um Auge, Zahn und Zahn ..."). Die zweite Basis bildet der weish. "Tun-Ergehen-Zusammenhang", eine (angesichts von Aporien umkämpfte) Wirklichkeitsauffassung, wonach ein bestimmtes Verhalten ein diesem entsprechendes Ergehen nach sich zieht (Spr 26,27: "Wer eine Grube gräbt, wird in sie hineinfallen ...", vgl. Ps 7,16f.). Als "Vergeltung", im positiven (Lohn) wie negativen Sinn (Bestrafung), kehrt die Tat zum Täter zurück. Wie das geschieht, kann verschieden sein: im Sinne einer "schicksalwirkenden Tatsphäre" (Klaus Koch), die in der Selbstauflösung bzw. -zerstörung der Bösen endet (vgl. Ps 1,4.6; 7,16f.; 25,3; 36,13; 37,1f.9f.13.15.17.20.22.28.34–36.38), und/oder einer "konnektiven Gerechtigkeit" bzw. "reziproken Solidarität" (Jan Assmann, Bernd Janowski), die auf aktivem Eingreifen durch Gott oder solidarisch-gemeinschaftlichem Verhalten beruht (vgl. u.a. Ps 5,5–7; 7,10; 18,21–27; 52,7; 53,6; 72,2 4.12 14; 73,18–20.27; 74,22f.; 82,2–4; 94,1–4.23). Es geht jedenfalls um Etablierung bzw. Aufrechterhaltung der Gerechtigkeit, verbunden mit der "Rechtfertigung des Gerechten" und der Aburteilung der Frevler. In dem Zusammenhang ist als Problemanzeige auf die Tendenz einer neuzeitlichen Leseperspektive hinzuweisen, Vergeltungswünsche u.ä. als Ausfluss persönlicher Rache zu verstehen. Dagegen ist festzuhalten, dass sich die Betenden in die von Gott verbürgte Rechtsordnung eingezeichnet wissen, so dass deren Infragestellung oder Durchbrechung ("Chaos") durch frevle-

[24] Gerald SHEPPARD (Enemies) geht davon aus, dass die Psalmgebete als Konfliktbearbeitungen laut, öffentlich und teils unter dem Dabeisein der angesprochenen "Feinde" stattfanden. Der (indirekten) Feindadressierung kämen dabei folgende Funktionen zu: 1. Entlarvung der Feinde in der Öffentlichkeit; 2. Drohung gegen die Feinde; 3. harsche Befehle und Instruktionen an Feinde, in der Hoffnung auf deren Verhaltensumkehr. Dazu ist zu sagen, dass die Psalmen selbst neben einer Adressierung an Gott und die gottesdienstlich versammelte Gemeinschaft eine solche an "Feinde" praktisch nicht kennen. Sheppards Annahme ist nur aufgrund sozio-situativer Rückschlüsse erwägbar.

risches Handeln ebenso Gottes Weltordnung und Ehre in Frage stellt wie das Leben des/der davon Betroffenen.

d) Zum Umgang mit Feind- und Vergeltungsaussagen heute

Wie ist mit Feind- und Vergeltungsaussagen der Psalmen in heutigen Verstehens- und Verwendungskontexten umzugehen? Vorbehalte melden sich – aus christlicher (ntl.) Sicht und der "hermeneutischen Grosswetterlage" der (Post-)Moderne – v.a. gegenüber "schlimmen" Aussagen wie Ps 58,7–11; 59,6.14; 79,12; 109,6–15 (insofern man die Worte auf den Betenden und nicht auf die Frevler zurückführt); 137,8f.; 139,19–22. Angesichts der Vielschichtigkeit der Thematik können die hier dargebotenen Überlegungen nicht mehr als einige Verstehenshilfen bieten. Dabei sei auf die bereits erwähnten Hintergrundskonzepte (*lex talionis,* Tun-Ergehen-Zusammenhang, Gerechtigkeitsvorstellungen etc.) verwiesen, deren Miteinbezug in die hermeneutische Reflexion vor Kurzschlüssen und Pauschalisierungen bewahren helfen kann. Im Folgenden soll zunächst beispielhaft eine der diskutierten "Problemaussagen" aufgeführt und der Umgang damit anhand zweier Ausleger erörtert werden. Es handelt sich um Ps 139,19–22:

139,19 Wenn du doch tötetest, Gott, den Frevler!
Ja, ihr Blut-Männer, weichet von mir!
20 Sie, die immer neu dich nennen in Arglist,
erhebend [deinen Namen] in Trug, deine Widersacher.
21 Sollte ich nicht, die dich hassen, HERR, hassen
und für die, die sich gegen dich auflehnen, Ekel empfinden?!
22 Mit äusserstem Hass hasse ich sie;
zu Feinden sind sie geworden mir.

Ps 139 gilt als beliebter und gerne gelesener Psalm – die aufgeführten Verse allerdings ausgenommen. Wer hat den Psalm nicht schon verwendet und dabei den "unschönen" Passus bei der Lesung weggelassen oder in der Auslegung ausgeblendet? Zunächst ist anzumerken, dass Ps 139 oft zu einseitig als "tröstlich" wahrgenommen wird (vgl. dazu Wb Pss II, 341–346; BUYSCH, Davidpsalter, 74ff.). Weiter ist in der Psalmenforschung Konsens, dass die genannten Problemverse integraler Bestandteil des Psalms sind und damit zu deren Tilgung kein *literarischer* Grund besteht. Es bleibt die Möglichkeit einer theol. Sachkritik bzw. einer gesamtbibl. Kontextuierung und damit verbunden einer "Relativierung" aus kanontheol. Gründen. Achten wir nachfolgend darauf, wie zwei Ausleger mit den genannten Versen aus Ps 139 umgehen.

Erich ZENGER (Gott, 80–88) nimmt als Hintergrund von V. 17–22 keine aktuelle Bedrohung durch Feinde, sondern eine "strukturelle destruktive Gewalt" in Gestalt von "Blutmännern" an, welche die Gesellschaft (unter Zuhilfenahme der Religion) korrumpieren. Ihm zufolge geht es in den genannten Versen nicht um Hasssucht und Menschenverachtung, sondern "um eine Haltung und Aktionen, die sich der destruktiven Gewalt entgegenstemmen und diese bekämpfen" (ebd., 86). Er versteht diesen und analoge Psalmen als "Gebete, die den *Opfern* der Gewalt, indem sie ihnen den Schrei nach Gerechtigkeit und nach dem Gott der Ahndung in den Mund geben, helfen können, an ihrer Menschenwürde festzuhalten und im betenden Protest gegen die gottwidrige Gewalt die Angst vor den Feinden und den Feindbildern *gewaltlos* auszuhalten" (ebd., 172 – Kursivsetzung EZ).

Eric PEELS (Hate) fasst Ps 139 als Bekenntnis zu Gottes Allwissenheit und versteht V. 21f. als Gegenfolie dazu im Sinne eines abgrenzenden Bekenntnisses ("a confession in the negative mode"). Weder geht es um persönliche Rache- und Hassgefühle noch steht zwischenmenschliche Gewaltanwendung im Hintergrund, vielmehr "it is all about God's enemies" (ebd., 46). Zum Schluss seines Aufsatzes fragt er, ob Ps 139,21f. nutzlos oder relevant für heute sei und unterscheidet drei mögliche Antworten: Für den heutigen Glauben und Gottesdienst …

(1.) kann V. 21f. nicht verwendet werden;

(2.) machen diese Verse immer noch Sinn und sind nützlich;[25]

(3.) können diese Verse nur mit Modifikationen weiterhin gebraucht werden.

Er selbst plädiert aus bibl.-heilsgeschichtlicher Optik für die dritte Auffassung und schliesst: "The *Textgehalt* (that is: the radical stand for God and the rejection of all evil) remains ever valid, yet the *Textgestalt* (that is: the hatred against those who behave like God's enemies) is time-bound." (ebd., 51 – Kursivsetzung EP).

Fazit: Beide Ausleger verbinden eine bestimmte Sicht auf den Psalm – mehr oder weniger explizit – mit weiterführenden Überlegungen zu dessen heutigem Gebrauch und lassen damit das Ringen um einen sachgerechten Umgang mit diesen Versen deutlich werden. Bei Zenger ist das Bemühen spürbar, diesen in der christl. (katholischen) Kirche verfemten Worten ihren angemessenen Platz zukommen zu lassen. Steht bei ihm das Bemühen um Einbezug und Kontinuität zwischen den beiden Testamenten im Vordergrund, so überwiegt bei Peels die Diskontinuität: Durch Person und Wirken Jesu Christi ist der Kirche eine *andere* Haltung, als sie in diesen Psalmversen zum Ausdruck kommt, aufgetragen: Liebe, die auch solche noch segnet – und nicht flucht –, die die Gläubigen verfolgen (vgl. Röm 12,14). Beide Positionen (und andere mehr) sind verbreitet und können für ihre Sicht respektable Gründe anführen.

Ohne die beiden Positionen hier näher würdigen und beurteilen zu können, sei nur auf je ein Problemfeld hingewiesen: Bei Zenger verhilft der nicht unbestrittene Deuterahmen "strukturelle Gewalt" zu Versachlichung und Aktualität. Allerdings bleiben dadurch die Konturen der gemeinsamen Feinde Gottes und des Beters samt deren Verhalten diffus; entsprechend wird eine Auseinandersetzung mit ihnen erschwert. Gegen (auch von Menschen verursachte) "Umstände" ist nun einmal schwieriger vorzugehen als gegen konkrete "Feinde". Bei Peels dürfte die Fokussierung auf ein Bekenntnis zu Gottes Allwissenheit den Psalm kaum hinreichend erfassen. Zudem ist – ausgerechnet bei poetisch geformten Psalmen! – die Auseinanderdividierung von bleibendem Textgehalt und zeitgebundener Textgestalt ein problematischer Weg zur Lösung einer schwierigen Frage bei diesem nicht leicht zu verstehenden Psalm.

Wenn hier auch keine Abhandlung zur Feind- und Vergeltungs-Thematik in den Psalmen möglich ist, so sollen doch einige mir wichtig scheinende "Positionslichter" auf diesem unwegsamen Terrain aufgestellt werden. Dies geschieht in knapper, thesenartiger Form:[26]

---

[25] Als Vertreter dieser Position führt er u.a. Erich Zenger an (s.o.).

[26] Ich habe hierzu (wie generell in diesem Buch) dankbar Überlegungen von unterschiedlichen, von mir nicht immer notierten Seiten aufgenommen. Für diesen Passus verweise ich über die genannte Arbeit von ZENGER (Gott) hinaus auf JANOWSKI (Konfliktgespräche, 98–133); BUKOWSKI (Bibel, 70–78); BAYER (Klage; Wille) sowie auf Manuskripte von Frau Dr. C. Wiemeyer-Faulde ("Sehnsucht nach Rache, Sehnsucht nach heilender Gerechtigkeit", Info-Brief VBG-Fachkreis "Psychologie und Glaube", Dez. 2007) und meines Dozentenkollegen auf St. Chrischona, Pfr. Dr. Stefan Felber ("Rache und Feinde", undatiertes Vorlesungsskript).

• Dass "Gerechtigkeit" ein hoher Wert ist und es zu ihrer Erlangung oder Durchsetzung auch Formen der "Ahndung"[27] bedarf, ist kaum bestritten. Gott ist "gerecht", und er liebt, wirkt und erhält Gerechtigkeit (vgl. u.a. Ps 5,9; 11,7; 33,5; 36,11). Ihm steht auch Ahndung zu – darin sind sich AT wie NT einig (vgl. Dtn 32,35; Ps 9,9; 98,9; Röm 12,19). Mit Vergeltungsaussagen in den Psalmen und darüber hinaus erbitten und leisten Menschen Widerstand gegen das Böse und den/die Bösen. Bedrückung und Zerstörung muss Einhalt geboten werden – gerade auch in Gottes Namen. Sieht man einmal von einer Position ab, die (das Reden von) Vergeltung grundsätzlich ablehnt – damit setzt man sich freilich nicht nur von diesen Psalmenaussagen, sondern von weiten Teilen der Bibel ab –, so werden namentlich folgende Aspekte heute als befremdlich empfunden: (1.) Gericht und Strafe Gottes werden nicht (nur) endzeitlich gefasst, sondern sollen/werden im Hier und Jetzt vollzogen; (2.) die Vergeltung ist zwar Gottes Sache, aber sie wird – teils mit starken Emotionen (Freude, Hass u.a.) verbunden – als Wunsch oder Bitte des (gerechten) Beters geäussert; dieser versteht sein Begehren als rechtmässig und d.h. in Übereinstimmung mit Gottes Wesen und Handeln. Aspekte wie Duldung, (Feindes-)Liebe, Vergebungsbereitschaft und z.T. auch Schuldeinsicht kommen kaum zum Tragen.

• Die Beurteilung derartiger Aussagen hängt nicht unwesentlich an kanonhermeneutischen Einschätzungen, d.h. an der jeweiligen Verhältnisbestimmung von AT und NT, insbesondere im Hinblick auf Kontinuität und Diskontinuität. Dazu liegen in Kirche und Theologie unterschiedliche Verstehensmodelle vor, die z.T. konfessionell und denominationell bestimmt sind – man denke im evang. Bereich etwa an die diesbezügliche Differenz zwischen den Friedenskirchen (u.a. "Täufer") und den Reformationskirchen. Die Tendenz, das AT (insbesondere "unliebsame" Aussagen darin) abzuwerten und ausschliesslich auf Jesu Worte und Vorbild respektive Leitmaximen wie Nächsten- und Feindesliebe, Rechtsverzicht und Vergebungsbereitschaft (vgl. u.a. Mt 5,21–26.38–48; 7,1–5; 22,34–40; 26,52; Röm 12,17–21) zu setzen, ist zu problematisieren. Sie führt den Verlust gewisser bibl. Aspekte mit sich, zudem verbindet sich diese Gefahr des Reduktionismus mit derjenigen, auch die – keineswegs seltenen – Gerichtsaussagen Jesu bzw. des NTs (vgl. etwa Mt 5,20; 7,21–23; 18,2f.35; 25,41–46; 2. Thess 1,6–10; Offb 16; 20,15) zu überspielen. Die für die Einschätzung des Verhältnisses von AT und NT wichtigen "Antithesen" in Jesu Bergpredigt ("Ihr habt gehört, dass gesagt ist: … Ich aber sage euch: …") – in unserem Zusammenhang sind diejenigen zur Gewaltlosigkeit und Feindesliebe (Mt 5,38–48) relevant – sind nicht unter dem Aspekt des Gegensatzes oder gar der Ablösung, sondern der Ergänzung, Erfüllung und Überbietung (vgl. Mt 5,17) zu verstehen.[28] Mit anderen Worten: Das "Neue", das Jesus bringt, hat nur Sinn und Recht im steten Verweis auf das "Alte" als bleibendem Hintergrund. Eine christl. Ethik, die dem nicht Rechnung trägt und Jesu Worte loslöst und damit "verabsolutiert", steht unter der Gefahr, das "Neue" – entgegen der Absicht – zu einem "Gesetz" zu verfestigen und damit neuerdings zum "Alten" zu machen.[29]

---

[27] Ahndung/Vergeltung trifft den bibl. Sachverhalt besser als "Rache", das in unserem Sprachgebrauch mit Konnotationen wie Impulsivität und Ungebührlichkeit verbunden ist.

[28] Dazu fügt sich im Griech. der grammatikalische Befund, dass Jesu eigene Aussage nicht mit dem entgegensetzenden *alla* "aber", sondern mit der Partikel *de* "und, wohl, aber", welche die Gegensätzlichkeit ungleich geringer betont, formuliert ist.

[29] Die Abfolge vom "Alten" zum "Neuen" hin ist wesentlich. Mit andern Worten: Zunächst muss die "These" gewürdigt werden, bevor man zu Jesu "Antithese" schreiten kann. Das hermeneutische Problem

• Bibl. Worten ist ein situativ-seelsorglicher Aspekt eigen, will heissen: Nicht alle Texte sind zu allen Zeiten für alle Menschen in gleichem Mass "gültig". Die Feind- und Vergeltungsaussagen behalten namentlich dort ihren Wert und ihr bleibendes Wort, wo eine einigermassen äquivalente Situation von Verleumdung, Rechtsbeugung, Lebensbedrohung u.ä. vorliegt (und Rechtsmittel nicht verfügbar oder korrumpiert sind). Die Situativität bibl. Texte gilt trotz des Umstandes, dass ihre Einbindung in den Kanon der zwei-einen Bibel Alten und Neuen Testaments sie in einen autoritativen Status mit allgemeiner und andauernder Gültigkeit hebt (vgl. 2. Tim 3,16f.). Darüber hinaus ist zu bedenken, dass Feind- und Vergeltungsaussagen in den Psalmen einen deskriptiven und keinen präskriptiven Charakter haben. Zwar sind auch sie "nützlich zur Unterweisung in der Gerechtigkeit" (2. Tim 3,16), aber – anders als etwa bei einem expliziten Gebot oder einer Ermahnung – ergeht aus ihnen kein (expliziter) Anspruch, das jeweilige Vorgehen zu weitreichender Verbindlichkeit zu erheben.

• Die Psalmworte mit Ahndungs- und Gerichtswünschen sind Teil von Gebeten, namentlich Klagebitten. Die Vergeltungsaussagen sind als Bitten an Gott adressiert und werden nicht den Feinden entgegengeschleudert. Sie stellen darin das Gericht Gott anheim und vollziehen es nicht selbst. Provokativ gesagt: Mit Psalm*worten* werden vor Gott allenfalls Menschen "getötet", es finden (dafür) aber in der aussertextlichen Realität keine Exekutionen statt.[30] Als "Entlastungsargument" taugt eine Verschiebung auf Gott allerdings nicht, denn möglicherweise ist das von Gott vollzogene Gerichtshandeln erschreckender als eine vom Menschen in die Hand genommene Vergeltung.

• Während eine Verlesung solcher Passagen im Rahmen heutiger gottesdienstlicher Liturgie problematisch sein kann bzw. einbettender Erklärung bedarf (um nicht Missverstehen und unnötige Ablehnung zu provozieren), können Feind- und Vergeltungsaussagen in therapeutisch-seelsorglichen Zusammenhängen sehr wohl einen Platz haben. Sie bieten eine bibl. wie christl. legitimierte Hilfe dar, Verzweiflung und Aggression – vor Gott! – zuzulassen, Gründe und Verursacher zu benennen und damit krankhaften und glaubensgefährdenden Wegen wie dem Verstummen, der Resignation oder der Abspaltung von Ärger und Wut aus dem (Glaubens-)Leben zu wehren. In dem Sinn bieten derartige Psalmpassagen einen Identifikationsraum für traumatisierte Menschen(gruppen) und können einen Not-wendenden Schritt zum Heilwerden darstellen. Insofern sind solche Psalmworte durchaus subjektiv, einseitig und für eine bestimmte Zeit und Situation gegeben. Sie sind auch biblisch und seelsorglich nicht das einzige und schon gar nicht das letzte Wort. Als "vorläufiges" Wort, das sich der Wirklichkeit der gefallenen Welt verdankt, haben sie ihren Platz – solange diese Erde besteht. Weitergeführt und im Sinne Jesu überboten werden kann und darf die rechtmässige Vergeltung durch den noch besseren, ebenfalls durch Gebet gebahnten Weg der Vergebung (vgl. Mt 6,12–15; 18,21–35). Solches aus der Liebe geborene und geschenkte Wort

---

liegt darin, dass wir – anders als die Ersthörer der Bergpredigt – nicht mehr in der Weise im AT beheimatet sind und von daher ihren Weg vom Alten zum Neuen nachvollziehen (können). Wir tendieren entsprechend dazu, *direkt* und d.h. unter Absehung der "These" die "Antithese" anzusteuern und eine christl. Theologie und Ethik darauf zu bauen, ohne die Bezogenheit auf die "These" in Rechnung zu stellen. Dass aus einer solchen Grundhaltung problematische Verhaltensmuster fliessen können – etwa in der christl. Erziehung (z.B. als Forderung an das aufwachsende Kind, von vornherein auf sein Recht verzichten zu müssen) –, sei hier nur am Rande vermerkt.

[30] Als m.E. einzige Ausnahme, die einen (eschatologischen?) Mitvollzug des Gottesgerichts durch Menschen vorsieht, ist Ps 149,4–9 einzuschätzen (vgl. dazu Wb Pss II, 381–383, und [6] II. 3; JANOWSKI, Konfliktgespräche, 131, führt darüber hinaus Ps 18,48; 58,11 an).

wird das letzte und allein bleibende sein und im künftigen Äon, wo "kein Leid noch Geschrei noch Schmerz wird mehr sein" (Offb 21,4), Vergeltung und Gericht für immer ablösen bzw. überflüssig machen.

• Als Fazit ergibt sich, dass wir hinsichtlich der Neueinlösung solcher Feind- und Vergeltungsaussagen über ein Abwägen im Sinne eines "Sowohl-als-auch" nicht hinauskommen – ein "Sowohl-als-auch" allerdings, dass nicht als *a priori* gilt, sondern im Einzelfall zu bedenken ist. Entsprechend sind die Waagschalen von Recht und Barmherzigkeit stets neu zu justieren und im konkreten Fall die Gewichte unterschiedlich aufzulegen. Dieser Befund fügt sich in das der Kirche auferlegte Spannungsfeld zwischen "Schon-Jetzt" und "Noch-Nicht" oder – biblisch gesprochen – in die Stellung "in der Welt", aber nicht "von dieser Welt". Diese Rechts- und Gerichtsthematik ist zudem nicht anzugehen ohne Einbezug des Gottesverständnisses. Gerechtigkeit (und mit ihr Zorn und Gericht) und Liebe (und mit ihr Barmherzigkeit und Vergebung) sind beide im Wesen und Handeln Gottes verankert. In der Welt- und Heilsgeschichte finden und verbinden sie sich im Kreuzes- und Auferstehungsgeschehen Jesu Christi und werden darin geheimnisvoll eins. In dieser Welt voller Ungerechtigkeit, Leid und Tod bleibt uns angesichts der vielfältigen Irritationen und Anfechtungen aufgegeben, immer neu vom "verborgenen Gott", der uns als unverständlich, ungerecht und richtend begegnet, zum "geoffenbarten Gott" zu fliehen, der den Seinen sich in Jesus Christus zugewandt hat und mitten im Gerichtsgeschehen auf Golgatha ihnen Rettung schafft und verbürgt.

C) Sozial- und Glaubensgestalten

Die soziale Dimension ist in den Ausführungen zur individuellen Anthropologie der Psalmen mehrfach angeklungen, wie auch schon auf die enge Verflechtung von Individualität und Sozialität aufmerksam gemacht worden ist. Nachfolgend sind einige Psalmaussagen zusammengetragen, die soziale und ethnische Momente ansichtig werden lassen. Sie tragen zur Wahrnehmung der Eingebundenheit der Worte in konkrete Lebenswelten bei, wenngleich die Psalmen im Vergleich zu anderen bibl. Texten diesbezüglich nur beschränkt Auskunft geben.

a) Haus, Familie und soziales Umfeld

Bei den gut 50 Belegen von *bajit* "Haus" im Psalter ist mehrheitlich das Gotteshaus, der Jerusalemer Zionstempel, gemeint (vgl. Ps 5,8; 23,6; 26,8; 27,4 u.ö. – in Ps 30,3 ist Gott selbst das "Haus" = Schutzort). Gelegentlich bezeichnet "Haus" eine politische bzw. institutionelle Grösse ("Haus Jakob/Israel" Ps 114,1; 115,12, vgl. auch 101,2.7; 105,21; "Haus Aaron/Levi" Ps 115,10.12; 118,3; 135,19f.). Ansonsten ist mit *bajit* nicht nur das materielle Wohnhaus, sondern auch der darin lebende "Hausstand", die Grossfamilie, zu der bis vier Generationen gehören konnten, im Blick. Dem Mann und Vater obliegt dabei u.a. die Weitergabe der geschichtlichen Überlieferungen von Gottes Heilstaten und Weisungen, die ihm seinerseits von den Väter überkommen sind (Ps 34,12; 44,2; 71,17f.; 78,3–8; 145,4, vgl. Dtn 6; Spr 3ff.). Über wichtige Bereiche der Frau samt theol. Motiven, die mit ihrer Lebenswelt verbunden sind, hat uns Marianne GROHMANN (Fruchtbarkeit) kundig gemacht. Ps 45 gibt Einblick in eine Hochzeit, wenn auch eine besondere, nämlich eine königliche. Ps 139,13–16 weiss von Gottes pränatalem Erschaffen des Menschen zu berichten und stellt derart das Geheimnis des menschlichen – und ich möchte anfügen: selbst des von Eltern ungewollten – Lebens in Gottes Willen. Es erhält das Schöpferprädikat "wunderbar" und wird mit allen Lebenstagen, die dem Menschen gewährt werden, unter Gottes Obhut gestellt (vgl. auch Ps 119,73.77). Ähnliches vernehmen wir aus Ps 22,10f., wo Gott gleichsam als "Hebamme" dem Menschenkind zum Leben verhilft (vgl. auch Ps 71,6) und dem Säugling durch die Muttermilch Gottvertrauen einflösst. Weibliche Fruchtbarkeit, geschenkte Mutterschaft und die damit – auch den Vätern – gewährten Freude sowie Reichtum und Segen klingen in weiteren Psalmversen an (vgl. Ps 8,3; 37,26; 48,7; 112,1–3; 113,9; 115,13f.; 137,38; 144,12; 147,13 – zu Ps 127f. s.u., zum Nachwuchssegen im Stall und auf der Weide vgl. Ps 144,13f.). Umgekehrt bleibt auch die persönliche und soziale Not der fehlenden oder bedrohten Nachkommenschaft (vgl. Ps 109,14f.; 113,9) respektive der Verlust von Gatte oder Eltern (vgl. Ps 10,14.18; 35,14; 68,6; 82,3; 94,6; 109,9f.; 146,9) nicht unerwähnt. In den Psalmen ist – leiblich oder generativ gefasst – von Vater und Mutter (vgl. Ps 27,10; 35,14; 103,13; 109,14), von Kindern bzw. Söhnen und Töchtern (vgl. Ps 3,1; 34,12; 45,10f.17; 50,20; 69,9; 78,4–6; 97,8; 106,37f.; 109,9f.; 113,9; 114,12), von Brüdern (vgl. Ps 22,23; 35,14; 50,12; 69,9; 122,8; 133,1) – aber nicht explizit von Schwestern – die Rede. Über den familiären Bereich hinaus wird ein soziales Feld von "Nächsten, Freunden" u.ä. erkennbar (vgl. Ps 12,3; 28,3; 35,14; 38,12; 55,14; 69,9; 88,19; 101,5; 122,8; 133,1). Verschiedene Lebensalter zwischen Geburt und Grab finden Erwähnung (vgl. Ps 8,3, 37,25; 71,5.9; 92,14f.; 103,5; 148,12). Auch Kürze und Hinfälligkeit des Lebens samt Sterben und Tod (vgl. Ps 39,6; 49; 89,48; 90,3–12; 103,14–16; 104,29; 144,4; 146,4) werden nicht ausgeklammert. Das Zählen der Tage und das Wissen um des Menschen Ende (und das böse Ende der Frevler), soll zu Einsicht führen. Es gilt das Leben auf Gott auszurichten und es ihm anzubefehlen (vgl. Ps 49,16; 71,5–9; 73,17–19.24–26; 90,12; 119,100; 146,3f.).

Am Schluss dieses Abschnitts richtet sich der Blick etwas eingehender auf die benachbarten Psalmen 127 und 128 (vgl. Wb Pss II, 298–304). Sie wissen trotz ihrer Kürze manch "Häusliches" zu berichten. Die Rede vom Bauen des Hauses durch JHWH in Ps 127,1 oszilliert zwischen Tempelbau und Haus(stand)bau. Von den nachfolgenden V. 3–5 her ist Letzteres jedenfalls mit im Blick. Gottes Mitwirken am Aufbau der äusseren und inneren Gestalt der Familie, insbesondere der Geschenkcharakter der (männlichen) Nachkommenschaft, wird zum Ausdruck gebracht. Ist in Ps 127 der Familienvater im Fokus, so fällt in Ps 128 ebenso viel Licht auf die Mutter. Das "Innere deines Hauses" (3) ist im altisraelitischen, um einen Hof gruppierten Haus mit drei bis vier Räumen (und allenfalls Dachgeschossen) und insgesamt ca. 50–100 m² Grundfläche der Binnenbezirk, d.h. der primäre Lebens- und Rückzugsraum der Familie, insbesondere der Frau(en). Um den "Tisch", eine ausgelegte Tischmatte (3), sammeln sich die Kinder (und die ganze Familie). Dieses Geschehen wird mit den um den Strunk des Ölbaums aufschiessenden Trieben anschaulich gemacht (vgl. LUX, Kinder, 201f.). Das Gewicht liegt auf dem Segen, der den gottesfürchtigen Eltern mit ihrer Nachkommenschaft – bis hin zu den Enkeln – gewährt wird (3–6). Kinder halfen nicht nur zur sozialen Absicherung, sondern waren auch Grund zur Freude. In den beiden Psalmen kommt zudem etwas vom rechten Mass im Wechsel zwischen Arbeit (mit Nahrungsgewinnung) und Ruhe zum Ausdruck (Ps 127,2; 128,2). Über die menschliche Mühe der Nahrungsbeschaffung, die im bäuerlichen Alltag als Säen und Ernten in Ps 126,5f.; 129,7 beschrieben wird, findet auch der Schöpfersegen bzw. die Sättigung von Mensch und Tier durch Gott selbst Erwähnung (vgl. Ps 67,7f.; 104,10–15.23.27–30; 132,15; 136,25; 145,15f.; 146,7; 147,8f.).

b) Volk und Gottesgemeinde

Im Rahmen eines korporativen Verständnisses war das Individuum in Gottes Volk eingezeichnet und hatte dadurch Anteil an Israels Verheissungen und Verpflichtungen. Volk, Land, Gott wurde – jedenfalls in alten (vorexilischen) Zeiten – durch ein Band zusammen gehalten: den Bund zwischen Gott und seinem Volk. Israel war damit nicht nur ethnisch, sondern ebenso stark theologisch bestimmt: Herkunft, Existenz und Geschichte verdankt es der exklusiven Beziehung zu JHWH (vgl. u.a. Ps 33,12; 100,3; 103,18; 111,9; 135,4). "Volk JHWHs" darf es sein und entsprechend soll es sich auch verhalten (vgl. u.a. Ps 3,9; 14,7; 94,5.14; 106,4.40; 116,14.18). Volk, Land und Zionstempel sind Gottes Gabe, seine *nach^ala* "Erbteil" (vgl. u.a. Ps 28,9; 33,12; 68,10; 78,71; 79,1; 94,5.14; 105,11; 135,12; 136,21f.). Von "Israel", "Jakob" oder dem "Volk (Gottes)" ist in den Psalmen häufig (je über 50mal) die Rede (vgl. u.a. Ps 14,7; 22,24; 33,12; 53,7; 78,5.71; 81,9.12.14; 114,1). Dabei ist mit "Israel" in der Regel das (davidisch-salomonische oder ideelle) Gesamtreich und nicht die Teilreiche im Norden (Zehnstämme-Gebiet, oft mit "Joseph" oder "Ephraim" verbunden, vgl. Ps 60,9; 77,16; 78,67; 80,2f.; 81,6; 108,9) oder Süden (Juda) gemeint (vgl. aber Ps 76,2; 114,2). Die Beziehung zwischen Gott und seinem Volk wird öfters mit der Metapher vom Hirten und seiner (Kleinvieh-)Herde veranschaulicht (vgl. Ps 28,9; 74,1; 77,21; 78,52.70–72; 79,13; 80,2; 95,7; 100,3).

Es liegt nahe, dass das "Volk" bzw. die gottesdienstlich versammelte Gemeinde als handelnde wie betroffene Grösse häufig in kollektiven bzw. gottesdienstlich-liturgischen Psalmgattungen erscheint. Zu den vornehmlich an nationalen Festanlässen vorgetragenen Lobpreis-Psalmen bilden die im kleineren Kreis im Tempelvorhof abgehaltenen Toda-Feiern unter Darbietung von Lobdank-Psalmen gleichsam Nebenschauplätze (vgl. 3 II. 3.). In vielen Psalmen wird eine "Wir"-Gemeinschaft (der "Gerechten", "Begnadeten") zu Lobdank und Lobpreis aufgerufen respektive bringt solchen – oft singend und instrumental begleitet – dar (vgl. u.a. Ps 22,24; 30,5; 32,11; 33,1–3; 48,2.12; 135,1–3.19–21; 136,1–3.26; 148,1–5.13; 149,1–3). Auch wenn ein Einzelner Gott verkündet und ihn preist, dann tut er solches – selbst wenn dies nicht explizit gemacht wird – in der Gemeinschaft von Mitversammelten bzw. in Vertretung oder im Wechsel mit ihr (vgl. u.a. Ps 8,2f.; 22,23; 28,9; 30,12f.; 31,8.22; 34,1; 41,14; 138,1; 145,1f.21). An anderen Stellen wird für "Israel" um Hilfe, Erlösung o.ä. gebetet, es der künftigen Rettung vergewissert oder diese als geschehen bekannt (vgl. u.a. Ps 3,9; 18,28; 25,22; 28,9; 37,39f.; 44,8.27; 53,7; 80,4.8.20; 130,8; 106,8.10.47). Öfters finden sich Adressierungen an die (versammelte) Gemeinschaft, in denen Ermutigungen, Aufforderungen, Zusicherungen, Belehrung und Segenswünsche ausgesprochen werden (vgl. u.a. Ps 3,9; 30,6; 31,24f.; 34,9–11; 62,9–13; 64,11; 129,8; 130,7; 131,3). Ausserdem wird dem Volk Gottes geschichtliches Wirken in Gericht und Gnade zur Erinnerung und Ermahnung poetisch erzählt (vgl. Ps 78; 105–107; 136). Zur Umkehr gerufen wird die Gemeinde als Ganze oder Missetäter in ihr durch (proph.) Warnungen und Gerichtsansagen (vgl. Ps 50; 75; 81; 95,7–11). Gelegentlich werden auch Stimmen von oder Adressierungen an Vertreter(n) aus Institutionen an Hof und Tempel erkennbar. Solches gilt namentlich für den König, insbesondere David (s. Psalmüberschriften), weiter für Aaron und seine Priester (vgl. Ps 115,10.12; 118,3; 132,9.16; 133,2; 135,19) sowie für die Leviten samt den Tempelsängern (vgl. Ps 135,10, ferner die in den Überschriften mit "Asaph" und den "Söhne Qorach" verbundenen Psalmen sowie Indizien, die auf Priester- oder Levitenpsalmen verweisen, z.B. Ps 16, dazu Wb Pss I, 96–98).

Das Volk Israel wird nicht nur als Einheit wahrgenommen und dargestellt. Häufig sind vielschichtige persönliche wie sozio-theol. Frontstellungen (Feinde, Frevler, Narren <=> Gerechte, Begnadete etc.) und konfliktreiche Konstellationen ersichtlich (vgl. u.a. Ps 1; 14; 37; 41). Verbunden mit geschichtlichen Umbrüchen (Exilszeit) ist in späterer Zeit das Volk Gottes nicht mehr einfach identisch mit ganz Israel (selbst wenn theol. an dieser Vorstellung festgehalten wird). In einer Vielzahl von Psalmen spiegeln sich soziale Fragmentierungen, die über Einzelfälle hinausgehen dürften, allerdings kaum mehr als in Konturen erkennbar sind. So erscheinen die "Gebeugten, Elenden, Armen", deren Antipoden die "Frevler" sind (vgl. Ps 10,2; 147,6), als "Volk/Gemeinde Gottes" im engeren Sinn (vgl. Ps 149,4). Sie suchen Gott (vgl. Ps 69,33) und bergen sich bei ihm (vgl. Ps 7,2); ihnen wendet sich JHWH zu, ist um ihr Recht bemüht (vgl. Ps 140,13) und rettet sie aus der Not (vgl. Ps 34,7; 37,40). Sie gelten als "Begnadete" (*ch^{a}sidim,* vgl. Ps 149,1.5), "Gerechte" (*tzaddiqim,* vgl. Ps 1,5f.; 140,14) oder Gottes "Knechte" (vgl. Ps 34,23; 135,14). Dergestalt werden Konturen einer (spät)nachexilischen Gruppe ansichtig (s.o., IV. 3. A b), die sich als bedrängte Gottesgemeinde erfährt (vgl. *qahal ch^{a}sidim* "Versammlung/Gemeinde der Begnadeten/Frommen" in Ps 149,1, dazu 6 II. 3.). Zu ihrer Bezeichnung hat sich der Begriff "Armenfrömmigkeit" eingebürgert. Diese Gemeinschaft ist namentlich in den Büchern Jesaja und Psalter greifbar, z.B. in der letzten, mit David verbundenen Psalmengruppe im Buch (Ps 138–145, vgl. ferner Texte aus Qumran, z.B. die Hodajot [1Q35 = H], und aus dem NT, z.B. Mt 5,3ff.; 11,2–6.25–30; Lk 1,46–55; 4,16–21). Ob und inwieweit diese Gruppierung ausserdem für eine teilweise Neubearbeitung älterer Psalmen ("Armenredaktion") verantwortlich zeichnet, wird diskutiert. Entsprechendes gilt auch hinsichtlich der Frage, ob diese "Armen" einer sozio-ökonomischen Unterschicht angehören und unter (struktureller) Gewalt leiden oder aber ob sie eine grössere Gruppe repräsentieren, die nicht ohne Einfluss und Mittel ist. Im zweiten Fall wäre die Selbstbezeichnung vornehmlich frömmigkeitstheologisch ("vor Gott Gebeugte/Arme" = "Demütige") oder sogar als "Ehrentitel" aufzufassen. Die letzten Phasen der Buchwerdung und damit der Psalter selbst dürften sich jedenfalls cha(s)sidischen respektive aus ihnen hervorgegangenen Kreisen (Asidäer, Qumran-Leute/Essener) verdanken. Hinsichtlich dieser Gruppe(n) vermittelt der Psalter dementsprechend eine "Innensicht".

c) Fremdvölker

Die in den Psalmen sich äussernden Stimmen gehören zu Personen aus Israel bzw. repräsentieren das Bundesvolk JHWHs. Bei Aussagen über Fremdvölker handelt es sich entsprechend um eine ethnische wie theol. "Aussensicht". Die zum Ausdruck kommende Dichotomie: Gottesvolk (Israel) <=> Fremdvölker ("Heiden") ist bestimmt von Aussonderung und Differenzierung (Erwählung, Bund, Tora). Es gibt aber auch Momente, die "verbindend" sind bzw. Israel gegenüber den Nationen eine Aufgabe zuweisen (Verkündigung). Darüber hinaus kommt in späten Psalmen eine Sicht zur Explikation, bei der JHWH nicht nur der Weltenherrscher ist, sondern sich die Völker gemeinsam mit Israel zum Gottesdienst und zur Anbetung JHWHs versammeln (Universalismus). Dazu nachfolgend kurze Streiflichter.

Nicht-israelitische Ethnien werden mit einer Reihe von Begriffen erfasst. Gegenüber der singularischen Rede vom "Volk" für Israel wird von ihnen überwiegend pluralisch gesprochen. Die beiden wichtigsten hebr. "Volks"- bzw. "Völker"-Begriffe sind *'am* (die innere Zusammengehörigkeit betonend) und *goj* (territorialer bzw. politischer Aspekt betont). Im Psalter erscheint *'am* 120mal, grossmehrheitlich im Singular und auf das Volk Gottes (oder eine qualifizierte Grösse daraus) referierend (sg: Ps 3,7.9; 14,4.7; 28,9; 29,11 u.a. – pl: Ps 7,9; 9,12 u.a.). Bei *goj*, das im Psalter demgegenüber halb so viel Belege aufweist, ist der Sachverhalt umgekehrt: Fast durchwegs findet sich der Plural *gojim* als Bezeichnung für die (in der Regel Israel nicht einschliessenden Fremd-)Völker, Nationen (pl: Ps 2,1.8; 9,6.16.18.20f.; 22,28f.; 33,10 u.a. – sg: Ps 33,12; 43,1 u.a.).

Einige Stellen bieten eine Verwendung von "Völkern" ohne spezielle positive oder negative Einfärbung (vgl. Ps 49,2; 68,31; 87,6; 94,10). Gelegentlich werden Fremdgottheiten ("Götzen") mit Fremdvölkern in Verbindung gebracht, die dann auch als "Frevler, Gottlose" bezeichnet werden können (vgl. Ps 9,6.16–18; 96,5; 115,4–8; 135,15–18). Mehrfach ist zu hören, dass JHWH feindliche Pläne und Anschläge der Völker (gegen Israel) vereitelt, sie (und ihre Herrscher) auslacht sowie Israel bzw. ihrem König unterwirft (vgl. Ps 2,1ff.; 9,2; 33,10; 47,4; 59,9; 72,9.11; 83,5). Wir vernehmen negative (Ps 33,15; 79,10; 115,2) und positive (Ps 126,2) Worte und Gesten aus der Völkerwelt in Bezug auf JHWH und sein Volk. Häufig kommt in den Psalmen JHWH als Weltenherrscher und -richter gegenüber den Völkern zur Sprache (vgl. Ps 7,9; 9,9.20; 22,29; 47,4.9; 59,6; 67,5; 79,6; 96,10.13; 98,9; 99,1f.; 105,20; 110,6; 113,4; 149,7).

Das Gottesvolk verkündet die Grosstaten JHWHs bzw. wird dazu aufgerufen und preist ihn unter den Fremdvölkern (vgl. Ps 9,12; 18,50; 45,8; 57,10; 96,3.10; 105,1; 108,4). Dann lobpreisen auch die Völker JHWH bzw. werden dazu aufgerufen (vgl. Ps 22,28; 45,8; 47,2; 66,8; 67,4–6; 86,9; 96,7; 117,1). Sie sammeln sich und machen sich auf zum Zion (Völkerwallfahrt), um – zusammen mit Israel – dem unvergleichlichen und alleinigen Gott JHWH zu dienen und ihn anzubeten (vgl. Ps 22,28f.; 47,10; 86,8f.; 87,3ff.; 102,22f.). Ein universalistischer (JHWHs Herrschaft umspannt den Erdkreis) bzw. inklusivistischer Zug (Israel *und* die Völker) kommt namentlich in einigen JHWH-König-Psalmen zum Tragen (vgl. v.a. Ps 96; 98–100).

4. "Stimmen" und kommunikative Konstellationen

In der Psalterouvertüre Ps 1–3 haben sich unterschiedliche Kommunikationsrichtungen und Adressierungen als für das Buchverständnis grundlegend erwiesen (vgl. unter 2). In und mit den Psalmen werden verschiedene "Stimmen" hörbar. Sie sind Teil vielfältiger Situationen und Konstellationen. Psalmen sind denn auch (abgesehen von den Überschriften und *sela*) praktisch durchgehend "Reden". In ihnen wird ein "Ausschnitt" kommunikativer Geschehnisse mit unterschiedlichen Akteuren als Sprechende, Angesprochene und Über-sie-Gesprochene – oft in ein-und-demselben Psalm – greifbar. Die Erfassung dieses Settings ist für die Interpretation wie die Neuverwendung eines Psalms wichtig und gewinnbringend. Eine Theologie und Spiritualität der Psalmen kann entsprechend von kommunikativen Aspekten nicht absehen.

A) Sprechhandlungen

Zur Erschliessung der in den Psalmtexten greifbaren kommunikativen Geschehnisse und Wirkabsichten bedarf es sorgfältiger Sprachanalysen der Teilaspekte Grammatik, Semantik und Pragmatik. Die in der Psalmenforschung etablierte formkritische Methodik kann als Erfassungsinstrument dienen, um das den jeweiligen Psalm strukturierende Stimmengefüge und seine Aussageweisen zu erheben. Darüber hinaus erweist sich die v.a. von John Austin und John Searle erarbeitete Theorie der "Sprechakte" als gewinnbringend. Sie wurde auf bibl. Literatur adaptiert und ermöglicht in Anwendung auf die Psalmen eine Erfassung der Sprechhandlungen und damit neue Einsichten.[31] Es gibt unterschiedliche Weisen, Sprechakte zu benennen, zu differenzieren und zu klassifizieren. Wir beschränken uns auf die Nennung der folgenden fünf (Haupt-)Kategorien:

REPRÄSENTATIVA	Einen Sachverhalt darstellen: beschreiben, erklären, behaupten etc.
DIREKTIVA	Eine Reaktion auslösen: bitten, befehlen, ermahnen, warnen etc.
KOMMISSIVA	Eine (Selbst-)Verpflichtung eingehen: versprechen, drohen, sich weigern etc.
EXPRESSIVA	Eine Einstellung ausdrücken: ausrufen, klagen, loben, beglückwünschen etc.
DEKLARATIVA	Eine Handlung vollziehen: segnen, hiermit bezeichnen, erklären etc.

Die Zuteilung einer Sprachäusserung zu einer Sprechhandlung ist nicht immer einfach. Dies hat auch damit zu tun hat, dass bei (zeitlich abständigen) literarischen Texten Gesprächsparameter teils nicht vorliegen bzw. nur erschlossen werden können, teils mehrdeutig sind. Als die beiden häufigsten Sprechrichtungen in den Psalmen können gelten: Ein sprechendes Ich spricht (1.) (direkt) *zu* Gott ("beten") oder (2.) zu einem menschlichen Individuum oder Kollektiv (Gruppe, Gemeinde) (indirekt) *über/von* Gott (und zugleich *vor* Gott bzw. in der Gegenwart Gottes) ("bekennen" u.a.). Die beiden genannten Optionen lassen sich durch weitere ergänzen, wie dem nachfolgenden (vereinfachten) Modell zu entnehmen ist:

SPRECHENDE(R)	ADRESSAT(EN)	SPRECHAKT(E)	PSALMBEISPIELE
"Ich" ————>	Gott ("Du")	Beten (Klagen, bitten, lobdanken etc.)	Ps 3,2.4.8ab
"Ich" – (Gott ["Er"]) –>	Mensch(en) ("Du/Ihr")	Bekennen, bezeugen, auffordern, lobpreisen etc.	Ps 3,6f.; 9,12f.
"Ich" ————>	Widersacher ("Du/Ihr")	Anklagen etc.	Ps 4,3; 6,9
"Ich" ————>	"Ich"	Sich selbst aufrufen	Ps 103,1f.
Gott ————>	Mensch(en)	Ermahnen, bitten etc.	Ps 12,6; 50,5–13
Widersacher ————>	Mensch(en)	Verleumden etc.	Ps 3,3b; 40,16b
"Wir" ————>	Gott ("Du")	Beten (Klagen, bitten, lobpreisen etc.)	Ps 44,10–15; 75,2

[31] Erwähnung verdienen die grundlegenden und an Einzelpsalmen exemplarisch durchgeführten Studien von Andreas WAGNER (Stellung [grundsätzlich und zu Ps 2]; Beten, 3–19) und Hubert IRSIGLER (Psalm-Rede [zu Ps 13]).

Diese Liste lässt sich ergänzen, präzisieren und differenzieren. So kann bei den meisten Sprechakten im Blick auf die involvierten Personen zwischen einer Zweierkonstellation (Sprecher => Adressat) und einer Dreierkonstellation unterschieden werden. Bei Letzterer geht es beim Sprechinhalt nicht nur um Sachverhalte, sondern (zugleich) um eine personale Grösse, über die gesprochen wird und die damit Gegenstand der Rede ist (Sprecher => Inhalt = personale Grösse => Adressat). Entsprechend kann das sprechende "Ich/Wir" im Gebet mit sachlichen Anliegen vor Gott treten bzw. die Gottesbeziehung selbst ansprechen (z.B. Ps 3,4) oder z.B. die Bedrückung durch "Feinde" erwähnen und diese vor Gott verklagen (Ps 3,2). Ähnliches gilt in der zwischenmenschlichen Kommunikation: Das "Ich/Wir" spricht ein Individuum oder Kollektiv (ohne expliziten Gottesbezug) an (Ps 4,3; 62,4) oder aber äussert sich in seinen Worten über Gott, bezeugt dessen Wirken gegenüber dem/den Adressaten (Ps 33,4ff.) bzw. fordert diese zu einem bestimmten Verhalten gegenüber Gott auf (Ps 33,1–3).

B) Sprechrichtungen und Sprechzeiten

Viele Psalmen begnügen sich nicht mit *einer* Sprechrichtung, z.B. dem "Beten" als "Du"-Anrede Gottes, sondern enthalten Sprechrichtungswechsel (vgl. die Zusammenstellung bei WAGNER, Beten, 16–19). Besonders häufig findet sich ein Changieren zwischen "Beten" ("Du"-Rede an Gott) und "Bekennen" o.ä. ("Er"-Rede über Gott) – ein Vorgang, der bei unserem Beten eher unüblich ist und daher umso mehr Beachtung verdient. Spricht ein Mensch zu bzw. mit Gott, so kann er dies allein tun. Spricht er aber zugleich *über* bzw. *von* Gott, so setzt dies – über das Moment der Selbstvergewisserung hinaus – in aller Regel eine partizipierende Gemeinschaft voraus. Dass dem so ist, geht aus vielen Psalmen explizit oder indirekt hervor, auch wenn die Konturen dieses Kollektivs selten deutlich erkennbar sind. Vielen Psalmen liegt also nicht nur ein dialogisches Geschehen, bei dem ein Individuum oder Kollektiv zu Gott spricht, zugrunde. Vielmehr wird eine Art trialogische Konstellation greifbar: Der/die Sprechende(n) wendet/n sich nicht allein an Gott, sondern auch an die Mitversammelten bzw. Mitbetenden – mit Sprechakten, die wir als "bekennen", "verkünden", "aufrufen", "belehren" o.ä. klassifizieren. Das in den Psalmen sprechende "Ich" ist dadurch weniger "individuell" (isoliert, intim) zu fassen als dies unter den Bedingungen der Moderne gemeinhin angenommen wird.

Diese Einsicht lässt sich mit der Erhebung des "Sitzes im Leben" im Rahmen der Gattungsforschung vermitteln: Über die ohnehin ein Kollektiv voraussetzenden "Wir"-Gattungen hinaus ist zudem beim Lobpreis (*t^e^hilla*), wo die Volksgemeinde präsent ist, sowie beim Lobdank (*toda*), wo eine kleinere Gemeinschaft feiert, jedenfalls im Ursprung von einem *gottesdienstlichen* Rede- bzw. Gebetskontext auszugehen. Die einzige grosse Psalmengattung, wo dies nicht von vornherein der Fall ist, sind die individuellen Klagebitten (*t^e^philla*), in denen die soziale Isolation zudem oft thematisiert wird. Allerdings fällt auf, dass selbst in einer Reihe von Psalmen, die dieser Gattung zugeordnet werden (wie u.a. Ps 3; 7; 13), ein Changieren zwischen Beten und Bekennen vorliegt, was (derzeit z.T. noch nicht vollends geklärte) Fragen zum kommunikativen Setting der Entstehung und des Vortrags dieser Psalmen aufwirft. Zum skizzierten Gebetsvollzug als Konfliktbewältigung gehören weitere Strategien, etwa die Einbringung von anderen "Stimmen" ins Gebet. Von den Feindzitaten und damit verbundenen Strategien war bereits die Rede (s.o., IV. 3 B c). Darüber hinaus verdienen auch Selbstzitate (z.B. Ps 31,15.23; 140,7) und Gottesworte (z.B. Ps 50,5.7–13.15.16) Beachtung. Derartige "Fremdworte" sind im Redegang des sprechenden Ich/Wir nicht immer markiert und damit zweifelsfrei erhebbar. Es gibt allerdings genug deutliche Beispiele für Einschachtelungen von Fremdrede in Eigenrede, so dass Phänomen wie Bedeutung innerhalb der Psalmen unbestritten sind.

In Verbindung mit Wechseln der Sprechrichtung und der Perspektive ist auch den Zeitebenen Aufmerksamkeit zu widmen (s.o., III .2. A). Dabei ist zwischen der Zeitzuweisung der Sprechakte und der Verzeitung der Sprechinhalte zu differenzieren. Zur Veranschaulichung soll Ps 30 dienen (dazu 3 II. 6. B und WEBER, Psalm 30). In diesem Lobdank-Psalm werden Sprechgeschehen als früher ergangen (7), als gegenwärtig vollzogen (2) sowie als in der Zukunft beabsichtigt (13) angezeigt bzw. ausgesagt. Hinsichtlich der Inhalte bzw. Referenzen der einzelnen Sprechhandlungen kommen dann nochmals Zeitlagen und -verhältnisse in den Blick. Was die Vergangenheit und die Zukunft betrifft, sind auch Staffelungen von Zeitlagen möglich. In Ps 30 lassen sich z.B. verschiedene Ereignisse der Vergangenheit, die unterschiedlichen Zeiten angehören, differenzieren: die Erfahrung der Gottesrettung (4), die dieser vorangegangene Anrufung Gottes in der Not (9) und die noch früher anzusetzende Lebenshaltung der "[Selbst-]Geruhsamkeit", die zur Krise führte (7f.).

C) Die Vielschichtigkeit kommunikativer Konstellationen

a) Psalm 2

Die bisherigen Erörterungen zeigen, dass kommunikative Konstellationen in den Psalmen vielschichtig sein können und es oft auch sind. Faktoren wie Anonymität der an der Kommunikation beteiligten Partner, dadurch generierte Optionen und Mehrfachadressierung sowie Verschachtelungstechniken innerhalb von Reden tragen zur Komplexität zusätzlich bei. Anhand von Ps 2 soll einiges davon unter drei Abschnitten illustriert werden (vgl. 2 II. und WAGNER, Stellung, 72–83):

• (1.) Nach der Frage-Staffel Ps 2,1f., wo weder der/die Sprechende(n) noch der/die Adressat(en) ersichtlich ist/sind – die "(Fremd-)Völker/Könige" kann man als Absender wie Empfänger der Worte ausschliessen – erfolgt ein Redewechsel. Die eben erwähnten "Völker/Könige" kommen in V. 3 selbst zu Wort; dies wird zwar nicht explizit gesagt, ergibt sich aber aufgrund des vorlaufenden Kontextes. Wer ihnen das Wort erteilt, zu welcher Zeit und vor welchem Forum es ergeht, wird nicht ersichtlich. Die kohortativen Verbalformen lassen den Sprechakt als "kommissiv", nämlich als eine durch ein Kollektiv (Völker- und Königskoalition) gemeinsam (wie wechselseitig) geäusserte Selbstverpflichtung verstehen. Das geschmiedete Bündnis zielt auf eine gewaltsame Abwerfung ("ihre Fesseln", "ihre Stricke") der Autorität und Loyalität zu "JHWH und seinem Gesalbten" (2).

• (2.) In Ps 2,7 spricht ein "Ich", das aufgrund von Kontext und Intertextualität (vgl. 2. Sam 7,14) als der gesalbte Jerusalemer König, näherhin David, identifiziert werden kann. Die Redeabsicht ist "Verkündigung", nämlich die beglaubigende Darbietung einer "Satzung JHWHs" (7). Die Adressaten dieser Verkündigung bleiben ungenannt, was verschiedene Optionen ermöglicht. Der König bringt nun in einer zitathaften Einspielung Gott zu Wort (Redeverschachtelung). Präziser gesagt: Das sprechende Ich (= König) bezeugt den Erhalt einer früher ergangenen Rede, die Gott (durch proph.

Vermittlung) an ihn gerichtet hat, und wiederholt sie gegenüber einem anonym bleibenden Zuhörerkreis (7–9).

• (3.) Im Schlussabschnitt Ps 2,10–12 werden die "Könige" und "Regenten/Richter der Erde" von einem anonymen Sprecher angeredet. Die finale Seligpreisung kann auf eben diese Adressaten gemünzt sein. Zugleich wird der Kreis der Angesprochenen bzw. Inkludierten jedoch geöffnet auf "alle, die sich bei ihm" – die Referenz kann auf "den Sohn" (12) oder/und auf JHWH (11) verweisen – "bergen". Die Schlusspreisung greift damit gleichsam über die in der Textwelt erscheinenden Personen hinaus und lädt bzw. schliesst auch die Texthörer mit ein.

b) Durch die Zeiten hindurch bis heute

Auf die Multidialogizität, welche durch die Anonymisierung der am Sprechgeschehen Beteiligten gefördert wird, wurde bereits hingewiesen. Die sich damit einstellende "Offenheit" charakterisiert die bibl. Psalmen und erleichtert ihre Wiederverwendung durch die Zeiten hindurch. Unter dem Mitbedenken, dass Psalmen Teil des Psalters und damit der Heiligen Schrift (geworden) sind und im Blick auf die heutige Wiederverwendung lassen sich verschiedene Lese-, Verstehens- und Rezeptionsebenen abheben. Sie erlauben unterschiedliche Identifikationen und d.h. Füllungen der personalen Bezeichnungen und Pronomina. Zum Schluss soll dies am häufigsten "Absender" in den Psalmen, dem sprechenden Ich, veranschaulicht werden:

IDENTIFIZIERUNGEN DES SPRECHENDEN PSALM-ICHS – DAMALS …
- Textverfasser
- Aufführender/Betender (unterschieden vom "Autor"):
  - als Einzel-Ich
  - als für die Gemeinde sprechendes (stellvertretendes) Ich und/oder als Königs-Ich
  - als koll. Ich (gottesdienstliche Gemeinde)
- David (aufgrund der Zuweisung im jeweiligen Psalm-Präskript)
- Meditierender des Psalters als Buch

IDENTIFIZIERUNGEN DES SPRECHENDEN PSALM-ICHS – … UND BIS HEUTE
- Reaktualisierender/Nachbetender durch die Zeiten hindurch
  - als Einzel-Ich
  - als für die Gemeinde sprechendes (stellvertretendes) Ich
  - als koll. Ich (gottesdienstliche Gemeinde)
- Christus-Ich
- Gott/der Heilige Geist als Autor im Rahmen des Psalters als Heiliger Schrift

5. Psalm 28 als abschliessendes Beispiel

In diesem Hauptkapitel "Personen – Stimmen – Konstellationen" Zusammengetragenes soll abschliessend an einem Beispieltext konkretisiert werden. Dazu dient Ps 28 (vgl. Wb Pss I, 143–145 [mit Modifikationen]; BESTER, Sprache).

28,1 Zugehörig David.

Zu dir, HERR, rufe ich;
mein Fels, sei nicht taub mir gegenüber!
Dass du nicht schweigst mir gegenüber
und ich vergleichbar werde mit den Hinabsteigenden [in die] Grube!
2 Höre das Lautwerden meines Flehens,
wenn ich schreie zu dir;
wenn ich aufhebe meine Hände
zum Innern deines Heiligtums!

3 Raffe mich nicht weg mit den Frevlern
und mit den Übeltätern,
die "Friede" reden mit ihren Gefährten,
aber "Bosheit" in ihrem Herzen!
4 Gib ihnen gemäss ihrem Tun
und gemäss der Bösartigkeit ihrer Taten!
Gemäss dem Werk ihrer Hände gib ihnen;
lass zurückkehren ihr Handeln auf sie!
5 Denn nicht wollen sie achten auf die Taten des HERRN
und auf das Werk seiner Hände!
Er wird sie niederreissen und sie nicht [wieder] aufbauen.

6 Gepriesen ("gesegnet") sei der HERR,
denn er hat das Lautwerden meines Flehens gehört.
7 Der HERR [ist] meine Stärke/Zuflucht und mein Schild –
auf ihn hat vertraut mein Herz.
Als mir geholfen wurde, frohlockte mein Herz,
und ausgehend von meinem Lied will ich ihm lobdanken.
8 Der HERR [ist] Stärke/Zuflucht für sie,
und ein Zufluchtsort der Rettungen seines Gesalbten [ist] er.
9 Rette bitte dein Volk,
und segne dein Erbteil;
und weide sie und mache sie aufgehoben für allezeit!

Bei diesem Psalm handelt es sich um einen hochpoetisch gestalteten Text (zu einer bibelhebr. Texttheorie vgl. WEBER, Entwurf). Seine drei Hauptteile (Stanzen), in denen schwergewichtig das sprechende Ich (I: 1f.), die Widersacher (II: 3–5) und Gott (III: 6–9) im Fokus sind, bilden eine Einheit. Das aufgespannte "Dreieck" der involvierten personalen Grössen: "Ich" (am Schluss eingefügt in das Volk) – "JHWH" – "Frevler" verdient besondere Beachtung, zumal die Konflikte und ihre Überwindung im Text an den Beziehungsfeldern zum Ausdruck gebracht werden (s.o., IV. 3. B). Ein Blick auf Stimmen und Rederichtungen (Adressierungen) in Ps 28 ergibt folgende Konstellation:

- 1–5c: Ich => Gott (Gebet; [vormalige] Gegenwart)
- 5c: (Sprecher [Ich?]:) Er (Gott) => Widersacher (Gerichtsaussage; [vormalige] Zukunft)
- 6–8: Ich => Mitanwesende/Gemeinde (Verkündigung/Zuspruch; [aktuelle] Gegenwart)
- 9: Sprecher (Ich?) => (betreffend: Volk) => Gott (Gebet, [aktuelle] Gegenwart/Zukunft)

Die eruierten Sprechakte bestätigen die Gliederung insofern, als zwischen 5 und 6 eine deutliche, auch zeitlich zu veranschlagende Zäsur anzusetzen ist: In 1–5 liegt eine durch eine Noterfahrung ausgelöste Klagebitte vor, an die sich in 6–9 der Gottes Rettung bezeugende Lobdank anschliesst. Beide Äusserungen ergehen in der jeweiligen Gegenwart, gehören aber unterschiedlichen Zeiten an. Hier sind diese beiden, unterschiedlichen Gattungen angehörenden Passagen nicht (wie oft) auf zwei Psalmen verteilt, sondern in *einen* Psalm gestellt. Damit ist deren Verklammerung markiert. Die Zusammengehörigkeit ist darüber hinaus durch inhaltliche Bezüge angezeigt. Hervorstechendstes Merkmal ist die Erhörungsbezeugung in 6 ("... denn er hat das Lautwerden meines Flehens gehört"), die sich mit praktisch identischen Worten auf die Erhörungsbitte in 2 ("Höre das Lautwerden meines Flehens ...!") zurückbezieht. Damit wird eine Geschehenskontinuität zwischen dem *Gebet in der Not* und der *Bezeugung der Rettung aus der Not* (mit Gotteslob und weiterführendem Schlussvotum) nahegelegt. Daraus ergibt sich, dass Ps 28 von seinem Schlussteil 6–9 (Toda-Feier) her zu interpretieren ist – sei es, dass die Einheit bereits liturgisch (Vortragung der ergangenen und inzwischen erhörten Klagebitte im Rahmen des Lobdanks) realisiert oder aber (nachträglich) literarisch hergestellt wurde. Im vorliegenden Psalm jedenfalls verweist die artikulierte Not mit dem Tod vor Augen auf eine Situation der (Rechts?-)Bedrückung. Sie beinhaltet Täuschung/Irreführung (Worte/Einstellung) und Anwendung von (struktureller?) Gewalt (Taten) von Seiten einer nicht näher spezifizierten Gruppe von Widersachern. Ermöglicht wird sie durch das Abseitsstehen, Nicht-Hören und Nicht-Eingreifen JHWHs. Die von Gott geschenkte Notüberwindung wird als Gebetserhörung (6) und als Hilfe erfahren (die passive Formulierung in 7 lässt neben einer Intervention durch Gott selbst auch an eine durch Drittpersonen vermittelte denken).

Der Gebetsanrufung JHWHs in Stanze I (Vokativ in 1 – in Ps 28 erscheint der Gottesname 5mal) steht die Bezeugung der Erhörung, verbunden mit Erfahrungen von Gottes Macht und Schutz in III, gegenüber. Die Rede von Gott als "Fels" (1) hat ihren Rückhalt in den testamentarischen Liedern von Mose (Dtn 32,1–43) und David (2. Sam 22,1–23,7, vgl. Ps 18). Im vorliegenden Psalm hat sie ihr Äquivalent im zweimal erscheinenden (7f.), zwischen den Bedeutungsgehalten "Stärke" und "Zuflucht" schillernden Begriff *'oz* (vgl. dazu *ma'oz* "Zufluchtsort" in 8, ferner *magen* "Schild" in 7). Das Ich spricht zunächst von der gefährdeten bzw. unterbrochenen Kommunikation bzw. insistiert mit seinem Gebet, dass diese von Gott her (neu) aufgenommen werde (I). Das aus dem Mund ergehende "Schreien", "Rufen", "Lautwerden meines Flehens" ist verbunden mit dem leibsprachlichen "Aufheben meiner Hände" (Gebetsgestus). Wiederholung und Variierung markieren die Ausdauer und unterstreichen die Dringlichkeit angesichts von Todesnähe. Auf Gottes Seite korrespondieren damit die erbetenen Haltungen des "Nicht-taub-Seins" und des "Nicht-Schweigens". Angesichts der Erhörung wendet sich in III das Um-Hilfe-Rufen zu einem "Frohlocken" und "(singendem) Lobdanken", das mit diesem Psalmlied selbst seinen Ausgang nimmt (7).

Mit den Person- bzw. Leibbegriffen "Hände" und "Herz" (Anordnungsmuster: abaabb) wird Zusammengehörigkeit wie Kontrast im Blick auf die drei involvierten personalen Grössen und deren Handeln zum Ausdruck gebracht. Das "Werk ihrer Hände" (Feinde) wird dem "(guten) Werk seiner Hände" (Gott) in dem Sinn gegenübergestellt, als das zweite als Vergeltungshandeln gegenüber dem ersten erbeten und in den Tun-Ergehen-Zusammenhang gestellt wird (4f.). Dörte BESTER (Sprache, 31) deutet die Korrespondenz inhaltlich so: "Die Feinde verwechseln ihr Werk mit dem Werk JHWHs und agieren *etsi Deus non daretur* (vgl. Ps 12,5)." Die Konfrontation zwischen den Frevlern und dem sprechenden Ich – das ursprünglich zu "ihren Gefährten" gehört haben könnte – wird dadurch auf die Ebene: Gott <=> Frevler verschoben. Ist mit den Händen des betenden Ichs (2) Hilfsbedürftigkeit und Ohnmacht assoziiert, so vermitteln die Hände der Frevler (4) zerstörerische, diejenigen Gottes (5) dagegen schöpferische und strafende Macht. Mit den "Händen" verbinden sich Bewegungen des heilvollen "Hinauf" und des todverbundenen "Hinab": Die Hände des Betenden gehen hinauf zum Tempel und damit zum dort präsenten Gott. Mit dem Tempelheiligtum verbunden bzw. mit "oben" assoziiert sind auch die Schutz- und Trutz-Vorstellungen ("Fels" u.a.). Hinab weist die als *worst-case*-Szenario formulierte Vergleichsaussage vom "Hinabsteigen in die Grube" (Tod). Sie ist unterschwellig verbunden mit der pointierten, Stanze II abschliessenden (und auf die "Hände Gottes" anspielenden) Metapher vom "Niederreissen" der Frevler (im Sinne einer Befestigungsmauer, vgl. Jer 50,15; Ez 26,4.12). Nachgedoppelt wird durch die Verneinung der "Hinauf"-Bewegung in Gestalt des "(neuerlichen) Aufbauens" (vgl. Mal 1,4; Hi 12,14). *lo' jibnem* "nicht (wieder) aufbauen" ist mittels eines Sinn-und-Lautspiels (Paronomasie) mit *lo' jabinu* "nicht achten auf" aus dem Vorvers verbunden – frei ausgedeutscht: Wer willentlich die *Einsicht* in Gottes Wirken verweigert, dessen Werk wird von Gottes Händen *eingerissen* und *nicht eingebaut* in sein bleibendes Werk.

Die "Hände" Gottes und der Frevler sind nicht nur absichtsvoll aufeinander bezogen, sondern darüber hinaus in Stanze II mit Begriffen des Tuns, des Ertrags und der (negativen) Haltung bzw. Absicht des Handelns verbunden. Im Vordergrund stehen Ableitungen der Wurzel *p-'-l*, nämlich die Wortbildungen "Übeltäter" (3), "(gemäss) ihrem Tun" (4) und "die Taten (JHWHs)" (5). Mit ihnen und *ma'ashe* "Werk (ihrer/seiner Hände)" bedeutungsmässig wie klanglich assoziiert ist *ma'allehem* "ihre Taten" (4). Die negative Einfärbung im Blick auf Einstellung und Handeln der Frevler wird durch die von der Wurzel *r-'-'* abgeleiteten Nomina *ra'a* "Bosheit" (3) und *ro*^{a}*'* "(gemäss der) Bösartigkeit" (4) eingebracht. Mit *ra'a* "Bosheit" geht *re'ehem* "ihren Gefährten" (sowie *r*^{e}*'em* "weide sie ...!" in der Schlusszeile) ein kontrastives Wortspiel ein.

Zur "äusseren", auf das sichtbare Handeln bezogenen Leib-Sprachlichkeit der "Hände" fügt sich die ebenfalls 3mal auftauchende, auf das "Innere" bezogene Redeweise von "ihrem Herz" (3, Bezug auf Widersacher) und "meinem Herz" (7, zweimal Bezug auf sprechendes Ich). Ist das Herz der Widersacher vergiftet durch böses Denken und Planen, so zeichnet sich dasjenige des sprechenden Ichs durch Vertrauen auf Gott aus – im Kontext des Psalms ist dies durch das vorangestellte Gebet (1–5) zum Ausdruck gebracht worden. Das Frohlocken des Herzens markiert die Wendung des Vertrauens zur Dankbarkeit. Sie ist nach der Gebetserhörung angebracht und führt zum Öffnen des Mundes. Aufgrund gemachter Erfahrungen werden zum Schluss (8f.) Gewissheiten im Blick auf Gottes Gesalbten (König) und sein Volk formuliert und diese anschliessend in ein Bittgebet aufgenommen. Darin wird (in der letzten Verszeile), unter Wiederaufnahme des Verbs *n-sh-'*, dem Aufheben der betenden Hände (2) das Weiden und Aufgehoben-Machen (= Tragen) durch Gott (9) gegenübergestellt.

V. Motive – Themen – Traditionen

AVRAHAMI Y., b-w-sch in the Psalms – Shame or Disappointment?, JSOT 34 (2010) 295–313 • BEUTLER-LOTZ H.-G. (Hrsg.), Die Bußpsalmen (Dienst am Wort 71), Göttingen 1995 • CREACH J.F.D., Yahweh as Refuge and the Editing of the Hebrew Bible (JSOT.S 217), Sheffield 1996 • GILLMAYR-BUCHER S., Wenn die Dichter verstummen, ThGL 93 (2003) 316–332 • JANOWSKI B., Konfliktgespräche mit Gott, Neukirchen-Vluyn ^{3}2009 (2003) • JANOWSKI B., Anerkennung und Gegenseitigkeit, in: B. JANOWSKI / K. LIESS (Hrsg.), Der Mensch im alten Israel (HBS 59), Freiburg i.Br. 2009, 181–211 • KWAKKEL G., 'According to My Righteousness' (OTS 46), Leiden 2002 • LINDSTRÖM F., Suffering and Sin (CB.OT 17), Stockholm 1994 • MALINA B., The Individual and the Community, BTB 9 (1979) 126–138 • SCORALICK R., Gottes Güte und Gottes Zorn (HBS 33), Freiburg i.Br. 2002 • STIEBERT J., Shame and the Body in Psalms and Lamentations of the Hebrew Bible and in Thanksgiving Hymns from Qumran, OTE 20 (2007) 798–829 • TUCKER W.D., Is Shame a Matter of Patronage in the Communal Laments?, JSOT 31 (2007) 465–480 • WEBER B., Psalm 77 und sein Umfeld (BBB 103), Weinheim 1995 • WEBER B., Psalm 78 als "Mitte" des Psalters? – ein Versuch, Bib. 88 (2007) 305–325 • WEBER B., "JHWH, Gott meiner Rettung!", VT 58 (2008) 595–607 • WEBER B., Makarismus und Eulogie im Psalter, OTE 21 (2008) 193–218.

1. Einführung

In diesem letzten Hauptkapitel auf den Spuren des Betens und Singens in den Psalmen werden sechs bedeutende Themenfelder mit der ihnen zugehörenden Begrifflichkeit dargestellt. Es handelt sich um eine Auswahl, denn die Motive, Themen und Traditionen, die sich in den Psalmen kundtun, sind wesentlich umfangreicher. Einige davon sind in vorangegangen Abschnitten unter Stichworten wie "Gedenken", "Feste", "Zion", "Unterwelt", "Feinde", "Gottesvolk" u.a.m. bereits erörtert worden, wiederum andere wie z.B. "Königtum", "Gerechtigkeit und "Prophetie" werden in den nachfolgenden Teilen 4 und 5 dieses Werkbuchs folgen. Bei der hier gewählten Darstellungsweise werden gewisse Überschneidungen und Doppelheiten in Kauf genommen. Ohnehin sind Motive, die separat dargestellt werden, nicht selten miteinander verflochten. Dies gilt bei den nachfolgenden Ausführungen etwa hinsichtlich der Themenfelder "Rettung" und "Zuflucht".

2. Rettung

Zwischen Not/Unheil auf der einen und Heil/Rettung auf der anderen Seite besteht ein Spannungsfeld, das sich fast durch alle Psalmgattungen hindurchzieht, auch wenn diese Grundkonstellation unterschiedlich akzentuiert ist. Im Abschnitt "Zeiten des Heils und des Unheils" (s.o., III. 2. C) und auch in anderen Passagen ist einiges zu diesem Themenbereich bereits angeklungen. Das Ausgeführte soll hier durch einige begriffliche und konzeptionelle Gedanken ergänzt werden.

Die für die Psalmen bedeutendste Begrifflichkeit für "Rettung/Heil" bilden Formen des Verbs *j-sch-‘* hi "retten" (u.a. Ps 3,8; 20,7.10) und ni "gerettet werden" (u.a. Ps 18,4; 80,4.8.20) mit insgesamt über 50 Belegen (davon 5mal als substantiviertes Ptz *moschi*^{a}*‘* "Retter", u.a. Ps 7,11; 17,7) und die dazu gehörenden Nomina *jescha‘* (20mal, u.a. Ps 18,3.36.47) und *j*^{e}*schu‘a* (45mal, u.a. Ps 3,3.9; 9,15) – mit je über die Hälfte der AT-Belege in den Psalmen! –, ferner *t*^{e}*schu‘a* (13mal, u.a. Ps 33,17; 37,39) und *mo-*

scha'ot (nur Ps 68,21), alle mit Bedeutungsfüllungen innerhalb des Spektrums "Rettung, Heil". Die Tatsache, dass sich über ein Drittel aller atl. Belege der Wurzel *j-sch-'* auf den Psalter konzentriert, zeigt die Wichtigkeit dieser Begrifflichkeit.[32] Der Psalmenbefund wird noch eindrücklicher, wenn man bedenkt, dass zu diesem Wortfeld eine Reihe synonymer Begriffe gehören wie: *n-tz-l* hi "herausreissen, retten" (über 40mal in den Psalmen, z.B. Ps 7,2f.; 18,1.18.49), *ch-l-tz* pi "herausreissen, retten" (12mal, u.a. Ps 6,5; 7,5; 18,20), *p-l-th* pi "entrinnen lassen, retten" (rund 20mal, u.a. Ps 17,3; 18,3.44.49) und *'-z-r* "helfen" (17mal, u.a. Ps 10,14; 22,12; 28,7) mit den Nominalbildungen *'ezer* (11mal, u.a. Ps 20,3; 33,20) und *'ezra* (14mal, u.a. Ps 22,20; 27,9) in der Bedeutung "Hilfe". Ferner ergeben sich inhaltliche Berührungen mit *g-'-l* "wiederherstellen, erlösen" (u.a. Ps 19,15; 103,4, im Zusammenhang mit der Befreiung aus Ägypten Ps 74,2; 77,16; 78,35; 106,10) und *p-d-h* "loskaufen, auslösen, befreien" (u.a. Ps 25,22; 26,11; 78,42; 130,8).

Nahezu durchgängig wird JHWH der Vorgang des "Rettens" zugeschrieben. Menschen (Einzelner, Volk) sind Empfänger bzw. Nutzniesser der Wende vom Unheil zum Heil (vgl. Ps 34,20). Die konkrete Hilfe basiert dabei – teils unterschwellig vorliegend, teils explizit gemacht (vgl. u.a. Ps 7,2–6.11f.; 12,6; 54,3; 71,2–4) – auf der Rechtsvorstellung, nach der Gott das Notgeschrei der (unschuldig) Leidenden hört. Er kommt ihnen zu Hilfe, reisst sie aus der Not heraus, stellt sie umfassend wieder her und tritt dabei als die Widersacher bestrafender Herrscher und Richter auf. Entsprechend nimmt in den Klagebitten (oft am Psalmbeginn) das Rufen bzw. Schreien zu Gott einen bedeutenden Platz ein (vgl. Ps 20,2f.10; 54,3f.; 55,17; 71,2). Dieses artikuliert sich häufig in Appellen wie *hoschi'eni* "errette mich!" o.ä. (der Impt erscheint rund 20mal, vgl. u.a. Ps 3,8; 6,5; 7,2; 28,9). Die Not, die eine Rettung nötig macht, ist verschieden und wird auch unterschiedlich benannt. Die Rede ist von "Bedrängnissen" (Ps 34,7; 107,13.19; 138,7) und "Schrecknissen" (Ps 34,5), von "Feinden" (Ps 18,1.4.18.49; 31,16; 59,2, im Sinne gefährlicher Tiere Ps 22,22), "Verfolgern" (Ps 7,2; 31,16; 142,7), "Frevlern" (Ps 17,13; 37,40; 82,4; 97,10) und "Übeltätern" (Ps 59,3). In Zuversichtsaussagen und im Lobdank wird JHWHs "Rettung" bezeugt und verdankt (vgl. Ps 3,9; 27,1; 34,7.19; 62,8; 98,2f.; 118,15.21). Ps 18 (= 2. Sam 22) kann als Beispiel eines Psalms dienen, in dem "Rettungs"-Begrifflichkeit und -thematik reichlich vorliegt und zudem mit Schutz- und Bergungsmotivik verwoben ist. Diese findet sich insbesondere im Psalm-Rahmen (3f.47–51) und in der Schilderung der Befreiung nach der Theophanie JHWHs in 17–20 (vgl. ferner noch 28.36.44).

3. Vertrauen und Zuflucht

Das Verhältnis zwischen Mensch und Gott, das wir in christl. Sinne "Glauben" oder "Vertrauen" nennen, hat in der Bibel einen zentralen Stellenwert. Bibl. wie christl. Spiritualität bzw. Frömmigkeit ist ohne Glauben undenkbar. Die Psalmen machen diesbezüglich keine Ausnahme. Pointiert gesagt: Ohne Gottvertrauen wäre der Psalter ein "leeres Buch", denn Beten und Vertrauen bedingen sich wechselseitig.

---

32 In Ausweitung auf den gesamtbibl. Horizont ist darauf hinzuweisen, dass der Name "Jesus" (hebr. *jeschu^{a}'/j^{e}hoschu^{a}'*, griech. *Iäsous*) sich ebenfalls von dieser Wurzel ableitet (vgl. Mt 1,21) und mit griech. Äquivalent-Begriffen (häufig *sohzein, sohteria, sohtär*) sein rettendes Handeln bezeugt und expliziert wird.

Die wichtigste Vokabel zum Ausdruck dieser Haltung und Handlung ist im Psalter das Verb *b-th-ch* "sicher/zuversichtlich sein, vertrauen" mit über 40 Verbalbelegen (u.a. Ps 4,6; 9,11; 21,8; 22,5f.10; 25,2; 26,1; 27,3; 28,7; 31,7.15). Dazu kommen von der gleichen Wurzel die beiden nominalen Ableitungen *bethach* "Sicherheit" (Ps 4,9; 16,9; 78,53) und *mibthach* "Zuversicht, Vertrauen" (Ps 40,5; 65,6; 71,5). Bedeutungsmässig damit verwandt sind Ableitungen von *'-m-n* "fest, sicher sein"; relevant ist v.a. die Stammform hi "fest stehen, glauben" (Ps 27,13; 78,22.32; 106,12.24; 116,10; 119,66). In den Umkreis des Glaubens und Vertrauens gehören weiter Belege der Wurzeln *j-r-'* "(sich) fürchten" (im Sinn von Ehrfurcht) (u.a. Ps 15,4; 25.12.14; 27,3; 103,11.13.17; 115,11.13) sowie die mit "warten, hoffen, harren" zu übersetzenden Synonyme *j-ch-l* pi/hi (u.a. Ps 31,25; 33,18.22; 42,6.12; 43,5; 69,4; 130,5.7) und *q-w-h* pi (u.a. Ps 25,3.5.21; 27,14; 37,9.34; 69,7.21; 130,5, als Nomen: Ps 9,19; 62,6; 71,5) sowie Zuflucht- und Schutz-Terminologie (s.u.).

Mit Blick auf die Verwendung von *b-th-ch* "vertrauen" sollen die zum Ausdruck gebrachten Aspekte wie Beziehung, Einstellung und Verhalten noch etwas eingehender bedacht werden. Vertrauensäusserungen werden stets durch Menschen ausgedrückt bzw. vollzogen. Als Bezugsobjekte des Vertrauens erscheinen in den Psalmen Menschen (Ps 41,10; 118,8f.; 146,3), Dinge (Ps 44,7; 49,7; 52,9; 62,11), Götzen (Ps 115,8; 135,18) sowie Gott bzw. mit ihm verbundene Grössen wie "Gnade" (Ps 13,6; 52,10), "Heil" (Ps 78,22), "heiliger Name" (Ps 33,21) und "(Gottes) Wort" (Ps 119,42). Diese letztere, theol. Rede- und Gebrauchsweise des Vertrauens überwiegt und steht im Vordergrund unseres Interesses. Die Vertrauensrelation zwischen menschlichem Subjekt und Gott wird mehrheitlich mittels der Präp b^e ausgedrückt (vgl. Ps 9,11; 13,6; 21,8; 22,5f.; 25,2 u.a.). Gängig ist dafür die dt. Übersetzung "Vertrauen *auf* Gott" o.ä. Diese, die Zielrichtung betonende Übers. trifft den Sachverhalt allerdings eher, wo die Präp *'el* Verwendung findet (Ps 4,6). Demgegenüber ist der Bezug der Präp b^e kausal bestimmt und entsprechend die Übers. "Vertrauen *aufgrund/wegen* Gott" o.ä., mit der Grund und Basis von Vertrauensvorgängen anzeigt wird, zu bevorzugen. Die Selbstaussage "Ich (aber) vertraue (habe vertraut, werde vertrauen) auf(grund) Gott(es)" o.ä. (Ps 13,6; 25,2; 26,1; 28,7; 31,7.15; 52,10; 55,24; 56,4f.12; 91,2; 119,42; 143,8) kann dabei nicht nur eine Vertrauensinvestition ausdrücken, sondern (in der AK) eine solche im Sinne einer Sprechhandlung zugleich performativ vollziehen (= "Ich vertraue hiermit ..."). Vertrauensäusserung bzw. Bekenntnis der Zuversicht sind wichtige Formelemente innerhalb der Gattung der individuellen Klagebitte (s.o., II. 2.). Darüber hinaus bildet das Vertrauensmotiv die Grundvoraussetzung des Betens schlechthin. Vertrauen manifestiert sich als Grundhaltung, die selbst angesichts der Erfahrung von (unerklärlicher) Gottabwesenheit an JHWH als alleinigem Retter aus der Not festhält und von ihm Heil erbittet und erwartet. Selbst in Ps 88, der als dunkelstes aller Notgebete gilt und kein Vertrauensbekenntnis enthält, wird ein (Rest-)Vertrauen in den Anrufungen des Gottesnamens und insbesondere im Eröffnungsschrei "JHWH, Gott meiner Rettung!" greifbar (vgl. WEBER, "JHWH"). Derart beharrliches Festhalten an JHWH darf dabei nicht im Sinn einer "Eigenleistung" (miss)verstanden werden. Dies wird besonders in Ps 22,10 deutlich, wo Gott selbst – vermittelt durch die Mutter(milch) – dem Menschen Vertrauen einflösst. Jedes Anrufen Gottes impliziert also Vertrauen, selbst wenn es umkämpft ist. Und jedes erhörte Gebet erhält und bestärkt das Vertrauen.

Über die persönlich-existentiellen Vertrauensäusserungen hinaus finden sich weitere, z.T. generalisierte Aussagen (Ps 21,8; 22,5f.; 32,10; 33,21; 40,4; 84,13; 112,7; 125,1, negiert: Ps 78,22). Auch Kollektive können aufgefordert werden zu vertrauen

(Ps 4,6; 9,11; 37,3.5; 62,9; 115,9–11, negiert: Ps 62,11; 146,3). Öfters kommt zum Ausdruck, dass investiertes Gottvertrauen gegen die Furcht gerichtet ist (Ps 27,3; 56,4f.12; 78,53) und aufseiten des Menschen Freude auslöst oder in Jubel übergeht bzw. die (Schaden-)Freude der Feinde zunichtemacht (Ps 13,5f.; 25,2; 28,7; 32,10f.; 33,21; 37,3–5; 40,4; 84,13). Zu erwähnen ist diesbezüglich auch der bekannte Ps 23, der als "Vertrauenslied" apostrophiert wird. Dem Vertrauen entgegengesetzt ist das meist mit dem Verb *m-w-th* ausgedrückte und als Ausdruck von Chaos geltende "Wanken" (Ps 13,5f.; 21,8; 26,1; 55,23f.; 112,6f.; 125,1). Ansonsten gibt es für konträre dt. Begriffe wie "Unglaube", "Misstrauen", "Zweifel" u.ä. kein direktes Äquivalent. In Ps 4,6f. wird das eingespielte Wort: "Wer wird/kann uns Gutes sehen lassen?" rechter Hingabe und Gottvertrauen gegenüber gestellt und damit als Misstrauenshaltung und Gott-losigkeit entlarvt.

Anhand einer Reihe von Psalmbelegen wird deutlich, dass das Motiv des Vertrauens verzahnt ist mit demjenigen der Zuflucht bei Gott (Ps 9,10f.; 27,1.3.5; 28,7f.; 62,9; 91,2; 115,9–11; 118,8f.). Die Thematik der Schutzsuche bei bzw. Schutzgewährung durch JHWH fächert sich in eine recht breite Begrifflichkeit auf (vgl. CREACH, Yahweh, 25–37). Dazu gehört insbesondere das Verb *ch-s-h* "sich (ver)bergen, Zuflucht suchen" (u.a. Ps 2,12; 5,12; 7,2; 11,1; 16,1; 17,7; 18,3.31) und das zu derselben Wurzel gehörige Nomen *machse* "Bergung, Zuflucht" (u.a. Ps 14,6; 46,2; 61,4; 62,8f.). Dass sich dabei weit über die Hälfte der knapp 60 AT-Belege dieser Wurzel in den Psalmen finden, manifestiert die Bedeutung des damit ausgedrückten Geschehens. Es geht – real oder bildhaft – um das (fliehende) Aufsuchen eines geschützten Raums (Verb) oder aber dieser wird damit bezeichnet (Nomen). Dabei bestimmen die Komponenten "erhöhter Ort" und "Sicherheit" die Semantik. Diese Momente werden weithin mit JHWH, der Schutz gewährt bzw. dessen Präsenz Orte zu Zufluchtsorten macht, verbunden. Auch wenn angesichts von Feindangriffen an Rückzugsmöglichkeiten in zerklüftetem Felsgebirge (Felsspalten, Höhlen) da und dort reminisziert werden mag (vgl. Ps 11,1), steht doch als Schutzort der ebenfalls mit einem "Felsen" verbundene Jerusalemer Tempel auf dem "Berg Zion" im Vordergrund (zur Tempelsymbolik s.o., III. 3.). JHWH selbst wird – wohl vom Moselied beeinflusst (Dtn 32,1–43) – im Danklied Davids Ps 18,3,32.47 sowie in weiteren Psalmen (vornehmlich in den Psalterteilbüchern I+II) als *tzur(i)* "(mein) Fels" angesprochen bzw. bezeichnet und mit Unerschütterlichkeit, Macht und Schutz(asyl) in Verbindung gebracht (Ps 19,15; 28,1; 31,3; 62,3.7f.). Zu dieser Topik der Zuflucht (und Macht) gehören weitere Begriffe wie u.a. *'oz* "Stärke, Schutz, Zuflucht" (u.a. Ps 28,7f.; 59,10.17f.; 61,4), *ma'oz* "Bergfeste, Zufluchtsort" (u.a. Ps 27,1; 28,8; 31.3.5), *mishgab* "Zufluchts(höhe)" (u.a. Ps 9,10; 18,3; 46,8.12), *seter* "Versteck, Schutz(ort)" (u.a. Ps 27,5; 31,21; 32,7; 61,5) und *magen* "Schild" (Ps 3,4; 7,11; 18,3.31.36; 115,9–11). Auch die metaphorische Rede von den "(Schatten spendenden) Flügeln JHWHs" – am Bild des Geiers (Muttervogel) orientiert – gehört in diesen Zusammenhang (u.a. Ps 17,8; 36,8; 57,2; 61,5; 91,4). Streuung und Platzierung des Wortfeldes "Zuflucht" lassen sogar erwägen, dass diese Motivkonstellation bei der Gestaltung des Psalters, insbesondere von Teilbuch I (Ps 1/3–41), eine bedeutsame Rolle spielte (vgl. CREACH, Yahweh; WEBER, Makarismus, 197f.).

4. Sünde

Dass in den Psalmen die individuell wie kollektiv erfahrene Not vergleichsweise selten mit "Sünde" in Verbindung gebracht wird, mag viele überraschen. Not bzw. Bedrängnis erscheint oft als multifaktoriell bedingt, wobei als Hauptursachen die "Feinde" und der als abwesend erfahrene JHWH genannt werden.

Die in der alten Kirche, ab dem 6. Jh. n.Chr. etablierte Gruppe der sieben sog. "Busspsalmen" (Ps 6; 32; 38; 51; 102; 130; 143, vgl. auch 7 VII. 1. B), die über die Jahrhunderte und bis heute im Gebrauch waren und sind (vgl. BEUTLER-LOTZ [Hrsg.], Bußpsalmen), scheint diesem Befund zu widersprechen. Ohne den Wert dieses Buss-Breviers in Abrede stellen zu wollen, ist doch festzuhalten, dass von der Gattung und den Aussagen der angeführten Psalmen her nur die Hälfte davon (Ps 32; 38; 51) mit einigem Recht als "Busspsalmen" bezeichnet werden können (zu den Psalmen im Einzelnen vgl. die Ausführungen in Wb Pss I/II). Bei den anderen Psalmen dieser Gruppe und generell besteht die Gefahr, dass eine Sündenproblematik eingetragen wird, d.h. aufscheinende Nöte und Konflikte pauschal auf Sündenschuld und Gottesstrafe zurückgeführt werden, obwohl die Psalmentexte *selbst* dies nicht anzeigen (vgl. LINDSTRÖM, Suffering). Das bedeutet nicht, dass "Sünde" kein Thema ist, das in den Psalmen angesprochen würde. Aus dem Gesagten ergibt sich aber die Erfordernis, bei der Auslegung sorgfältig zu bedenken, ob und in welchem Zusammenhang von "Sünde" gesprochen (und wer damit in Verbindung gebracht) wird.

Zu den wichtigsten Vokabeln für "Sünde" o.ä. in den Psalmen gehören die verbalen und nominalen Ableitungen der Wurzel *ch-th-'* "sich verfehlen, sündigen". Sie finden sich (von knapp 600 Belegen im AT insgesamt) 34mal in den Psalmen (vgl. u.a. Ps 1,1.5; 4,5; 25,7; 32,1). Dazu zu rechnen ist weiter die Wurzel *'-w-h* "verkrümmt, verkehrt sein", von der namentlich das Substantiv *'awon* "Verkehrtheit, Vergehen" (31mal in den Psalmen) geläufig ist (vgl. u.a. Ps 18,24; 32,2.5; 38,5.7; 51,4.7.11). Ferner gehören Ableitungen der Wurzel *r-sch-'* "frevelhaft, schuldig sein" zu diesem Wortfeld. Diese ist mit 92 von insgesamt rund 340 AT-Belegen in den Psalmen prominent vertreten (vgl. u.a. Ps 1,1.4–6; 3,8; 5,5; 18,22; 106,6.18). Gut 80mal wird/werden damit die Person(en) des/der "Frevler(s), Gottlosen" bezeichnet, die wir im Abschnitt "Widersacher" behandelt haben (s.o., IV. 3. B).

Nach diesem quantitativen Befund sind Überlegungen zum Verhältnis zwischen Selbst- und Fremdbezichtigung einerseits sowie zum kausalen Zusammenhang zwischen Sünden und Nöten von Einzelnen bzw. Kollektiven angebracht. Beim in den Psalmen am häufigsten verwendeten Begriff *rascha'* "Frevler" (oft im pl) stellt sich der Sachverhalt diesbezüglich einfach dar: Das sprechende Ich identifiziert sich *nicht* mit diesem "Gattungsbegriff" bzw. mit den derart bezeichneten Personen und ihrem Verhalten, das gänzlich negativ, gegen Gott gerichtet und seinem Gericht verfallend beurteilt wird. Insofern geschieht eine Distanzierung respektive liegt eine polare Gegenüberstellung insofern vor, als sich das Ich unter die "Gerechten" (= Konträrbegriff) rechnet (vgl. u.a. Ps 1,1.6; 7,10; 75,11; 82,4.11). Abgrenzungen und Fremdbezichtigungen des sprechenden Ichs finden sich auch unter Verwendung anderer Begrifflichkeit, auch wenn diese im Vergleich zu *rascha'* eher selten verwendet werden (vgl. u.a. Ps 26,9; 36,3; 39,2; 49,6; 104,35; 107,17). Im Blick auf die Individualpsalmen ergibt sich der Doppelbefund, dass in einigen Psalmen von den Sprechenden dezidiert ein Schuldverhalten abgewiesen, in anderen ein eben solches bekannt wird. So finden sich in einer Reihe von Psalmen Unschuldsbeteuerungen des sprechenden Ichs (vgl. KWAKKEL, 'Righteousness'). Gegenüber Gott wie Angriffen von aussen (Feinde) wird auf eigenes Rechtverhalten, Unsträflichkeit und Loyalität gegenüber Gott insistiert. Dass damit keine grundsätzliche Sündenfreiheit behauptet wird, zeigt sich an der Tatsache, dass in einigen Psalmen Aussagen der Integrität/Unsträflichkeit neben solchen des Schuldeingeständnisses vorliegen (vgl. Ps 25,7.11.18.21; 41,5.13).

Ps 7 ist ein gutes Beispiel für einen "Unschuldspsalm": Nach der Bitte um Rettung vor den das Leben bedrohenden Verfolgern (2f.) spielt das sprechende Ich hypothetisch ein Rechtsverfahren durch (4a: "JHWH, mein Gott, gesetzt den Fall, ich hätte Folgendes getan: ..."), plädiert für Unschuld bzw. Integrität und dafür, dass Gott ihm gegenüber den Aggressoren Recht verschafft (9). Von ähnlichen Aussagen sind die Psalmen 17 (1–5) und 26 (1f.6.11f.) sowie der königliche Ps 18 (21–25/30) bestimmt. Über die genannten Psalmen hinaus finden sich vereinzelt weitere Hinweise (vgl. 19,14; 25,21; 37,37; 41,13; 59,4f.; 64,5; 101,2–4; 119,11). In anderen Psalmen dagegen bezichtigt das sprechende Ich sich selbst der Sünde. Dies geschieht in der Form des im Gebet ausgesprochenen Sündenbekenntnisses sowie in der Bitte an JHWH um Gnade, Befreiung von der Schuld und Wiederherstellung (vgl. Ps 25,6f.11.18; 32,5; 38,2–7.19; 39,12; 40,13f.; 41,5; 65,4; 90,7f.). Auch eine Solidarisierung mit Schuld der Vorfahren wird erwähnt (vgl. Ps 106,6).

Besondere Beachtung verdient Ps 51, der bereits im Präskript (1f.) auf Schuld und deren Aufdeckung hinweist. Er kann mit Fug und Recht als *der* "Busspsalm" innerhalb des Psalters bezeichnet werden. Die Sündenthematik wird allein schon durch die Häufigkeit der Begrifflichkeit (schwergewichtig in 3–11) evident: Ableitungen der Wurzel *ch-th-'* ("sündigen/Sünde") bilden mit 7maligem Vorkommen (3–7.9.15) dabei den Grundstock, ergänzt durch ähnliche (Selbst-)Bezeichnungen ("Freveltaten" 3.5 und "Frevler" 15; "Schuld, Vergehen" 4.7; "Böses, Bosheit" 6). In diesem David zugeschriebenen Psalm liegt die Betonung auf dem Beziehungsbruch gegenüber JHWH (6: "An dir, an dir allein habe ich gesündigt ..."). Der Psalm eröffnet mit einer Gottesanrufung und Appellen, die sich auf JHWHs Barmherzigkeit berufen und um Reinigung von der Schuld bitten (3f.). Es folgt ein Sündenbekenntnis (5f.) und im Anschluss daran (7f.) ein Ausblick auf Grundlegendes (Schuldverhaftung, Gotteskenntnis des Menschen). 3f. aufnehmend und weiterführend wird im Abschnitt 6–19 mit einer Reihe von Aufrufen um "Entsündigung" u.ä. und damit um eine umfassende Wiederherstellung gebeten. Sünderbelehrung und Lobversprechen finden sich ebenfalls. Die meditativen Überlegungen über das Opfern gegen Ende des Psalms (18f.) scheinen Anlass zur Wiederherstellungsbitte für den Zion und zum Ausblick auf einen kommenden Tempelbetrieb gegeben zu haben (20f.).

In einer beträchtlichen Zahl von Psalmaussagen ist von Sünde nicht im Modus des Begehens, sondern der Bewahrung davor, der Überwindung derselben respektive in Verbindung mit Vergebung, Dank oder Belehrung die Rede. Besonders eindrücklich sind Aussagen in Ps 103 (3f.8–13.17). Als weitere Beispiele sind zu nennen: Ps 1,1f.; 25,8; 32,1f.5; 119,1; 130,3f.8.

Was die koll. Psalmen betrifft, so fehlt in den "klassischen" Klagebitten des Volkes (s.o., II. 4.), in denen nationale Katastrophen vor Gott verarbeitet werden, ein Bekenntnis zu schuldhaftem Verhalten. In Ps 44 etwa wird das "Verwerfen" durch JHWH beklagt, aber gerade nicht auf Sünde zurückgeführt, vielmehr festgehalten, dass von Seiten des sprechenden Wir (Volk) kein "Treuebruch" vorlag. Damit zielt die Anklage auf Gott selber – verbunden mit der Bitte, aufzuwachen und einzugreifen. Vergleichbares, wenn auch nicht in dieser Zugespitztheit, lässt sich hinsichtlich Ps 60; 74; 77; 80; 83 sagen (vgl. auch den am Königsbund orientierten Ps 89). Dagegen ist in der Geschichtsbelehrung Ps 78 in refrainartigen Aussagen (17.32.40.56) und darüber hinaus, angefangen bei der Wüstenzeit, von Israels Schuld und Versagen die Rede. Betont in der Psalmmitte (32–39) findet sich zudem die Umkehr des Volkes und v.a. die Barmherzigkeit Gottes thematisiert. Er ist es, der die Schuld seines Volkes bedeckt und das Zorngericht abwendet. Ab dem Exil fliessen die für die Klagebitten des Volkes und Ps 78 skizzierten Aussagemomente in den koll. "Busspsalmen" zusammen. Unter Prägung von deuteronomischem Gedankengut wird darin die Not mit eigener oder der Väter Sünde in Zusammenhang gebracht. In Ps 79 als Frühform ist solches im Psalter zeitlich erstmals der Fall (8f.). Die nachexilischen Bussgebete finden sich ansonsten ausserhalb des Psalters (vgl. Esr 9; Neh 9; Dan 9). Ps 106(f.) steht ihnen jedoch nahe (zur Vergebung der Volkssünden vgl. auch Ps 85,3).

Als Fazit für kollektiv wie für individuell akzentuierte Psalmen ergibt sich, dass in einigen "Sünde" mit lebensbedrohlicher Krankheit (Ps 32; 38; 41; 51?) und/oder "Feinden" (Ps 38; 41; 79) und/oder Gottes Zorn in Zusammenhang gebracht wird (Ps 38; 78; 106). In anderen Psalmen dagegen wird Lebens- und Feindbedrohung wie Gottferne in keiner Weise mit Sündenschuld verbunden (vgl. u.a. Ps 3–6; 13; 28; 31; 60; 74; 88). In gewissen Psalmen wird sogar explizit auf die eigene Unschuld (in spezifischen Angelegenheiten) verwiesen (vgl. Ps 7; 17f.; 26; 44).

5. Schande und Ehre

Der Mensch in Israel ist wesentlich bestimmt durch ein "Mitbewusstsein", d.h. er ist verflochten mit geschöpflichen, sozialen und religiösen Gegebenheiten. Aufgrund des starken Wechselbezugs zwischen Individuum und Umwelt spricht man von einer dyadischen Personalität. Liegt bei der "Sünde" (dazu s.o.) eine theol. Dimension und ein Handlungsbezug vor, so ist bei "Scham/Schande" eher das soziale Moment und der Status im Vordergrund (vgl. STIEBERT, Shame, 803).[33] Das Spannungsfeld von "Scham/Schande" *versus* "Ehre/Würde" als "Zentralbegriff des Alten Testaments für soziale Anerkennung" (JANOWSKI, Anerkennung, 196) gilt es ansatzweise auszuloten. Dafür ist die Verwendung sozial- und kulturanthropologischer Verstehensraster insofern hilfreich, als diese neues Licht auf die alten Texte zu werfen vermögen. Damit ist die Einsicht verbunden, dass zu einer Sozialgestalt auch ein Wertesystem gehört (*social values*). In Gesellschaftskulturen, in denen der Einzelne vornehmlich unter dem Aspekt des "In-Beziehung-Stehens" betrachtet wird und sich entsprechend eine dyadische Persönlichkeitsstruktur (*dyadic personality*) ausprägt, gehören Schande und Ehre zu basalen wie zentralen "Werten" (*core values*). Sie sind nicht ohne Öffentlichkeit zu denken und betreffen die Stellung des Einzelnen in Gruppen und der Gesellschaft. Einige Erläuterungen von Bruce MALINA (Individual, 128) sollen dies verdeutlichen:

> "Honor is a claim to worth *plus* public acknowledgement of that worth. The claim to honor is always a public affair since it requires the verdict of the public in order to be acquired. Shame is

[33] Auch wenn dem Paradigma von Schande und Ehre im AT und der Bibel insgesamt eine wichtige Bedeutung zukommt, soll hier nicht auf das geläufige Erklärungsmuster, demgemäss sich als Grundtypen eine Gesellschaftskultur der "Sünde" (westlich-modern) und eine solche der "Scham" (archaisch, bibl. etc.) gegenüberstehen, abgestellt werden. Ein solches Schema stellt eine Vereinfachung dar und lässt sich anhand der Psalmen auch nicht verifizieren. Diesbezüglich sei nur auf Ps 25 verwiesen, wo Schuld und Schande gemeinsam zur Sprache kommen.

an attitude of sensitivity about one's honor, an honor conscience, a concern for what others think, say and do relative to oneself, a pervading interest in a grant of reputation on the part of others. Without such a centripetal focus on the opinion of others, honor and shame would simply cease to be central concerns ... In this sense, a meaningful human existence depends upon the individual's full awareness of what others think and feel about him and his realization or implementation of that awareness ... Respectability, in this social context, would be the characteristic of a person who needs other people in order to grasp his own identity. His conscience is a sort of interiorization of what others say, do and think about him, since these others play for him the role of witness and judge."

Hinsichtlich dieses kulturellen Ehre-Schande-Gegensatzparadigmas hat Yael AVRAHAMI (*b-w-sch*) vor der Gefahr gewarnt, die Nuancierungen der einzelnen Termini im breiten semantischen Feld "Wertlosigkeit" zu verwischen. Die durch die einzelnen Ausdrücke transportierten Gehalte und Vorstellungen seien präziser zu fassen, als dies bisher geschehen ist. Gegen die üblicherweise vertretene Kernbedeutung "Schande, Scham, Schmach" für die diesbezüglich häufigste Begrifflichkeit, die Ableitungen der Wurzel *b-w-sch*, plädiert AVRAHAMI (ebd., 298–310) dafür, dass Momente wie "Enttäuschung, Versagen, Erniedrigung, Desillusionierung" im Vordergrund stehen, zumal als Gegensatzbegriff nicht "Ehre", sondern Bezeichnungen wie "Hoffnung, Zuflucht, Vertrauen, Rettung" erscheinen: "The antonyms, thus, locate *b-w-sch* as an experience of distance from God and a failure to receive divine aid." (ebd., 303)

Wenden wir uns nun den Vorkommen in den Psalmen zu. In einigen kollektiven (Ps 44; 74) wie individuellen Gebeten (Ps 25; 31; 35; 69; 71) kommt die genannte Thematik deutlich zum Tragen. In Worte gefasst wird der negative Sachverhalt in erster Linie durch die folgenden drei, semantisch verwandten Wurzeln (vgl. Ps 69,20, wo Nominalformen aller drei Wurzeln aneinandergereiht erscheinen): (1.) *b-w-sch* "sich schämen, zuschanden werden" oder (mit Avrahami) "enttäuscht werden": Das Verb erscheint 34mal im Psalter und weist damit knapp ¼ der AT-Belege auf (vgl. u.a. Ps 6,11; 14,6; 22,6; 25,2f.20); das Nomen *boschet* "Schande, Schmach" oder (mit Avrahami) "Enttäuschung" taucht in Ps 35,26; 40,16; 44,16; 69,20; 70,4; 109,29; 132,18 auf; (2.) *ch-r-p* "schmähen, höhnen" o.ä.: Gegenüber dem Verb mit rund einem Dutzend Belegen (vgl. u.a. Ps 42,11; 44,7; 74,10.17f.) ist das Substantiv *cherpa* "Schmähung, Schmach, Hohn" im Psalter geläufiger (20mal, u.a. Ps 15,3; 22,7; 31,12; 39,9; 69,8.10f.20f.); (3.) *k-l-m*: Das Verb mit der Bedeutung (ni) "sich schämen, zuschanden/zunichte werden" ist in Ps 35,4; 40,15; 44,10; 69,7; 70,3; 74,21 belegt, das von der Wurzel abgeleitete Nomen *k^e^limma* "Schimpf, Schande" in Ps 4,3; 35,26; 44,16; 69,8.20; 71,13; 109,29. Die aufgeführte Begrifflichkeit findet sich insbesondere in den individuellen wie kollektiven Klagebitten (Feindklagen) und ist oft verbunden mit dem Motiv des Vertrauens auf bzw. der Zuflucht bei Gott (vgl. u.a. Ps 14,6; 22,6; 25,2f.20; 31,2). Aspekte von Scham/Schande/Hohn werden transportiert durch Worte (vgl. u.a. Ps 22,9; 35,21.25; 40,16; 73,10f.; 79,10) und Gesten (vgl. u.a. Ps 22,8; 35,16.19.21; 37,12; 44,15).

Die wichtigste Gegenbegrifflichkeit zu "Schande" markieren die pi/hi/ni- und Nominal-Belege der Wurzel *k-b-d* pi "schwer machen, ehren" (Ps 15,4; 22,24; 50,15.23; 86,9.12; 87,3; 91,15; 149,8). Namentlich das Substantiv *kabod* "Gewichtigkeit, Ehre, Pracht, Herrlichkeit", das gut 50mal auftaucht und damit rund ¼ aller AT-Belege umfasst, ist in den Psalmen bedeutsam. *kabod* wird von Menschen (vgl. u.a. Ps 4,3; 7,6; 8,6; 49,17f.; 57,9?; 62,8), mehrheitlich aber von Gott ausgesagt bzw. ihm zugesprochen (vgl. u.a. Ps 19,2; 24,7–10; 29,1–3.9; 66,2; 96,3.7f.). "Schande" und "Ehre" sind –

ausser in Ps 4,3 – einander nicht direkt gegenübergestellt. Bewahrung oder Wiederherstellung von Respekt, Würde, Ehre werden mit anderen Formulierungen ausgedrückt (vgl. u.a. Ps 31,22–25; 69,15–18; 71,7f.). Im Sinne des Tun-Ergehen-Zusammenhangs (s.o., IV. 3. B c) findet sich als Reaktion auf die eigene bzw. die Beschämung/Erniedrigung Gottes diejenige der Feinde, deren Gericht erbeten oder ausgesagt wird (vgl. u.a. Ps 31,18f.; 35,25f.; 40,15f.; 69,23–26; 70,3f.; 71,1.13.24; 74,10f.18.21f.; 79,4.12). Ist der *subjektive* Aspekt des Sich-Schämens im Fokus, so drückt sich die Gegenerfahrung als Sich-Freuen aus (vgl. Ps 109,28, vgl. 25,2; 35,26f.; 70,5).

Objektiv manifeste, oft mit rechtlichen Aspekten verbundene "Schande" kann durch Internalisierung zu subjektiv empfundener Scham führen. In Ps 22 wird durch Gottverlassenheit (2f.) eine Entfesselung von Kräften ermöglicht, die aufgrund der Rottenbildung dem Betroffenen als Übermacht gegenübersteht (17), ihn mit Hohn und Spott ächtet und isoliert (8f.). Die Meute schreckt auch vor Gewaltanwendung nicht zurück (14.21f.) und weidet sich an seinem Elend (18). Das sprechende Ich erfährt diese Formen von Gewaltanwendung als lebensabschnürende Umzingelung (13.17), als innere Unruhe (3), als soziale und religiöse Isolierung (7.12), als Entblössung (19), sogar als völlige Auflösung seiner Existenz (15f.). Die damit einhergehende Entmenschlichung und soziale Ausgrenzung gipfelt in der Selbstaussage: "Ich jedoch [bin] ein Wurm, kein Mann [mehr], eine Schande der Menschheit und verachtet vom Volk!" (7). Mit solchen Worten wird quasi die Fremdbeurteilung in die Selbstbeurteilung überführt (und möglicherweise noch überhöht). Ein vergleichbares äusseres wie inneres Ergehen spiegelt sich auch in Ps 31. Dort ist ausserdem von Verleumdung die Rede (19). Dabei ist die Sphäre der Öffentlichkeit ("Strassen") im Spiel (12, vgl. auch Ps 69,13). Darüber hinaus kommt es zur Stigmatisierung (sogar) durch das nähere Umfeld. Es deutet sich nämlich an, dass selbst das eigene Haus als Rückzugsmöglichkeit nicht mehr zur Verfügung steht bzw. vor Übergriffen nicht gefeit ist (3). Damit stellen sich nicht nur feindliche Kollektive (*out-group)* gegen ein Individuum, sondern auch aus dem Familien- und Freundeskreis (*in-group*) erfolgen Distanzierungen und Attakken (Ps 35,14–16; 55,13–15, vgl. ferner Ps 38,12; 88,19; 101,5). Als Formen der Gewaltanwendung werden – in modernen Kategorien gesprochen – neben psycho-physischer auch soziale und politische Gewalt greifbar (eingeschlossen solche, die wir heute als "Stalking", "Mobbing" und "strukturelle Gewalt" bezeichnen). Die in den Psalmen gespiegelten Konfliktlagen zeigen damit an, dass es bei der "Schande"-Thematik um weit mehr als um "Befindlichkeiten" geht. Es liegen den Psalmworten vielmehr lebensbedrohende Konstellationen zugrunde.

Nun sind im Fall der sich in den Psalmen abbildenden altisraelitischen Kultur (im Horizont des Alten Orients) derartige Gegebenheiten und Erfahrungen ohne Einbezug des religiösen Horizonts nicht zu denken. In den Psalmen durchdringen sich horizontal-soziale und vertikal-theologische Dimensionen. Der von Beschämung Betroffene und JHWH stehen in einer Wechselbeziehung, auf die das Gebet um (Ab-)Hilfe gründet bzw. worauf das sprechende Ich insistiert. Diese lässt sich am *patron-client*-Modell (bei koll. Psalmen ist eher an ein Bundesverhältnis zu denken) verdeutlichen (vgl. TUCKER, Shame): Das sprechende Ich erweist sich als loyal gegenüber JHWH; es vertraut ihm und führt sein Leben integer. Umgekehrt verhält sich Gott dem Einzelnen gegenüber solidarisch; er beschützt ihn, zeigt sich gnädig und führt den Rechtsstreit gegen die Feinde – es sind Feinde beider! – zu dessen Gunsten. Wird diese Beziehung gestört, so erleiden *beide* einen Verlust an Ehre und drohen in Schande zu geraten. Entsprechend zielen die Gebete auf die Wiederherstellung der Ehre – nicht zuletzt auf

Gottes Ehre. Bei "Dissonanzen" wie Unrecht u.a. stehen zudem kosmische wie soziale (Rechts-)Ordnung, deren Stabilitätsgarant JHWH ist, auf dem Spiel ("Chaos"-Gefährdung, vgl. dazu die mit dem Verb *m-w-th* formulierte, recht häufige Redeweise vom "Wanken" respektive "Nicht-Wanken": Ps 10,4–6.12f.15–18; 13,5;46,3.6f.; 55,4f.23f.; 66,9; 112,6.9f. u.a.). JHWH wird die Schande von den Seinen abwenden, ihre Ehre wiederherstellen, deren Aggressoren beschämen und sie einer gerechten Strafe zuführen – und damit auch seine "Ehre" wiederherstellen bzw. erweisen. Solches wird erbeten, und im Vertrauen auf Gott wird dies im Gebet zur Gewissheit.

6. Schweigen

Zur Beziehung mit Gott gehört konstitutiv das Gespräch, gehören Beten und Singen. Wo der Dialog abbricht, ist nicht nur die Gottesgemeinschaft, sondern das Leben selbst gefährdet und das Böse und Chaotische entfesselt. Die Unterwelt (*sch*ᵉ*'ol*) als Bereich des Todes wie der Gottferne ist der Ort endgültigen Verstummens und Vergessens (Ps 6,6; 31,18; 88,11–13; 115,17, s. auch oben unter III. 3. D b). Der Psalter hingegen ist ein Buch der (Gebets-)Worte und damit des Lebens. Dies bedeutet allerdings nicht, dass in ihm Verstummen und Schweigen kein Thema wäre. Die beiden Begriffe sind zwar in den Psalmen nicht allzu häufig, aber der angesprochene Sachverhalt geht darüber hinaus, schliesst auch Fragen um das Nahe- bzw. Fernesein Gottes mit ein und rechtfertigt damit die Thematisierung im Rahmen eines separaten Kapitels.

In den Psalmen ist menschliches Reden zu, mit und vor Gott die dominante Kommunikationsweise. Ihr entgegengesetzt ist das Nicht-Sprechen, das Verstummen und Schweigen. Dies kann von beiden Dialogpartnern ausgehen und involviert auch beide. Die Konstellation der Moderne, dass der Mensch gegenüber Gott das Gespräch abbricht oder prinzipiell verweigert – z.B. weil er seine Wirklichkeit bestreitet oder an seine Hilfsbereitschaft und Wirkmöglichkeiten nicht glaubt –, ist in dieser Weise im Alten Orient, wo Welterfahrung gleichsam konstitutiv mit Gotteserfahrung verbunden war, kaum denkbar. Angesichts einer Vielzahl von Göttern stellten sich dagegen sehr wohl Mächtigkeits- und Zuständigkeitsfragen. Zu *welchem* Gott sollte man (in welcher Situation) beten? In Israel war der Alleinverehrungsanspruch JHWHs – wie der bibl. wie archäologische Befund zeigt – keineswegs unbestritten, sei es auf der nationalen wie auch der familiären und persönlichen Ebene. Dies schlägt sich im Psalmenbuch nieder, denn kaum zufällig ist die Typik des "Frevlers" bzw. "Gottlosen" (*rascha'*) so geläufig (s.o., V. 4.). Dabei wird man – trotz Aussagen wie in Ps 14,1 – nicht von einer *prinzipiell* atheistischen Haltung moderner Ausprägung auszugehen haben; vielmehr ist in der damals pansakralen Gesellschaft an ein ebenso gemeinschafts- wie gottwidriges Verhalten zu denken. "Frevler" reden und handeln übel gegenüber Mitmenschen, aber mit Gott reden, zu ihm beten tun sie nicht (vgl. Ps 14,4).

In der in den Psalmen zum Ausdruck gebrachten Sichtweise ist mehrheitlich Gott Auslöser bzw. Verursacher gestörter Kommunikation zwischen Mensch und Gott. Das (anhaltende) Ausbleiben von JHWHs wirkmächtigem Wort wird angesichts von individuellem oder kollektivem Leiden weithin als *eigentliche* Not verstanden und beklagt. Appelle an Gott, zu (er)hören und zu antworten, sind in den Psalmen entsprechend zahlreich (u.a. Ps 4,2; 5,2; 13,4; 17,1.6; 27,7; 28,1; 55,3; 69,14.17). Sie lassen erkennen, dass Gottes Hören, Antworten und Eingreifen nicht selbstverständlich, sondern umkämpft ist. Ihnen stehen ebenso häufig Aussagen gegenüber, die auf das Schreien aus der Not zu Gott hin die Gewissheit von Erhörung bekunden respektive sein Antworten und damit Gottes Nicht-Schweigen bezeugen (u.a. Ps 3,5; 4,4; 10,17; 17,6; 18,7; 34,7.16; 50,15; 81,8). Dabei können die beiden so gegenläufigen Erfahrungen eng beieinander stehen. Mit Passagen aus Ps 4 und 22 soll dies verdeutlicht werden:

4,2 Auf mein Rufen antworte mir, Gott meiner Gerechtigkeit!
In der Bedrängnis hast du Raum verschafft mir.
Sei mir gnädig, und höre meine Klagebitte! ...

4 Doch wisst, dass der HERR einen Begnadeten für sich ausgesondert hat!
Der HERR wird hören auf mein Rufen zu ihm.

22,2 "Mein Gott, mein Gott, warum hast du mich verlassen?"
Fern von meiner Rettung sind die Worte meines Brüllens.
3 "Mein Gott!" rufe ich bei Tage, aber du antwortest nicht,
und des Nachts, aber keine Ruhe wird mir zuteil. ...

6 Zu dir schrien sie [= unsere Väter] und wurden gerettet;
auf dich vertrauten sie und wurden nicht zuschanden.

Artikulierte "Gotteskrisen" verbinden sich mit Vorstellungen von Ferne, Abwesenheit, Verbergen (von Gottes Angesicht), Vergessen, Verwerfen und entsprechend mit menschlicher Gottverlassenheit (u.a. Ps 10,11; 13,22.4; 22,2f.12.20; 27,9f.; 30,8; 38,22; 69,19; 71,9.11.18; 78,59ff.; 89,47; 143,7). Das empfundene Verstummen bzw. Schweigen Gottes, das teils unverständlich bleibt, wird in einer Reihe von Stellen thematisiert (Ps 28,1; 35,22; 39,13; 50,3.21; 83,2; 109,1), wovon Ps 28,1 angeführt sei:

28,1 Zu dir, HERR, rufe ich;
mein Fels, sei nicht taub mir gegenüber!
Dass du nicht schweigst mir gegenüber
und ich vergleichbar werde mit den Hinabsteigenden [in die] Grube!

Liegt Kommunikationsstörung oder -abbruch dagegen aufseiten des Menschen vor, so zeigt sich das vielschichtig (vgl. GILLMAYR-BUCHER, Dichter, 320–332). So finden sich im Notgebet etwa unartikulierte Äusserungen wie Stöhnen, Seufzen u.ä. (Ps 38,9f.; 42,6.12; 43,5; 55,3.18; 77,4; 90,9). Sie sind gleichsam "zwischen" der verbalen Rede und dem Verstummen anzusiedeln. Ps 77 (vgl. Wb Pss II, 40–45) z.B. nimmt uns mit auf einen Klageweg, der mit lautem Schreien zu Gott einsetzt (2), dann in Seufzen übergeht (4) bis das sprechende Ich verstummt (5). Ein resignatives bzw. regressives Verstummen kann zur Verschliessung gegenüber Gott wie zur Vergiftung der eigenen Seele führen. In Ps 77 entgeht der (stellvertretend) Betende diesen Abgründen. Das Zurücktreten der äusseren Kommunikation führt ihn vielmehr zu einer intensiven Tätigkeit des Nachdenkens und Memorierens (6f.). Dabei stösst er auf schmerzliche "letzte Fragen" (8–10), findet durch sie hindurch Erkenntnis und Entschlusskraft, die er vor sich selbst ausspricht (11–13), um dann zum Reden mit Gott, ja, zum Loben seiner Wundertaten (in neuer Weise) zu finden (14–21).

Menschliches Verstummen, das die Gefahr des Pathologischen mit sich führen kann, findet sich gegenüber Gott und Mitmenschen. Namentlich in den benachbarten Psalmen 38 und 39 wird diese Thematik greifbar (vgl. Wb Pss I, 182–189): In Ps 38 wird der psycho-physische Zusammenbruch auf eigene Vergehen und Gottes Zorn zurückgeführt (2–8). Die Zerschlagenheit äussert sich in Brüllen und Stöhnen (9). Zur sozialen Isolierung (12) kommt massive Feindbedrängnis hinzu (13). All dies führt zur kommunikativen Abschottung (14f.) – angesichts menschlicher Verleumdungen zwischenzeitlich möglicherweise auch (als eine Art Bussschweigen? [7]) gegenüber Gott. Im Schlussabschnitt findet das betende Ich zum Reden mit Gott zurück. Beten geschieht nun verstärkt und zugleich vertrauensvoller (vgl. 2.10 mit 16–23). Ps 39 wird eröffnet mit einer selbst auferlegten Redezensur. Sie dient dem Ziel, Wortsünden, denen das sprechende Ich wohl erlegen ist, künftig zu vermeiden (2f., vgl. 9–12). Das Verstummen verstärkt jedoch den inneren Schmerz und führt nicht zu Befriedung (3f.). Nun erst, am Rande des Todes, öffnet sich der Mund zu einem Gebet, das den Rest des Psalms ausmacht (5–14). Ein neuerliches, nicht mehr selbstgewähltes, sondern durch Gottes Handeln (zum Heil?) heraufgeführtes Verstummen wird darin konstatiert (10). Zudem sind weish. Zwischenbemerkungen zur Vergänglichkeit des Menschen eingeflochten (6f.12). In den kurz erörterten Notgebeten Ps 38; 39; 77 erweist sich menschliches Verstummen als gleichermassen schmerzvoller wie notwendiger Schritt zu neuer Einsicht und zuversichtlichem Gebet.

7. Gnade und als abschliessendes Beispiel Exodus 34,6–7 im Psalter

A) Gnade

chesed "Gemeinschaftstreue, Gnade, Güte" gehört mit rund 130 Belegen (u.a. Ps 5,8; 6,5; 13,6; 17,7; 18,26.51; 25,6f.10) – es handelt sich um mehr als die Hälfte des ATs! – zu den Vorzugsvokabeln des Psalters und ist zugleich ein gebetstheol. "Herz-Wort" (Friso Melzer). Von der gleichen Wurzel gebildet ist das 25mal erscheinende, meist substantivierte Adj *chasid* "begnadet; Begnadeter, Frommer" (u.a. Ps 4,4; 12,2; 16,10; 18,26). Überblickt man die Streubreite der Wurzel *ch-s-d*, so ist zu konstatieren, dass sie weder in den drei ersten (Ouvertüre) noch im letzten Psalm auftaucht (dafür erscheinen im zweitletzten Psalm drei *chasid*-Belege). Im "dunklen" Psalterteilbuch III (Ps 73–90), ferner in der Gruppe der sog. "Wallfahrtspsalmen" (Ps 120–134) ist sie nur spärlich belegt. Ihre grösste Dichte hat sie im "Grossen Hallel", Ps 136, wo *chesed* in der Zweitzeile jedes Verses (Responsorium) – und zwar in betonter Versendposition ("Denn/Gewiss, für immer währet seine Gnade!") –, insgesamt 26mal erscheint.

Die für *chesed* üblichen dt. Übers. wie "Gemeinschaftstreue, Gnade, Güte" bilden nur Annäherungen bzw. Teilaspekte des Gemeinten. Jedenfalls handelt es sich um einen "Beziehungsbegriff", der auf gemeinschaftliches Verhalten abstellt, allerdings eines, das über das Selbstverständliche hinausgeht (Gillis Gerleman: "das übervolle Mass") und freie wie grossherzige Zuwendung beinhaltet. Diese kann zwischenmenschlich sein oder aber – wie in den Psalmen allermeist – die Zu- bzw. Herabneigung Gottes gegenüber dem/den Menschen anzeigen bzw. sich in konkreten "Gnadentaten" äussern (Ps 17,7; 25,6; 89,2.50; 106,7; 107,43). Es finden sich direkte Gebetsbitten um *chesed* (u.a. Ps 6,5; 25,7; 31,7), andererseits solche, aus denen hervorgeht, dass der Bittende bereits früher *chesed* erfahren hat und deswegen nun erneut Hilfe erwartet (u.a. Ps 13,6; 25,6; 36,11). Entsprechend wird JHWHs Handeln in *chesed* auch dankend bezeugt (u.a. Ps 32,22; 40,11f.; 59,17f.). Ist der Erweis von *chesed* grundsätzlich in beiden Beziehungsrichtungen möglich, so liegt beim Abstraktplural *rach^{a}mim* "Barmherzigkeit, Erbarmen" (11mal, u.a. Ps 25,6; 40,12; 51,3) ein Gefälle vom Höhergestellten (Gott) zum Bedürftigen sowie eine emotional-affektive Einfärbung (konträr zum "Zorn") vor. Zu dieser rund 25mal im Psalter erscheinenden Wurzel gehören auch das Nomen *rechem* "Mutterschoss" (Ps 22,11; 58,4; 110,3), das Verb *r-ch-m* (Ps 18,2; 102,14; 103,13; 116,5) sowie das Adj *rachum* "barmherzig" (Ps 78,38; 86,15; 103,8; 111,4; 112,4; 145,8). Sinnverwandt ist zudem die Wurzel *ch-n-n* "gnädig sein, Gunst erweisen". Das gut 30mal erscheinende Verb findet meist als mit der Gottesanrufung verbundene Gebetsbitte (Impt) Verwendung, in der der bedürftige Mensch sich an die höhergestellte Macht wendet: "Sei mir gnädig, JHWH …!" o.ä. (u.a. Ps 4,2; 6,3; 25,16; 26,11; 27,7). Zur Wurzel gehören nominale Ableitungen wie *chanun* "gnädig" (6mal, u.a. Ps 86,15; 103,8) und *tach^{a}nunim/ot* "Flehen" (8mal, u.a. Ps 28,2.6; 31,23). Zu erwähnen ist schliesslich die Wortgruppe *j-th-b* (ca. 80mal im Psalter) mit den Lexemen *thob* "gut, gütig schön" (u.a. Ps 14,3; 23,6; 25,8.13; 73,1.28), *thub* "Gutes, Glück" (u.a. Ps 25,7; 65,5; 128,5) und *thoba* "Güte, Glück" (Ps 16,2; 65,12; 68,11). Geläufig sind die Verbindungen *chesed we$^{'e}$met* (u.a. Ps 25,10; 40,11f.; 57,4.11) und – weniger häufig zusammen gestellt, das zweite Wort stets mit Personalsuffix – *chesed we$^{'e}$muna* (u.a. Ps 36,6; 89,2f.25.34.50) für "Gnade und Treue" o.ä., die Beständigkeit und Zuverlässigkeit der *chesed* unterstreichend.

Über die Zusammenstellung des Wortfeldes von *chesed* "Gnade" u.ä. und verwandten Begriffen hinaus, soll hier auf eine Erörterung der Vielzahl von Aussagen in den Psalmen verzichtet werden. Stattdessen konzentrieren wir uns auf *einen* Psalm. Anhand von Ps 31 sollen "Gnaden"-Aspekte dargestellt werden. Die diesbezüglich einschlägigen Verse lauten (vgl. auch Wb Pss I, 153–156 [mit Modifikationen]):

31,6 In deine Hand will ich befehlen meinen Lebensodem.
  Du hast mich erlöst, HERR, Gott der Treue (*$^{'e}$met*)! …

8 Ich will jubeln und mich freuen aufgrund deiner Gnade (*b^{e}chasdeka*),
  der du angesehen hast mein Elend,
    dich gekümmert hast um die Bedrängnisse meines Lebens,
9 Und mich nicht überliefert hast in die Hand des Feindes,
  gestellt hast in die Weite meine Füsse.
10 Sei mir gnädig (*channeni*), HERR, denn Bedrängnis widerfährt mir!
  Angeschwollen in Gram ist mein Auge, meine Kehle und mein Bauch …

17 Lass bitte aufleuchten dein Angesicht über deinem Knecht;
  rette mich aufgrund deiner Gnade (*b^{e}chasdeka*)! …

20 Wie gross ist deine Güte (*thub^{e}ka*),
  die du aufbewahrt hast denen, die dich fürchten,
Die du denen erweist, die sich in dir bergen
  vor den Menschensöhnen! …

22 Gesegnet/Gepriesen sei der HERR,
  denn wunderbar hat er erwiesen seine Gnade (*chasdo*)
    an mir in befestigter Stadt!
23 Ich aber, ich habe gesagt in meiner Bestürzung:
  "Abgeschnitten worden bin ich weg von deinen Augen."
Doch du hast gehört das Lautwerden meines Flehens (*tach^{a}nunaj*),
  als ich um Hilfe schrie zu dir.
24 Liebt den HERRN, all ihr seine Begnadeten (*ch^{a}sidajw*)!
  Treue (*$^{'e}$munim*) beschützt der HERR;
    doch er vergilt übers Mass dem, der handelt in Hochmut …

Ps 31, ein kompositer, nicht leicht zu interpretierender Psalm, ist von seinem Schluss (20–25) her, der auf Gebetserhörung(en) abstellt, wohl als Lobdank (Toda) zu interpretieren. Die 20–25 vorgeschalteten Abschnitte sind charakterisiert durch wechselnde

Redeformen: Es finden sich Not- und Vergeltungsbitten (mit Elendsschilderung in 10–14), Zuversichtsäusserungen und eingeschobene, mit Belehrungen an die versammelte Gemeinde verbundene Erhörungsaussagen. Das "Gnaden"-Vokabular findet sich innerhalb der Bittgebete und der Erhörungspassagen. Im ersten, nur knappen Erhörungsbekenntnis (6) wird JHWH als "Gott der Treue" apostrophiert. Im zweiten (8f.) bezeugt das sprechende Ich, das ihm "Gnade" zuteil wurde: als Zuhilfekommen angesichts von Elend, als Schutz vor den Feinden und als geschenkter Freiraum, verdankt im Lobpreis. Mit 10 beginnt ein neuer Abschnitt, der durch eine (nach 3 und 5 neuerliche) Bitte eröffnet wird. In ihr wird JHWHs gnädiges Handeln erfleht. In 17 erscheint der Ausdruck "aufgrund deiner Gnade" zum zweiten Mal, allerdings nicht wie in 8 im Kontext einer Erhörungsaussage, sondern von Gebetsbitten. In 20, einem Ausruf, der zwischen Gebet und (die Heilswende voraussetzender) Belehrung schillert, taucht der Ausdruck "deine Güte" auf. Er blendet zurück auf "deine Gnade" in 8 (Erhörung) und in 17 (Bitte). Das gilt gleicherweise für "deine Gnade" im Heilsbekenntnis von 22. Ähnlich verweist die Bestätigung der Erhörung "meines Flehens" auf die wurzelgleiche Bittformulierung in 10 ("Sei mir gnädig ...!"). In 24 wird die bisher für die Beziehung zwischen Gott und dem sprechenden Ich verwendete "Gnaden"-Begrifflichkeit mit den Formulierungen "seine Begnadeten" und "Treue" (mit Anklägen an den wurzel- und sinnverwandten Begriff im Anruf "Gott der Treue" in 6) in die gottesdienstliche Gemeinschaft überführt, der sich das sprechende Ich zugehörig weiss. Die Psalmworte sind getragen von einer tiefen Gewissheit, dass JHWH der "Treue" ist und sich gegenüber denen, die sich ihm in Ehrfurcht und Vertrauen nahen, als hilfreich erweist. So wird um gnädige Zuwendung Gottes gebetet, seine Gnade den Rettungsbitten zugrunde gelegt und geschehenes Heil der Güte Gottes und seinem Handeln mit freudigem Jubel zugeschrieben. Dieses Gottesverhältnis und solche Erfahrungen bieten die Grundlage dafür, dass die mit JHWH Verbundenen selbst die (Ehren-)Bezeichnung "Begnadete" und "Treue" bekommen.

B) Exodus 34,6–7 im Psalter

In Ex 34,6f. (vgl. Ex 33,19, ferner 20,5–7) finden sich biblisch zentrale "Gnaden"-Begriffe und -Aussagen. In dieser, am Sinai verorteten, aber über den Kontext hinaus bedeutsamen, bibeltheol. Schlüsselaussage hören wir die folgenden Worte:

> 34,6 Und es ging vorüber der HERR vor seinem [= Moses] Angesicht. Und er rief: "HERR, HERR, barmherziger und gnädiger Gott (*'el rachum w^e channun*), langsam zum Zorn und reich an Gnade und Treue (*w^e rab-chesed we^'e met*). 7 Bewahrend Gnade (*chesed*) an Tausenden [von Generationen], aufhebend/wegnehmend Vergehen und Frevel und Sünde – aber gewiss wird er nicht ungestraft lassen: heimsuchend Vergehen der Väter an Kindern und an Kindeskindern, an der dritten und an der vierten [Generation]."

Das Verständnis dieser vieldiskutierten Gottesprädikationen (auch die Begriffe "Offenbarungs-" oder "Gnadenformel" werden verwendet) ist (v.a. im Blick auf 7) nicht einfach und steht in einer theol. Spannung zwischen JHWHs Gnädigsein und seinem Ahnden (vgl. SCORALICK, Güte, 10ff.). Wahrscheinlich spricht JHWH in der ab 6b einsetzenden Rede von sich selbst (vgl. Num 14,17f.) und offenbart darin sein Wesen und Handeln.

Ex 34,6f. bildet – wenn nicht (auch) textgeschichtlich, so jedenfalls kanontheologisch – die Ausgangsstelle, an die eine Vielzahl von Bibelstellen in unterschiedlicher Form, Länge und Dichte reminisziert. Auch im Psalter spiegelt sich dieses Selbstoffenbarungswort JHWHs häufig und vielfältig. Das Spektrum der Rezeption reicht von knapper Anspielung bis breiter Zitation. Bei nur knappem Antippen auf die Begrifflichkeit ist eine Intertextualität nicht in jedem Fall hinreichend zu plausibilisieren. Die nachfolgende Zusammenstellung bietet Psalmenworte, von denen eine Anspielung auf Ex 34,6(f.) als Referenztext angenommen werden kann (für die Eintextung in die jeweiligen Psalmen sei auf Übers. und Erörterungen in Wb Pss I/II verwiesen):[34]

77,9 Ist zu Ende für immer seine Gnade,
hat aufgehört der [Heils-]Spruch von Generation zu Generation?
10 Hat vergessen gnädig zu sein Gott,
oder hat er verschlossen im Zorn sein Erbarmen?

78,38 Er aber [war] barmherzig;
er bedeckte immer wieder Vergehen und vernichtete nicht.
Und oft wendete er ab seinen Zorn
und erweckte nicht seinen ganzen Grimm.

86,5 Denn du, Herr, [bist] gut und vergebungswillig
und reich an Gnade für alle, die dich anrufen. ...
15 Aber du, Herr, [bist] ein barmherziger und gnädiger Gott,
langsam zum Zorn und reich an Gnade und Treue.

99,8 HERR, unser Gott, du, du erhörtest sie,
ein aufhebender/wegnehmender Gott warst du für sie
und ein Rächender für ihre [Un-]Taten.

103,8 Barmherzig und gnädig [ist] der HERR,
langsam zum Zorn und reich an Gnade. (Vgl. auch Ps 103,4.9–13.17).

111,4 Ein Gedenken hat er getan für seine Wundertaten –
gnädig und barmherzig [ist] der HERR.

112,4 Aufgegangen ist in der Finsternis ein Licht den Aufrichtigen –
gnädig und barmherzig und gerecht.

116,5 Gnädig [ist] der HERR und gerecht,
ja, unser Gott [ist] ein sich Erbarmender.

145,8 Gnädig und barmherzig [ist] der HERR,
langsam zum Zorn und gross an Gnade. (Vgl. auch Ps 145,3.9.18).

Als Befund ergibt sich eine ungleiche Verteilung der im Psalter aufscheinenden Bezüge auf die "Gnadenformel" Ex 34,6f.: In den Psalterteilbüchern I und II (Ps 1–41/42–72) liegen – sieht man von minimalen Anklängen in Ps 25 (vgl. V. 10.18), 30 (V. 6) und 32 (vgl. V. 1.5) ab – keine Referenzen vor. Im "exilischen" Psalterteilbuch III (Ps 73–89) wird diese Gottesprädikation erstmals deutlich greifbar, und in den "nachexili-

[34] Wörtliche Übereinstimmungen sind mit durchgehenden Unterstreichungen, sinngemässe Entsprechungen mit gestrichelten markiert.

schen" Psalterteilbüchern IV und V (Ps 90–106/107–150) kommt ihr besonderes Gewicht zu. Im Kontext der in den Psalter eingeschriebenen geschichtstheol. Optik wird erkennbar, dass Ex 32–34 und d.h. die von Mose im Gebet von Gott abgerungene "zweite Gnade" für das Volk nach dessen Abfall ("Goldenes Kalb") in den als Gottesgericht verstandenen Erfahrungen des Untergangs beider Teilreiche zum Kristallisationspunkt wurde für die Hoffnung auf den auch durch Schuldnöte hindurchführenden barmherzigen Gott. Dafür bildete Ex 34,6 mit seinem Wort der unkonditionalen Gnade das Rückgrat. In dem Zusammenhang wurden auch mit der Gestalt Moses verbundene Traditionen und Funktionen, z.B. sein Einstehen als Fürbitter und Mittler zwischen Gott und Israel, bedeutsam. Kaum zufällig findet sich die erste Erwähnung von "Mose" innerhalb des Psalters (Ps 77,21) und der erste (deutliche) Anklang an JHWHs Gnadenaussage von Ex 34,6(f.) in *demselben* Psalm (vgl. dazu WEBER, Psalm 77, 191–198.207–229). Geschieht der Rückgriff auf die Gnadenzusage in Ps 77 noch im Modus der Anfrage an deren andauernde Gültigkeit (9f.), so wird sie im nachfolgenden Ps 78 – trotz der Sündenspur Israels (vgl. Ps 78,32[–37]) – zur geschichtlich verbürgten Gewissheit. Sie erscheint dort in der zentralen Scharnierpassage 32–39. Noch mehr: Ps 78 als Geschichtsbelehrung bildet im Psalter eine Art "Drehscheibe" bzw. theol. "Mitte" (s.u., 5 III. 5 sowie WEBER, Psalm 78, 309f[f].). Deutliche Belege für die Gnadenaussage finden sich danach im anthologischen wie intertextuell geprägten Ps 86 (vgl. allenfalls noch Andeutungen in Ps 85,3f.9.11). Dort erscheint – nach knapper Bezugnahme in 5 – in 15 innerhalb des Psalmenbuchs Ex 34,6 erstmals nahezu im Wortlaut zitiert und damit stark akzentuiert.

Im Psalterteilbuch IV bildet die Gottesprädikation im letzten JHWH-König-Psalm 99 vor dem finalen Refrain die Letztaussage. Sie wird in Zusammenhang gebracht mit der Gottesanrufung der Mittlergestalten, unter denen Mose an erster Stelle genannt wird (6). Zu notieren ist, dass in Ps 99 auch der zweite Teil von Ex 34,6f., also die Schuldahndung durch JHWH in V. 7, erwähnt wird und damit – anders als bei anderen Stellen, wo die Referenz stärker oder allein auf die Gnadenoffenbarung geht – Gottes Barmherzigkeit *und* sein Strafgericht in Balance gehalten sind. Anders sieht es diesbezüglich in Ps 103 aus, dem zweiten und letzten Psalm im Teilbuch IV, der die Gottesprädikationen von Ex 34,6(f.) aufnimmt. In diesem David zugeschriebenen Psalm wird *allein* der Gnadenaspekt erwähnt. In Ps 103,4 erscheinen zwei Zentralbegriffe der Formel: In 7 wird Mose erwähnt, und in 8 findet sich ein mit Ex 34,6 weithin übereinstimmendes Zitat. Die anschliessenden Verse 9–18 bieten zudem Variationen bzw. Auslegungen dieser an Mose ergangenen Gnadenoffenbarung JHWHs. Ps 103 ist unter allen Psalmen zweifellos derjenige, welcher die am Sinai erfolgte Wesensoffenbarung der Gnade Gottes am stärksten aufnimmt und den Lobpreis von Gottes Erbarmen am lautesten bezeugt. Entsprechend gehört Ps 103 zu den Bibelworten aus dem AT, die am signifikantesten auf das Versöhnungswerk Jesu Christi vorausweisen. Dass Ps 103 in der von Ps 77 bis Ps 145 reichenden Serie an Psalmen, die auf Ex 34,6f. Bezug nehmen, etwa in der "Mitte" figuriert, könnte anzeigen, dass seine diesbezüglich hervorgehobene Stellung von der Psalterendredaktion erkannt wurde.

Im abschliessenden Psalterteilbuch V findet sich die Gnadenformel u.a. in drei alphabetischen Akrosticha[35] – und zwar in den beiden ersten und im letzten dieses Teilpsalters. Beim Zwillingspaar Ps 111/112 wird die theol. akzentuierte Aussage von Ps

[35] Jede Verszeile (Ps 111f.) bzw. jeder Vers (Ps 145) eröffnet der alphabetischen Reihung nach mit einem der 22 hebr. Buchstaben (Konsonanten).

111,4 in Ps 112,4 anthropologisch aufgenommen und durch die Zufügung "und gerecht" ergänzt. Dasselbe Ergänzungsmoment erscheint auch im nächsten Beleg der Gnadenbezeugung, Ps 116,5, wo das Gottesprädikat eindeutig JHWH zugewiesen wird. Wie im Exodus-Kontext selbst (vgl. Ex 33,19; 34,6) ist auch in diesem Psalm der Zusammenhang mit dem An- bzw. Ausrufen des JHWH-Namens bedeutsam (4.17). Den Abschluss macht Ps 145 (vgl. dazu näher unter 5 III. 6.). Es handelt sich um den letzten Psalm vor der finalen Hallel-Gruppe (Ps 146–150), und es ist zugleich der letzte David zugeschriebene Psalm. In endzeitlichem Horizont legt dieser darin seine (in Ps 2 empfangene Königswürde) gleichsam zu JHWHs Füssen, stimmt in das Lob des allein wahren Himmelskönigs ein und fordert alle zum Miteinstimmen auf. Generationen um Generationen sollen das Gedächtnis von JHWHs Güte in Ehren halten und seine Gerechtigkeit bejauchzen (3–7). Dies wird mit dem in 8 zitierten Gnadenbekenntnis auf den Punkt gebracht. Mit einer kleinen Abänderung gegenüber Ex 34,6 ist statt von *rab-chesed* "reich an Gnade" – unter Aufnahme bereits verwendeter Begrifflichkeit (vgl. 3.6) – von *g^edol-chesed* "gross an Gnade" die Rede (vgl. aber *rab-thub^eka* "reich an Güte, reiches Gutsein" in Ps 145,7). Wie schon in Ps 116 (s.o.) ist die wahre Anrufung des JHWH-Namens betont (18f.). Mit den letzten Versen dieses Psalms, die eine grosse Zuversicht ausstrahlen, soll der dritte Hauptteil, das Beten und Singen mit David, beschlossen werden:

145,17 Gerecht ist der HERR in allen seinen Wegen
und gnädig in allen seinen Werken.
18 Nahe ist der HERR allen, die ihn anrufen,
allen, die ihn anrufen werden in Wahrheit.
19 Wohltat an denen, die ihn fürchten, wirkt er,
und ihren Hilferuf wird er hören und sie erretten.
20 Es bewahrt der HERR alle, die ihn lieben,
aber alle Frevler wird er ausrotten.
21 Lobpreisung des HERRN soll reden mein Mund,
und segnen/loben soll alles Fleisch seinen heiligen Namen für immer und ewig.

4

KÖNIGSHERRSCHAFT GOTTES UND SEINES GESALBTEN ("PROPHETIE")

Mit Ps 2 wird im Psalter die Thematik der Königsherrschaft Gottes und seines Gesalbten auf dem Jerusalemer Thron eröffnet. Zudem wird in diesem Psalm erstmals Gottes Stimme verlautbar. Während die mit Ps 3 gelegte Spur des Betens und Singens in Ps 4ff. aufgenommen und variierend weitergeführt wird, verhält es sich hinsichtlich der mit Ps 2 gesetzten Königsherrschaft anders. Königs- und Gottkönigspsalmen finden sich – meist an markanten Stellen – "eingefächert" in den kontinuierlichen Gebetsfluss der Psalmen. Sie kennzeichnen Gestaltgebung und Theologie des Buches. Diesem Phänomen widmet sich der vierte Hauptteil. Zunächst werden die Konzepte der Königsherrschaft im Psalter umrissen und die Psalmen, in denen sie erscheinen, aufgeführt. Danach richtet sich der Blick auf den irdischen Gesalbten und die mit ihm verbundenen (proto)messianischen Vorstellungen. Anschliessend wird die (prophetische) Gottesrede innerhalb von Psalmen und Psalter bedacht. Das Schlusskapitel nimmt JHWH als im Himmel wie auf Zion thronenden Königsgott in den Blick.

I. Königsherrschaft im Psalter

BRAULIK G., Psalter und Messias, in: G. BRAULIK / N. LOHFINK, Liturgie und Bibel (ÖBS 28), Frankfurt a.M. 2005, 481–502 • GILLINGHAM S., The Messiah in the Psalms, in: J. DAY (Ed.), King and Messiah in Israel and the Ancient Near East (JSOT.S 270), Sheffield 1998, 209–237 • LEUENBERGER M., Konzeptionen des Königtums Gottes im Psalter (AThANT 83), Zürich 2004 • RÖSEL C., Die messianische Redaktion des Psalters (CThM.BW 19), Stuttgart 1999 • SAUR M., Die Königspsalmen (BZAW 340), Berlin 2004 • WILSON G.H., The Editing of the Hebrew Psalter (SBL.DS 76), Chico, CA 1985.

"Die Königspsalmen prägen den Psalter nicht nur in Teilen, sondern in seiner Gesamtstruktur", bilanziert Markus SAUR (Königspsalmen, 318). Dem ist zuzustimmen, auch wenn die Austarierung, wie diese Prägung anzusetzen und das Verhältnis des irdischen, davidisch-jerusalemischen Königtums und der himmlischen Königsherrschaft JHWHs einzuschätzen ist, Diskussionsstoff abgibt.

Vereinfacht dargestellt stehen sich zwei Deutungsparadigmen gegenüber: Zum einen wird aufgrund der Unterschiede zwischen den Psalterteilbüchern I–III (Ps 1/2–89) einerseits und IV–V (Ps 90–145/150) andererseits von einer (auch zeitlich angesetzten) Zweistufigkeit von "Messianischem Psalter" (I–III) und "Theokratischem Psalter" (IV–V) ausgegangen (vgl. WILSON, Editing; RÖSEL, Redaktion; LEUENBERGER, Konzeptionen). Zum anderen wird auf die alle Psalterteilbücher durchziehende enge Verschränkung (verbunden mit weish. Einfärbung) von irdischem Davidskönigtum und himmlischem Gottkönigtum hingewiesen und die Einfächerung der

Königspsalmen mit einer *einzigen* Redaktions- bzw. (End-)Kompositionsstufe des Psalters verbunden (vgl. SAUR, Königspsalmen).

Im Fokus unseres Interesses einer Theologie und Spiritualiät steht die Leseordnung des "Hörbuchs Psalter" und nicht die Nachzeichnung der komplexen Buchwerdung. Festzuhalten ist zunächst, dass Ps 3 das Beten und Singen (mit David) eröffnet, welches in eine Vielzahl von Gebetspsalmen einmündet und die Hauptlinie des Buches in seiner Kontinuität darstellt (s.o., 2 IV. und 3). Steht dabei das Moment der *Vielheit und Vielgestaltigkeit* (Psalmen) im Vordergrund, so stellen sich Sachverhalte, die durch die voran gestellten Ps 1 und 2 eingeführt werden, anders dar: Die Thematik der Königsherrschaft, die Ps 2 eröffnet, und diejenige der (Tora-)Weisheit, die von Ps 1 ausgeht (vgl. 5), sind ungleich stärker der *Buchganzheit und damit der kompositorischen Einheit* (Psalter) zuzuordnen – unbesehen davon, wie man im Einzelnen Redaktionsstufen anzusetzen hat. Der Unterschied manifestiert sich darin, dass die mit Ps 3 eröffneten Gebete *fortlaufend* erscheinen, die mit Ps 1 (Toraweisheit) und Ps 2 (Königtum) angestossenen Charakteristika dagegen in Psalmen dargeboten sind, die *eingefächert* im Buchganzen auftauchen. Sie figurieren meist an Schnitt- und Scharnierstellen und zeigen damit eine kompositorische Absicht an. Kanonhermeneutisch gesehen wird durch die eingeschobenen (JHWH-)Königs- und Weisheitspsalmen das kontinuierliche Beten und Singen "angehalten" und d.h. theol. reflektiert und vertieft.

"Königspsalmen" sind nicht strikt bestimm- bzw. abgrenzbar, da die "David"-Präskripte u.a.m. viele Psalmen auf königliche Bezüge und Nachvollzüge hin öffnen (können). Kriterien für die Herausschälung sind der überindividuelle, öffentlichkeitsrelevante Charakter und die Blickrichtung auf den (Jerusalemer) König und sein Amt. Oft wird bei Königspsalmen eine Verhaftung im Königtum und eine Reaktualisierung – ohne oder mit Textfortschreibung – in königloser (spät)nachexilischer Zeit angenommen (vgl. SAUR, Königspsalmen). Dabei kann sich unter der Signatur "Messias = Gesalbter" die Hoffnung auf eine Neuinstallation des Jerusalemer Davidsthrons richten (vgl. im 2. Jh. die Makkabäer). Vielfach wird damit die Erwartung auf eine endzeitlich-königliche Herrscher- und Erlösergestalt ausgedrückt. Sie ist im Psalter bereits angelegt – daher die Bezeichnung "protomessianisch". In der Psalterübers. ins Griechische (LXX), in psalmischen Texten in Qumran (z.B. 1QH) und v.a. in den apokalyptischen Psalmen Salomos (PsSal 17) tritt dieser Zug dann vollends hervor (vgl. GILLINGHAM, Messiah, 229–237). Im Verbund mit weiteren Phänomenen lässt sich von einer "Messianisierung des Psalters" sprechen (vgl. BRAULIK, Psalter, 488–496).

Die Königsherrschaft JHWHs thematisieren namentlich die Psalmen 29; 47; 93; 96–99. Eine Abgrenzung von Psalmen, in denen es um das *göttliche* Königtum geht, sieht sich vor ähnliche Schwierigkeiten gestellt wie eine Herausschälung von Psalmen, die sich auf den Jerusalemer König beziehen lassen. Dies hängt zum einen daran, dass viele Psalmen beide Königsweisen, die himmlische und davidische, miteinander verbinden, zum andern, dass das Gottkönigtum eine umfassende, mit Psalmen- bzw. Tempeltheologie insgesamt verbundene Konstellation darstellt und entsprechend in vielen Psalmen durchscheint. Daher gehört zum Gottkönigtum JHWHs auch der theol. aufgeladene und in den Psalmen bedeutsame "Ort" Jerusalem/Zion und die dort angesiedelte enge Verbindung von Gotteshaus und Königshaus samt den damit assoziierten Vorstellungsgehalten (vgl. 3 III. 3. B). Die nachfolgende Zusammenstellung beider Typen von "Königspsalmen" soll als Überblick und Annäherung an die Thematik dienen.[1]

Teilbuch	David-Königtum	JHWH-Königtum	Stichworte
Anfang	**2**	**(2)**	Prophetie (Königskrönung)
I	18	(18)	Königslobdank
	20		Königsliturgie (u.a. Fürbitte)
	21		Königsliturgie (u.a. Fürbitte)
		(24)	Tempeleinzugsliturgie
	(28)		(Königs-)Lobdank
		29	Lobpreis
II	45		Königshochzeitslied
		(46); 47; (48)	Zionslied
		(68)	Lobpreis
	72		Königsliturgie (Königskrönung)
		(82)	Gottesgericht
III	**89**		Königsliturgie (Lob,Proph,Klage)
IV		93; (95); 96–99	Lobpreis
	101		Königsversprechen
V	110		Prophetie (Königskrönung)
	(118)		Königslobdank
	132		Königsliturgie (Prophetie)
	144		Königsgebet
		145	Lobpreis
Schluss		**(146–150)**	Lobpreis

Die dargebotene Kategorisierung macht zweierlei deutlich: 1. (proto-)messianische wie theokratische Königstheologie findet sich über das gesamte Psalmenbuch hinweg; 2. gibt es (im Einzelnen zu erhebende) graduelle Unterschiede zwischen den Psalterteilbüchern I–III und IV–V: Dem davidischen Königtum kommt in I–III ein deutlich stärkeres Gewicht zu, währenddessen die Königsherrschaft JHWHs in IV–V im Vordergrund steht. Innerhalb des Psalters lässt sich also eine Gewichtsverschiebung hinsichtlich des Messianismus ausmachen.[2] In der Psalterrahmung Ps 2/144f. manifestiert sich dieser Entwicklungsbogen: In Ps 2 (vgl. 2 II.) wird angesichts einer feindlich gesinnten Völkerkoalition betont, wie der im Himmel Thronende seinen irdischen Repräsentanten auf dem Zion einsetzt und ermächtigt. Im Königslobdank Ps 144 bezeugt der Jerusalemer König und mit ihm die "messianische Gemeinde" – Ps 18 (vgl. 2. Sam 22) weiterführend – Bergung bei und Rettung durch JHWH; zugleich erbittet er Hilfe in noch vorfindlicher Not. In Ps 145 rückt dann David – letztmals ist ein Psalm im Präskript mit ihm verbunden – nahezu ein in die nachexilische Gemeinde ("Demotisierung"); mit ihr zusammen erhebt er den Lobpreis auf die Weltkönigsherrschaft JHWHs für alle Zeiten. Der mit der Königsinvestitur in Ps 2 aufsteigende Bogen neigt sich zu Ps 144–145, wo JHWHs Gerechtigkeit, Barmherzigkeit und Macht über alle Lebewe-

[1] Mit Fettschrift wird eine hervorgehobene Platzierung innerhalb des fünfteiligen Psalters angezeigt (Anfang, Ende, "Scharnierstellen"); die übrigen Königspsalmen erscheinen oft ebenfalls an strukturell bedeutsamen Stellen, allerdings innerhalb untergeordneter Texteinheiten. Mit Klammern werden Psalmen mit weniger signifikanten Charakteristika markiert.

[2] Diese ist aber nicht im Sinne einer Preisgabe messianischer Hoffnung auf die (endzeitliche) Wiederherstellung zu deuten. Die Nach- und Wirkungsgeschichte des Psalters zeigt nämlich, dass Messiaserwartungen virulent waren bzw. blieben.

sen bezeugt und gepriesen wird. Diesen Lobpreis führt das Hallel-Finale Ps 146–150 weiter und bringt den Psalter – aber nicht den Lobpreis – an sein Ende (vgl. dazu 6 II.).

II. Der königliche Gesalbte auf dem Jerusalemer Davidsthron

ARNETH M., Psalm 19: Tora oder Messias?, in: R. ACHENBACH u.a., Tora in der Hebräischen Bibel (BZAR 7), Wiesbaden 2007, 310–339 • BONHOEFFER D., Die Psalmen, Giessen [14]1955 (1940) • BOTHA P.J. / WEBER B., "Killing Them Softly with this Song ...", OTE 21 (2008) 273–297 • HOSSFELD F.-L. / ZENGER E., "Wer darf hinaufziehn zum Berg JHWHs?, in: G. BRAULIK u.a. (Hrsg.), Biblische Theologie und gesellschaftlicher Wandel, Freiburg i.Br. 1993, 166–182 • KLEER M., »Der liebliche Sänger der Psalmen Israels« (BBB 108), Bodenheim 1996 • MAYS J.L., The David of the Psalms, Interp. 40 (1986) 143–155 • MILLER P.D., Kingship, Torah Obedience and Prayer, in: K. SEYBOLD / E. ZENGER (Hrsg.), Neue Wege der Psalmenforschung (HBS 1), Freiburg i.Br. 1994, 127–142 • SAUR M., Die Königspsalmen (BZAW 340), Berlin 2004 • STEYMANS H.U., Psalm 89 und der Davidbund (ÖBS 27), Frankfurt a.M. 2005 • WEBER B., Makarismus und Eulogie im Psalter, OTE 21 (2008) 193–218.

Vorstellungen des Alten Orients vom himmlischen wie irdischen Königtum spiegeln sich auch im Verständnis von Israels "Königtum". Obwohl mit Einflüssen altorientalischer Königsideologie (Ägypten, Assyrien) zu rechnen ist, kann gleichwohl von einer genuin israelitischen, JHWH-bezogenen Ausprägung ausgegangen werden. Dabei ist daran zu erinnern, dass es angesichts der Königsherrschaft JHWHs keineswegs selbstverständlich war, dass Israel auch einen *irdischen* König haben sollte (vgl. Ri 8,22f.; 9,6ff.; 1. Sam 8–10). Das dynastische Königtum auf dem Jerusalemer Thron wie die Erwartung eines endzeitlich-königlichen Messias hat ihren Ausgangspunkt in der Nathan-Verheissung 2. Sam 7. Sie wird wiederholt thematisiert, aktualisiert und modifiziert (vgl. u.a. 1. Kön 5,19; 6,11–13; 8,15ff.; 9,1–9; 11,9–13.34–39; Jes 9,5f.; 1. Chr 17; 22,10). Ihre Spur führt auch in den Psalter hinein und schlägt sich namentlich in den Königspsalmen nieder (vgl. Ps 2,6f.; 18,51; 72,17; 89,4f.21f.27–30.36f.50; 132,10–12). In nachexilisch-königloser Zeit wird die Nathan-Verheissung zum Nährboden für Hoffnungen auf eine Neuaufrichtung des Davidsthrons – sei es in geschichtlicher, sei es in endzeitlicher Weise.

Das Königsbild, das sich weithin als Davidsbild präsentiert, ist im Psalter vielschichtig. Grob skizziert findet sich ein "hoheitliches" neben einem "niedrigkeitlichen" Königs- bzw. Davidsbild. Das erste wird weithin durch die sog. Königspsalmen repräsentiert (tabelliert s.o.). Nur innerhalb dieser und Ps 78 erscheint der Name "David" in den Psalm*korpora* und beschränkt sich nicht auf Präskripte und das Postskript Ps 72,20 (Ps 18,51; 78,70; 89,4.31.36.50; 132,10f.17; 144,10). Weniger strikt, aber in eine ähnliche Richtung weisend ist der Befund hinsichtlich der Wurzel *m-sch-ch* "salben" und v.a. des (stets mit Possessivsuffix verwendeten) Ptz *maschi^{a}ch* "Gesalbter". Mit dem Ptz sind David selbst oder sein(e) Nachkomme(n) auf dem Jerusalemer Thron im Blick (Ps 2,2; 18,51; 20,7; 28,8; 45,8; 84,10; 89,21.39.52; 105,15; 132,10.17). Das niedrigkeitliche Davids(könig)-Bild dagegen wird durch die Überschriftszuweisungen an David genährt. Sie lehren, die Psalmen mit David zu beten und zu singen (s.o., 3). Dabei lassen sie David nicht nur Lobdank und Lobpreis darbringen, sondern zeigen diesen ebenso sehr in Bedrängnis und mit Klagebitten auf den Lippen (vgl. KLEER, »Sänger«, u.a. 116–118.126f.319–322). Dass diese beiden Königs- bzw. Davids-Vorstellungen aus der Gesamtsicht des Psalters zusammengehören, zeigt bereits die Abfolge Ps 2 => Ps 3: Vermag in Ps 2 der von JHWH ermächtigte König auf dem Zionsthron den Weltmächten zu trotzen, so kann in Ps 3 David nicht einmal seinem Sohn standhalten und muss fliehen. "Hoheits-Messianologie" und "Niedrigkeits-Messianologie" verbinden sich also in der Psalterouvertüre Ps 1–3 (vgl. 2 IV.). Sie bestimmen nicht nur den Psalter, sondern setzen sich später fort in den Evangelien, die sowohl Jesu Messianität und Gottessohnschaft als auch seine Passion mit Hilfe von Psalmen deuten.

1. Das Königsmandat, in Gerechtigkeit zu herrschen

Der König bekommt von Gott die Ermächtigung zur Ausübung von Herrschaft und Gericht (gegen innen) sowie zur Kriegsführung (gegen aussen). Mit dem Amt verbunden ist das Mandat, das Volk in Gerechtigkeit zu führen bzw. – im königlichen Hirtenbild gesprochen – die Herde gut zu weiden (vgl. Ps 78,70–72). Eingeschlossen ist die Aufgabe, das Recht von minderbemittelten und benachteiligten Gruppen, den sog. *personae miserae* (Waisen, Witwen, Landlose, Fremde), zu vertreten, zu wahren und allenfalls wiederherzustellen. Ps 72, in dem das Szepter von David an Salomo übergeht, zeichnet das Idealbild der altorientalischen Königsideologie bzw. -theologie in israelitischem Gewand (vgl. Wb Pss I, 324–330). Darin sind folgende wichtigen Momente des irdischen Königsamtes aufgeführt:

- Beauftragung, Legitimation + Verdankung: Gottheit (1f.18f.)
- Generell: Wirken + Erhalten von "Gerechtigkeit" + "Wohlergehen" (*schalom*) (2–4.7)
- Aussenpolitik: Machtausstattung gegenüber Völkern + Königen; Huldigung (8–11.17)
- Innenpolitik: Bestrafung der Übeltäter + Rechtshilfe gegenüber Bedrängten (4.12–14)
- Ökonomie: Fruchtbarkeit, Wohlstand + Segen (5f.15–17)

An dieser Stelle sei ein Blick auf das Motivfeld "Gerechtigkeit" (Hauptwurzel *tz-d-q*) und damit verbunden des "Herrschens/Richtens" (Hauptwurzel *sch-p-th*) geworfen, zumal dieses in göttlichen wie irdischen Königsvorstellungen wichtige Haftpunkte aufweist. Das abgesteckte Begriffsfeld ist im Psalmenbuch innerhalb des ATs prominent vertreten, wobei der theol. Gebrauch einen wesentlichen Stellenwert einnimmt (s.u., 4 IV. 1.). Die Wurzel *tz-d-q* "gerecht, gemeinschaftstreu, heilvoll sein" (Gegensatz *r-sch-'* "frevelhaft sein") findet sich im Psalter rund 140mal, überwiegend in den Nominalformen *tzaddiq* "Gerechter" (u.a. Ps 1,5f.; 5,13; 7,10.12; 11,3.5.7) sowie *tzedeq* (u.a. Ps 4,2.6; 7,9.18; 9,5.9; 15,2) bzw. *tz^e^daqa* "Gerechtigkeit, Recht" (u.a. Ps 5,9; 11,7; 22,32; 24,5; 31,2; 33,5). Gerechtigkeit eignet zunächst JHWH selbst bzw. seinem Richten und Retten (vgl. u.a. Ps 7,9.18; 11,7; 31,2). Sie kann dem König verliehen werden (vgl. Ps 72,1–4). Die Hauptbegrifflichkeit für "Richten (und Herrschen)" machen (im Psalter) Ableitungen von *sch-p-th* aus: das Verb samt substantiviertem Ptz *schopheth* "Richter, Herrscher" mit rund 30 (u.a. Ps 2,10; 7,9.12; 9,5.9.20; 10,18) und das Nomen *mischpath* "Recht(ssache, -sentscheid), Gericht(surteil)" mit 65 Belegen (u.a. Ps 1,5; 7,7; 9,5.8.17; 10,5; 17,2; 18,23). Im Psalter ist der Zusammenhang von göttlicher und menschlicher Gerechtigkeit betont. Sie geht von Gott aus, wird vom Menschen empfangen wie auch ausgeführt und hat darin einen passiven wie einen aktiven Aspekt. "Gerechtigkeit" und "Recht", die genuin das Wesen und Handeln Gottes charakterisieren (Ps 89,15.17), sind erbetene Gabe(n) an den König (Ps 72,1f.). Zudem wird die wechselseitige Treue bzw. Loyalität zwischen JHWH und dem Jerusalemer König einerseits (Ps 18,21.23.25; 72,1; 89,31) und dem König und dem Volk andererseits (Ps 72,2) damit zum Ausdruck gebracht. Oberste Maxime des Königs ist, Recht und Gerechtigkeit für sein Volk zu schaffen bzw. wiederherzustellen. Jedes Unrecht bringt eine Störung des Gemeinschaftsverhältnisses und der Rechtsordnung mit sich. Durch gerechtes Richten bzw. Herrschen wird Ordnung und damit Wohlbefinden bzw. Friede wiederhergestellt (vgl. Ps 45,5; 72,4).

2. Verbindungen zwischen Königspsalmen

Auf die den Psalter umgreifende königstheol. "Klammer" Ps (1–)2 und 144–145 wurde bereits hingewiesen (s.o.). Nachfolgend sollen zwei weitere strukturelle wie theol. Phänomene erörtert werden: (1.) die Verknüpfung der Königspsalmen 2; 72 und 89, welche die tragenden Säulen der die Teilbücher I–III umfassenden Psaltervorstufe bilden; (2.) die Königspsalmen 18; 20–21 als "Kern" der Komposition Ps 15–24.

A) Die Psalmen 2 – 72 – 89 als Säulen des "Messianischen Psalters"

Der Abfolge der Königspsalmen Ps 2 (Anfangsposition Psalter/Psalterteilbuch I) => Ps 72 (Schlussposition Psalterteilbuch II) => Ps 89 (Schlussposition Psalterteilbuch III) ist signifikant und für das Verständnis des Psalters als Buch und seiner Geschichtstheologie bedeutsam. In die drei ersten Teilbücher wird derart ein Raster eingefügt, das die Reihung auch der übrigen Psalmen konturiert.

Ps 2 (vgl. 2 II.) markiert mit der Betonung auf der Einsetzung und Ermächtigung des Königs durch JHWH (Investitur) den "Anfang" – was den erstmaligen (David) und in gewissem Sinne auch den je neuen Beginn (Davids Nachkommen auf dem Thron) des königlichen Gesalbten betrifft. In diesem Psalm taucht weder David noch sonst ein Königsname auf; die Aussagen sind zudem weitreichend und beinhalten derart umfassende Aussagen (Universalismus, vgl. 8ff.), dass dieser Anfangspsalm bereits auf eine eschatologische Einlösung hin oszilliert und damit Kristallisationsgrösse für Erwartungen eines endzeitlichen Retterkönigs werden konnte. Von daher ist für die vorliegende Gestalt von Ps 2 die Bezeichnung "protomessianisch" angebracht (vgl. SAUR, Königspsalmen, 21–23.41–43 u.ö.).

Ist Ps 2 mit seinem Schillern zwischen ("urzeitlichem") Anfang im Himmel, je neuer Einlösung bzw. Durchsetzung (vgl. 10: "Aber jetzt ...!") und eschatologischer Hoffnung eine mythische Qualität eigen, so enthält Ps 72 das Regierungsprogramm einer gerechten Königsherrschaft (s.o.). Im Fluss des Psalters ist mit ihm eine Scharnierstelle erreicht, wie Präskript (1) und Subskripte (18–20) anzeigen. Die Rezeption wird durch diese Meta-Texte verlangsamt, und es werden reflexive Tätigkeiten und intertextuelle Rückkoppelungen gefördert. Über die Königsthematik und gemeinsame Anspielungen auf die Nathan-Weissagung (vgl. Ps 2,6f.; 72,17) hinaus weisen begriffliche und motivliche Doppelungen (u.a. "Enden der Erde" Ps 2,8; 72,8; "richten" Ps 2,10; 72,4, finale Seligpreisung Ps 2,12; 72,17[–19] – dazu WEBER, Makarismus) auf Ps 2 zurück. Aufgrund des Präskripts "zugehörig Salomo" (1) und in Verbindung mit dem Subskript "zu Ende gekommen sind die Klagebitten Davids, des Sohnes Ischajs" (20) legt der Psalm eine Adressierung von David an seinen Sohn Salomo und damit die unter Anrufung JHWHs erfolgte Übergabe des Königsamts nahe. Ähnlich wie Ps 2 ist Ps 72 insofern deutungsoffen, als er auch als Paradigma für weitere Thronabfolgen in der Königszeit sowie darüber hinaus für eine eschatologische Deutung im Sinne der Inthronisation des endzeitlichen Messias anschlussfähig ist.

Der wohl komplexeste Königspsalm ist Ps 89 (vgl. Wb Pss II, 107–116, ferner STEYMANS, Psalm 89). Nach den asaphitischen Gerichts- und Volksklage-Psalmen (Ps 73ff.), die das Psalterteilbuch III als Katastrophen- und Exilsbuch einfärben und die Abfolge der Davidspsalmen und damit das Königtum selbst (vorerst) still stellen, thematisiert er unter den Umständen des Königsverlustes den Davidbund. An ihn wird erinnert (4f.21ff.), die Konsequenz der Nichteinhaltung durch das Davidshaus im Kontext von Gericht und Gnade bedacht (31ff.) und die Zornesverwerfung von Gottes Gesalbten eingeklagt (39ff.). Am Schluss steht die Frage nach der Dauer; dahinter verbirgt sich die Hoffnung auf eine Restauration der "für immer" (5.37f.) geltenden Davidsverheissung. Dass in diesem Psalm Nährstoff sowohl für eine geschichtliche Neurealisierung des Königtums als auch für endzeitlich-messianische Erwartungen liegt, ist leicht ersichtlich. Rückkoppelungen gibt es an dieser neuerlichen Scharnierstelle u.a. zu Ps 72 (vgl. u.a. "Gerechtigkeit/Recht" Ps 72,2; 89,15) und v.a. zu Ps 2 (vgl. u.a. "Vater-Sohn"- bzw. "Messias"-Aussagen Ps 2,2.7; 89,27f.39.52).

Mit dem sog. "Messianischen Psalter" Ps 2–89* wird geschichtstheologisch die Zeit Davids bis zum Untergang beider Teilreiche umgriffen. Angesichts von Dimensionen, welche die Realität des Jerusalemer Königtums übersteigen, sind Öffnungen, die Hoffnungen auf eine königlich-messianische und teils (zugleich) priesterlich-messianische (Ps 110,4, vgl. 132,9f.16–18; 133,2) Erlösergestalt anzustossen bzw. zu nähren vermögen, mitgegeben. Die Teilbücher IV–V fügen sich an die Psalterteilbücher I–III an – diese ergänzend, weiterführend, abschliessend. Im Psalterteilbuch IV, das mit dem "Mose"-Psalm 90 eröffnet (vgl. Präskript), wird dem Davidbund und der Königszeit die mit der Gestalt des Mose verbundene Gründungszeit Israels unterlegt und das Davidkönigtum in den Horizont des umfassenderen Gottkönigtums gestellt. Von daher lässt sich hinsichtlich der Teilbücher IV–V von einem "Theokratischen Psalter" sprechen. Aufgrund dieser Letztakzentuierung wird der Psalter *insgesamt* entsprechend eingefärbt, so dass JHWHs Königsherrschaft und der Lobpreis die tragenden Gewichte dieses Bibelbuches werden und bleiben (vgl. auch 6).

B) Die Psalmen 18 und 20–21 als Kern der Kleingruppe Psalm 15–24

Abgesehen von Ps 2 und Ps 28 (in dem ein Königsbezug mehr durchscheint als profiliert akzentuiert ist) fokussiert sich das davidische Königtum im Teilbuch I auf die Trias der Königspsalmen 18; 20–21. Dieses Cluster wird durch den eingeschobenen Ps 19 (bewusst) aufgesprengt bzw. vertieft. Es figuriert in der Kleingruppe Ps 15–24 und bildet dort zusammen mit Ps 19 das Zentrum (vgl. Wb Pss I, 93–135). Die konzentrische Gesamtanlage stellt sich schematisch folgendermassen dar:

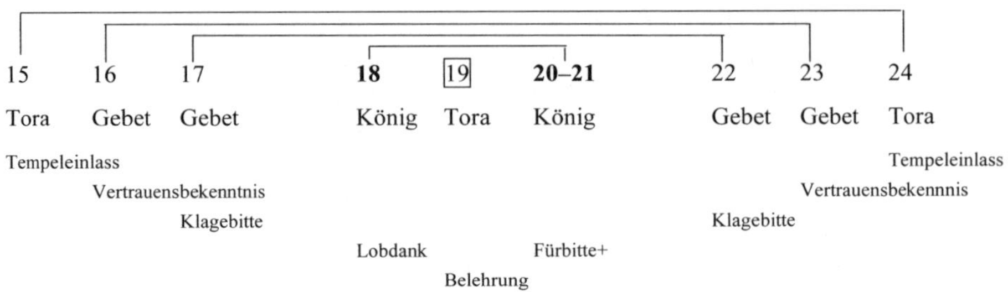

Die in die Zusammenstellung der Gruppe Ps 15–24 eingeschriebene Botschaft soll hier nicht erörtert werden (vgl. 3 II. 6. C sowie HOSSFELD/ZENGER, Berg; MILLER, Kingship). Wir beschränken uns auf einige Überlegungen zu deren "Kern" Ps 18–21. Ps 18 gehört zu den längsten und gewichtigsten Psalmen im Buch. Die Bedeutung dieses königlichen Lobdanks ist allein schon aufgrund der Tatsache der Doppelüberlieferung evident: Er erscheint sowohl im Kanonteil der Nebiim (2. Sam 22) als auch in den nachgeordneten Ketubim (Ps 18). Wie immer man *literarisch* die Abhängigkeit der beiden ähnlichen, aber nicht identischen poetischen Stücke postuliert, im Rahmen einer *kanonischen* Lektüre geht das Davidlied 2. Sam 22 (das als Schlusslied seinerseits Anknüpfungen an das testamentarische Moselied in Dtn 32 aufweist) dem Psalter voran. Kommt dazu, dass dieses noch vor der "Doppelung" in Ps 18 bereits in der Psalterouvertüre, im Bereich des Übergangs Ps 2 => Ps 3, als Bezugstext aufgerufen wird (vgl. dazu BOTHA/WEBER, "Song", 284.288–290). Anklänge an diesen königlich-davidischen Lobdank setzen sich durch den Psalter hindurch fort und finden in Ps 144 ihren Höhepunkt und Abschluss.

Ps 18 strukturell gegenübergestellt sind Ps 20–21.[3] Im Unterschied zu Ps 18, in dem König David selbst zu Wort kommt (und über 1 hinaus in 51 explizit erwähnt wird), beinhalten Ps 20–21 Gebetsworte, die *in Vertretung* des Königs – sei es als Fürbitte, Bekenntnis oder Dank und Jubel – von einem (nicht näher charakterisierten) sprechendem Ich (Ps 20,7) bzw. Wir (Ps 20,6.8–10; 21,14) formuliert sind. Hinsichtlich der Frage, ob David selbst oder ein Nachkomme auf seinem Thron im Blick ist bzw. sein kann, sind diese beiden Psalmen – unbesehen der David-Zuweisung in den Präskripten – deutlich offener als Ps 18, der allein schon durch die Verlinkung mit 2. Sam 22 eindeutig David im Blick hat.

Der Schöpfungs- und Tora-Psalm 19 (vgl. Wb Pss I, 110–113) ist (nachträglich?) zwischen die Königspsalmen eingeschoben und damit in die strukturell wie theol. betonte Zentralposition der Gruppe gestellt worden. Aufgrund seiner Thematik (und dem Motiv der "Schuldlosigkeit") ist er mit den Eckpsalmen Ps 15 und 24 verknüpft. Mit den nachfolgenden Königspsalmen 20–21 weist Ps 19 praktisch keine Berührungen auf. Dafür ist die Anlehnung an den vorangehenden Ps 18 durch Stichwort- und Motivbezüge gegeben (vgl. u.a. JHWH als "[mein] Fels" Ps 18,3.32.47; 19,15; "Knecht JHWHs" Ps 18,1; 19,12.14; *t-m-m* "unsträflich, vollkommen sein" Ps 18,26; 19,14). Die Psaltereröffnung (Ps 1–2) mit der Abfolge: Tora(-Weisheit) => Königtum wird

[3] Dass es *zwei* Psalmen sind und damit eine Asymmetrie vorliegt, könnte auf einen Ausgleich für deren geringeren Umfang (Ps 20–21 weisen einen ähnlichen Umfang wie Ps 19 auf, und alle drei Psalmen zusammen machen [nur] rund ¾ des Umfangs von Ps 18 aus) oder auf die Herstellung der Balance zwischen drei Tora- (Ps 15; 19; 24) und drei Königspsalmen (Ps 18; 20–21) zurückzuführen sein.

innerhalb des Psalmenbuchs damit ein erstes Mal wiederholt (Ps 18–19) und neu akzentuiert. Die Verklammerung von Ps 18 und 19 verstärkt sich noch, wenn Martin ARNETH (Psalm 19) mit seiner Annahme Recht hat, dass in Ps 19 mit dem "Sonnen"-Motiv (auch) königliche Akzente durchscheinen, die auf die Tora transferiert werden, und v.a. dass nicht nur Ps 18 und 2. Sam 22, sondern auch Ps 19 und 2. Sam 23,1–7 ("Letzte Worte Davids") parallelisiert sind (die Stichwort-Bezüge sind allerdings nicht allzu dicht). Die Doppelheit wie Verschränkung von Tora- (Eckpsalmen und Zentrumspsalm) und Königspsalmen (im Kern) innerhalb der Komposition Ps 15–24 unterstreicht die theol. Bedeutung wie auch die Verbindung beider Konzepte. Was sich im Kleinen dieser Gruppe abbildet, manifestiert eine Psaltertheologie, die für die Buchgestalt insgesamt charakteristisch ist.

3. Vom Messias David zum Christus Jesus

Die Grössen "David" und "Psalmen" sind in drei atl. Büchern verbunden, wobei – was die kanonische Abfolge (MT) betrifft – der Psalter zwischen den Samuel- und den Chronik-Büchern figuriert (vgl. MAYS, David). Im Psalter ist "David" mehr als nur ein Name – nach dem Gottesnamen (JHWH) ist es *der* Name schlechthin. Seine Psalter-Präsenz ist allein schon durch die Präskript-Angabe *l^{e}dawid* "zugehörig David" gegeben. Sie erscheint im MT fast in der Hälfte aller 150 Psalmen (in der LXX noch häufiger). Dazu kommen in einigen Präskripten Angaben zur David-Biographie, und zudem finden sich Erwähnungen von David auch in einigen Psalmenkorpora (s.o.).

Wenn David in und mit den Psalmen spricht, dann verbindet sich mit ihm ein breites Assoziations- und Bedeutungsfeld (vgl. KLEER, »Sänger«): Er ist der von JHWH erwählte, bevollmächtigte und gesalbte König Israels auf dem Zionsthron; ihm und seinen Nachkommen wird ein immerwährendes Königtum versprochen; er zeigt sich als Herrscher und Richter gegenüber Fremdvölkern und Feinden; er ist Beschützer und Fürsorger seines Volkes, besonders der Benachteiligten; er ist der (Vor-)Beter und Leiter des gottesdienstlichen Lobpreises der Gesänge Israels. Über diese königlichen Auftritte hinaus spricht er als *chasid* "Begnadeter, Frommer" und ist Paradigma für Israel als Volk. Er bringt nicht nur den Lobdank dar und stimmt ein in den Lobpreis, sondern spricht auch als bedürftiger Mensch in einer Vielfalt von Gefährdungen, Nöten und Herausforderungen (Anfeindung, Verfolgung, Krankheit, Schuld etc.). Wie er diese Nöte im Gespräch mit Gott bewältigt, darin wird er zum Vorbild, d.h. zum exemplarischen, identitätsstiftenden Beter und Sänger Israels. König David empfängt nicht nur proph. Gotteswort (wie z.B. in Ps 2), sondern es wird ihm und seinen Worten zunehmend selbst proph. Qualität attestiert (s.u.). Dadurch werden "seine" Psalmen und der Psalter insgesamt "autorisiert": David ist der im Psalter eingeschriebene, ideale, messianische Autor.

Diese Palette davidischer Autor-Aspekte ist für die theol. und praktische Aufnahme der Psalmen für Christen bedeutsam. Sie verbindet mit Israel und seinem König und eröffnet vielfältige Anschlussmöglichkeiten. Bibel- und kanontheologisch sind beide Leserichtungen legitim: Der Blick von und mit den (protomessianischen) Psalmen voraus auf den Messias/Christus Jesus (Verheissungsperspektive) und umgekehrt von den ntl. Schriften zurück zu den Psalmen als christologische und passionstheol. Beleg- und Deuteworte (Erfüllungsperspektive). Vom David der Psalmen führt der Weg zum Messias Jesus (vgl. dazu auch [7] V. 3.). Israels David wird damit nicht abgelöst oder gar enterbt, wohl aber ist Jesus nach der Überzeugung des NTs der endzeitliche Gesalbte, der in Erfüllung der Nathan-Verheissung in Davids Fussstapfen tritt und als Davidssohn und Gottessohn zum "Autor" der Psalmen wird. Christi Leidensweg, sein Beten wie auch seine Hoheitsstellung werden im NT denn auch weithin in der Sprache der Psalmen beschrieben. Prägnant wird die Stellung des endzeitlichen Messias in angedeuteter Selbstauslegung von Jesus im Gespräch mit den Pharisäern anhand der von ihm vorgenommenen Deutung von Ps 110,1 (vgl. auch Ps 2,7) in Mt 22,41–46 (und par) zum Ausdruck gebracht:

> 22,41 Als aber die Pharisäer versammelt waren, fragte Jesus sie und sagte: 42 "Was haltet ihr von dem Christus/Messias? Wessen Sohn ist er?" Sie sagen zu ihm: "Davids". 43 Er spricht zu ihnen: "Wie nennt David ihn denn im Geist Herr, indem er sagt: 44 'Der Herr sprach zu meinem Herrn: Setze dich zu meiner Rechten, bis ich deine Feinde lege unter deine Füsse'? 45 Wenn nun David ihn Herr nennt, wie ist er sein Sohn?" 46 Und niemand konnte ihm ein Wort antworten noch wagte jemand von dem Tag an, ihn weiter zu befragen.

Der Messias Jesus ist nicht nur der Nachfahre Davids auf dessen Thron, sondern zugleich sein "Herr" – wie David selbst bezeugt, der als Sprechender des Psalms gilt (vgl. Überschrift). Mit dem Platz zur Rechten Gottes ist ihm die Herrschaft übergeben. Zugleich ist er der Mittler zwischen Gott und David, zwischen JHWH und Israel, zwischen dem himmlischen Vater und der Kirche als seinem Leib. Auf diesem Hintergrund können wir in den Psalmen nicht nur die Stimme über ihn (*vox de Christo*) im Sinne der messianisch-prophetischen Erfüllung hören, sondern ihn selbst als "Autor" und Redenden vernehmen (*vox Christi*), wie Dietrich BONHOEFFER (Psalmen, 11f.) formuliert:

> "Jesus hat alle Not, alle Freude, allen Dank und alle Hoffnung der Menschen vor Gott gebracht. In seinem Munde wird das Menschenwort zum Gotteswort, und wenn wir sein Gebet mitbeten, wird wiederum das Gotteswort zum Menschenwort. So sind alle Gebete der Bibel solche Gebete, die wir mit Christus zusammen beten, in die er uns hinein nimmt und durch die er uns vor Gottes Angesicht trägt ..."

Im Anschluss an die vielen "Ich"- und "Wir"-Worte, im Nachbeten der Psalmen werden unsere Stimmen mit Jesus Christus eins (*vox hominis/ecclesiae cum Christo*). Hier liegt für Christen – in der frühen Kirche entwickelt (vgl. 7 VII. 1. B) – wohl die spirituell wie liturgisch tiefste Erfahrung des Psalmbetens im Horizont der "Autor"-Frage.

III. Psalmen und Prophetie

DOEKER A., Die Funktion der Gottesrede in den Psalmen (BBB 135), Berlin 2002 • FÜGLISTER N., Die Verwendung und das Verständnis der Psalmen und des Psalters um die Zeitenwende, in: J. SCHREINER (Hrsg.), Beiträge zur Psalmenforschung (FzB 60), Würzburg 1988, 319–384 • GILLINGHAM S., From Liturgy to Prophecy, CBQ 64 (2002) 470–489 • HILBER J.W., Cultic Prophecy in the Psalms (BZAW 352), Berlin 2005 • HOSSFELD F.-L., Das Prophetische in den Psalmen, in: F. DIEDRICH / B. WILLMES (Hrsg.), Ich bewirke das Heil und erschaffe das Unheil (Jesaja 45,7) (FzB 88), Würzburg 1998, 223–243 • KLEER M., »Der liebliche Sänger der Psalmen Israels« (BBB 108), Bodenheim 1996 • KOENEN K., Gottesworte in den Psalmen (BThSt 30), Neukirchen-Vluyn 1996 • STEINS G., Geschichte, die im Rahmen bleibt, in: E. BALLHORN / G. STEINS (Hrsg.), Der Bibelkanon in der Bibelauslegung, Stuttgart

2007, 198–211 • WEBER B., Der Asaph-Psalter – eine Skizze, in: B. HUWYLER u.a. (Hrsg.), Prophetie und Psalmen (AOAT 280), Münster 2001, 117–141 • WEBER B., Prophetische Predigt im Asaph-Psalm 81, JETh 17 (2003) 35–44 • WEBER B., Der Beitrag von Psalm 1 zu einer "Theologie der Schrift", JETh 20 (2006) 83–113 • WEBER B., Asaf – ein Name, seine Träger und ihre Bedeutung in biblischen Zeiten, in: M. WITTE / J.F. DIEHL (Hrsg.), Orakel und Gebete (FAT II/38), Tübingen 2009, 235–259.

Der Abschnitt "Psalmen und Prophetie" wird aufgrund von Überschneidungen mit der Thematik des davidischen Königtums hier eingefügt. Mit den in der Überschrift genannten Parametern sind die proph. Phänomene im Psalter damit allerdings nicht hinreichend beschrieben. Entsprechend bedürfen sie weiterführender Erörterungen.

1. Königtum und Prophetie

Königtum und Prophetie sind im AT vielfältig und eng aufeinander bezogen. Im MT kommt dies (anders in der LXX) auch dadurch zum Ausdruck, dass in den Kanonteil Nebiim ("Propheten") sowohl die "geschichtlichen" Bücher von Josua bis Könige als auch die sog. "Schriftpropheten" von Jesaja bis zum Zwölfprophetenbuch eingestellt sind. Dass die davidische Königsdynastie sich dem proph. Wort verdankt, wird über die Nathan-Verheissung (2. Sam 7, s.o.) hinaus auch im Psalter greifbar. So fällt auf, dass das Königtum im Initialpsalm 2 weithin im Modus von Gottesworten zur Sprache kommt (Ps 2,6–9, vgl. 3 IV. 4). Die Bedeutung proph. Rede im Zusammenhang des Davidsbundes ist zudem dadurch unterstrichen, dass in weiteren Königspsalmen auf die proph. ergangene Ansage nicht einfach berichtend referiert wird, sondern wiederholt Gottesworte – mit oder ohne Redeeinleitung – hörbar werden (Ps 89,4f.20–38; 110,1.3; 132,11f.14–18).

In die Buchgestalt des Psalters ist über das Genannte hinaus ein weiteres Moment eingeschrieben: David und sein immerwährendes Königtum verdanken sich nicht nur proph. Gotteswort, sondern David rückt *selbst* in die Gestalt eines Propheten auf. Der Ausgangspunkt für diese Entwicklung dürfte in den sog. "Letzten Worten Davids" 2. Sam 23,1–7 liegen. Das poetische Stück ist sprachlich nicht einfach (vgl. KLEER, »Sänger«, 39–77; STEINS, Geschichte, 204–209). Mit der einführenden Formel "Spruch (*n*^{e}*'um*) Davids ..." sind die nachfolgenden Worte als proph. eingeführt und ausgewiesen, auch wenn nicht sicher ist, ob über 3f. hinaus auch 6f. als Gottesrede (so Steins) zu bestimmen ist. Wie auch immer: In 2. Sam 23,1–7 redet David als von Gott (zum König) Gesalbter prophetisch. Zugleich wird er als "Lieblicher/Liebling der (instrumental begleiteten) Lieder Israels" (1, vgl. dazu den vorangestellten Lobdank Davids 2. Sam 22) eingeführt, so dass gesalbtes Königtum, Prophetie und Psalmodie (dazu kommt weish. Einfärbung) gleichsam eine Symbiose eingehen – und zwar eine, die wirkungsgeschichtlich bedeutsam wird.

Aufgrund des Anschlusses des Psalters als Fünfbuch Davids (in Analogie an das Fünfbuch Moses) an Tora (Pentateuch) und Nebiim kommt ihm selbst (schrift)proph. Anspruch zu. Dies signalisiert bereits der eröffnende Ps 1. Dort wird der Psalter autorisierend an proph. Stellen, insbesondere an das Eröffnungskapitel der Nebiim (vgl. namentlich Jos 1,7f.), angeschlossen (vgl. WEBER, Beitrag, 92–95). Die in den Psalterbüchern IV und V zunehmende Betonung von Theokratie und Eschatologie – gipfelnd im Finale Ps 146–150 (vgl. 6 II.) – hat das ihre dazu beigetragen. David, der zunehmend als Autor nicht nur der ihm zugewiesenen Psalmen (die in der LXX gemehrt werden), sondern des gesamten Psalters verstanden wird, bekommt proph.-eschatologische Züge. Entsprechend wird von einer "Messianisierung des Psalters" gesprochen (vgl. FÜGLISTER, Verwendung, 371–377). Ab der späthellenistischen Zeit wurden jedenfalls Psalmen auch explizit als proph. Texte angeführt (vgl. GILLINGHAM, Psalmody, 476–489). Um die Zeitenwende gelten die Heiligen Schriften insgesamt, zu denen auch der Psalter gehört (vgl. Lk 24,44), als "prophetisch" und d.h. als inspiriert und normativ (vgl. 2. Tim 3,16f.).

2. Gotteswort im Psalmenwort

A) Übersicht der Belege

Gottesworte finden sich keineswegs nur in Königspsalmen und auch nicht nur in David zugeschriebenen Psalmen. Diese Ich-Reden JHWHs sind – zumal wenn keine Redeeinleitung vorliegt (Markierung) – nicht immer leicht eruierbar. Die folgende Zusammenstellung stellt daher eine Annäherung dar (vgl. KOENEN, Gottesworte; HOSSFELD, Prophetische; DOEKER, Funktion):

Teilbuch	Psalm	Verse[4]	Präskript	Charakteristika[5]		
Anfang	**2**	6.7–9	–	KönPs	Legitimation	Zk+Vg
I	**12**	6	David	IndivPs	Heilswort	Gw
	(14)	(3–)4?	David	WeisPs	Verdikt	Gw
	(27)	8?	David	IndivPs	Gebot	Vg
	32	8(f.)	David	IndivPs	Zuspruch	Gw/Zk
	35	3	David	IndivPs	Zuspruch	Gw/Zk
II	**46**	11	Söhne Qorachs	KollPs	Ermahnung	Gw
	50	5.7–13.15.16–23	Asaph	KollPs	Ermahnung	Gw
	(14)=>(53)	5?	David	WeisPs	Verdikt	Gw
	(58)	2(f.)?	David	KollPs	Anklage	Gw
	60	8–11	David	KollPs	Zuspruch	Vg
	68	(12–14.)23f.	David	KollPs	Zuspruch	Vg/Zk
III	**75**	3–7.11	Asaph	KollPs	Ermahnung	Gw+Zk
	81	7–15.17	Asaph	KollPs	Ermahnung	Gw+Zk
	82	2–7	Asaph	KollPs	Ermahnung	Gw/Zk
	87	4(.6)	Söhne Qorachs	KollPs	Legitimation	Gw+Zk
	89	(3.)4f.20–38	Ethan	KönPs	Bundeszusage	Vg
IV	**90**	3	Mose	WeisPs	Ermahnung?	Vg
	91	14–16	–	IndivPs	Zuspruch	Gw/Zk
	95	(7f.)8–11	–	KollPs	Ermahnung	Gw
	105	11.15	–	KollPs	Zusage+Ermahn.	Vg

[4] Diskutierbare Belege sind eingeklammert oder mit "?" versehen.

[5] Diese Rubrik dient lediglich einer groben Zuteilung; dies gilt namentlich hinsichtlich der Komplexität der Zeitzuweisung, bei der zwischen dem Zeitpunkt der Gottesrede (formal) und den in ihnen angesprochenen Zeiten (inhaltlich) differenziert werden kann. Abkürzungen: Erste Kolumne: KönPs = Königspsalm; IndivPs = Individualpsalm; WeisPs = Weisheitspsalm (generell, kollektivierend); KollPs = Kollektivpsalm. Dritte Kolumne: Gw = Gegenwart; Vg = Vergangenheit; Zk = Zukunft.

4 *Königsherrschaft Gottes und seines Gesalbten ("Prophetie")*

V	**60 =>108**	8–11	David	KollPs	Zuspruch	Vg
	110	1.2.4	David	KönPs	Legitimation	Gw/Vg/Zk
	132	11f.14–18	–	KönPs	Zuspruch	Vg/Zk
Schluss	–					

Die Auflistung zeigt, dass innerhalb des Psalters mit seiner kommunikativen Hauptrichtung: Mensch => Gott (Gebet) erstaunlich oft auch die gegenteilige Rederichtung: Gott => Mensch vorliegt. Dabei ist anzunehmen – ohne die Möglichkeit literarischer Stilisierung auszuschliessen –, dass diese Gottesrede durch Menschen vermittelt geschieht (Prophetie). Eine eingehende Untersuchung des Phänomens bedürfte der genauen Eruierung der Funktion der Gottesrede im jeweiligen Kontext der einzelnen Psalmen (vgl. dazu Wb Pss I/II). Zur Erfassung können dabei folgende Kategorisierungen hilfreich sein: 1. Gottesworte mit ("zitierend") oder ohne Redeeinleitung; 2. Zeitaspekte der Gottesreden (aktuell ergehende oder früher ergangene, neu eingespielte Prophetie; Zeitbezüge des proph. Inhalts); 3. Charakterisierungen der Formen und Redeakte der Gottesworte (Heilszusage, Ermahnungen etc.).

Eine Durchsicht obiger Liste macht deutlich, dass Gottesrede in Individualpsalmen eher selten und wenn, dann meist nur kurz, vorkommt. Nahezu durchgängig geschieht dies in Form eines Heilswortes, das wohl als priesterlich vermittelt zu denken ist. Überwiegend erscheint Gottesrede in überindividuellen Zusammenhängen, die durch Weisheits-, Königs- und Kollektivpsalmen (unterschiedlicher Gattung) repräsentiert werden. Zu notieren ist ferner, dass der proph. Erst- und Letztbeleg ein Königspsalm ist (Ps 2; 132) und dass wir nach Ps 132 ein "prophetisches Schweigen" im Psalter haben. Zudem stechen aufgrund der auffallenden Dichte und Häufigkeit zwei Gruppen hervor: 1. die Gottesworte in den Königspsalmen mit ihrem oft dynastisch-legitimierenden Charakter (Ps 2; 89; 110; 132, dazu s.o.) und 2. die (dem Tempelsänger) Asaph zugeschriebenen Psalmen (Ps 50; 75; 81f., ferner Ps 95).

B) Der prophetische Charakter der Asaph-Psalmen

Die Asaph-Psalmen, die – mit Ausnahme von Ps 50 – im zentralen Psalterteilbuch III gesammelt sind (Ps 73–83), haben eine besondere Affinität zur Prophetie. Sie bieten diese nicht nur ausgeprägt dar, sondern reflektieren sie zugleich auch (vgl. HOSSFELD, Prophetische; WEBER, Asaph-Psalter). Dazu gehören namentlich Ps 50; 75; 81; 82 sowie der den Asaph-Psalmen nahestehende Ps 95 aus Teilbuch IV. Aufgrund des ähnlichen Settings (und teils Inhalts) werden die drei Psalmen 50; 81; 95 gerne als sog. "Festpsalmen" charakterisiert. Der Festcharakter bezieht sich dabei auf den liturgischen Zusammenhang im Rahmen der grossen (Herbst-)Feste Israels und nicht auf den Inhalt, denn diese Psalmen manifestieren einen Gerichtskontext. Die Asaph-Gruppe, deren Psalmen durchwegs einen kollektiv-paradigmatischen bzw. nationalen Horizont aufweisen, zeichnet sich dadurch aus, dass in ihr Psalmen gleichsam *vor* dem Gericht (Gerichtsansagen, Warnungen) mit solchen *nach* eingetroffenem Gericht (Volks- bzw. Gerichtsklagen, vgl. Ps 74; 79f.; 83) zusammengestellt sind. Die damit eingestiftete Botschaft dürfte lauten: Die Missachtung des warnenden, zur Umkehr einladenden Gotteswortes an Israel führt zum Gottesgericht an diesem. Jedenfalls geht es stets um Ermahnungen und Warnungen (Läuterungsgericht), gerichtet an (das gottesdienstlich versammelte) Israel insgesamt (vgl. Ps 50,4.7; 81,5.9.11f.14; 95,7.9), an Gruppierungen daraus (vgl. Ps 50,16 "Frevler"; 76,5 "Verblendete") oder an Gottwesen (vgl. Ps 82,1.6). Die Vermahnungen ergehen auffallenderweise nicht (nur) durch menschliche Autoritäten, vielmehr ist ihnen aufgrund expliziter Gottesworte ein gesteigerter autoritativer Anspruch eigen. Die proph. Ich-Worte JHWHs sind nicht nur peripher angedeutet, sondern ausgeführt und bestimmen aufgrund des beträchtlichen Umfangs diese Psalmen weithin. Zu erwähnen ist, dass nicht nur den Asaph zugeschriebenen Stücken im Psalter, sondern auch Asaph und seinen Nachfahren in der Chronik – wenngleich mit anderer, bekenntnishaft-lobpreisender Akzentuierung – eine proph. Dimension eigen ist. Hinter ihnen dürfte eine mit dem Gottesdienst verbundene levitische Trägergruppe stehen, die über einen grösseren Zeitraum hinweg Gottesworte proph. vermittelte (vgl. WEBER, Asaf). Von daher kann man "Kultprophetismus als ein Markenzeichen der Asafpsalmen" (HOSSFELD, Prophetische, 227) ansehen.

Darüber hinaus ist in den Asaph-Psalmen angesichts des Gottesgerichts ein Ringen um Prophetie überhaupt ablesbar, nämlich um die Frage, ob JHWH Israel auch in Zukunft sein Gotteswort (als Zeichen seiner herabneigenden Gnade) zukommen lässt. Ps 50 ist noch getragen von der Gewissheit vergangenen und aktuellen Redens Gottes (1–4); doch auch in diesem Psalm schimmert bereits durch, dass Prophetie der Hörwilligkeit aufseiten des Volkes bedarf (7). Diese Problematik ist in Ps 81 (s.u.) verstärkt und wird explizit mit Herzens-Verstockung in Zusammenhang gebracht (9.12–14). In den das Gericht (Untergang des Nordreichs, später auch des Südreichs) verarbeitenden Volks- und Mittlerklagen kommt die Frage aufs Tapet, ob das Versiegen proph. Rede und damit chaotische Orientierungslosigkeit als Teil des Gerichts zu verstehen sei (Ps 74,9; 77,9, vgl. Ps 83,2 [auf Ps 50,3 reagierend?]). Die hinter den Asaph-Psalmen stehende Trägergruppe führt ihre Aufgabe weniger auf davidische als auf mosaische Autorisierung und Mittlerschaft (vergleichbar mit Schriftpropheten wie Jeremia) zurück (vgl. Dtn 18,15–22) – ein Moment, welches auch das von den Asaphiten wohl mitgestaltete Psalterteilbuch IV bestimmt.

Eine bereits zwischen Hermann Gunkel und Sigmund Mowinckel strittige und bis heute debattierte Frage ist, wie in den (Asaph-)Psalmen proph. Rede zu denken sei: Ist in diesen Psalmen direktes (kult)proph. Reden greifbar oder sind diese Gottesreden eher indirekt, als litarisches Moment proph. Nachahmung bzw. (levitischer) Schrifttradierung und -auslegung, zu verstehen? Während das Pendel in der letzten Zeit in Richtung schriftauslegend-homiletischer Prophetie ausschlug (vgl. HOSSFELD, Prophetische, 243), hat jüngst John HILBER (Prophecy) hinsichtlich der Gottesreden in den Königs- wie auch den Asaph-Psalmen (unter Beziehung assyrischer Vergleichstexte) für eine authentische, vorwiegend vorexilische Kultprophetie plädiert.[6] Ohne eine abschliessende Beurteilung hier vornehmen zu können, liegt im Blick auf die Asaph-Psalmen sowohl (von Mose her sich legitimierende) Kultprophetie als auch Schriftgelehrsamkeit und -auslegung vor. Das Moment erfüllter Gottesrede in den m.E. vorexilischen, teils ins Nordreich zurückgehenden proph. Gerichtspsalmen – verbunden mit

---

[6] HILBER (Prophecy, 225f.) schreibt in seiner Zusammenfassung: "Complementing the first-person divine speech are framing devices, formal structure, rhetoric, themes, as well as life settings, which conform to what ancient Israelite worshippers would have expected of actual prophetic speech. Alternative explanations of prophetic speech in psalms, such as the sermon or poetic imitation, lack comparable examples external to psalms. On the other hand, Assyrian cultic prophecies, arising from a culture not far removed from ancient Israel, parallel the characteristics of prophetic speech found in the psalms ... In conclusion, a model of cultic prophecy remains the best explanation for the origin of psalms containing first-person divine speech."

der Kompetenz theol. Katastrophenverarbeitung (nach dem Untergang der beiden Teilreiche) – dürfte zur Profilierung dieses Trägerkreises und seiner Psalmen beigetragen haben. Dies macht deren prominente Stellung in (früh)nachexilischer Zeit verständlich. Zugleich bahnt sich in dieser Gruppe der Weg von einer kultischen zu einer homiletischen Prophetie, die bei den chronistischen Asaphiten greifbar wird, an.

C) Psalm 81 als abschliessendes Beispiel

Ps 81 gehört mit Ps 50 und 89 zu denjenigen Psalmen, welche die umfangreichsten Gottesreden enthalten. Nach der Textübersetzung sollen dazu einige Beobachtungen und Überlegungen dargeboten werden (vgl. Wb Pss II, 68–72; WEBER, Predigt).

81,1 Dem Musikverantwortlichen – nach der Weise von Gath (oder: auf der Gittit) –
zugehörig Asaph.

2 Stimmt den Jubel an für Gott, unsere Stärke/Zuflucht,
jauchzt zu dem Gott Jakobs!
3 Erhebt das Saitenspiel und schlagt die Handpauke,
die liebliche Tragleier samt Standleier!
4 Stosst am Neumond ins Widerhorn,
am Vollmond, als dem Tag unseres Festes!
5 Denn eine Satzung für Israel ist dies,
ein Rechtsentscheid vom Gott Jakobs.
6 Als Verordnung in Joseph bestimmte er es,
bei seinem Ausziehen gegen das Land Ägypten.
Eine Sprache ("Lippe"), die ich nicht kannte, höre ich:

7 *Ich habe befreit von der Last seine Schulter,*
seine Handflächen: vom Tragkorb sind sie losgekommen.
8 *In der Bedrängnis hast du gerufen, da habe ich dich herausgerissen;*
ich antwortete im Donnergewölk ("Versteck des Donners");
ich stellte dich auf die Probe an den Wassern von Meriba. – Sela.

9 ***Höre, mein Volk, denn ich will als Zeuge auftreten (oder: mahnen) gegen dich;***
Israel, wenn du doch hören würdest auf mich!
10 ***Nicht soll sein bei dir ein fremder Gott,***
und nicht sollst du anbeten einen ausländischen Gott!
11 ***Ich, der HERR, bin dein Gott,***
der dich Heraufführende aus dem Lande Ägypten.
Tue weit auf deinen Mund, dass ich ihn füllen kann!

12 *Aber nicht hörte mein Volk auf meine Stimme,*
ja, Israel erwies sich nicht willig mir.
13 *Da überliess ich es der Verstocktheit ihres Herzens:*
"Sollen sie doch handeln ("gehen") nach ihren eigenen Plänen!"
14 *O dass doch mein Volk hörend wäre auf mich,*
Israel auf meinen Wegen umherginge!

15 *Wie bald! Ihre Feinde würde ich demütigen*
und gegen ihre Bedränger wenden meine Hand.
16 Die den HERRN Hassenden müssten ihm schmeicheln;
ja, es wäre gewesen [= vorbei] ihre Zeit für immer!
17 Er *(oder: ich?)* hätte es gespeist mit erlesenstem Korn,
und aus dem Felsen mit Honig würde ich dich sättigen.

Ein gottesdienstlich-liturgisches Setting ist evident. Ps 81 macht deutlich, dass in einem Festzusammenhang – zu denken ist an den Herbstfest-Zyklus (Laubhütten, vgl. 4) und zwar im Nordreich vor 722 v.Chr. ("Joseph", 6), möglicherweise in Bethel – eine proph. Rede vorgetragen wurde. Sie stellt den Hauptteil dieses Psalms dar. Die Rezipierung und Aktualisierung mosaischer Stoffe machen wahrscheinlich, dass die Gottesrede ihren Ort und Zeitpunkt nach der Tora-Verlesung (mit dem Moselied Dtn 32,1–43 abschliessend?) anlässlich der Begehung eines Sabbat- oder Erlassjahres an Laubhütten hatte (vgl. Dtn 31,9–13; Neh 8,18). Die mit 7 einsetzende, den Rest des Psalms (nahezu) ausfüllende Gottesrede (= Kursivsetzung) wird in 6 als unerwartet eingeführt. Die Artikulation, eventuell auch der Inhalt wird vom proph. sprechenden Ich, das aus dem gottesdienstlich versammelten "Wir" heraustritt, als neu bezeichnet. Seine Worte hat der Sprechende durch Audition empfangen. Die nun anschliessende Prophetie bezieht sich allerdings nicht nur auf Neues, sondern ebenso sehr auf für den Sprechenden wie die Gemeinde Bekanntes. Entsprechend ist die Gottesrede charakterisiert durch einen Mix von Unbekanntem und Bekanntem. Dabei liegt das "Alte" in der überkommenen mosaischen Überlieferung, das "Neue" dagegen in deren gottesdienstlich-proph. Aktualisierung. Im Einzelnen lässt sich die komplex gebaute Gottesrede in vier Abschnitte untergliedern:

• 1. Gottes Selbstverweis auf sein vergangenes Heilswirken (7f.): Die Eröffnung geschieht mit einem "Heilsindikativ", in dem das proph. sprechende Ich Gottes auf Vergangenes wie Bekanntes referiert. Es wird an die Befreiung von der sklavischen Fronarbeit in Ägypten erinnert (vgl. Gen 49,15; Ex 2,23–25). Das "Donnergewölk" lässt an ein theophanes Eingreifen JHWHs denken, dessen geschichtlicher Bezug offen gelassen wird (Wolkensäule? Schilfmeerdurchzug? Sinai?). Sollte die Sinaitheophanie im Blick sein, klingt der Dreizeiler (8) wie ein Dreiklang von Rettung aus Ägypten, Tora-Gabe und Bewährung in der Wüste. Mit der Schlusszeile von 8 und den Wassern von Meriba ("Streit- oder Haderwasser", vgl. Ex 17,1–7; Num 20,1–13.24; Dtn 6,16–19) befinden wir uns am Umschlag von der Heilsvergewisserung zur Ermahnung. "Neu" gegenüber der aus dem Pentateuch bekannten Erzählung ist, dass das Volk Israel nicht widerspenstig Gott auf die Probe stellte, sondern umgekehrt JHWH sein Volk an den Wassern von Meriba prüfte – ein Moment, das in Ex 15,25f.; 16,4 zum Tragen kommt.

• 2. Gottes Mahnrede zum Hören und zur Alleinverehrung in der Gegenwart (9–11): Mit dem Höraufruf "mein Volk" ist das aktuell versammelte "Israel" angesprochen (vgl. Ps 78,1). *sch-m-'* "hören" (= im Text unterstrichen) ist ein Leitwort des Psalms (6.9[2mal].12.14) und findet sich kombiniert mit Volksbezeichnungen (= im Text grau hinterlegt). Es vollzieht sich ein Perspektiven- und Zeitwechsel: In der bisherigen Gottesrede waren die grundlegenden Heilstaten und damit die "Väter" im Blick; das gegenwärtige Israel war daran (nur) identifizierend als Erbe und Nutzniesser des Heilsgeschehens beteiligt. Jetzt aber geht es um die aktuelle Gegenwart wie um das aktuelle Israel – in dem Sinn kann man von einer "Prophetie in der Prophetie" sprechen (dieser Wechsel ist zusätzlich durch Fettdruck markiert). Der allgemein gehaltene Höraufruf in 9 wendet sich zur Gottklage angesichts der Hörverweigerung Israels. JHWH tritt, eine Gerichtsszenerie aufrufend, als Zeuge und Ankläger (aber noch nicht als Richter!) auf. Anschliessend wird das erste Ge- bzw Verbot – dem Volk wohlbekannt (vgl. Ex 20,2–5; Dtn 5,6–10; 6,4ff.) – neu eingeschärft und – in Umkehrung der Abfolge im Dekalog – das exklusive Bundesverhältnis samt dem Heilsindikativ der Befreiung aus Ägypten angeführt. JHWH hat sein Volk nicht nur aus der Knechtsschaft *heraus-*, sondern zugleich ins Land *hinauf*geführt (vgl. u.a. Ex 3,8.17; Dtn 9,23; Hos 2,17); dies nicht nur damals-einmalig, sondern – so zeigt die Partizipialform an: Anhaltend bzw. immer wieder neu ist er der Heraufführende (vgl. Jos 24,17; Jer 2,6). Die Aufforderung in der Schlusszeile von 11 lässt doppelsinnig an Wortgabe (vgl. Ez 2,8–10) wie leibliche Speisung – beides zum Sinai- und Wüstenkontext passend (vgl. Ex 16; 20ff.) – denken. Sie weist darauf hin, dass das Volk derzeit trotz Mangel-Erfahrungen nicht bereit ist, das Gute zu empfangen: Wenn der Mund nur weit offen wäre, JHWH würde ihn füllen (vgl. 17).

• 3. Gottes Klage über Israels Hörunwilligkeit und Verstockung (12–14): Mit 12 wechselt der Redestil von der direkten Anrede (9–11) zurück zum Bericht (7f.). Die Hörverweigerung wird zeitübergreifend beklagt, in 12 auf die Vergangenheit (Wüstenzeit) Bezug nehmend, in 14 die aktuelle Gegenwart mit einschliessend. Das (rechte) "Hören" bzw. die Verweigerung des Hörens und Gehorchens scheint – setzt man die Leitwort-Technik (s.o.) in Bedeutung um – das zentrale Problem zu sein (vgl. u.a. Dtn 5,1; 6,3f.; 11,13.27f.). Die damit eingehandelte Folge ist die Preisgabe an die "Verstocktheit ihres Herzens" (vgl. Dtn 29,18; Jer 7,24; 11,8; 13,10) durch JHWH. Den Strophenschluss bildet der werbend vorgetragene Wunsch Gottes, dass Israel wieder recht zu hören und (neu) auf Gottes Wegen zu wandeln anfangen möge.

• 4. Die Skizzierung einer möglichen Zukunft des Heils (15–17): Die abschliessenden Verse wollen Israel zu Umkehr und neuer Hingabe motivieren. Gott malt aus, was er dem Volk aufgrund der Umkehr zum Hören und Gehorchen (14) alles bereiten würde – und dies bald. In Verbindung mit 10f. lässt sich anhand dieser Worte der gegenwärtige Problemhorizont eruieren: Fremdvölker und Fremdgöttereinflüsse unterminieren die Ganzhingabe an JHWH; die Folgen sind Feindbedrängnisse und Hunger aufgrund des Mangels an leiblicher wie geistlicher Nahrung. Demgegenüber verspricht JHWH, Israels Feinde zu beugen und zu besiegen (15); ihre Zeit wäre für immer vorbei (16). Zugleich würde Gott Dürre, Ernteraub und Hunger beenden und Nahrung die Fülle geben (vgl. Dtn 32,12–14): nicht nur erlesenstes Korn (das Alltägliche), sondern auch die Süssigkeit des Honigs (das Besondere). Im Schlussvers (17) pendelt die Rede – falls man das Subjekt nicht von "Er" zu "Ich" zu emendieren hat – zwischen Kommentierung – wie bereits in 16, wo JHWH nicht mehr der Sprechende zu sein scheint – und Gottesrede. Die sich durchziehenden Fäden von Altem (Überlieferung) und Neuem (Prophetie) werden am Ende gleichsam verknüpft. Im Modus "prophetischer Predigt" wird neues Gotteswort empfangen, welches das alte Gotteswort für die neue Zeit aktualisierend auslegt. Psalm und Gottesrede münden aus in eine Einladung – im Sinne einer indirekten Verheissung, nicht einer Drohung. Die Sache bleibt offen: nämlich die Antwort, die das gottesdienstlich versammelte Israel *(je) heute* gibt. Ps 81 ist ein eindrückliches Zeugnis dafür, wie nicht nur altes Geschehen vorgetragen, sondern dieses in prophetischer und predigthafter Weise für die Gegenwart aktualisiert wurde und werden kann.

IV. Die universale Königsherrschaft Gottes

ASSMANN J. / JANOWSKI B. / WELKER M., Richten und Retten, in: B. JANOWSKI, Die rettende Gerechtigkeit, Neukirchen-Vluyn 1999, 220–246 • GÖRG M., Gott als König, in: H. IRSIGLER (Hrsg.), Mythisches in biblischer Bildsprache (QD 209), Freiburg i.Br. 2004, 64–102 • HARTENSTEIN F., Das Angesicht JHWHs (FAT 55), Tübingen 2008 • JANOWSKI B., Das Königtum Gottes in den Psalmen, ZThK 86 (1989) 389–454 • JANOWSKI B., »Thronbesteigungsfest im Alten Testament«, ZAW 105 (1993) 270–278 • WILLMES B., Das Königtum Gottes in den Psalmen auf dem Hintergrund kanaanäischer Mythologie, in: H. IRSIGLER (Hrsg.), Mythisches in biblischer Bildsprache (QD 209), Freiburg i.Br. 2004, 103–133.

Unter den semitischen Völkern, zu denen auch Israel gehört, wurde die höchste Gottheit gewöhnlich als "König" betrachtet. Die Vorstellung von JHWH als König dürfte denn auch sehr alt sein – entsprechend dem, was der Psalmbeter bekennt: "Gott ist mein König von Urzeit her" (Ps 74,12, vgl. 93,2). In den Psalmen kommt Gottes Königsherrschaft in Verbindung mit der Jerusalemer Tempeltheologie ein wichtiger Stellenwert zu. Manfred GÖRG (Gott, 64) bringt dies mit folgenden Worten auf den Punkt:

> "Das Vorstellungsgut um das sogenannte 'Königtum Gottes' gehört unbestritten zu den zentralen Themen der Psalmentexte und zur Theologie des Psalters. Dabei geht es nicht nur um diejenigen Psalmen, die explizit von JHWH als König oder vom Königwerden JHWHs in Verbindung mit dem Heiligtum auf dem Zion reden, sondern auch um diejenigen, die die majestätische Dominanz des Gottes Israels mit Phänomenen der Natur oder des Kosmos in Zusammenhang bringen."

Es waren Einschätzungen über das Königtum Gottes, die zu einer heute noch nachwirkenden Kontroverse zwischen den beiden Gründungsvätern der modernen Psalmenforschung, Hermann Gunkel und Sigmund Mowinckel, führten (vgl. JANOWSKI, »Thronbesteigungsfest«). Gunkel stufte die "klassischen" JHWH-König-Psalmen 47; 93; 96–99 als "eschatologische Hymnen" ein; sie würden Königsmotive zwar nachahmen, seien aber als frömmigkeitlich im Sinne "geistlicher Lieder" mit Blick auf Gottes künftiges Königtum aufzufassen. Mowinckel dagegen brachte mit seinem kultdramatischen Ansatz die besagten Psalmen unter Hinweis auf mesopotamische Analogien direkt mit liturgischen Aufführungen respektive Kulthandlungen am herbstlichen Neujahrs- bzw. Thronbesteigungsfest JHWHs in Verbindung.

Bevor Aspekte göttlicher Königsvorstellungen vertiefter dargestellt werden, soll die in den Psalmen angelegte Breite des Vorstellungsraums vom Königtum JHWHs in einer tabellarischen Auflistung zur Thematik gehörender Begrifflichkeit und Motivik zunächst dokumentiert werden (vgl. WILLMES, Königtum; GÖRG, Gott):

• Von Gott als *melek* "König", seinem "Königtum" (*malkut/m^{e}luka*) bzw. verbal (*m-l-k*) von seinem (uranfänglichen, neu in Erscheinung tretenden) Königwerden bzw. königlichen Herrschen (dazu JANOWSKI, Königtum) ist in insgesamt 20 Psalmen explizit die Rede (über die JHWH-König-Psalmen 29; 47; 93; 95–99 hinaus Ps 5,3; 10,16; 24,7–10; 44,5; 48,3; 68,25; 74,12; 84,4; 103,19; 145,1.11–13; 146,10; 149,2). Dazu kommen Ableitungen der Wurzel *m-sch-l* "herrschen", die auf Gott bezogen werden. Die Rede vom Gottkönigtum JHWHs ist mit universalistischen Akzenten verbunden (u.a. Ps 29,1f.; 46,9–11; 47; 96–98; 100,1f.; 150,6).

• Gottes himmlischer oder irdischer *kisse'* "Thron(sitz)" (im Zionstempel) erscheint in Ps 11,4; 29,10; 33,14; 47,9; 89,15; 93,2; 103,19 (zwischen Königsthron und Richterstuhl oszillierend Ps 9,5.8). Von JHWHs "Thronen" ist die Rede u.a. in Ps 2,4; 9,12; 10,16; 22,4; 55,20; 68,17; 113,5; 123,1, ferner spezifischer als Thronen JHWHs über den mit der Lade verbundenen Keruben in Ps 80,2; 99,1 (vgl. 132,5–8.13f.).

• Gottesbezeichnungen wie *'eljon* "Höchster" (rund 20mal in den Psalmen: u.a. 7,18; 9,3; 18,14; 50,14; 77,11; 78,17.35f.) sowie v.a. "JHWH/Gott *tz^eba'ot* der Heerscharen" o.ä. (knapp 20mal in den Psalmen, u.a. 24,10; 46,8.12; 80,5.8.15.20; 84,2.4.9.13), wohl mit Verbindung zur Lade (zunächst in Schilo, dann in Jerusalem), verweisen ebenfalls auf JHWHs Königtum.

• Mit dem Königtum Gottes verbinden sich ferner Bezeichnungen und Funktionen wie u.a. "Hirte/weiden" o.ä. (u.a. Ps 23,1; 74,1; 77,21; 78,52; 80,2; 100,3), "Richter/richten" o.ä. (u.a. Ps 7,7–12; 9,5–9; 35,1.22–24; 50,4.6.21f.; 74,22; 75,3–9.11; 82; 94,1f.; 96,10) und "(mächtiger) Krieger" (u.a. Ps 3,4.8; 24,8; 35,1–3; 59,11f.; 76,4; 78,65f.; 83,10–12; 89,44) – teils verbunden mit JHWHs theophanem, über Chaosmächte triumphierendem Kommen (in Gewittererscheinungen), das den Erdkreis wie die Feinde erschüttert, aber Bedrängte rettet (u.a. Ps 18,7–20; 29,3–11; 46,4.7–11; 48,5–8; 65,8f.; 74,10–17; 77,17–20/21; 99,3f.).

• Aussagen von JHWH als Gründer und Erhalter der Schöpfung sind ebenfalls Ausdruck von Tempeltheologie und weisen Berührungen mit königstheol. Vorstellungen auf (u.a. Ps 24,1f.; 93,1f.; 95,3–6; 104,5ff.). Damit verbunden sind im Weiteren Motive wie der sich von Gottes Tempelquelle/Wort nährende Lebensbaum sowie von JHWH als Lebens- und Vegetationsspender samt Fruchtbarkeits- bzw. Erntesegen (u.a. Ps 1,3; 52,10; 65,10–14; 67; 92,13–15; 96,11f.; 104,13ff.; 115,14–16; 128,5f.).

Diese knappe begriffliche Absteckung der Thematik zeigt, dass die Königsherrschaft Gottes in einer Vielzahl unterschiedlicher Psalmen breit bezeugt ist. Zudem ist sie als Botschaft auch in den Psalter als Buch eingeschrieben. Dass Theokratie das bestimmende Moment der Psalterteilbücher IV und V ist, wurde bereits erwähnt (s.o.). Durch die Zusammenstellung Ps 144 => Ps 145 wird David nicht nur Teil der gepriesenen Gemeinde ("Demotisierung"); zugleich stimmt er mit ihr und für sie den Lobpreis auf die immerwährende Königsherrschaft JHWHs an. Als Letztes bleibt der anhaltende Lobpreis des finalen Hallels auf den Zions- und Himmelskönig, der nun die Königsprivilegien gegenüber den Unterdrückten in umfassendem und d.h. auch eschatologischem Sinn übernimmt (vgl. Ps 146,7–10; 149,2f.).

1. Der richtende und rettende Gott

Wenn hier von der "Gerechtigkeit" des als Königsgott und Weltenrichter auftretenden JHWH mit seinem richtenden wie rettenden Handeln die Rede sein soll, dann ist zunächst darauf hinzuweisen, dass manche Aspekte bereits andernorts angeklungen sind (vgl. 3 V. 2. und 4 II. 1.). Dass es hinsichtlich Regentschaft und Richterschaft zwischen dem irdischen und dem himmlischen König Analogien gibt, ist offenkundig – man vergleiche diesbezüglich nur Ps 72 (Zionskönig) mit Ps 145 (Himmelskönig)! Dass das Gottkönigtum das irdische überstrahlt und in seiner Akzentuierung über jenes hinausgeht, ist ebenso deutlich. Dabei betrifft JHWHs Herrschen, Richten und Retten nicht nur sein Bundesvolk Israel, sondern schliesst die Völkerwelt und deren Könige (vgl. Ps 2; 47; 96f.), ja, selbst Gottheiten bzw. -wesen mit ein (vgl. Ps 82). Einiges von dieser Konzeption der Gottesgerechtigkeit soll im Anschluss an Bernd Janowski u.a. nachfolgend skizziert werden (vgl. ASSMANN / JANOWSKI / WELKER, Richten).

Im Alten Orient und in der Bibel ist "Gerechtigkeit" das, was die Welt zusammenhält und zwar durch die verknüpfende Rückbindung einer Tatfolge – sei es Lohn oder Strafe – auf die Tat selbst (*iustitia connectiva*). Wo diese konnektive Gerechtigkeit nicht mehr funktioniert und d.h. der Böse ohne Strafe ausgeht und das Gute sich nicht mehr lohnt, ist die Welt sprichwörtlich "aus den Fugen". Etabliert und garantiert wird diese Gerechtigkeitsordnung durch die Gottheit und ihr korrelierendes Handeln als (juridisches) "Richten" (Ahndung des Bösen) und (soteriologisches) "Retten" (Belohnung des Guten, Wiederherstellung). Der Integre darf auf das Einschreiten JHWHs ihm zu Hilfe warten und dieses erbitten – mit dem Ziel, dass die "Rechtfertigung des Gerechten" (*iustificatio iusti*) heraus- bzw. hergestellt wird (vgl. Ps 7). Der Aspekt der Gemeinschaft in ihren unterschiedlichen Dimensionen ist stets mitgesetzt; entsprechend kann Gerechtigkeit als "Gemeinschaftstreue", "gemeinschaftsgemässes Handeln" o.ä. verstanden werden. JHWH als Herrscher und Richter ist "soziale Instanz": Er "richtet" und/indem er "rettet"; den Benachteiligten verhilft er zu ihrem Recht, befreit sie aus der Gewalt der "Frevler" und sanktioniert deren übles Tun (vgl. Ps 83,3f.; 146,7–9). Zur sozialen tritt eine kosmische Dimension: Der Königsgott gründet die Erde und erhält ihre Weltordnung angesichts bedrohender Mächte ("Chaos"), die zum Wanken bringen wollen (vgl. Ps 82,5; 96,10). Zudem "vermittelt" er die Gerechtigkeit als geschöpfliches Gedeihen und Segen – gleichfalls Formen bzw. Entfaltungen gottköniglichen Rechtshandelns (vgl. Ps 67; 144f.).

Ein kurzer Blick auf Ps 40 soll einige der genannten und untereinander verbundenen Aspekte veranschaulichen (vgl. Wb Pss I, 190–193): Im Lobdank bzw. als Loblied bezeugt das sprechende Ich sein Vertrauen auf JHWH und dessen Einschreiten (2–4). In der beigegebenen Klagebitte ist dies als "Retten" gefasst (14.18) und schliesst das (richtende) Beschämen und Ahnden der Widersacher ein (15f.). Entsprechend vermittelt dieses Gottes "Gerechtigkeit", die sich unter seinen Gerechten als "Gnade und Wahrheit" bzw. als "Barmherzigkeit" kundtut (11f.), in der Versammlung (10f.).

2. Audienz am "Hof" des Königsgottes

Friedhelm HARTENSTEIN (Angesicht) hat unter Verarbeitung altorientalischer Stoffe und ikonographischen Materials einen wichtigen Aspekt königstheol. Konzeption in den Psalmen beigebracht. Er skizziert als Vorstellungshintergrund das Setting einer höfisch-kultischen Audienz, die den Betenden in Israel vor das "Angesichts JHWHs" treten lässt. Tatsächlich ist die Rede vom Erscheinen vor dem Angesicht JHWHs (*p^{e}ne jhwh*) o.ä. im Psalter geläufig (vgl. u.a. Ps 4,7; 11,7; 27,8; 95,6; 98,9, dazu die Zusammenstellungen bei HARTENSTEIN, Angesicht, 223–262). Wie aber hat man sich dieses Nahen zu Gott vorzustellen?

Nicht ausschliesslich, aber bevorzugt wurde die Begegnung mit JHWH am Jerusalemer Tempel – dem Ort seiner Erwählung und Gegenwart (vgl. Ps 2,6; 78,68–72; 132,13f.) – gesucht und erfahren (vgl. u.a. Ps 3,5; 9,12.15; 23,6; 24; 48; 73,16f.; 84). Die Rede vom *panim* "Angesicht" JHWHs lässt nach realer Gestalt und tempeltheol. Gehalt fragen und führt in komplexe Fragestellungen damaliger Wahrnehmungen und Vorstellungen (Anthropomorphismen, Symbolwelten u.ä.) hinein (vgl. ebd., 1–62). Im Bezugsrahmen einer Psalmentheologie sind dabei folgende Eckwerte wesentlich:

• 1. Die "Begegnung" ist als *personale* Interaktion zu verstehen. Allein schon die Redeweise vom "Angesicht" lässt an eine "Gestalthaftigkeit" Gottes denken (vgl. auch 3 IV. 2.). Wahrnehmung und Kommunikation umfassen die Dimensionen des (frontalen) "Sehens" (vgl. u.a. Ps 10,11; 11,7; 17,2.15) wie des "Hörens/Sprechens" (vgl. u.a. Ps 18,7; 22,3f.25; 27,7f.). Unserer modernen Diastase zwischen "sichtbar/materiell" *versus* "unsichtbar/geistig" vorausliegend verbindet die Sprechweise vom "Sehen" und "Reden" sensorische wie imaginierende bzw. denkende Momente (Hartenstein: "mentale Ikonographie"). Eine Eruierung dessen, was visuell/auditiv und was imaginativ "wahrgenommen" wird, ist daher – wenn überhaupt – nur ansatzweise möglich. Gottes "Gestalthaftigkeit", die sich gegenüber dem Menschen im Sowohl-als-Auch von "Sehen" und "Nicht-sehen-Können/Dürfen" anzeigt (vgl. etwa Gen 32,31; Ex 33,18–23; 34,5–9; Ps 77,20f.), bleibt im bibl. Gesamtzeugnis im Bereich des Geheimnisvollen.

• 2. Der konventionell vorgegebene Vorstellungsrahmen ist der einer Audienz am Königshof. Er impliziert eine ausgeprägte Asymmetrie (Autoritätsgefälle) der "Begegnenden". Zu dieser Audienzszenerie gehört, dass der Königsgott als "sitzend/thronend", der sich Nahende dagegen – sofern ihm überhaupt Zugang gewährt wird – als "kniend/huldigend" (vgl. Ps 22,28.30; 95,6) situiert ist. Nähe wie Distanz ist räumlich und sozial gegeben; mehr als ein "Blick-Kontakt" ist nicht möglich. Der Tempel ist der Thronsaal Gottes: Wer eingelassen wird, um sein Anliegen vorzutragen, schaut das "Angesicht JHWHs". Wer Gott gnädig schauen darf, erfährt Zuwendung, Rechtshilfe bzw. Rettung (vgl. Ps 5,8f.; 27,7–9). Wem dagegen der Zugang verweigert oder die Bitte abgeschlagen wird, vor wem Gott sein Angesicht verbirgt, der erfährt Lebensminderung bis hin zum Tod (vgl. Ps 10,11; 13,2; 27,9; 44,25). Akzeptanz, Gewährung des (Gebets-)Anliegens und heilvolle Zuwendung verbinden sich im Rahmen dieser Szenerie mit u.a. dem (Hervor-)Strahlen bzw. Leuchten von Gottes Angesicht (vgl. Ps 31,17; 50,2; 80,2.4.8.20) und seinem Aufstehen zum Gericht gegenüber Widersachern (vgl. Ps 3,8; 7,7; 10,12; 102,4).

Idealtypisch lässt sich das Gesagte (nach HARTENSTEIN, Angesicht, 219) in folgendes Schema einer Audienzvorstellung überführen:
1. Zulassung zur Audienz;
2. Huldigung/Proskynese;
3. Bitte um Annahme und Errettung;
4. gewährte Audienz I: Schutz und Rettung, Leben und Dienst vor dem Königsgott;
5. gewährte Audienz II: Gottes theophanes Eingreifen als königlicher Retter und Richter;
6. Ablehnung (in) der Audienz: verweigerte Gottesnähe.

• 3. Dass sich in der erfahrenen Gottesbegegnung visuelle Wahrnehmung und Vorstellungsgehalte verflechten (s.o.), wird auch durch eine Reihe von Hinweisen erkennbar. So war für den Tempelbesucher der Zugang zum eigentlichen Tempelgebäude und namentlich zur Lade, wo JHWH (unsichtbar) als Keruben-Throner gedacht wird (vgl. Ps 80,2), nicht möglich. Gleichwohl verband sich für die Betenden die Präsenz am Heiligtum – angereichert durch eine Vielzahl sicht- und hörbarer Phänomene (Opferbetrieb, Festgottedienste, Musik/Gesang, Vortrag etc.) – mit der Gegenwart bei Gott (vgl. Ps 23,6). Gott zu "schauen", bedeutet Leben(sfülle). Bei ihm ist Bergung/Schutz (vgl. Ps 17,7–9; 27,5.9f.; 31,20f.; 61,3–5; 91,1f.), aber auch Schönheit, Sättigung an Gutem, Segen und Gedeihen; dies führt zu Freude und Jubel (vgl. Ps 16,11; 17,15; 27,4.6.13; 90,14;128,5). Zugleich wird an einigen Stellen deutlich, dass auch fern vom Zion eine "Gebetsaudienz" vor JHWH wie auch eine Erhörung (vom

Zion her) möglich ist (vgl. Ps 3,5; 61,3). Namentlich bei den Klagebitten ist – anders als beim Lobdank – mit einer Gebetssituation fern vom Zion zu rechnen, so dass für die Audienzvorstellung eine Tempelpräsenz des Betenden nicht zwingend erscheint. Die Sehnsucht, zum Heiligtum zu kommen und das Angesicht Gottes zu schauen, wird aber zum Ausdruck gebracht (vgl. Ps 42,1–3).

Die Vorstellung (höfischer) Audienz vor Gottes *panim* "Angesicht" sowie ihre Verzahnung mit weiteren Motiven werden zu bedenken sein. Die Konzeption ist jedenfalls ein Vorstellungsrahmen, der das damalige Beten, ja, Verbleiben am Zionstempel, verbunden mit einer Begegnung mit dem rettenden Königsgott JHWH (beim Sonnenaufgang), konturiert. Dies gilt, auch wenn die genauen Seh- und Vorstellungsabläufe nicht völlig aufgehellt werden können und damit Raum für das Geheimnisvolle solcher Gottes- wie Gebetserfahrungen bleibt.

5

WEGWEISUNG ("WEISHEIT")

Mit "Weisheit" verbundenes Denken und Gestalten prägt die Psalmen und den Psalter massgeblich. Davon zeugt bereits die Spitzenstellung von Ps 1. In diesem Hauptkapitel werden zunächst "Konturen der Weisheit" bedacht sowie entsprechende Formen und Inhalte aufgeführt. Anschliessend folgt eine Zusammenstellung weisheitlich geprägter Psalmen mit den sich in ihnen zeigenden Akzenten und Themenbereichen. Danach wird die Ebene von Einzelpsalmen verlassen und nach weisheitlichen Signaturen gefragt, die in der Buchgestaltung des Psalters greifbar werden. Dazu gehören positionelle Markierungen von weisheitlichen Psalmen an Eck- und Scharnierstellen, der vielschichtig-metaphorische Vorgang der "Weg"-Beschreitung, die Verflechtung von an Menschen (Seligpreisung) und an Gott (Doxologie) adressierten Glücks- und Lobaussagen und schliesslich die Verbindung von Tora-Weisheit und Königsherrschaft (Theokratie und Messianismus). Auch die in und mit Ps 78 als Geschichtsbelehrung gefundene theologische "Mitte" des Buchs verdankt sich weisheitlicher Pädagogik und Didaktik. Anhand von Ps 145 wird abschliessend die integrative Kraft der Weisheit evident, die David als Vorsänger des umfassenden Gotteslobs angesichts der ewigen Königsherrschaft JHWHs ins Wort setzt.

I. Konturen der Weisheit

LUX R., Die Weisen Israels, Leipzig 1992 • OEMING M., Wisdom as a Hermeneutical Key to the Book of Psalms, in: L. G. PERDUE (Ed.), Scribes, Sages, and Seers (FRLANT 219), Göttingen 2008, 154–162 • WEBER B., Weisheiten aus der Bibel für ein gelingendes Leben, Gütersloh 2002.

"Weisheit" hat in der Bibel (unter Einschluss des NTs) einen bedeutenden Stellenwert (vgl. LUX, Weisen; WEBER, Weisheiten). Was sie ausmacht und wie weit der Bereich abzustecken ist, der diese Bezeichnung verdient, wird diskutiert. Mit dazu gehört die Frage, ob bzw. inwiefern Psalmen und Psalter mit bibl. Weisheit zu verbinden sind.

Mit "Weisheit" – stets im Singular, eine Gesamtsicht benennend – ist ein kulturübergreifender Vorstellungskomplex mit einem universalen Horizont bezeichnet. Die Weisheit Israels bzw. der Bibel hat entsprechend Anteil an dieser Strömung von Erkenntnisfindung und Lebensbewältigung, die im Alten Orient, insbesondere in deren Hochkulturen, Verbreitung und Ansehen genoss. Es handelt sich um eine Konzeption von Weltverstehen, die das Leben genau beobachtet und inventarisiert, nach inhärenten Ordnungen fragt, einer gelingenden Daseinsbewältigung dienen will und dabei Lebenspraxis mit Wissen und Denken verbindet. In der Weisheit ist zusammengehalten, was im westlich-modernen Weltverstehen ausdifferenziert und zugleich auseinandergefallen ist: Wissen(schaft) einerseits und Lebenstüchtigkeit sowie Lebensmassstäbe (Ethik) andererseits. Entsprechend ist sie nicht gleichzusetzen mit "Intelligenz", sondern hat stets ein lebenspraktisches Moment bei sich, das aus der Verbindung von (distanzierendem) Beobachten und (sich ins Leben einbringender) Verpflichtung resultiert. Zur Weisheit gehört die Weitergabe von Lebensregeln und beruflichem Know-how vom Vater zum Sohn. Neben dem Elternhaus lag der Schwerpunkt der Weisheit im Umfeld des Königshofes – angefangen bei Salomo (vgl. 1. Kön 3), der zur paradigmatischen Gestalt des Weisen in der Bibel wird – mit u.a. den Schreibern und Erziehern der Bildungseliten. Auch der Tempel als Ort der Glaubensüberlieferung und -bildung ist von der Weisheit nicht unbeeinflusst. Das pädagogisch-didaktische Moment, also die (zunächst mündliche) Belehrung, ist ein zentrales Charakteristikum der Weisheit. Sie ist lernbar, steht aber als Einsicht in die göttliche Ordnung dem Menschen nicht einfach zur Disposition. Entsprechend geht sie nicht vom Menschen aus, sondern kommt auf ihn zu – auf den, der in Bescheidenheit und Genügsamkeit sie anzunehmen bereit ist. Sie trachtet danach, die Menschen in Übereinstimmung mit der Gott-durchwalteten Ordnung und Lebenswirklichkeit zu bringen. Eine Veranschaulichung bietet uns Rüdiger LUX (Weisen, 13), der Rabbi Nachman von Bratzlaw (1772–1810) erzählen lässt:

> "Es war einmal ein einfältiger Schuster. Der hatte zum Mittagsmahl nichts als ein trockenes, hartes Stück Brot. Wenn er aber das Tuch entfaltete, in dem dieses säuberlich verwahrt lag, wenn er den Segen über dem Brot sprach, dann saß er an königlicher Tafel. Die ersten Bissen aß er, als sei es eine nahrhafte Suppe. Danach kam ein größeres Stück. Das zerging ihm auf der Zunge wie ein saftiger Braten. Und zum Schluß sammelte er die Krumen. Sie hinterließen einen Nachgeschmack, als habe er gerade köstlichen Rosinenkuchen genossen. Der Schuster dankte dem Ewigen für das ›himmlische‹ Brot. Dann nahm er wieder sein Tagewerk auf. Ihm fehlte es an nichts."

Lux fügt bei: "Für Rabbi Nachman war dieser Schuster ein Weiser. Seine Einfalt hatte ihm die Augen geöffnet, die Zunge gelöst, den Magen gefüllt und das Herz weit gemacht. Im Brot auf der Schusterbank entdeckte er die Königin aller Speisen. Alles war darin verborgen und beschlossen, was Gott dem Menschen zugedacht hatte ... Der einfältige Schuster entdeckte im Brot den Geber aller Speisen (Ps 104,27), im Korn des kargen Landes schmeckte er die Freundlichkeit des Schöpfers auf der Zunge (Ps 65,10–14)." Wie die beiden in Klammern hinzugefügten Verweise auf Psalmverse im Lux-Zitat anzeigen, sind weish. Akzente dem Psalmenbuch nicht fremd. Dies manifestiert sich auch im "Leitsatz biblischer Weisheit", der mit ähnlicher Formulierung nicht nur im Rahmen des ersten Teils des Proverbien-Buches (Spr 1,7; 9,10), sondern auch in Ps 111,10 zu finden ist. Im Wortlaut von Spr 1,7 lautet er:

> 1,7 Die Ehrfurcht des HERRN [ist] Anfang/Inbegriff/Ziel ("Haupt") von Erkenntnis,
> Weisheit und Zucht – [nur] Narren schätzen sie gering.

Für die Bestimmung dessen, was als "weisheitlich" gilt, werden distinktive Begriffe, Redeformen und inhaltliche Typik in Anschlag gebracht. Dabei dienen als Vergleichsgrössen meist die "klassischen" Weisheitsbücher Sprüche, Hiob und Prediger. Ohne Anspruch auf Vollständigkeit seien nachfolgend einige weish. Charakteristika aufgeführt und mit Psalmen-Beispielen illustriert (vgl. OEMING, Wisdom, 154f.):

• 1. Begrifflichkeit: Ableitungen der Wurzeln *ch-k-m* "weise sein" (vgl. Ps 19,18; 37,30; 49,4.11; 90,12; 107,27.43; 111,10); die Redeweise von der "(Ehr-)Furcht JHWHs", von denen, die "JHWH fürchten" o.ä. (vgl. Ps 15,4; 19,10; 25,12; 34,11; 111,10; 128,1.4); Ableitungen der Wurzeln *b-j-n* "verstehen, einsehen, begreifen" (vgl.

Ps 32,9; 49,21; 92,7; 94,7f.; 107,43; 119,27.34.73.95 u.ö.) und *sh-k-l* "Einsicht/Klugheit haben, verstehen" (vgl. Ps 2,10; 32,8; 41,2; 94,8; 101,2); Begriffe des Belehrens und Unterweisens wie *j-r-h* und *l-m-d* (vgl. Ps 25,4f.8f.12; 27,11; 34,12; 71,17; 86,11; 94,12; 119,7.12.26.33.64 u.ö.); Ableitungen von *j-s-r* und *j-k-ch* mit dem Bedeutungsspektrum "zurechtweisen, erziehen, züchtigen" (vgl. Ps 38,2; 50,8.17; 94,10.12).

• 2. Redeformen: Aphorismen (*m^{e}schalim*) (vgl. Ps 34,14f.; 49,4f.; 78,2; 127,1), Zahlen- (vgl. Ps 62,12; 90,10; 144,13) und Komparativsprüche (vgl. Ps 37,16; 63,4; 118,8f.; 119,72), Argumentation/Belehrung mittels (rhetorischer) Fragen (vgl. Ps 34,13; 49,6f.10; 50,13.21; 58,2; 73,25; 77,8–10; 94,3.8–10.16), Seligpreisungen (vgl. Ps 1,1; 34,9; 63,5; 84,5f.13; 127,5), Höraufrufe (vgl. Ps 34,12; 49,2f.; 50,7; 78,1), Humor, Ironie und Sarkasmus (vgl. Ps 36,2; 37,13; 49,10.12.15; 50,13.21; 82,6f.; 105,17f.21f.; 115,4–8.17f.), Rätsel (vgl. Ps 49,5; 78,2), alphabetische Akrosticha (vgl. Ps 34; 37; 111f.; 119; 145) etc.

• 3. Inhaltliche Typik: Antithetik von "Gerechten" <=> "Frevlern" o.ä. (vgl. Ps 1,3–6; 7,10; 11,5–7; 26,4–6.11; 34,16f.22; 37,16f.21.37f.; 75,11), Rede von den "Narren" (<=> "Klugen/Weisen") (vgl. Ps 14; 39,9; 49,11; 73,22; 74,18.22; 92,6f.; 94,8), Tun-Ergehen-Zusammenhang (vgl. Ps 1,3–6; 7,15–17; 9,16f.; 28,4f.; 37,5f.12–15; 62,13; 64,4–9; 94,2.23; 141,9f.), Worte zur Nichtigkeit und Vergänglichkeit des Lebens (vgl. Ps 39,6f.12; 49; 62,10f.; 90,3–12; 94,11; 144,4), Belehrungen unterschiedlicher Art, von einzelnen Worten im Bekenntnis von Lobdank- o.ä. Psalmen bis hin zu durchgängig didaktischen und paränetischen Texten (vgl. Ps 14; 19; 25; 34; 37; 111f.).

Die Zusammenstellung der Belege lässt die eingangs gestellte Frage positiv beantworten: Es gibt die Verbindung von Psalmen und Weisheit. Wie diese Verbindung quantitativ und qualitativ in einzelnen Psalmen und im Psalmenbuch insgesamt zu veranschlagen ist, soll in den beiden nachfolgenden Kapiteln bedacht werden.

II. Weisheitliche Prägung von Psalmen

HOSSFELD F.-L. / ZENGER E., Psalmen 101–150 (HThKAT), Freiburg i.Br. 2008 • LUX R., Die Weisen Israels, Leipzig 1992 • OEMING M., Wisdom as a Hermeneutical Key to the Book of Psalms, in: L. G. PERDUE (Ed.), Scribes, Sages, and Seers (FRLANT 219), Göttingen 2008, 154–162 • WEBER B., Weisheiten aus der Bibel für ein gelingendes Leben, Gütersloh 2002 • WEBER B., Psalm 78: Geschichte mit Geschichte deuten, ThZ 56 (2000) 193–214 • WEBER B., Psalm 1 als Tor zur Tora JHWHs, SJOT 21 (2007) 179–200 • WENHAM G., Prayer and Practice in the Psalms, in: B. BECKING / E. PEELS (Ed.), Psalms and Prayers (OTS 55), Leiden 2007, 279–295.

Ob man von einer Gattung "Weisheits-Psalm" sprechen will, ist diskutabel. Unbestreitbar ist jedoch, dass eine Reihe von Psalmen weisheitlich koloriert ist. Dies gilt auch für den Psalter insgesamt. Als Verfasser- und Trägerkreise solcher Psalmen kommen am ehesten levitische Kreise am Jerusalemer Tempel, die auch mit Schreiber-, Ausleger- und Editoren-Tätigkeiten in Verbindung zu bringen sind, in Frage. An diesen Psalmen wird deutlich, dass die Bewegung bzw. Strömung bibl. Weisheit nicht streng abgegrenzt zu verstehen ist, sondern sich mit anderen sprachlichen und institutionellen Gegebenheiten verbindet. So weisen Lobdank-Psalmen (Toda) öfters an die versammelte

Gemeinschaft gerichtete Belehrungen auf, die man in gewissem Sinn als "weisheitlich" apostrophieren kann (vgl. u.a. Ps 30,6; 32,1f.9f.; 34,9–23; 92,8.13–16). Dass Tempeltheologie und Weisheit sich anreicherten, Gottesdienst und Belehrung ("wisdom and worship") sich verbanden, wurde durch die Nähe von Hof und Tempel in Jerusalem gefördert. Insbesondere schlägt sich im Psalmenbuch eine Durchdringung von Weisheit und Tora (vgl. zunächst Ps 1; 19; 119, ferner auch Ps 15; 37,30f.; 40,9–11; 78; 105f.) sowie die Verbindung von Weisheits- und Schöpfungs- bzw. Segenstheologie (vgl. Ps 1,3; 8; 34; 36; Ps 104; 115; 127f.; 133; 145 [hier zugleich verbunden mit Königstheologie]) nieder. Als Fazit ergibt sich, dass "Weisheit" ein bestimmender Faktor ist, der sich in den einzelnen Psalmen allerdings graduell unterschiedlich niederschlägt und teils mit anderen Vorstellungsgehalten vermischt ist.

1. Weisheitliche Psalmen im Überblick

Je nachdem wie eng die Bezeichnung "Weisheitspsalm" oder "weisheitlich bestimmter Psalm" gefasst wird, werden unterschiedliche Listen dargeboten. Nachfolgend eine (ebenfalls) subjektive Zusammenstellung weish. Psalmen.[1]

Teilbuch	Psalm	Stichworte (vgl. Wb Pss I/II)	Psalterkontext
Anfang	**1**	Tora-Weisheit: Zwei Wege	Grundlegung, Eröffnung I/Psalter
I	(8)	Lobpreis auf Schöpfer	
	(9–10)	Gerichtslob, Akrostichon	
	14	Belehrung (über die Narren)	
	(15)	Tempeleinlass-Tora	
	19	Schöpfung + Tora	"Mitte" Kleingruppe Ps 15–24
	(25)	Klagebitte + Belehrung, Akrost.	
	(32)	Weisheitlicher Lobdank	
	(33)	Hymnus mit Belehrung	
	34	Lobdank + Belehrung, Akrost.	
	(36)	Gebet mit Belehrung	
	37	Belehrung, Akrost.	
	(39)	Klagebitte mit weish. Reflexion	
	(41)	Weish. Eröffnung + Klagebitte	Schluss I
II	49	Lehrgedicht zur Vergänglichkeit	(Schluss Qorach-Gruppe I)
	(50)	Proph. Volksermahnung	
	(52)	Anklage und Belehrung	
	53 (vgl. 14)	Belehrung (über die Narren)	
	(62)	Lobdank + Belehrung	
III	**73**	Krise der Weisheit (Ergehen)	Eröffnung III
	78	Geschichtsparabel	"Mitte" des Psalters
IV	**90**	Gebet + Vergänglichkeitsreflexion	Eröffnung IV
	(92)	Lobdank + Belehrung	
	94	Klagebitte + Belehrung	
	104	Weish. Kosmo-Theologie	
	(105)	Geschichtsbelehrung	
	(106)	Geschichtsbelehrung	Schluss IV

[1] Mit Fettdruck wird eine exponierte Platzierung im Psalter angezeigt (Anfangs-, End- bzw. Scharnierstellen), in Klammern werden Psalmen aufgeführt, die weniger deutliche Weisheitsspuren aufweisen und deren Aufnahme in die Liste diskutierbar ist.

V	**(107)**	Geschichtsbelehrung	Eröffnung V
	(111)	Lobpreis + Belehrung, Akrost.	
	112	Lob des Gerechten	
	119	Tora-Frömmigkeit, Akrost.	"Mitte" Psalterteilbuch V
	(125)	Weish. Vertrauenspsalm	
	127	Belehrung: Gottes Mühe + Segen	
	128	Familiensegen	
	(133)	Schöpfungssegen	
	(144)	Lobpreis, Gebet + Schöpfersegen	Schluss V
	(145)	Lobpreis + Belehrung, Akrost.	Schluss V
Schluss	**(146f[f].)**	Lobpreis + weish. Einschläge	Schluss Psalter

Diese, aus der eigenen Sondierung im Vergleich mit anderen Listen resultierende Zusammenstellung weish. beeinflusster Psalmen macht zweierlei deutlich:

• (1.) Ähnlich wie die Königs- und Gott-Königs-Psalmen (vgl. unter 4) sind auch die weish. Psalmen in der Regel nicht in "Serien" (wie die Gebetspsalmen) zusammengestellt – eine gewisse Häufung ist lediglich in den 30er-Psalmen zu konstatieren –, sondern finden sich "verstreut" im ganzen Psalmenbuch. Dabei fallen Platzierungen an markanten Stellen auf und zeigen buchredaktionelle Absichten an.

• (2.) Es fällt auf, dass Psalterteilbuch I gemessen an seinem Umfang viele weish. akzentuierte Psalmen enthält. Vergleichbares lässt sich von Teilbuch V samt finalem Hallel sagen. Teilbuch IV gehört diesbezüglich in den mittleren Bereich. Die Psalterteilbücher II und III, die weithin mit dem sog. "Elohistischen Psalter" (Ps 42–83) übereinstimmen, enthalten dagegen relativ wenige Psalmen mit weish. Prägung.

2. Weisheitliche Akzente in den Psalmen

A) Weisheit als Belehrung: Die beiden Wege als Alternative

In der Unterweisung des Sohns durch den Vater bzw. des Schülers durch den Lehrer vollzieht sich Weisheit. Sie operiert mit Beobachtung, Beschreibung und Beurteilung menschlicher Einstellungs-, Verhaltens- und Ergehensweisen, die gemäss dem "Tun-Ergehen-Zusammenhang" (vgl. dazu 3 IV. 3. B c) als untereinander "gesetzmässig" verbunden angenommen werden. Mittels Verbinden und Scheiden geht es darum, das Gemeinsame zu suchen und das Trennende zu entdecken. Als pädagogisch-didaktische "Technik" werden häufig Formulierungen mit polarer bzw. antithetischer Akzentuierung eingesetzt. Dadurch wird eine Plausibilisierung mit Hilfe von gegensätzlichen Sachverhalten angestrebt. Es geht um ein "Entweder-Oder": hier der "Gerechte" oder "Begnadete", dort der "Frevler" oder "Sünder". These und Antithese stehen sich polar gegenüber, schliessen sich gegenseitig aus und werden nicht in eine Synthese aufgelöst. Eine Ausdifferenzierung fehlt ebenso wie eine evolutionäre Komponente. Gegenüber einem vermittelnden (hegelschen) Dreitakt-Modell (These <=> Antithese => Synthese) bleibt die bibl. Weisheit bei einem "unversöhnlichen" Zweitakt stehen und erweist sich damit als a- oder sogar anti-dialektisch. Derartiges Typendenken ist als pädagogisches Bemühen einzustufen, das auf Klärung abzielt.[2] Die Schärfung von Kon-

[2] In einigen Psalmen mag noch ein weiteres Moment für den Gebrauch der Antithetik dazukommen: In Situationen der Lebensbedrohung, die in etlichen Psalmen im Hintergrund steht, ist Grundsätzlichkeit

turen steht gegenüber dem Anliegen der Ausdifferenzierung im Vordergrund.[3] Die Antithetik ist weniger anthropologisch-ethisch als theologisch zu fassen: Es handelt sich bei den "Gerechten" nicht – in moralischen Kategorien gesprochen – um "Unfehlbare" oder "Sündlose". Die "Gerechten" sind vielmehr diejenigen, welche in Anbindung an Gott, seinem Willen und seiner Wegweisung leben. Eine solche Lebensweise gilt als *tam* "untadelig, vollkommen" (vgl. z.B. Ps 26,1.11) und äussert sich in entsprechendem Verhalten (Ethik). Die Alternative: Gottverbundenheit oder Gottferne – ohne dritte Option – ist einsichtig. Wer den Weg der Gottesliebe und der Hinwendung an das Gotteswort geht, wird glücklich gepriesen; wer sich dagegen mit Gott-losem Verhalten vergemeinschaftet, verfällt der Nichtigkeit; sein Weg verliert sich und bleibt ohne Zukunft.

Inwieweit mit der Unter-scheidung auch ein implizites Insistieren auf Ent-scheidung einhergeht, lässt sich diskutieren. Die Gegenüberstellung der beiden Wege wird m.W. nirgends *direkt* mit einem Akt des Wählens oder einem Aufruf zur Entscheidung verbunden. Die diesbezüglich nächsten Parallelen liegen im Deuteronomium (v.a. Dtn 30, ferner Dtn 11; 28), wo Mose dem Volk Segen und Fluch als Konsequenzen von Gebotsgehorsam bzw. -ungehorsam vorlegt und damit eine Hingabeverpflichtung anmahnt, der das Volk auch nicht nachkommen und sich damit "entscheiden" kann. Die u.a. in Ps 1 greifbare Zwei-Wege-Lehre bibl. Weisheit ist nicht mit dem modernen Verständnis menschlicher Selbstautonomie und freier Entscheidung zu vermengen – um es in der Sprache von Ps 1 auszudrücken (vgl. 2 I.): Dass der Gerechte wie ein Baum grünt und Frucht bringt, d.h. das Leben gelingt (V. 3), liegt nicht in der (alleinigen) Verfügungsgewalt des Menschen. Gleichwohl dürfte die Funktion der Antithetik nicht allein im Beschreiben und Bestärken (des richtigen Weges der Gerechten) liegen, sondern auch einen pädagogisch-paränetischen Impetus haben: Der Mensch ist herausgefordert, sich stets neu für den rechten Weg zu entscheiden und darin zu beharren (die Möglichkeit bzw. Anfechtung einer Abkehr deuten Ps 73,13–15 an). In weish. Aufzeigung der Alternative der beiden Wege und dem daraus resultierenden Ergehen – bilanziert im Schlussvers – will Ps 1 (s.o., 2 I.) auf den *rechten* Weg zu gelingendem Leben einweisen. Zugleich wird mit diesem Eröffnungspsalm der Hörende bzw. Lesende *recht* in den Psalter eingeführt. Mit Belehrung, Stärkung und Ermutigung auf dem Weg durch das Buch und durch das Leben werden grundlegende Ent-scheidungen deutlich und – wo nötig – herbeigeführt.

Was Ps 1 mit der Belehrung über die beiden Wege – des/der "Gerechten" und der "Frevler" – als Thematik anschlägt, findet sich im Verlauf des Psalters in verschiedenen Psalmen unter Variierung und Modifizierung fortgeführt (vgl. darüber hinaus auch die Zwei-Wege-Lehre in der Verkündigung Jesu, z.B. in der Bergpredigt [vgl. Mt 6,24;

---

und nicht (mehr) Ausdifferenzierung angesagt. Analoges gilt für das scharfe Gegenüber in der apokalyptischen Literatur, die Bedrohungshintergründe aufweist.

[3] Derartigem alternierendem Denken und Beurteilen ist die (post)moderne Zeitlage nicht günstig gestimmt. Polarisierungen werden nicht selten als undifferenziert bzw. unsachgemäss empfunden und entsprechend (zu schnell) als "Schwarz-weiss-Malerei" oder "Schubladisierung" gebrandmarkt. In "Wirklichkeit", so bekommt man etwa zu hören, seien Menschen weder einfach "Frevler" noch "Gerechte". Vielmehr liege – bis ins eigene Herz hinein – ein kaum trennbares "Mischverhältnis" von guten und bösen Anteilen vor. Die Möglichkeit einer solchen (psychologisch-seelsorglich akzentuierten) Einschätzung soll hier so wenig bestritten werden wie der Umstand, dass das weish. Denken keineswegs das einzige der Bibel ist und auch andere Weisen des Umgangs mit der Wirklichkeit vorliegen. Eine Ablehnung weish. Denkens ist damit allerdings nicht gerechtfertigt.

7,13f.24–27]). In den anschliessenden (Gebets-)Psalmen 3ff. sind pointiert antithetische Gegenüberstellungen wie in Ps 1 (zunächst) spärlich (vgl. Ps 9,18f., später Ps 34,22f.; 37,16–22; 40,5; 125,4f.). Meist erfolgt die Skizzierung der beiden Positionen seriell bzw. alternierend. Zwar finden sich gelegentlich Erwähnungen des/der "Gerechten" bzw. "Begnadeten" (vgl. Ps 4,4; 5,13; 7,10.12; 11,3.5.7; 12,2; 14,5; 16,10, ferner "Armen"-Begrifflichkeit), das Gewicht liegt aber auf der anklagenden Erwähnung der "Frevler", "Bedränger", "Feind(e)" (vgl. Ps 3,2.8; 4,3; 5,6f.9; 6,9.11; 7,2.7.10; 8,3; 9,4.6f.14.17f.; 10,2–4.13–15; 11,2.5f.; 12,9; 13,3.5; 14,4; 17,4.9.13) und der Schilderung ihres gerichtswürdigen Verhaltens. Dazu fügt sich in Ps 14 (vgl. Ps 53) die bilanzierende wie hyperbolische Aussage, dass die Gesamtheit der Menschen verdorben ist und keiner Gutes tut (Ps 14,1–3, vgl. Röm 3,10–12). Die "Übeltäter" (4) erweisen sich als "Narren" (1), die – anders als die "Klugen" (2) – keine Gottessucher, vielmehr Gottesleugner sind. Zu den handlungsbezogenen Wegen der "Frevler" und "Gerechten" (Ethik) gesellt sich damit die Alternierung "Narren" *versus* "Kluge" (Einsicht), und diese wird mit der Gottesausrichtung in Beziehung gebracht (zum Motiv des "Narren" vgl. ferner Ps 49,11.14.21; 92,7; 94,8). In den weish. Psalmen gegen Ende des Psalterteilbuchs I (Ps 32ff.) finden sich dann – ähnlich wie in Ps 1 – häufiger polare Gegenüberstellungen. Anders als bei den Gebeten am Psalteranfang liegt der Fokus dort auf der Zeichnung des/der "Gerechten", eingeschlossen der Schilderung des Guten, das ihm/ihnen von JHWH her zuteil wird, samt Ermahnung zu rechtem Verhalten und Glückpreisung (so Ps 32–34; 37; 41, ferner 112; 119).

In nochmals anderer Weise stellt sich die Alternative der beiden Wege in Ps 73 dar, dem Eröffnungpsalm der Asaph-Gruppe wie des Psalterteilbuchs III. In diesem Psalm, den man den "kleinen Hiob" nennen kann, manifestiert sich die "Krise der Weisheit" existentiell wie paradigmatisch am sprechenden Ich. Dieses steht für das wahre Israel insgesamt, wie der Eingangsvers deutlich macht. Die Eröffnungsplatzierung im national gestimmten, Krisen verarbeitenden Psalterteilbuch III (Ps 73–89) trägt zur Paradigmatik dieses Psalms bei. Zudem wird in Ps 73 – stärker als in Ps 1 und anderen weish. bestimmten Psalmen – eine quantitative Asymmetrie greifbar: Das sprechende Ich, das zu den "Gerechten" gehört (ohne sich diese Bezeichnung zu geben), erscheint isoliert und vereinzelt gegenüber den "Frevlern", welche die gesellschaftlichen Trends setzen (vgl. 8–12). Die eigentliche Anfechtung des sprechenden und dann auch betenden Ichs ergibt sich aber durch qualitative Faktoren, nämlich der "Umkehrung" und d.h. In-Frage-Stellung des "Tun-Ergehen-Zusammenhangs": Den dreisten Frevlern geht es unverschämt gut, dem sich zu Gott haltenden Ich jedoch unverdient schlecht. Die Lösung, die als Er-lösung zu verstehen ist, wird – dem Doppelcharakter des Psalters als gottesdienstliches wie unterweisendes Buch entsprechend – aus dem Kult *und* der Weisheit angebahnt (17): im Kommen zu den heiligen Stätten Gottes (Kult) und im Achten auf der Frevler Ende (Weisheit). Die Entfaltung der gewährten Wende in 18ff. verbleibt in beiden Sprachmodi: der weish. (Selbst-)Belehrung und der Spiritualität des Gebets.

B) Weisheit und Tora

Die Bucheröffnung mit Ps 1 zeigt an, dass die Verbindung, ja, Integration von "Weisheit" und "Tora" für das Verständnis des Psalters essentiell ist. Der Tora-Bezug wird über die Rede von der *torat jhwh* "(Unter-/Weg-)Weisung JHWHs" (2) hinaus durch eine Strategie der "Andockung" von Ps 1 und damit des Psalters insgesamt an deuteronomische Schlüsselstellen (Dtn 6,4–9, vgl. 17,14–20) sowie an Mose (Dtn 33,29) evident gemacht (vgl. WEBER, Psalm 1, sowie [2] I. 2. A a und B a). Durch diese rückwärtige Anbindung und damit Autorisierung wird die Zwei-Wege-Weisheit mit Gottesbelehrung und – etwas versteckter – auch mit dem Tempel (3) verknüpft. Diese Verbindung ist bereits im Deuteronomium angelegt (vgl. Dtn 4; 28) und verstärkt sich in späterem Schrifttum (vgl. Sir, auch Jesus in der Bergpredigt etc.). In Analogie zu Tora (Pentateuch) und Nebiim (Propheten) soll der Psalter ebenfalls als Wegweisung Gottes verstanden und entsprechend memorierend "einverleibt" werden – als Voraussetzung zu fruchtbarem und gelingendem Leben.

Der nach Ps 1 nächste Psalm, der die Grössen "Weisheit" und "Tora" miteinander verbindet, ist Ps 19. Explizit geschieht das in 8, wo neben *torat jhwh* "Wegweisung JHWHs" auch das Verb *ch-k-m* in der Bedeutung "weise machend" (Ptz hi) erscheint. Die Tora kommt gleichsam vom Himmel (vgl. 1.7), wie die Synchronisierung und Synthetisierung von Schöpfungshymnik (Sonne) (1–7) und Tora-Weisheit (8–11) anzeigt. Eingang finden muss sie in die irdische Existenz (12–15). Sie will nicht nur erdacht, sondern erbeten sein – erneut ein Hinweis auf die psalmentypische Verbindung von weish. Orientierung an Gotteswort und Gebetsspiritualität.

Die Wendung *torat jhwh* "Wegweisung JHWHs" findet sich innerhalb des Psalters noch ein drittes und letztes Mal, nämlich im Eröffnungsvers von Ps 119. In diesem längsten Psalm des Buches liegt zweifellos der Höhepunkt (und in gewissem Sinn auch der Abschluss) psalmischer Tora-Weisheit. Auch hier verbindet sich diese mit Gebet und wird zur *exercitia spiritualia*: Leben in der Tora ist Leben in der Nähe Gottes. "Tora" und deren Synonyme sind die Schlüsselwörter, um die der Psalm kreist. Wird in Ps 1 die Lust an und die Verinnerlichung ("murmelnd sinnen" = aus- bzw. inwendig lernen) der "Wegweisung JHWHs" glückselig gepriesen, so gilt in Ps 119 die Seligpreisung denen, die darin bzw. danach "wandeln" (*h-l-k*). Damit ist ein Bogen von der Memorierung in Ps 1 zur Praktizierung in Ps 119 gespannt. Kommt in Ps 19 zum Ausdruck, dass die Weisung bzw. das Zeugnis JHWHs weise macht, so ist in Ps 119 auch dies insofern konkretisiert, als die Praktizierung der Gottesbelehrung sich als *t^emime-derek* "untadelig [hinsichtlich] des (Lebens-)Weges" äussert (1, vgl. Ps 1,3).

Tora-Weisheit bildet demgemäss die "Brücke", welche die Psalmen 1; 19; 119 untereinander verbindet. In einigen weiteren Psalmen ist diese Thematik zumindest angedeutet. Offensichtlich ist dies in Ps 37 der Fall, wo sich Momente von Ps 1 (und Ps 19) wiederfinden: Ist in Ps 1,2 die Memorierung der Tora JHWHs im Blick, so in Ps 37,30 die Memorierung der *chokma* "Weisheit". Dass Tora und Weisheit gleichsam zu Wechselbegriffen werden, zeigt der nachfolgende Vers (31). Dort wird davon gesprochen, dass die *torat ^elohajw* "Wegweisung seines Gottes" im Herzen des Gerechten ist und seine Schritte entsprechend nicht wanken werden. Ausserdem erscheint das Stichwort "Untadeligkeit", mit dem Einstellung und daraus fliesendes Verhalten in Ps 119 verbunden werden (1, vgl. 80), auch in Ps 37 (18.37). In der Volks- und Geschichtsbelehrung von Ps 78 taucht die Bezeichnung "Weisheit" nicht explizit auf; gleichwohl ist zumindest die erste der drei "Tora"-Erwähnungen (1.5.10) weish. verhaftet (1–3). Im Schlussvers des Psalms (72) wird Davids Einstellung und Handeln gegenüber seinem Volk ebenfalls in weish. Manier ausgedrückt (vgl. namentlich *k^etom l^ebabo* "nach der Vollkommenheit/Lauterkeit seines Herzens").

C) Weisheit verbunden mit Schöpfung und Geschichte

Der erwähnte Ps 78 verbindet nicht nur Tora und Weisheit, sondern auch Weisheit und Geschichte (vgl. auch [5] III. 5.). Dabei wird die Frühgeschichte Israels nicht nur poetisch "erzählt", sondern dient zugleich weish. Belehrung. Geschichte wird als "Tora" (1) sowie – unter Aufnahme genuin weish. Redeformen – als *maschal* "(weish.) Spruch", hier: "Gleichnis, Parabel", respektive *chidot* "Rätsel" (pl) verstanden (2). Entsprechend wird die Zeitgeschichte mit der Frühgeschichte Israels gedeutet (vgl. WEBER, Psalm 78). Im Kontext des katastrophischen Psalterteilbuchs III kommt Ps 78 eine ähnliche Funktion wie Ps 73 (s.o.) zu: Angesichts von Umbrüchen, die nationales Ergehen, gesellschaftliche Wirklichkeit und die Existenz der Menschen betreffen, bieten diese Psalmen theol. Wirklichkeitsdeutung und -bewältigung. In der Tradition weish. Geschichtsbelehrung von Ps 78 – wenn auch ohne dessen raffinierte Parabeltechnik – stehen Ps 105/106 sowie Ps 107. Die (tora)weish. Aspekte sind nicht nur in der positiven oder negativen Vorbildfunktion der poetisch dargestellten Geschichte greifbar, sondern auch in deutenden Anfangs-, Zwischen- und Schlussbemerkungen (vgl. Ps 105,5–7.45; 106,3.5; 107,9.11f.17.27.37f.42f.). Mit Sprachformen aus Gottesdienst und Gebet (vgl. Ps 105,1–3.45; 106,1f.4f.47f.; 107,1–3.8) wird die Verbindung von Weisheit – nun als Geschichtsbelehrung – und Spiritualität bzw. Gottesdienst auch hier augenfällig.

Sind in Ps 107 (33–35.37f.) und auch anderswo weish. Akzente mit schöpfungs- und segnungstheol. Einstreuungen verbunden (vgl. u.a. Ps 1,3; 19,1–7; 33,5–9.15.19; 34,11), so darf Ps 104 als Paradestück der Verbindung von Schöpfung und Weisheit gelten. Auch diese "Kosmo-theologie" (Thomas Krüger) ist eingefasst in ein hymnisches Gebet. Weisheitlich ist die listenartige Aufführung schöpfungs- bzw. schöpferkundlichen Wissens. Gott ist König, Schöpfungswirker und -erhalter sowie Gastgeber und Ernährer, und all sein Wirken und Walten dient der Belehrung und gipfelt im Lobpreis. Durch die Aneinanderreihung von Ps 104–106 und die Einstellung ins Psalterteilbuch IV (Ps 90–106) wird die weish. Verschränkung von Schöpfung und Geschichte zusätzlich gefördert – in Ps 136 ist dies nachher in ein und demselben Psalm realisiert. Aufgrund voran- und nachgestellter Psalmen (Ps [101–]103; 107) mit ähnlichen Themen stellen sich Akkumulierungseffekte ein. Schöpfung und Weisheit verbinden sich zudem in Psalmen und Psalmpassagen, in denen Fruchtbarkeit, Nachkommenschaft und Segen herausgestellt bzw. als von Gott gegeben gepriesen werden (Ps 92,13–16; 127f.; 133; 144,12–15; 145,15f.; 147,8f.14.16–18, vgl. auch Ps 67; 148).

Eine andere Weise der Verbindung von Weisheit und Schöpfung liegt im Bedenken der Vergänglichkeit geschöpflichen Lebens vor. Am signifikantesten kommt dies im Lehrgedicht Ps 49 zur Sprache. Dort finden sich Aussagen, dass die Todesgrenze zur Einnivellierung menschlicher Standesunterschiede beiträgt; sie münden in den erkenntnispessimistischen Refrain 13 und 21. Nach der Exilskatastrophe bzw. in den Psalmen, die in die "nachexilischen" Psalterteilbücher IV (Ps 90–106) und V (Ps 107–150) eingestellt sind, nimmt diese Thematik breiteren Raum ein. Erwähnung verdient v.a. der mit Mose (vgl. Präskript) in Verbindung gebrachte Ps 90, der menschliche Vergänglichkeit und Gottes Zorn aufeinander bezieht. Dies führt zu Bitten an JHWH, umzukehren und gnädig zu sein. Aspekte dieser Vergänglichkeitsthematik bieten weitere Psalmen desselben Teilbuchs. Zu erwähnen sind Passagen wie Ps 92,8; 102,4f.10–12.24–27; 103,15f.; 104,29. Insgesamt durchzieht Psalterteilbuch IV damit eine Spannung zwischen positiven Schöpfungsaussagen bzw. -lobpreis einerseits (s.o., ferner Ps

91,16; 95,7; 96,11–13; 98,7f.), die in Ps 104 ihren Höhepunkt erreichen, und Vergänglichkeitsaussagen, die im Eröffnungspsalm 90 ihren stärksten Akzent haben. Tendenziell nimmt die Schöpfungsproblematisierung im Teilbuchverlauf ab, der Schöpferlobpreis dagegen zu. Diese Linie bestätigt sich insofern, als Teilbuch V die Schöpfungs- und Segenshymnik fortführt und noch verstärkt (s.o., ferner Ps 115,12–16; 121,2.6; 132,15; 134,3; 139,13–16); Vergänglichkeitsaussagen dagegen erscheinen nur noch spärlich (vgl. Ps 129,6; 144,4; 146,4).

D) Liturgie und Lehre

In den vorangegangenen Abschnitten ist mehrfach evident geworden, dass in weisheitlich imprägnierten Psalmen Liturgie und Lehre verschränkt sind (z.B. in Ps 19; 73; 90; 104–107; 119). Mit anderen Worten: Belehrung und Gebet, Ethik und Gottesdienst bedingen und bereichern sich gegenseitig. Dieser Befund ist bemerkenswert – jedenfalls aus der Sicht einer kirchlichen Liturgie, in der die Belehrung der Predigt zugewiesen wird und das Gebet seinen Platz davor bzw. danach hat und ohne Gemeindebelehrung ist ("Mischformen" finden sich allerdings im Gemeindegesang).

Eine strikte Scheidung zwischen "Kult" und "Weisheit" liegt – jedenfalls in der Art, wie wir die Psalmen überliefert haben – nicht vor, vielmehr finden wir öfters in *ein und demselben* Psalm eine Integration unterschiedlicher Sprechakte und Kommunikationssettings. Damit wird u.a. auch einer problematischen Zweiteilung von Lebenspraxis (Ethik) und Gebetspraxis (Gottesdienst) gewehrt, die bereits damals als Problem erkennbar war (vgl. u.a. Ps 50,5ff.; 55,13ff., ferner Jes 1,10–17; 58; Am 5,21–24). Positiv gesprochen fördert die Verbindung eine verstärkte (Selbst-)Verpflichtung zur Integration von Leben und Glauben, Ethik und Spiritualität. In den Worten von Gordon WENHAM (Prayer, 292.294f.):

> "When you pray a psalm, you are describing the actions you will take and what you will avoid … In praying the Psalms one is actively committing oneself to following the God-approved life. This is different from just listening to laws or edifying stories. It is an action akin to reciting the creed or singing a hymn. It involves strong commitment. This is why I think the Psalms have been so influential in moulding Jewish and Christian ethics …"

3. Psalm 112 als abschliessendes Beispiel

Die beiden alphabet-akrostichischen Psalmen 111 und 112 bilden ein Diptychon, dessen Teile aufeinander bezogen zu lesen und interpretieren sind. Während Ps 111 theologisch akzentuiert ist, bietet Ps 112 ein anthropologisch und ethisch ausgerichtetes Pendant dazu. Er soll als abschliessendes Beispiel für einen weish. gestalteten Psalm dienen (vgl. Wb Pss II, 230–233 [mit Modifikationen]; HOSSFELD/ZENGER, Psalmen 101–150, 231–245).

112,1 Lobpreist den HERRN!

Glückselig ist (je)der Mann, [der] in Ehrfurcht hält den HERRN,
[der] an seinen Geboten Gefallen hat sehr!
2 Held im Lande wird sein seine Nachkommenschaft,
als Geschlecht der Aufrichtigen gesegnet werden.
3 Vermögen und Reichtum [ist/wird sein] in seinem Haus,
und seine Gerechtigkeit besteht auf Dauer.

4 Aufgegangen ist in der Finsternis ein Licht den Aufrichtigen –
gnädig und barmherzig und gerecht.
5 Gut ist (je)der Mann, der gnädig und ausleihend ist;
er wird besorgen seine Angelegenheiten in Recht.

6 Denn für immer wird er nicht ins Wanken gebracht werden,
zu einem immerwährenden Gedenken wird werden der Gerechte.
7 Schlimme Nachricht wird er nicht fürchten,
fest ist sein Herz, zuversichtlich geworden im HERRN.

8 Verankert ist sein Herz, er wird sich nicht fürchten,
bis dass er (nieder)sehen kann auf seine Bedränger.
9 Er hat ausgestreut, gegeben den Armen,
seine Gerechtigkeit besteht auf Dauer.

Sein Horn wird sich erheben in Ehre;
10 der Frevler wird es sehen und zornig sein.
Seine Zähne, er wird knirschen und zerfliessen –
das Begehren von Frevlern wird zugrunde gehen.

Ps 112 ist – nach eröffnendem Aufruf zum Lobpreis – sechsteilig mit spiegelsymmetrischer Arrangierung (ABCC'B'A'). Zu den weish. Bau- und Sprachformen gehören neben dem Ordnungsmuster der Zeilen-Akrostichie, welche die "Vollkommenheit" des "Gerechten" (6) bzw. "Aufrichtigen" (2.4) abbilden dürfte, die sich an Ps 1 anlehnende Seligpreisung zu Beginn (1) und die Antithetik am Ende (9f.). Bei diesem Werbung, Belehrung und Verheissung einschliessenden Gedicht – gebetet wird in Ps 112 nicht – steht der Gerechte im Fokus. Dargestellt bzw. glücklich gepriesen wird der gottesfürchtige Mann (vgl. als Pendant dazu die gottesfürchtige Frau in Spr 31,10–31). Wie bereits deutlich wurde, vermag die Weisheit unterschiedliche Themenbereiche zu integrieren und assimilieren. So wird in V. 1 das klassisch weish. Gottesfurcht-Motiv (vgl. Spr 1,7; Ps 25,12; 128,1) mit Tora-Ausrichtung (vgl. Ps 19,9; 78,7; 119,6) verbunden. Die Lust an Gottes Geboten führt – im Sinne des Tun-Ergehen-Zusammenhangs – zum Wohlergehen. Dieses äussert sich im Segen von Nachkommenschaft (vgl. Ps 127,3–5; 128,3–5), in Wohlstand (vgl. Ps 128,2; Spr 8,18), Ansehen und fortgesetztem Rechtverhalten (2f.).

Mit einer gegenüber V. 1 modifizierten Glückpreisung wird die erste Psalmhälfte abgeschlossen – ähnlich wie sie begonnen hat (Rahmung). Anders als in 1 wird in 5 jedoch nicht das rechte Verhalten gegenüber Gott, sondern gegenüber dem bedürftigen Mitmenschen beglückwünscht bzw. gutgeheissen. Eine Entsprechung zwischen Rechtverhalten (4) sowie Ausübung und Gelingen seiner Angelegenheit "in Recht" (5) liegt vor. Die Rede vom Aufgehen des Lichts – ihm und allen die geraden Weges d.h. aufrichtig sind – verweist auf göttliches Schenken wie menschliches Gelingen und dürfte im Zusammenhang fürsorglichen Handelns auf Jes 58,10 (vgl. Jes 60,1.3) verweisen.

Zu denken ist an die Gewährung eines zinslosen Natural- oder Gelddarlehens (vgl. Ex 22,24; Ps 37,21.26). Die Rede von der Licht-Aufstrahlung ebenso wie die an die "Gnadenformel" Ex 34,6 (vgl. dazu 3 V. 7.) anklingende und sie ethisch erweiternde Formulierung "gnädig und barmherzig und gerecht" (4) schillern zwischen Gottes Schenken und der Aufrechten Verhalten und Gelingen. 6f. betont die mit Gottesfurcht und Rechtverhalten verbundene respektive daraus resultierende Festigkeit und Nachhaltigkeit der Existenz. Die Stichwortaufnahme (*j-r-'* "[sich] fürchten") macht deutlich: Weil der Gerechte in Gottesehrfurcht (1) eingewurzelt ist, braucht er sich nicht – auch nicht bei "schlimmer Nachricht" – zu fürchten (7f.). Sein Fundament in Gott steht fest, so dass selbst Chaosmächte ihn nicht "ins Wanken" bringen können.

In 8f. wird das Motiv der Festigkeit und Verankerung aufgenommen und in eine Triumph-Aussage gegenüber "seinen Bedrängern" umgemünzt. Kontrastiv dazu wirkt das "immerwährende Gedenken", das ihm unter den ihm zugetanen Menschen gewährt wird (6). Aufgrund der Lautähnlichkeit der hebr. Formen von *j-r-'* "(sich) fürchten" und *r-'-h* "sehen" wird ein feines Netz gewoben zwischen der Gottesfurcht, der sich dadurch nicht einstellenden Furcht vor Konstellationen und Menschen sowie dem "(Herab-)Sehen" auf seine Bedränger (8). In 10 werden diese theologisch als "Frevler" qualifiziert, die zum "Sehen" der gewonnenen Macht und Ehre des Gerechten gleichsam gezwungen werden. Die b-Zeilen von 3 und 9 sind (abgesehen von der Konjunktion) identisch und legen damit eine Parallelität auch der beiden a-Zeilen nahe. Entsprechend sind Reichtum (3) und Freigiebigkeit gegen den Armen (9) nicht Alternativen, sondern vielmehr die beiden Seiten derselben Münze. Grosszügigkeit führt zu Ansehen, allerdings nicht bei den Frevlern: Die sind zornig, schäumen vor Wut – oder wie hier gesagt wird: knirschen mit den Zähnen. Nach kurzem und folgenlosem Aufbäumen setzen Zerfallsprozesse ein. Ihr "Begehren", ihre Gier ist ohne Bestand; das grosszügige Geben aber kehrt als Gutes zum Gerechten zurück. Anders als beim "Begehren" des Frevlers (10) sind dessen Emotionen und Wünsche als "Wohlgefallen" bzw. Lust auf Gottes Gebote hin orientiert (1). Entsprechend wird am Psalmschluss ein Bogen zurück an den Psalmanfang geschlagen. Ps 112 stellt eine wichtige Station auf dem Weg des Psalters, sich als "Gebetbuch der Gerechten" (Christoph Levin) zu etablieren, dar. Es ist ein Weg der, Ps 1,6 aufnehmend, in Ps 146,8f. in die Worte ausmündet: "JHWH liebt Gerechte … aber den Weg der Frevler wird er krümmen."

III. Der Psalter als weisheitliche Wegweisung

BALLHORN E., Zum Telos des Psalters (BBB 138), Berlin 2004 • BROWN W.P., Seeing the Psalms, Louisville, KY 2002 • BUYSCH C., Der letzte Davidpsalter (SBB 63), Stuttgart 2009 • FÜGLISTER N., Die Verwendung und das Verständnis der Psalmen und des Psalters um die Zeitenwende, in: J. SCHREINER (Hrsg.), Beiträge zur Psalmenforschung (FzB 60), Würzburg 1988, 319–384 • GOFF M.J., Discerning Wisdom (VT.S 116), Leiden 2007 • KRATZ R.G., Die Tora Davids, ZThK 93 (1996) 1–34 • LANGE A., Die Endgestalt des protomasoretischen Psalters und die Toraweisheit, in: E. ZENGER (Hrsg.), Der Psalter in Judentum und Christentum (HBS 18), Freiburg i.Br. 1998, 101–136 • REITEMEYER M., Weisheitslehre als Gotteslob (BBB 127), Berlin 2000 • RÖSEL C., Die messianische Redaktion des Psalters (CThM.BW 19), Stuttgart 1999 • URBANZ W., Gebet im Sirachbuch (HBS 60), Freiburg i.Br. 2009 • VAN DER TOORN K., Scribal Culture and the Making of the Hebrew Bible, Cambridge, MA 2007 • WEBER B., Der Beitrag von Psalm 1 zu einer "Theologie der Schrift", JETh 20 (2006) 83–113 •

WEBER B., Psalm 78 als "Mitte" des Psalters? – ein Versuch, Bib. 88 (2007) 305–325 • WEBER B., Makarismus und Eulogie im Psalter, OTE 21 (2008) 193–218 • ZEHNDER M.P., Wegmetaphorik im Alten Testament (BZAW 268), Berlin 1999 • ZENGER E., Der Psalter als Buch der Tora Davids, in: A. HOLZEM (Hrsg.), Normieren, Tradieren, Inszenieren, Darmstadt 2004, 157–176.

1. Strukturmerkmale der Weisheit im Psalmenbuch

Der Psalter verdankt seine (Schluss-)Gestalt vermutlich weisheitlich geschulten "levitischen Lehrern", die hinter JHWH als eigentlichem Lehrer zurücktreten. Karel VAN DER TOORN (Culture, 252) präzisiert:

> "Between 300 and 200 B.C.E., the scribes of the temple workshop at Jerusalem prepared an edition of the Prophets, the Psalms, and the Book of Proverbs to meet the demands of a growing class of literate laymen; their edition was meant to be definitive and to be put at the disposal of the public, to be read in local places of worship, in schools, and by private individuals."

Das *erste* Wort des Buches, Psalm 1, ist das von den Weisheitslehrern für diesen Einführungszweck an den Anfang gestellte *letzte* Wort. Sie legen damit eine Wegspur, die in den Psalter als "Tempel von Worten" (Bernd Janowski) hinauf- bzw. hineinführt und im Lobpreis aller Schöpfung an den Gott des Himmels und der Erde endet (Ps 150). Tora-Weisheit und Gottesdienst sind Eckpfeiler dieses Buches. Für beides zeichnet diese Gruppe verantwortlich und verbindet dabei mit Lehre und Liturgie bislang weithin Unverbundenes zu einem neuen Ganzen. Gebet *zu* Gott und Belehrung *von* Gott verschränken sich in diesem Buch in neuer, einmaliger Weise. Analogie wie Anschluss vom Fünfbuch des Psalters, dessen Teilbücher jeweils mit Doxologien abschliessen, zum Fünfbuch der Tora (Pentateuch) tragen ebenfalls die Insignien der Weisheit. Es hat sich eingebürgert, analog zur Tora Moses von der "Tora Davids" zu sprechen (vgl. KRATZ, Tora Davids; ZENGER, Psalter). In das Fünfbuch Psalter wurde – ganz in weish. Sinn – zudem eine geschichtstheol. Belehrung eingeschrieben, die in der Davidszeit einsetzt (Ps 2ff.), diese mit dem "Testament" an Salomo abschliesst (Ps 72), die Folgezeit als Epoche der Krise und des Niedergangs verstehen lernt (Ps 73–89) und mit Ps 90 den nachexilischen Neuanfang im Rückgriff auf mosaische Frühzeit und Gottesherrschaft entfaltet.

Signaturen einer weish. (Schluss-)Redaktion dieses Buches finden sich nicht nur an dessen Anfang und Ende, sondern auch eingefächert. Sie markieren im Fluss der Gebetspsalmen reflexiv-theologische "Marschhalte". Der sich anhand der Auflistung weish. Psalmen ergebende Befund (s.o.) macht deutlich, dass im Bereich der Psalterteilbücher II und III gegenüber dem Anfangs- und einem umfangreicheren Schlussteil (Psalterteilbücher I, VI und V) vergleichsweise wenige Psalmen mit weish. Imprägnierung erscheinen. Ohne hier eine Kompositions- bzw. Redaktionsgeschichte der Psalterwerdung nachzeichnen zu wollen, legt sich – im Verbund mit weiteren Indizien – die Vermutung nahe, dass der Psalter in einer Art "Schneeballsystem" von der Mitte nach aussen gewachsen ist. Ist dem so, wäre im Bereich des sog. "Elohistischen Psalters" (Ps 42–83) der älteste Buchkern zu greifen, der sukzessive nach vorne und nach hinten gewachsen ist (so auch RÖSEL, Redaktion, 158ff.).

Neben der Ansammlung ist die Verortung signifikant: Nicht selten werden weish. Psalmen zur Markierung absichtsvoll an Scharnierstellen platziert. Dazu gehören Anfänge (Ps 73; 90; 107) und Enden (Ps 41; 105f.; 145) der einzelnen Psalterteilbücher, dann auch Positionierungen im Zentrum von kleineren und grösseren Einheiten wie im Falle von Ps 19 (Kleingruppe Ps 15–24, s. 4 II. 2. B); Ps 119 (Psalterteilbuch V) und Ps 78 (Psalter-"Mitte", s.u., III. 5.). Zwischen den prägnant platzierten weish. Psalmen spannen sich theol. "Brücken": So etablieren z.B. die Psalmen 1 => 73 einen Bogen von der grundlegenden Einweisung in die Antithetik der zwei Wege (Ps 1) zur Neuformulierung des weish. Tun-Ergehen-Zusammenhangs angesichts von Krisenerfahrungen. Und Ps 119 nimmt die Glückpreisung von Ps 1 auf und "realisiert" das Nachsinnen über die Wegweisung JHWHs in exemplarischer Weise.

Ein Ausblick in die Nachgeschichte weish. Psalterbearbeitung zeigt, dass im Psalter greifbare Anliegen nachhaltig gepflegt und fortgeführt wurden. So vermag Michael REITEMEYER (Weisheitslehre) zu zeigen, wie Psalmentheologie im Buch Jesus Sirach rezipiert und "Weisheitslehre als Gotteslob" entfaltet wird. Dass über das Lob hinaus auch Klage- und Bittgebet einen wichtigen Stellenwert in diesem weish. Buch einnimmt, weist Werner URBANZ (Gebet) auf. Darüber hinaus wird anhand der Rollen aus den Höhlen am Toten Meer deutlich, dass die Verbindung von Weisheit und Hymnus in weiterem frühjüd. Schrifttum prägend war (vgl. LANGE, Endgestalt, 120–130; GOFF, Wisdom, 230–263). Mit Sir 15,10 (G) gesprochen: "Denn in Weisheit wird Lob gesprochen werden, und der Herr wird es gelingen lassen."

2. Weisheitstheologische Wegspuren im und durch den Psalter

Beim vielschichtigen Begriff *derek* "Weg" (vgl. dazu ZEHNDER, Wegmetaphorik, v.a. 297ff.) handelt es sich nicht um einen genuinen Weisheitsterminus. Gleichwohl finden er und sein Begriffsumfeld sich auch in weish. Denken und Reden, gerade im Psalter. Dies gilt namentlich, wenn in metaphorischer Verwendungsweise "Lebensweg, -wandel, Verhalten" und/oder "Ergehen" (vgl. Ps 1,1.6; 2,12; 35,6; 36,5; 37,5) bezeichnet werden und sich anthropologisch-ethische Akzente ergeben. Theol. Einfärbungen kommen dem Begriff zu, wenn es um den von JHWH gebotenen Lebenswandel bzw. explizit um Gottes "Wegweisung(en), Gebote" (vgl. Ps 18,22; 37,34; 119,3.37) oder sein Geschichtshandeln (vgl. Ps 67,3; 77,14; 103,7) geht. Die mehr als 60 Belege des Substantivs *derek* "Weg" im Psalter – nominale Synonyme und Verben wie u.a. *h-l-k* "gehen/wandeln" sind damit noch nicht berücksichtigt – finden sich denn auch öfters in weisheitlich bestimmten Psalmen bzw. Formulierungen (vgl. Ps 1,1.6; 10,5; 25,4.8f.12; 32,8; 37,5.7.14.23.34 u.ö.). Dabei ergibt sich anhand des "Weg"-Lexems nicht nur eine Rahmung um Ps 1, sondern die analogen Aussagen von Ps 1,6 und 146,9 bilden gleichsam eine "Zwei-Wege"-Klammer um das Buch.

Die in Ps 1 vorliegende Kombination von "Weg"-Metaphorik und Memorierung der *torat jhwh* "(Unter-, Weg-)Weisung JHWHs" verdient – in Verbindung mit der Bucheinführungsfunktion des Eröffnungspsalms – weitere Überlegungen: Der rechte "Weg" im und durch das Leben (Lebenswandel, Ergehen) ist nicht zu finden ohne Gottes Wegweisung, und der Weg durch das Buch will dieser dienen (zum Potential von Ps 1 für eine "Theologie der Schrift" vgl. WEBER, Beitrag). Für eine (einmalige) Rezitierung des Psalters sind 4–5 Stunden zu veranschlagen, bei gleichzeitiger Meditierung kann dies erheblich länger dauern. Die Memorierung bedarf wiederholten Rezitierens, die Einverleibung des gesamten Lebenswegs. In dem Sinn ist der Psalter "a Book of Pilgrims" (Mark S. Smith). Er ist mehr als eine Wegbeschreibung, sondern will mitnehmen – nicht den flüchtigen Hörer/Leser, wohl aber den, der sich gemäss Ps 1,2 intensiv darin vertieft – auf einen lebenslangen Pilgerweg, einen "Weg zum Leben" (Bernd Janowski unter Hinweis auf Elie Wiesel, dazu Ps 116,9). Mit Ps 1 wird der Weg durch den Psalter als Gotteswort im Sinne einer spirituellen Wegspur der Gerechten bzw. des Gottesvolkes induziert. Wer sich aufmacht, wird an Wegstationen vorbei kommen, wo ihm eine tiefe Verbindung der Wegweisung Gottes mit den Wegen des Menschen unterschiedlicher Gestalt aufgezeigt und er auf seinem Weg bestärkt wird. Der Höhepunkt wird in Ps 119 erreicht, wobei die *d(erek)*-Stanze (25–32) darin einen besonderen Akzent setzt. Anhand des Eröffnungsverses wird deutlich, dass die gewählten Übers. "Weg" (*derek*) und "Wegweisung" (*tora*) nicht nur in der dt. Zielsprache Ähnlichkeit anzeigen; auch in der hebr. Ursprungssprache stehen die Grössen – zumindest in diesem Psalm – in einer engen theologisch-spirituellen Verbindung, ja, werden nahezu identifiziert. In Ps 119 wird das "Weg"-Geschehen inhaltlich näher bestimmt und vertieft, gleichsam "verewigt" – bevor es im "Wallfahrtspsalter" Ps 120–134 zum Zion hinauf und mit Gottes Segen wieder hinunter geht ... und dann ist es nicht mehr weit bis zum allumfassenden, an den Königsgott JHWH gerichteten Lobpreis am Buchschluss.

Eine Auswahl von "Wegstationen" im Psalter soll nachfolgend angeführt werden (zu den jeweiligen Aussagen und Kontexten vgl. über die entsprechenden Abschnitte in Wb Ps I/II hinaus namentlich BROWN, Seeing, 31–53):[4]

1,1 Glückpreisungen dem Mann ...
2 ... der an der Wegweisung des HERRN seine Lust hat
und in seiner Wegweisung murmelnd sinnt bei Tag und Nacht! ...
6 Gewiss, kennend ist der HERR den Weg von Gerechten,
aber der Weg von Frevlern wird sich verlaufen/zugrunde gehen.

18,21 Es tat mir der HERR nach meiner Gerechtigkeit,
nach der Reinheit meiner Hände vergalt er mir.
22 Denn bewahrt habe ich die Wege des HERRN
und nicht gefrevelt, weg von meinem Gott.
23 Denn alle seine Rechtssätze sind vor mir,
und seine Satzungen liess ich nicht von mir weichen. ...
31 Dieser Gott, vollkommen ist sein Weg!
Das Wort des HERRN ist lauter!
Ein Schild ist er selbst für alle, die sich bergen bei ihm! ...
33 Dieser Gott, er umgürtet mich mit Kraft,
er machte vollkommen meinen Weg.

25,4 Deine Wege, HERR, unterweise mich!
Deine Pfade lehre mich! ...
12 Wer ist dieser Mann, der den HERRN fürchtet?
Er unterweist ihn den Weg, den er wählen soll.

[4] Die (nominale) "Weg"-Begrifflichkeit ist grau hinterlegt; Bezeichnungen wie "Gerechter/Gerechtigkeit" und "Vollkommenheit" u.ä. sind gerahmt; die nominalen und verbalen Formen von *j-d-h* hi "unterweisen" sind unterstrichen (die Synonyme dazu gestrichelt).

37,5 Wälze auf den HERRN deinen Weg,
ja, vertraue auf ihn, dann wird er selbst handeln! ...
23 Vom HERRN her wurden die Schritte eines Mannes gefestigt,
und an seinem Weg wird er Lust haben.

50,23 Wer opfert Lobdank, ehrt mich,
und wer einen Weg (an-/zurück-)legt, ihn lasse ich sehen auf das Heil Gottes.

77,14 Gott, in Heiligkeit ist dein Weg;
wer ist ein so grosser Gott wie Gott? ...
20 Durch das Meer führte dein Weg,
ja, deine Pfade durch grosse Wasser,
aber deine Spuren wurden nicht erkannt.

81,14 O dass doch mein Volk hörte auf mich,
Israel auf meinen Wegen wandelte!

86,11 Unterweise mich, HERR, in deinem Weg,
ich will wandeln in deiner Wahrheit!

119,1 Glückpreisungen den Vollkommenen des Weges,
die wandeln in der Wegweisung des HERRN!
2 Glückpreisungen denen, die behüten seine Verordnungen,
mit ganzem Herzen ihn suchen stets neu!
3 Auch haben sie nicht getan Unrecht,
auf seinen Wegen sind sie gewandelt. ...
5 O dass doch Bestand haben meine Wege,
dass bewahrt werden deine Satzungen. ...
26 Meine Wege habe ich erzählt, und du hast geantwortet –
lehre mich deine Satzungen!
27 Den Weg deiner Anweisungen mache mir einsichtig,
dass ich nachsinnen kann über deine Wundertaten! ...
32 Den Weg deiner Gebote will ich laufen,
denn weit machst du mein Herz. ...
35 Lass mich den Weg beschreiten auf dem Pfad deiner Gebote,
denn an ihm habe ich Lust. ...
168 Bewahrt habe ich deine Anweisungen und deine Verordnungen,
denn alle meine Wege sind vor dir.

143,8 Tue mir kund den Weg, den ich gehen soll,
denn zu dir habe ich erhoben meine Seele!

145,17 Gerecht ist der HERR in allen seinen Wegen
und getreu in allen seinen Werken.

146,8 Der HERR richtet auf Gebeugte,
der HERR liebt Gerechte.
9 Der HERR bewahrt Fremde,
Waise und Witwe hilft er immer wieder auf,
aber den Weg der Frevler wird er krümmen.

Zwar ist nicht jede dieser "Weg"-Aussagen genuin weisheitlich, aber in der Kontinuität einer "Weg"-Theologie und -Spiritualität des Buches gelesen ist eine weish. Gesamteinfärbung gegeben. Diese wird noch prononciert, wenn bei der "Begehung" des Psalters zusätzlich die grosse Zahl der Bewegungsverben (wie "gehen/wandeln", "hinaufziehen", "führen"), die Synonyme von *derek* und der sich um diesen Begriff legende assoziative Hof (inkl. der Metaphorik) einbezogen werden.

Mit der Begrifflichkeit "Weg" verbinden sich Führung und Ziel, dazu assoziiert sich im Psalter mit ihr eine Reihe weiterer Themen und Motive, z.B. die Thematik der "Bergung, Zuflucht" bei Gott (dazu auch 3 V. 3.). William P. BROWN (Seeing, 48f.51 [Kursivsetzung WPB]) hält "Weg" und "Zuflucht" sogar für die beiden Wurzel- bzw. Zentralmetaphern des gesamten Psalters und schreibt dazu:

> "'Refuge' and 'pathway' ... best capture the broad contours of the Psalter's metaphorical landscape. Geometrically speaking, the Psalter is more an ellipse, than a circle; it has two foci rather than a single center ... "Pathway' and 'refuge' effectively integrate the cultic and the didactic, and they provide, respectively, the *mode* and *setting* for faithful living, life directed *ad deum* and established *coram deo* ... Together, 'pathway' and 'refuge' establish a stabilizing yet dynamic ethos that binds together habit and habitation."

3. Glückpreisungen an Menschen und Lobpreis an Gott

Der Sprechakt "Seligpreisung" betrifft die zwischenmenschliche (horizontale) Kommunikation und gehört zu den weish. Sprach- und Stilformen (s.o., I.). Pragmatisch gesprochen umgreift er Zuspruch und Ermutigung; auch ein paränetischer Akzent ist ihm eigen. Dass es sich beim ersten Wort des Psalters um *'aschre* "Glückpreisungen ..." handelt (Ps 1,1), ist bedeutungsvoll. Damit nicht genug: Glückpreisungen finden sich mehrfach und über das gesamte Psalmenbuch verteilt (vgl. u.a. Ps 2,12; 32,1f; 33,12; 34,9; 119,1f.; 128,1f.; 137,8f.), mit besonderem Gewicht im ersten und letzten Psalterteilbuch. Häufigkeit wie Platzierung dieser Redeform lassen erkennen, dass ihr eine strukturierend-buchtheol. Funktion zukommt: Wer durch den Psalter "schreitet", ihn betet, meditiert und Belehrung erfährt, wird mit Seligpreisungen als "Wegproviant" wiederholt begrüsst, ermutigt und gestärkt.

Anders als die Seligpreisung dient die Formulierung *baruk* "gesegnet, gepriesen" im Psalter fast ausschliesslich der vertikalen Kommunikation: Menschen sprechen Gott gegenüber Anerkennung und Lob aus. Ähnlich wie *'aschre* hat auch *baruk* einen weiten Streubereich innerhalb des Psalters (vgl. u.a. Ps 18,47; 28,6; 31,22). Dass dieser Redeweise ebenfalls eine buchstrukturierende Funktion zukommt, zeigt sich an den Doxologien, die am Ende der vier ersten Teilbücher (Ps 41,4; 72,18f.; 89,53; 106,48) – im fünften übernimmt das Schlusshallel (Ps 146–150) diese Funktion – eingefügt sind. Jedes Psalterteilbuch wird dadurch als Antwort auf das in den Psalmen zum Ausdruck gebrachte Gotteshandeln mit einem "Segen" bzw. Lobpreis auf JHWH, an dessen Ende ein responsorisches "Amen" steht, beschlossen.

Das Besondere ist nun, dass diese beiden unterschiedlichen Kommunikationsformen *'aschre* und *baruk* an signifikanten Stellen innerhalb des Psalters *gemeinsam* auftauchen (vgl. WEBER, Makarismus). Wie die nachfolgende Übersichtstabelle deutlich macht, handelt es sich ausnahmslos um Psalmen, die an hervorgehobenen Stellen innerhalb des Buchs platziert sind:[5]

[5] Die Angaben "A" und "S" stehen für "Anfang" bzw. "Schluss" und zeigen die Platzierung der beiden Formulierungen *innerhalb* des entsprechenden Psalms an (wo nichts steht, ist die Position weder am

[5] *Wegweisung ("Weisheit)*

Teilbuch	Psalm	Verse mit *'aschre/'-sch-r*	Verse mit *baruk*	Position des Psalms
I	41	2.3 (A)	14 (S)	Ende Teilbuch I
II	72	17	18.19 (S)	Ende Teilbuch II
III	89	16	53 (S)	Ende Teilbuch III
IV	106	3	48 (S)	Ende Teilbuch IV
V	119	1.2 (A)	12	Mitte Teilbuch V
V	144	15.15 (S)	1 (A)	Ende(?) Teilbuch V

Die vier ersten Psalterteilbücher schliessen mit Psalmen, die nicht nur mit einem Lobpreis gegenüber Gott ausklingen und derart das Teilbuchende markieren, sondern zugleich an Menschen adressierte "Lobäusserungen" enthalten: für die Einverleibung von JHWHs Weisung (Ps 1), für menschliches Rechtverhalten gegenüber Minderbemittelten (Ps 41), für den gerechten und gesegneten König auf dem Davidsthron (Ps 72), für das sich im Festgottesdienst vor Gott versammelnde Volk (Ps 89), für die, die das Recht bewahren und in Gerechtigkeit handeln (Ps 106), für die Untadeligen auf dem Weg der Weisungen JHWHs, die nach seinen Verordnungen leben und ihn mit ganzem Herzen suchen (Ps 119) und schliesslich für das Volk, dessen Gott JHWH ist und das von ihm Befreiung und Segen erlangt (Ps 144). Weil dem so ist, wird die Seligpreisung an das Gottesvolk am Ende von Ps 144 in Ps 145 mit Lobpreis und "Segen" an Gott fortgeführt (die *baruk*-Formulierung von Ps 144,1 wird mit Wendungen von *b-r-k* "segnen, lobpreisen" in Ps 145,1.2.10.21 aufgenommen). Ps 144–145 bilden den am Ende gleichsam "verstärkten" Abschluss der Doppellinie von Seligpreisung und Lobpreis. Die *b-r-k*-Klammer um diese beiden Psalmen korrespondiert mit der *'aschre*-Rahmung um Ps 1–2. Weisheit und Gottesdienst, menschliche Ermutigung und Lob an Gott, gehören zusammen – das ist die Botschaft, die mit diesem Doppelmuster in den Psalter eingeschrieben ist. Oder wie ich an anderer Stelle formuliert habe (WEBER, Makarismus, 216):

> "Makarismus wie Eulogie erweisen sich im Psalter damit als Redemittel mit textpragmatischer Bedeutsamkeit und strukturierend-buchtheologischer Funktion. Sie tragen dazu bei, die Analogie des Psalters als 'Fünfbuch' zum Pentateuch herzustellen. Sie verbinden Menschenadressierung bzw. Belehrung (Makarismus) mit Gottadressierung bzw. Lobpreis (Eulogie) und tragen damit bei zur Profilierung des Psalters mit seiner innerhalb des biblischen Kanons besonderen Doppelgestalt und Pragmatik als Wort *zu* Gott und Wort *von* Gott."

4. Die Verbindung von Tora-Weisheit und Königsherrschaft

Notker FÜGLISTER (Verwendung, 354ff.) nennt unter den Impulsen, die für die Buchwerdung des Psalters verantwortlich zeichneten, u.a. "Sapientialisierung" und "Messianisierung". Damit sind als Leitthemen die mit Ps 1 eröffnete "(Tora-)Weisheit" und die durch Ps 2 eingeführte "Königsherrschaft" (vgl. [4]) angesprochen. "Königsherrschaft" ist dahin gehend zu präzisieren, dass sowohl diejenige Gottes ("Theokratisierung") wie die des Königs auf dem Davidsthron ("Messianisierung") bedeutsam ist.

Diese das Buch prägenden Momente wurden vorangehend je für sich erörtert. Nun zeigt sich, dass beide buchtheol. Linien nicht einfach nebeneinander im Psalter figurie-

---

Anfang noch am Schluss). Hinzuweisen ist, dass im Falle von Ps 41,3 und 72,17 nicht die Formel *'aschre*, sondern Formen des Verbes *'-sch-r* pi "glücklich preisen" Verwendung finden.

ren, sondern weithin aufeinander abgestimmt und absichtsvoll verzahnt sind. Diesem Phänomen sind wir bereits bei Psalmen 1 und 2 begegnet, die aufgrund der rahmenden Seligpreisung (Ps 1,1; 2,12) und einer Reihe weiterer Stichwortverknüpfungen miteinander verklammert sind (vgl. 2 II. 2. D und 2 IV.). Entsprechend spricht man von einem "Doppeltor" in den Psalter. Ebenfalls bereits ins Gesichtsfeld getreten ist die Rahmung des Torapsalms 19 durch die Königspsalmen 18 bzw. 20f. im Kernbereich der Psalmengruppe Ps 15–24 (vgl. 4 II. 2. B). Ähnliche Paarungen finden sich im Fortgang des Psalters noch weitere Male. Zu erwähnen sind die Nebeneinanderstellungen Ps 72/73 und Ps 89/90 je mit der Abfolge Königtum => Weisheit. Anders als beim Eröffnungspaar Ps 1/2 ist beide Male nicht nur die Reihenfolge umgekehrt, sondern auch die Verschränkung nicht in diesem Mass gegeben. In beiden Fällen gesellt sich nämlich zur Kontiguität der Umstand, dass zwischen den Psalmen Teilbuchgrenzen verlaufen. Damit stehen Phänomene der Verbindung (Verklammerung von Weisheit und Königsherrschaft) wie der Trennung (Buchteilgrenzen) nebeneinander. Das mittlere Psalterteilbuch III (Ps 73–89) hat ein eigenes Profil und ist nach vorn (Ps 72|73) wie hinten (Ps 89|90) mit "Scharnieren" versehen, die es in den Psalter einbetten. Diese Paarungen, von denen es noch weitere gibt (z.B. Ps 110 [Königtum] => Ps 111f. [Weisheit]), zeigen an, dass (Tora-)Weisheit und Königsherrschaft nicht nur bedeutsame Interpretationshorizonte des Buches sind, sondern in der Endgestalt des Psalters als aufeinander bezogen interpretiert werden wollen. Damit wird das Programm von Dtn 17,14–20 eingelöst, und es werden Signaturen sichtbar, wie sie ähnlich die chronistische Fassung der Stabübergabe von David an Salomo trägt (vgl. 1. Chr 22,11–13, ferner Ps 72). "Mose" (Tora-Weisheit) und "David" (Königtum) gehören zusammen: Die Königsherrschaft des Gesalbten bedarf der weish. Belehrung durch die Wegweisung JHWHs; zugleich manifestiert sich im paradigmatischen "Gerechten" der prototypische König – zwei Linien, die im Psalter verschnürt sind und sich in Gestalt, Reden und Wirken des Messias Jesus verschmelzen werden.

5. In der "Mitte" des Psalters: Psalm 78 als Geschichtsbelehrung Gottes

Der Gebetsweg durch den Psalter verläuft von der Klagebitte (Ps 3) zum Lobpreis (Ps 150). Vorgeschaltet (Ps 1f.) und dazwischen eingebetet sind Tora-Weisheit und Königsherrschaft, die das Psalter-Fünfbuch theologisch grundieren und strukturieren. Doch nicht nur Anfang (Weisheit) und Schluss (Lobpreis) des Buches zeigen die weish. Gestaltung des Buches an, sondern auch dessen "Mitte". Bereits die Masoreten (Sopherim) sind bei ihrer "Vermessung" bibl. Bücher auf Ps 78 als "Mitte" des Psalters gestossen. In den grossen Handschriften ist dies mit einer Randnotiz (bei V. 36 bzw. 38) vermerkt. Ps 78 ist denn auch nicht irgendein Psalm, handelt es sich bei ihm doch um den (nach Ps 119) zweitumfangreichsten. Allein schon dadurch hebt er sich deutlich von seiner Umgebung ab. Zudem steht Ps 78 markiert im Zentrum des Asaph-Psalters Ps 73–83. Dieser wiederum gehört dem Psalterteilbuch III (Ps 73–89) an, das als "Zwischenbuch" zwischen davidischer Königszeit und königloser Nachexilszeit bzw. als Buch des Niedergangs/Übergangs einzustufen ist und innerhalb der Psalter-Teilbücher ebenfalls die Mitte bildet. Nachfolgend geht es allerdings weniger um eine formale bzw. arithmetische als um die buchtheol. "Mitte" von Ps 78 innerhalb des Psalters. Diese soll anhand von fünf Linien schneisenartig aufgewiesen und bedacht werden (vgl. dazu WEBER, Psalm 78):

• 1. Ps 78 auf dem Weg von der Klage zum Lob: Bei Ps 78 angekommen, ist der Rezitierende/Memorierende "unterwegs" von der Klage zum Lob. Der Psalm enthält eine ausführliche Sündengeschichte des Volkes – ein Umstand, der zur Bittklage einladen könnte. Dies geschieht aber nicht, vielmehr wird in der Psalmeinleitung mit den *t^{e}hillot jhwh* "Preistaten JHWHs" auf Gottes Macht- und Heilswirken in der Gründungsgeschichte Israels referiert. Der Ausdruck erweist sich als Komplementärbezeichnung zu den *t^{e}phillot dawid* "Klagebitten Davids" in Ps 72,20: Sind die Klagebitten Davids (mit Ps 72) zu Ende, so bekommen nun (ab Ps 78) die Preisungen JHWHs vermehrt ihren Platz. Damit ist ein "Kippeffekt" in die Psalmenfortlesung eingeschrieben. Ps 78 selbst ist weder Klagebitte noch Lobpreis, gleichwohl wird – die lange Sündengeschichte überbietend – das Erinnern von Gottes Preistaten induziert und darauf insistiert. Dies zeigt auch der Psalmschluss (65–72), wo Gottes Macht- und Erwählungswirken das letzte und damit entscheidende Wort behält.

• 2. Ps 78 als Tora-Weisheit im Horizont des Psalters: Die Belege von *tora* "Wegweisung" in 1.5.10 erweisen sich als anschlussfähig an Ps 1. Die Orientierung an Gottes Geboten als Massstab für die Gabelung der Wege des Heils bzw. Unheils ist betont (5–8). Anders als am Buchanfang wird jedoch nicht eine individuelle, sondern – und dies erstmalig – eine an Israel als Volksgemeinde orientierte Thematisierung der Tora-Weisheit geboten. Die paradigmatische Polarität von "Gerechten" und "Frevlern" wird umakzentuiert zum Gegensatz zwischen dem störrischen, die Heilstaten und die Weisung vergessenden Geschlecht und denen, die Gottes Wundertaten und Gebote gegenwärtig halten und bewahren (4ff.). Der Eröffnungsvers macht deutlich, dass der gesamte Psalm und das aus und mit ihm zu Lernende als "Tora" zu fassen ist. Damit ist er Programmtext für das Verständnis des Psalters insgesamt. Die Tradierungslinie von den "Vätern" zu den "Söhnen" (3ff.) unterstreicht die Wichtigkeit des Überlieferns, Gedenkens und Bewahrens von Gottes Geboten und Heilstaten. Zugleich wird die je neue Verantwortlichkeit jeder Generation dafür unterstrichen. Mit dem in der Psaltermitte platzierten Psalm kommt für die Buchinterpretation Wesentliches in den Blick: der Psalter als Unterweisung für Israel, mit der die Glaubensgemeinde durch veränderte Zeiten geleitet wird.

• 3. Ps 78 als Geschichtsbelehrung im Horizont des Psalters: Im ersten und in diesem Ausmass einzigen Geschichtsentwurf des Psalters wird narrative Überlieferung in lyrischer Form dargeboten. Im Psalm wird ein weiter Bogen von der Schilfmeer-Rettung bis zur Erwählung Davids als königlichem Hirten geschlagen. Mit dem Ende von Ps 78 ist psalterkompositionell eine Verklammerung mit Ps 2 gegeben. Ps 78 bietet sich insofern als "Drehscheibe" für ein Gesamtkonzept des Psalters an, als der Psalm nicht nur Rückbezüge auf die königlichen Psalmen 2 und 72 generiert, sondern zugleich als Ausgangs- und Bezugsgrösse für nachgeordnete Psalmen mit geschichtlichem Kolorit wie Ps 89; 105f. und 135f. dient. Gemeinsamkeiten ergeben sich ferner zu Ps 145. Mit *t^{e}hilla l^{e}dawid* "ein Lobpreis – zugehörig/von David" (Ps 145,1) ist der letzte David-Psalm überschrieben (s.u.). David ist darin der Preisende und der zentrale Inhalt die immerwährende Königsherrschaft JHWHs. Innerhalb des königstheol. Psalterbogens, der sich von Ps 2 bis Ps 145 spannt, markiert Ps 78 damit die "Mitte". Einzigartig ist Ps 78 auch insofern, als der Psalm als Weisheitslehre *und* Prophetie verstanden werden will. Weisheitlich ist er insofern, als die Geschichte nicht nur die Erinnerung fördern will, sondern als Gleichnisrede (Parabel) und Rätsel Deutung erfordert (4) und der Belehrung für Gegenwart und Zukunft dient. Die eröffnende Anrede "*mein* Volk" (1) lässt aufgrund des Possessivsuffixes JHWH als Sprechenden und die ergehenden Worte als Gottesrede verstehen. Eine derartige Symbiose von Weisheit und Prophetie ist für Gestalt und Wirkung des Psalters insgesamt prägend geworden. Ein Wendepunkt im Buch stellt Ps 78 schliesslich insofern dar, als trotz Sündengeschichte und Zorngericht ein Neuanfang durch Gottes Barmherzigkeit angezeigt wird. In der Zentrumspassage des Psalms (38f.) wird auf das Selbstoffenbarungs- bzw. Gnadenwort JHWHs Ex 34,6(f.) verwiesen, das im Weitergehen durch den Psalter wiederholt (letztmals in Ps 145,8) aufscheint (vgl. 3 V. 7. B). Die Psaltermitte bietet eine weish. Geschichtsparabel daher auch in dem Sinn, als Exil und Wiederherstellung im Blick auf Bundesbruch und -erneuerung am Sinai (Ex 32–34) gedeutet werden. Damit kommt Mose als Fürbitter in den Blick.

• 4. Ps 78 und die Gestalten Mose und David im Psalterhorizont: Ps (77–)78 ist derjenige Ort innerhalb des Psalters, wo mit "Mose" und "David" akkumulierte Bedeutungen zusammenlaufen. In Ps 78 verbinden sich mit Mose assoziierte Tora-Weisheit und Geschichte, wobei letztere in der Etablierung von Zion und Davidkönigtum gipfelt. Der Psalter-Erstbeleg von Mose (und Aaron) im Schlussvers des Vorgängerpsalms (Ps 77,21) öffnet den Horizont, Ps 78 auf mosaischem Hintergrund zu hören, die Anlehnung des Psalmanfangs an das Moselied (Dtn 32,1–43) wahrzunehmen und den Psalm entsprechend im Licht dieses Mose-Testaments zu interpretieren. Mose erscheint dadurch hintergründig als der autoritative Tora-Lehrer, der die Geschichte zur Parabel erhebt und proph. deutet (vgl. Num 12,6–8). Ein Vergleich der Psalmschlüsse der verlinkten Psalmen 77 und 78 lässt erkennen, dass JHWH sein Volk durch David führt, wie er es einst durch Mose (und Aaron) tat. Die Verknüpfung der David- und der Mose-Linie geschieht hier in der Psaltermitte in Form eines Überkreuzmusters: Mit dem Ende von Ps 78 kommt die Heilszeit des irdischen Königtums von David zu Erfüllung und Abschluss (vgl. Ps 72). Zugleich setzt mit dem Anfang von Ps 78 eine Linie ein, die Gottes Führen des Volkes, die Verpflichtung auf die Tora sowie die Fürbitte und Wiederherstellung nach der Sünde des Volkes mit Mose verbindet (vgl. Ps 90).

• 5. Ps 78 und die Rückbindung an Tora (Pentateuch) und Nebiim (Propheten): Mit der Bucheröffnung Ps 1–2 wird ein Anschluss des Psalters an die (bereits) autoritativen Kanonteile Tora und Nebiim angestrebt. In Ps 78 als zentrale Scharnierstelle des Buchs wird dies über die eben genannten Aspekte hinaus durch vielfache Querbeziehungen zu Stellen im Bereich der Bücher Exodus bis Samuel unterstrichen. Damit trägt Ps 78 – in solch massiver Weise einmalig innerhalb des Psalters – wesentlich dazu bei, das im Psaltereingang angezeigte Programm evident zu machen: Auf Tora und Nebiim wird nicht nur reichlich Bezug genommen, sondern deren Gehalte werden in veränderten Zeiten zugleich aktualisiert. In und mit dem Psalter weisen sie dem Gottesvolk der Begnadeten den weiteren Weg durch die Geschichte. Kumuliert man diese Beobachtungen und Argumentationslinien, so lassen sich in Ps 78 über den Einzelpsalm hinaus Momente erkennen, die von theol. Signifikanz sind und den Psalm nicht nur platzierungsmässig, sondern auch inhaltlich in die "Mitte" des Buches stellen.

6. Psalm 145 als abschliessendes Beispiel

Der Collage-artige, namentlich Ps 18 verarbeitende Ps 144 wird in der Regel als Königs- und der alphabet-akrostichische Ps 145 als Weisheitspsalm bezeichnet. Diese letzte Verknüpfung von Königsherrschaft und Weisheit innerhalb des Psalters – es handelt sich zugleich um die beiden letzten "David" zugeschriebenen Psalmen – hat seine eigene Signatur. Zum einen hat Ps 144, in dem der König selbst zu Wort kommt, durchaus auch weish. Elemente (vgl. 3f.12–15); zum andern ist Ps 145 nicht nur weish. gestaltet, sondern das davidische Königtum von Ps 144 wird zum göttlichen in Ps 145 weitergeführt. In Analogie zu Ps 1–2 (*'aschre*-Inclusio) als weish.-königlicher Doppeleröffnung bilden Ps 144–145 (*b-r-k*-Inclusio) mit ihrer Verklammerung von irdischer wie himmlischer Königsherrschaft und Weisheit den ersten (vorläufigen) Doppelschluss des Buchs.

In Ps 145, dem wir uns nun vertiefter zuwenden wollen (vgl. Wb Ps II, 365–369 [modifiziert]; BUYSCH, Davidpsalter, 306ff.), bringt der irdische dem himmlischen König den Lobpreis dar und legt damit seine in Ps 2 empfangene Königswürde gleichsam zurück. Er ordnet sich in den Kreis derer ein, die JHWH als alleinigen König durch alle Zeiten lobpreisen (Demotisierung). In den Worten von Egbert BALLHORN (Telos, 289): "David verschwindet hinter seinem Gotteslob. Mit dem letzten Davidpsalm des Psalters wird der Antagonismus von Psalmen des Königs Davids sowie von JHWH-König-Psalmen, der den ganzen Psalter durchzogen hat, zugunsten des göttlichen Königtums letztgültig aufgelöst."

145,1 Ein Lobpreis – zugehörig/von David.

Ich will dich erheben, mein Gott, den König,
und ich will segnen/loben deinen Namen für immer und ewig.
2 An jedem Tag will ich dich segnen/loben
und lobpreisen deinen Namen für immer und ewig.

3 Gross ist der HERR und lobpreisenswert überaus,
ja, für seine Grösse gibt es keine Erforschung.
4 Generation um Generation soll rühmen deine Werke,
ja, deine Machttaten sollen sie kundtun.
5 Die Pracht der Herrlichkeit deiner Hoheit
und die Geschehnisse deiner Wundertaten will ich hervorbringen.
6 Ja, von der Gewalt deiner furchterheischenden Taten sollen sie sprechen
und von deiner Grosstat: Ich will davon erzählen.

7 Das Gedächtnis an deine grosse Güte sollen sie sprudeln lassen
und deine Gerechtigkeit bejauchzen.
8 Gnädig und barmherzig ist der HERR,
langsam zum Zorn und gross an Gnade.
9 Gut ist der HERR zu allen,
und seine Barmherzigkeit waltet über all seinen Werken.
10 Lobdanken sollen dir, HERR, alle deine Werke,
und deine Begnadeten sollen dich segnen/loben.

11 Von der Herrlichkeit deiner Königsherrschaft sollen sie sprechen,
und über deine Machttat sollen sie reden.
12 Um bekannt zu machen den Menschenkindern seine Machttaten
und die Herrlichkeit der Pracht seiner Königsherrschaft.
13 Deine Königsherrschaft ist eine Königsherrschaft aller Zeiten,
und deine Herrschaft geht durch Generationen und Generationen.

[Zuverlässig ist der HERR in all seinen Worten
und getreu in all seinen Werken.]
14 Ein Stützender ist der HERR allen Fallenden
und ein Aufrichtender für alle Gebeugten.

15 Die Augen aller: Auf dich sollen sie harren,
dass du gebest ihnen ihre Speise zu seiner Zeit.
16 Du tust auf deine Hand
und sättigst alles Lebende mit Wohltat.

17 Gerecht ist der HERR auf allen seinen Wegen
und gnädig in all seinen Werken.
18 Nahe ist der HERR allen, die ihn anrufen,
allen, die ihn anrufen werden in Wahrheit.
19 Wohltat an denen, die ihn fürchten, wirkt er,
und ihren Hilferuf wird er hören und sie erretten.
20 Es bewahrt der HERR alle, die ihn lieben,
aber alle Frevler wird er ausrotten.

21 Lobpreisung des HERRN soll reden mein Mund,
und segnen/loben soll alles Fleisch seinen heiligen Namen für immer und ewig.

Unser Augenmerk richtet sich auf den weish. Duktus dieses Psalms. Seine Gesamtgestalt ist charakterisiert durch alphabetische Akrostichie, deren Funktion darin besteht, eine integrierende Ganzheit und Vollendung anzuzeigen. Die Markierung der Ganzheit geschieht nicht nur mittels des hebr. Alphabets, das den Versanfängen entlang geht, sondern auch durch Totalisierungsaussagen wie *kol* "ganz, alle, jeder" (16mal!), "für immer und ewig" (1f.21), "Generation um Generation" (4.13) u.ä. Die Hauptspur ist die des Lobpreisens: JHWH als Gottkönig ist unermesslich gross. Ps 145 kann mit Fug und Recht als "Kompendium vollkommenen Gotteslobs" (Egbert Ballhorn) bezeichnet werden. Gott in seiner Hoheit erweist sich seiner Schöpfung gegenüber aber nicht als abgehoben, sondern als fürsorglich gegenüber Bedürftigen aller Art (14–20).

Die alphabetische Versabfolge ist überblendet durch eine Gesamtanlage, die den Fokus auf die Mitte richtet. Darauf weist die Psalmrahmung von 1f. und 21 hin, die mit ihren Versanfängen *ʼ^{a}romim^{e}ka* "ich will dich erheben (*'aleph*) und *t^{e}hillat jhwh* "Lobpreisung JHWHs" (*taw*) – die singuläre Überschrift einlösend (vgl. auch 2f.) – den Bogen von A bis Z spannt. Eingelagert ist eine fünfteilige Stanzenstruktur mit 11–13 und dem Leitwort *malkut* "Königsherrschaft (Gottes)" im Zentrum (ABCB'A'). Mit weish. Raffinesse wird zudem die *k-l-m*-Akrostichie dieser drei Verse invertiert auf *m-l-k* "(als) König (herrschen)" hin gespiegelt. Das entsprechende Stichwort aus 1 ist damit aufgenommen und die Königsherrschafts-Thematik in 11–13 unterstrichen.

Weish. Diktion ist zudem in der Gottesfurchtaussage von 19 und im anschliessenden Vers mit der Antithetik von Gottliebenden und Frevlern (vgl. Ps 1,6) zu greifen. Besonders hervorzuheben ist die weish. Integrationsleistung: Gnaden-, Erlösungs- und Schöpfungsaussagen werden aus verschiedenen Stellen (u.a. Ps 103f.) entlehnt, miteinander verbunden und auf das umspannende Lob des Königsgottes und seiner Herrschaft hin fokussiert. Die Zelebrierung der Königsherrschaft JHWHs durch König David weist Berührungen mit dem chronistischen Lobpreis Davids und der von ihm beauftragten Tempelsänger auf (vgl. namentlich 1. Chr 16,9.25.27.31). Zugleich ist Ps 145 mit seiner Verbindung von Weisheit und Gotteslob auf dem Weg zum schriftgelehrten Sirachbuch. Dieser letzte, die Sammlung Ps 138–145 (dazu BUYSCH, Davidpsalter) beschliessende "David"-Psalm bildet im Psalter insofern einen "Januskopf", als er nicht nur auf diese Sammlung zurückschaut und sie bündelt, sondern zugleich in das nachfolgende Kleine Hallel (Ps 146–150) einführt.

6

DER PSALTER-AUSGANG ALS EINSTIMMUNG IN ANHALTENDEN LOBPREIS

Hat der erste Hauptteil den Psalter-Eingang in seiner Bedeutung bedacht, so ist dieser sechste dem Psalter-Ausgang gewidmet. Unter dem Titel "Von der Klage zum Lob" wird zunächst Entwicklungslinien des Buches nachgegangen. Danach richtet sich die Aufmerksamkeit auf den Psalterschluss. Die letzten fünf Psalmen bilden eine Kleingruppe von Psalmen, die durch "Halleluja!"-Aufrufe gerahmt sind und als "Kleines Hallel" bezeichnet werden. Der Bestand der Halleluja-Formel wird erhoben und diese mit ähnlichen Formulierungen verglichen. Es schliessen sich Überlegungen zur Abfolge und Arrangierung von Ps 146–150 an, wobei Ps 149 besonders bedacht wird. Unter der Rubrik "Anfang und Ende" finden sich Überlegungen zum Verhältnis von Bucheingang und -ausgang. Gedanken unter der Überschrift "Ein (musikalischer) Schluss ohne Schluss" bilden den Ausgang dieses Hauptteils. Darin wird Ps 150, der den hebräisch-kanonischen Psalter beschliesst, in den Blick genommen. Mit ihm endet zwar das Buch, er lässt es aber "offen" aufhören. Zuletzt wird der im masoretischen Psalter nicht überlieferte, ausserkanonische (apokryphe) Ps 151 bedacht, den der griechische Psalter (Septuaginta) als sein Ende hat.

I. Von der Klage zum Lob

BALLHORN E., Der Telos des Psalters (BBB 138), Berlin 2004 • URBANZ W., Gebet im Sirachbuch (HBS 60), Freiburg i.Br. 2009 • WEBER B., Asaf – ein Name, seine Träger und ihre Bedeutung in biblischen Zeiten, in: M. WITTE / J.F. DIEHL (Hrsg.), Orakel und Gebete (FAT II/38), Tübingen 2009, 235–259 • ZENGER E., "Aller Atem lobe JHWH!", in: M. BAUKS u.a. (Hrsg.), Was ist der Mensch, dass du seiner gedenkst? (Psalm 8,5), Neukirchen-Vluyn 2008, 565–579.

Wenn auch nicht als stetig aufsteigende Entwicklungslinie und durchaus mit "Rückfällen" in Krise und Not, aber insgesamt lässt sich sagen: Das Beten hat seinen Anfang in der Klagebitte (Ps 3ff.), und im Verlauf des Psalmenbuches wandelt sich dies immer stärker zu Lobdank und Lobpreis (eine ähnliche Entwicklung ist in Sir zu beobachten, vgl. URBANZ, Gebet, 231.237f.). Namentlich in den Psalterteilbüchern IV (Ps 90–106) und V (Ps 107–145/150) schwillt das Lob deutlich an. Dies wird auch an Editionsmerkmalen greifbar, welche diese beiden von den übrigen Teilbüchern unterscheiden. So dienen Lobpreis-Aufrufe wie *bar^{a}ki naphschi 'et-jhwh* "Lobe/segne, meine Seele, JHWH!" (Ps 103,1f.22; 104,1.35), *hal^{e}lu-jah* "Lobpreist JH!" (Ps 104,35; 105,45; 106,1.48; 111,1; 112,1; 113,1; 115,18; 116,19; 117,2; 135,1.21; 146,1.10; 147,1.20; 148,1.14; 149,1.9; 150,1.6) und *hodu lajhwh* "Lobdankt JHWH!" (Ps 105,1; 106,1;

107,1; 118,1.29; 136,1[–3.26]) dazu, Psalmen liturgisch zu eröffnen, zu beschliessen bzw. aufeinanderfolgende Psalmen zu verketten.

Diese Dominanz des Lobpreises in den letzten beiden Psalterteilbüchern steht in Übereinstimmung mit der chronistischen Darstellung von Gebet und Gottesdienst unter David/Salomo und ihren Nachfolgern in Verbindung mit den Tempelsängern (vgl. etwa die Collage 1. Chr 16,8–36, komponiert anhand von Teilen aus Ps 96; 105f.). Die mit "Asaph" verbundenen Psalmen aus den Psalterteilbüchern II (Ps 50) und III (Ps 73–83) mit ihren Gerichtsansagen sowie Krisen- und Katastrophenbewältigungen zeichnen ein anderes Bild als die lobpreisenden Asaphiten der Chronik. Deren Tätigkeit spiegelt sich entsprechend viel deutlicher in Psalmen der letzten beiden Teilbücher (Ps 90ff.). Gemäss 1. Chr 16,7ff. hat Asaph seinen Lobdank mit (unpräskribierten) Psalmen aus Teilbuch IV gestaltet, die in der Forschung deshalb auch als "deuteroasaphitisch" bezeichnet werden (vgl. WEBER, Asaf, 245f.254–258). Als Fazit ergibt sich: Die in den ersten drei Psalterteilbüchern vornehmlich gepflegte "Schule des Bittgebetes" (Egbert Ballhorn) geht in den Psalterteilbüchern IV und V mehr und mehr und im Schlusshallel vollends in den Lobpreis JHWHs über. Dieser behält das letzte Wort, und das Ende hat besonderes Gewicht. Von daher ist die Bezeichnung *(sepher ha)t^{e}hillim* "(Buch der) Lobpreisungen" für den Psalter sachgemäss.

Mit den in Erzähl- und Prophetentexte eingestellten Liedern ergibt sich durch die Bibel hindurch eine "Lobvermehrungstendenz" (Georg Steins). Im Psalmenbuch selbst spielt sich dies als innere Entwicklung ab. Diese koïnzidiert mit der tendenziellen Verschiebung "königlicher" Psalmen: vom irdischen Davidskönigtum (in den Teilbüchern I–II) zum universalen JHWH-Königtum (in den Teilbüchern IV–V, vgl. insbesondere Ps 93–99). Entsprechend werden die beiden letzten Psalterteilbücher auch als "theokratische Bücher" (Martin Leuenberger) apostrophiert. Zugleich ist ab Ps 90 nicht nur eine Theokratisierung, sondern auch eine gewisse Eschatologisierung erkennbar. Dieser endzeitliche Zug wiederum verstärkt die Tendenz, die davidischen Königspsalmen im Zuge einer *relecture* "(proto)messianisch" zu deuten.

Der (weish. geformte) Spannungsbogen von Ps 1 nach Ps 150 lässt sich auf die programmatische Kurzformel bringen: "Von der Tora JHWHs zur Tehilla JHWHs" (ZENGER, "Atem", 571). Die Lesestrategie ist dabei nicht im Sinne einer Ablösung zu verstehen, zumal gegen Ende hin nochmals Tora-Hinweise auftauchen (vgl. Ps 147,15.19f.; 148,5f.14). Vielmehr ist die Wegweisung JHWHs im Lobpreis gleichsam zur Erfüllung gekommen: "Leben *als* Leben (ist) Lob Gottes" (ZENGER, "Atem", 572 – Kursivsetzung EZ). Egbert BALLHORN (Telos, 343) spitzt die beiden Spannungsbögen auf folgende Formulierung hin zu: "Die Torazentrik von Ps 1 ist einer neu betonten Theozentrik gewichen, der »Messianismus« von Ps 2 einer eschatologischen Erwartung der Theokratie."

II. Das "Kleine Hallel": die Psalmen 146–150

BALLHORN E., Der Telos des Psalters (BBB 138), Berlin 2004 • LEUENBERGER M., Konzeptionen des Königtums Gottes im Psalter (AThANT 83), Zürich 2004 • REITEMEYER M., Weisheitslehre als Gotteslob (BBB 127), Berlin 2000 • WEBER B., Makarismus und Eulogie, OTE 21 (2008) 193–218 • WEBER B., "Ein neues Lied", BN 142 (2009) 39–46 • ZENGER E., Daß alles Fleisch den Namen seiner Heiligung segne" (Psalm 145,21), BZ 41 (1997) 1–27 • ZENGER E., "Durch den Mund eines Weisen werde das Loblied gesprochen" (Sir 15,10), in: I. FISCHER u.a. (Hrsg.), Auf den Spuren der schriftgelehrten Weisen (BZAW 331), Berlin 2003, 139–155.

1. Halleluja zum Abschluss

hal^e lu(-)jah "Halleluja" = "Lobpreist JH(WH)!" ist ein in Israels Gottesdienstliturgie beheimateter und bis heute gebräuchlicher Ruf. Mit ihm verbindet sich Gottesanbetung, und er bringt (irdisches) Geschehen mit Gottes Sein und Wirken in Zusammenhang. Zudem dient er im Psalter auch der literarischen Strukturierung und Grundierung. Ein erstes "Halleluja" erscheint am Ende von Ps 104, danach schwillt dieser Lobaufruf an und erreicht im "Kleinen Hallel" – das seinen Namen ihm verdankt – Höhepunkt und Abschluss (beim responsorischen Ps 136 spricht man vom "Grossen Hallel"). Alle fünf hymnisch-kollektiven Psalmen 146–150 sind durch ein "Halleluja" gerahmt. Sie promulgieren das am Ende von Ps 145 abgegebene Versprechen, eine *t^e hillat jhwh* "Lobpreisung JHWHs" anzustimmen, mit einer Vielzahl von entsprechenden Aufrufen. Dabei tritt in diesem "Kleinen Hallel" bisher verwendetes Lobvokabular hinter Formen von *h-l-l* pi "lobpreisen" gänzlich zurück.

Mit einigem Recht hätte man die Behandlung des Psalterfinales Ps 146–150 auch im vorangegangenen Hauptkapitel der "Weisheit" (vgl. 5) einordnen können. Denn weish. Einfärbung ist nicht nur da und dort zu greifen (vgl. Ps 146,3–5; 147,10f.), sondern manifestiert sich in dieser Psalmengruppe insgesamt. Die schriftgelehrte Weisheit äussert sich darin, dass sie Loblieder auf den Schöpfergott singt. Sachlich und wohl auch zeitlich steht dieses finale Hallel und damit die Endredaktion des Psalters nahe beim Sirachbuch, in welchem diese Verbindung breit entfaltet ist (vgl. ZENGER, Mund; REITEMEYER, Weisheitslehre).

Unbestritten ist die Buchabschlussfunktion der Gruppe Ps 146–150. Ein Vergleich mit den Doxologien am Ende der ersten vier Psalterteilbücher (Ps 41,14; 72,18–20; 89,53; 106,48) macht deutlich, dass der Psalterschluss auch lobpreisend geschieht, aber anders gestaltet ist. Das Zusammenlaufen von Seligpreisungen (*'aschre*) und Gotteslob (*baruk*) an den Teilbuchenden lassen annehmen, dass mit dem königstheologisch-weisheitlichen Paar Ps 144–145 ein erster und sogar gedoppelter "Abschluss" gesetzt ist (vgl. 5 III. 3., ferner WEBER, Makarismus, 211–213.216). Man kann diesen als Abschluss des Psalterteilbuchs V im engeren Sinn (Ps 107–145) bezeichnen. Dieser "vorläufige Abschluss" wird aber nun durch das an Ps 145 andockende finale Hallel Ps 146–150 "gedehnt", damit der Lobpreis über die Königsherrschaft JHWHs verstärkt und so das Buch insgesamt zu Ende geführt. Die Abschlussfunktion dieser Hallel-Komposition manifestiert sich darin, dass eine Vielzahl von Rückbezügen auf frühere Psalmen (und weitere Schriftstellen) vorliegt. Mit solch verdichtendem, teils anthologischem Stil wird der Psalter – insbesondere die letzten beiden Psalterteilbücher – "repetiert", und "Buchfäden" werden am Ende gleichsam verschnürt (vgl. dazu im Detail BALLHORN, Telos, 299–360; LEUENBERGER, Konzeptionen, 346–364).

2. Abfolge und Arrangierung

Die Abfolge der hymnischen, mit Stichworten verknüpften Psalmenkette 146–150 soll nachfolgend mit kurzen Stichworten skizziert werden (vgl. dazu Wb Pss II, 370–386):

• Ps 146: Eingelagert in den äusseren Halleluja-Rahmen ist ein zweiter, innerer Rahmen. Darin werden Selbstaufforderung und Entschluss zum anhaltenden, auch musikalisch vollzogenen Lobpreis (1f.) und die Proklamation immerwährender Königsherrschaft (10) – Zion wird angesprochen – aufeinander bezogen. In diesem chiastischen Psalm kommt die Zeile *haschomer* ʾ^{e}*met l*^{e}*ʿolam* "er bewahrt Treue für immer" (6) genau in der Mitte zu stehen und bietet die Quintessenz dieses Psalms. Im vorauslaufenden Innenteil wird diese Zentralaussage weisheits- und schöpfungstheologisch entfaltet, zuerst negativ (3f.) und dann positiv (5f.). Im nachfolgenden Innenraum 7–9 wird mit königlichen Prärogativen JHWHs Eingreifen und Handeln gegenüber Bedürftigen zum Ausdruck gebracht. Die Betonung des Psalms liegt auf JHWHs Königsherrschaft, und diesbezüglich namentlich auf der Fürsorge für die Armen und Entrechteten (vgl. Ps 72, dort vom Jerusalemer König).

• Ps 147: Der Psalm gliedert sich in drei Hauptteile, die je mit einem hymnisch-musikalischen Anspruch bzw. Aufruf einsetzen (1.7.12). Die Motive des Schöpfers und königlichen Helfers der Bedürftigen aus dem vorangegangenen Psalm setzen sich fort. Das Schöpfermoment ist dabei verstärkt und mit Fruchtbarkeit und Ernte verbunden. Ähnlich wie die von Gott gewährte Feuchtigkeit Fruchtbarkeit wirkt, so ergeht sein Gotteswort an Israel (und dies zeichnet es gegenüber anderen Völkern aus). Die Verbindung des Gotteshandelns in Schöpfungswerk und Wort lässt an Ps 19 denken. Hier ist es aber mit einem zionstheol. Akzent verbunden: Jerusalem ist von Gott (neu?) erbaut und befriedet, seine Bewohner sind gesegnet (vgl. Ps 46; 48). Entsprechend werden Jerusalem und Zion zum Lobpreis aufgerufen (12).

• Ps 148: Das eröffnende "Halleluja!" wird durch weitere Preisaufrufe angereichert. Die Lobadresse ist stets JHWH, aber die Adressierung derjenigen, die dazu aufgefordert werden, variiert. Die Liste fängt im Himmel mit den Engeln und Heerscharen an (1f.), führt zu den Himmelslichtern (3), umfasst die Wasser oben (4) und unten (7f.), Erhebungen in Landschaft und Flora (9) sowie Fauna (10). Entsprechend dem Tagewerk der Schöpfung (vgl. Gen 1f.) folgen dann erst die Menschen, und zwar zunächst die Notablen dieser Erde (11) und schliesslich alle weiteren: beide Geschlechter, alt und jung (12). Gegenüber dem Vorgängerpsalm ist das Schöpfungsmoment verstärkt und invertiert: Der Schwerpunkt liegt weniger auf Gottes Wirken, als – sich darauf abstützend – auf der adäquaten Reaktion im Lobpreis. Ein Israel-Bezug mit dem Akzent auf Macht und Wiederherstellung ("Horn") beschliesst den Psalm (14).

• Ps 149: Das Israel-Stichwort am Ende des Vorgängerpsalms aufnehmend, ist die Beziehung zwischen JHWH und seiner Gemeinde im Fokus dieses Psalms. Mit diesem neuen, "endzeitlichen" Lied ist auf das "urzeitliche" Lied Israels (Ex 15,1–18.21) angespielt (1–3, vgl. WEBER, "Lied", 42f.). Mit "Schöpfer" und "König" sind die beiden Gottesvorstellungen, welche die Hallel-Psalmen leiten, explizit genannt (2). Der Dienst der Gottesgemeinde äussert sich Gott gegenüber in Freude und Lobpreis, aber den Nationen gegenüber im (Mit-)Vollzug des Gerichts. Der änigmatische Vers 6 bringt beide Seiten auf den Punkt: "Erhebungen Gottes in ihrer Kehle // und ein zweischneidiges Schwert in ihrer Hand". Letzteres ruft Ps 2 in Erinnerung (mehr dazu s.u.).

• Ps 150: Der Psalter schliesst mit einer Serie von Lobaufrufen. Das einzige Verb ist *h-l-l* pi "lobpreisen", und dieses erscheint in jeder Verszeile. Gegenüber Ps 148 sind nicht diejenigen angesprochen, die das Lob anstimmen sollen, vielmehr sind "Ort" und "Grund" (1f.) bzw. "Mittel" (3–5) des Lobpreises im Fokus (vgl. die Aufnahme von "Handpauke" und "Leier" aus dem Vorgängerpsalm), bevor in der letzten Zeile – und vor dem letzten "Halleluja!" – der Aufruf zum umfassenden Einstimmen in diesen reich instrumentierten Lobpreis ergeht (mehr dazu s.u.).

Es spricht einiges dafür, dass die lineare Verkettung respektive graduelle Abfolge von Ps 146–150 mit der Lobpreis-Emphase am Schluss durch eine zentrierende Arrangierung der fünf Psalmen nach dem Schema ABCB'A', die Ps 148 ins Zentrum rückt, überlagert ist (vgl. ZENGER, "Fleisch", 14–21). In der nachfolgenden Überblicksskizze ist der Sachverhalt, der durch eine Reihe von Stichwort- und Motivverbindungen gestützt wird (vgl. dazu u.a. Wb Pss II, 370ff.), knapp dargestellt:

Ps 146 (A)	Ps 147 (B)	Ps 148 (C)	Ps 149 (B')	Ps 150 (A')
Lobpreis-Solo				Lobpreis-Tutti
		Aufforderungen:		Aufforderungen:
		Lobadressaten		Loborte/-mittel
	"Lobpreisung"	"Lobpreisung"	"Lobpreisung"	
	Israel	Israel	Israel	
Zion	Zion		Zion	
	"Gebeugte"		"Gebeugte"	
	"Wohlgefallen"		"Wohlgefallen"	
"Recht"	"Recht"		"Recht"	
	"Leier"		"Leier"	"Leier"

Die Abfolge Ps 146 => 147 => 148 zeigt eine Erweiterung der Lobpreis-Adressaten und damit ein Anschwellen des Lobpreises von einer Einzelstimme (146) über Israel (147) hin zu Himmel und Erde (148). Ps 149 lenkt zu Israel als Darbringer des Lobs zurück und hat damit ein retardierendes Moment, bevor Ps 150 zum *fortissimo* aufruft. Das Gemeinde- bzw. Zionlob von Ps 147 und 149 umklammert das Schöpfungslob im Hallel-Zentrum (Ps 148). Dieses wiederum ist hinsichtlich der Lobaufrufe insbesondere mit Ps 150 verbunden. Die Verbindungen von Mitte (Ps 148) und Ende (Ps 150) zum Anfang des Hallels (Ps 146) sind wenig ausgeprägt. Ps 150 hat diesbezüglich mehr Ähnlichkeiten mit Ps 145, womit die geäusserte Vermutung eines gestaffelten Abschlusses (Ps 145/150) unterstützt wird (s.o.).

Die Hallel-Komposition will nicht (nur) "literarisch" bleiben, sondern liturgisch werden und dabei Leib, Seele und Geist umfassen. Es geht um das gottesdienstliche Feiern Gottes. Memorierung und Meditierung der Weisung JHWHs (Ps 1) mag auch alleine geschehen. Gottesdienst, zu dem Ps 146–150 einlädt, kann jedoch keiner alleine feiern – ebenso wenig wie einen Reigen tanzen (Ps 149,3; 150,4). Wohl fängt das Kleine Hallel mit einer Einzelstimme an (Ps 146,1f.), dann aber werden Mitversammelte einbezogen (Ps 146,3ff.), und so bleibt es durch das Hallel hindurch. Mit Ps 148 wird der Gottesdienst kosmisch, bis schliesslich "alles, was Odem hat" (Ps 150,6) zum Lobpreis JHWHs aufgerufen wird. Die Propagierung des Psalters (lediglich) als "Erbauungs-" oder "Meditationsbuch" ist zu einseitig und trägt der gemeinschaftlichen wie gottesdienstlichen Dimension, die das Buch mitbestimmt und in die es ausmündet, zu wenig Rechnung.

3. Ein Wort zu Psalm 149

Innerhalb der den Psalter beschliessenden Hallel-Gruppe ist die Interpretation von Ps 149 am schwierigsten und umstrittensten. Im Vordergrund der Diskussion steht zum einen, wer unter "Israel" respektive der "Gemeinde der Begnadeten" (1) zu fassen, zum anderen, wie die – teils anstössig wirkende – Doppelheit von "Lobpreis und Schwert" (6[ff.]) zu deuten ist. Beide Fragestellungen haben Einfluss auf das Verständnis der Hallelpsalmen-Gruppe insgesamt, so dass sich eine exkursartige Behandlung dieses Psalms rechtfertigt (vgl. dazu Wb Pss II, 381–383 [modifiziert]):

149,1 Halleluja (= Lobpreist den HERRN)!

Singt dem HERRN ein neues Lied,
seine Lobpreisung in einer Versammlung Begnadeter!
2 Freuen soll sich Israel an seinem Schöpfer,
die Söhne Zions sollen jubeln über ihren König.
3 Lobpreisen sollen sie seinen Namen im Reigentanz,
in Begleitung von Handpauke und Leier sollen sie besingen ihn.

4 Denn wohlgefällig ist der HERR gegenüber seinem Volk,
er wird schmücken das Haupt der Gebeugten mit Heil.
5 Frohlocken werden die Begnadeten in Ehre,
jauchzen auf ihren Liegen:
6 Erhebungen Gottes in ihrer Kehle
und ein zweischneidiges Schwert in ihrer Hand.

7 Um zu vollziehen Vergeltung an den Heidenvölkern,
Züchtigung an den Nationen.
8 Um zu binden deren Könige mit Fesseln
und deren Geehrte mit eisernen Ketten.
9 Um zu vollziehen an ihnen geschriebenes Recht –
eine Pracht ist das/er für alle seine Begnadeten.

Halleluja (= Lobpreist den HERRN)!

Der sich nach dem Schema ABA' um die Mitte 4–6 (B) drehende dreistanzige Ps 149 ruft zum Singen eines "neuen Lieds" auf (vgl. Ps 144,9f.). Gegenüber Ex 15,1–18.21, dem "Urlied" Israels mit seiner protologischen Qualität, soll mit diesem "neuen Lied" ein Heilsgeschehen besungen und instrumentiert werden, das einen eschatologischen Anstrich hat. Bei den Darbringenden handelt es sich um eine *q^{e}hal ch^{a}sidim* "Versammlung Begnadeter" (die *ch^{a}sidim* "Begnadeten" erscheinen ferner in 5 und 9). Die Wendung ist in der hebr. Bibel singulär, findet sich aber in Qumran in einem nichtkanonischen Psalm belegt (Ps 154 = 11Q5 = Ps^{a} XVIII,10f.). Einige Ausleger sehen die nächsten, sachlichen wie zeitlichen Parallelen in der griech. Übers. "Synagoge der Asidäer" (= "Versammlung/Gemeinschaft der Begnadeten/Frommen") in 1. Makk 2,42 (vgl. 7,12ff.). Von diesen Tora-treuen Kreisen wird gesagt, dass sie sich dem Widerstands- und Befreiungskampf der Makkabäer anschlossen. Die fortan gegebene Allianz von zionistischer Militanz und Tora-Frömmigkeit, die sich insbesondere in der Auseinandersetzung mit Nikanor manifestierte (vgl. dazu 1. Makk 3,44ff.; 7,36ff.; 2. Makk 14,6ff.; 15,26f.), fügt sich recht gut zur Doppelung "Lobpreis und Schwert" von Ps 149 (vgl. auch Ps 146,3f. mit 1. Makk 2,63). Sie dürfte im Eifer der Leviten am Sinai (Ex

32,26–29) ihr bibl. Vorbild haben. Im Gegenzug dazu spricht die sich naheliegende Identifizierung der "Versammlung der Begnadeten" (1) mit "Israel" und den "Söhnen Zions" (2) sowie der Kontext der Hallel-Komposition nicht für die Heraushebung einer "Sondergruppe". Es geht vielmehr um das "qualifizierte Israel", welches sich zu JHWH gehörig und auf "geschriebenes Recht" (9) verpflichtet weiss. Das heisst nicht, dass die Nähe dieses Psalms zum Widerstand gegen Hellenisierungstendenzen sowie den makkabäischen Befreiungskriegen abwegig ist; eingefügt in die Hallel-Komposition geht es aber um die *ganze* Gottesgemeinde, zudem geschieht die Psalmaussage nicht aktualisierend, sondern eschatologisierend.

Dass die Getreuen JHWHs nicht nur das Gotteslob in die Kehle, sondern zugleich das Schwert in die Hand bekommen, ist innerhalb des Psalters einzig. In den aus Not und Bedrängnis ergehenden Psalmen wird das Gericht ansonsten Gott anheim gestellt (s.o., 3 IV. 3. B). Die Aussagen sind endzeitlich anzusetzen und führen Gerichtsaussagen der JHWH-Königspsalmen (Ps 96,13; 98,9) insofern weiter, als dem lobpreisenden Israel der "Gebeugten" und "Begnadeten" ein Mitvollzug am Völkergericht gewährt wird. Das Lied über den letzten und letztgültigen Sieg des Himmels- wie Zionskönigs wird erklingen (1–3). Daraus ergibt sich die Wiederherstellung und Ehrung seiner Begnadeten, der "Gebeugten", die daraufhin jauchzen und JHWH erheben (4–6). Zu ihrer Würdigung gehört offensichtlich die Autorisierung zum Gerichtsvollzug an den Weltenvölkern und ihren Königen (6–9). Dieser geschieht nicht willkürlich, sondern nach "geschriebenem Recht". Ob damit angezeigt werden soll, dass der Gerichtsvollzug aufgrund bzw. gemäss den Heiligen Schriften (u.a. den proph. "Völkersprüchen") vonstatten gehen wird? Oder ist hier das "Buch des Lebens" (Ps 69,29; Phil 4,3; Offb 3,5; 20,15, vgl. Ex 17,14; 32,32,f.; Ps 139,16; Dan 7,10) im Blick?

Hinweise für eine Mitbeteiligung von Gottes Gerechten beim Endgericht finden sich in Qumran (vgl. 1QH VI,29f.; 1QM IX,5–9; XI,13–18; XII,3–5; XV,4–18; XVIII,1–8; 1QpHab V,3–5) und im NT. So wird den Zwölf Aposteln im endzeitlichen Gericht von Jesus ein Richten anvertraut – allerdings nicht gegenüber den Heidenvölker, sondern an den Stämmen Israels (Mt 19,28; Lk 22,30). Von einem Völker- bzw. Weltgericht unter Mitbeteiligung der Heiligen ist in 1. Kor 6,2f. die Rede. Ferner finden sich Hinweise im letzten Buch der Bibel, wo sich Lobpreis (mit einem "neuen Lied") und Gottesgericht wie in Ps 149 ebenfalls nebeneinander finden (vgl. Offb 3,21; 4,2–11; 5,9f.; 15,2–4; 20,4–6).

4. Anfang und Ende

Wie verhält sich der Ausgang des Psalters zu seinem Eingang? Ein zum Eingangstor Ps 1–2 analog gebautes, doppeltes Ausgangsportal Ps 149–150 liegt nicht vor. Die Rückbezüge des Schlusses an den Anfang stellen sich vielschichtig und gestaffelt dar. Das weish. wie königstheol. Paar Ps 144–145 spiegelt die ebenfalls weish. wie königlich gestaltete Psaltereröffnung Ps 1–2 (mit Rückbezug auch zum ersten Gebetspsalm [vgl. Ps 144,2 mit Ps 3,4]). Über die Thematik hinaus sind die je doppelten Seligpreisungen in Ps 1,1; 2,12 (Rahmung) einerseits und Ps 144,15 andererseits sowie der Anklang von Ps 145,(17–)20 (vgl. auch Ps 144,3f.) an Ps 1,6 hervorzuheben.

Auf den "ersten" Psalterabschluss Ps 144–145 folgt das Kleine Hallel Ps 146–150 als Koda. Darin finden sich bescheidene Anklänge an Ps 1, namentlich im Anfangsbereich dieser Schlusskomposition (vgl. Ps 146,4f.8f. mit Ps 1,1.5f. und allenfalls 147,19 mit 1,2 sowie 149,1.9 mit 1,5). Deutlicher sind die im Hallel angelegten Bezüge zum königlichen Ps 2. Verbinden Ps 148 und Ps 2 einige Übereinstimmungen (vgl. 2,1f.10 mit 148,11), so ist das Netz an Bezügen zwischen Ps 149 und Ps 2 dichter: Werden die tobenden "Nationen" und ihre "Könige" (2,1f.6; 149,7f.) in Ps 2 durch den von JHWH eingesetzten König auf dem "Zion" (2,6; 149,2) in die Schranken gewiesen, so tritt in Ps 149 JHWH selbst als "König" (149,2) der Söhne "Zions", seiner Begnadeten, auf und vollzieht mit ihnen das endzeitliche Strafgericht an den Völkern. Die "Fesseln", welche die Herrscher in 2,3 zu zerreissen trachten und damit ihre Erhebung gegen Gott anzeigen, werden ihnen in 149,8 (neuerdings) angelegt (vgl. zudem die Stichworte "jubeln" 2,11; 149,2 und v.a. "Eisen, eisern" 2,9; 149,8). Durch die Interrelation der beiden Psalmen wird die Gemeinde der Begnadeten von Ps 149 kollektiv in das Licht des Messias von Ps 2 gestellt. Und umgekehrt: "Das Mandat des »Gesalbten« wird auf das Volk übertragen" (BALLHORN, Telos, 337). Die Eckpsalmen Ps 1 und 150 haben kein wesentliches Vokabular gemeinsam, Tora-Meditierung und Lobpreis werden aber mit dem Band der Weisheit umschlungen: Ps 150 entlässt die von Ps 1 zur Wegweisung JHWHs geleitete Hör- und Betgemeinschaft des Buches mit Gotteslob auf den Lippen.

III. Ein (musikalischer) Schluss ohne Schluss

BALLHORN E., Zum Telos des Psalters (BBB 138), Berlin 2004 • BRAUN J., Die Musikkultur Altisraels/Palästinas (OBO 164), Fribourg 1999 • DAHMEN U., Psalmen- und Psalterrezeption im Frühjudentum (StTDJ 49), Leiden 2003 • FLINT P.W., The Dead Sea Psalms Scrolls and the Book of Psalms (StTDJ 17), Leiden 1997 • HARTENSTEIN F., "Wach auf, Harfe und Leier, ich will wecken das Morgenrot" (Psalm 57,9), in: M. GEIGER / R. KESSLER (Hrsg.), Musik, Tanz und Gott (SBS 207), Stuttgart 2007, 101–127 • KLEER M., »Der liebliche Sänger der Psalmen Israels« (BBB 108), Bodenheim 1996 • MAIER J., Die Qumran-Essener: Die Texte vom Toten Meer I (UTB 1862), München 1995 • MATHYS H.-P., Psalm CL, VT 50 (2000) 329–344 • MIURA Y., David in Luke-Acts (WUNT II/232), Tübingen 2007 • STAUBLI T. u.a., Musik in biblischer Zeit, Stuttgart 2007 • VAN ROOY H.F., Studies on the Syriac Apocryphal Psalms (JSSt.S 7), Oxford 1999 • ZENGER E., "Aller Atem lobe JHWH!", in: M. BAUKS u.a. (Hrsg.), Was ist der Mensch, dass du seiner gedenkst? (Psalm 8,5), Neukirchen-Vluyn 2008, 565–579.

1. Psalm 150

Wir hören auf die letzten Worte des Psalmenbuches im Wissen darum, dass der Schluss besonderes Gewicht hat und haften bleibt:

150,1 Halleluja (= Lobpreist den HERRN)!

Lobpreist Gott in seinem Heiligtum/in seiner Heiligkeit,
lobpreist ihn im Firmament seiner Stärke!
2 Lobpreist ihn ob seiner Machttaten,
lobpreist ihn entsprechend der Fülle seiner Grösse!

3 Lobpreist ihn zum Stossen des Horns,
lobpreist ihn mit Standleier und Tragleier!
4 Lobpreist ihn mit Handpauke und Reigen,
lobpreist ihn mit Saitenspiel und Flöte!

5 Lobpreist ihn mit Zimbeln-Klang,
lobpreist ihn mit Zimbeln-Geschmetter!

6 Alles, was Odem hat, lobpreise den HERRN!

Halleluja (= Lobpreist den HERRN)!

Ps 150 (vgl. Wb Pss II, 384–386 [mit Modifikationen]) ist eigentlich kein gemeinschaftlich im Gottesdienst gesungener Hymnus. Er bewegt sich (noch) im "Vorstadium" dazu, indem er mit seinen Aufrufen dahin führen, dazu anstiften will. Eine Schilderung des Vollzugs fehlt. Der gefeierte Gottesdienst ist daher nicht mehr im Text selbst greifbar, sondern er findet – sofern den Imperativen Folge geleistet wird – textextern, gleichsam nach Abschluss des Psalters statt. Insofern weisen Ps 150, das Kleine Hallel und der Psalter einen "offenen Schluss" auf.

Der wiederholte, an ein Kollektiv gerichtete, mit Formen des Verbs *h-l-l* pi gebildete Aufruf, JHWH/Gott/ihn zu lobpreisen, hat aufgrund seiner Lautfolge, Rhythmik und zeileneröffnenden Positionalität onomatopoëtische Qualität. Die damit abgegebene vokale Lautäusserung fügt sich zur Vielfalt musikalischer Instrumentierung und Inszenierung (Reigentanz). Drei Bezeichnungen tauchen bereits im Vorgängerpsalm auf (Ps 149,3). Tamburin und Tanz verweisen auf den Gottessieg zugunsten Israels am Schilfmeer (Ex 15,20), wobei in diesen letzten beiden Psalmen die Männer "emanzipiert" werden und bei diesen sonst Frauen vorbehaltenen Tätigkeiten mitmachen dürfen. Hans-Peter MATHYS (Psalm CL) sieht im Blick auf die Instrumentierung kein "Tempelorchester" abgebildet, vielmehr sei ein imaginäres Orchester zusammengestellt worden, das *idealiter* alle möglichen Musikanten in Israel umfasse; entsprechend liege dem Psalm ein idealer, imaginärer Gottesdienst zugrunde. Eine Stilisierung soll nicht bestritten werden. Die Aufzählungsreihen in 1f. und 3–5 sowie das *ostinato* mit *h-l-l*-Formen lassen denn auch Momente der Ganzheit sich einstellen. Ein Verständnis des Psalms, das diesen im Literarischen und Reflexiven fixiert, wird ihm aber nicht gerecht, will er doch zum leiblich wie gemeinschaftlich vollzogenen Lobpreis hinführen: mit Mund (Gesang), Händen (Instrumente) und Füssen (Tanz). Musik nur in den je eigenen Gedanken und sakraler Tanz ohne Involvierung des Leibes will sich nicht zum ganzheitlichen Lobpreis fügen. Von daher scheint mir ein Vortragen und Bedenken dieses Psalms im Kontext eines geistlichen Konzerts des Posaunenchors gut passend – im Wissen darum, dass jede Einlösung vorläufig ist und auf die letzte und tiefste am Ende der Zeiten wartet (vgl. Offb 15,2–4).

Wo Grosses geschieht, gehört Musik dazu. Die Verbindung von Gebet und Gesang ist nicht nur institutionell, sondern ebenso prophetisch-charismatisch, wie ein Blick in Chronika zeigt (vgl. 1. Chr 25,1–6; 2. Chr 20,5ff.; 29,25f.30). Musikalische *performance* bringt Heiliges sinnennahe, lässt Raum für Improvisation und spiegelt in dieser Kreativität das Lob an den Schöpfer. Den Aufzählungen, der Verortung und Verursachung des Lobpreises wie der Instrumentierung ist in diesem Psalm eine Steigerung unterlegt mit einer Emphase am Schluss (zu den Instrumenten [mit Abbildungen] und bibl. Musik generell vgl. BRAUN, Musikkultur; STAUBLI u.a., Musik). Das *schophar* als Signalhorn (3) nimmt unter den aufgeführten Instrumenten eine Sonderstellung ein. Es markiert den Anfang und evoziert das Erscheinen Gottes. Damit ist ein Ineinander von Gottes Niederkommen (Epiphanie) und dem Aufsteigen der Musik (Lobpreis) gegeben. Gott ist inmitten seiner Anbetung gegenwärtig. Dem entspricht, dass Instrumente als "Medien des Gotteskontakts" einer wechselseitigen "Bewegung von Gott her und auf ihn hin" dienen (HARTENSTEIN, "Harfe", 117). Sie rufen Gottes Herrlichkeit hervor und bilden sie zugleich ab. Nach dem *schophar* folgen die klassischen Saiteninstrumente der Liedbegleitung (3). Es gesellt sich die instrumentierte und in Bewegungen ausgedrückte Rhythmik dazu (4). Dann stimmen Saiten- und Flötenspiel ein (4). Den Schluss machen Zimbeln (oder Becken) als Rhythmusinstrumente (5). Bei diesem letzten Instrument schwillt die Lautstärke vom sanften "Klingen" zum ohrenbetäubenden "Geschmetter" an.

Nach dem Zimbel-Geschmetter kehrt vor der letzten Verszeile – und dem allerletzten "Halleluja!" – nochmals Ruhe ein. Der Atem wird gleichsam angehalten, und um diesen Odem geht es nun. Mit *kol*, dem hebr. Marker für Totalität, beginnt das abschliessende Monokolon. Alles, was Odem hat und damit lebt, wird in den Lobpreis einzustimmen geheissen. Ob unter dieser Formulierung über die Menschheit hinaus mit Ps 148,2 auch die Himmelswesen oder vielleicht sogar noch die Tiere eingeschlossen sind? Wohl kaum, auch wenn dies nicht völlig auszuschliessen ist. Der Satzbau ist am Schluss invertiert: Das Prädikat – wieder mit *h-l-l* pi "lobpreisen", aber mit einem gegenüber dem Gleichklang von *hal^{e}luhu* anderem Morphem – macht den Schluss. Genau gesagt: fast den Schluss, denn am Ende steht der verkürzte Gottesnamen, und dann am Ende des Endes die liturgische Formel "Halleluja!". So ist JH(WH) das letzte Wort des Psalters. Ihm gegenüber steht das an Menschen adressierte *'aschre* "Glückpreisungen ...!" als erstes Wort in diesem Buch.

Mit Ps 145,21 wurde das persönliche wie kollektive ("alles Fleisch") Lobpreis-Versprechen gegenüber "seinem heiligen Namen" abgegeben und der Psalter quasi vorläufig beschlossen. Dort hiess es zum Schluss: "für immer und ewig". An dieses "immer-und-ewig" hat sich das Kleine Hallel angeschlossen, den Lobpreis perpetuiert und damit ein klein wenig von diesem "immer-und-ewig" einzulösen angefangen. Mit "alles, was Odem hat" am Hallel-Ende wird auf "alles Fleisch" angespielt und dem Leib quasi Vitalität verliehen. Der Mensch, dem Gott den Odem des Lebens gegeben hat (Gen 2,7), ehrt mit eben diesem seinen Schöpfer. Dadurch, dass der Gotteslobpreis versprochen, vielfältig dazu aufgerufen, aber noch nicht eigentlich vollzogen wird, bleibt dieses "immer-und-ewig" unterstrichen. Wer zum Lobpreis Gottes aufruft, mag ihn damit schon anstimmen, aber es bleiben andere übrig – bis hin zum letzten Tag. Sie werden ebenfalls eingeladen (werden), um in das anhaltende und immerwährende Lob Gottes mit einzustimmen. In dem Sinn ist der Psalter "offen", und es geht weiter: "Solange Psalmen gesungen werden, lebt die Erde" (ZENGER, "Atem", 579).

2. Der Psalm danach: Psalm 151

Der kanonisch gewordene hebr. Psalter (MT) endet mit Ps 150. In den uns bekannten Handschriftenüberlieferungen liegen jedoch noch ein (apokrypher) Ps 151, und z.T. weitere (apokryphe) Psalmen (Ps 152–155) sowie psalmenähnliche Stücke vor (eine Zusammenstellung [mit dt. bzw. engl. Übers.] "apokrypher" Psalmen und ähnlicher Stücke in den Psalmenrollen vom Toten Meer bieten MAIER, Qumran-Essener, 330–343; FLINT, Scrolls, 243–251). Von Ps 151, auf den wir uns hier beschränken, ist eine hebr. Fassung aus Qumran (11Q5 = Ps^{a} XXVIII,3–12.13f.), eine griech. (Septuaginta) sowie eine syr. (Peschitta) bekannt. Sie weisen untereinander z.T. erhebliche Abweichungen auf (zu den drei Fassungen [je mit engl. Übers.] vgl. VAN ROOY, Studies, 90–109). Was die Relation der drei Überlieferungen von Ps 151 betrifft, so ist die Abhängigkeit der syr. von der griech. Fassung evident. Die LXX ihrerseits dürfte Übersetzung einer hebr. Vorlage sein. Inwieweit diese mit den erhaltenen Qumran-Fragmenten Ps 151A/B auf der Psalmenrolle übereinstimmt oder aber – wahrscheinlicher – auf eine von ihr unabhängige (frühere) hebr. Fassung zurückgeht, braucht hier nicht bedacht zu werden (zur Qumran-Fassung von Ps 151 [mit dt. Übers.] vgl. KLEER, »Sänger«, 206ff., ferner DAHMEN, Psalmen- und Psalterrezeption, 257–266). Aufgrund der wirkungsgeschichtlichen Bedeutung der LXX für das NT und die Kirche konzentrieren wir uns nachfolgend auf Ps 151 in der Septuaginta, die gegenüber der Qumran-Fassung erheblich kürzer ist. Der griech. Psalm lautet in eigener Übersetzung (vgl. auch LXX.D, mit Übersetzungsvarianten):

151,1 Dies [ist] der Psalm, selbst geschrieben im Hinblick auf David
und ausserhalb der Zählung, als er allein kämpfte mit Goliat.

Klein war ich unter meinen Brüdern
und ein jüngerer im Haus meines Vaters;
Ich weidete die Schafe meines Vaters;
2 meine Hände verfertigten ein Instrument,
meine Finger fügten zusammen eine Leier ("Psalter").
3 Und wer wird kund machen meinem Herrn?
Er selbst, der Herr, er vernimmt.
4 Er selbst sandte seinen Künder
und nahm weg mich von den Schafen meines Vaters
und salbte mich mit dem Öl seiner Salbung.
5 Meine Brüder: schön und gross,
und doch nicht Gefallen an ihnen hatte der Herr.

6 Ich ging hinaus zur Begegnung mit dem Ausländer ("Andersstämmigen"),
und er verfluchte mich bei seinen Götzen.
7 Ich aber, nachdem ich gezückt hatte das bei ihm [befindliche] Schwert,
enthauptete ihn und nahm [so] weg Schmach von den Söhnen Israels.

Die gegenüber den hebr. Qumran-Fassungen Ps 151A ("Halleluja! – zugehörig David, dem Sohn Isais") und Ps 151 B ("Anfang der Macht, zugehörig/dem David, [nach] seiner Salbung [durch den] Prophet Gottes") deutlich andere Überschrift enthält drei Hinweise zum Psalm. Zunächst qualifiziert der Schreibende diesen Psalm als "Ideographen", d.h. als ein mit eigener Hand geschriebenes Stück. Es folgt die Angabe *eis Dauid* "zu/hinsichtlich David". Mit dieser Formulierung scheint sich der Psalmverfasser nicht als David selbst auszugeben, zumal er auch nicht die in den Präskripten der kanonischen David-Psalmen (LXX) übliche Formulierung *toh Dauid* "dem/von David" verwendet (die Handschrift *Alexandrinus* erleichtert allerdings zu *tou* "von"). Im Psalm-Korpus schlüpft er dann aber mit seiner Ich-Rede in die Haut Davids. Formulierung und Anlage erinnern an 2. Sam 23,1(–6), die "letzten Worte Davids". Mit dem Hinweis "ausserhalb der Zählung" wird daraufhin angezeigt, dass es sich um ein Addendum handelt, ferner, dass bereits eine, auch hinsichtlich der Zahl fixierte Gestalt des Psalters vorliegt. Dass diese Zahl 150 ist, wird nicht gesagt, dürfte aber vorausgesetzt sein, zumal MT wie LXX – bei je anderer Zählung – auf dieselbe Anzahl Psalmen kommen (vgl. BALLHORN, Telos, 38–43).[1] Den Abschluss macht der geschichtliche, nur für die beiden Schlussverse zutreffende Hinweis "als er allein kämpfte mit Goliat". Er verbindet den Psalm mit der bibl. Erzählüberlieferung aus 1. Sam 17. Bedenkt man Ps 151 insgesamt, so ist die Anfangsgeschichte Davids mit der Königssalbung und dem Kampf gegen den Philisterriesen Goliat im Blick (1. Sam 16f.).

Die Hauptzäsur des Psalms trennt die Teile 1–5 und 6–7. Der Psalm wirkt komposit, und die beiden Teile könnten sekundär zusammengewachsen sein (eine Vermutung, welche durch die hebr. Fragmente Ps 151A und 151B gestützt wird). 1–5 hat eine auf die Mitte zentrierte und dadurch die Aussage von 3 fokussierende Anlage. In einem ersten Kreis sind die beiden, durch das Stichwort "Schafe meines Vaters" verbundenen Dreizeiler (1f. und 4) ums Zentrum gelegt. Den äusseren Kreis bilden die beiden Zweizeiler 1 und 5, in denen das sprechende Ich sein Verhältnis zu "meinen Brüdern" erwähnt. Der Unterschied ist betont. Im Rahmen stehen sich "klein" (1) und "gross" (5) respektive die Doppelpaare "klein/jüngerer" und "schön/gross" gegenüber. Die Schlusszeile in 5 formuliert das Entscheidende. Die Rede vom Weiden der "Schafe meines Vaters" (vgl. auch das "Haus meines Vaters") wirkt auf dem Hintergrund des Psalters doppelsinnig, und lässt neben dem leiblichen Vater (Isai) auch an JHWH als Gottkönig denken (vgl. Ps 2,6f.; 78,70–72). Notierenswert ist, dass David nicht als Dichter, Sänger oder Spieler von Psalmen erscheint, sondern als Instrumentenbauer (vgl. Am 6,5; 1. Chr 23,5; 2. Chr 7,6; 29,26).

Im Zentrum (3) stehen Frage und Antwort. Während es in 3 darum geht, dass Gott etwas zu Ohren gebracht wird und die Zusage ergeht, dass er vernimmt, wird in der Erstzeile von 4 mit dem gleichen Wortstamm ("Künder, Bote") in umgekehrter Richtung kommuniziert. Man denkt aufgrund der Fortführung des Verses und angesichts der Erzähltradition an die proph. Gestalt Samuels (vgl. 1. Sam 16,1–13). So dürften Frage und Antwort von 3 auf das Gotteswort in 1. Sam 16,7 zu beziehen sein, das mit der Formulierung endet: "Denn der Mensch sieht, was vor Augen ist; JHWH aber sieht auf das Herz." Dies bestätigt sich durch die Rahmenaussagen des Psalms, in denen die Diskrepanz von äusserer Gestalt und dem Finden von Gottes Wohlgefallen herausgestellt ist.

Die Schlussverse (6f.) knüpfen an die Goliat-Szene an. Dabei spiegeln sich hinter den Psalmaussagen vermutlich zeitnahe Auseinandersetzungen mit hellenisierenden Fremdeinflüssen und Befreiungskriege. Die Bezeichnung "Andersstämmige" wird in der LXX insbesondere, wenn auch nicht ausschliesslich für die Philister (und ihren Vorkämpfer Goliat) verwendet. Sie ist – zumal Goliat im Text nicht explizit genannt wird – anschlussfähig für Neuaktualisierungen. Dass in hellenistischer bzw. makkabäischer Zeit Davids Kampf gegen Goliat herangezogen wurde, zeigen 1. Makk 4,26–34, wo Judas Makkabäus JHWH im Gebet daran erinnert und den Sieg gegen Gottes und Israels Feinde erbittet. Das Verfluchen "bei seinen Götzen" klingt an 1. Sam 17,43 an, nur dass dort in der LXX (und näher beim MT) von "Göttern" (*theois*) und nicht wie hier – zugespitzt – von "Götzen(bildern)" (*eidohlois*) die Rede ist. Interessanterweise verbinden sich die Momente "Fremdstämmige", Zücken des Schwertes, Enthauptung und (philistäische) "Götzen" ausser hier noch in 1. Sam 31,4.9 = 1. Chr 10,4.9 (LXX), nämlich im Zusammenhang des schmachvollen Todes von Saul. Davids

[1] Auch die Angabe in 11Q5 = Ps^{a} XXVII,4f., dass David 3'600 Psalmen komponierte, dürfte die Zahl 150 insofern reflektieren, als die Angabe sich aus 150mal 24 – der Zahlenwert des Namens *dwjd* bzw. die Zahl der levitischen Abteilungen – zusammensetzt (vgl. MIURA, David, 126).

Köpfung Goliats (1. Sam 17,50f.), der Israel und dessen Gott geschmäht hatte, führt hingegen zur Hinwegnahme der Schmach vom (Kriegs-)Volk. Das in 7 verwendete Wort *oneidos* "Schmähung, Schmach, Schande" respektive seine Wurzelableitungen finden sich in der Goliat-Geschichte (LXX) für das Höhnen der Schlachtreihen Israels und damit des lebendigen Gottes selbst durch den Philister (1. Sam 17,10.36.45).

Mit diesem Psalm über Davids Erwählung, Königssalbung und seines (ersten) Siegs gegen den Philister Goliat setzt die LXX ihr Ende und ergänzt damit die kanonischen, mit lebensgeschichtlichen Hinweisen verbundenen Psalmen durch ein neues Moment. Ps 3 mit seinem (ersten) Präskript hatte mit der Absalom-Revolte auf ein Geschehen gegen Ende des Königtums Davids verwiesen (vgl. 2. Sam 15ff.). Mit Ps 151 fügt die LXX einen Psalm hinzu, der einen Bezug zu den Anfängen herstellt. Dadurch ist nicht wie in Ps 150 "JH(WH)", sondern "Israel" – als Empfänger von Gottes Befreiungswirken durch seinen Gesalbten – das allerletzte Wort.

7

PSALMEN UND PSALTER IN GESCHICHTE, THEOLOGIE UND SPIRITUALITÄT

In diesem siebten und letzten Hauptteil geht es darum, in den vorangegangenen Teilen Angesprochenes zu fundieren wie auch abzurunden. Dabei wird erst ein Bogen von den Anfängen der biblischen Psalmodie Israels bis hin zum Leben mit und aus den Psalmen in der Gegenwart gespannt. Von besonderer Bedeutung erweist sich der Perspektivenwechsel von der Genese zur Geltung des Psalters, der die Blickrichtung von der Entstehungsgeschichte zur Bedeutungs- und Wirkungsgeschichte wendet. Im Einzelnen werden zunächst Verwendungen, Bezeichnungen und Bedeutungen der Psalmen und des Psalters erörtert. Darin zeigen sich unterschiedliche Zugänge und Verstehensrichtungen. Das zweite Kapitel ist (entwicklungs)geschichtlich orientiert und zeichnet den Weg vom einzelnen Psalm zum Psalter als Buch nach und die damit einhergehende Verschiebung von Sichtweisen und Bedeutungshorizonten. Im dritten Kapitel wird die geschichtliche durch eine literarische, d.h. an der Textlichkeit orientierte Sichtweise ergänzt und vertieft. Das vierte, die "Mitte" markierende Kapitel thematisiert die Schnittstelle zwischen Genese und Geltung des Psalters. Es wird aufgezeigt, dass mit der Kanonisierung eine Umkehrung der Betrachtungs- und Zugangsweise verbunden ist: Dem Psalter als Einheit gebührt Vorrang, die Interpretation geschieht vom Psalter her auf die Psalmen als seine Teile hin. Damit zusammenhängend erweitert das fünfte Kapitel den Horizont auf die Stellung und Bedeutung des Psalters im Kanon. Im sechsten Kapitel wird die Eigenheit des Psalters als Menschenwort und Gotteswort in den Blick genommen und auf gesamtbiblischem Horizont sowie unter Einbeziehung des darin involvierten Gottesvolks bedacht. Das siebte und letzte Kapitel geht mit dem Psalter den Weg durch die Geschichte hin zu unserer Gegenwart. Stationen seiner Bedeutung im Judentum und v.a. im Christentum (Kirchengeschichte) treten in den Blick. Angekommen in der Gegenwart geht es zuletzt darum, seine Spiritualität für heute ansatzweise in verschiedenen Lebens- und Dienstbereichen zu erkunden.

I. Bezeichnungen und Bedeutungen

BADER G., Psalterium affectuum palaestra (HUTh 33), Tübingen 1996 • BADER G., Psalterspiel (HUTh 54), Tübingen 2009.

Die für die Psalmen verwendeten Bezeichnungen sind nicht "Schall und Rauch". Sie sind mit Bedeutungen gefüllt; in ihnen zeigt sich Geschichte an, werden Traditionen kund und Verwendungszusammenhänge erkennbar.

1. Die Psalmen als Sammlung

Das Buch der Psalmen bekommt in der hebr. Überlieferung die Bezeichnung *t^ehillim* "Lobpreisungen". Seine Einheit wird damit als Vielzahl bestimmt und zwar mit einem grammatikalisch auffälligen Plural, der in dieser Form (m pl) in der Bibel selbst nie erscheint; dort ist die Femininbildung *t^ehillot* gebräuchlich (Erstbeleg: Ex 15,11, in den Psalmen: 9,15; 21,4; 78,4). Die in das Buch eingegliederten poetischen Stücke werden also nicht als "Psalmen", "Lieder" o.ä., sondern – gattungsmässig-inhaltlich eingeschränkter – als "Lobpreisungen" bezeichnet. Die Zahl derjenigen Psalmen, die zum Gotteslob aufrufen oder es darbringen, nimmt im Fortlauf des Buches stetig zu, und dieses endet in Ps 145/146–150 mit einem grossen und umfassenden Lobpreis (vgl. dazu 6). Das Buch wird mit dieser Bezeichnung also von seinem Schluss her verstanden bzw. dieser wird als für die Sammlung *insgesamt* bestimmend angesehen.

In der dt. Sprache wird mit dem Singular "Psalm" (hebr. *mizmor* "zum Saitenspiel gesungenes Lied" [Ps 3,1 u.ö.], griech. *psalmos*) im Kontext der Bibel bzw. des Psalmenbuchs in der Regel ein *einzelner* der dort aufgenommenen 150 Psalmen bezeichnet. Der Plural "Psalmen" bezeichnet eine nicht näher bestimmte Vielzahl der bibl. Psalmen, kann aber auch schon die Sammlung der 150 Psalmen meinen. Tritt der bestimmte Artikel davor, heisst es also "die Psalmen", dann ist eindeutig das Ganze, d.h. das Ensemble der 150 kanonisch gewordenen bibl. Psalmen, gemeint.

Die Pluralbezeichnung "die Psalmen" ist namentlich in der reformierten Tradition gebräuchlich (vgl. auch die Zürcher bzw. Zwingli-Bibel). Sie legt den Schwerpunkt auf die Kollektivität und versteht das Ganze unter dem Aspekt der "Sammlung". Ähnliches gilt bei der Redeweise "Psalmenbuch". Für diese plurale Perspektive lässt sich auf die mit dem Buch verbundene hebr. Überschrift *(sepher ha)t^ehillim* "(Buch der) Lobpreisungen" bzw. die im NT erscheinenden Bezeichnungen *(hä) biblos psalmohn* "(das) Buch der Psalmen" (Lk 20,42; Apg 1,20) oder einfach *psalmoi* "Psalmen" (Lk 24,44) verweisen.

2. Der Psalter als Bibelbuch

Mit der Singular-Bezeichnung "(der) Psalter" (griech. *psaltärion*, lat. *psalterium*) ist im Unterschied zu "den Psalmen" der Aspekt der Einheit im Blick. Günter BADER (Psalterspiel, 15) konstatiert zu Recht: "Der Psalter ist mehr als die Summe seiner Teile." Die Differenz stellt er folgendermassen heraus (Psalterium, 4 – Kursivsetzung GB):

> "Dort Psalmbuch quantitativ als Kollektion von 150 Einheiten, hier dagegen *eine* Einheit, die das Einzelne qualitativ umfaßt. ›Der Psalter‹ ist unstückelbar *einer*. ›Die Psalmen‹ sind vorwiegend Gegenstand des Sammelns, Sammlung; ›der Psalter‹ sammelt selbst."

Die Redeweise vom "Psalter" ist für die Lutherbibel bezeichnend und entsprechend in der lutherischen Tradition gebräuchlich. Analog wird nicht von einem "Psalmenbuch", sondern von einem "Psalmbuch" gesprochen. Als Buchbezeichnung hat "Psalter" seinen Ursprung in der LXX-Handschrift "Alexandrinus" (G^A, 5. Jh. n.Chr.).

3. Der Psalter als Gesangbuch

Mit der Vielzahl "die Psalmen" und der Einheit "der Psalter" sind die Bedeutungsnuancierungen noch nicht hinreichend erfasst. Mit ihnen ist nämlich zudem die Frage der Vertonung und Aufführung, von Singen und Musikalität verknüpft. Der für den "Psalter" verwendete griech. Begriff *psaltärion* bezeichnet ursprünglich ein (Saiten-)Instrument (*kithara*). Entsprechend ist mit "Psalter" nicht nur die Einheit (der Vielheit) ausgedrückt, sondern diese Bezeichnung zeigt an, dass Inhalt und Verwendung dieses Buchs mit Gesang und Instrumentenspiel verbunden sind und zu liturgischem Gebrauch dienen. Dafür gibt der Psalter – in den Psalmtexten selbst wie auch in den Überschriften – zahlreiche Hinweise. Die liturgische Verwendung des Psalm(en)buchs kommt am deutlichsten in klösterlichen Gesängen und Gebeten zum Tragen. Im Blick auf die Psalmen bzw. den Psalter ist die Verbindung bzw. Trennung von Wort und Klang, von Buch und Liturgie allerdings vielschichtiger als es diese knappe Skizze anzuzeigen vermag (vgl. dazu BADER, Psalterspiel). Um noch ein Moment herauszugreifen: Auch die reformierte Tradition verwendet(e) den Ausdruck "Psalter", nur dass damit nicht das bibl. Buch, sondern das kirchliche Gesangbuch gemeint ist, in welchem (in dieser Tradition) Psalmen-Vertonungen einen vorrangigen Platz einnehmen (vgl. etwa den Genfer Psalter, den Hugenotten-Psalter etc., dazu s.u., VII. 1. C b).[1]

Der kurze Überblick über die Bezeichnungen und ihr Verständnis allein schon im Protestantismus spiegelt die Vielfalt, in der die Psalmen auf- und wahrgenommen wurden bzw. werden und weist zugleich hin auf die besondere, mit diesem bibl. Buch verbundene Verschränkung von *theologia et musica*.

II. Von den Psalmen zum Psalter

BALLHORN E., Mose der Psalmist, in: E. BALLHORN / G. STEINS (Hrsg.), Der Bibelkanon in der Bibelauslegung, Stuttgart 2007, 130–151 • DAHMEN U., "Gepriesen sei der Herr, der Gott Israels, vom Anfang bis ans Ende der Zeiten" (Ps 106,48), BZ 49 (2005) 1–25 • FÜGLISTER N., Die Verwendung und das Verständnis der Psalmen und des Psalters um die Zeitenwende, in: J. SCHREINER (Hrsg.), Beiträge zur Psalmenforschung (FzB 60), Würzburg 1988, 319–384 • GILLINGHAM S., From Liturgy to Prophecy, CBQ 64 (2002) 470–489 • LEUENBERGER M., Konzeptionen des Königtums Gottes im Psalter (AThANT 83), Zürich 2004 • RÖSEL C., Die messianische Redaktion (CThM.BW 19), Stuttgart 1999 • WEBER B., Psalm 77 und sein Umfeld (BBB 103), Weinheim 1995 • WEBER B., Der Asaph-Psalter – eine Skizze, in: B. HUWYLER u.a. (Hrsg.), Prophetie und Psalmen (AOAT 280), Münster 2001, 117–141 • WEBER B., Psalm 78 als "Mitte" des Psalters? – ein Versuch, Bib. 88 (2007) 305–325 • WEBER B., "Asaf/Asafiten/Asafpsalmen" (2008), in: M. BAUKS / K. KOENEN (Hrsg.), Wissenschaftliches Bibellexikon im Internet, www.wibilex.de • WEBER B., Psalm 1 als Tor zur Tora JHWHs, SJOT 21 (2007) 179–200 • WEBER B., "Ein neues Lied", BN 142 (2009) 39–46 • ZENGER E., "Du thronst auf den Psalmen Israels" (Ps 22,4), in: B. KRANEMANN / T. STERNBERG (Hrsg.), Wie das Wort Gottes feiern? (QD 194), Freiburg i.Br. 2002, 16–40 • ZENGER E., Der Psalter im Horizont von Tora und Prophetie, in: J.-M. AUWERS / H.J. DE JONGE (Ed.), The Biblical Canons (BEThL 163), Leuven 2003, 111–134.

[1] Den Unterschied zwischen dem Verständnis reformierter und lutherischer Prägung formuliert BADER (Psalterium, 5) auf diese Weise: "Kurz, in der reformierten Tradition zeigt sich das Wort »Psalter« beweglich und läuft immer dahin, wo Gesang ist; dagegen in der lutherischen bleibt es auf dem Psalmbuch sitzen, aber nur als Überbleibsel und Reminiszenz eines Psalters, der einstmals erklang."

1. Mose und die Anfänge

Die instrumentale Musik reicht nach bibl. Zeugnis fast bis an den Anfang der Menschheitsgeschichte zurück (vgl. Gen 4,21). Im gleichen Zusammenhang findet sich mit dem Lamech-Spruch (Gen 4,23f.) erstmals auch eine Kurzform dichterischer Rede. Liest man die Bibel in ihrer kanonischen Abfolge, ist danach längere Zeit über die Vätergeschichten hinweg von Dichtung, Gesang und Instrumentalmusik kaum mehr etwas zu hören – bis dann in der Frühzeit des Volkes Israel alle drei Momente in einem zum Ausdruck kommen. Das Siegeslied am Schilfmeer (Ex 15,1–18.21) markiert den Anfang von Israels Dichtung und Musik. Rückbezüge auf dieses in den Psalmen zeigen an, dass das Schilfmeerlied zum einen textgeschichtlich vielen Psalmen vorausliegt und zum andern theologisch von grundlegender Bedeutung ist. In Ex 15 wird die Poesie gesanglich vorgetragen, instrumental begleitet und mit Tanz verbunden. In der Gottesrettung am Meer befreit und erwirbt sich JHWH sein Volk. Dieses antwortet ihm mit dem "ersten Psalm Israels":

15,1 Damals sangen Mose und die Söhne Israels dieses Lied dem HERRN.
Sie sangen folgendermassen:

Singen will ich dem HERRN,
denn hoch erhaben ist er.
Ross und sein Lenker
warf er ins Meer.
2 Meine Stärke und mein Loblied/meine Kraft ist der HERR,
er ward mir zum Heil.
Dieser ist mein Gott, dass ich ihn preise,
der Gott meines Vaters, dass ich ihn erhebe.
3 Der HERR ist ein Kriegsmann,
HERR ist sein Name.
4 Die Wagen des Pharao und seine Streitmacht warf er ins Meer,
die Auslese seiner Wagenkämpfer versank im Schilfmeer.
5 Die Fluten bedeckten sie,
sie fuhren in die Tiefen wie Stein.

6 Deine Rechte, HERR, ist herrlich in Macht,
deine Rechte, HERR, zerschmettert den Feind.
7 Ja, in der Fülle deiner Hoheit wirfst du nieder, die sich gegen dich erheben,
du schickst deine Zornesglut: Sie verzehrt sie wie Strohstoppeln.
8 Ja, beim Schnauben deiner Nase/deines Zorns türmten sich die Wasser,
es standen wie ein Damm die Strömungen,
es gerannen die Fluten im Herzen des Meeres.
9 Es sprach der Feind:
Ich jage nach, ich hole ein,
ich verteile Beute.
Es sättige sich an ihnen meine Kehle,
ich zücke mein Schwert,
es tilge sie aus meine Hand.
10 Du bliesest mit deinem Schnauben,
es bedeckte sie das Meer.
Sie versanken wie Blei
in gewaltigen Wassern.

11 Wer ist wie du
unter den Göttern, HERR?
Wer ist wie du,
gewaltig in Heiligkeit,
Furcht erheischend in Preistaten,
wirkend Wunder?
12 Du strecktest aus deine Rechte,
es verschlang sie die Erde.
13 Du hast geleitet in deiner Gnade das Volk, das du erlöst hast,
hast es geführt in deiner Stärke zur Wohnung deines Heiligtums.

14 Es hörten [es] die Völker, sie erzitterten,
Beben ergriff die Bewohner Philistäas.
15 Damals wurden bestürzt die Fürsten Edoms,
die Gewaltigen Edoms, es ergriff sie Zittern,
es verzagten alle Bewohner Kanaans.
16 Es fiel über sie Schrecken und Furcht,
aufgrund der Grösse deines Arms wurden sie stumm wie ein Stein –
bis hindurch zog dein Volk, HERR,
bis hindurch zog das Volk, das du erworben hast.
17 Du wirst sie bringen und sie einpflanzen auf den Berg deines Erbteils,
den Ort, den zu deiner Wohnung du gemacht hast, HERR,
das Heiligtum, Herr, das bereitet haben deine Hände.
18 Der HERR herrscht als König
für immer und allezeit.

19 Denn als kam das Ross des Pharaos und sein Wagen und seine Reiter ins Meer, liess zurückkehren der HERR über sie die Wasser des Meeres; aber die Söhne Israels gingen auf trocke-
nem Land mitten durch das Meer.
20 Da nahm Mirjam, die Prophetin, die Schwester Aarons, das Tamburin in ihre Hand, und es
zogen aus alle Frauen hinter ihr her mit Tamburinen und Reigentänzen.
21 Und es sang ihnen zu Mirjam:

Singt dem HERRN,
denn hoch erhaben ist er.
Ross und sein Lenker
warf er ins Meer.

Für eine gründliche Erarbeitung dieses Textes ist hier nicht der Ort. Einige Erläuterungen dazu sind aber angebracht (vgl. dazu auch BALLHORN, Mose):

• 1. Gattungselemente, Motive und Themen, welche die Psalmen prägen, finden sich auch hier: Das an JHWH adressierte (gesungene) Gebet verbindet "Er"-Erörterungen (1–5.18) mit "Du"-Aussagen und -Anreden (6–17). Lobpreisend schildert es die Siegesmacht und wunderwirkende Grösse JHWHs, erhebt seine Unvergleichlichkeit und beschreibt sein militantes Erscheinen gegen die (mythischen) Wasser- und (geschichtlichen) Feindmächte samt den davon ausgehenden Wirkungen (Theophanie). Ebenfalls genannt sind die mit "Heil", "Gnade", "Erlösen" und "Führen" bezeichneten Wirkweisen Gottes zugunsten seines Volkes (2.13). Auch das "Heiligtum", das sich JHWHs schöpferischem und erwählendem Wirken verdankt, findet Erwähnung; zu Gottes Wohnung hin wird das Volk geführt (13.17). Zum Schluss bringt das Schilfmeerlied Gottes Wirken mit seiner Königsherrschaft in Zusammenhang, verlängert diese in alle Zukunft (18) und bereitet so den Boden für spätere Vergegenwärtigungen des Königtums JHWHs (in den Psalmen und anderswo).

• 2. Dieses Lied hat seine Entstehung und Beheimatung beim Volk als *Ganzem* und ist nicht mit einer partikularen Gruppe verbunden. Die Volk-Gottes-Bezogenheit der israelitischen Psalmodie hat hier ihre Grundlage; sie ist *primär*, auch wenn einzelne Stimmen und Gruppen beteiligt sind (s.u.). Das den Lobpreis eröffnende "Ich" (1f.) steht (auch) für das Kollektiv, wie die Lied-Einführung explizit macht.

• 3. Auslöser ist Gottes wunderbare Rettung des Volkes als Kriegsheld am Schilfmeer. Es handelt sich um die Israel begründende Heilstat schlechthin. Damit zeigen sich folgende Charakteristika an: Psalmengesang hat Antwortcharakter und zielt auf den Lobpreis Gottes (2). Dichtung, Gesang und Musik sind die angemessenen Ausdrucksformen, um auf Gottes Heilshandeln zu reagieren, seine Erhabenheit zu proklamieren und ihn in seiner Unvergleichlichkeit und seinem immerwährenden Königtum zu ehren. Gotteslob (vertikale Dimension) und Heilsvergewisserung (horizontale Dimension) laufen ineinander. In und mit dem Gotteslob wird Israel seines Heils gewiss.

• 4. Vom Dichter (Autor) des Liedes ist nichts gesagt. Im Vordergrund steht die Aufführung (*performance*). Dabei zeigt sich ein Ensemble von Beteiligten und Ausdrucksformen. Als Vortragende im Modus des Gesangs wirkt ein Kollektiv[2] unter Leitung des Anführers: "Mose und die Söhne Israels" (1). Dargebracht wird das Lied JHWH. Instrumentale Begleitung des Gesangs scheint nicht vorzuliegen (*a capella*). Nach dem Vokalvortrag wird die Aktion der Frauen unter Führung der Prophetin Mirjam, der Schwester Aarons, erwähnt (20f., vgl. 1. Sam 18,6f.). Ihr Handeln ist dreifach: (a) Bewegung: Die Frauen "ziehen aus" (hinter Mirjam her) und tragen "Reigentänze" vor; (b) instrumentale Rhythmisierung: Mit Handtrommeln (Tamburine) werden die Bewegungsabläufe begleitet und strukturiert; (c) Gesang: Mirjam tritt als Solosängerin auf. Was das Kollektiv unter Führung Moses im Liedeingang als Selbstverpflichtung mit Begründung gesungen hat (1), singt Mirjam nun in der Form eines Aufrufs der (Männer?-)Gruppe zu (21).[3]

• 5. Mit dem Aufruf zum erneuerten (Nach-)Vollzug des "Schilfmeerlieds" (21, vgl. 1) endet das Geschehen "offen" bzw. führt "zyklisch" wieder an den Anfang zurück. Die Einladung lässt Raum zur (nicht mehr genannten) Neueinstimmung, und von der Textgestalt gehen pragmatische Signale zu wiederholten bzw. fortschreitenden Einlösungen aus. Sie werden in den Psalmen insofern greifbar, als mehrfach ein "neues Lied" angestimmt wird (vgl. Ps 33,3; 40,4; 96,1; 98,1; 144,9; 149,1, ferner Jes 42,10). Mit dieser Formulierung dürfte ein Rückbezug auf das "alte" Lied, dieses "Urlied" Israels, vorliegen. Dieses selbst respektive das Geschehen, worauf es verweist, wird derart aktualisierend in der Gestalt eines je "neuen Lieds" im Kontext des Psalmenbuchs erneut zum Erklingen gebracht (vgl. WEBER, "Lied"). Das Echo der beiden, mit Mose verbundenen verspoetischen Stücke Ex 15,1–18 (Schilfmeerlied) und Dtn 32,1–43 (Moselied) hallt ohnehin in einer beträchtlichen Zahl von (koll.) Psalmen wieder.[4]

---

[2] Vertretbar ist auch die inklusive Übers. "Kinder/Nachkommen Israels", die eine Beteiligung des *gesamten* Volkes am Gesang ausdrücken würde. Aufgrund der Sonderrolle der Frauen, die in Ex 15,20f. erwähnt ist, bin ich geneigt, hier *ausschliesslich* die Männer am Werk zu vermuten.

[3] Eine alternative Interpretation lässt (auch hier) an das versammelte Israel aus Männern *und* Frauen denken. Diese Lesart ergibt sich, wenn man die vorliegenden maskulinen Formen in inklusivem Sinn versteht. Zu weiteren Überlegungen vgl. BALLHORN, Mose, 140–148.

[4] Zum Schilfmeerlied vgl. u.a. Ps 10,16; 13,6; 18,16; 29,10; 33,7; 44,3–5; 74,2.11f.; 77,14–17.21; 78,131.53–55; 80,9; 93,1; 95,3; 96,1f.4; 97,1.9; 113,5; 145,1.13; 146,10; 149,2f. Über die Psalmen hinaus wirkte es auch als Modell für jüd. und christl. Lieddichtung und (antiphonale) Psalmodie. Zum Mo-

Als Fazit ist festzuhalten: Am Schilfmeer hören wir Israel als Volk auf JHWHs Rettungswirken antworten, indem es erstmals das Gotteslob anstimmt. Ihm kommt konstituierende Bedeutung zu. Dieser Lobpreis vor Gott ist der Urgesang aller künftigen Gottesdienste Israels. In und mit dem Schilfmeerlied gehen Dichtkunst, musikalische Aufführung (Gesang – die Melodie ist uns nicht überliefert) und instrumental begleiteter Bewegungsausdruck (Reigentanz) zur Ehre JHWHs eine Symbiose ein. Die in die Psalmen hineinreichende Bedeutung des Schilfmeerlieds ist, insbesondere bei koll.-national ausgerichteten Psalmen, als beträchtlich zu veranschlagen. Damit erweist sich Mirjams Aufruf zur Neueinstimmung in dieses grundlegende Rettungslied im Psalter (und darüber hinaus) in vielfacher Weise eingelöst.

Markiert das Schilfmeerlied den Anfang des Heilswirkens JHWHs an seinem erwählten Volk Israel, so bildet das "Moselied" Dtn 32,1–43 den (testamentarischen) Abschluss der durch Mose vermittelten Wegweisung JHWHs an Israel vor dem Einzug ins Land. Dient das Schilfmeerlied dem Gotteslobpreis, so ist dem Moselied ein zeugnishafter und belehrender Charakter eigen (vgl. Dtn 31,19–30). Mit Lobpreis/Gebet (Ex 15) und Belehrung/Wegweisung (Dtn 32) finden sich im Pentateuch zwei poetische Gebilde, die auch den Psalter und seine Psalmen prägen (s.o.). Mose ist die erste Gestalt, mit der poetisch geformtes Beten *und* Lehren in Israel in Verbindung gebracht wird.[5]

2. David und der Gottesdienst am Jerusalemer Tempel

Für die bibl. Psalmdichtung, ihre Bedeutung und Auslegung(sgeschichte) ist die Gestalt Davids prägend. Dazu tragen namentlich die "David"-Zuweisungen in den Überschriften fast der Hälfte der Psalmen bei (vgl. ferner die Schlussnotiz Ps 72,20). Darüber hinaus finden sich "David-"Erwähnungen im Korpus einiger Psalmen (vgl. Ps 18,51; 78,70; 89,4.21.36.50; 122,5; 132,10f.17; 144,10). Und selbst Königspsalmen wie Ps 2; 72; 89 und 132, wo Überschriftszuweisungen fehlen oder sich nicht auf David beziehen, haben implizit oder explizit einen "David"-Horizont. Von besonderer Bedeutung für die Königspsalmen und deren (proto)messianisches Verständnis sowie des Psalters insgesamt ist die Verheissung eines immerwährenden Königtums, die der Prophet Nathan vor David ausspricht (vgl. 2. Sam 7). Schliesslich tragen die chronistischen Berichte von David als Kultgründer (vgl. u.a. 1. Chr 15f.; 21–26; 2. Chr 29,25–30) zum David-Bezug gottesdienstlicher Psalmdichtung und -aufführung bei.

Nach der Überlieferung erweist sich David bereits vor seinem Königsantritt als guter Spieler auf der (Trag-)Leier. Sein Ruf bringt ihn an den Königshof Sauls (vgl. 1. Sam 16,14–23; 18,10f.; 19,9f.). Neben seiner Kompetenz als Saitenspieler ist Davids Fähigkeit als Instrumentenbauer (vgl. Am 6,5; 1. Chr 23,5; 2. Chr 7,6; 29,26) sowie als Dichter und Vortragender von Liedern bezeugt (vgl. 2. Sam 1,17–27; 2. Chr 29,30; Sir 47,8–10). Wie nach dem Sieg am Schilfmeer unter Moses Führung spielen, tanzen und singen Frauen auch nach Davids Sieg über den Philister Goliat (vgl. 1. Sam 18,7;

---

selied (insbesondere seinen "Fels"-Aussagen) vgl. u.a. Ps 18,3; 31,4; 50,4.7.18.22; 71,3; 73,16f.; 74,18; 77,6; 78,1.3–7.8.57f.; 79,10; 81,10.17; 82,6.8.

[5] Über die beiden poetischen "Mose-Stücke" hinaus spielen Dichtung, Gesang und Musik im Pentateuch eine geringe Rolle (vgl. noch Ex 32,18; Num 21,16–18). In den Ausführungen zum Opferdienst und zum Zeltheiligtum (Stiftshütte), ja, selbst zu den Festen finden sich diesbezüglich kaum Angaben.

21,12; 29,5). Die Prozession der Einholung der Bundeslade nach Jerusalem zeigt David selbst tanzend vor JHWH (vgl. 2. Sam 6,5.20–22). Die Samuel-Bücher, welche die Geschichte Davids erzählen, schliessen mit einem Dankpsalm Davids (2. Sam 22), der auch im Psalmenbuch überliefert ist (Ps 18), sowie poetisch geformten letzten Worten Davids, dem "Lieblichen der Psalmen Israels" (2. Sam 23,1). 2. Sam 23,1–7 ist ein wesentlicher Ausgangstext für die in nachexilischer Zeit sich verstärkende "Prophetisierung" Davids und seiner Psalmen.

Dichtung und Aufführung von Liedern bzw. Psalmen spielten bei heilsgeschichtlichen Schlüsselerlebnissen eine Rolle, aber auch bei deren Neuinszenierung und anderen Anlässen im nationalen Festkalender. Dem entspricht der Umstand, dass die Psalmendichtung und -aufführung ihren Haftpunkt (früher oder später) an den Heiligtümern Israels, insbesondere am Jerusalemer Tempel, hatte. Dabei wird selten der Tempelbauer Salomo, sondern v.a. sein Vater David mit Psalmdichtung und Gottesdienst in Verbindung gebracht. Davon ist in den nachexilischen Chronikbüchern ausführlich die Rede (vgl. 1. Chr 15f.; 25). So ist es David, der die Sänger-Leviten und unter ihnen an erster Stelle Asaph (und seine Nachfahren) als Tempelpersonal bestellt und die gottesdienstliche Liturgie institutionalisiert. Bezeichnenderweise schliesst die chronistische Darstellung der Geschichte Davids mit einem von ihm an Gott gerichteten Lobpreis Gottes inmitten der gottesdienstlichen Gemeinde (vgl. 1. Chr 29,10–19/22). Auch unter den Nachfolgern Davids auf dem Jerusalemer Thron, insbesondere bei Salomo (vgl. 2. Chr 5–7), Josaphat (vgl. 2. Chr 20), Hiskia (2. Chr 29–31) und Josia (2. Chr 34f.), spielte der gottesdienstliche Lobpreis in der Perspektive der Chronisten eine bedeutende Rolle. In einer Art Resümee wird am Ende von Esra-Nehemia die Traditionskontinuität zwischen den gottesdienstlichen Anfängen am ersten Tempel und dem Tempelgottesdienst in nachexilischer Zeit mit der Aussage hergestellt, dass es "von den Tagen Davids und Asaphs an, seit alters her, Leiter der Sänger sowie Preislied und Danklieder für Gott" gegeben habe (Neh 12,46, vgl. Esr 3,10). Und wenn der Chronist von einer Anordnung König Hiskias an die levitischen Sänger berichtet, "JHWH mit den Worten Davids und des Sehers Asaph zu preisen" (2. Chr 29,30), so ist dabei durchaus an Aufführungen von "David" und "Asaph" zugeschriebenen Psalmen zu denken. Damit liegt ein Hinweis vor, dass eine Sammlung von David- und Asaph-Psalmen – je nach Einschätzung des Quellenwerts dieser Aussage – entweder bereits (spätestens) zur Zeit Hiskias, d.h. um ca. 700 v.Chr. (dieser Einschätzung neige ich zu), oder aber zumindest zur Zeit des/der Chronisten, d.h. im 5./4. Jh. v.Chr., vorlag.

3. Die Entstehung und Überlieferung einzelner Psalmen

A) Entstehung

Der Weg von den Psalmen zum Psalter ist ein Prozess, dessen Anfang die Entstehung und Überlieferung einzelner Psalmen bildet. Dahinter stehen Erfahrungen von Gottes Heilswirken, das sich in den Psalmen selbst und deren Aufbewahrung spiegelt (Antwortcharakter der Psalmen).

Was die mündliche Vortragsweise von Psalmen angeht, finden sich einige Angaben (vgl. u.a. Ps 26,7; 27,6; 38,19; 69,31; 104,33f.; 116,18f. – z.T. liegt performative Rede vor, d.h. mit dem Aussprechen wird der genannte Sachverhalt zugleich vollzogen). Hinweise über ihre Verschriftung sind spärlich, indirekt und hinsichtlich ihrer

Auswertbarkeit teils strittig, so dass diesbezüglich Vieles im Dunkeln bleibt. In Ps 40,8 heisst es: "In der Schriftrolle ist über mich geschrieben". Möglicherweise ist damit an die Überreichung einer Votiv-Schriftrolle (anstelle der Opfergabe) zu denken, die einen Bericht über das Rettungswirken JHWHs enthält (sich auf den kürzeren und wohl älteren Parallel-Psalm 70 beziehend oder diesen enthaltend?). Mit den Worten "Meine Zunge ist der Griffel eines geschickten Schreibers" wird in Ps 45,2 das mündliche Vortragen ("Zunge") des Psalms mit schriftlicher Formulierung ("Griffel") verglichen. Und in Ps 102,19 findet sich die Aussage: "Aufgeschrieben werden soll für eine spätere Generation, dass ein [neu] geschaffenes Volk JH preise". Wahrscheinlich soll der Psalm als Bittgebet aufgeschrieben und tradiert werden, damit dessen Erhörung durch JHWH (die den Wiederaufbau des Zions einschliesst) späteren Generationen bezeugt werden kann (vgl. auch Ps 78,3–8). Über diese Stellen hinaus sind Prä- und Subskript-Angaben wie "zur Erinnerungsstiftung" (Ps 38,1; 70,1), *miktam/b* ("Auf-, Inschrift"? Vgl. u.a. Ps 16,1; 57,1; 58,1), *mashkil* ("Lehrgedicht" [falls die Bezeichnung nicht als "Wechselgesang" zu verstehen ist], vgl. u.a. Ps 32,1; 53,1; 74,1; 78,1) und "zu Ende gekommen sind die Bittgebete Davids" (Ps 72,20) zu erwähnen.

Konstellationen und Konventionen unterschiedlicher Art haben die Entstehung von Psalmen ausgelöst und sind bei deren Ausgestaltung eingeflossen. Die formgeschichtliche Psalmenforschung hat Grundtypen ("Gattungen") und die sie auslösenden Zusammenhänge ("Sitze im Leben") herausarbeiten können (vgl. 3 II.). Ob und inwieweit Psalmen von "Laien" aus dem Volk Israel oder aber von geschulten "Berufsleuten" stammen – in Frage kommen der König selbst sowie Personen aus dem Umkreis des Hofs und insbesondere des Heiligtums –, lässt sich nicht mit Bestimmtheit sagen. Die zweite Annahme hat die grössere Wahrscheinlichkeit und ist jedenfalls für die königlichen und koll.-nationalen Psalmen mit ihren institutionellen Hinweisen und Aufnahmen von heilsgeschichtlichen Traditionen gegeben. Bei Individualpsalmen ist als Variante denkbar, dass Psalmen von Berufsdichtern *für* "Laien" verfasst bzw. diesen als Formulare zur Verfügung gestellt wurden. In einer weithin oralen Kultur wie der damaligen ist zudem nicht auszuschliessen, dass (zunächst) "mündliche Fassungen" von Psalmen vorlagen, die innerhalb einer levitischen Gruppe überliefert, memoriert und (erst) in einer späteren Phase – mit oder ohne Veränderungen – verschriftet wurden. Unter der Annahme, dass *s^{e}phorot* "Schreibkunst" meint, enthält Ps 71,15 den Hinweis, dass der Vortragende den Psalm nicht selbst geschrieben hat, sondern dies von anderer Hand (später?) geschehen ist.

B) Wiederverwendung und Überlieferung

Die Wiederverwendung ist in Gestalt und Gehalt der Psalmen selbst angelegt. Es kennzeichnet sie die eigentümliche Doppelheit – und dies trägt zu ihrer Aktualität bis heute bei –, dass ihre Worte erlebenskonkret und situationsoffen zugleich sind. Dadurch können sie auch Menschen in veränderten Zeit- und Lebensumständen lesen, beten, singen und darin "ihre" Situation wiederfinden. Eine solche Offenheit und Plastizität, verbunden mit der Fähigkeit, die alten Worte für neue Umstände passend darzureichen (Neukontextuierung), geht mit einem gewissen "Mangel" an biographischen und historischen Details einher – ein Umstand, der die historische Einordnung und Datierung der Psalmen schwierig macht. Vermutlich ist ein Grossteil der Psalmen für den "formularischen Gebrauch" entstanden, d.h. für ein Setting von (liturgischen) Verwendungsweisen mit typischen Konstellationen. Dies erklärt das sich in ihnen spiegelnde Mischverhältnis von Konventionalität und Exemplarität auf der einen sowie Individualität und Spezifität auf der anderen Seite.[6]

In den Psalmen selbst finden sich einige (indirekte) Angaben über einen "Überlieferungsanschub". So gibt es Formulierungen, die besagen, dass das mit dem Psalm Vorgetragene kommenden Generationen zum bewahrenden Gedenken dienen soll (vgl. Ps 34,12; 48,14; 71,16–18; 78,3–8; 102,19; 107,43; 145,4–7.10–12). Darüber hinaus können Zukunftsaussagen dazu animiert haben, den Psalm zu überliefern, um ein Eintreffen derselben abzuwarten und damit den Psalm und seine Aussagen zu beglaubigen. Psalmgebete, die (in wiederholtem Gebrauch) Erhörungen gefunden haben, dürfte eine besondere Würde zugewachsen sein. Bei Psalmen mit proph. Ankündigungen (vgl. u.a. Ps 60,8–11; 81,14–17; 92,3–8.10.14–16), die sich dann eingestellt haben, ist mit Ähnlichem zu rechnen. Und bei solchen mit juridischem Hintergrund (vgl. z.B. Ps 7; 35; 55) darf angenommen werden, dass diese nach Abschluss im Sinne von "Rechtsakten" oder im Sinne von (Dank-)Bezeugungen deponiert wurden. Wie auch immer im Einzelnen die Umstände lagen, das Moment der "Bezeugung" ist als wesentliches Motiv für die Aufbewahrung und Weitergabe der Psalmen in Anschlag zu bringen. Es ist davon auszugehen, dass (nur) Psalmen aufbehalten wurden, weil und insofern Menschen mit ihren Worten tiefgreifende Gotteserfahrungen gemacht haben. Entsprechend ist im Zuge der Tradierung und Neuverwendung von einer Akkumulierung an "Dignität" solcher Psalmen (und mit ihnen verbundener Trägerkreise) auszugehen. Mit den damit verbundenen Prozessen der Überlieferung und Selektion, in die das Gottesvolk bzw. damit betraute Kreise involviert waren, verbindet sich – theologisch gesprochen – göttliches Wirken und Walten, das weithin erst im Rückblick erkannt werden konnte.

Ob, wie und in welcher Art Psalmen im Laufe ihrer Überlieferungen Änderungen erfahren haben (oder nicht), ist eine debattierte und von den Exegeten unterschiedlich beurteilte Frage. Gewisse Indizien (neben manch Hypothetischem) für nachträgliche Bearbeitungen liegen vor (vgl. dazu die Diskussion in Psalmenkommentaren sowie Wb Pss I/II). Zudem gibt es Anzeichen, dass zeitlich wie örtlich mit verschiedenen Sammlungen und Überlieferungsvorgängen zu rechnen ist. Besonders auffällig ist etwa die Parallelität der auf die Psalter-Bücher I (Ps 1–41) und II (Ps 42–72) verteilten Psalmen 14 und 53 respektive 40 und 70, die Komposition von Ps 108 als Verbindung der Psalmen 57 und 60, die Aufnahme von Teilen von Ps 18 in Ps 144 sowie die Doppelüberlieferung 2. Sam 22 = Ps 18.

Fragt man nach Orten, Institutionen und Trägergruppen, die mit der Psalmen-Überlieferung im Zusammenhang stehen, so ist an die nationalen Institutionen zu denken. Königshof und Heiligtum, v.a. der Jerusalemer Tempel, waren solche Überlieferungsorte. Wiederverwendung ist kaum anders als in Verbindung mit institutionellen Zusammenhängen denkbar; ein "Privatbesitz" von Psalmen hätte diese aus dem Überlieferungsprozess ausgeschlossen. Für die koll. und königlichen Psalmen gilt dies ohnehin. Und falls Individualgebete ursprünglich nicht an nationalen Institutionen beheimatet gewesen sein sollten, so dürften auch sie nach Erhörung bzw. Vortrag am Tempel aufbewahrt, überliefert worden und damit an die gesamte gottesdienstliche Ge-

[6] Eine andere (m.E. weniger plausible) These geht davon aus, dass die in den Psalmen vorliegenden situativen Details im Laufe der Überlieferung und Wiederverwendung ausgefiltert wurden. Mit andern Worten: Ein einst biographisch, institutionell und sozio-historisch verorteter Psalm ist bei der Wiederverwendung den neuen Bedürfnissen angepasst, verändert und damit "verallgemeinert" worden.

meinde übergegangen sein. Für den Jerusalemer Tempel ist eine Art Psalmenarchiv anzunehmen, in dem die Psalmen aufbewahrt, gesammelt und wahrscheinlich auch (mit Überschriften) klassifiziert wurden. Für die nachexilische Zeit (Nehemia) ist eine Tempelbibliothek, in der u.a. "Bücher von David" (Psalmen?) gesammelt wurden, erwähnt (vgl. 2. Makk 2,13f.). Mit der Überlieferung und Archivierung dürften levitische Kreise (Sängergilden) betraut gewesen sein. Sie kommen zudem als Dichter, Vortragende (v.a. bei nationalen Psalmen) und überliefernde Trägergruppen in Frage.

4. Der Weg von den Psalmen zur Buchwerdung des Psalters

A) Sammlung und Gruppierung von Psalmen

Von den einzelnen Psalmen bis zum (vormasoretischen) Psalter liegen vielschichtige Prozesse des Wiederverwendens, Überlieferns, Bearbeitens, Gruppierens und Registrierens vor. Psalmen sammeln sich nicht selbst; es ist von damit betrauten Funktionsträgern auszugehen. Das Sammeln und Gruppieren von Psalmen wird durch folgende Momente bestimmt worden sein: 1. ähnliche Entstehungsorte, -zeiten und -umstände; 2. inhaltliche, gattungstypische, sprachliche und aufführungs- bzw. verwendungspraktische Aspekte; 3. ein einheitlicher Verfasser-, Aufführungs- und/oder Tradentenkreis. Diese Parameter liessen unterschiedliche Sammlungen und Gruppierungen von Psalmen entstehen. Diese sind später in den Gesamtpsalter eingegangen, ohne dass die Konturen der Teile (ganz) verwischt worden wären.

Zwischen "Sammlung" und "Gruppierung" (Teilkomposition) kann insofern unterschieden werden, als bei der "Sammlung" (Anthologie) die Ordnung bzw. Abfolge der Psalmen (noch) nicht festgelegt war. Unter "Gruppierung" dagegen hat man sich einen bewussten, evtl. mit Überarbeitungen verbundenen Vorgang der kompositionellen Zusammenfügung von Psalmen zu Psalmgruppen bzw. Teilpsaltern vorzustellen. Als Gruppierungstechniken kommen namentlich planvolle Nebeneinanderstellung (*juxtapositio*) und (Stichwort-)Verkettung (*concatenatio*) zum Tragen. Eine auf diese Weise entstandene Psalmengruppe (Kleinpsalter) ist mehr als die Addition von Einzelpsalmen, sondern ein neuer "(Makro-)Text". Dieser lässt den Einzelpsalmen zusätzliche Bedeutungsmomente zukommen. Der masoretische Psalter wie die Psalmenrollen aus den Höhlen am Toten Meer legen nahe, dass zwischen der Entstehung der Psalmen und dem kanonisch gewordenen Psalter gestaffelte Prozesse der Bildung von Klein- bzw. Teilpsaltern liegen. Um die Aufhellung dieser redaktions-, kompositions- und kanongeschichtlichen Prozesse ist die Psalmenforschung derzeit bemüht.

B) Setzung von Überschriften

Die Präskripte sind nicht Teil des poetisch geformten Psalms selbst (Korpus), sondern fungieren als "Registraturvermerke". Ihre Setzung geschah wahrscheinlich nicht gleichzeitig mit der Entstehung der Psalmen. Hinweise in den Psalmenüberschriften selbst, die eine gewisse Abständigkeit zum poetischen Text andeuten (wie etwa die Angabe "für den Musikverantwortlichen"), diesbezügliche Differenzen der Handschriftenbefunde von MT, Qumran und LXX sowie die Vermehrung von David-Zuweisungen in der Septuaginta ("Davidisierung") weisen jedenfalls in diese Richtung. Eine

Zeitspanne zwischen Entstehung und Präskribierung von Psalmen sagt *a priori* noch nichts über Qualität und Zuverlässigkeit der Überschriftsangaben aus. Auch wenn Abbildungen von Entstehungskonstellationen in den Präskripten nicht auszuschliessen sind, dürften diese in der Regel frühere oder spätere Verwendungsweisen des zugeordneten Psalms reflektieren, regulieren und/oder initiieren und daher unterschiedlichen Phasen des Sammelns, Gruppierens und Edierens zuzuordnen sein. Auch wenn diese Prozesse im Einzelnen oft nur ansatzweise aufzuhellen sind, so ist festzuhalten: Die Überschriften gehören nun dazu und sind Teil des kanonisch gewordenen Psalters; entsprechend ist ihre Geringschätzung oder gänzliche Weglassung bei der Wiederverwendung von Psalmen nicht angemessen. Allerdings ist einzuräumen, dass die Präskripthinweise (wozu auch das in einzelne Psalmen eingeschobene *sela* gehört), heute nur noch z.T. verständlich sind. Ein weiterer Grund der Vernachlässigung der Überschriften liegt in der Tendenz, Einzelpsalmen "isoliert" zu betrachten. Im Zuge der Neugewichtung des Psalters als Buchkontext der einzelnen Psalmen ist erfreulicherweise auch eine neue Wertschätzung der Überschriften und damit ihr Einbezug im Blick auf Interpretation und Neuverwendung der Psalmen zu konstatieren.

Nicht alle Psalmen haben Überschriften, und namentlich in den beiden letzten Psalterteilbüchern IV und V (Ps 90–106/107–150) mehrt sich die Zahl überschriftsloser Psalmen. Ausserdem haben nicht alle Psalmen mit Überschriften die gleiche Zahl, Art und Reihenfolge an Registraturvermerken. Man kann folgende Überschrifts-Elemente unterscheiden (mit Ps 59 als in Klammern beigegebenes Beispiel): 1. Angaben zur "Sammlung" bzw. kultmusikalische Zuordnungen ("dem Musikverantwortlichen/Chorleiter"); 2. Angaben zur Musizier- bzw. Melodieart ("[nach der Weise:] 'Vertilge nicht!'"); 3. Angaben zur "Gattung", evtl. auch zum Verwendungszweck (*miktam* "Auf- oder Inschrift"?); 4. Angabe des mit dem Psalm verbundenen Namens (und z.T. damit zusammenhängend situative Hinweise) ("zugehörig/von David" – "als Saul sandte und sie das Haus bewachten, um ihn zu töten"). Die in den Überschriften auftauchenden Namen bzw. die damit verbundenen Personen finden sich – vorwiegend im Zusammenhang mit kultmusikalischen Schilderungen – auch in den Chronikbüchern.

Die ersten beiden Vermerktypen erinnern daran, dass Psalmen *Aufführungs*texte mit gesanglich-musikalischer Intonierung waren (und teils bis heute sind). Für die Gruppierung von Psalmen sind der dritte und v.a. der vierte Überschrifts-Vermerk wesentlich. So sind die Psalmen 120–134 durch die Bezeichnung "Lied der Hinaufzüge/Wallfahrtslied/Pilgerlied" o.ä. (Vermerk der Gattung oder des Zwecks) miteinander verbunden. Diese Aneinanderreihung bzw. Zusammenstellung geschieht absichtsvoll, weshalb diese Gruppe als Teilpsalter einzuschätzen ist. Während die "Gattungs"-Bezeichnungen in der Regel Nachbarschaftsgruppen von Psalmen verknüpfen, trennen Namenszuweisungen grössere Gruppen von Psalmen voneinander ab. Entsprechend liegen im Psalter mehrere "David"-Gruppen bzw. -Teilpsalter vor: Ps 3–41 (ohne 33); Ps 51–70 (ohne 66f.); Ps 101–103; Ps 108–110; Ps 138–145. Daneben finden sich zwei Kompositionen mit der Überschrift "zugehörig den Söhnen Qorachs": Ps 42f.–49; Ps 84–88 (ohne 86 "David"; 88 zugleich "Heman"; 89 "Ethan") und schliesslich ein Gruppenpsalter, der die Psalmen 73–83 (sowie den "Aussenseiter" Ps 50) umfasst und als "zugehörig Asaph"[7] ausgewiesen wird.

Die Zuordnung zwischen Eigennamen und dazu gehörendem Psalm wird mittels der hebr. Präposition *l*^{e} angezeigt. Diese lässt unterschiedlich nuancierte Beziehungsan-

[7] Zur Charakterisierung des asaphitischen Kleinpsalters vgl. WEBER, Asaph-Psalter; WEBER, "Asaf".

gaben zu: Besitzanzeige, Zweckangabe, Übereignung/Widmung ("für") oder Autorschaft ("von"). In Verbindung mit geschichtlichen Angaben gewisser "David"-Psalmen und der zunehmenden Betonung von David als proph. Gestalt setzt sich im Laufe der Überlieferung generell – insofern dies nicht ohnehin die intendierte Lesart war – die Interpretation im Sinne der Autorschaft als gültig durch. Ab dem Frühjudentum (vgl. u.a. 4Q177 Kol. XI,7f.; 4Q397 Frag. 14–21,10; 11Q5 Kol. XXVII; 11Q13 Kol. II,10f.) und Frühchristentum (vgl. u.a. Lk 20,41–44; Apg 2,25.34f.; 4,25f.; Röm 4,6–8) gelten die Psalmen und der Psalter *insgesamt* als "von David".

C) Der Psalter als Buchkomposition

Von den Psalmgruppen bzw. Teilpsaltern zum kanonisch gewordenen Psalter als "Buch" (Schriftrolle) sind dann nochmals vielschichtige Prozesse anzunehmen. Eine Vorstufe des uns vorliegenden Psalters dürfte *grosso modo* den Bestand der Teilbücher I bis III (noch ohne Ps 1), d.h. die Psalmen 2–89*, umfasst haben. Weil die rahmenden Königspsalmen 2 und 89 eine interpretative Rolle spielen, spricht man bei dieser Psalterstufe vom "Messianischen Psalter" (vgl. RÖSEL, Redaktion). Wenngleich weder Ps 2 noch Ps 89 noch der ebenfalls strategisch platzierte Ps 72 eine "David"-Überschrift aufweisen, ist aufgrund der Notiz Ps 72,20 der "Messianische Psalter" als weithin davidisch ausgewiesen. Von der (Be-)Gründung (Ps 2) über die Weitergabe (Ps 72) bis zum Bruch (Ps 89) ist in ihn eine Entwicklung des "David"-Bundes eingeschrieben. Hauptblöcke des "Messianischen Psalters" bilden die beiden grossen David-Psalter (D) von Teilbuch I und II sowie die den Söhnen Qorachs (Q) sowie Asaph (A) zugeschriebenen Sängergilden-Psalmen. Der sog."Elohistische Psalter" (Ps 42–83 mit der Abfolge: Q+A – D – A), der diesen Namen aufgrund der Dominanz der Bezeichnung *ᵓᵉlohim* für JHWH trägt, macht innerhalb des "Messianischen Psalters" wohl den älteren Kern aus, der nach hinten (Ps 84–89) wie nach vorn erweitert wurde (als Alternative wird eine Chronologie den Teilbüchern entlang vertreten). Enthält Teilbuch I (Ps 1–41) nur David-Psalmen bzw. wenige ohne Überschriften, bieten die Teilbücher II (Ps 42–72) und III (Ps 73–89) aufgrund der Namenszuweisungen die Abfolge Q (Ps 42f.–49) – A (Ps 50) – D (Ps 51–72*) – A (Ps 73–83) – Q (Ps 84–89*).[8] Es handelt sich um ein chiastisches Arrangement nach dem Schema ABCBA, das die D-Gruppe (als grösste) in hervorgehobene Zentrumsstellung rückt und die beiden Gruppen der Sängergilden-Psalmen um sie legt.

Wie bereits angedeutet, beinhaltet die Anordnung des "Messianischen Psalters" eine geschichtstheol. Perspektive: Es wird ein Psalmen-Weg von der Inthronisation Davids (Ps 2) über sein Wirken bis zum Untergang des Königtums und der Exilszeit abgeschritten, der in Ps 89 in die Frage nach der Gültigkeit des Davids-Bundes ausmündet. Zieht man die Psalmüberschriften in Betracht, so fällt die Gewichtung auf: Der "Messianische Psalter" (Ps 2–89*) konzentriert und beschränkt sich im Blick auf die Königszeit praktisch auf die Herrschaft Davids (Ps 2–71*) und endet mit der Übergabe der Regentschaft an dessen Sohn Salomo (Ps 72). Die Zeit der getrennten Königreiche und ihr jeweiliges Ende (722 v.Chr. für das Nordreich, 587 v.Chr. für das Süd-

[8] Aufgrund einiger überschriftsloser Psalmen in Buch II, dem Salomo-Psalm 72, dem in die zweite Qorach-Gruppe eingeschobenen David-Psalm (86) und dem Ethan-Psalm 89 ist der Sachverhalt noch etwas komplexer.

reich) wird perspektivisch zusammengezogen und im Psalter-Teilbuch III ("Exilsbuch", Ps 73–89) unter den Aspekten von individueller und nationaler Not[9], von Gericht und Untergang behandelt. Etwas aufgehellt wird das dunkle Psalterteilbuch III durch die Psalmen 84–87, die zionstheologisch auf bessere Zeiten zurück bzw. voraus schauen, und den Schlusspsalm 89, der Hymnus und Klage nebeneinander stellt.

Der "Messianische Psalter" (Teilbücher I–III) wurde später durch Anfügung der Teilbücher IV (Ps 90–106) und V (Ps 107–145/150) zum vorliegenden Psalter (mit Voranstellung von Ps 1) weitergeführt (vgl. DAHMEN, "Herr"; LEUENBERGER, Konzeptionen). Deren Geschichtstheologie verrät eine nachexilische Optik. Sie wird durch die JHWH-König-Psalmen 93–99/100* aufgespannt und unter das Stichwort "Theokratie" gefasst: Nach dem Ausfall des davidischen Königtums wird nach der Exilszeit (teils) in Verbindung und mit Rückgriff auf frühgeschichtliche "Mose"-Traditionen (vgl. Ps 90[–92]; 105f.; 114[–118]; 135f.) JHWH selbst als vom Zion her den Erdkreis regierender König proklamiert (vgl. Ex 15,18). Damit verbunden ist ein über Israel hinausgehender universaler Anspruch der Gottesherrschaft, der auch die (sich nach Jerusalem orientierenden) Heidenvölker und die gesamte Schöpfung integriert. In diese theokratische Gesamtperspektive sind Geschichts- und Schöpfungstheologie einbezogen, aber auch Gottes Weisung (Tora) bzw. "Schrift", wie anhand der zentralen Platzierung des mit Abstand längsten aller bibl. Psalmen (Ps 119) innerhalb von Buch V deutlich wird. Der den "Messianischen Psalter" mit seiner Vielzahl von Klageliedern bzw. Bittgebeten (*t^ephilla*) bestimmende Hintergrund von Not und Leid wird durch die stärker hymnisch bestückten letzten beiden Teilbücher aufgehellt. Im Psalterteilbuch V verbindet sich solches mit (fest)liturgischen Momenten. Im Psalter insgesamt wird damit eine Bewegung von der Klage hin zu immer stärkerem Lobpreis an Gott greifbar (vgl. 6 I.). Entsprechend bekommt der hebr. Psalter mit der runden Zahl von 150 kanonisch gewordenen Psalmen die Überschrift *t^ehillim* "Lobpreisungen".

Der Psalter gilt wie gesagt über die David-Psalmen hinaus bald *insgesamt* als Buch Davids. Er ist der vorausgesetzte bzw. anvisierte Autor (implizierter bzw. idealer Autor), und er ist der gesalbte König schlechthin (jede der fünf "David-Psalmgruppen" hat mindestens einen "strategisch" – am Anfang oder Ende – platzierten Königspsalm bei sich). In Verbindung mit der proph. Begabung Davids (vgl. 2. Sam 23,1–7) macht sich der Psalter derart auf den Weg "von der Liturgie zur Prophetie" (vgl. GILLINGHAM, Liturgy). Die proph.-messianische Interpretation äussert sich nicht zuletzt in Bezugnahmen auf David-Psalmen im NT (vgl. u.a. Mk 12,35–37 par: Ps 110; Apg 1,16–20: Ps 69; 109; Apg 2,25–36: Ps 16; 110; Apg 4,23–31: Ps 2). Mit David verbindet sich aber nicht nur die Hoffnung auf einen mächtigen (endzeitlichen) Nachfolger auf dem Zionsthron. Vielmehr wird dieser in vielen Psalmen als Leidender, Betender und dann auch Lobender zugleich zum Vorbild, (Vor-)Beter und zur Identifikationsgrösse, die einlädt, es im Nachbeten der Psalmen ihm gleichzutun. "Ich"-Psalmen und -Aussagen werden reinterpretierend als für das ganze Volk bzw. die gottesdienstliche Gemeinde geltend gelesen (vgl. die hymnischen Abschlüsse nach jedem der Psalterteilbücher sowie die kollektivierenden Überschriften über die individuellen Psalmen 30 und 56). Mit den Stichworten "Demokratisierung" bzw. "Demotisierung" ist angezeigt, dass königlich-davidische Psalmen später auf ganz Israel als das "gesalbte", messianische

[9] Man beachte, dass am Anfang (Ps 73/74) und am Ende (Ps 88/89) des Psalterteilbuchs III individuelle und koll. Notlage miteinander verzahnt sind (Schema: ABA'B') und damit als zusammengehörig betrachtet werden (analog im Eingang zum Teilbuch II: Ps 42f./44).

Volk gedeutet wurden bzw. werden konnten (vgl. 2. Sam 7,15f. mit Jes 55,3–5). Der Psalter ist entsprechend dem ganzen Gottesvolk zugedacht. Mit "Sapientialisierung" wird schliesslich die durch die Leseanleitung (Ps 1), weitere Weisheits- und Torapsalmen sowie die Fünfteilung (Ps 1–41 | 42–72 | 73–89 | 90–106 | 107–150) zum Ausdruck gebrachte Sichtweise angezeigt, dass der Psalter in Anlehnung an die "Mose"-Bücher als Wegweisung (Tora) für ein gottgefälliges und gelingendes Leben meditiert und interpretiert werden soll (vgl. FÜGLISTER, Verwendung).

D) Der Psalter als Teil des Kanons der Heiligen Schrift(en)

Das letzte Entwicklungsstadium ist die Buchwerdung, die mit der "Einfrierung" des Prozesses der Psalmenintegrierung endet und im kanonisch gewordenen Psalter und dessen Ort in der Heiligen Schrift resultiert. Buchwerdung und Kanonisierung sind zwar nicht gleichzusetzen, aber auch nicht ohne äusseren und inneren Zusammenhang.

Mit dem Begriff "Kanon"[10] verbindet sich ein Zweifaches: 1. Autoritätsanerkennung bzw. Autorisierung einer Schrift bzw. einer Sammlung von Schriften und damit deren Anerkennung als "Heilige Schrift(en)" in der Glaubensgemeinde. Mit einer solchen Festlegung verband sich eine Selektion, die mit der Nichtberücksichtigung bzw. dem Ausschluss anderer Texte, denen dieselbe normative Geltung nicht zugestanden wurde, einherging; 2. signalisiert die doppelte Redeweise von "(Heiligen) Schriften "(pl) und "(Heiliger) Schrift" (sg) ein wichtiges Moment des Kanons. Dieser umfasst eine Vielheit von Büchern bzw. Schriften. Zugleich äussert sich formal wie inhaltlich mit ihm ein Einheitsanspruch: Die im Kanon gefassten Schriften sind als aufeinander bezogen zu lesen und zu interpretieren, und die Vielheit der Stimmen ist als Ausdruck der einen Stimme Gottes adäquat zu fassen.

Mit der dreiteiligen Abfolge der hebr. Bibel von Tora (Weisung), Nebiim (Propheten) und Ketubim (Schriften) ist eine grobe zeitliche Reihenfolge im Blick auf die Kanonisierung verbunden. Der hebr. Psalter dürfte seinen autoritativen Status respektive seine (proto)kanonische Gestalt im 3. Jh. v.Chr., vor seiner Übersetzung ins Griechische (LXX) und dem Buch Sirach, gefunden haben. Folgende Indizien deuten in diese Richtung (vgl. WEBER, Psalm 1, 194f.): In 1. Makk 7,12.16f. (um 100 v.Chr.) wird Ps 79,2f. bereits als Schrift- und Gotteswort zitiert. Explizit erwähnt wird "das Buch der Psalmen" in 4Q491 Frag. 17,4 und die Dreiteiligkeit der autoritativen Schriften bzw. die Kombination "Tora" (Mose) + "Nebiim" + "David (bzw. Psalmen)" in 4Q397 Frag. 14–21,10–15 (vgl. auch SirProl 1f.7–10; Lk 24,44). Damit dürfte spätestens ab dem 2. Jh. v.Chr. die Existenz – wenn möglicherweise auch noch nicht der genaue Umfang/Inhalt – des Psalters belegt sein.

[10] Es ist hilfreich, mit Erich ZENGER (Psalter, 126[ff.]) zwischen Kanonwerdung (Prozess), Kanonschliessung (Resultat) und Kanonstrukturierung (Bücheranordnung) zu unterscheiden. Der Begriff "Kanon" ist erst frühchristlich gebräuchlich und setzt ein abgeschlossenes Korpus von autoritativen Schriften voraus. Die Bezeichnung wird hier ausgeweitet verwendet, nämlich für die vorchristliche, antikjüdische (d.h. proto-kanonische) Phase der Herausschälung autoritativer Schriften in Verbindung mit einer Glaubensgemeinschaft, die diese überliefert, wertschätzt und mit ihr lebt.

III. Die literarische Gestalt der Psalmen und des Psalters

BADER G., Psalterspiel (HUTh 54), Tübingen 2009 • BROWN W.P., Seeing the Psalms, Louisville, KY 2002 • FISCH H., Poetry with a Purpose, Bloomington, IN 1988 • JOHNSON V.L., David in Distress (Library of Hebrew Bible / Old Testament Studies 505), New York, NY 2009 • KEEL O., Die Welt der altorientalischen Bildsymbolik und das Alte Testament, Göttingen [5]1996 (1972) • LEUENBERGER M., Aufbau und Pragmatik des 11QPs[a]-Psalters, RdQ 22 (2005) 165–211 • NEL P.J., Parallelism and Recurrence in Biblical Hebrew Poetry, JNWSL 18 (1992) 135–143 • RIEDE P., Im Netz des Jägers (WMANT 85), Neukirchen-Vluyn 2000 • SEYBOLD K., Poetik der Psalmen (Poetologische Studien zum Alten Testament 1), Stuttgart 2003 • WEBER B., Psalm 77 und sein Umfeld (BBB 103), Weinheim 1995 • WEBER B., Der Asaph-Psalter – eine Skizze, in: B. HUWYLER u.a. (Hrsg.), Prophetie und Psalmen (AOAT 280), Münster 2001, 117–141 • WEBER B., Entwurf einer Poetologie der Psalmen, in: H. UTZSCHNEIDER / E. BLUM (Hrsg). Lesarten der Bibel, Stuttgart 2006, 127–154 • WEBER B., "JHWH, Gott der Rettung" und das Schreien aus "finsterem Ort", OTE 20 (2007) 471–488 • WEBER B., "Poesie" (2007), in: M. BAUKS / K. KOENEN (Hrsg.), Wissenschaftliches Bibellexikon im Internet, www.wibilex.de • WEBER B., Psalm 30 als Paradigma für einen heutigen "Kasus der Wiederherstellung", JETh 21 (2007) 31–50 • WEBER B., Psalm 78 als "Mitte" des Psalters? – ein Versuch, Bib. 88 (2007) 305–325 • WEBER B., "Dann wird er sein wie ein Baum ... (Psalm 1,3)", OTE 23 (2010), im Druck.

1. Dichtkunst, Gebet und Lied

Gegenüber "prosaischen Alltagsgebeten" (die nicht zur Wiederverwendung bestimmt sind) handelt es sich bei den Psalmgebeten um kunstvoll gestaltete Poesie (vgl. SEYBOLD, Poetik). Den bibl. Psalmen näher stehen – jedenfalls, was die Gestalt betrifft – liturgische, im Gottesdienst gesprochene Gebete, die eine (gewisse) poetische Formung aufweisen (können). In der Moderne hat sich die Versdichtung weithin verflüchtigt. Abgesehen von literarischen Zirkeln, findet sie sich am ehesten noch in Kontexten von Liebe und Leid. Ihre grösste Breitenwirkung hat sie in reduzierter und instrumentalisierter Form in Werbe-Slogans.[11] Der Sachverhalt modifiziert sich, wenn man die Dichtkunst in *gesungener* Form, als Lyrik, mit in Betracht zieht. Die Verbindung von Psalmen und Musik ist genuin und hat eine lange Traditionsspur nach sich gezogen (vgl. BADER, Psalterspiel, 219–318). Singbarkeit von Texten erfordert "automatisch" eine Rhythmisierung und damit eine poetische oder zumindest ihr nahe kommende Gestalt. Insofern hat Poesie bis heute ihren bevorzugten Ort im Liedgut.

Der kurze Vergleich zwischen bibl. Psalmlyrik[12] und heutiger (Lied-)Dichtung zeigt, dass damals wie heute (und über alle Zeiten hinweg) die Verbindung von Dichtkunst und (instrumental begleitetem) Liedvortrag eng ist. Lieder sind in der Regel angelegt auf eine Hörgemeinschaft. Selbst bei nicht gesungener Dichtung ist ein koll. Aspekt mitgegeben. Auch die Poesie der Psalmgebete hat ihre "Öffentlichkeit". Es handelt sich nicht um Gebete für den "Privatgebrauch" (den es in unserer Form ohne-

11 Als ein Beispiel mag der vor einiger Zeit von den Schweizerischen Bundesbahnen (SBB) lancierte Slogan "Der Kluge fährt im Zuge" dienen. Rhythmisierung, Zweiteiligkeit und Binnenreim dieses Satzes sind Indizien für seine "poetische" Gestaltung (vgl. dazu WEBER, Entwurf, 131f.).

12 "Lyrik" leitet sich denn auch ab vom Instrument der Leier (*lüra*), das bibl. gesehen das Hauptinstrument der Psalmenbegleitung war – in der Form der kleineren *kinnor* "Hand-, Tragleier", teils übersetzt als "Zither" (Ps 33,2; 43,4; 49,5; 57,9; 71,22; 81,3; 92,4; 98,5; 108,3; 137,2; 147,7; 149,3; 150,3), oder in der Form der grösseren *nebel* "Standleier", teils übersetzt als "Harfe" (Ps 33,2; 57,9; 71,22; 81,3; 92,4; 108,3; 144,9; 150,3).

hin nicht gab), sondern um Worte, die (ursprünglich) in sozialen Gruppen bzw. gottesdienstlichen Gemeinschaften rezitiert und intoniert wurden. Selbst Psalmen der Gattung "Klagebitte" sind aufgrund ihres formularischen Gebrauchs, der die Verwender gleichsam (virtuell) untereinander verbindet, nicht in einem engen (modernen) Sinn als "individuell" und d.h. in Absehung der Glaubensgemeinschaft einzustufen.

Bei den (hier auch) verwendeten Literaturkonzepten ist festzuhalten, dass die Bibel und mit ihr die Psalmen hohe Literatur, aber zugleich auch mehr und anderes als diese sind. Lässt man sich auf Gestalt und Anspruch ein, wirkt sie zugleich "irritierend", den Literaturbegriff durchkreuzend: Ihre Schönheit verbindet sich mit einer Art von "Knechtsgestalt", ihre Subjektivität führt ins Transsubjektive und Verbindliche. Harold FISCH (Poetry, 2) formuliert dies in folgenden Worten:

> "Because if the Bible is literature, even supreme literature, it is also anti-literature. And this is not because it is rough or uncouth, as Augustine thought in the early days after his conversion, but because its authors, capable of all the richness of the epic, all the sophistication of the romance and the lyric as they were known in their time, were also conscious of being involved in an enterprise that called into question, banished, and condemned all merely 'literary' effects."

2. Die Psalmen als lyrische Dichtung

"Versdichtung" bzw. "Poesie" dient in der Literaturwissenschaft als Bezeichnung für eine Textsorte (Genre) respektive eine Makrogattung. Nachfolgend sollen wesentliche Aspekte bibelhebr. Psalmenpoesie erörtert werden (vgl. Wb Pss I, 20–36; WEBER, Entwurf; WEBER, "Poesie").

A) Kürze, Mehrdeutigkeit und Dichte

Bei den bibl. Psalmen handelt es sich um poetische Texte mit einem Umfang, der selten 30 Verse übersteigt. Im Vergleich zu erzählenden Literaturformen fällt die Kürze ins Auge. Sie drückt sich nicht nur im Umfang, sondern auch in Formulierungsweisen (Auslassungen/Ellipsen), inhaltlicher Knappheit und lediglich "angetippten" Verweisen auf Texte und Traditionen aus. Im Gegensatz zur Alltagssprache, wo Vieldeutigkeit in der Regel vermieden wird, weil sie zu Missverständnissen führen kann, liebt die Poesie das Spiel mit der Mehrdeutigkeit und eröffnet dadurch Assoziationshorizonte.[13] Die Mehrdeutigkeit mit ihrer Interpretationsoffenheit ist literarisch gesehen Ausdruck der Formularität der Psalmen und fördert deren Wiederverwendung. Dies drückt sich darin

---

[13] Doppel- oder Mehrdeutigkeit (Ambiguität) kann (1.) grammatikalischer, (2.) semantischer oder (3.) poetischer Art sein. Dazu je ein Beispiel aus Ps 77 (näher ausgeführt in WEBER, Psalm 77): 1. eine hebr. (ursprünglich unvokalisiert überlieferte) Verbform lässt sich als Imperativ oder als Indikativ lesen: Ps 77,2: *'-z-n* "sein Ohr neigen/hören"; 2. eine Wurzel hat (a) mehrere Bedeutungen bei sich (Polysemie): Ps 77,4.7.11f.: *z-k-r* "anrufen" bzw. "gedenken/erinnern", hi "in Erinnerung rufen", oder es gibt (b) zwei (oder mehr) Wurzeln, die äusserlich gleich sind, aber eine unterschiedliche Herleitung haben (Homonymie): Ps 77,11: *sch-n-h* I "sich ändern", II "wiederholen". 3. durch den Gesamtkontext des Psalms wird eine Lesestrategie aufgebaut, die ein Neuverstehen früherer Aussagen einfordert, z.B. dass "echte" Fragen im Nachhinein als "rhetorische" zu interpretieren sind (rhetorische Fragen dienen der Exklamation): Ps 77,8–10 ist lesbar im Sinne von echten oder rhetorischen Fragen.

aus, dass Menschen aus unterschiedlichen Zeiten und Kulturen sich in den Worten der Psalmen wiederfinden und diese als "aktuell" und relevant für ihr Leben erfahren.

Neben der Kürze und der Mehrdeutigkeit und zugleich mit ihnen verbunden ist als weiteres Kennzeichen bibelhebr. Poesie die "Dichte" bzw. "Verdichtung" zu nennen. So wird mit knappen Worten Vielfaches gesagt, teils direkt, oft auch hintergründig und schillernd. Damit ist eine Kompaktheit insofern gegeben, als auf engem Sprachraum ein grosses Bedeutungsvolumen generiert wird. Versdichtung ist die kunstvollste Form sprachlichen Ausdrucksvermögens und aufgrund ihrer Dichte zugleich die anspruchsvollste. Sie verlangt genaues Hinhören und mehrfaches Lesen bzw. Meditieren – nur so erschliesst sich das Gedicht bzw. der Psalm in seiner Sinnfülle. Es handelt sich um eine Sprachgestalt, die man nicht *en passant* aufnehmen und verstehen kann.

B) Wiederholung und Räumlichkeit

Dass Aussagen in Psalmen in variiertem Wortlaut wiederholt werden, ist für jeden Bibelleser erkennbar. Für auf Effizienz bedachte Leser mag dies (auf den ersten Blick) unnötig erscheinen, doch macht eben dieses Phänomen ein Hauptmerkmal bibelhebr. Dichtkunst aus. Die Wissenschaft spricht – in Aufnahme eines Begriffs aus der Geometrie – vom "Parallelismus der Glieder" (*parallelismus membrorum*). Damit ist der Umstand bezeichnet, dass die Verszeilen (Glieder, Kola), die – meist zu zweit (seltener zu dritt) – zu einem Vers sich gruppieren (Bikolon, Trikolon), in einem engen Verhältnis zueinander stehen. Die einfachsten Formen sind inhaltliche Ähnlichkeit (Synonymie) oder Gegensätzlichkeit (Antonymie) der Aussagen respektive eines Kernbegriffs der parallelen Verszeilen. Die Sprachoptionen, Parallelitäten auszudrücken, sind reich und vielgestaltig, zumal nicht nur die Inhaltsebene (Semantik), sondern auch die Ausdrucksebene (Grammatik), die Klanggestalt (Phonologie) und die Rhythmik (Prosodie) "parallelisiert" werden (können).

Parallelität von Verszeilen ist nichts anderes als eine Form von "Wiederholung" (Rekurrenz), die für die hebr. (Psalmen-)Poesie das Basisphänomen schlechthin darstellt. Wiederholungsmuster finden sich denn auch auf sämtlichen Sprach- und Strukturebenen poetischer Gebilde. So stehen z.B. die "Bausteine" (wie Vers, Strophe, Stanze), anhand derer ein Psalm strukturiert ist, untereinander in Relationen, ebenso wie Wortfügungen, Klangmuster, Rhythmen u.a.m. Das gesamte Poem (Psalm) stellt sich als "Netzwerk" dar, das durch Gleichheits-, Ähnlichkeits- oder Kontrastbeziehungen gewoben ist. Daher generiert sich Bedeutung nicht nur aufgrund der Abfolge sprachlicher Einzelteile (Syntagmatik), sondern zugleich durch deren Verhältnis zueinander im Ensemble des Psalms als Ganzem (Paradigmatik). Entsprechend ergibt sich der Aussagesinn eines Psalms weder ausschliesslich noch dominant auf der linear-sequentiellen Achse des Satzablaufs, wie das in der Alltagssprache und weithin auch bei Erzählungen der Fall ist. Vielmehr geschieht dieser unter Einbezug der vertikalen Ebene, d.h. durch Äquivalenzen (Ähnlichkeiten und Gegensätzlichkeiten) im Textverlauf. Das dadurch generierte Beziehungsnetz stiftet zusätzliche Sinnmomente ein. Die damit sich einstellende Tiefendimension der Psalmenpoesie öffnet gleichsam den linearen bzw. flächigen Bereich auf den des Raums hin, so dass neben der Flächenmetapher "Parallelismus" mit Recht auch der Raumbegriff der "Stereometrie" verwendet wird. Mit dem Verständnis von Poesie als räumlichen Gebilden ist der Zeitaspekt der "Zyklizität" verbunden, und auch dieser hat das Moment der "Wiederholung" bei sich. Mit der Zyklizität ist angezeigt, dass zur Abschöpfung des in der Poesie eingelagerten Bedeutungsreichtums ein mehrfaches Hören bzw. Lesen und damit eine Memorierung notwendig ist. In kreis- bzw. spiralenförmigen Bewegungen des Erfassens wird das Verständnis eines Psalms sukzessive erhoben bzw. angereichert.

C) Klanggestalt und Vortragsweise

Gestalt (das "Wie") und Gehalt (das "Was") sind in der Poesie nicht voneinander ablösbar. Die "äussere Form" ist entsprechend nicht (nur) "Verpackung des Inhalts", sondern selbst Träger von Bedeutung. Psalmlyrik vermittelt Bedeutungsreichtum dabei weniger in definitorischer denn in "atmosphärischer" Weise. Günter BADER (Psalterspiel, 223ff.) spricht zutreffend von der "Musikähnlichkeit der Psaltersprache". Das klingende Wort manifestiert sich vielfältig (vgl. SEYBOLD, Poetik, 128–159; BADER, Psalterspiel, 219–266): in sprachlichen Lautfiguren wie Alliterationen, Assonanzen, Wortspielen etc. (Phonologie) sowie in Versrhythmik, Intonierung und Melodisierung (Prosodie). Nachfolgend seien einige Klanggestalten erörtert und mit Gedanken zum *setting* des Psalmenvortrags im Tempelbereich ergänzt.

Mittels Klangmustern werden expressiv Eindrücke vermittelt und nicht selten Bedeutungen nuanciert, verstärkt oder sogar generiert. Im Gegensatz zu Gedichten in anderen (indogermanischen) Sprachen spielt der Zeilenendreim (Telestichie) in der Bibelpoesie keine dominante Rolle. Dieser kommt zwar vor, ebenso wie der Zeilenanfangsreim (Akrostichie) oder Reimformen inmitten von Versen (Binnen- oder Stabreim). Häufiger und gewichtiger sind jedoch ähnliche Konsonanten(abfolgen) (Alliterationen), Vokalmuster (Assonanzen) oder Lautkombinationen (Cluster). Mit ihnen wird die Klanggestalt von Zeilen, Versen oder ganzen Abschnitten eingefärbt, ein Laut nachgeahmt (Onomatopoesie), ein Leitwort unterstrichen oder die Verlinkung von Begriffen angezeigt. Besondere Signifikanz kommt Klangmustern zu, bei denen sich der Klangkörper mit Bedeutungsinhalten verbindet, wie dies bei Wortspielen der Fall ist (Paronomasie). In solchen Fällen wird durch Klangähnlichkeiten von Ausdrücken dem Hörer nahe gelegt, auch die mit den Klängen transportierten Inhalte in eine Beziehung zueinander zu setzen. Beispiele aus Ps 88 mögen das Gesagte verdeutlichen helfen (vgl. WEBER, "JHWH").

Innerhalb dieses "dunklen" Psalms markiert in 2f. der wiederholte *i*-Laut das schrille Ausstossen des Klagerufs, während in 4 dunkle *a(j)*- und *o*-Vokale bzw. Diphthonge (angereichert mit Gutturalen) die Leidschilderung grundieren. Aufgrund der Lautähnlichkeit der zusammen gestellten Wortfügung *'oni ᵃni* "Elend bin ich ..." (16) wird die Befindlichkeit des betenden Ichs unterstrichen (dazu BADER, Psalterspiel, 390–397). Diese Lautpaarung wird vorbereitet und ergänzt durch Klangverwandtschaften in 8 (*'innita* "du hast [mich] niedergedrückt"), 10 (*'eni* "mein Auge", *'oni* "Elend") und 14 (*wa ᵃni* "aber ich"). Ausserdem werden die Begriffe *geber* "(starker) Mann" (5) und *qeber* "Grab" (6, vgl. 12) unter Zuhilfenahme der Lautähnlichkeit semantisch assoziiert (vgl. auch den Kontext): Der (starke) Mann ist dem Tode nahe und steht quasi mit einem Bein schon im Grab – trotz wiederholten Flehens "am Morgen" (*baboqer* 14, ebenfalls lautverwandt). Schliesslich ist die Gestaltung der Schlusszeile mit der änigmatischen Nebeneinanderstellung von *mᵉjudda'aj* "meine Vertrauten" und dem finalen *machschak* "ein finsterer Ort" auffällig. Man hat an einen Äusserungsabbruch (Aposiopese) zu denken, welcher der Unausdrückbarkeit der Situation entspricht. Das letzte Wort, ein Epiphonem, ist entsprechend keine Exklamation, sondern das Aushauchen des todeswunden Beters: "ein finster Ort!".

Verse sind rhythmisierte Sprecheinheiten vergleichbarer Grösse (in der Regel 2–4 Akzente/Hebungen pro Verszeile). Mit deren Modulierung wird Bedeutung insofern vermittelt, als z.B. kurze, die Vortragsgeschwindigkeit steigernde Zweier-Zeilen (*staccato*-Rhythmik) zur Vermittlung von Hektik, Schlägen, Flucht u.a. eingesetzt werden (vgl. z.B. Ps 7,15; 80,10). Die Rhythmisierung der Versdichtung ist die literarische "Vorbedingung" für ihre vokale und instrumentale *performance*. Das laute Vortragen hatte einen bedeutenden Stellenwert, zumal auch schriftlich Fixiertes als "Hörtext" oral-auditiv vorgetragen und wahrgenommen wurde. Psalmen zeigen denn auch an, dass ihre Worte gesprochen, geschrien, gesungen und/oder mit verschiedener Instrumentierung (insbesondere Saiteninstrumenten) unterlegt bzw. begleitet wurden (vgl. u.a. Ps 57,8–10; 59,18; 69,31; 147,1). Dazu gesellen sich Hinweise zu vokalem und instrumentalem Vortrag sowie Melodieangaben in Präskripten (vgl. u.a. Ps 6,1; 8,1; 9,1; 45,1). Es ist gut denkbar, dass nach Aufforderungen zum gesprochenen, gejubelten, gesungenen und/oder instrumentierten Lobpreis (vgl. u.a. Ps 96,1–3; 147,7; 149,1–3.5) im Psalmvortrag innegehalten wurde, um den Nachvollzug durch die Gemeinde zu ermöglichen oder diese nach einem Solo mit einstimmen zu lassen (die kryptische Bezeichnung *sela* zeigt evtl. ein instrumentales Intermezzo an). Auch Hinweise auf mehrstimmigen/mehrchorigen (Wechsel-)Gesang (Antiphonale) schimmern da und dort durch. Dafür legen sich Refrain-Psalmen wie Ps 42f. und v.a. Ps 136 nahe.[14]

Über die damalige Art und Weise der Intonierung, Kantillation oder Melodisierung der Psalmen fehlen uns – abgesehen von der Masora – Angaben. Weithin unidentifiziert bleiben zudem die Vortragenden (der Sinn der häufigen Präskript-Angabe *lamnatzeach* "für den Musikverantwortlichen/Chorleiter" ist unklar). Auch über Klangeinfärbung, Tempo, Gestik sowie weitere Ritualisierungen der Vortragsweise lassen sich oft nur Mutmassungen anstellen. Klang- bzw. Rhythmusmuster können klagende, seufzende, dringliche (wie bei Hilfsappellen), drohende (wie bei Gerichtsankündigungen) oder fröhliche Eindrücke vermitteln bzw. abrufen und mit Stimmodulierungen (Einfärbung, Tempo) des Vortragenden einhergehen. Aggressive oder höhnische Stimmlagen sind beim Einspielen von Feind-Zitaten (vgl. u.a. Ps 3,3; 19,4.6.13; 70,4; 70,10) bzw. zuversichtliches Timbre bei Rettungs- bzw. Vertrauensaussagen, Heilszusprüchen und Ähnlichem anzunehmen (vgl. u.a. Ps 18,47f.; 57,8f.; 70,5; 70,13; 91,3f.). Gut vorstellbar im altorientalischen Kontext ist ferner, dass in den Psalmen angesprochene Gestik (vgl. u.a. Ps 6,3; 16,5; 22,8.15f.; 77,3.5; 143,6) in der Darbietung zum Ausdruck gebracht wurde.

Abschliessend seien Überlegungen zum *setting* des Psalmvortrags im Tempelgeschehen angefügt. Das zeitliche und räumliche Verhältnis zwischen Opferkult und Psalmenaufführung ist in der Bibel nicht deutlich beschrieben. Die Zusammengehörigkeit zwischen (levitischem) Wort- und Gesangsdienst (vor der Lade) und (priesterlichem) Opferdienst vermittelt die Chronik durch gemeinsame Erwähnungen und Zusammenstellungen (vgl. u.a. 1. Chr 16; 23–26; 29,20–22; 2. Chr 29–31; 35). Es findet sich dabei die Abfolge Opfer => Gebet/Lied (vgl. 1. Chr 16), die umgekehrte Reihenfolge (vgl. 1. Chr 29,20f.) und auch Gleichzeitigkeit (vgl. 2. Chr 29,26–30, wobei Gebet/Gesang nach dem Ende des Opferns fortdauern), ohne dass ein feststehender rituell-liturgischer Ablauf schlüssig gewonnen werden könnte. Eine räumliche Trennung am Jerusalemer Tempel ist insofern anzunehmen, als sich der Opferkult auf den inne-

[14] Auch die Überschriftangabe *mashkil* (u.a. Ps 42,1; 44,1; 45, 1) weist in diese Richtung – sofern man den Begriff als "Wechselgesang" (und nicht als "Lehrgedicht") zu verstehen hat.

ren Heiligtumsbereich konzentrierte und der Psalmenvortrag im äusseren Bereich (Vorhöfe) oder im Übergangsbereich stattgefunden haben dürfte (gemäss mMid II,5; mSuk V,4 wurden Ps 120–134 von Leviten am Laubhüttenfest auf der fünfzehn-stufigen Treppe vom Frauen- zum Männervorhof vorgetragen; zu den Tamid-Psalmen vgl. mTam VII,3f.). Die deutlichsten Anhaltspunkte für einen rituell-liturgischen Ablauf lassen sich beim Dankopfer(lied) (*toda*) erkennen (vgl. 3 II. 3. D sowie WEBER, Psalm 30). Dabei werden Opfer und Gebet teils nebeneinander erwähnt (vgl. Ps 5,2–4; 66,13–20; 96,7–9). Gelegentlich findet sich aber die Tendenz, das Treten vor Gott mit Gebet und Dank(lied) gegenüber der Opferdarbringung höher zu gewichten (vgl. Ps 50,7–15.23; 51,17–21) oder das Tieropfer durch das "Wortopfer" (möglicherweise) sogar abzulösen (vgl. Ps 27,6; 54,8). Als Zeitraum für Gelübde-Einlösungen bzw. Lobdank-Darbringungen ist insbesondere an die jährlichen Pilgerfeste im Frühjahr und Herbst zu denken (vgl. u.a. Lev 16; 23; Dtn 16,1–17). Neben den nationalen gottesdienstlichen Feiern boten sie Zeit und Raum für gruppenspezifisches Vortragen von Psalmen im Rahmen einer Toda-Feier.

D) Bildhaftigkeit

"Der Psalter ist ein bilderreiches Buch. Gleichwohl enthält er als Buch kein einziges Bild ... Die Bilder, von denen hier die Rede ist, sind zunächst einmal Hörbilder, bevor sie Sehbilder werden, Bilder des inneren Auges und der inneren Vorstellung." (BADER, Psalterspiel, 148) Metaphorik ist essentieller Bestandteil der Psalmenpoesie.[15] Um jedes Sprachbild lagert sich ein Assoziationsfeld, das mit dem Bild zugleich vermittelt wird und zur Mehrdeutigkeit und Vielschichtigkeit der poetischen Ausdrucksweise beiträgt. Bilder transportieren Emotionen, vermitteln psychisches und physisches Ergehen u.a.m., das durch rational-begriffliche Sprachführung nie in dieser Eindringlichkeit und Plastizität zur Aussage gebracht werden könnte. Bilder haben expressive wie inspirative Qualität: Mit ihnen können Dinge gesagt bzw. Empfindungen ausgedrückt werden, für die sonst die Worte fehlen. Sie laden die Hörenden ein zum Nachempfinden, zur Solidarität, aber auch dazu, sie mit eigenen (ähnlichen) Lebenserfahrungen in Verbindung zu bringen.

Bildaussagen speisen sich aus damaligen Lebens- und Kulturzusammenhängen sowie Symbolwelten. Sie können vorgeprägt (konventionalisiert), aber auch neu sein und mit ihrer kreativ-innovativen Potenz einen Überraschungseffekt bewirken und neue Sinnhorizonte erschliessen. Wichtige Bildbereiche, aus denen sich die Psalmensprache speist, sind Landwirtschaft, Tierwelt (mit der Jagd) und Krieg. Sind die Bildgehalte für die damals Sprechenden wie Zuhörenden meist unmittelbar einsichtig, so ist dies bei uns aufgrund der zeitlichen und kulturellen Distanz oft nicht der Fall. Es besteht die Gefahr, dass die Sprachbilder bei uns andere Gehalte assoziieren als die ursprünglich Gemeinten respektive dass wir diese entsprechend unserem Kultur- und Erfahrungshorizont mit Bedeutung versehen. So dürfte z.B. der "Hirte" in Ps 23 uns eher an idyllische Alpweiden erinnern als an das entbehrungsreiche und gefährliche Dasein in heissen, wasserarmen Steppengebieten und schon gar nicht an die im Alten Orient da-

[15] Vgl. dazu u.a. RIEDE, Netz; BROWN, Seeing; SEYBOLD, Poetik, 193–212; BADER, Psalterspiel, 129–218 (mit Erwähnung der Bildpsalterien aus der Kirchengeschichte), sowie "visualisiert" und erläutert anhand von ikonographischem Material aus dem Alten Orient in KEEL, Welt.

mit angesprochene Gestalt und Funktion eines Königs. Entsprechend gehört zur Interpretation auch die Erarbeitung der Grammatik und Semantik der psalmischen Bildsprache. Überlieferte Bilddarstellungen aus dem Alten Orient können dabei mithelfen, uns in damalige Lebens- und Bildzusammenhänge einzudenken und einzufühlen (vgl. KEEL, Welt).

Zur Metaphorik gehört eine Bandbreite von Stilfiguren: der mit der Partikel k^e "wie" eingeführte Vergleich – nach dem Jesaja-Buch findet er sich im Psalter am häufigsten –, das Bild, die Personifikation, das Gleichnis u.a.m. Auch Bildcollagen und Bildmischungen finden sich (wie etwa in Ps 23 die Rede vom "Hirt" und vom "Wirt"), zudem Ausdruckweisen, die zwischen Sach- und Bildebene schillern, wie etwa die Selbstangabe des sprechenden Ichs, *mimma'amaqqim* "aus Tiefen" (Ps 130,1) gerufen zu haben (Wasserloch/Grube *und* existentielles "Tief"). Beim Bildbereich, der Gottes Macht, Rettung, Schutz und Beistand zum Ausdruck bringt, ist zu erwägen, ob und inwiefern Haftpunkte am Heiligtum (v.a. am Jerusalemer Tempel) vorliegen. So dürfte die Redeweise vom "Schatten deiner Flügel" (u.a. Ps 57,2) nicht nur an der realen Gestalt des Geiers orientiert sein, sondern lässt möglicherweise auch an die Keruben über der Bundeslade (vgl. 1. Kön 8,6f.; 2. Chr 5,7f.) als Ort göttlicher Präsenz im Tempel denken (vgl. auch 3 IV. 2. D und V. 3.).

Die Sprachwelt der Bilder basiert auf Vergleich und Analogie. Im Psalter kommen diese Sprachverfahren bereits in Ps 1 im Zusammenhang mit den beiden grundlegenden Lebensmustern zur Anwendung (vgl. WEBER, "Baum"). Mittels eines Doppelvergleichs (3f.) wird der (aufgrund der Hinwendung zur Schrift) Gerechte als sprossender Baum den Frevlern als vom Wind verwehte Spreu gegenübergestellt. Im ersten Psalm wird auch die "Weg"-Metaphorik eröffnet (6), welche die Psaltermeditierenden fortan begleitet (vgl. dazu unter 5 III. 2.). Im Aufruf zum reich instrumentierten Lobpreis von Ps 150, mit dem das Buch schliesst, ist der Blick nicht (mehr) auf die Wege des Menschen, sondern auf Gottes Grösse gerichtet (vgl. 6 III. 1.). Formuliert die Metaphorik von Ps 1 mit der Präposition des (partiellen) Vergleichens, k^e "wie", so macht Ps 150 reichlich Gebrauch von der Präposition b^e "in, an, mit". Neben der Lokalisierung (1) bezeichnet die Präposition v.a. Realisierungen (3–5): Musikinstrumente und Bewegungen (Reigentanz) sollen in Dienst genommen werden, um Gott den ihm zustehenden Lobpreis darzubringen. In Ps 150,2 erscheinen beide Präpositionen zugleich (im Parallelismus der Verszeilen). Doch mit k^e wird hier kein Vergleich im eigentlichen Sinn hergestellt, wenn es heisst: "Lobpreist ihn *entsprechend* (k^e) der Fülle seiner Grösse!" Gott kann nur mit Gott selbst, der "Fülle seiner Grösse", verglichen werden. Damit ist zum Schluss dieses Abschnittes darauf hingewiesen, dass der Vielzahl der Vergleiche die hymnisch besungene "Unvergleichlichkeit" JHWHs, der sich jedem Vergleich entzieht, gegenübersteht. Mit Günter BADER (Psalterspiel, 138) formuliert: "Daher ist es unmöglich, sich der Liebe der hebräischen Poesie zum Vergleich hinzugeben, ohne sich zugleich die Liebe derselben Poesie zur Unvergleichlichkeit bewusst zu machen, die der allgemeinen Vergleichung von allem und jedem klare Grenzen setzt." Entsprechend ist die Frage von Ps 35,10: "JHWH, wer ist wie du?!" mit Ps 86,8 zu beantworten: "Keiner ist wie du unter den Gottheiten, Herr …!" (vgl. auch Ps 40,6; 50,21; 71,19; 77,14f.; 89,9; 113,5).

E) Gespräch, das bewirkt und verändert

Psalmenpoesie ist "Rede" – quasi ein "(textlich eingefrorener) Gesprächsausschnitt" –, und die sprechenden Personen haben ein oder mehrere Gegenüber. Die Beschäftigung mit den Psalmen zeigt, dass in ihnen ein ganzes *setting* kommunikativer Konstellationen greifbar wird (vgl. dazu 3 IV. 4.). Anders als beim lyrischen Ich in neuzeitlicher Poesie steht die Absicht, persönliche Gefühlslagen zum Ausdruck zu bringen, in der Psalmenrede dabei nicht im Vordergrund. Zwar ist den Psalmen mit ihrem Spektrum von der Klage bis zum Lobpreis durchaus ein expressiver Charakter eigen; dieser dient weniger dazu, das Innere darzustellen als sich in einen Dialog einzubringen oder diesen (neu) zu eröffnen, z.B. Gott zum Eingreifen herauszufordern oder ihm Ehre und Lobpreis darzubringen. Psalmen als Reden sind namentlich auf Adressierung (direktiv) und Bewirkung (konativ) aus – sei dies im Bezug auf Gott selber (in den Gebetsäusserungen) oder auf die Gemeinde (in den unterweisenden bzw. zum Lobpreis und anderem Handeln aufrufenden Passagen). "Dialogizität" ist als Grundcharakteristikum der Psalmenpoesie anzusprechen (vgl. WEBER, Entwurf, 148–152). Dies gilt auch dann, wenn man mit dem Sprachwissenschaftler Roman Jakobson die "poetische Sprachfunktion", d.h. den Rückverweis auf die Sprachgestalt als solche und damit ihre Hervorhebung, als "Drehscheibe" für sämtliche Funktionen poetisch geformter Gebilde versteht (vgl. WEBER, Entwurf, 131–134). Für die Bedeutung der in die Psalmen eingestifteten Dialogizität lassen sich auch theol. Gründe nennen: Ein (endgültiges) Verstummen gegenüber Gott wäre mit Abfall von ihm gleichzusetzen, ja, käme dem Tod gleich – wie reziprok dazu die Erfahrung des schweigenden, fernen Gottes die letzte Ursache der Not ist und an den Grundfesten des Glaubens und des Lebens rüttelt (vgl. dazu 3 V. 6.).

Neben dem Reden mit Gott und Adressierungen an die Gemeinde mit unterschiedlichen Funktionen (Einstimmung ins Gotteslob, Rettungsbezeugung, Unterweisung, Mahnung etc.) findet sich in den Psalmen auch eine Art "Dialog" mit Feinden respektive deren zitathaft aufgenommenen Verlautbarungen (vgl. 3 IV. 3. B). Ferner wird – v.a. in koll. Psalmen – das "Gespräch" geführt mit grundlegenden Heilsüberlieferungen, in denen sich Gott seinem Volk gegenüber in besonderer Weise zeigte (traditionsgeschichtliche Dimension, Intertextualität). Diese werden auf ihre aktuelle Gültigkeit hin befragt (z.B. Ps 77,3.6–10) oder hymnisch aufgenommen (z.B. Ps 77,12–21). Dabei ist nicht nur die Tatsache des Rückgriffs selbst bedeutsam, sondern auch, *was* aufgenommen wird (und was nicht) und *wie* und *mit welcher Absicht* dies geschieht.

Im und mit dem Psalmgespräch findet eine heilvolle Transformierung statt oder wird zumindest angebahnt: Der (Nach-)Sprechende erfährt Gottes rettende Hilfe, die Wiederherstellung von *schalom* (Heil, Würde, Frieden, Glück) und die (Neu-)Integrierung in die Gemeinde. Das Heil hat eine vertikale (Gottesbeziehung) wie eine horizontale Dimension (Gottesvolkbeziehung). Vor und mit der Gemeinde bezeugt und lobt der Psalmbetende den, dem Israel Heil und Leben verdankt und der zugleich der Schöpfer des Kosmos und der Richter und Retter der Nationen ist.

3. Der Psalter als unterweisende "Erzählung"

Die einzelnen Psalmen für sich (ohne die Überschriften) sind literaturwissenschaftlich gesehen als poetische Einheiten einzustufen und damit als "Texte" zu qualifizieren. Die dargebotene Skizze zur Poetizität der Psalmen (s.o.) basiert auf diesem Textverständnis. Wir haben es nun aber nicht einfach mit einer Vielzahl voneinander unabhängiger poetischer Kleintexte (Psalmen) zu tun. Vielmehr sind diese versehen mit Überschriften, zusammengefügt zu Gruppen und eingebunden in ein Buch. Damit liegt nochmals eine andere Textur vor. Entsprechend ist der Psalter auch als "Grosstext" in den Blick zu nehmen.

A) Die Funktion der Überschriften

a) Begleittexte zu den Psalmen

Bei den Überschriftselementen (dazu s.o., II. 4. B), die den Psalmen vorangestellt sind, handelt es sich um keine eigenständigen Texte, sondern um Verweisangaben (Metatexte). Im Sinne von Registraturvermerken geben sie funktionale Hinweise zum jeweiligen Psalm und stiften ihm Verstehenshorizonte und damit zusätzliche Bedeutungen ein. Durch Beifügung von Überschriftsvermerken werden poetische, situationsoffene Psalmtexte derart kontextuiert und fokussiert. Dabei sind es namentlich zwei Konstellationen, die durch die Überschriften ausgelöst bzw. präfiguriert werden. Sie lassen sich unter die Stichworte "Historisierung/Davidisierung" und "Liturgisierung" fassen:

• 1. Historisierung/Davidisierung: Durch die In-Bezug-Setzung eines Psalms zu einer konkreten Person (oder einer Gruppe) kommt eine "Historisierung" zustande. Da man die "David"-Zuschreibung bei rund der Hälfte aller Psalmen zumindest ab der spätnachexilischen Zeit im Sinne der Autorschaft verstand (und schliesslich sämtliche Psalmen als prophetisch einstufte und mit David in Verbindung brachte), kann man die beigegebene Situierung auch als "Biographisierung" bzw. "Davidisierung" bestimmen. In dreizehn Überschriftsangaben (Ps 3; 7; 18; 34; 51f.; 54; 56f.; 59f.; 63; 142) werden die Psalmen zudem nicht allein mit "David", sondern darüber hinaus mit Situationen aus seinem Leben in Verbindung gebracht. Damit wird eine Intertextualität zwischen diesen Psalmen und Passagen aus den Samuel-Büchern aufgespannt (vgl. dazu JOHNSON, David). Ob und inwieweit diese Angaben historische Sachverhalte anzeigen oder historisierend spätere Lese- und Interpretationsangaben darstellen, ändert *literarisch* gesehen nichts am Sachverhalt: Der Begleittext zeigt an, dass der Psalm mit einem bestimmten Kontext verbunden ist bzw. – im Sinne einer Lesesteuerung – verbunden werden soll. Damit ist eine Verschränkung bzw. wechselseitige "Auslegung" von Psalmtext einerseits und mit dem Eigennamen (David) sowie – wo vorhanden – mit in den bibl. Erzähltexten greifbaren Geschehnissen andererseits beabsichtigt.

• 2. Liturgisierung: Eine Reihe von Präskript-Angaben wie "dem Musikverantwortlichen", "ein Psalm", "ein Lied", "auf/zu Saitenspiel", "nach der Weise/Melodie: ..." etc. verweisen auf Gattung/Genre, Verwendungszweck, Sammlung, Aufführungsweise und -praxis. Aufführungshinweise gottesdienstlicher Art zeigen auch Einführungs- und Rahmenformeln wie "Lobpreist JH!" u.ä. (vgl. 6 I.) in den beiden letzten Teilbüchern des Psalters an. Diese Formen und Signalisatoren spiegeln eine Art von "Liturgisierung" insofern, als die mit ihnen verbundenen Psalmen dadurch "entprivatisiert" bzw. kollektiviert und der Gemeinde zur gottesdienstlichen Verwendung übereignet werden. Die Termini weisen auf wiederholte Verwendung bzw. Aufführung hin. Sie geben mit der "Gattungsbezeichnung" an, wie der Psalm eingeschätzt wurde und in welcher vokalen und instrumentalen Art er vorzutragen war. Auch diese Angaben sind nicht allein als Spuren vergangener Aufführungsweisen zu behandeln. Vielmehr sind sie – soweit uns ihre Bedeutung zugänglich ist – aufgrund der vorliegenden Textuierung als Lesesteuerungen im Blick auf den zugeordneten Psalmtext zu interpretieren und damit – auch für heutige gottesdienstliche Praxis – nicht einfach ausser acht zu lassen.

Psalmenpräskripte mit ihren funktionalen Hinweisen werden oft als allenfalls noch historisch interessierende Reminiszenzen abgetan oder als unnötige bzw. hinderliche Engführung der deutungsoffenen poetischen Gestalt des Psalms verstanden. Entsprechend werden sie in Auslegung und Anwendung der Psalmen vernachlässigt oder unberücksichtigt gelassen. Unter *textwissenschaftlichem* Horizont sind diese aber nicht zu tilgen, sondern mit zu bedenken, und unter *theologischer* und *aufführungspraktischer* Optik gilt dies mit anderen Begründungszusammenhängen ebenfalls.

b) Trenner und Verbinder der Psalmen

Im Lesefluss des Psalters stellen Überschriften und andere Merkmale "Stopp"-Signale dar und wirken als "Trenner" der einzelnen Psalmen. Aufgrund identischer Überschriften bzw. Überschriftsteile verknüpfen sie andererseits einzelne Psalmen zu kleineren und grösseren Gruppen und legen als "Verbinder" eine "Zusammen-Lesung" nahe. In den Psalterteilbüchern IV und V treten neue Phänomene hinzu: So wird die überschriftlose Serie der Psalmen 93–99 durch die Eröffnung "JHWH ist König geworden" (Ps 93,1; 97,1; 99,1, vgl. auch 95,3; 96,10; 98,6) verklammert und dadurch zu einem "fortlaufenden Text" verkittet (vgl. ähnlich Ps 120–134).[16] Segmentierend wie verbindend wirken ferner eröffnende und/oder beschliessende hymnische Auf- bzw. Ausrufe am Anfang oder Ende von Psalmen bzw. Psalmserien, die textfunktional zwischen Zugehörigkeit zum Text selbst und liturgischem Metatext schillern. Zu nennen ist namentlich der Aufruf "Lobpreist JH!" (*halᵉlu-jah*), der die Psalmen 104–106; 111–117; 146–150 miteinander verbindet (vgl. 6 I.). Als "Trenner" wie "Verbinder" tragen diese Phänomene zur Umformung der einzelnen Psalmen hin zu einer "(Quasi-)Erzählung" des Psalters bei.

B) Der Psalter als Grosstext

a) Textwahrnehmung

Der Psalter als Resultat überliefernder, autorisierender und (proto)kanonisierender Prozesse ist textdefinitorisch nicht als Sammlung von Einzeltexten (Anthologie), sondern als "Grosstext" einzustufen. Die in ihn eingegangene Zusammenstellung der Psalmen ist entsprechend nicht als additiv und damit als weithin zufällig zu beurteilen, sondern als geplante kompositorische Einheit aufzufassen. Daraus ergibt sich, dass die einzelnen Psalmen (auch) als Teiltexte des Gesamttextes "Psalter" zu interpretieren sind. Mit ihrer Eintextung "verlieren" die Psalmen ein gewisses Mass an Selbständigkeit, zugleich werden ihnen neue Sinndimensionen eingestiftet. Anders aber als in den meisten bibl. Büchern, bei denen einzelne Ausführungen bzw. Teile ungleich stärker in das lite-

[16] Die Kette Ps 92–99 steht gleichsam unter der Überschrift von Ps 92 und lässt sich (als eine Art "liturgische Erzählung"?) "für den Tag des Sabbats" (Ps 92,1) verstehen. Eine ebenfalls liturgische Überschrift schliesst die Sequenz ab und versteht Ps 100 als "für die Dankopferfeier" (Ps 100,1) dargebracht.

rarische Werk integriert sind, bleiben die einzelnen Psalmen – nicht zuletzt aufgrund der Präskripte – als abgegrenzte poetische Gebilde erkennbar. Damit behalten sie trotz ihrer Eingebundenheit in den Psalter als Buch eine gewisse Individualität und – wenn man so will – einen halbautonomen Status. Auch von einem literaturwissenschaftlichen Standpunkt her ist es legitim, diese Psalmen *auch* je für sich zu lesen. Zugleich ist festzuhalten: Dies ist nicht die *einzige* und nicht die abschliessende "Lesart". Die mit der Einfügung in den Psalter vollzogene Kontextuierung verengt also den Horizont des Einzelpsalms, zugleich aber weitet sie ihn aus und öffnet ihn auf neue Beziehungsgeflechte hin. Mit der Einstellung des Psalters in den Kanon Heiliger Schriften vermehren sich diese noch.

Der aufgezeigte Sachverhalt geht mit einer Verschiebung hinsichtlich der Textgenres einher: Die Einzelpsalmen wurden als Formen verspoetischer Sprachgestaltung gewürdigt. Dazu gehört, dass sie mit ihren Parallel- und Wiederholungsstrukturen primär "vertikal" (paradigmatisch-semantisch) angelegt und zyklisch durch *relecture* zu erfassen sind (*lectio repetitiva*). Bei der Textkomposition Psalter tritt durch die intendierte Fortlesung von Psalm zu Psalm (*lectio continua*) dagegen die "horizontale" (linear-sequentielle, syntagmatische) Dimension in den Vordergrund. Damit vollzieht sich ein Textsorten-Wechsel: Die poetisch geformte Gebets- und Lieddichtung wird quasi in eine "Erzählung" überführt (Narrativisierung der Poesie). Eine solche aber fordert von ihrer Hör- bzw. Lesegemeinschaft eine andere Wahrnehmung und Aufschlüsselung ihres Verständnisses ein als dies bei der Versdichtung der Fall ist (vgl. NEL, Parallelism). Die Vorstellung von Räumlichkeit tritt zurück hinter die der zeitlichen Abfolge und der Entwicklung von Geschehnissen, die in einer dramatischen Modulierung dargeboten werden (*plot*). Dass in den Psalter als Komposition eine "Entwicklung" eingeschrieben ist, wurde bereits angedeutet (s.o., II. 4. C). Man mag diese Struktur unterschiedlich benennen – sei es geschichtstheologisch: vom Davidkönigtum (Buch I/II) über dessen Untergang (Buch III) zum Gottkönigtum (Buch IV/V), oder weisheitlich: vom Tora-Gehorsam (Ps 1) über die Krise des weish. Tun-Ergehen-Zusammenhangs (Ps 73) zum Lobpreis (Ps 150), oder liturgisch: von der Klage (v.a. Buch I–III) zum Gotteslob (v.a. Buch IV–V). Wie auch immer man die Staffelung der Psalmen auf der linear-sequentiellen Achse und ihre Entwicklung im Buch interpretieren will: Sie basiert literarisch gesehen auf dem Grosstext "Erzählung". Weil der Psalter ein Buch und keine Loseblatt-Sammlung ist, kommt dieser Rezeption Priorität zu. Dies gilt, auch wenn – wie erwähnt – die Berechtigung des isolierten Gebrauchs von einzelnen Psalmen oder Psalmgruppen nicht bestritten werden soll. Dass Stücke des (pseudo)narrativen Psalters auch nach dessen Literaturwerdung (weiterhin) liturgisch verwendet wurden, ist geschichtlich gegeben. Man denke z.B. an die Aufführung der Ps 113–118 ("Ägyptisches Hallel") im Rahmen des jüd. Passa/Pesach-Festes (vgl. Mt 26,30; mPes X,5–7). Dieses Beispiel liesse sich durch weitere aus Geschichte und Gegenwart des Juden- wie des Christentums ergänzen (s.u., VII.).

b) Textwirkung

Mit der Verschiebung der Textsorte von der Versdichtung (Einzelpsalm) zur "Erzählung" (Psalter) modifiziert sich auch die Textpragmatik. Wirkabsichten, die vom Text auf dessen Hörer/Leser ausgehen (Lesesteuerung), verändern sich. Das unterweisende, (be)lehrende Moment rückt in den Vordergrund (vgl. 5 III.). In diesem Sinn weist der

Eröffnungspsalm denn auch in den Psalter ein (vgl. 2 I.): Gelingendes Leben stellt sich ein durch fortgesetzte Rezitation und anhaltende Meditation der "Wegweisung (Tora) JHWHs" (Ps 1,2). Eine Reihe von in den Psalter eingefächerten Tora- bzw. Weisheitspsalmen (vgl. u.a. Ps 19; 34; 37; 90; 119) tragen dazu bei, dass der Unterweisungs-Horizont im Leseverlauf wach gehalten wird. Mit der Verschiebung von der Poesie zur Narration und damit einher gehend vom Gebet/Gedicht zur Unter- bzw. Wegweisung verbindet sich zugleich eine vektorielle Richtungsänderung hinsichtlich der Kommunikation: Sind die Einzelpsalmen mehrheitlich als Gebete an Gott adressiert (vertikale Dimension), so dient der Psalter – wie Ps 1 ihn einführt – vornehmlich der spirituellen Wegweisung (horizontale Dimension). Es handelt sich allerdings nicht um ein Entweder-oder, vielmehr um Tendenzen. Auch in Einzelpsalmen findet sich Unterweisung. Zudem ist die Wegweisung des Psalters nicht allein von Menschen, sondern ebenso von Gott gegeben und vollzieht sich ausserdem betend. Es stellt sich eine wiederholte Adressatenumschwenkung insofern ein, als betende Worte an Gott und weisheitliche (und prophetische) an Menschen ergehen. Damit ist theologisch die Vergleichzeitigung von Wort *zu* Gott (Gebet) und Wort *von* Gott (Schrift) angebahnt.

4. Die doppelte Textgestalt und ihre Auswirkungen

Die aufgewiesene Differenz zwischen poetischer Lyrik (Einzelpsalm) und narrativer Wegweisung (Psalter) samt den erwähnten Implikationen ist nicht als *alternativ*, sondern im Blick auf die Psalmenverkettung als *graduell* und in Hinsicht auf den Gesamtpsalter als *komplementär* zu verstehen. Der Psalter ist keine Erzählung im herkömmlichen Sinn, vielmehr kommt ihm in seiner Mischform von poetischen Einzeltexten und (pseudo)narrativem Grosstext ein besonderer Status zu.[17] Dieses "doppelte Textverständnis" geht mit je unterschiedlicher Textwahrnehmung, -absicht und -wirkung einher und führt im Psalter zu einem gewissen Changieren und Oszillieren zwischen den beiden Ebenen.

Unter einer literaturwissenschaftlichen (synchronen) Perspektive lässt sich der Psalter nicht als Entwicklung, in der frühere Stadien durch spätere abgelöst werden, hinreichend beschreiben. Die neu geformte Textgestalt bewahrt vielmehr beides zugleich: Poesie *und* "unterweisende Erzählung". Im Zuge der Komponierung des Psalters wurden die Psalmen nicht umgegossen oder amalgamiert, sondern – mit möglichen Überarbeitungen bzw. Ergänzungen, die aber in der *poetischen* Textdimension verblieben sind – in ihrer Eigenheit bestehen gelassen. Entsprechend eignet den Einzelpsalmen eine grössere Autonomie innerhalb des Buchganzen als dies bei Perikopen in anderen (bibl.) Büchern der Fall ist (s.o.). Sie bleiben als Subtexte innerhalb des Makrotextes Psalter deutlich erkennbar. Durch ihr Einstellen in eine Ablaufordnung bzw. aufgrund ihrer Verkettung – die auch anders vorgenommen werden konnte, wie ein Ver-

[17] Dass in den Teilpsaltern und im Psalter als Grosstext die poetische Textdimension nicht einfach ausgeblendet ist, zeigt sich auch daran, dass die Psalmgruppen und Teilbücher nicht nur narrativ und geschichtstheologisch in einer linearen Sequenz gelesen und interpretiert werden können, sondern in Teilpsaltern sowie im Psalter insgesamt auch zentrierende (chiastische) und d.h. genuin poetische Muster eingeschrieben sind (zur konzentrischen Anlage von Ps 15–24 vgl. 4 II. 2. B und zu Ps 78 als "Mitte" des Psalters vgl. 5 III. 5.).

gleich von 11Q5 = Ps[a] gegenüber MT deutlich macht (vgl. LEUENBERGER, Aufbau) – wurde aber eine neue Textperspektive hinzu gebracht.

Ist diese Sichtweise der *Binarität* des Psalters hinsichtlich Textgestalt und Pragmatik zutreffend, ergibt sich damit eine literarische Legitimation für eine zweifache, auch für die heutige Praxis relevante Umgangsweise: einer Beschäftigung mit dem Psalter insgesamt als auch mit ausgewählten Einzelpsalmen (und Psalmgruppen). Nimmt man die Dimension der "zwei-einen Bibel (beider Testamente)" noch hinzu, so liegen mit Supertext (Bibel), Makrotext (Psalter) und Subtexten (Psalmen) drei Textgrössen vor, die je für sich als (Sub-)Einheiten aufgefasst und interpretiert werden können. Eine Vereinzelung bzw. Entkontextuierung der Psalmen *grundsätzlicher Art* ist damit allerdings nicht legitimiert. Sowohl der Psalter als auch seine Psalmen haben neben ihrem Text-Status zugleich auch Subtext-Status, sind also *stets auch* als Teile eines grösseren Textes zu verstehen. Diesbezüglich verbinden sich literarische und kanontheologische Sichtweise. Textwissenschaftlich wie theologisch ist damit eine doppelte Leserichtung (auf)gegeben: vom Psalm zum Psalter zur Bibel und wieder zurück zum Psalter und zu den Psalmen.

IV. Vom Psalter zu den Psalmen

SPIECKERMANN H., Die Verbindlichkeit des Alten Testaments, in: H. SPIECKERMANN, Gottes Liebe zu Israel (FAT 33), Tübingen 2001, 173–196 • STEINS G., Die "Bindung Isaaks" im Kanon (Gen 22) (HBS 20), Freiburg i.Br. 1999 • WEBER B., Kanonische Psalterexegese und -rezeption, in: E. BALLHORN / G. STEINS (Hrsg.), Der Bibelkanon in der Bibelauslegung, Stuttgart 2007, 85–94 • WEBER B., Von der Psaltergenese zur Psaltertheologie, in: E. ZENGER (Hrsg.), The Composition of the Book of Psalms (BEThL 238), Leuven 2010, 733–744.

In den beiden vorangegangenen Kapiteln (s.o., II. und III.) wurde zum einen die Literaturgeschichte von den Psalmen zum Psalter nachgezeichnet; zum andern wurde die den Psalter als Buch prägende literarische Doppelgestalt von Dichtung (Psalmen) und "Erzählung" (Psalter) beschrieben. Beide zusammen erfordern eine doppelte Hinwendung im Sinne der Fortlesung (*lectio continua [narrativa]*) und der Wiederlesung (*lectio repetitiva [poetica]*). Im vorliegenden (Zwischen-)Kapitel wird gleichsam die "Spitzkehre" von einer geschichtlichen zu einer (kanon)theologischen Sichtweise, welche die nachfolgenden Abschnitte bestimmt, dargelegt und begründet (vgl. dazu WEBER, Psalterexegese; WEBER, Psaltergenese). In dem Sinn markiert dieser Abschnitt die "Mitte" dieses letzten Hauptteils.

1. Von der Psaltergenese zur Psaltertheologie

Mit der (proto)kanonischen "Festlegung" des Psalters ist seine Geschichte auf dem Weg durch die Zeiten nicht abgeschlossen. Das Ende der formierenden Phase des Psalters wird nämlich zum Auslöser für die bis in die Gegenwart andauernde rezeptive Phase. Letztere schlägt sich nieder in Übersetzungen, Auslegungen sowie Formen einer (nachbetenden) Neuaktualisierung der Psalmen. Mit Abschluss der Kanonisierung liegt ein "definitiver" Textbestand vor, der für die Glaubensgemeinschaft (allein) relevant und bindend wurde und ist. Die mit dieser neuen "Verbindlichkeit" einher gehende Verschiebung der Forschungs- und Rezeptionsperspektive gegenüber bibl. Texten hat Hermann SPIECKERMANN (Verbindlichkeit, 173f.) folgendermassen formuliert:

> "Historische Forschung kann Entstehungsumstände der Texte erhellen und damit für das Verstehen eine wichtige Vorarbeit leisten. Hermeneutisch gesehen führt sie aber nicht weiter als bis in die 'Vorhöfe der Heiden' ... Der Text kann seinen Anspruch nur entfalten, wenn er vorher nicht im historisch-antiquarischen Interesse auf die Vergangenheit seiner Entstehung fixiert worden ist. Zwar muss man den Text zunächst für den Ort und für die Zeit sprechen lassen, für die er geschrieben worden ist. Aber dann muss der Text auch an anderen Ort und für andere Zeiten sprechen dürfen, weil sein Anspruch nicht mit seiner Entstehungssituation vergangen ist. Deshalb sind atl. Texte durch die Kanonisierung an einen neuen Ort gestellt worden, der ihren Anspruch für alle künftigen Zeiten sichern soll. Die Kanonisierung ist der angemessene Ausdruck für die Verbindlichkeit, die den Texten des Alten Testaments eigen ist. Somit ergibt sich die Frage nach der Verbindlichkeit des Alten Testaments sachlich zwingend aus dem Verbindlichkeitsanspruch der in dieser Sammlung kanonisierten Texte."

Sind die Psalmen einmal im Psalter "angekommen", ergibt sich ein Perspektivenwechsel von der Geschichte der Psalterwerdung zur Theologie des Psalters und d.h. von der Genese zur Geltung. Dieser lässt sich als vektorielle Umkehrung beschreiben: Die historisch-genetische (diachrone) Blickrichtung, die den Weg vom Einzelnen zum Ganzen nachzeichnete und das wachsende Textgefüge in seiner Bedeutungsakkumulation wahrnehmen und verstehen lernte, wechselt zu einer theol. (synchronen) Optik, welche Bedeutung, Stellenwert und Funktion der Psalmen in ihrer autoritativen Gestalt innerhalb der Bibel ermisst und für die Gegenwart je neu geltend macht. Der Psalter muss gleichsam aus der Fixierung auf die damaligen Entstehungs- und Adressierungssituation(en) und damit von der Festlegung auf die Herkunftsgeschichte "gelöst" werden. So vermag er – situativ entgrenzt, aber die in ihn eingegangene Geschichte mitnehmend – seine Botschaft aktuell in immer neue Situationen zu sagen, in Gegenwart und Zukunft zu wirken und künftige Geschichte zu stiften.

2. Der theologische Vorrang des Psalters im Kontext der Heiligen Schrift

Aus dem zuvor Ausgeführten ergibt sich eine kanontheol. Priorisierung des als Einheit zu betrachtenden Ganzen (Psalter) vor seinen Teilen (Psalmen). Die einzelnen Psalmen und Psalmgruppen sind nicht (mehr) als isolierte, frei laufende Texte, sondern als Teiltexte (Funktive) des Psalters und dieser wiederum als Teilbuch der Heiligen Schrift zu verstehen. Nur insofern sind die Psalmen über literarisch-poetische Texte hinaus zugleich Bibel- bzw. Gotteswort. Mit einer solchen theol. Erstsetzung der Heiligen Schrift und darin des Psalters vor den einzelnen Psalmen wird nicht deren Vielheit und Vielstimmigkeit gedämpft oder sogar beseitigt, wohl aber wird um diese das Einheitsband des *einen* Gottesworts gelegt. Entsprechend ist der Psalter vorrangig als *Bibelbuch* auszulegen, und die einzelnen Psalmen darin sind – vergleichbar der Exegese von Perikopen in bibl. Büchern – im Kontext des Buches und der Bibel insgesamt zu interpretieren. Der Ouvertüre des Psalters (vgl. [2]) kommt besondere Bedeutung zu, weil dort die "Leseanleitung" für das Verstehen des Buchganzen, in dem die einzelnen Psalmen ihren Ort und ihre Bedeutung bekommen, zu finden ist. Ähnliches gilt hinsichtlich des Ausgangs (vgl. [6]) sowie der "Mitte" (vgl. [5] III. 5.) des Buches.

Der zuvor aus literarischer Perspektive dargelegte und legitimierte Doppelhorizont der Lesung von Einzelpsalmen und als Psalmenbuch (s.o., III.) wird deswegen nicht theologisch rückgängig gemacht. Bei einer in der Praxis meist vorherrschenden Einzelbetrachtung ist aufgrund kanonhermeneutischer Überlegungen der jeweilige Psalm jedoch nicht in einem *grundsätzlichen* Sinn zu "isolieren". Vielmehr ist dessen Kontext wie die Verwiesenheit auf das Ganze des Psalters und der Heiligen Schrift – im Rahmen eines theologischen wie spirituellen Verständnisses – zu veranschlagen und mitzubedenken. Von der Bibel über den Psalter hin zu den einzelnen Psalmen sind theol. Aussagen in ihrer Bedeutungsfülle zu erheben und im Kontext alter wie neuer Glaubensgemeinschaften ins Leben zu ziehen.

Es dürfte deutlich geworden sein, dass eine lediglich genetische Nachzeichnung des Wegs vom Einzelpsalm zum Psalter nicht genügt. Das Gesagte bedeutet allerdings nicht, das der in der Bibelexegese (bisher zu) dominante historisch-genetische Ansatz nutzlos oder abzustossen wäre. Als Nachzeichnung des Weges von der Vielheit zur Einheit, vom Einzeltext zum Buch, ist er mit seinen erarbeiteten Tiefendimensionen in den kanontheol. Interpretationsrahmen einzubringen. Die Achsen der Zeit (Psaltergenese) und der Bedeutung (Psaltertheologie) sind über den gegebenen Text miteinander verschränkt. Als einem Januskopf gleichende Auslegungsperspektiven sind sie hermeneutisch-methodisch als einander ergänzend in Anschlag zu bringen, wenngleich der kanontheol. Auslegung der Primat zukommt. Georg STEINS ("Bindung Isaaks", 34) spricht vom Kanon als "privilegiertem Auslegungskontext". Dies darum, weil der autoritative (End-)Text Grundlage und Ziel von Glauben, Verstehen und Handeln für das jüd. wie christl. Gottesvolk damals und bis heute ist und derart Identität stiftet und erhält. Entsprechend ist im kanontheol. Paradigma von der Einheit zur Vielheit hin zu denken und auszulegen. Im Letzten steht dahinter die Einheit und Einzigkeit Gottes, welche die Einheit der Schrift gleichsam verbürgt und "belebt". Im nächsten Kapitel soll nun der Kanonhorizont aufgespannt und der Psalter innerhalb der hebr. Bibel und der christl. Bibel aus Altem und Neuem Testament bedacht werden.

V. Der Psalter im Kanon der Heiligen Schrift

AHEARNE-KROLL S.P., The Psalms of Lament in Mark's Passion (MSSNTS 142), Cambridge U.K. 2007 • ARNETH M., Psalm 1, in: R. ACHENBACH u.a., Tora in der Hebräischen Bibel (BZAR 7), Wiesbaden 2007, 294–309 • BETZ O., Jesu Lieblingspsalm, in: O. BETZ, Jesus, der Messias Israels (WUNT 42), Tübingen 1987, 185–201 • BRANDT P., Endgestalten des Kanons (BBB 131), Berlin 2001 • BRAULIK G., Psalter und Messias, in: G. BRAULIK / N. LOHFINK, Liturgie und Bibel (ÖBS 28), Frankfurt a.M. 2005, 481–502 • BRAULIK G., Rezeptionsästhetik, kanonische Intertextualität und unsere Meditation des Psalters, in: G. BRAULIK / N. LOHFINK, Liturgie und Bibel (ÖBS 28), Frankfurt a.M. 2005, 523–547 • CHAPMAN S.B., The Law and the Prophets (FAT 27), Tübingen 2009 (2000) • DALY-DENTON M., David in the Fourth Gospel (AGJU 47), Leiden 2000 • JANOWSKI B., Die »Kleine Biblia«, in: E. ZENGER (Hrsg.), Der Psalter in Judentum und Christentum (HBS 18), Freiburg i.Br. 1998, 381–420 • KRATZ R.G., Die Tora Davids, ZThK 93 (1996) 1–34 • LÖNING K., Die Funktion des Psalters im Neuen Testament, in: E. ZENGER (Hrsg.), Der Psalter in Judentum und Christentum (HBS 18), Freiburg i.Br. 1998, 269–295 • MIURA Y., David in Luke-Acts (WUNT II/232), Tübingen 2007 • MOYISE S. / MENKEN M.J.J. (Ed.), The Psalms in the New Testament, London 2004 • RUSAM D., Das Alte Testament bei Lukas (BZNW 112), Berlin 2003 • RÜSEN-WEINHOLD U., Der Septuagintapsalter im Neuen Testament, Neukirchen-Vluyn 2004 • STEINBERG J., Die Ketuvim – ihr Aufbau und ihre Botschaft (BBB 152), Hamburg

2006 • STEINS G., Gottes Thron über der Heiligen Schrift, Begegnungen 4/2005, 12–19 • WEBER B., Psalm 1 and Its Function as a Directive into the Psalter and towards a Biblical Theology, OTE 19 (2006) 237–260 • WEBER B., Der Beitrag von Psalm 1 zu einer "Theologie der Schrift", JETh 20 (2006) 83–113 • WEBER B., "HERR, wie viele sind geworden meine Bedränger ..." (Ps 3,2a), in: E. BALLHORN / G. STEINS (Hrsg.), Der Bibelkanon in der Bibelauslegung, Stuttgart 2007, 231–251 • WEBER B., In Richtung einer Biblischen Theologie, JETh 21 (2007) 229–237 • WEBER B., Psalm 78 als "Mitte" des Psalters? – ein Versuch, Bib. 88 (2007) 305–325 • WEBER B., Psalm 1 als Tor zur Tora JHWHs, SJOT 21 (2007) 179–200 • WEBER B., "Dann wird er sein wie ein Baum ... (Psalm 1,3), OTE 23 (2010), im Druck • ZENGER E., "Ich aber sage: Du bist mein Gott" (Ps 31,14), in: A. RAFFELT (Hrsg.), Weg und Weite, Freiburg i.Br. 2001, 15–31 • ZENGER E., "Du thronst auf den Psalmen Israels" (Ps 22,4), in: B. KRANEMANN / T. STERNBERG (Hrsg.), Wie das Wort Gottes feiern? (QD 194), Freiburg i.Br. 2002, 16–40 • ZENGER E., Der Psalter im Horizont von Tora und Prophetie, in: J.-M. AUWERS / H.J. DE JONGE (Ed.), The Biblical Canons (BEThL 163), Leuven 2003, 111–134 • ZENGER E., Der Psalter als Buch der Tora Davids, in: A. HOLZEM (Hrsg.), Normieren, Tradieren, Inszenieren, Darmstadt 2004, 157–176.

1. Der Anschluss des Psalters an Tora und Nebiim

Den Psalter als *Buch* gab es nie ohne die ihm vorgeordneten Kanonteile "Tora" (Pentateuch) und "Nebiim" (Jos–Kön/Jes–Mal). Dem Psalter ist im Kanon Heiliger Schriften damit eine "Zweit-" bzw. "Drittheit" gegeben und zugleich eine Rückbezüglichkeit auf Tora und Nebiim eingestiftet (*intentio canonis*). Die Anlehnung an und Aufnahme von Passagen aus den beiden ersten Kanonteilen lässt sich denn auch im Durchgang durch die Psalmen immer neu erkennen (vgl. die Hinweise unter "Kontexte" in Wb Pss I/II).

Das Anliegen, den Psalter an die autoritative Grösse "Tora" (Pentateuch) anzuschliessen, zeigt sich bereits in Ps 1, der von der Psalterredaktion mit Bedacht an den Buchanfang gestellt wurde (vgl. dazu 2 I. und WEBER, Tor). Dies manifestiert sich im Rückverweis auf das Königsgesetz (vgl. Ps 1,1–3; 2,7 mit Dtn 17,18f., ferner Jos 1,7f.; 1. Chr 22,12f.) und in der Aufnahme der Seligpreisung Moses (Dtn 33,29). Von besonderem Gewicht ist die Bezugnahme auf das *sch^{e}ma' jishra'el*, den "Schlüsseltext zum Glaubenlernen" (Norbert Lohfink) innerhalb des Pentateuchs (vgl. Ps 1,1f. mit Dtn 6,6f., ferner Ex 13,9; Dtn 11,18ff.). In Ps 1,2 ist dabei nicht von "der Tora/Wegweisung Moses", sondern – wie in Chr geläufig – von "der Tora JHWHs" die Rede. Mit der verstärkten Autorisierung verbindet sich eine Bedeutungsausweitung: Die "Tora/Wegweisung JHWHs" meint über die autoritativen Schriften von Tora und Nebiim hinaus umfassend Gottes Wille und Wort. Entsprechend wird nicht nur der Psalter an das in Mose-Tora (und Propheten) vorgegebene Gotteswort angeschlossen, sondern dieser wird *selbst* ebenfalls als Gotteswort verstanden und autorisiert: Im Psalter begegnet uns Gott in seinem Wort (vgl. ZENGER, Psalter, 164f.).

Das Ausgeführte lässt sich erhärten und vertiefen, wenn auch die Rückbezüge der Buchouvertüre (Ps 1–3) auf die Prophetenbücher bedacht werden (vgl. WEBER, Beitrag, 92–95; WEBER, "Baum"), zumal für die Psalterredaktion – vergleichbar mit dem Chronisten – Mose- wie Prophetenbücher "Wort Gottes" sind. Die Tora bedarf dieser Optik gemäss proph. Aufnahme und Auslegung (zur Komplementarität von Tora und Nebiim vgl. CHAPMAN, Law), in die der Psalter im Anschluss an und im Verbund mit den Nebiim eintritt. Dies zeigt sich daran, dass in der Psaltereröffnung ein Eröffnungswort des Kanonteils Nebiim aufgegriffen wird (vgl. Ps 1,1f. mit Jos 1,7f.), das sich seinerseits an den Mosekanon anschliesst (vgl. Dtn 31,1–8.14ff.). Damit wird an kanonstrategischen Schnittstellen (Ende Tora, Anfang Nebiim, Anfang Psalter/Ketubim) eine Art "Stafette" erkennbar: Ausgehend von Mose (Tora) wird Josua sein Nachfolger/"Ausleger" zum ersten/paradigmatischen "Propheten"; an beide schliesst der Psalter (und mit ihm später der Kanonteil "Ketubim") an. Er nimmt Torabelehrung und Prophetie auf und vertieft sie mit Weisheit als drittem, v.a. in den Büchern der Ketubim prominent vertretenem Moment (ähnlich Sir). Die den Psalter meditierende Gemeinde der "Gerechten" (*tzaddiqim*, Ps 1,6) findet entsprechend in ihm Torabelehrung, Prophetie und Weisheit.

Mit der Passage Jer 17,7f., an die sich Ps 1,1–3 anlehnt, wird nicht nur ein weiterer Text aus den Nebiim – diesmal aus den "hinteren" (Schrift-)Propheten – aufgerufen, sondern zugleich Weisheit und Prophetie verknüpft (so auch in der "Psaltermitte" Ps 78,1f.). Über die Verbindung von Ps 1,3 zu Ez 47,12 werden ferner Tora und Tempel aufeinander bezogen. Und auch zum Schluss des Prophetenkanons dürfte eine, allerdings etwas matte Intertextualität vorliegen (vgl. Ps 1 mit Mal 3,18–22). Sie gewinnt an Evidenz unter Annahme einer Buchabfolge, bei welcher der Psalter (Anfang Ketubim) unmittelbar auf Maleachi (Schluss Nebiim) folgt. Mit Ps 2 und 3 aus der Psalter-Ouvertüre wird der Rückbezug zum Kanonteil Nebiim noch verstärkt. Die Verzahnung der ersten beiden Psalmen legt eine Assoziierung des "Gerechten" von Ps 1 mit dem "Gesalbten" von Ps 2 nahe. Die prophetisch gegebenen Inthronisations- und Adoptionsaussagen in Ps 2,6f. weisen zurück auf die Nathan-Verheissung im Propheten-Kanon (vgl. 2. Sam 7,13–16, ferner Ps 132,10–13; 1. Chr 17,11–14; 22,10; 28,6f.). Und bei der Fortlesung von der Seligpreisung in Ps 2,12 zum ersten Präskript Ps 3,1 und dem daran anschliessenden ersten Gebet im Psalter werden für den Bibelkundigen zudem Bezüge zu den poetischen Abschlüssen der Davidsgeschichte respektive der Samuelbücher in 2. Sam 22f. (und weiteren Texten aus dem vorderen Teil der Nebiim) erkennbar (vgl. WEBER, "HERR").

2. Der Psalter und die Ketubim

A) Der Psalter als Abschluss von Tora und Nebiim sowie als Eröffnung der Ketubim

a) Der Psalter als Verklammerung von Tora und Nebiim

Gewisse Indizien legen nahe, dass der Psalter zu einem gewissen Stadium des Kanonisierungsprozesses den Abschluss eines zweigeteilten Kanons bildete und die Funktion hatte, die beiden Teile "Tora/Mose" und "die Propheten" zu verklammern (vgl. ZENGER, "Psalmen Israels", 27). Dazu gehört der erörterte Sachverhalt des Doppelanschlusses an Tora und Nebiim (s.o.), ferner der Umstand, dass der Psalter von allen Büchern der (später) im dritten Kanonteil gesammelten Schriften die höchste Verbreitung und Dignität genoss. Über die häufige Psalmenrezeption im NT hinaus bestätigen dies auch vereinzelte Hinweise aus der frühjüd. Literatur (vgl. Sir [mit Prolog]; 2. Makk 2,13–15; 4Q397 Frag. 14–21,10–15; 4Q491 Frag. 17,4). Besondere Erwähnung verdient schliesslich das lukanische "Schlusswort" Jesu über die Erfüllung des in den Schriften über ihn Gesagten mit der Formulierung "Gesetz Moses, Propheten und Psalmen" (Lk 24,44). Anders als bei der im NT üblichen Redeweise vom "Gesetz/Mose und den Propheten" (Mt 5,17; 7,12; 11,13; 22,40; Lk 16,16; Joh 1,45 u.a.) wird mit dieser triadischen Formulierung der Psalter als eigene Grösse mit analoger Autorität neben die beiden ersten Kanonteile gestellt – sei es, dass die Formulierung eine kanonische Frühform mit den beiden ersten Kanonteilen und dem Psalter als Abschluss und

Verklammerung der beiden bezeugt oder dass der Psalter als *pars pro toto* für die "Ketubim" (mit implizitem Hinweis für die Erststellung des Psalters?) oder jedenfalls für eine dritte, noch nicht spezifizierte Gruppe von Schriften figuriert. Im kanonisch gewordenen hebr. AT gehört der Psalter dann unbestritten zum dritten und letzten Kanonteil, den Ketubim.[18]

b) Der Psalter als Anfang der Ketubim

Die Ouvertüre schliesst den Psalter aber nicht nur an autoritative Schriften (Tora und Nebiim) als dessen "Aussen-" bzw. "Vorraum" an, sondern weist zugleich ein in seinen "Innenraum" (Scharnierfunktion). Vorrangig bietet sie eine "Leseanleitung" für das Buch selbst (vgl. dazu [2]). Darüber hinaus darf vermutet werden, dass diese nach dem Vorliegen der dreiteiligen hebr. Bibel nicht den Psalter allein, sondern mit ihm den Kanonteil "Ketubim" mit seinen weish. und "liturgischen" Büchern (Festrollen) eröffnet. Diese nachfolgend zu erörternde Annahme setzt allerdings eine Kanongestalt voraus, in welcher der Psalter eine Spitzenstellung innerhalb der Ketubim einnimmt.

Für eine Frontplazierung des Psalters innerhalb der Ketubim lassen sich folgende, teils bereits erwähnte Indizien anführen: (1.) der Doppelanschluss des Psalters an Tora und Nebiim, insbesondere (2.) die auffällige Parallelisierung von Jos 1 und Ps 1 als Kopfkapitel der Nebiim und des Psalters und naheliegend auch der Ketubim sowie (3.) die frühe, in antik-jüd. und ntl. Angaben sich reflektierende protokanonische Dignität des Psalters. Damit ergibt sich eine kumulative Evidenz, die eine Kopf- bzw. Erststellung des Psalters innerhalb des dritten Kanonteils – den Schluss dürfte die Chronik markieren – zwar nicht zweifelsfrei erhärtet, aber wahrscheinlich macht. Der greifbare Befund an Handschriften, Bibelausgaben und Kanonlisten zeigt allerdings, dass sich in diesem letztkanonisierten Teil der hebr. Bibel keine Abfolge als normativ etablieren konnte, wie dies bei der Tora (Pentateuch) und – mit gewissen Abstrichen – bei den Nebiim der Fall war. Gegenüber der Kanonisierung der Bücher *selbst* hat die *Reihenfolge* der Bücher innerhalb der Ketubim jedenfalls nicht denselben Status der Verbindlichkeit erlangt (vgl. BRANDT, Endgestalten).[19] Trotz der Unterschiedlichkeit hinsichtlich der Anordnung der Bücher innerhalb der Ketubim sind gleichwohl gewisse Konturen in der Handschriftenüberlieferung zu erkennen. So erscheint der Psalter meist an hervorgehobener Position innerhalb der Ketubim – wenn auch selten am Anfang, so doch überwiegend in Zweitstellung nach Chronik, Hiob oder Ruth. Darin spiegelt sich die Tendenz, die "David-Bücher" Psalmen, Ruth, 1./2. Chronik (und Hiob)[20] vor die

[18] Im griech. AT (LXX) ist der Psalter zusammen mit den anderen Büchern aus den "Schriften" zwischen den "vorderen Propheten" (Geschichtsbüchern) und den "hinteren" (Schriftpropheten) platziert. Damit wird das Moment der Prophetisierung, das für die Rezeption des Psalters im NT ausschlaggebend war, weiter verstärkt.

[19] Damit in Zusammenhang steht, dass die "Bücher" auf Rollen (in unterschiedlichen Grössen) geschrieben und noch für längere Zeit in dieser Form überliefert wurden. Insofern bibl. Schriften nicht auf *derselben* Rolle tradiert wurden, trug dies mit dazu bei, dass die Reihenfolge – anders als bei den späteren Kodizes (mit ganzen Bibelausgaben) – offen blieb.

[20] Die Voranstellung von Ruth vor den Psalter ist aufgrund der David-Genealogie am Schluss des Ruth-Buches zu erklären. So gesehen dient Ruth als Einleitung zum Psalter. Auch die Vorordnung der Chronik vor die Psalmen dürfte mit David und insbesondere mit der mit ihm verbundenen Tempelliturgie in Zusammenhang stehen (vgl. auch den Schluss 2. Chr 36,23). Die Spitzenstellung von Hiob vor den Psal-

"Salomo-Bücher" Sprüche, Prediger und Hoheslied zu platzieren (vgl. ZENGER, Horizont, 113–126).[21]

Als Fazit und in Abwägung der internen wie externen Evidenzen ist festzuhalten, dass der Ort des Psalters innerhalb der Ketubim nicht mit Sicherheit feststellbar ist. Gleichwohl ergibt sich eine begründete Vermutung für die Frontstellung des Psalters und die Endstellung der Chronik innerhalb des letzten Kanonteils des hebr. ATs. Diese beiden Bücher bilden dann den Rahmen, zumal es sich um "die umfangreichsten und auch theologisch am weitesten ausgreifenden Werke der *Ketuvim*" (STEINBERG, Ketuvim, [117–122].445[–449]) handelt. Von daher scheint es legitim, nachfolgend einige kanontheol. Linien von der Psaltereröffnung bzw. dem Psalter insgesamt zu anderen Büchern innerhalb der Ketubim herauszustreichen. Die stärksten Bezüge ergeben sich mit denjenigen Büchern, die innerhalb der hebr. Ordnung der Ketubim im näheren Umfeld platziert sind wie Hiob und Sprüche oder aber am anderen Ende liegen wie Chronik (und Esra-Nehemia) und damit eine Rahmenbildung vermitteln.

B) Beziehungslinien vom Psalter zu anderen Büchern der Ketubim

a) Chronik und Esra-Nehemia

Signifikante Gemeinsamkeiten und Verbindungslinien liegen zwischen den Büchern Psalter (Anfang) und Chronika (Schluss) vor. Die hervorstechendste Gemeinsamkeit sind die Gestalt David (als Kultbegründer) und die (mit Sänger-Leviten verbundene) Bedeutung von Psalmengebet und Musik am Jerusalemer Tempel. Die umfangreichste Textüberlappung liegt hinsichtlich 1. Chr 16,8–36 vor. Es handelt sich um einen Psalmvortrag, der sich als Collage aus drei Psalmen von Teilbuch IV (Ps 105,1–15; 96,1–13; 106,1.47f.) speist. Mit der von David veranlassten und von Asaph vollzogenen Aufführung im Kontext der Überführung der Lade nach Jerusalem wird im Schlussbuch der Ketubim auf den Anfang dieses Kanonteils zurückgeblendet und die liturgische Relevanz der Psalmen für den Lobpreis Gottes promulgiert (vgl. auch 2. Chr 29,30). Im Weiteren nimmt am Ende des Tempelweihgebets in 2. Chr 6 der sprechende Salomo Worte aus dem Zions- und Königspsalm 132 (aus Teilbuch V) auf (vgl. 2. Chr 6,41f. mit Ps 132,8–10). Ferner findet sich das *ostinato* "... denn für immer währet seine Gnade" aus Ps 136 (Teilbuch V) mehrfach im Kontext von Lobpreisdarbringungen in der Chronik (vgl. 1. Chr 16,41; 2. Chr 5,13; 7.3.6; 20,21). Zu den weiteren Schnittstellen zwischen Psalter und Chronika gehören u.a. die Bezeugung der Gottesherrschaft durch die Geschichte, der Universalismus und das Tora-Verständnis. Auf die analoge Bedeutungsfüllung der Begrifflichkeit "Tora (JHWHs)" wurde bereits hingewiesen (s.o., V. 1.). Die Chronik eröffnet (1. Chr 16,40) und beschliesst (2. Chr 35,26) ihre Tora-Belege mit der Wendung "die Tora JHWHs" (vgl. darüber hinaus noch 1 Chr 22,12; 2. Chr 12,1; 17,9; 31,3f.; 34,14). Mit eben dieser Wendung fängt der

---

men lässt sich möglicherweise als Zusprechung proph. Qualität an das Hiob-Buch (das damit im Kanon direkt auf die Prophetenbücher folgt) und/oder als Verarbeitung des Hiob-Leidens in den nachfolgenden Gebeten des Psalmenbuchs (vgl. Jak 5,10f.) interpretieren.

[21] Eine Baraita im Talmud bezeugt die Reihenfolge: Ruth => Psalmen => ... => Chronik (bBB 14b). Diese hat kürzlich Julius STEINBERG (Ketuvim) begründet und zum Ausgangspunkt einer "Theologie der Ketubim" gemacht (vgl. dazu WEBER, Richtung).

Psalter programmatisch an (Ps 1,2). Sie steht markiert im ersten Vers des längsten, betont in der Mitte von Teilbuch V platzierten Ps 119. Dieser weist nicht nur eine Vielzahl von Tora-Belegen (mit Synonymen) auf, sondern ist zugleich der letzte Psalm, in dem "Tora" erscheint (zu "der Tora JHWHs" sonst nur noch Ps 19,8).

Ähnliche Bezüge, wenn auch abgeschwächt, zeigt ein Vergleich zwischen dem Psalter und dem Buch Esra-Nehmia, das innerhalb der Ketubim seinen Platz unmittelbar vor der endplatzierten Chronik haben dürfte. Anzuführen sind die beiden Belege "die Tora JHWHs" (Esr 7,10; Neh 9,3), die häufige Erwähnung und Bedeutung Jerusalems und des Tempels und damit verbunden das Stichwort *b-n-h* "bauen" (vgl. u.a. Ps 51,20; 78,69; 102,17; 122,3; 127,1; 147,2 und Esr 1,2f.5; 3,2.10; 4,1ff.; Neh 2,5.17f.20; 3,1ff.). Erwähnenswert sind darüber hinaus die "Bussgebete" Esras (Esr 9,6–15) bzw. der Leviten (Neh 9,6–37), welche Gemeinsamkeiten mit den "Geschichtspsalmen" 78 und 105f. aufweisen.

b) Hiob, Sprüche und weitere Bücher

Das innerhalb der Ketubim möglicherweise unmittelbar auf den Psalter folgende Buch Hiob weist u.a. in seiner Rahmenerzählung Bezüge zu den Psalmen auf. Die vierfache Charakterisierung Hiobs am Buchbeginn (Hi 1,1.8; 2,3) entspricht der Zeichnung des Gerechten (Ps 1), mit welcher der Psalter eröffnet (vgl. zudem die Abgrenzung zum "Rat der Frevler" Ps 1,1; Hi 10,3; 21,6; 22,18). Hiob charakterisierende Begriffe finden sich auch im Fortgang des Psalter (zu *tam[im]* "vollkommen, rechtschaffen, untadelig" vgl. u.a. Ps 7,9; 15,2; 18,24.26.31.33; 19,8; 26,1.11; 78,20; 101,2). Was das "Menschenbild" betrifft, ist auf das spannungsvolle Verhältnis zwischen Ps 8 und u.a. Hi 7,17; 15,14; 19,9; 25,5f. in ihren Kontexten hinzuweisen. Erwähnenswert sind schliesslich Schnittstellen im Blick auf *b-r-k* "segnen, Gott preisen" (vgl. Hi 1,10.21; 42,12 mit Ps 5,13; 107,38; 109,28; 115,13.15; 145,21 u.ö.).

Die Parallelitäten zwischen Psalter und Sprüchebuch konzentrieren sich weithin – diesbezüglich vergleichbar mit Hiob – auf weish. Motivik. Dazu gehört die "Weg"-Terminologie (vgl. Ps 1,1.6; 2,12; 25,4f.8f.12; 37,14.23.34 u.ö. mit Spr 2,20; 3,6.17.23.31 u.ö.), die Verwendung von Seligpreisungen (vgl. Ps 1,1; 2,12; 40,5; 41,2 u.ö. mit Spr 3,13; 8,32.34 u.ö.), die Antithetik von "Gerechten" und "Frevlern" (vgl. Ps 1,5f.; 11,5; 37,12.16f.21.32 mit Spr 3,33; 10,3.6f.11.16.20 u.ö.) sowie der Tun-Ergehen-Zusammenhang. Erwähnt sei auch das im Psalter bereits zu Beginn auftauchende "Spott"-Motiv (vgl. Ps 1,1; 2,4, ferner 22,8; 35,16; 44,14; 59,9; 79,4; 80,7; 119,51; 123,4 mit u.a. Spr 1,22; 3,34; 24,9; 30,17). Schliesslich ist hinzuweisen auf die Analogie weish. Begrifflichkcit und Charakteristik zwischen den Eröffnungen der Psalmen 49 und 78 und den Reden in Spr 2–5 (vgl. auch den Prolog Spr 1,1–7).[22]

[22] Die Rückbezüge der übrigen, kleineren Bücher (namentlich der "Festrollen") innerhalb der Ketubim zu den Psalmen sind bescheiden – mit Ausnahme der Klagelieder (Threni), zu denen sich allein schon von Gattung und poetischer Formung her Ähnlichkeiten ergeben, aber auch inhaltliche Berührungen erkennbar sind (um nur die "Jerusalem/Zion"-Erwähnungen und die "Feind"-Thematik zu nennen).

3. Der Psalter und das Neue Testament

Aus einer kanonischen Gesamtperspektive der zwei-einen Bibel aus AT und NT fällt nochmals neues Licht auf den Psalter. Er ist dasjenige Buch des ATs, das im NT am häufigsten aufgegriffen wird. Zu über 100 der insgesamt 150 Psalmen finden sich Bezugnahmen, wobei die Bandbreite von der expliziten Zitierung bis zur knappen (und nicht immer zweifelsfrei zu erhebenden) Anspielung reicht. Dabei variiert die Aufnahmehäufigkeit im Blick auf die einzelnen Psalmen stark, und innerhalb der Schriften des NTs sind Unterschiede in Auswahl und Gewichtung zu erkennen. Auf folgende Psalmen bzw. ausgewählte Verse aus ihnen wird besonders häufig Bezug genommen: Ps 2; 22; 69; 110 und 118.[23] Die Rezeption geschieht dabei sowohl über die hebr. wie (mehrheitlich) die griech. Fassung(en) des ATs, wobei die Vorlage nicht immer genau verifiziert werden kann. Die Thematik "Der Psalmen und das Neue Testament" ist derart breit, dass nachfolgend einige Hinweise genügen müssen (vgl. auch 4 II. 3.).[24]

A) Jesus als der endzeitliche Messias

Das NT liest und deutet Psalmworte weniger als Gebetsworte denn als Gotteswort, und zwar vornehmlich als Erfüllungshorizont davidisch-messianischer Prophetie. Mit dieser Lesart stehen Jesus und das Frühchristentum weithin in Kontinuität zum Frühjudentum, eingeschlossen der Gemeinschaft in Qumran (s.u., VII. 1. A). Vergleichbares gilt hinsichtlich der griech. Übers. des Psalters (LXX), die mit ihrer eschatologisierenden Tendenz einem diesbezüglichen Verständnis vorgearbeitet hat. Das Schwergewicht der Psalmenverwendung im NT liegt darauf, die Messianität Jesu als "schriftgemäss" zu erweisen und sein Leben und Wirken mit der Königsherrschaft Gottes in Verbindung zu bringen. Ein erheblicher Teil christologischer Aussagen wird anhand von Psalmversen erhellt und entfaltet. Diese dienen einerseits – insbesondere Aussagen aus den Königspsalmen – zur Grundlegung einer "Hoheitschristologie" (Messianität, Gottessohnschaft), andererseits – namentlich Worte aus den Klage- und Bittgebeten – als Erfüllungsaussagen im Kontext einer "Niedrigkeitschristologie" (Leidensweg Jesu). In diese Deutungslinie fügt sich, dass der Auferstandene vor seiner Himmelfahrt zu seinen Jüngern sagt, dass alles erfüllt werden muss, was in den "Schriften" – die Psalmen werden explizit als zu ihnen gehörig erwähnt – über ihn geschrieben steht (vgl. Lk 24,44f.). Über Jesus hinaus wird auch das Geschick der Gemeinde Jesu Christi im Licht jener Erfahrungen verstanden, die man im Psalter kodifiziert vorfand (vgl. z.B. Apg 4,23–31, wo die urchristliche Gemeinde unter Zuhilfenahme von Worten aus Ps 2 betet und diese auf ihre Situation hin deutet).

---

[23] Zu den Belegen im Einzelnen vgl. die Liste am Ende der Nestle-Aland-Ausgabe des griech. NTs und die Hinweise unter der Rubrik "Kontexte" bei den einzelnen Psalmen in Wb Pss I/II.

[24] Für eine weitergehende Erschliessung vgl. u.a. AHEARNE-KROLL, Psalms of Lament; DALY-DENTON, David; LÖNING, Funktion; MOYISE/MENKEN (Ed.), Psalms; MIURA, David; RUSAM, Alte Testament; RÜSEN-WEINHOLD, Septuagintapsalter, ferner die Literaturhinweise unter der Rubrik "Die Psalmen in ihrer Wirkungs- und Rezeptionsgeschichte in Judentum und Christentum" in Wb Pss I–III.

B) Bezugnahmen auf die Psalmen im Matthäusevangelium

Nach diesen allgemeinen Hinweisen soll der Psalterbezug anhand von Textabschnitten aus dem Evangelium nach Matthäus beispielhaft konkretisiert werden.[25] Unmittelbar nach der Taufe Jesu – einer theol. Schlüsselstelle – hört man die Himmelsstimme folgende Worte sprechen (Mt 3,17, vgl. Lk 3,22): "Dieser ist mein geliebter Sohn, an dem ich Wohlgefallen gefunden habe." Dasselbe Deutewort wird bei der Verklärung Jesu den drei anwesenden Jüngern durch eine Stimme aus der Wolke gegeben – verstärkt mit dem Zusatz (Aufforderung): "Hört ihn!" (Mt 17,5). Im Zusammenhang des Tauf- wie des Verklärungsgeschehens wird das prophetische, an den Jerusalemer König auf dem Davidsthron gerichtete Gotteswort aus Ps 2,7 aufgenommen und als Himmelswort auf Jesus bezogen. Anders als in Ps 2,7 (und in Lk 3,22) ist die Sohneszusage nicht direkt adressiert ("du bist ..."), sondern sie wird *über* ihn (dem Hörerkreis) bezeugend angezeigt ("dieser ist ..."). Nach der Taufe Jesu greift zu Beginn der Versuchung in der Wüste der Teufel auf eben dieses Wort zurück ("Wenn du Gottes Sohn bist ...") und stellt den Sachverhalt in Frage bzw. fordert Jesus zu dessen Erweis auf (Mt 4,3, vgl. Lk 4,3). Die zweite Versuchung Jesu leitet der Teufel ebenfalls ein mit: "Wenn du Gottes Sohn bist ..." (Mt 6,6, vgl. Lk 4,9 = dritte Versuchung). Diesmal wird unter Zuhilfenahme des Gotteswortes aus Ps 2 (V. 7, vgl. 2. Sam 7,14) nicht nur die Gottessohnschaft herausgefordert, sondern der Teufel begründet ("denn es steht geschrieben ...") sein Ersuchen zudem mit der Zitierung eines Gotteswortes aus dem Psalter (Ps 91,11f. in Mt 4,6, vgl. Lk 4,10f.).

Eine derart häufige und dichte Rezeption, wie sie Ps 2 im NT zuteilwird, liegt im Blick auf Ps 1 nicht vor. Im MtEv finden sich aber gleichwohl Echos auf den Eröffnungspsalm. Bemerkenswert ist jedenfalls, dass die erste Lehrrede Jesu im ersten Evangelium wie der Psalter mit einer Seligpreisung beginnt. Im MtEv ist es dabei nicht nur *eine* wie in Ps 1 (oder zwei wie Ps 32; 119), sondern eine ganzen Serie (Mt 5,3–12). Zudem korrespondiert der "Lohn"-Hinweis (Mt 5,12) am Ende der Bergpredigt mit dem Psalm-Wort über das "Gelingen" (vgl. Ps 1,1.3.6, ferner 2,12 [Rahmung um Doppelportal] und 41,2f. [Rahmung um Teilbuch I]). Hinter den Seligpreisungen Jesu ist damit in Umrissen eine sich an Ps 1 anlehnende, weisheitlich-frömmigkeitliche Psalmenverwendung erkennbar. Über die weish. Schattierung der Makarismen hinaus enthalten diese Eröffnungsworte der Bergpredigt auch Anspielungen zu anderen Psalmen (vgl. Ps 24,4; 37,11.19.22; 72,2–4.12–14). Der Schluss der Bergpredigt mit dem Gleichnis vom Hausbau auf Sand oder Fels (Mt 7,24–27) verrät mit seiner Polarität der beiden Wege wiederum weisheitliches, Ps 1 nahe stehendes Profil (vgl. insbesondere Ps 1,6). Zumindest am Eingang und Ausgang der grossen Rede des "messianischen Lehrers der Weisheit" (Martin Hengel) sind also Analogien zu Ps 1 greifbar (vgl. WEBER, Beitrag, 107; ARNETH, Psalm 1, 303–309).

Das in der Mitte der Bergpredigt stehende "Unservater"-Gebet (Mt 6,9–13, vgl. Lk 11,2–4) speist sich ebenfalls aus der Psalmensprache. Entsprechend hat Erich ZENGER ("Gott", 24) es – in Abwandlung eines Wortes von Tertullian – als *breviarium totius psalterii* (Kurzfassung des gesamten Psalters) bezeichnet. Das Gebet nimmt Mo-

[25] Dem MtEv kommt – vergleichbar mit dem Psalter – eine Anfangsstellung (im ersten Teil der Schriften des NTs) zu. Zudem ist in Anlehnung an den Pentateuch dem Psalter wie dem MtEv – nimmt man die Reden zum Anhaltspunkt – eine Fünfteiligkeit eingeschrieben. Ferner gibt es eine "Fünfbuch"-Analogie zwischen dem Pentateuch einerseits und den vier Evangelien + Apostelgeschichte andererseits.

tive aus verschiedenen Psalmen auf und lehnt sich insbesondere an (Ps 145 und) Ps 103 – Otto BETZ nennt diesen "Jesu Lieblingspsalm" – an, wie nachfolgende Zusammenstellung deutlich macht (vgl. BRAULIK, Rezeptionsästhetik, 540.546f.):

Unser Vater ...	Ps 103,13	
der du bist in den Himmeln,	Ps 103,19	
geheiligt werde dein Name;	Ps 103,1	(Ps 145,1–2.21)
dein Reich komme;	Ps 103,19	(Ps 145,11–13)
dein Wille geschehe,	Ps 103,21	
wie im Himmel so auch auf Erden!	Ps 103,22	
Unser tägliches Brot gib uns heute;	Ps 103,5	(Ps 145,15–16)
und vergib uns unsere Schulden,	Ps 103,3.10–13	(Ps 145,7–9)
wie auch wir vergeben unsern Schuldigern;		
und führe uns nicht in Versuchung,	Ps 103,14(?)	(Ps 145,20[?])
sondern erlöse uns von dem Bösen!	Ps 103,4	

Mt 26,30 zeigt Jesus, der mit seinen Jüngern am Schluss von Passa/Abendmahl den zweiten Teil der Hallel-Psalmen (Ps 113–118) anstimmt, als Psalmensänger im Rahmen der Festliturgie. Dass der Psalter nicht nur Hoheits-, sondern auch Niedrigkeitschristologie beglaubigt, manifestiert sich in den (synoptischen) Passionsberichten. Ps 22 nimmt darin einen wichtigen Stellenwert ein. Zu erwähnen sind im Kontext des MtEv etwa das Jesus-Wort in Gethsemane Mt 26,38 (dazu Ps 42,6.12), der Loswurf über seine Kleider Mt 27,35 (dazu Ps 22,19), der Spott der jüd. Autoritäten Mt 27,43 (dazu Ps 22,9) und das Gebetswort Jesu am Kreuz Mt 27,46 (dazu Ps 22,2[ff.]).

Bei der Taufe, am Anfang von Jesu Wirksamkeit, interpretierte ein Gotteswort aus einem Königspsalm (Ps 2) das Geschehen (s.o.). Gegen Ende des MtEv dient an einer ebenfalls entscheidenden Wegmarke eine Aussage aus einem anderen Königspsalm (Ps 110) dazu, Entscheidendes ins Wort zu fassen: Angesichts des Verhörs vor dem Hohen Rat drückt Jesus seine kommende Herrschaft unter Zuhilfenahme von Ps 110,1 – es handelt sich um den am häufigsten zitierten Vers aus dem AT im NT – mit den folgenden Worten aus (Mt 26,64): "Von nun an werdet ihr den Sohn des Menschen sitzen sehen zur Rechten der Macht und kommen auf den Wolken des Himmels." Denselben Psalmvers äusserte Jesus bereits im Streitgespräch mit den Pharisäern in Mt 22,41–46 (V. 44). Anhand des proph. Schriftgebrauchs der Psalmen wird damit die Gottessohnschaft des Messias anzeigt.

4. Der Psalter als "Kleine Biblia" respektive "Mitte" der Heiligen Schrift

Das Netz an Verknüpfungen von Worten, Motiven, Traditionen vom Psalter in die Weite bibl. Texte und Bücher hinein und von ihnen zurück, macht den Psalter zu einer kommunikativen wie kanontheol. Schnittstelle. Über ihn laufen eine Vielzahl von Dialogen, und diese werden je neu ins Gespräch mit Gott gebracht. Mit dem Psalter wird die Bibel ins Gebet genommen und gegenwärtig gehalten (Anamnese). Beten, Singen und Meditieren verbindet mit der Gottesgeschichte und dem Gottesdienst Israels, lässt Jesu Person und Handeln verstehen und prägt Spiritualität und Theologie der Kirche(n). Aufgrund dichter Intertextualität und einer Vielfalt von Texttypen und Themen stellt der Psalter in der hebr. Bibel Israels und verstärkt noch in der christl. Bibel aus AT und NT eine Art Zusammenfassung, Handbuch, Essenz oder innere "Mitte" dar. In diese Richtung weisen das Diktum von Cassiodor, *liber psalmorum totius scripturae thesaurum* und Martin Luthers Wort von der "Kleinen Biblia" respektive von einem "Enchiridion", "Handbuch" oder einer "Summa" (s.u., VII. 1. C a, ferner JANOWSKI, »Kleine Biblia«, 382).

Dass derartige Einschätzungen nicht einfach aus der Aussenperspektive der bibellesenden Gemeinschaft(en) an den Psalter herangetragen werden, lässt sich über die Vernetzungsdichte hinaus an einem weiteren Phänomen festmachen: der praktisch in allen Bibelteilen eingestreuten "Psalmen".

Spezielle Erwähnung verdienen innerhalb des Pentateuchs die Mose-Lieder nach der Rettung am Schilfmeer (Ex 15) und am Ende seines Lebens (Dtn 32). Aus dem Kanonteil Nebiim seien das Debora-Lied (Ri 5), die poetischen Rahmenstücke um die Samuel-Bücher (1. Sam 2; 2. Sam 22f.) und eingestreute Lieder in den Schriftpropheten (z.B. in Jes 5;12; 26; 37f.; 63f.; Jon 2; Hab 3) angeführt. Und was die Ketubim betrifft, sind über die poetisch geformten Bücher Klgl und Hld aus den Festrollen hinaus Gebets- und Liedeinschübe in Esra-Nehemia (in Esr 9; Neh 9), Daniel (Dan 9) und den Chronikbüchern (u.a. in 1. Chr 16; 2. Chr 6) zu nennen. Im NT schliesslich sind die das Heil in Jesus Christus ankündigenden und bezeugenden Lieder in Lk 1f. sowie die hymnischen oder Hymnus-ähnlichen Stücke in den Briefen (u.a. in 1. Kor 13; Phil 2) und im Schlussbuch Offenbarung anzuführen.

Ohne diese eingetexteten poetischen Stücke und ihre Funktion über einen Kamm scheren zu wollen, soll gleichwohl deren Verortung in Verbindung mit dem Kanon und damit auch in Relation zum Psalter kurz zu charakterisieren versucht werden. Die Verteilung dieser in Erzählzusammenhänge eingefügten Poems ist unregelmässig, aber nicht zufällig. In den jeweiligen Textzusammenhängen kommt ihnen eine pragmatische Funktion zu, zumal sie weithin an heilsgeschichtlich und/oder literarisch hervorgehobenen Stellen platziert sind (vgl. STEINS, Gottes Thron). Sie führen eine Markierung bzw. eine gewisse Zäsur insofern mit sich, als sie das Handlungsgeschehen gleichsam einen Moment stillstellen (*plot breaker*). Damit geht eine theol. Vertiefung einher: Gottes Wirken und seine (Königs-)Herrschaft wird hymnisch besungen, proklamiert und ihm damit die Ehre gegeben. Insofern diese poetischen Stücke in ihrem Kontext nicht aufgehen, sondern Neues einbringen, verbindet sich mit ihnen eine gewisse "Entgrenzung". Es werden Horizonte geöffnet und Verbindungen zwischen damaligem Geschehen und je neuer Gegenwart induziert. Die Lieder aktualisieren die erzählte und erinnerte Vergangenheit, machen sie für neue Zeiten relevant und verbinden mit dem ewig-lebendigen, in Schöpfung, Vergangenheit und Gegenwart wirkenden Gott. Dies geschieht teils auch mittels liturgischer Neuaufführung im Gottesdienst und stiftet bei der rezipierenden und rezitierenden Gemeinschaft Einheit und Identität. Im Zusammenhang der Bibel übergreifen diese Poems die Abfolge der Erzählungen und wirken als aufeinander abgestimmte "Positionslichter", die Hörer und Leser der Bibel orientieren und ausrichten. Angesichts dessen, dass es sich bei diesen Gebeten und Liedern vornehmlich um Hymnen handelt, generieren sie zudem eine "Lobvermehrungstendenz" und eröffnen einen "doxologischen Interpretationshorizont" (Georg Steins).

Dieses Phänomen einer bibl. Kadenz von eingefügten "Psalmen" verdichtet und "mittet" sich in dem einen Buch, das aus lauter Psalmen besteht. Die "Lobvermehrungstendenz" hat darin ihr *crescendo*: Setzt das Beten mit der Klagebitte ein (Ps 3[ff.]), so nimmt durch das Buch hindurch der Lobpreis Gottes zu, schwellt gegen sein Ende hin immer mehr an bis er in ein universales wie eschatologisches *tutti* ausmündet (vgl. 6). Die Doppelheit von Narration und Poesie findet sich im Psalter ebenfalls, wenngleich mit umgekehrten Vorzeichen: Ist in den (meisten) übrigen Bibelbüchern

Gebet, Lied, Hymnus das Vereinzelte und Besondere, so ist Poesie im Psalter die Hauptgattung. Eine "Erzählung" wird insofern nachgebildet, als in den Psalmüberschriften mehrfach auf solche verwiesen und durch die Buchzusammenstellung ein (pseudo)narrativer Boden eingezogen wird, auf dem die einzelnen Psalmen aufruhen (s.o., III. 4.). Der Psalter bildet innerhalb des Bibelkanons damit ein Komplementärstück zur "üblichen" Gewichtung und Reihenfolge und vertieft ihn dadurch. Entsprechend kann mit Recht vom Psalter als "Kleiner Biblia" respektive als "Mitte" der Heiligen Schrift gesprochen werden.

VI. Menschenwort, Gotteswort und Gottesvolk

ATTRIDGE H.W. / FASSLER M.E. (Ed.), Psalms in Community (SBL.SS 25), Atlanta, GA 2003 • BADER G., Psalterspiel (HUTh 54), Tübingen 2009 • BALLHORN E., Der Psalter als Bild Christi, Pastoralblatt 2001, 213–216 • BALLHORN E., Zur Pragmatik des Psalters als eschatologisches Lehrbuch und Identitätsbuch Israels, in: A. GERHARDS u.a. (Hrsg.), Identität durch Gebet, Paderborn 2003, 241–259 • BONHOEFFER D., Die Psalmen, Giessen [14]1955 (1940) • BRAULIK G., Psalter und Messias, in: G. BRAULIK / N. LOHFINK, Liturgie und Bibel (ÖBS 28), Frankfurt a.M. 2005, 481–502 • BRAULIK G., Rezeptionsästhetik, kanonische Intertextualität und unsere Meditation des Psalters, in: G. BRAULIK / N. LOHFINK, Liturgie und Bibel (ÖBS 28), Frankfurt a.M. 2005, 523–547 • FIEDLER P., Zur Herkunft des gottesdienstlichen Gebrauchs von Psalmen aus dem Frühjudentum, ALW 30 (1998) 229–237 • FÜGLISTER N., Die Verwendung und das Verständnis der Psalmen und des Psalters um die Zeitenwende, in: J. SCHREINER (Hrsg.), Beiträge zur Psalmenforschung (Fzb 60), Würzburg 1988, 319–384 • GILLINGHAM S., From Liturgy to Prophecy, CBQ 64 (2002) 470–489 • JEFFERY P., Philo's Impact on Christian Psalmody, in: H.W. ATTRIDGE / M.E. Fassler (Ed.), Psalms in Community (SBL.SS 25), Atlanta, GA 2003, 147–187 • NASUTI H.P., The Sacramental Function of the Psalms in Contemporary Scholarship and Liturgical Practice, in: S.B. REID (Ed.), Psalms and Practice, Collegeville, PA 2001, 78–89 • STEINS G., Kanon und Anamnese, in: E. BALLHORN / G. STEINS (Hrsg.), Der Bibelkanon in der Bibelauslegung, Stuttgart 2007, 110–129 • WEBER B., Der Beitrag von Psalm 1 zu einer "Theologie der Schrift", JETh 20 (2006) 83–113 • WEBER B., Mit den Psalmen leben, in: W. HAUBECK / W. HEINRICHS (Hrsg.), Geistlich leben (Theologische Impulse 15), Witten 2007, 46–72 • WEBER B., Psalm 30 als Paradigma für einen heutigen "Kasus der Wiederherstellung", JETh 21 (2007) 31–50 • WICK P., Die urchristlichen Gottesdienste (BWANT 150), Stuttgart [2]2003 (2002) • WÜNSCHE A., Midrasch Tehillim I/II, Hildesheim 1999 (1892) • ZENGER E., "Du thronst auf den Psalmen Israels" (Ps 22,4), in: B. KRANEMANN / T. STERNBERG (Hrsg.), Wie das Wort Gottes feiern? (QD 194), Freiburg i.Br. 2002, 16–40.

1. Die Psalmen zusammen mit Jesus Christus beten

Dietrich BONHOEFFER (Psalmen, 11f.) schreibt in seiner kleinen, 1940 erschienenen und seither vielfach neu aufgelegten Schrift über den christl. Umgang mit den Psalmen als Gebetbuch der Bibel:

> "Es ist zunächst etwas sehr Verwunderliches, daß es in der Bibel ein Gebetbuch gibt. Die Heilige Schrift ist doch Gotteswort an uns. Gebete aber sind Menschenworte. Wie kommen sie daher in die Bibel? Wir dürfen uns nicht irre machen lassen: Die Bibel ist Gottes Wort, auch in den Psalmen. So sind also die Gebete – Gottes eigenes Wort? Das scheint uns schwer verständlich. Wir begreifen es nur, wenn wir daran denken, daß wir das rechte Beten von Jesus Christus lernen können, daß es also das Wort des Sohnes Gottes, der mit uns Menschen lebt, an Gott den Vater ist, der in Ewigkeit lebt. Jesus Christus hat alle Not, alle Freude, allen Dank und alle

> Hoffnung der Menschen vor Gott gebracht. In seinem Munde wird das Menschenwort zum Gotteswort, und wenn wir sein Gebet mitbeten, wird wiederum das Gotteswort zum Menschenwort ... Wenn also die Bibel auch ein Gebetbuch enthält, so lernen wir daraus, dass zum Worte Gottes nicht nur das Wort gehört, dass er uns zu sagen hat, sondern auch das Wort, das er von uns hören will, weil es das Wort seines lieben Sohnes ist. Das ist eine große Gnade, daß Gott uns sagt, wie wir mit ihm sprechen und Gemeinschaft haben können. Wir können es, indem wir im Namen Jesu Christi beten. Dazu sind uns die Psalmen gegeben, daß wir sie im Namen Jesu Christi beten lernen."

Bonhoeffer bringt den Doppelcharakter des Psalters als Wort *zu* Gott und als Wort *von* Gott zur Sprache. Diese zeichnet den Psalter aus und gibt ihm eine Sonderrolle, denn in keinem anderen Buch der Bibel findet sich diese doppelte Adressierung in derartiger Weise und Dichte. Bonhoeffer liest und versteht den Psalter im Lichte von Jesus Christus in seiner göttlich-menschlichen Gestalt. Sie wird ihm zum Verstehensschlüssel für den Psalter in dessen dynamischer Wechselseitigkeit von Menschenwort und Gotteswort. Die Dualität des Psalters wird christologisch vertieft und eins gemacht in Jesus Christus als dessen wechselseitigem "Über-setzer" für uns.[26]

Mit Bonhoeffers Worten ist die Thematik dieses Kapitels eröffnet. Es geht um das kanonhermeneutische und -theologische Proprium des Psalters, verbunden mit dessen Neuverwendung in gemeinschaftlicher und persönlicher Spiritualität.

2. Psaltertheologie als Wort *von* Gott und als Wort *zu* Gott

Die Bibel wäre nicht die Bibel, der Psalter nicht der Psalter, wenn nicht auch und vor allem die Frage ihrer bzw. seiner Bedeutung gestellt und behandelt würde. Erst wenn der Weg von der beschreibenden Darstellung zum verpflichtenden Empfangen im Leben und Glauben der Gemeinde weitergegangen wird, findet Theologie zu ihrer eigentlichen Aufgabe. Entsprechend ist der entwicklungsgeschichtlichen Nachzeichnung des Weges von den Psalmen zum Psalter das kanonhermeneutische Kapitel mit der gegenläufigen Richtung vom Psalter zu den Psalmen zur Seite gestellt worden (s.u., IV.). Zudem hat die Doppelheit von poetischer Psalmen- und erzählend-unterweisender Buchgestalt die theol. Dimension bereits aufscheinen lassen (s.u., III. 4.). Denn mit der Literaturgeschichte von den Einzelpsalmen als Gebeten zum Psalter als (quasi-)narrativer Unterweisung ist der Prozess von den Psalmen als Worte *an* Gott zum Buch im Kanon der Heiligen Schrift als Wort *von* Gott in den Blick gekommen. Dabei gilt die von Georg STEINS (Kanon, 121f.) angesprochene Verbindung von Kanon und Vergegenwärtigung (Anamnese) in besonderer Weise für den Psalter:

> "Die Bibel bezeugt nicht nur eine Geschichte der Gottesbegegnung Israels als vergangenes Geschehen, sondern setzt sie gegenwärtig, eröffnet sie als Raum der Gottesbegegnung der Späteren. Genau darin unterscheidet sie sich von einem 'Geschichtsbuch' jedweder Art; darin liegt die Differenz von 'Quelle' und 'Zeugnis' ... [Mit der Anamnese] erfolgt der Überstieg von der histo-

[26] Egbert BALLHORN (Psalter, 214) spricht vom "Psalter als Bild Christi" und formuliert den Sachverhalt mit diesen Worten: "Der Psalter ist daher das Buch Christi (weil er selbst es gelesen hat), er ist auch das Buch von Christus (weil die Christen es gelesen haben). Und deshalb: der Psalter trägt das Bild Christi, gerade deswegen, weil er das Bild des vollkommenen Menschen trägt, der ein vollkommener Israelit ist."

rischen Quellenanalyse zum Zeugnis, das immer auf Gegenwärtigkeit, auf Gottesbegegnung im Jetzt zielt."

Steht bei der entstehungsgeschichtlichen Optik der Psalter als Menschenwort im Vordergrund, so wird auf dem Hintergrund des Kanons als normativer Grösse die Rezeption des Psalter als Gotteswort privilegiert: Die Glaubensgemeinschaft empfängt den Psalter als Wort *von* Gott, als "unterweisende Erzählung", die zu nachhaltiger Meditierung einlädt (Ps 1,1f.). Im Psalter angekommen und aufgehoben, stossen wir auf eine Vielzahl von Worten *zu* Gott, die uns als Gebete zum (Mit-)Beten und (Mit-)Singen einladen. Gott kommt im göttlichen Wort zu uns, und führt uns mit demselben, das zugleich menschliches Wort ist, zu sich. Mit der Doppelheit von Gotteswort und Menschenwort ist *das* Charakteristikum des Psalters benannt, das auch rezeptionssteuernd in Anschlag zu bringen ist und Schriftauslegung wie -aneignung als spirituellen Weg verstehen lässt.

Vorstufen dieser Zweigesichtigkeit liegen bereits auf der Ebene der einzelnen Psalmen vor, so wird nicht selten in ein-und-demselben Psalm gebetet, berichtet, belehrt und anderes mehr (vgl. z.B. Ps 30, dazu 3 II. 6. B). Unterweisung und Ethik verbinden sich mit Beten und Singen, Gotteswort und Menschenwort rücken im Psalter zusammen und fügen sich zu einem Ganzen. Menschenwort wurde zum Gotteswort, und das Gotteswort wird als Menschenwort immer neu zu Gott gebracht. Ebenso macht sich Gott in, mit und durch sein Wort im Psalter in immer neuer Weise zu den Menschen auf. Geschichte und Bedeutung verbinden sich zu *einer* Wahrheit. Man kann sie bedenken und in Worte zu fassen versuchen, aber nicht restlos ergründen.

3. Hinweise zum Gotteswortcharakter aus dem Psalter selbst

Die Entgegennahme des Psalters als Gotteswort ist nicht einfach eine spätere, externe Überstülpung oder Etikettierung. Es finden sich dafür Anhaltspunkte im Psalter selbst. In einer Reihe von Psalmen wird nämlich die Stimme Gottes hörbar bzw. als gehört bezeugt. So wird im zweiten Psalm die Einsetzung und Bevollmächtigung des Königs auf dem Zion als Gottes Absicht, Reden und Handeln ausgesagt (vgl. Ps 2,6–9). In Ps 12 bekommt ein Notleidender ein Gotteswort zu Gehör, in welchem sich JHWH als Richter und Retter äussert (vgl. Ps 12,6). In Ps 81 schliesslich wird dem am Herbstfest versammelten Gottesvolk das Wort Gottes als Warnung und Lockruf verkündigt (vgl. Ps 81,7–15.17). Die Aufzählung von Psalmen mit proph. Gottesworten liesse sich fortsetzen (vgl. 4 III. 2.)

In eine vergleichbare Richtung weisen Königspsalmen wie Ps 2; 72; 89; 132, auch 110. Deren Weiterüberlieferung und strategische Platzierung im Psalter bezeugt das Wachhalten der proph. Verheissung Nathans an David (2. Sam 7, mit Rückbezügen in Ps 89 und 132), an die sich in nachexilischer Zeit (proto)messianische und eschatologische Vorstellungen ankristallisierten (vgl. 4 I. und II.). Eine endzeitliche Einfärbung bestimmt zudem die JHWH-König-Psalmen (Ps 93–99/100, vgl. 4 I. und IV.). Die Verbindung von Psalmodie und Prophetie ist bereits bei Mirjam (Ex 15,20) und Debora (Ri 4,4; 5,1) erkennbar (vgl. 4 III.). Sie verdichtet sich in einer Reihe von Asaphpsalmen (vgl. Ps 50; 75; 81f.) wie auch in chronistischen Schilderungen, die Funktion der levitischen Sänger betreffend (vgl. 1. Chr 25,1–3; 2. Chr 20,14–19; 29,30; 35,15). Ferner gibt die in 2. Sam 23,1–7 angezeigte Verbindung des "Lieblichen der Psalmen

Israels" mit David als proph. Sprechendem weiteren Sukkurs für die spätere Einschätzung der (David-)Psalmen und des Psalters insgesamt als Prophetie.

Über die proph. Passagen hinaus finden sich auch in den Ausführungen zur Tora-Weisheit Indizien in Richtung eines Verständnisses des Psalters als Gotteswort (vgl. 5 II. 2. B und III. 5.). Es sind Psalmen, welche die Ausrichtung an der Tora proklamieren respektive zu ihr aufrufen. Dazu gehören über den Eröffnungs- und Einweisungspsalm (vgl. 2 I.) hinaus Ps 19 mit seinem Lobpreis der Vollkommenheit und Köstlichkeit der Weisung JHWHs sowie die "Predigt" von Ps 37. Besondere Erwähnung verdient in dem Zusammenhang Ps 119, der allein schon durch seine schiere Grösse die Gewichtigkeit der Tora zum Ausdruck bringt. Zwar werden Psalmworte nirgends explizit als Tora bezeichnet, aber doch deutlich in deren Nähe gerückt. Auf dem Hintergrund des in nachexilischer Zeit ausgeweiteten "Tora"-Begriffs im Sinne des umfassenden Gotteswillens (Chronika) war die Gleichsetzung von Unterweisungswort und Gotteswort später kein grosser Schritt mehr. Im Psalmenmidrasch (MTeh 78,1 [Übers. nach WÜNSCHE, Midrasch Tehillim II, 15]) ist dieser später mit folgenden Worten getan worden: "Dass dir nicht ein Mensch sage: Psalmen sind keine Thora! sie sind Thora und auch die Propheten sind Thora."

Auf dem Überlieferungsweg der Psalmen hin zum Psalter akkumuliert sich derart ein Zugewinn an Autorität, der bei der Einbindung in den Kanon der Heiligen Schrift(en) zur Normativität wird. Diese äussert sich in der schon vorchristl. Anerkennung des Psalters als "Gottes Wort" und hat darin ihren sachgemässen Ausdruck.

4. Namensvielfalt und Gottesgegenwart

Wie in keinem anderen Buch der Bibel ist Gott im Psalter durch die Häufigkeit seines Namens, der nicht nur vielfach erwähnt, sondern oft auch an- und aufgerufen wird (*invocatio Dei*), "präsent" (vgl. 3 IV. 2.). Dazu kommt noch eine Vielzahl und Varianz von JHWH beigegebenen Bezeichnungen (Epitheta). Als prägnantes Beispiel sei Ps 50 angeführt, der mit der dreifachen Anrufung "El, Elohim, JHWH!" beginnt, um gleich darauf anzuschliessen: "Er hat geredet (oder: zu reden angefangen), hat [auf]gerufen [die] Erde" (Ps 50,1). Die mit Namen und Bezeichnungen zum Ausdruck gebrachte Gottespräsenz ist besonders in den Asaph-Psalmen (Ps 50; 73–83), zu denen auch Ps 50 gehört, von besonderer Signifikanz. In Anlehnung an Gershom Scholem formuliert Günter BADER (Psalterspiel, 429 – kursiv GB): "*Sprache ist Namen*: das ist der kürzestmögliche Grundsatz aller Theologie des Psalters." Der vom Namen des Heiligen bestimmte Psalter bringt ihn je neu zur Sprache und rechnet mit seiner Gegenwart.

Damit tritt zur bewegenden "Menschlichkeit" der Psalmworte mit ihrer Authentizität, dem grossen Erfahrungsspektrum und dem verdichteten Leben eine ebenso fundamentale Gottbezogenheit, die man mit Erich Zenger und Cas Vos als "Theo-Poesie" bezeichnen kann. Der Psalter ist Lebensbuch und Glaubensbuch in einem. Als "Antwort Israels" (Gerhard von Rad) auf Gottes Heilstaten sind die Psalmen ihrerseits "Wort Gottes" geworden, in dem der darin erwähnte, angerufene und adressierte Gott je neu gegenwärtig werden will. Insofern gereicht der Psalter zum Heil, lädt die Glaubensgemeinde zu je neuen Antworten ein und schreibt künftige Geschichte. Der Psalter in Gestalt des Wortes, der Musik und der Bilder versammelt sich "zum Spiel um den erhabenen Namen" (BADER, Psalterspiel, 430).

5. Gotteswort und Gottesvolk

A) Israel als Glaubensgemeinschaft

Mit dem Zugleich von Menschenwort und Gotteswort ist ein Dialog zwischen Gott und Gottesvolk gestiftet (vgl. 3 IV. 4.). Eine kanonhermeneutische Sichtweise des Psalters ist nicht zu entfalten, ohne dass die Glaubensgemeinschaft – zunächst die jüdische und dann auch die christliche – mit einbezogen wird. Israel war nicht nur bei der Entstehung des Psalters in die autorisierenden und kanonisierenden Prozesse involviert, sondern ist auch – und darauf richtet sich nun unser Augenmerk – die entscheidende Grösse, auf die der kanonische Text bezogen ist (Text- und Buchpragmatik). So gibt es zum einen interpretationssteuernde Textsignale in Richtung auf die anvisierte Rezeptionsgemeinschaft hin (Text => Leser). Zum anderen kommt es in und mit den Hör-, Lese- und Glaubensgemeinschaften zu koll. Verstehensleistungen und Bedeutungsfestlegungen (Text <= Leser). Mit der eingeschriebenen Wirkabsicht ist der Leserkreis mitkonstituiert. Kanonische Texte sind normative Texte einer (durchaus vielfältigen) Glaubensgemeinde. Das inspirierte Wort richtet sich an das "inspirierte" Gottesvolk Israel (und die Kirche). Die Schrift stiftet unter dem Volk, das ihr zugehört, Identität, und dessen rezitierender Nachvollzug führt zur Beheimatung (vgl. BRAULIK, Rezeptionsästhetik, 525–528; BALLHORN, Pragmatik).

Mit der kanonhermeneutischen Perspektive verbindet sich die Wirkabsicht auf die Hör- und Lesegemeinschaft des Psalters. Die für die Letztgestalt verantwortliche Psalterredaktion hat mit ihrer Buchkomposition gewisse Leser im Blick gehabt und Signale (z.B. mit Ps 1) gegeben, in welcher Weise und auf welches Ziel hin das Buch gelesen und interpretiert werden soll. Was die realisierte Verwendung angeht, ist die neuere Psalmenforschung von der These abgekommen, der Psalter sei das "Gesangbuch Israels" (am nachexilischen Tempel). Inzwischen herrscht die Ansicht vor, dass der Psalter als Lebens- und Erbauungsbuch verstanden werden will. Darin ist es mit Gebet und Gotteslob sowie mit eschatologisch-messianischer Hoffnung verbunden. Auf den Punkt gebracht: nicht ein Liturgiebuch für den Gemeindegottesdienst, sondern ein Erbauungsbuch für die (frühjüd.) Gemeinschaft der "Gerechten"[27] (vgl. FÜGLISTER, Verwendung). Diese Sichtweise ist allerdings – als Pendelausschlag gegen die "Gesangbuch"-These – zu stark individuell und kognitiv-schriftgelehrt akzentuiert. Der Israel- und Gemeindebezug ist m.E. stärker in den Vordergrund zu rücken. Zugleich verdient die Möglichkeit einer (parallelen) Verwendung des Psalters und seiner Psalmen zum Beten und Singen (liturgischer Gebrauch) – nicht zuletzt unter dem Eindruck der "letzten Worte" (Ps [146–]150, dazu 6 III. 1.) – neu erwogen zu werden (s.u., VI. 5. C).

B) Gott als "Autor" und die Christusgemeinde als Empfängerin

Im Horizont des Bibelkanons gelten weder die einzelnen Psalmendichter noch die anonyme Psalterredaktion als Verfasser. Auch die Zuschreibung des Psalters an David hat nicht das letzte Wort. Vielmehr ist unter diesem Lesehorizont Gott selbst der "Autor",

[27] Die Psalmen bieten Bezeichnungen, in denen sich (auch) die Empfängergemeinschaft gespiegelt findet, so namentlich *chasidim* "Begnadete, Fromme", *tzaddiqim* "Gerechte, Redliche", *ᵃnawim* "Arme, Bedürftige", *ᵃbadim* "Knechte (Gottes)" (vgl. auch 3 IV. 3. A b und C b).

denn das Menschenwort wird als Gotteswort empfangen. Das bedeutet nicht, dass die Kette involvierter menschlicher Autoren/Redaktoren – von den Einzelpsalmen bis zur Schlussredaktion des Psalters (samt der Stafette der anvisierten Erstadressaten) – ausgeblendet würde. Als "Mitautoren" bleiben sie im Blick, werden aber ins Licht des letzten Interpretationshorizontes gestellt: Der Psalter ist Gottes Wort. Interpretationssteuerungen und Wirkabsichten für diese Verstehensweise sind entsprechend nicht mehr im Psalter allein, sondern im Ganzen der Heiligen Schrift zu suchen, zu der für die christl. Empfängergemeinde das AT und das NT gleichermassen gehören. Beispielhaft sei die bekannte wie wichtige Stelle 2. Tim 3,14–17 angeführt (zur Übers. vgl. WEBER, Beitrag, 83f.107). In ihr zeigt sich eine urchristl. Verstehensweise des ATs (und darin eingeschlossen des Psalters) an, die auch für den heutigen (kirchlichen) Kontext wesentlich ist.

> 3,14 Du aber bleibe in denjenigen Dingen, die du gelernt hast und von denen du überzeugt worden bist, wissend, von welchen du gelernt hast, 15 und dass du von Kind auf die Heiligen Schriften ("heiligen Buchstaben") kennst, die Kraft haben, dich weise zu machen zum Heil durch den Glauben, der an/in Christus Jesus [ist]. 16 [Die] ganze ("jede"/"alle") Schrift, Gott-gehaucht und nützlich, [ist] zur Lehre, zur Überführung, zur Zurechtweisung, zur Unterweisung in der Gerechtigkeit, 17 damit vollkommen sei der Mensch Gottes, zu jedem Werk völlig ausgerüstet.

Zunächst wird das Bewusstsein für das Hineingestellt- und Verhaftetsein in eine Überlieferungskette geschärft: Timotheus hat die "Heiligen Schriften" empfangen, ist darin unterwiesen und "heimisch" geworden und soll daran festhalten. Die Gottesworte führen "Kraft" mit sich, sind Wirkworte, die ermöglichen und befähigen. Solche Bekräftigung wird zunächst als Befähigung zur "Weisheit" verstanden – sie ist gleichsam die (epistemologische) Grundlage, Gott und die Welt mit den rechten Augen sehen und verstehen zu können. Sind die Augen derart von Gott durch die Schrift geöffnet worden, dann führen die Schriften zur Gotteserfahrung: "Heil" wird zuteil, und dieses geschieht "durch den Glauben, der an/in Jesus Christus [ist]"[28].

In diesem Briefwort werden atl.-weish. mit ntl.-christologischen wie soteriologischen Momenten verschränkt. Auf den Psalter gemünzt lässt sich sagen: Das in ihm Angelegte, weish. Charakteristik wie (proto)messianische Perspektive (vgl. dazu 4 und 5), wird im Licht des Christusgeschehens aufgenommen und gedeutet. Das (atl.) Gotteswort öffnet die Augen und lässt darin Christus zum Heil erkennen. Damit ist kanonhermeneutisch eine christologische Interpretation des Psalters legitimiert und die christl. Gemeinde als Lesegemeinschaft (mit)konstituiert. Die letzten beiden Verse heben das an Timotheus adressierte Wort ins Allgemeine und formulieren einen umfassenden Sachverhalt, der ohne Bezugnahme auf Christus auskommt (und damit jüdisch wie christlich einlösbar ist): "[Die] ganze (jede/alle) Schrift[29], Gott-gehaucht (*theopneustos*) und nützlich ..." "Gottgehauchtheit" (Inspiration) und damit göttliche Verfasserschaft ist Kennzeichen, "Definition" von autoritativer (Heiliger) Schrift.

Die Wirkfähigkeit bzw. -absicht ("ist nützlich") wird vierfach ausgeführt: "zur Lehre, zur Überführung, zur Zurechtweisung, zur Unterweisung in der Gerechtigkeit". Weder die Nennung der Begriffe noch deren Reihenfolge dürften beliebig sein, son-

---

28 Der Genetiv kann als *subjektivus* (Glaube von Jesus [gewirkt]) oder *objectivus* (Glaube an Jesus) gefasst werden.

29 Man beachte, dass der Plural "Heilige Schriften" *und* der Singular "ganze/jede/alle Schrift" erscheinen. Damit ist die kanonische Doppelperspektive von Einheit und Vielheit angesprochen.

dern eine Art katechetische Abfolge darstellen. Das proph. Moment klingt beim aufdeckenden Aspekt der Schrift an (und dürfte auch in der Vermittlung der Christus-Erkenntnis und Rettungserfahrung vorliegen). Auf den Psalter zurückgespiegelt ergeben sich Konvergenzen mit dessen weish. Tora-Horizont. Das instruktiv-lebensprägende Wirkmoment ist denn auch am stärksten betont. Es fügt sich zu der Einschätzung des Psalters als "Erbauungsbuch" (s.o.). Die Nennung des Zwecks/Ziels, auf das hin das Wort Gottes ergeht, bildet den Schluss. War zuvor (mit Traditionskette, Heils- und Christusbezug) die Gemeinde im Blick, so fällt nun die individuelle Zuspitzung ("der Mensch Gottes") auf. Die Formulierung, "damit vollkommen sei der Mensch Gottes, zu jedem guten Werk völlig zugerüstet", erinnert an die Psaltereröffnung (Ps 1,1–3): "Glückpreisungen dem Menschen ("Mann") ... ja, in allem, was immer er tut, wird er Gelingen erfahren."

Es ist deutlich geworden, dass diese schrifthermeneutisch wichtige Stelle den im Psalter angelegten Verstehensduktus weithin aufnimmt bzw. mit ihm übereinstimmt. Angesichts des Christusgeschehens und der dadurch konstituierten christl. Glaubensgemeinde treten Momente hinzu, die neues Licht auch auf die Interpretation des Psalters werfen. Die Unterweisung in der Heiligen Schrift, der Christusglaube und die aus beidem wachsende Lebensgestaltung werden eng aufeinander bezogen. An weiteren, kanonhermeneutisch einschlägigen Stellen werden zusätzliche Gotteswortaspekte in den Vordergrund geschoben, so etwa die proph. Dimension (vgl. 2. Petr 1,19–21) oder der Gemeindehorizont. Die Passage aus dem 2. Timotheusbrief bestätigt jedenfalls, dass durch die vektorielle Verschiebung vom Wort *zu* Gott zum Wort *von* Gott der Psalter als "Schrift", und zwar im Sinn von Wegweisung und Prophetie, verstanden wurde bzw. werden soll.

C) Gegenseitige Auferbauung, gesungenes Gotteslob und Dankgebet

Eine andere Stelle aus dem NT bietet eine Verknüpfung von Erbauung, Gebet und Lobpreis. Sie ist für unseren Zusammenhang von besonderem Interesse, weil sich darin neben dem genannten weish.-proph. auch ein liturgischer Gebrauch von "Psalmen" anzeigen dürfte. Die Rede ist von Eph 5,18–20 (vgl. ähnlich Kol 3,16f.), wo die folgenden Apostelworte eine frühchristliche Zusammenkunft im Blick haben:

> 5,18 Und berauscht euch nicht mit Wein, worin Ausschweifung ist, sondern werdet im Geist erfüllt, 19 redend untereinander/wechselseitig (*lalountes heautois*) mit/in Psalmen und Hymnen und geistlichen Oden ([*en*] *psalmois kai hümnois kai ohdais pneumatikais*), (lob)singend und spielend (*adontes kai psallontes*) mit euren Herzen dem Herrn, 20 dankend (*eucharistountes*) immer, für alles im Namen unseres Herrn Jesus Christus Gott, dem Vater!

Diese Ermahnungen zielen auf einen christl. Hausgottesdienst (vgl. Apg 2,46f.; 1. Kor 14,14–19.26–40). Gestaltet ist er in Anlehnung an ein griech.-hellenistisches Beisammensein nach dem abendlichen Mahl (*sümposion*, wörtlich: "ein Zusammen-trinken"). (Schrift-)Belehrung, gesungener Lobpreis und Gebet sind wesentliche Elemente dieses, mit (Essen und) Trinken (Weingebrauch) verbundenen Zusammenseins (vgl. WICK, Gottesdienste, 120–126.214–223.227). Zur Geisterfüllung, die übermässigem Weinkonsum entgegengesetzt wird, fordert der Apostel auf. Sie soll in dreifacher Weise geschehen:

• 1. "untereinander/wechselseitig redend mit/in Psalmen und Hymnen und geistlichen Oden". Liturgisches Vokabular wird aufgefahren, aber das damit Bezeichnete wird nicht intoniert und dient auch nicht zu Gebet und Gotteslob. Vielmehr soll das Liedgut der Gemeinschaft zur wechselseitigen Belehrung und Erbauung dienen – diesbezüglich stimmen frühjüd. und frühchristl. Verwendungsweise überein. Aufgrund der verwendeten Begriffe steht Belehrung/Erbauung *aus* bzw. *anhand* Schriftpassagen mit poetischer Formung im Vordergrund.

"Psalm" ist die Standardübersetzung der LXX für den entsprechenden Begriff in den Psalmüberschriften (*mizmor = psalmos*). *hümnos* "Hymne" findet sich in der LXX neben den Angaben in Psalmüberschriften (pl für: *bin^{e}ginot* "mit Saitenspiel" [u.a. Ps 6,1]) praktisch durchwegs in nachexilischen (für *schir* in Jes 42,10; Ps 40,4; 137,3, für *t^{e}hilla* Ps 119,171; 148,14) bzw. deuterokanonischen Texten und lässt an (gottesdienstlichen) Lobpreis ("Kultlied") denken (vgl. u.a. Neh 12,46; 2. Chr 7,6; 1. Makk 13,51; 2. Makk 1,30; 10,38). Mit *ohdä* "Ode, Lied" ist ebenfalls an ein Loblied Gottes gedacht; die Bezeichnung findet sich namentlich für Lieder (im MT meist mit *schir* angezeigt, so auch häufig in Psalmpräskripten), die in Zusammenhang mit Heilstaten Gottes an seinem Volk stehen (vgl. u.a. Ex 15,1; Dtn 31,19.21f.30; 32,44; Ri 5,1; 2. Sam 22,1).

In spätbibl. Zeit ist ein vermehrter Gebrauch von *hümnoi* "Hymnen" erkennbar. Dieser Begriff schiebt sich im Frühjudentum auch als Bezeichnung für die bibl. Psalmen in den Vordergrund. Jedenfalls verwenden Philo und Josephus *hümnoi* in diesem Sinn (s.u.). So ist die Wahrscheinlichkeit, dass bei dieser apostolischen Rede von "Hymnen" (und "Psalmen") die atl. Psalmen im Blick sind, m.E. hoch zu veranschlagen.

• 2. "singend und spielend mit euren Herzen dem Herrn". Nach der Wortbelehrung wird gesungen und musiziert und auf diese Weise Gott das Lob dargebracht. Dass die urchristl. Gemeinde im Rahmen ihrer gottesdienstlichen Liturgie bibl. Psalmen – nach dem zuvor erwähnten Wortgebrauch für die gegenseitige Erbauung – *auch* intonierte, ist nicht zu beweisen, hat aber (ebenfalls) einiges für sich. Die verwendeten griech. Verben entsprechen jedenfalls den vorgeprägten hebr. Äquivalenzbegriffen für den vokalen Vortrag von Psalmen (*sch-j-r*) und die saiteninstrumentelle Begleitung derselben (*z-m-r*). Sie finden sich in einigen Psalmen wie hier gepaart (vgl. Ps 21,14; 27,6; 57,8; 104,33; 105,2; 108,2; 144,9). So darf vermutet werden, dass in frühchristl. Hausgottesdiensten in Kleinasien mit nicht näher bestimmten, aber wohl auch atl. "Psalmen" einerseits Lehre und Erbauung geschah, andererseits vokal und instrumental das Gotteslob angestimmt wurde. Ist dem so, liegt ein horizontal-instruktiver und vertikal-liturgischer Doppelgebrauch bibl. Psalmen in urchristl. Zeit vor.

• 3. "dankend immer, für alles im Namen unseres Herrn Jesus Christus Gott, dem Vater". Auf dem Hintergrund des atl. Gottesdienstes verknüpft diese letztgenannte Art der Geisterfüllung in gewisser Weise die beiden anderen. Obwohl das bibl. Hebräisch den griech. Wortstamm *eucharis-* nicht für den Gottesdank verwendet (vgl. in der LXX aber 2. Makk 1,11), ist nicht auszuschliessen, dass Berührungen mit einer (opferlosen) Toda vorlagen (vgl. dazu [3] II. 6. B sowie WEBER, Psalm 30). Eine vom Christusgeschehen her vorgenommene Adaption bibl. Lobdanks (Toda), der im Rahmen einer Hausgemeinde mit Gottesdank, Berichten von Heilserfahrungen und Belehrungen an die Mitfeiernden begangen wurde, lässt sich jedenfalls recht gut mit der in Eph 5,18–20 zum Ausdruck kommenden dreiphasigen "Liturgie" in Verbindung bringen.

Als Fazit ist festzuhalten: Belehrende Erbauung, gesungenes Gotteslob und Dankgebet finden sich in gottesdienstlichem Kontext der frühen Christenheit. Dabei wird die Geisterfüllung mit "Psalmen" bzw. "Psalmodieren" in Verbindung gebracht. Dass dabei auch Psalmen aus dem atl. Psalter Verwendung fanden, lässt sich zwar nicht beweisen, hat aber einiges für sich (vgl. auch FIEDLER, Herkunft, 236f.). Sukkurs für diese Annahme ergibt ein Seitenblick auf die "Therapeuten", zumal die dort beschriebene Praxis auch für die (früh)kirchliche Gottesdienstliturgie (s.u., VII. 1. B) von Einfluss gewesen sein dürfte (vgl. JEFFERY, Impact). Von dieser jüd.-hellenistischen, in Ägypten angesiedelten monastischen Sondergruppe weiss uns Philo (*De vita contemplativa*) zu berichten. In einem ähnlichen Kontext wird deren Zusammenkunft als *sümposion* bezeichnet. Sie besteht aus Gebeten, Belehrungen aus der Schrift und "Hymnen" – aller Wahrscheinlichkeit nach auch *biblischen* Psalmen. Von ihren Zusammenkünften heisst es (Philo, *De vita contemplativa* 3,25, vgl. ferner 3,29; 11,83f.87):

> "Noch bringen sie irgend etwas hinein ... außer Gesetze, von Propheten geweissagte Worte und Hymnen (*hümnoi*) sowie andere Dinge, durch welche Erkenntnis und Frömmigkeit gemehrt und gefördert werden."[30]

D) Theologie, Liturgie und Spiritualität

Mit Psalmen und Psalter verbinden sich Dichtung, Gebet und Gesang sowie Rezitation, Meditation und Instruktion. *Theologia* wird zu *l(e)iturgia*, umgekehrt *oratio* zu *meditatio*. Im Beten lehren uns die Psalmworte ("as we pray they teach"). Harry P. NASUTI (Function) spricht in Anlehnung an den Kirchenvater Athanasius und dessen für die Geschichte der Psalterinterpretation wichtigen *Epistola ad Marcellinum* (s.u., VII. 1. B) von der "sakramentalen Funktion" der Psalmen, nämlich deren Kraft, Menschen ihrem Wort gleichzugestalten (Transformierung der Wirklichkeit). Der Psalter ist gleichsam die Brennlinse, durch welche die übrige Schrift für die ihn Nachbetenden aktualisiert wird. Psalmenworte sind von Gott beglaubigte Rede des Menschen zu Gott und vor Gott. Menschliches Reden in und mit Psalmenworten ist "akzeptiert" von Gott, denn es ist zugleich sein eigenes Wort.

In den Psalmen sind die Erfahrungen Israels gesammelt. Seither haben sich in langer Geschichte die jüd. und christl. Gemeinde und darüber hinaus viele Menschen darin wiedergefunden. Ihr Doppelcharakter als Menschen- und Gotteswort führt dazu, dass menschliche Erfahrung nicht nur aufgenommen, sondern zugleich transportiert und transformiert wird. Als Menschenwort laden die vielen "Ich"- und "Wir"-Aussagen der Psalmen zu Identifizierung, Nachvollzug und Solidarisierung ein. Sie steigen mit den Menschen hinab in deren tiefste Nöte, führen aber auch hinauf zu höchstem Lob und lassen so die ganze Lebenswirklichkeit darin aufgehoben sein. Sie helfen Menschen, nicht nur *über* ihr Leid und ihre Freude zu reden, sondern reichen Worte dar, in denen Leid und Freude zu Gott gebracht werden können, weil sich Gott mit diesen Worten in einzigartiger Weise verbindet und solidarisiert. Denn "meine" Worte sind zugleich "seine" Worte. Der Psalter als Gotteswort ermöglicht zugleich eine Aufsprengung und Transformation der Subjektivität und Situationsbezogenheit – ohne dass diese einfach abgestossen würde. Die Psalmen können und dürfen nämlich auch gelesen und gebetet werden, *ohne* dass man in der für einen bestimmten Psalm "passenden"

[30] In den Begriffen "Gesetz", "Propheten" und "Hymnen" spiegelt sich der dreiteilige Kanon der hebr. Bibel mit Tora, Propheten und Psalmen/Schriften (vgl. Lk 24,44).

Situation ist, weil sie – mit Bonhoeffer gesprochen – mit Jesus Christus gebetet sind (vgl. WEBER, Psalmen, 68–72). Auf diesem spirituellen Weg mit dem Psalter und seinen Psalmen findet sich eine "Wolke von Zeugen" (Hebr 12,1). Davon ist im letzten Kapitel die Rede, wo der Psalter auf seinem Weg durch die Geschichte und – angekommen bei uns – in der Gegenwart bedacht wird.

VII. Der Psalter und seine Psalmen in Geschichte und Gegenwart

ATTRIDGE H.W. / FASSLER M.E. (Ed.), Psalms in Community (SBL.SS 25), Atlanta, GA 2003 • BADER G., Psalterium affectuum palaestra (HUTh 33), Tübingen 1996 • BADER G., Psalterspiel (HUTh 54), Tübingen 2009 • BAYER O., Martin Luthers Theologie, Tübingen [3]2007 (2003) • BONHOEFFER D., Die Psalmen, Giessen [14]1955 (1940) • BERNOULLI P.E. / FURLER F. (Hrsg.), Der Genfer Psalter, Zürich 2001 • BLAISING C.A. / HARDIN C.S. (Ed.), Psalms 1–50 (Ancient Christian Commentary on Scripture: Old Testament 7), Downers Grove, IL 2008 • BORNKAMM H. (Hrsg.), Luthers Vorreden zur Bibel (KVR 1550), Göttingen [3]1989 (1967) • BRAULIK G.P., Psalms and Liturgy, Verbum et Ecclesia 24 (2003) 309–332 • BRAULIK G., Psalter und Messias, in: G. BRAULIK / N. LOHFINK, Liturgie und Bibel (ÖBS 28), Frankfurt a.M. 2005, 481–502 • BUBER M., Die Schriftwerke (Die Schrift 4), Gerlingen [6]1986 (1962) • BUCHINGER H., Die älteste erhaltene christliche Psalmenhomilie, TThZ 104 (1995) 125–144.272–298 • BUCHINGER H., Zur Hermeneutik liturgischer Psalmenverwendung, HlD 54 (2000) 193–222 • BUSCH E. u.a. (Hrsg.), Der Psalmenkommentar (Calvin-Studienausgabe 6), Neukirchen-Vluyn 2008 • DAHMEN U., Psalmen- und Psalter-Rezeption im Frühjudentum (StTDJ 49), Leiden 2003 • FABRY H.-J., Der Psalter in Qumran, in: E. ZENGER (Hrsg.), Der Psalter in Judentum und Christentum (HBS 18), Freiburg i.Br. 1998, 137–163 • FAUST U. (Hrsg.), Die Benediktsregel, Stuttgart 2009 • FEUER A.C., Tehillim (ArtScroll Tanach Series), New York, NY 1991 (1985) • FISCH J. (Übers.), Des heiligen Athanasius Brief an Marcellinus über die Erklärung der Psalmen, in: Ausgewählte Schriften des heiligen Athanasius 2 (Bibliothek der Kirchenväter), Kempten 1875, 331–366 • FLINT P.W., The Dead Sea Psalms Scrolls and the Book of Psalms (StTDJ 17), Leiden 1997 • FÜGLISTER N., Die Verwendung und das Verständnis der Psalmen und des Psalters um die Zeitenwende, in: J. SCHREINER (Hrsg.), Beiträge zur Psalmenforschung (FzB 60), Würzburg 1988, 319–384 • GILLINGHAM S., From Liturgy to Prophecy, CBQ 64 (2002) 470–489 • GILLINGHAM S., Psalms Through the Centuries: Volume One (Blackwell Bible Commentaries), Oxford 2008 • GRUBER M.I., Rashi's Commentary on Palms, Philadelphia, PA 2007 (2004) • HANSBERGER T., "Mose segnete Israel mit 'schrjk, und David segnete Israel mit 'schrj" (MTeh 1,2), BZ 46 (2002) 25–47 • HIRSCH S.R., Psalmen, Basel 1995 (1883) • JEFFERY P., Philo's Impact on Christian Psalmody, in: H.W. ATTRIDGE / M.E. FASSLER (Ed.), Psalms in Community (SBL.SS 25), Atlanta, GA 2003, 147–187 • KELLERMANN U., Das Achtzehn-Bitten-Gebet, Neukirchen-Vluyn 2007 • LENTES T., Text des Kanons und Heiliger Text, in: E. ZENGER (Hrsg.), Der Psalter in Judentum und Christentum (HBS 18), Freiburg i.Br. 1998, 323–354 • KOWALSKI B. (Hrsg.), Sammle meine Tränen in einem Krug (Feiern mit der Bibel 10), Stuttgart 2000 • KURZ P.K. (Hrsg.), Höre Gott!, Zürich [2]1998 (1997) • LEUENBERGER M., Aufbau und Pragmatik des 11QPs[a]-Psalters, RdQ 22 (2005) 165–211 • MARTI A., Der Genfer Psalter in den deutschsprachigen Ländern im 16. und 17. Jahrhundert, Zwing. 28 (2001) 45–72 • MAYER M., Das Verstehen des Unverständlichen, in: O. WISCHMEYER / S. SCHOLZ (Hrsg.), Die Bibel als Text, Tübingen 2008, 135–151 • MIKOTEIT M., Theologie und Gebet bei Luther (TBT 124), Berlin 2004 • MÜLHAUPT E. (Hrsg.), Der Psalter auf der Kanzel Calvins, Neukirchen-Vluyn 1959 • MÜLHAUPT E. (Hrsg.), D Martin Luthers Psalmen-Auslegung (Band 1–3), Göttingen 1959/1962/1965 • MÜLLER W., Meine Seele weint (MKS 73), Münsterschwarzach [5]2001 (1993) • NASUTI H.P., The Sacramental Function of the Psalms in Contemporary Scholarship and Liturgical Practice, in: S.B. REID (Ed.), Psalms and Practice, Collegeville, PA 2001, 78–89 • REEMTS C., Schriftauslegung. Die Psalmen bei den Kirchenvätern (NSK.AT 33/6), Stuttgart 2000 • REID S.B. (Ed.), Psalms and Practice, Collegeville, PA 2001 • REITEMEYER M., Weisheitslehre als Gotteslob (BBB 127), Berlin 2000 • RONDEAU M.-J., Les commentaires patristiques du Psautier (Vol. I/II) (OCA 219/220), Rom 1982/1985 • RÜSEN-WEINHOLD U., Der Septuagintapsalter im Neuen Testament, Neukirchen-Vluyn 2004 • SCHAPER J., Der

Septuaginta-Psalter, in: E. ZENGER (Hrsg.), Der Psalter in Judentum und Christentum (HBS 18), Freiburg i.Br. 1998, 165–183 • SCHNEIDER F., Christus praedicatus et creditus, Neukirchen-Vluyn 2004 • SCHNEIDER H., Psalmenfrömmigkeit einst und heute, GuL 33 (1960) 359–369 • SCHULLER E.M., Some Reflections on the Function and Use of Poetical Texts among the Dead Sea Scrolls, in: E.G. CHAZON (Ed.), Liturgical Perspectives (StTDJ 48), Leiden 2003, 173–189 • SELDERHUIS H.J., Gott in der Mitte, Leipzig 2004 • SIEBEN H.-J., Athanasius über den Psalter, ThPh 48 (1973) 157–173 • STADLER A., »Die Menschen lügen. Alle« und andere Psalmen, Frankfurt a.M. 2005 • STECK D.M., The Targum of Psalms (The Aramaic Bible 16), Collegeville, MN 2004 • STEMBERGER G., Psalmen in Liturgie und Predigt in der rabbinischen Zeit, in: E. ZENGER (Hrsg.), Der Psalter in Judentum und Christentum (HBS 18), Freiburg i.Br. 1998, 199–213 • STUTZ P., Mein Leben kreist um dich, München 2009 • TRUDINGER P.L., The Psalms of the Tamid Service (VT.S 98), Leiden 2004 • URBANZ W., Gebet im Sirachbuch (HBS 60), Freiburg i.Br. 2009 • VOS C.J.A., Theopoetry of the Psalms, Pretoria 2005 • WEBER B., Weisheiten aus der Bibel für ein gelingendes Leben, Gütersloh 2002 • WEBER B., Die Psalmen als Wort zu *Gott und als Wort* von *Gott, JETh 16 (2002) 7–11 • WEBER B., Verbum, Theologia et Ecclesia, Verbum et Ecclesia 26 (2005) 593–613 • WEBER B., Mit den Psalmen leben, in: W. HAUBECK / W. HEINRICHS (Hrsg.), Geistlich leben (Theologische Impulse 15), Witten 2007, 46–72 • WEBER M., "Aus Tiefen rufe ich dich" (ABG 13), Leipzig 2003 • WELLMANN B., Von David, Königin Ester und Christus (HBS 47), Freiburg i.Br. 2007 • WESSELSCHMIDT Q.F. (Ed.), Psalms 51–150 (Ancient Christian Commentary on Scripture: Old Testament 8), Downers Grove, IL 2008 • WICK P., Die urchristlichen Gottesdienste (BWANT 150), Stuttgart [2]2003 (2002) • WILLIAMS R., Augustine and the Psalms, Interp 58 (2004) 17–27 • WILSON G.H., The Editing of the Hebrew Psalter (SBL.DS 76), Chico, CA 1985 • WÜNSCHE A., Midrasch Tehilim I/II, Hildesheim 1999 (1892) • ZENGER E., "Du thronst auf den Psalmen Israels" (Ps 22,4), in: B. KRANEMANN / T. STERNBERG (Hrsg.), Wie das Wort Gottes feiern? (QD 194), Freiburg i.Br. 2002, 16–40.*

Im Schlusskapitel des letzten Hauptteils richtet sich der Blick auf Wirk- und Verwendungsweisen des Psalters und seiner Psalmen. Im ersten Abschnitt wird ein Gang durch die Geschichte unternommen, im zweiten sind wir in der Gegenwart angekommen und evaluieren Verwendungsweisen der Psalmen in Kirche und persönlicher Spiritualität heute.

1. Geschichte

Die Psalmen waren nicht nur für Jesus und das Urchristentum von grosser Bedeutung, sondern haben auch vielfältig in der Geschichte der Kirche(n) gewirkt. Um nur einige Beispiele zu nennen: Das klösterliche Leben wäre ohne die Psalmen kaum denkbar; für die reformatorische Einsicht Martin Luthers war nicht nur der Römerbrief, sondern ebenso der Psalter von entscheidender Bedeutung; Genf zur Zeit Calvins war die "Stadt der Psalmen". Psalmen wurden über die Zeiten hinweg (vor)gelesen, gebetet und gesungen; darüber hinaus haben sie zu einer Vielzahl von Nach- und Neudichtungen, Liedern und Musikstücken sowie Bildern inspiriert.

Der Blick auf ausgewählte Stationen der Wirkungs- und Rezeptionsgeschichte des Psalters soll dazu dienen, hermeneutische und theologische Sichtweisen zu erkennen, die sich in der Verwendungsgeschichte des Psalter durch die Zeiten hindurch anzeigen – mit dem Ziel, sich von ihnen für den heutigen Umgang mit Psalmen und Psalter anregen zu lassen. Zugleich ist damit auf "Fundorte" für eine intensivere Beschäftigung mit ihnen hingewiesen. Der Grösse dieses Unterfangens entsprechend ist die Auswahl selektiv und von Interessen und (fehlenden) Kompetenzen des Werkbuch-Autors mitbestimmt. Eine grössere Auswahl aus der jüd. und christl. Wirkungs- und Rezeptionsgeschichte der Psalmen bietet Susan GILLINGHAM (Psalms)[31], auf deren Werk hier hingewiesen sei (für die weitere Erschliessung konsultiere man auch die Rubrik "Die Psalmen in ihrer Wirkungs- und Rezeptionsgeschichte in Judentum und Christentum" in den Literaturverzeichnissen von Wb Pss I–III). Unser Gang durch die Geschichte beginnt beim Judentum, wobei wir uns weitgehend auf das Judentum in der Antike beschränken.[32]

A) Antikes Judentum mit Ausblicken in die weitere Geschichte

a) Manuskripte, Übersetzungen und Auslegungen des Psalters

In den Höhlen am Toten Meer wurde eine Vielzahl von Psalmenhandschriften gefunden. Mit rund 40 Rollen(fragmenten), datiert aus einem Spektrum, das vom 2. Jh. v.Chr. bis zum 1. Jh. n.Chr. reicht, sind es so viele wie von keinem anderen Buch der Bibel. Es handelt sich um die ältesten Psalmenhandschriften, die uns bekannt sind. Dazu kommen eine Reihe (fragmentarisch erhaltener) Manuskripte, die sich auf Psalmenabschnitte beziehen und sie aktualisierend bzw. prophetisch auslegen (eine Auflistung bietet FABRY, Psalter, 139–147). Dazu gehören u.a. die Auslegungsarten *pescher* und *midrasch*. Der Befund manifestiert die grosse Bedeutung, die diesem Buch in der jüd. Gemeinschaft von Qumran (und darüber hinaus im antiken Judentum) zugemessen wurde. Keine dieser Qumran-Handschriften enthält allerdings den Psalter vollständig. Zudem fällt in einigen Rollen das gegenüber dem MT unterschiedliche Arrangement der Psalmen (teils unter Einfügung von ausserkanonischen Texten) auf. Dies gilt namentlich für die gewichtige, mit Ps 101 beginnende Handschrift 11Q5 = Ps^a, der in der Forschung besondere Aufmerksamkeit zuteilwird (vgl. LEUENBERGER, Aufbau). Die Entdeckung der Rollen in Höhlen am Toten Meer im 20. Jh. n.Chr. hat die Psalmenforschung angeregt und wichtige Einsichten zur Entstehungs- und Verwendungsweise dieses Buchs erbracht (vgl. dazu weiterführend WILSON, Editing; FLINT, Psalms Scrolls; FABRY, Psalter; DAHMEN, Psalmen- und Psalterrezeption).

Neben der Psalmenüberlieferung aus Qumran bildet der griech. Septuaginta-Psalter (dt. Übers. in LXX.D) als Dokument des hellenistischen Judentums ein zweites wichtiges Textkorpus, dessen Einfluss (auch) auf das NT kaum überschätzt werden kann (vgl. dazu SCHAPER, Septuaginta-Psalter; RÜSEN-WEINHOLD, Septuagintapsalter). In dieser ersten Übersetzung, die zugleich ein Stück weit Interpretation ist, dokumentiert sich ein proph.-eschatologischer Umgang mit den bibl. Psalmen. Die LXX rückt gegenüber dem MT David und mit ihm eine endzeitlich-messianische Sichtweise

---

31 Sie gliedert den Stoff zunächst in geschichtliche Perioden und dann jeweils unter die folgenden fünf Rezeptionstypen: 1. Kommentierung ("exposition"); 2. Lehre ("instruction"); 3. Gottesdienst und Gebet ("liturgy"); 4. Übersetzung ("translation"); 5. Repräsentation in Literatur und Kunst ("aesthetic representation"). Der erste Band verschafft einen Gesamtüberblick und konzentriert sich auf den Psalter insgesamt, der geplante zweite Band soll sich einzelnen Psalmen widmen.

32 Zeitlich geht ein wesentlicher Teil des Frühjudentums dem Christentum voraus. Entsprechend wären bei einer geschichtlichen Betrachtungsweise die Ausführungen zwischen denjenigen über die Kanonisierung des Psalters und dessen Rezeption im NT einzuschieben gewesen (unter V.). Da hier jedoch ein kanontheol. Ansatz auf evang. Grundlage privilegiert wird, erscheinen die Erörterungen (auch) über das vorchristl. Judentum (einschliesslich der Apokryphen) zusammen mit der Kirchengeschichte im Rahmen der Wirkungs- und Rezeptionsgeschichte des Psalters an dieser Stelle.

verstärkt in den Vordergrund (s.o., II. 4. B–D).[33] Diese Tendenzen zeigen sich u.a. an Ergänzungen gegenüber MT in den Präskripten (es werden überschriftlose Psalmen mit "David"-Zuweisungen versehen = "davidisiert"), durch Übersetzungsentscheide (u.a. werden viele Verbalformen futurisch übersetzt)[34] und der Anfügung von Ps 151 als "Nachwort" (zu Ps 151 vgl. 6 III. 2.). Zuletzt ist auf die Arrangierung der Bücher innerhalb der LXX, namentlich die Abweichungen in der Anordnung gegenüber MT, hinzuweisen. So drückt sich in der "Sandwich"-Positionierung der Ketubim/Schriften (mit Psalmen) zwischen den vorderen (Geschichtsbüchern) und den hinteren Propheten (Schriftpropheten) eine geschichtstheol. wie proph. Optik aus. An die genannten Phänomene der LXX knüpft auch die Rezeption der bibl. Psalmen im NT an (s.o., V. 3.).[35]

Gedichte, Gebete und Lieder finden sich über den Psalter hinaus – und nicht selten von ihm beeinflusst – in jüd. Schriften, welche nicht (mehr) Eingang in die hebr. Bibel fanden. Unter ihnen seien aus Qumran die Danklieder (1Q35 = H[odajot]) sowie die Sabbat(opfer)lieder (4Q400–407 = ShirShabb), aus den Pseudepigraphen (Apokryphen) die Psalmen Salomos, die eindrucksvoll die Erwartung eines davidischen Messias um die Zeitenwende manifestieren (vgl. v.a. PsSal 17), und die griech. Zusätze (LXX) zu Dan 3 erwähnt. Eine bedeutsame Nähe besteht ferner zwischen dem Psalter, namentlich seiner weish. Redaktion, und dem Buch Jesus Sirach (vgl. REITEMEYER, Weisheitslehre; URBANZ, Gebet). In beiden Büchern finden sich Weisheit und Gebet – Klage- und Bittgebet wie Gotteslob – eng verzahnt. Frappant sind etwa die Ähnlichkeiten zwischen Ps 1 als Spendertext und Sir 14,20–15,10 als Empfängertext.

Aus spätantiker Zeit verdient der Psalmen-Targum (engl. Ausgabe STEC, Targum of Psalms), eine aram. Übersetzung (mit Erklärungen), und der die rabb. Auslegung veranschaulichende Psalmen-Midrasch (dt. Ausgabe: WÜNSCHE, Midrasch Tehillim) Erwähnung. In Letzterem werden die meisten Psalmen nur mit einigen Versen berücksichtigt. Zu den Psalmen, die in MTeh eingehende Erörterung erfahren, gehört der Eröffnungspsalm, der als Proömium des Buchs interpretiert wird. Ps 1 bindet mit seiner Seligpreisung den Psalter an den Mose-Segen (vgl. Dtn 33,29) und entsprechend an den Pentateuch (vgl. 2 I. 2. B a). Davon ausgehend wird im Psalter Davids ein Gegenstück zur Tora des Mose gesehen (vgl. HANSBERGER, "Mose"). Analogien und Unterschiede zwischen antik-jüd. (MTeh) und antik-christl. Auslegung (Augustinus) macht Bettina WELLMANN (David) beispielhaft anhand von Ps 22 deutlich. Auch das synagogale Achtzehn(bitten)gebet (Tefilla) speist sich in Form und Inhalt u.a. aus den bibl. Psalmen (vgl. KELLERMANN, Achtzehn-Bitten-Gebet).

Hinzuweisen ist schliesslich auf bedeutende jüd. Psalmen-Kommentatoren des Mittelalters wie u.a. Saadja Gaon, David Qimchi, Abraham ibn Esra und Raschi (hebr. Kommentar mit engl. Übers. und Erläuterungen von GRUBER, Commentary), von denen eine grosse Strahlkraft ausgegangen ist. Aus der Neuzeit sei der Kommentar von

---

[33] Die davidisch-proph. Deutung der Psalmen ist nicht nur ein Phänomen der Diaspora, sondern dominiert im Frühjudentum generell (vgl. z.B. 11Q13 = Melch 2,10f., wo der im MT und in der LXX Asaph zugewiesene Ps 82 als von David gesprochen ausgewiesen wird).

[34] Vgl. etwa auch die endzeitliche Umakzentuierung von "aufstehen" (MT) zu "auferstehen" (LXX) in Ps 1,6 (dazu 2 I. 2. E).

[35] Dazu zwei Beispiele: 1. wird in Mt 13,34f. aus dem im MT Asaph zugeschriebenen Ps 78 (V. 2) zitiert mit der Einleitung: "... damit erfüllt würde, was durch den Propheten geredet ist ..." Das Psalmwort wird damit prophetisch verstanden respektive die Psalmen werden den Propheten(büchern) zugeordnet; 2. werden die im MT überschriftlosen Psalmen 2 und 95 mit der LXX David zugeschrieben, wie Apg 4,25f.; Hebr 4,7 deutlich machen.

Samson Raphael HIRSCH (Psalmen) erwähnt. Eine Fundgrube zu den Psalmen bietet Avrohom Chaim FEUER (Tehillim), der zur Interpretation eines jeden Psalms eine Vielzahl jüd. Quellen und Kommentatoren anthologisch beizieht. Für die Neuzeit beschränken wir uns auf kurze Hinweise und erwähnen die Bedeutung der Psalmen beim dt.-jüd. Philosophen Moses Mendelssohn zur Zeit der Aufklärung (1729–1786) und dessen Enkel, dem (christl. getauften) Komponisten Felix Mendelssohn Bartholdy (1809–1847), der verschiedene Psalmen (u.a. Ps 2; 22; 42f.; 55; 95; 98; 100; 114; 130) vertont hat. Zuletzt sei auf die bedeutende jüd. Neuübersetzung der (hebr.) Bibel von Martin Buber (1878–1965), teils gemeinsam mit Franz Rosenzweig (1886–1929) erarbeitet, hingewiesen (zum "Buch der Preisungen" mit Hinweisen zur "Verdeutschung der Preisungen" u.a. in BUBER, Schriftwerke).

b) Verständnis und Verwendung der Psalmen

In Anlehnung an James VanderKam (nach SCHULLER, Reflections, 164f.) kann man von drei, sich teils verbindenden und ergänzenden Verwendungsweisen der Psalmen im Frühjudentum (und ähnlich auch bei Jesus und im Urchristentum) sprechen:

• 1. Der *prophetische* Gebrauch verwendet Psalmworte als Belegtexte (Schriftbesweis) für die Deutung von Gegenwart und Zukunft.

• 2. Im *meditativ-weisheitlichen* Gebrauch dienen die Psalmen der gemeinschaftlichen und persönlichen Frömmigkeit.

• 3. Im *liturgischen* Gebrauch werden sie aufgeführt im Tempelgottesdienst und anderen Zusammenkünften.

Jede dieser drei Interpretations- und Verwendungsweisen ruft Sinnpotentiale ab, die im Psalter als Strategien der "Leserlenkung" selbst eingeschrieben sind. Sie entsprechen weithin den drei Dimensionen, die in der dreifachen Ouvertüre des Psalters angelegt sind (vgl. 2) und in diesem Werkbuch entfaltet wurden (vgl. 3 bis 5). Die ersten beiden, unstrittigen Verwendungsweisen setzen Schriftgelehrsamkeit und die Fähigkeit, den Psalter memorieren zu können, voraus. Vorkommen und Stellenwert der dritten, gottesdienstlichen Gebrauchsweise verdient nachfolgend eine etwas ausführlichere Behandlung, da sie in der Forschung umstritten ist.

Aufgrund der Quellenlage und dem derzeitigen Kenntnisstand ist zu sagen, dass sich weder für den Gottesdienst am Jerusalemer Tempel und erst recht nicht in der Synagoge eine liturgische Verwendung des Psalters *insgesamt* aufweisen lässt. Gottesdienstliche Verwendungen von *ausgewählten Psalmen* oder *Psalmgruppen* innerhalb des Psalters sind aber bezeugt. Letztere deuten sich in Bezug auf den zweiten Tempel in den liturgischen Hinweisen der Psalmüberschriften (s.o., III. 3. A) und im chronistischen Bericht der Aufführung dreier Psalmen(passagen) aus Teilbuch IV im Rahmen eines Gottesdienstes an (vgl. 1. Chr 16,7–36) – selbst wenn man den Befund zunächst literarisch und nicht liturgisch auszuwerten hat. Gewiss ist, dass das Ägyptische Hallel Ps 113–118 im Zusammenhang der Feier des Pesach/Passa (und an weiteren Pilgerfesten) gesungen wurde (vgl. Weish 18,9; Mt 26,30; mPes V,7; X,6f.). Für Psalmaufführungen am Tempel im Rahmen von Wallfahrtsfesten und dem täglichen Opfer geben rabb. Quellen einige Hinweise (vgl. STEMBERGER, Psalmen). Andeutungen finden wir u.a. betreffend einer Aufführung der Aufstiegs- bzw. Wallfahrtslieder Ps 120–134 am Laubhüttenfest auf den Stufen, die vom Hof der Israeliten zu dem der Frauen am Tempel führten (mMid II,5). Wird beim Hallel eine Aufführung in der Abfolge des MT bezeugt, so wurden die "Tagespsalmen" aus unterschiedlichen Teilen des Psalters selektiert. Sie kamen in einem wöchentlichen Zyklus, und zwar in der Reihenfolge Ps 24 => 48 => 82 => 94 => 81 => 93 => 92 (Sonntag bis Sabbat), nach den täglichen "Tamid"-Opfern am Morgen und am Frühabend zur Aufführung.[36] Ein Psalmengebrauch zu diesen Opferhandlungen (vgl. Ex 29,38–43; Num 28,1–8; 1. Chr 23,30f.) dürfte in Sir 50,16–19 reflektiert sein und ist (spätestens) ab dem 2. Jh. v.Chr. wahrscheinlich zu machen (vgl. eingehend TRUDINGER, Psalms).[37]

Ein kurzer Blick sei noch auf die jüd. Sondergruppen in Qumran (Essener) und Ägypten (Therapeuten) geworfen: Die jüd.-palästinische Qumran-Gemeinschaft verfasste zwar auch eigene Gebete und Lieder, hielt aber zugleich die bibl. Psalmen in ausgesprochener Hochschätzung. Neben der proph. und weish. Verwendungsweise ist auch bei ihnen eine gottesdienstliche Aufführung von Psalmen – abseits des Jerusalemer Tempels bzw. in einer gewissen Nachahmung des dortigen Gottesdienstes – anzunehmen (vgl. SCHULLER, Reflections). Von einer liturgischen Verwendung von bibl. Liedern und Psalmen neben eigenen Lieddichtungen ist gemäss dem Bericht Philos von Alexandria (1. Jh. n.Chr.) auch bei den Zusammenkünften (Symposien, Vigilien) der "mönchisch" organisierten, jüd.-hellenistischen Sondergruppe der Therapeuten auszugehen (s.o., VI. 5. C). Peter JEFFERY (Impact, 175–187) nimmt an, dass davon ein Einfluss auf die kirchliche (mönchische) Gottesdienstliturgie (und ihre Wechselgesänge) ausging.

Eine genaue Bestimmung des Verhältnisses zwischen dem Buchgebrauch des Psalters auf der einen und liturgischen Aufführungen von Psalmen(gruppen) auf der anderen Seite ist beim gegenwärtigen Kenntnisstand nicht möglich. Die eingangs angeführte Dreifachverwendung mit weisheitlicher, prophetischer oder liturgischer Akzentuierung kann als wahrscheinlich gelten. Dabei war um die Zeitenwende im Judentum (chasidischer, aber auch qumranischer Prägung) der weish.-meditierende und v.a. prophetisch-aktualisierende Psaltergebrauch vorherrschend. Letzterer steht auch im NT und in der Frühzeit der Kirche im Vordergrund.

B) Alte Kirche, mit einem Blick ins Mittelalter[38]

Die auf Christus bezogene Verwendungsweise der Psalmen im NT (s.o., V. 3.) blieb auch in der Folgezeit bestimmend. In der Alten Kirche wurden die Psalmen christologisch ausgelegt (Einführung und Beispiele bei REEMTS, Schriftauslegung). Diese Interpretationsweise hat sich in unterschiedlicher Akzentuierung in der Geschichte der Kirche durchgehalten bis an die Schwelle der Neuzeit. In gewisser Hinsicht kann man die Christologie der Alten Kirche als Christologie der Psalmen bezeichnen. So fehlt es denn auch nicht an einer Vielzahl von aktualisierenden Auslegungen der Psalmen (Homilien). Dabei haben die Väter der antiochenischen Schule mit ihrem Insistieren auf

---

[36] Die Quellen legen eine gestaffelte Entwicklung nahe: Der MT bezeugt erst den Sabbat-Psalm 92, die griech. LXX hat für fünf, evtl. sechs Psalmen eine Wochentag-Zuweisung, und erst die Mischna (vgl. mTam 7,3f.) erwähnt und beschreibt die Aufführung aller sieben Tamid-Psalmen.

[37] Während für den Tempel also bis zu dessen Zerstörung durch die Römer mit Psalmenaufführungen zu rechnen ist, dürften solche im Synagogengottesdienst erst geraume Zeit nach 70 n.Chr. Eingang gefunden haben.

[38] Vgl. dazu auch die Sammlung von Texten frühchristlicher und altkirchlicher Psalmenauslegung in der Reihe "Ancient Christian Commentary on Scripture" BLAISING / HARDIN (Ed.), Psalms 1–51, und WESSELSCHMIDT (Ed.), Psalm 51–150.

den "historischen" Textsinn stärker die in den Psalmen zum Ausdruck kommende menschliche Seite, die alexandrinischen Kirchenväter mit ihrer Vorliebe für die allegorische Interpretation dagegen vermehrt die göttliche Seite herausgestellt.

Für die Kirchenväter und für die Alte Kirche insgesamt ist die Unterscheidung der Gestalten bzw. "Stimmen" der Schlüssel zum Verständnis der Psalmen. Sie wurde von Hilarius von Poitiers (315–367), der seinerseits Gedanken von Origenes aufnahm, programmatisch formuliert: Von welcher Person (griech. *ek prosohpou*, lat. *ex persona*) sprechen sie bzw. an wen richten sie sich? Diese sog. "prosopologische Exegese" (vgl. RONDEAU, Commentaires) stellt die Psalmen in einen kommunikativen Zusammenhang und versteht und aktualisiert das in ihnen sprechende "Ich" im Licht des Christusgeschehens. Mit der christologischen verbinden sich dabei soteriologische, ekklesiologische und trinitätstheol. Dimensionen. So werden in den Psalmen, vermittelt durch das proph. Reden Davids[39], verschiedene "Stimmen" hörbar: das Wort Christi selbst (*vox Christi*), Aussagen über ihn (*vox de Christo*), (Gebets-)Worte von Menschen respektive der Kirche an ihn (*vox hominis/ecclesiae ad Christum*)[40], aber auch Worte für ihn als Haupt und für seine Glieder, die Gemeinde (*vox pro Christo/pro capite et corpore*).[41] Zusammenfassend lässt sich mit Balthasar Fischer sagen (nach BUCHINGER, Hermeneutik, 197): "Die Psalmen reden der Frühkirche entweder von oder zu Christus, oder sie hört Christus in ihnen reden."

Die älteste bekannte christl. Homilie stammt von Hippolytus (Anfang 3. Jh. n.Chr.). Sie ist – abgesehen von Hinweisen im NT selbst – zugleich der früheste uns vorliegende Bericht über die Verlesung von Psalmen im christl. Gottesdienst (dt. Übers. und Erläuterungen in BUCHINGER, Psalmenhomilie). Hippolyts Homilie erörtert in einer Art Psalterprolog die Funktion der Überschriften (wie etwas später auch Gregor von Nyssa), die Bedeutung des Psalters insgesamt und die Stellung von Ps 1 und 2 als Einführung ins Buch. In seiner Schrift finden sich fundamentale Aussagen der Alten Kirche zu den Psalmen: die proph.-messianische Einschätzung und die Zuschreibung des Psalters insgesamt an David ("Totaldavidisierung"), das doxologische Verständnis der Psalmodie, die Bedeutung des Psalters als Aktualisierung der übrigen Schrift sowie seine christologische und ekklesiologische Interpretation auf die zeitgenössische Gegenwart hin.

Die Psalmen waren in der Frühzeit neben anderen Lesungen im Wesentlichen als Teil der *Wort*liturgie (nicht als Gebet) in Gebrauch. Ab ca. dem 3. Jh. n.Chr. differenzierte man in der Psalmodie zwischen Lesung (*lectio*) und Gebet/Gesang (*oratio/psalmus*). Ab dem 5. Jh. n.Chr. wird der Psalter dann verstärkt auch als Gotteslob verwendet (Antwortcharakter). Im Mittelalter rückte die liturgische Verwendung endgültig in den Vordergrund, und "mit diesem Wechsel im praktischen Verständnis vom Lesebuch zum Gebetbuch wurde der Psalter zum Erfolgsbuch des Mittelalters" (LENTES, Text, 326). Das 4./5. Jh. n.Chr. führte im Zusammenhang mit lehrmässigen Auseinandersetzungen zum Abschluss des Scheidungsprozesses zwischen kanonischen und nicht-

39 Man kann von David als Präfiguration Christi sprechen oder mit den Worten Tertullians es so formulieren: "Jener [= David als Prophet] singt zu uns [von] Christus, durch ihn singt Christus selbst (*De carne Christi* 20,3f., vgl. ZENGER, "Psalmen Israels", 24).

40 Oder weiter gefasst "vor/im Angesicht Christi/Gott(es)" (*coram Christo/Deo*).

41 Beispiele: Ps 3 wird als Wort Christi selbst (in seinem Leiden und Auferstehen) gelesen, der "Auferstehungs"-Psalm 16 (in Verbindung mit Apg 2,31) als Wort über Christus gedeutet und Ps 24 als Wort der Gemeinde (zu/vor Christus/Gott) interpretiert.

kanonischen Büchern. Das damit verbundene gesteigerte Ansehen der bibl. Bücher manifestierte sich im Blick auf den Psalter u.a. im folgenden Beschluss des Konzils von Laodicea (360 n.Chr.): "Keine von Individuen selbst verfassten Psalmen noch irgend ein unkanonisches Buch dürfen in der Kirche vorgelesen werden, sondern allein die kanonischen Bücher des Alten und Neuen Testaments" (Kanon 49 – im nachfolgenden Kanon 50 werden die als kanonisch geltenden Bücher aufgelistet).

Die Lesung des Psalters erfolgte weithin in kantillierender Weise (Psalmodie) durch einen Lektor bzw. mit festgelegten liturgischen Antworten (Responsorien) durch die gottesdienstliche Gemeinde. Es wurde auch Brauch, sie mit der kleinen trinitarischen Doxologie abzuschliessen: "Ehre sei dem Vater und dem Sohne und dem Heiligen Geiste". Auch der Abschluss des Psalmengebets mit der Anrede (Kollekte) "an den Vater durch Christus im Heiligen Geist" ist alt. Chorische Psalmen-Aufführung fand durch gemeinsam intonierende Männer- und Frauengruppen, später auch durch wechselseitigen Vortrag (Antiphonie) statt. Die sich einstellende "Psalterrenaissance" drückt sich auch in der geistlichen Bedeutung aus, die der Psalter – zunächst im frühen Mönchtum und dann in den klösterlichen Gemeinschaften – gewinnt. In dem Zusammenhang entstand der Brauch, die Psalmen fortlaufend, d.h. kursorisch, zu rezitieren (*lectio currens* bzw. *currente Psalterio*). Gemäss der Benediktinischen Regel (18,23, vgl. FAUST, Benediktsregel, 74f.) ist in der Mönchsgemeinschaft der Psalter wöchentlich einmal (nach der Vulgata) zu rezitieren bzw. intonieren (nicht in der bibl. Abfolge) – ein Brauch, der bei den Benediktinern, den man als "Psalmen-Orden" bezeichnen kann, bis heute praktiziert wird. Insgesamt zeigt sich in der Alten Kirche zum einen eine (vorherrschende) "monastische", zum anderen eine "kathedrale" (an den Bischofssitzen beheimatete) Ausgestaltung gottesdienstlicher Psalmenliturgie.[42]

Aufgrund ihrer wirkungsgeschichtlichen Bedeutung und stilbildenden Funktion verdienen die Psalmenwerke von Athanasius von Alexandria (295–373) einerseits und Aurelius Augustinus von Hippo (354–430) andererseits besondere Erwähnung. In seinem Brief an Marcellinus (*Epistola ad Marcellinum*)[43], dessen Gewicht durch die Einstellung vor den Psalter im *Codex Alexandrinus* verstärkt wurde, stellt Athanasius die Besonderheit des Psalters als Bibelbuch heraus und bietet wichtige Einsichten zu dessen Bestimmung und Benutzung. Darin sind die christologische und die existentielle Dimension (Psalmenworte als Spiegelungen menschlichen Lebens) christl. Psalmenbetens nebeneinander gestellt. Athanasius versteht den Psalter als Summe, als Kompendium aller Botschaften der (übrigen) bibl. Bücher mit der Besonderheit, dass er "erklingt". Die Psalmenworte verbinden mit Christus und laden mit ihren "Ich"-Aussagen zur Identifikation ein. Sie haben – insbesondere als gesungene Worte – die transformierende bzw. sakramentale Kraft, in und mit ihren Worten Umkehr, Erneuerung und innere Harmonie zu bewirken. Erich ZENGER ("Psalmen Israels", 19) bringt das Anliegen von Athanasius mit folgenden Worten auf den Punkt: "Wer die Worte des Psalters zu seinen eigenen macht, wird in seiner Not und in seinem Leid, aber auch in seiner Freude 'aufgerichtet' und 'ausgerichtet' – hin zum lebendigen Gott. Die Worte der Psal-

[42] Der genaue Ablauf eines (kathedralen) Gottesdienstes aus dem 6./7. Jh. findet sich in einem alten Codex (*Rahmani Syr. 33*) überliefert – in engl. Übers. abgedruckt von R.F. TAFT (Christian Liturgical Psalmody, 7–32) in: ATTRIDGE/FASSLER (Ed.), Psalms, 24–26.

[43] PG 27,12–46, dazu SIEBEN, Athanasius; BADER, Psalterium, 112–132.

men haben die Kraft, Umschwung im Sinne von Umkehr und Erneuerung zu bewirken." Mittels Auszügen aus seinem Brief soll Athanasius selbst zu Wort kommen:[44]

> "11. Dann auch das ist in den Psalmen wieder auffallend, daß bei den übrigen Büchern das, was die Heiligen reden, und wovon sie reden, die Leser auf die beziehen, von denen es geschrieben ist, und die, welche es vernehmen, sich für Andere halten, als die, von denen die Rede ist, und die gemeldeten Thaten nur Bewunderung und das Verlangen erwecken, sie nachzuahmen. Wer aber dieses Buch zur Hand nimmt, geht die Prophezeiungen vom Heilande, wie er es in den übrigen Schriften gewohnt ist, bewundernd und anbetend durch, die übrigen Psalmen aber liest er, als wenn es seine eigenen Reden wären. Und wer sie hört, wird, wie wenn er sie selbst spräche, zerknirscht und wird von den Worten der Gesänge so ergriffen, als ob es seine eigenen wären ..."
>
> "12. Und ich glaube, daß diese dem Psalmensänger zu einem Spiegel dienen, daß er auch in denselben die Bewegungen seiner Seele erkennt und in dieser Wahrnehmung dieselben ausspricht. Denn auch wer sie vorlesen hört, nimmt den Gesang so auf, als würde er über ihn selbst vorgetragen, und er wird entweder von seinem Gewissen überführt von Reueschmerz ergriffen werden, oder er wird, wenn er von der Hoffnung auf Gott vernimmt und von der großen Gnade, welche die Gläubigen erlangen, von Freude erfüllt und beginnt Gott zu danken ..."
>
> "14. Denn wenn man sich genauer ausdrücken soll, so ist die ganze göttliche Schrift eine Lehrerin der Tugend und des wahren Glaubens, das Buch der Psalmen aber enthält gleichsam ein Bild des Lebens der Seelen ..."

Im Leben und Wirken des Kirchenvaters Augustinus ist der Stellenwert der Psalmen hoch zu veranschlagen (vgl. WILLIAMS, Augustine; WELLMANN, David). Seine berühmt gewordenen *Confessiones* (um 400) eröffnen nicht nur mit einem Doppelzitat aus den Psalmen (Ps 144,3; 146,5), sondern der Psalter wird darin auch häufig wie kein anderes Buch der Bibel beigezogen. Seine Bibelhermeneutik entfaltet Augustinus in *De doctrina christiana.* Sein umfangreichstes Werk zu den Psalmen sind die grösstenteils aus Predigten bestehenden *Enarrationes in Psalmos*. Es handelt sich um die einzige (erhaltene) Sammlung von Auslegungen, Paraphrasen und Kommentierungen zu den Psalmen in der Alten Kirche, die den *gesamten* Psalter umfasst. Die Wirkung dieses Werks in der Kirche ist weitreichend. Auch Thomas von Aquin (1225–1274), der grosse Theologe des Mittelalters, ist von Augustins Psalmenauslegung beeinflusst. Der sog. Literalsinn steht für Augustinus nicht im Vordergrund. Es geht um den Glaubenssinn, und dieser erschliesst sich über die Allegorie. "Augustinus liest die Psalmen in der Erwartung, dass sie keine fernen historischen Dokumente sind und nur eine zeitgebundene Aussage haben, sondern dank ihres prophetischen Charakters ihre Bedeutung auch in der aktuellen Situation entfalten. Als Glied des Leibes Christi hat er deshalb lebendigen Anteil an ihrer Bedeutung" (WELLMANN, David, 173). Die christologische Leseweise ist die eigentliche Aufgabe der Psalmenlektüre; sie stülpt dem Psalmtext keinen fremden Sinn auf, sondern holt hervor, was bereits in ihm angelegt ist. Diesbezüglich ist auch Augustinus ein Vertreter der "prosopologischen Exegese" (s.o.). Besonders innerhalb der patristischen Auslegungstradition ist seine Betonung der Vereinigung der Aspekte, v.a. von Haupt und Leib Christi, die zur Einheit und Ganzheit in Christus und zur Umgestaltung der Gemeinde in ihn hinein führt. So ist es gemäss Augustinus stets der "ganze Christus" (*Christus totus, una persona*), der spricht; er ist es, der beim Nachsprechen der bibl. Gebete in seiner Kirche redet. Die Psalmen sind zeitübergreifend und aktuell; sie bringen menschliche Situationen zur Sprache und richten

[44] PG 27,12–46 (griech.-lat. Ausgabe), hier in der dt. Übers. von FISCH, Brief, 344–347.

sich durch Christus an Gott. Auch an seinem Lebensende wollte Augustinus von den Psalmen nicht lassen. Es wird berichtet, dass der Kirchenvater angeordnet habe, Busspsalmen an die Wände seines Zimmers zu heften. Es sei sein Wunsch gewesen, mit den Psalmen allein zu sein, und er habe sie immer wieder gebetet und dabei geweint. Passagen aus den *Enarrationes* zu Ps 85,1 (MT = Ps 86,1) und Ps 26,1 (MT = Ps 27,1) sollen das Ausgeführte verdeutlichen (dt. Übers. nach WELLMANN, David, 175.185):

> "Christus betet für uns als unser Priester, betet in uns als unser Haupt, und er wird von uns angebetet als unser Gott. So lasst uns denn sowohl in ihm als auch in uns seine Stimme erkennen! Und wenn vom Herrn Jesus Christus etwas ausgesagt wird, besonders in der Prophetie, was uns als eine Gottes unwürdige Demütigung erscheinen möchte, so lasst uns dennoch keine Bedenken tragen, dies dem Herrn zuzuschreiben, der ja auch kein Bedenken trug, unser Weggenosse zu werden ... Christus wird demnach angebetet in der Gestalt Gottes, er selbst betet in der Gestalt des Knechtes. Dort ist er Schöpfer, hier Geschöpf. Ohne eine Veränderung zu erleiden, nahm er eine geschöpfliche und darum veränderliche Natur an und macht uns so mit sich zu einem Menschen, Haupt und Leib. Wir beten also zu ihm, durch ihn und in ihm. Wir sprechen mit ihm und er mit uns. Wir sprechen in ihm, er spricht in uns das Gebet dieses Psalms, der überschrieben ist: Ein Gebet Davids."
>
> "Wenn wir sagen, dass die Worte dieses Psalms, die wir gehört und teilweise gesungen haben, unsere eigenen sind, sollten wir Bedenken haben, ob wir damit die Wahrheit sagen. Sie sind nämlich eher Worte des Geistes Gottes als unsere Worte. Andererseits: Wenn wir sagen, dass es nicht unsere Worte sind, lügen wir in der Tat. Denn es gibt kein Seufzen, außer bei denen, die sich abmühen. Und jedes Wort, das hier voll von Schmerz und Tränen klingt, kann nicht von dem stammen, der niemals elend war. Der Herr ist barmherzig, wir sind elend ... So ist beides wahr: Dass es unsere Worte und nicht unsere Worte sind, dass die Worte des Geistes Gottes und nicht seine Worte sind ... Es sind die Worte des Geistes Gottes, weil wir sie nicht ohne seine Eingebung sprechen könnten. Gleichzeitig sind es nicht seine Worte, weil er weder elend ist noch sich abmüht. Aber dies sind Worte von Elenden und Mühseligen. Es sind ebenfalls unsere Worte, weil sie unser Elend zeigen. Aber ebenso sind es nicht unsere Worte, weil es ein Geschenk seiner Gnade ist, dass wir seufzen und klagen können."

Für die mittelalterliche Christenheit wurde der Psalter zusammen mit dem "Unservater"-Gebet zur abgekürzten Form der ganzen Heiligen Schrift und aller Wissensbestände des christl. Glaubens. Cassiodorus (485–580), dessen Psalmen-Kommentar das mittelalterliche Psalmenverständnis beeinflusste, bezeichnet den Psalter als "Schatzkammer der ganzen Heiligen Schrift" (*totius Scripturae divinae thesaurus*). Ausgliederungen aus dem Psalter (Auswahlpsalter) fingen in der Alten Kirche an und vermehrten sich im Mittelalter. Bekannt sind die sieben sog. "Busspsalmen" (Ps 6 – 32 – 38 – 51 – 102 – 130 –143), die u.a. in der Liturgie der Karwoche einen Platz bekamen und häufig vertont wurden. Einflussreich ist die Fassung von Orlando di Lasso (1532–1594). Die Vertonungen zu Ps 130 (*"De profundis"*) gehören zu den Klassikern der Kirchenmusik (vgl. dazu WEBER, Tiefen). Der Psalter war auch die wichtigste Textquelle des gregorianischen Gesangs. In der karolingischen Epoche wird der Psalter schlechthin zu Musik (einstimmiger Gesang). Johannes Gerson (1363–1429) betont den Psalmengesang als "Herzensgesang" (vgl. BADER, Psalterspiel, 46–61). Um 1500 betritt die (mehrstimmige) Psalmmotette die Szene. Neben die Musikpsalter treten ab ca. 800 Bildpsalterien (wie u.a. der "Utrecht"-, "Stuttgart"-, "Paris"- "Albani"-Psalter) mit kunstvoll geschmückten Anfangsbuchstaben. Die *Beatus*-Initiale (Ps 1,1 *"Beatus vir ..."*) gilt dabei als Initiale der Initialen (vgl. GILLINGHAM, Psalms, 62–66.95–108; BADER, Psalterspiel, 168–218). Erwähnenswert ist schliesslich die Übers. des Psalters ins Althochdeutsche durch den Benediktiner Notker, den Deutschen (950–1022), in St. Gallen. Es handelt sich um die bedeutendste Übers. ins Deutsche vor Luther.

C) Reformation und Protestantismus

Die Forderung von Renaissance und Humanismus nach der Rückkehr zu den Quellen (*ad fontes!*) hat der Reformation mit ihrer Neubesinnung auf die Heilige Schrift in ihrer Selbstaussage den Boden bereitet. Dabei spielte auch der Psalter eine bedeutende Rolle. Die neu entstehenden nationalsprachlichen Bibelübersetzungen (Zürcher, Luther, Tyndale, Coverdale [fand Eingang in das *Book of Common Prayer*], Olivetan u.a.) haben beigetragen, das Wort Gottes unters Volk zu tragen. Nachfolgend konzentrieren wir uns weitgehend auf die Bedeutung der Psalmen bei den Reformatoren Martin Luther (1483–1546) und Johannes Calvin (1509–1564) und bedenken dabei kurz auch die von ihnen ausgehenden Auswirkungen (Konfessionskirchen).

a) Martin Luther und der lutherische Protestantismus

Der bibl. Psalter gehörte für Luther zu den wichtigsten und prägendsten Bibelbüchern. Auf der Wartburg übersetzte er 1522 das NT ("Septemberbibel"); die erste dt. Psalterübersetzung lag 1524 und die gesamte Bibel 1534 (*Biblia Deutsch*) vor. Seine Übersetzung hat im Blick auf Frömmigkeit, Theologie, Kultur und Sprachgeschichte grosse Wirkung gezeitigt. Drei "Vorreden auf den Psalter" (1524, 1528, 1545) und zwei Nachworte (1525, 1531), die er seinen Psalter- bzw. Bibelausgeben beigegeben hat, liegen vor. In seiner ersten Vorrede rühmt er die hebr. Sprache und geht auf die Übersetzung wichtiger Wörter ins Deutsche ein. In der zweiten stellt er die Bedeutung des Psalters (als "Kleine Biblia") innerhalb der Schrift heraus und gibt Hinweise für sein rechtes Verständnis. In der dritten Vorrede betont er die Wichtigkeit des Betens mit (Vaterunser und) Psalmen (vgl. auch BADER, Psalterspiel, 73–83). Aus der zweiten und dritten Psalter-Vorrede seien nachfolgend Ausschnitte dargeboten, welche die Bedeutung und das Verständnis der Psalmen für Martin Luther anzeigen (nach BORNKAMM [Hrsg.], Vorreden, 64–68.72f.):

> "Es haben viele heilige Väter den Psalter sonderlich vor andern Büchern der Schrift gelobt und geliebt. Zwar lobt das Werk seinen Meister selbst genug, doch müssen wir unser Lob und Dank auch daran erweisen ... Und sollte der Psalter allein deshalb teuer und lieb sein, daß er von Christi Sterben und Auferstehung so klärlich verheißet und sein Reich und der ganzen Christenheit Stand und Wesen vorbildet, daß er wohl möchte eine kleine Biblia heißen, darin alles aufs schönste und kürzeste, wie in der ganzen Biblia stehet, gefasset, und zu einem feinen Enchiridion gemacht und bereitet ist; daß mich dünkt, der Heilige Geist habe selbst wollen die Mühe auf sich nehmen und eine kurze Bibel und Exempelbuch von der ganzen Christenheit oder allen Heiligen zusammenbringen, auf daß, wer die ganze Biblia nicht lesen könnte, hätte hierin doch fast die ganze Summa, verfasset in ein klein Büchlein ... Daher kommt's auch, daß der Psalter aller Heiligen Büchlein ist, und ein jeglicher, in welcherlei Sache er ist, Psalmen und Worte drinnen findet, die sich auf seine Sache reimen und ihm so eben sind, als wären sie allein um seinetwillen also gesetzt, daß er sie auch selbst nicht besser setzen noch finden kann noch wünschen mag."
>
> "Billig sollte ein jeder Christ, der beten und andächtig sein will, den Psalter lassen sein täglich Betbüchlein sein. Und auch wohl gut wäre, daß ein jeglicher Christ denselben so übete und so

geläufig darinnen würde, daß er ihn von Wort zu Wort auswendig könnte und immer in dem Munde hätte, so oft ihm etwas vorkäme zu reden oder zu tun, daß er einen Spruch daraus führen und anziehen könnte, wie ein Sprichwort ... Wer die [= Psalter und Vaterunser] recht beten lernet, der hat wohl beten gelernt, weit über alle Gebete, sonderlich weil der Psalter nun von Gottes Gnade verständlich verdeutscht ist ... Ich meine auch, wer's sollte ein wenig versuchen mit Ernst am Psalter und Vaterunser, der sollte gar bald den andächtigen Gebetlein Urlaub geben und sagen: Ach, es ist nicht der Saft, Kraft, Brunst und Feuer, die ich im Psalter finde, es schmeckt mir zu kalt und hart etc."

Neben der Übers. ins Deutsche hat Luther sich fast Zeit seines Lebens als Ausleger und Lehrer mit den Psalmen beschäftigt (erschlossen durch die dreibändige Auswahl-Ausgabe von MÜLHAUPT [Hrsg.], Psalmen-Auslegung). Luther, der zum Bettelorden der Augustiner-Eremiten gehörte, hielt nach der Promotion (1512) im Rahmen seiner Biblischen Professur in Wittenberg seine erste Vorlesung über die Psalmen (1513–1515). Es folgten später eine zweite (1519–1521) und eine dritte Psalmenvorlesung (1532–1535). Da sich Luthers Beschäftigung mit den Psalmen in Auslegung und Predigt fast über seine ganze Wirkungszeit hinzog, lassen sich am Umgang mit ihnen auch Entwicklungsspuren seines theol. Denkens eruieren. Die erste Psalmenvorlesung vollzog sich noch stark in Anlehnung an Augustinus (s.o.). Nach dem auch von Luther rezipierten traditionellen Grundverständnis sind die Psalmen proph. Gebete Christi (*sensus litteralis*); sie betreffen die Kirche als seinen Leib (*sensus allegoricus*) und sollen ebenso beim einzelnen Christen Wirklichkeit werden (*sensus tropologicus*); das letzte Ziel aber ist die Verherrlichung Gottes (*sensus anagogicus*). Die zweite Vorlesung (*Operationes in Psalmos*) ist bereits von Luthers reformatorischer Wende ("Turmerlebnis": Neuverständnis der *iustitia Dei* anhand von Röm 1,16f.) geprägt. Luther selbst bezeichnet die *Operationes* als seine erste reformatorische Schrift; sie stellt in ihrer umfangreichen Auslegung von Ps 1–22 eines der systematischen Hauptwerke des Reformators dar (vgl. SCHNEIDER, Christus, 1f.). Seine "drei Regeln" rechter Theologie (speziell die erste): Gebet (*oratio*) – Textmeditation (*meditatio*) – Anfechtung (*tentatio*) entwickelt Luther nicht zuletzt im Umgang mit dem Psalter (vgl. BAYER, Theologie, 27–34). "Die dritte Psalmenvorlesung hat vor allem die Funktion eines Dankopfers", schreibt Matthias MIKOTEIT (Theologie, 64), der diese entsprechend auch in eine Frömmigkeit und Theologie des Gebets einordnet. Als Beispiel seiner Psalmenauslegungen sei ein Passus aus Ps 118, dem "schönen Confitemini", von 1530 herausgegriffen (zu Ps 118,1; Text nach MÜLHAUPT [Hrsg.], Psalmen-Auslegung 3, 345):

"Dieser Vers ist eine allgemeine Danksagung für alle Wohltat, die Gott der Herr aller Welt, guten und bösen Menschen, täglich ohne Unterlaß in allen Dingen erzeigt. Denn das ist der heiligen Propheten Weise: wenn sie Gott in besonderen Stücken loben und ihm danken wollen, so fangen sie hoch und allgemein an und loben ihn zugleich in allen seinen Wundern und Wohltaten. So fängt auch dieser Psalm, der Gott besonders für die höchste Wohltat lobt, die der Welt erzeigt ward, nämlich für Christus und sein Reich der Gnade, das der Welt verheißen ward und jetzt widerfährt, mit allgemeinem Lob an und spricht: danket dem Herrn, denn er ist ja doch ein herzlicher gnädiger frommer gütiger Gott, der immer und immer wohltut und eine Güte über die andre mit Haufen über uns ausschüttet. Denn du mußt diese Worte 'freundlich' und 'seine Güte' nicht so kalt und roh lesen noch über sie hinweglaufen, wie die Nonnen den Psalter lesen oder die Chorherren und Chorschüler solch seine Worte in ihren Kirchen blöken und heulen, sondern bedenken, daß es lebendige treffliche und reiche Worte sind, die alles und alles in sich fassen und meinen, nämlich: Gott ist nicht freundlich wie ein Mensch, sondern von Grund seines Herzens geneigt und günstig, immer zu helfen und wohlzutun, und zürnt und straft nicht gern, wenn er es nicht tun muß und durch unablässige unbußfertige verstockte Bosheit der

Menschen dazu gezwungen und gedrungen wird. Kein Mensch könnte mit Zürnen und Strafen so lange harren, sondern strafte hunderttausendmal eher und härter, als er tut."

Schliesslich ist auf Luthers Wirken als Liederdichter hinzuweisen. Er wollte die Gemeinde zu einer mitwirkenden Gemeinschaft machen und schuf den (einstimmigen) "Choral" (Orgelbegleitung erst ab dem 17. Jh.). Zu seinen sich an Psalmen orientierenden Liedschöpfungen (teils Text, teils auch Melodie) gehören (Nach-)Dichtungen zu Ps 12 ("Ach Gott, vom Himmel sieh darein ...", EG 273; RG 9), Ps 46 ("Ein feste Burg ist unser Gott ...", EG 362; RG 32), Ps 67 ("Es wolle Gott uns gnädig sein ...", EG 280; RG 43) und Ps 130 ("Aus tiefer Not schrei ich zu dir ...", EG 299; RG 83f.). Im gleichen Atemzug ist nach Luther und von ihm geprägt Paul Gerhardt (1607–1676) zu nennen. Herausgegriffen seien seine Kirchenlieder zu Ps 146 ("Du meine Seele, singe ...", EG 302; RG 98) und – kunstvoll den Bibelvers als Strophen-Akrostichon gestaltend – zu Ps 37,5 ("Befiehl du deine Wege ...", EG 361; RG 680).

Von Luther und dem Luthertum inspiriert sind Komponisten und (Kirchen-)Musiker wie Heinrich Schütz (1585–1672), Johann Sebastian Bach (1685–1750) und Georg Friedrich Händel (1685–1759). In unterschiedlicher Art haben diese (und andere) sich von den Psalmen inspirieren lassen. Von Schütz verdienen aus seinem Frühwerk die "Psalmen Davids" (Schütz-Werke-Verzeichnis [SWV] 22–47) Erwähnung. Später kamen weitere Psalmenvertonungen hinzu, namentlich der von Cornelius Becker nachgedichtete (1602) und in dt. Reime gebrachte (vollständige) Psalter (Beckerscher Psalter I/II [SWV 97a–256a und 97–25a]). Unter den über tausend Kompositionen von J.S. Bach finden sich in einer Reihe von Motetten und Kantaten auch Psalmen(worte) aufgenommen (vgl. u.a. Bach-Werke-Verzeichnis [BWV] 80b; 85; 104; 112; 170; 258; 267; 303; 305; 312; 390; 438; 687; 1083; 1126). Auch unter Händels Werken finden sich zahlreiche Psalm-Kompositionen (vgl. u.a. Händel-Werke-Verzeichnis [HWV] 246–256), und auch in seinem bekannten Oratorium "Messias" (HWV 56) werden Psalmenverse aufgenommen.

b) Johannes Calvin und der reformierte Protestantismus

Der 500. Geburtstag Calvins (2009) hat zu einer Neubeschäftigung mit Calvin und zu Neueditionen seiner Werke Anlass gegeben. Haben wir bei Luther mit den Psalmliedern aufgehört, fangen wir bei Calvin damit an, zumal vom "Genfer Psalter" (auch "Hugenotten-Psalter" genannt) – was die Psalmen betrifft – wohl die grösste (spirituelle) Breitenwirkung nicht nur der calvinischen Reformation, sondern vermutlich des gesamten Protestantismus ausging.[45] Dieses von Genf ausgehende, sich eng am hebr. Wortlaut orientierende Liederbuch von bereimten Psalmnachdichtungen (1562 vollständig, von Theodor Beza herausgegeben) umfasste sämtliche Psalmen in gereimter Form in franz. Sprache, verbunden mit einfachen, schlichten (zunächst einstimmigen) Melodien (vgl. dazu BERNOULLI/FURLER [Hrsg.], Genfer Psalter). Nicht direkt aus Calvins Hand stammend, aber von ihm massgebend gefördert, wurde der Genfer Psalter und seine späteren Neufassungen und Übersetzungen zum Kern gottesdienstlicher

45 Unter dem Reformator Huldrych Zwingli (1484–1531) wurden in Zürich die Psalmen im Gottesdienst rezitiert und über sie gepredigt; sie wurden aber nicht gesungen. Bis 1598 blieb die evang.-ref. Zürcher Kirche gesanglos (dann erschien das erste offizielle Gesangbuch mit 35 ausgewählten Psalmen).

Spiritualität über Jahrhunderte hinweg. Das Genf von Johannes Calvin war nicht nur der Stadtstaat der Erwählten; es war zugleich wie keine andere "die Stadt der Psalmen" (Carlos Eire).[46] Anders als bei der Reformation lutherischer Prägung liess Calvin für den Gemeindegesang keine anderen Worte als die Psalmworte selbst zu. Für ihn ging es darum, im Gehorsam gegenüber Gottes Wort Gottesdienst zu feiern und d.h. auch gemäss bzw. mit Gottes Wort zu singen. Entsprechend bildeten die bibl. Psalmen in ihrer gesungenen Form das Herz des Gottesdienstes in Genf. Von grosser Bedeutung für den Eingang des Genfer Psalters in den dt. Sprachraum wurde die Übertragung durch Ambrosius Lobwasser (1563). Sie stand mehr als zwei Jahrhunderte lang für den deutschsprachigen reformierten Gemeindegesang in fast ausschliesslicher Geltung, wenngleich es in den einzelnen Kirchengebieten zu unterschiedlichen Ausprägungen kam (dazu MARTI, Genfer Psalter).[47] So werden in den evang.-ref. Kirchen bis heute – in unterschiedlicher Intensität und Exklusivität – bibl. Psalmen gesungen. Entsprechend wird teils auch (meist von älteren Leuten) vom "Psalmenbuch" und nicht vom "Kirchengesangbuch" gesprochen, auch wenn die Exklusivität *alleinigen* Singens bibl. Psalmen inzwischen aufgegeben wurde.

Für Calvin waren die Psalmen der Schlüssel zum Verstehen des rechten Gottesdienstes, zum rechten Verhalten der von Gott Erwählten und zur Gesprächsbeziehung mit Gott. Durch sie wusste er auch sich selbst von Gott getragen und gestärkt. Er hat die Psalmen nicht nur ausgelegt, sondern in der Genfer Gemeinde regelmässig am Sonntag (nachmittags) über sie gepredigt – als einzigem Buch aus dem AT (Beispiele bei MÜLHAUPT [Hrsg.], Psalter). Der grosse lat. Psalmenkommentar (1557), mitgeprägt von Martin Bucers Strassburger Psalmenkommentierung (1542), ist aus Vorlesungen hervorgegangen und erst gegen Ende seines Wirkens entstanden. Er gehört zu den bedeutendsten Werken von Johannes Calvin, wurde bald übersetzt (franz. 1563, engl. 1571) und fand grosse Verbreitung (vgl. die lat.-dt. Studienausgabe [Auswahl] BUSCH u.a. [Hrsg.], Psalmenkommentar; darin Peter OPITZ "Calvin als Ausleger der Psalmen, 1–16). In dessen Vorwort (und in den Auslegungen selbst) gibt Calvin nicht nur Hinweise zur Bedeutung der Psalmen für sich selbst und die Kirche, sondern er lässt auch – wie kaum sonst in seinen Werken – seinen eigenen Weg und sein Ergehen durchscheinen (BUSCH u.a. [Hrsg.], Psalmenkommentar, 21f.23.25):

> "Mit gutem Grund nenne ich gewöhnlich das [Psalm]buch eine Aufgliederung aller Teile der Seele. Denn jede Regung, die jemand in sich empfindet, begegnet als Abbild in diesem Spiegel. Ja, hier hat uns der Heilige Geist alle Schmerzen, Traurigkeit, Befürchtungen, Zweifel, Hoffnungen, Sorgen, Ängste, Verwirrungen, kurzum alle Gefühle, durch die Menschen innerlich hin und her geworfen werden, lebensnah vergegenwärtigt ... Wenn schließlich das Gebet zu Gott die stärkste Stütze unseres Heils ist, kann man dazu nirgendwo eine bessere und zuverlässigere Anleitung finden als im Buch [der Psalmen]. Jedem, der bei ihrem Verständnis große Fortschritte macht, wird ein gutes Stück himmlischer Weisheit zuteil. Das aufrichtige Gebet wird erstens aus der Empfindung unserer Bedürftigkeit und zweitens aus dem Vertrauen auf die Verheißungen geboren ... Nirgendwo sonst kann man von einer größeren Fülle glänzender Lobeshymnen der einzigartigen Güte Gottes gegenüber der Kirche und allen seinen Werken lesen.

[46] Vgl. Carlos EIRE (Calvin's Geneva and the Psalms, 285–291) in: ATTRIDGE/FASSLER (Ed.), Psalms.

[47] Zu den heute gebräuchlichen dt. Liederbüchern ref. Prägung: Im EG-West sind Vertonungen zu sämtlichen 150 Psalmen vorangestellt. Während die Melodien weithin auf die Genfer Reformationszeit zurück gehen, handelt es sich bei den Texten vielfach um Neubereimungen von Matthias Jorissen (Ende 18. Jh.). Das RG bietet – ebenfalls an den Anfang gestellt – eine Auswahl von Psalmliedern, die nur z.T. ref. Herkunft sind. Eine Besonderheit der schweizerischen Tradition ist der vierstimmige Gesang.

Nirgendwo sonst werden so viele Befreiungstaten erzählt oder so herrliche Zeugnisse seiner väterlichen Vorsehung und Fürsorge uns gegenüber vorgetragen. Schließlich erfahren wir nirgendwo sonst ausführlicher über die Art und Weise, wie wir Gott loben sollen, oder werden stärker dazu ermuntert, unsere Pflichten als Gläubige zu erfüllen ... Wenn im Übrigen die Arbeit, die ich auf diese Kommentierungen verwendet habe, für die Leser nützlich ist, sollen sie wissen: Meine reichlichen Erfahrungen aus den Kämpfen, in denen der Herr mich auf die Probe gestellt hat, haben mir gehörig dabei geholfen, nicht nur die von mir [in den Psalmen] entdeckte Lehre für die Gegenwart nutzbar zu machen, sondern auch einen möglichst freien Weg zu finden, um die Absicht der einzelnen Verfasser der Psalmen zu erkennen. Da unter diesen David der Wichtigste ist, hat es mir zum Verständnis seiner Klagen über die inneren Missstände der Kirche erheblich genützt, dass ich dasselbe oder Ähnliches, was er beklagt, von den inneren Feinden der Kirche erlitten habe ... Doch wie [David] von den Schafweideplätzen fort zur höchsten Königswürde erhoben wurde, hat Gott mich aus meinen dunklen und geringen Anfängen emporgehoben und mich mit dem so ehrenvollen Amt betraut, Verkündiger und Diener des Evangeliums zu sein."

In seiner Skizzierung von "Calvins Theologie der Psalmen" unterstreicht Herman J. SELDERHUIS (Gott, 20–42) wie sehr diese Auslegung der Psalmen sich mit der Theologie und Spiritualität des Reformators verband. In besonderer Weise sah dieser sich (und seine Gemeinde) in Analogie zu David als Psalmverfasser. Dazu gehörten die Erfahrungen von Bedrängnis, Flucht und Verbannung. Calvin, selbst ein Flüchtling, wurde zum Prediger von Flüchtlingen (vor der franz. Obrigkeit), aus denen sich seine Genfer Zuhörerschaft wesentlich zusammensetzte. Die von Calvin und seiner Gemeinde geteilten Erfahrungen an Verfolgung, Gewalt und Entheimatung spiegeln sich wie die aus diesem Buch empfangene Stärkung in seinem Umgang mit den Psalmen.

In seiner exegetisch-theologischen, auf Knappheit (*brevitas*) bedachten Arbeit an den bibl. Büchern kommen folgende hermeneutische Strategien Calvins zum Ausdruck: Er vermittelt 1. historische, literarische und philologische Informationen, die dem Leser den Kontext erhellen. Gelegentlich zeigt (und beurteilt) er 2., wie frühere Lehrer der Kirche (u.a. Augustinus) den Text verstanden haben. Er legt 3. in systematisch-theologischer Weise den bibl. Text auf bedeutende Themen der Lehre und des christl. Glaubenslebens hin aus. Verwoben mit den andern Ausführungen kommt 4. immer wieder eine theol.-praktische Ausrichtung insofern zum Vorschein, als Calvin sich nicht scheut, die bibl. Aussagen mit konkreten Fragen des Lebens zu konfrontieren. In Calvins Schriftauslegung spiegelt sich die Überzeugung, dass wir uns in der Heiligen Schrift beheimaten und durch ihre Brille, durch die "Linse des Glaubens", die Welt wahrnehmen und gewichten sollen. Diese existentielle Verankerung in der bibl. Realität macht die bis heute anhaltende Aktualität von Calvins Schriftauslegung aus. Zum Schluss sei eine Passage der Kommentierung von Ps 118,1f. herausgegriffen – auch um die unterschiedliche Akzentuierung zwischen Calvin und Luther (zu Ps 118,1 s.o.) beispielhaft aufzuzeigen (BUSCH u.a. [Hrsg.], Psalmenkommentar, 343.345):

"*Preiset den Herrn.* Wir sehen, dass David nicht nur für sich allein Gott dankt, sondern mit heller Stimme das Volk aufruft, gemeinsam ihrer Pflicht frommer Dankbarkeit nachzukommen. Das tut er jedoch nicht bloß, weil er zum Anführer und Lehrmeister für andere bestellt war, sondern weil Gott dadurch, dass er ihn zum König machte, sich seiner schwer bedrängten Gemeinde angenommen hat ... Dabei muss man sich vergegenwärtigen, ... dass uns der Anlass, Gott zu loben, eher in seiner Barmherzigkeit vor Augen gestellt wird als in seiner Macht und seinem Gericht. Zwar strahlt uns auch dort seine Herrlichkeit entgegen, doch freudig und freiwillig werden wir erst dann sein Lob anstimmen, wenn er uns mit dem Liebreiz seiner Güte wieder für sich gewinnt. Sobald die Gläubigen ihn als ihren Befreier erfahren, sahen wir in Ps 51,17, tut sich ihnen der Mund zum Lobe Gottes auf."

D) Neuzeit

Die in den westlichen Kulturen einsetzende Säkularisierung und der Bedeutungsverlust der Kirche blieben für die Bibel – respektive der ihr zugeschriebenen Deutungsmächtigkeit – und damit auch für den Psalter nicht ohne Folgen. Günter BADER (Psalterspiel, 93.123–125) spricht davon, dass der Psalter als Buch der Bücher sukzessive verklungen, verstummt und verblasst sei, sein "Spiel" aber (nur) noch in den Künsten (Ikonik, Musik und Poetik) treibe. Anthropozentrismus und Privatisierung der Religion führte zu Psalterprivation; zugleich schob sich die existentielle Auslegungsdimension in den Vordergrund. Die christologische Psalmenauslegung blieb in den Kirchen gleichwohl präsent, in besonderer Weise in den orthodoxen Konfessionen mit ihrer "liturgischen Theologie".

Was die Psalmenpoetik (Lyrik) betrifft, sind vor allen anderen zwei Namen zu nennen (vgl. dazu auch BADER, Psalterspiel, 238f.260ff.336–352.397–405): Bischof Robert Lowth (1710–1787) und Johann Gottfried Herder (1744–1803). Lowth verdanken wir die in "De sacra poesi Hebraeorum" (1753) dargelegte Bestimmung des bibelhebr. Versbaus nach dem Gesetz des *parallelismus membrorum*. Von Herder stammen "Von der lyrischen Dichtkunst" (1765) und v.a. sein grosses (unvollendet gebliebenes) Werk "Vom Geist der Ebräischen Poesie" (1782/3). Darin wird der Parallelismus und mit ihm die Poesie im Geist der Romantik stark der Empfindung zugeordnet.

Zu erwähnen ist mit Beginn der kritischen Wissenschaft eine vielfältige Kommentarliteratur zu den Psalmen, von liberalen wie konservativen Geistern. Um nur je einen Antipoden herauszugreifen, sei auf die gewichtigen Psalmenkommentare von Hermann Hupfeld (1855–61 [4 Bände], ^{3}1888 [bearbeitet von Wilhelm Nowack]) und Franz Delitzsch (1859/60 [2 Bände], ^{5}1894 [überarbeitet] = Nachdruck 2005) verwiesen. Die für die neuere Psalmenforschung bedeutenden Gelehrten Hermann Gunkel (1862–1932) und Sigmund Mowinckel (1884–1965) seien hier lediglich erwähnt, da über ihre Errungenschaften in jeder Einleitung zu den Psalmen mehr zu erfahren ist.

Neben der wiss. Psalmenkommentierung verdienen populäre, oft spirituellen bzw. frömmigkeitlichen Anliegen dienende Psalmenauslegungen und -erläuterungen ebenso Erwähnung. Herausgegriffen sei der engl. Baptistenprediger Charles Haddon Spurgeon und sein Werk "Treasury of David" (1869–1885 [7 Bände], dt. Übers. 1897: "Schatzkammer Davids"; diverse Neuauflagen). Anderer Art und aus anderer Zeit sind die Psalmenübertragungen und -erläuterungen des Berner Pfarrers und Schriftstellers Kurt Marti ("Die Psalmen Davids. Annäherungen", 1991–93 [4 Bände], mit Neuauflagen). Moderne Nach-, bzw. Neudichtungen von Psalmen bis hin zu Anti-Psalmen aus dem 20. Jh. sind gesammelt bei Paul Konrad KURZ (Gott) und erörtert von Mathias MAYER (Verstehen). Erwähnt seien ferner die Psalmenübertragungen von Arnold STADLER (Menschen) und die Psalmengebete von Pierre STUTZ (Leben). Die Übertragung von Ps 1 von STADLER (»Menschen«, 15) sei hier beispielhaft dargeboten:

> "Wunderbar der Mann,
> der nicht aufs Volk hört,
> den Leuten nicht nach dem Maul redet
> und am Stammtisch bei denen herumsitzt,
> die immer alles besser wissen.
> Das ist ein Mann, der nichts als Freude hat
> am Herrn, der ihm den Weg weist,
> Tag und Nacht.

Er wird ein Baum sein,
direkt am Wasser.
Er wird zur rechten Zeit seine Früchte
tragen.
Seine Blätter werden nicht welken.
Wo er steht, steht's gut um ihn.

Dagegen die Vergeblichen:
Sie sind nichts als Spreu,
vom Wind verweht.
Daher werden die Abwegigen nicht stehen
in der Reihe der Aufrechten, beim Gerichtstermin,
von wegen jene, die ganz abgekommen sind,
wenn Richttag ist.
Denn den Weg der Aufrechten richtet
und weist der Herr,
der Weg der Verirrten hingegen
führt von selbst zum Abgrund."

Neu entdeckt wurden in jüngerer Zeit die Klagepsalmen, nicht zuletzt im Blick auf ihre seelsorgliche bzw. therapeutische Verwendung bei Krisenverarbeitung und Trauerarbeit (vgl. etwa MÜLLER, Seele; KOWALSKI [Hrsg.], Tränen). Diverse Bögen von den bibl. Psalmen zu heutiger "Praxis" spannt die von Stephan Breck REID herausgegebene Aufsatzsammlung "Psalms and Practice". Damit ist der kurze Gang durch die Geschichte der Psalmen abgeschlossen, und wir sind in der Gegenwart angekommen.

2. Gegenwart

In diesem Schlusskapitel werden gewonnene Einsichten zu Psalter und Psalmen zusammengetragen und ansatzweise in Richtung ihrer Verwendung in Gemeinschaft/Kirche und persönlicher Spiritualität bedacht.[48] Konkretisierungen und Adaptionen in gegenwärtige Erfahrungs- und Dienstbereiche sind von den Lesenden dieses "Werkbuchs" selbst vorzunehmen. Mit den Ausführungen verbindet sich die Einladung, sich – im Sinne Calvins – in die Welt der Psalmen hineinzubegeben, in ihr mehr und mehr heimisch zu werden, um aus dieser Beheimatung heraus das an seinem Platz und zu seiner Zeit Nötige zu wagen. Dazu gehört das Gewahrwerden der eigenen kirchlichen und persönlichen "Psalmen-Tradition" mit ihren Erfahrungen, Einsichten und Beschränkungen.

[48] Vgl. zu den einzelnen Abschnitten auch die aufgeschlüsselten Literaturhinweise in Wb Pss I–III, insbesondere unter den Rubriken: "Die Psalmen in Predigt, Unterricht und Erwachsenenbildung", "Die Psalmen in Gebet, Lied und Gottesdienst", "Die Psalmen in Theologie, Seelsorge und Psychotherapie", "Die Psalmen-Dichtungen und -Nachdichtungen in der Literatur und in heutiger Spiritualität" sowie "Die Psalmen als Bilder".

A) Leitcharakteristika der Psalmen

Es gibt Eigenheiten der Psalmen, die in unterschiedlichen Konstellationen immer wieder aufscheinen und Leitcharakteristika darstellen. Sie bieten Anschlussmöglichkeiten auch für gegenwärtige Horizonte.

Das erste Phänomen möchte ich als *Zugangsoffenheit* bezeichnen. Damit ist der Umstand angesprochen, dass der Psalter verschiedenartig und vielstimmig ist und darin unterschiedliche Zugänge für einzelne und (Glaubens-)Gemeinschaften in unterschiedlichen Zeiten und Kulturen offen hält. Mit dem dargebotenen Spektrum an Aussageformen und Situationszusammenhängen laden die Psalmen ein, ihre Worte aufzunehmen, sich ihnen anzuschliessen, sie sich zu eigen zu machen, sie weiterzutragen.

Mit dem ersten Stichwort verknüpft ist das zweite: die *Aktualität*. Die Psalmen kommen aus einer anderen Zeit als der unseren und sprechen eine fremde Sprache. Zudem finden sich in ihnen Sachverhalte und Überzeugungen, die uns heute fremd und unverständlich erscheinen, manchmal sogar als abstossend empfunden werden oder zum Widerspruch herausfordern. Trotz dieser nicht zu leugnenden "Schwierigkeiten" bezeugen Menschen durch alle Zeiten hindurch und bis heute, dass sie in den alten Texten ihre Existenz gespiegelt und in (hilfreiche) Worte gefasst finden. Zur "Aktualität" trägt über die Zugangsoffenheit hinaus die Authentizität bei: Erfahrungen, Gedanken und Gefühle werden ungeschönt ausgesprochen und vor Gott gebracht.

Zum Dritten ist die *Dialogfähigkeit* zu nennen. Psalmen sind "Ausschnitte" von geschehener Kommunikation. Und sie tragen in sich die Potenz, mit ihren Worten solche zu erhalten bzw. je neu zu eröffnen. Sie führen (immer neu) in Gespräche hinein – mit Gott, mit Mitmenschen, mit sich selbst. Insbesondere wollen sie Menschen ins Gespräch mit Gott bringen (Gebet) und bauen mit ihren Worten tragfähige "Brücken" zu ihm. Gotteskommunikation als Zentrum der Spiritualität führt Glaubenserfahrung und -vertiefung mit sich.

Mit den Stichworten Zugangsoffenheit, Aktualität, Dialogfähigkeit sind besondere "Charismen", die der Psalter hat und zu uns bringt, angesprochen. Darin äussert sich die Gnade Gottes, der in seinem Wort in unsere Worte und Wirklichkeiten hinabsteigt. Alle drei Eigenheiten sind Aspekte der "Vielheit" der Psalmen, die ja selbst eine vielgestaltige Mehrzahl sind. Diese Vielzahl ist uns zugleich als Einzahl gegeben: in der Gestalt *eines* Buchs. Entsprechend ist als zur Vielfalt der Psalmen komplementäres Charakteristikum der Psalter als *Einheit und Ganzheit* zu verstehen und zu erfassen (s.o., I., III. 4. und IV.). Dies gilt es gerade in einer Zeit wie der unsrigen festzuhalten, welche in der Regel die Kategorie der Vielheit bevorzugt (Pluralismus!) und gegenüber Ansprüchen von Einheit nicht selten ablehnend reagiert. Weder Vielheit noch Einheit sind dabei von aussen hinzugebrachte bzw. aufgesetzte Sichtweisen, sondern wurzeln in der Eigenheit von Psalmen und Psalter selbst. Ist mit der Vielheit die Vielfältigkeit menschlicher Existenz(en) verbunden, so ist mit dem Band der Einheit die Zugehörigkeit zur Heiligen Schrift und damit der Charakter als Gotteswort ausgedrückt. Zur Einheit und Ganzheit gehört Autorität und Verbindlichkeit, gehört Identitätsstiftung und der Verweis auf das zum Psalter gehörende Gottesvolk: Von Israel kommt er, und zu Israel und der Kirche geht er und gehört er. Damit verbindet sich eine integrative Kraft, die auf das Wesentliche, Eine und Ganze – und damit auf Gott – ausrichtet und heilsam wirkt. Die Polyphonie wird zur Harmonie, ohne zur Monotonie zu veröden.

B) Kommunikation

Die dialogische Gestalt und Potenz der Psalmen und des Psalters ist bereits als Leitcharakteristikum angesprochen worden (s.o.). Gleichwohl soll sie in diesem Abschnitt noch vertiefter bedacht werden. Nachfolgend werden die am Dialog beteiligten Stimmen und personale Grössen erörtert, um die damit verbundenen Sinnhorizonte und Einlösungsmöglichkeiten in den Blick zu bekommen (vgl. dazu [1] II. und [3] IV. 4. und [7] VI.). Den Abschluss machen einige Gedanken zu Übermittlungsweisen.

a) Autoren

Bei einer Aussage ist nicht nur wichtig, *was* gesagt und *wie* etwas gesagt wird, sondern auch *wer* spricht. Der Absender von Worten bestimmt deren Bedeutung und Autorität wesentlich mit. Beim Psalter ergibt sich auch diesbezüglich eine Vielheit und Einheit, die mit der Gleichzeitigkeit von Menschenworten und Gotteswort konvergiert.

Wir haben es historisch gesehen mit einer Mehrzahl menschlicher "Autoren" (inkl. Redaktoren, Überlieferungskreisen) zu tun, die mit einstigen und je neuen Hörern mittels der Psalmenworte in ein Gespräch eintreten. Die historischen Verfasser der Psalmen und noch mehr die für Redaktion und Komposition des Psalters verantwortlichen Kreise blieben weithin anonym und schattenhaft. Ein derartiges "Zurückstehen" ist für damalige "Traditionsliteratur" nicht untypisch. Gegenüber der starken Betonung der Individualität in der Moderne (Copyright!) spielte Beheimatung und Funktion von Texten in einer Gemeinschaft damals eine viel grössere Rolle. Die Annahme, dass die Überschriftsangabe "zugehörig NN" ursprünglich nicht als Autorbezeichnung (in unserem Sinn) aufzufassen ist, sondern Zueignung o.ä. ausdrückt, hat denn auch einiges für sich (auch wenn eine effektive Autorschaft als Option nicht auszuschliessen ist). Wenn ein Psalm David geweiht wird, tritt der Verfasser oder die überliefernde Gruppe zurück, übereignet den Psalm dem König und zusammen mit ihm dem ganzen Volk und hat so Teil an dessen Ehre und Würde. In spät- und nachbibl. Zeit werden Zuweisungsnuancierungen in Richtung Autorschaft und damit verbunden Autorisierung vereindeutigt (s.o., II. 4.). Solche Hinweise können sensibel machen für heutige Psalmenzugänge. Es geht bei der Vielzahl seines Namens (und weiteren Namen und Gruppen) in den (ernst zu nehmenden!) Überschriften vermutlich weniger um den "historischen" als um den "theologischen" David, will heissen: Lest den Psalm als zu David und dem Gottesvolk gehörig, aber auch zusammen mit David und Israel und schliesslich auch mit dem messianischen König und seiner Gemeinde!

Vom David der Psalmen führt der Weg zum Messias Jesus. Dieser löst den David Israels weder ab noch enterbt ihn; nach der Überzeugung des NTs ist er der endzeitliche Gesalbte, der in Erfüllung der Nathan-Verheissung in Davids Fussstapfen tritt und als Davids- und Gottesssohn zum "Autor" der Psalmen wird (vgl. Ps 2,7; 110,1 mit Mt 22,41–46). Als Wort der Heiligen Schrift ist das Psalterwort "Gott-gehaucht" (2. Tim 3,16); damit ist Gott selbst als "Autor" ausgewiesen. Die Vielzahl menschlicher "Autoren"-Stimmen ist in der Autorschaft Gottes aufgehoben. In der Auslegung und Anwendung von Psalmen und Psalter in unsere Zeit hinein wird es hilfreich sein, diese unterschiedlichen "Autoren"-Ebenen fallweise einzubeziehen und für das Verstehen fruchtbar zu machen.

b) Adressaten

Wir wechseln von der Frage: *wer?* zur Frage: *an wen?* und richten das Augenmerk damit auf die Empfänger-Seite der Psalmen-Kommunikation. Beispielhaft dazu soll der Abschnitt Ps 115,9–13[49] (vgl. auch Ps 118,1–4), in dem Adressaten explizit angesprochen werden, an den Anfang gestellt werden:

115,9 Israel, vertraue auf den HERRN!
Ihre Hilfe und ihr Schild ist er.
10 Haus Aaron, vertraut auf den HERRN!
Ihre Hilfe und ihr Schild ist er.
11 Ihr, die ihr den HERRN in Ehrfurcht haltet, vertraut auf den HERRN!
Ihre Hilfe und ihr Schild ist er.
12 Der HERR hat gedacht an uns – er segne!
Er segne das Haus Israel,
er segne das Haus Aarons!
13 Er segne die den HERRN in Ehrfurcht halten,
die Kleinen zusammen mit den Grossen!

In dieser Passage werden in einem gottesdienstlichen Zusammenhang drei Kollektive bzw. Gruppen angesprochen: Israel, das Haus Aarons und die Gottesfürchtigen (die JHWH in Ehrfurcht halten). Transponieren wir den Ursprungskreis auf einen bibelkanonischen bzw. gegenwärtigen Horizont, lassen sich in Analogie dazu drei (gottesdienstliche) Adressaten-Gruppen benennen: (1.) Israel bzw. die jüd. Glaubensgemeinde, (2.) die Verantwortungsträger in Gemeinde und Gottesdienst sowie (3.) die (heiden)christl. Glaubensgemeinde (Kirche). Insofern wir nicht in die höhnische Frage: "Wo ist denn ihr Gott?" (Ps 115,2) einstimmen und eigene Götter pflegen, sondern mit Israel dem Namen Gottes die Ehre geben (vgl. Ps 115,1), dürfen auch Christusgläubige aus den Nationen sich zu den Adressaten nicht nur dieses Psalms, sondern des Psalters insgesamt rechnen.[50] Unter Hinzuziehung des verwandten Psalmabschnitts 118,1–4 zeigt sich dabei, dass die Adressierten zur Interaktion herausgefordert werden.

Es kann hilfreich sein, solche und ähnliche Adressaten-Hinweise bei der Vermittlung an heutige Empfänger von Psalmen und Psalter zu bedenken. Analogien wie Unterschiede können dabei ansichtig werden, aber auch mögliche Kommunikationsstörungen bzw. -hindernisse ins Blickfeld treten. Die Über-setzung und Neukontextuierung von altorientalischen Überlieferungen in postmoderne Kulturen birgt allerdings nicht geringe Herausforderungen und nötigt zu (Er-)Klärungsarbeit. Namentlich die enge Verschlungenheit von Volks-, Gottes- und Selbstbezug, in der ein Leben ohne "Religion" – selbst wenn Gott als abwesend beklagt oder dies (von "Feinden") behauptet wurde – undenkbar war, ist in unserer "säkularen" Kultur so nicht mehr bzw. anders (vgl. etwa quasi-religiöse Phänomene in der Sport- und Musikkultur) gegeben. Es bedarf tragfähiger "Brücken" zwischen der bibl. und der gegenwärtigen Welt und Gemeinde. Zugleich ist die in den Psalmen beheimatete Fremdheit und Abständigkeit zu

---

[49] Vgl. Wb Pss II, 240–244. Der Abschnitt findet sich in einem Psalm, der aufgrund seiner theologisch-polemischen, zugleich mit einem "seelsorglichen" Akzent versehenen Auseinandersetzung mit Götzenverehrung in unserem postmodernen, multireligiösen Kontext nicht ohne Aktualität und Brisanz ist.

[50] Die Ausweitung des Adressatenkreises über Israel hinaus ist den Psalmen nicht aufoktroyiert, sondern hat ihren Anhalt in universalistischen Aussagen der Psalmen selbst (vgl. etwa Ps 96,1.7–9; 98,2–4; 100,1f.; 117,1f.; 148,11f.).

bewahren und auf eine platte "Verträglichkeitsprüfung", die auf eine Reduktionierung und Domestizierung der bibl. Texte hinauslaufen würde, zu verzichten. Für unsere Zeit brisante Aussagen und Themen (wie "Feinde", "Rachewünsche" u.a.) finden sich darin genug. Dürfen die Psalmen nur noch "Zeitgemässes" und allgemein Akzeptiertes sagen, werden sie ihres Wortes beraubt.

c) Übermittlungen

Die (gottesdienstliche) Gemeinschaft ist der privilegierte Ort der Psalmen. Nach evang. Verständnis erwächst der Glaube aus dem Hören auf das Wort Christi bzw. der Schrift (vgl. Röm 10,17). Auf sie führt die Liturgie hin, von ihr kommt die Predigt her. Das Schriftwort soll – in doppeltem Sinn – *an-sprechen.*

Die Verlesung ist eine wichtige Form der Schrift-Präsenz. Sie bedarf besonderer Aufmerksamkeit und Vorbereitung. Dazu gehört die Wahl der Übersetzung. Mögen für den privaten Gebrauch verschiedenste Übersetzungen dienlich sein, so ist bei der liturgischen Verwendung nicht geraten, allzu viel zu experimentieren, sondern der Gemeinde eine Übersetzung vorzutragen, die einerseits dichterische Qualität aufweist, andererseits ihr durch wiederholten Gebrauch vertraut ist. Das schliesst nicht aus, davon abweichend, gelegentlich Übertragungen bzw. Paraphrasierungen zu verwenden. Diese bieten Momente des Ungewohnten und ermöglichen überraschende Effekte und neue Einsichten. Für die liturgische Lesung bietet sich auch die Möglichkeit an, Psalmen auf Sprecher(gruppen) aufzuteilen. Parallelismen, strophische Gliederung, unterschiedliche Textstimmen, Refrains u.ä. können als Strukturen für Wechsellesungen dienen.

Die Wahrnehmung der "Gattung", der ein Psalm (mehr oder weniger deutlich) zugehört, hilft mit zur Anwendung in (einigermassen) analoge, heutige Lebens- und Funktionszusammenhänge (vgl. [3] II.). Zusammen mit dem Inhalt vermittelt sie Hinweise für eine (formularische) Verwendung innerhalb der gottesdienstlichen Liturgie: vom Eröffnungspsalm (Introitus), über den Antwort-, den Fürbitte-, den Sanctus- und Lobpsalm bis hin zum Segenspsalm.

Zur Eigenheit der Psalmen gehört, dass sie sowohl als Schriftlesung (mit belehrender Absicht) als auch als Gebet verwendet werden können. Die Mitbeteiligung der Gemeinde kann durch interaktive Formen des Lesens, Sprechens und Hörens gefördert werden. Formen hierzu sind etwa die zwischen Liturg und Gemeinde abwechselnde Lesung, das "Antworten" der Gemeinde mit liturgischen Formeln oder die Verteilung auf Sprechchöre bzw. -gruppen. Psalmen, in denen unterschiedliche Stimmen zu Wort kommen, eignen sich für rollenverteiltes Lesen oder Beten besonders gut.

Über den Gottesdienst hinaus sind weitere Übermittlungsgefässe und -formen wie Unterricht, Hauskreise, Erwachsenenbildung, Seelsorge, persönlicher Gebrauch in Meditation und Gebet in Betracht zu ziehen. Dabei sind auch Überlegungen angebracht, wie neben dem geläufigen "Einzelgebrauch" von Psalmen der Psalter als Ganzer (oder ein grösserer Teil davon) vermittelt werden kann. Dazu zwei Beispiele: (1.) Im Gemeindekontext wird eine etappierte Fortlesung von Psalm zu Psalm vorgetragen, um damit verbundene Sinnanreicherungen zu vermitteln (evtl. unterbrochen durch Erläuterungen oder Musikstücke); (2.) für die persönliche Meditation und Spiritualität lässt man sich den Psalter via erhältliche Tonträger (wiederholt) vorsprechen und bedenkt auf diese Weise die Psalmen vertieft in ihrem Buchzusammenhang.

C) Gestalten

Dass mittels der *Form* einer Darbietung die Vermittlung und Aufnahme des *Inhalts* mitgesteuert wird, ist evident. Dies gilt in besonderem Mass für verspoetische Ausdrucksweisen, in denen Gestalt und Gehalt eng verwoben sind. Wir haben die involvierten Makrogattungen/Genres als "Poesie" (Psalmen) und "unterweisende Erzählung" (Psalter) bestimmt, ihre Erfassung durch Wiederholung (*lectio repetitiva*) und Fortlesung (*lectio continua*) bedacht und ihre Verschränkung als Besonderheit des Psalters eingeschätzt (vgl. 7 III.). Dazu sollen einige sich daraus ergebende Folgerungen für Theologie und Praxis in heutigem Kontext bedacht werden.

a) Poesie und unterweisende Erzählung

Psalmenpoesie ist voll sprachlicher Schönheit. Sie ist einerseits kurz und dicht, andererseits vielfältig und bedeutungsoffen. Sie kommt nicht ohne Begriffe aus, verwendet diese aber nicht definitorisch, sondern liebt das Spiel mit der Mehrdeutigkeit. Es handelt sich um eine Sprachform, die schwergewichtig nicht auf Denken und Konzepte aus ist, sondern auch Sinne und Emotionen aus- und anspricht sowie auf Handlungen abzielt. In den Sprachbildern verbindet sich das Hören mit dem Sehen. Zugleich ist die Psalmenpoesie hochgradig kommunikativ – auch dort, wo Kommunikation abbricht, ihr Fehlen eingeklagt oder danach getrachtet wird, diese neu herzustellen. Schliesslich handelt es sich bei den Psalmen um lyrische Poesie; sie wird (weithin) gesanglich dargeboten, teils mit Instrumentenspiel begleitet (s.o., III. 2.).

Der Psalter in seiner Verkettung von Psalmen (mit ihren Überschriften) erzählt Geschichten und bietet Geschichte dar. Ist Poesie stärker dem Raum zugeordnet, so Erzählung der Zeit. Sie hat einen Verlauf, bewegt und entwickelt sich, kennt Stationen und Personen. Sie hat eine Disposition, einen Anfang und ein Ende. Der Psalter als (Quasi-)Erzählung will verkündigen, lehren, unterweisen, das Gottvertrauen gründen und stärken und hat damit eine Nähe zur "Predigt" (s.o., III. 3.).

Diese Doppelgestalt ist im Blick auf Verwendungsweisen in der Gegenwart zu bedenken und zu implementieren (s.o., III. 4.). Die Psalmen als Poesie haben ihren primären Ort in der Liturgie (Lesung, Gebet, Gesang), der Psalter als unterweisende Erzählung dagegen eher in Verkündigung, Lehre und Unterricht. In der Verwendung in Seelsorge und für die persönliche oder gemeinschaftliche Spiritualität kommen beide Momente zum Tragen. Allerdings sind die beiden Gestaltweisen und ihre Funktion nicht zu separieren, vielmehr zu integrieren, sind sie doch in- und miteinander gegeben. Mit ihrem Fokus auf Detailansicht (Poesie, Psalm) und Gesamtperspektive (unterweisende Erzählung, Psalter) ergänzen sie sich und verflechten Wort *zu* Gott (Poesie, Psalmgebet) und Wort *von* Gott (Unterweisung, Psaltererzählung).

b) Klänge, Bilder, Bewegungen

Werden die Psalmen intoniert und musikalisch begleitet, kommen sie nochmals anders zum Klingen. Musik erreicht tiefere Schichten unseres Gemüts als das gesprochene Wort. Dies gilt verstärkt, wenn man nicht nur hörend, sondern partizipierend – und erst recht innerhalb einer Gemeinschaft – beteiligt ist. Entsprechend vermögen Vertonungen – stärker als Worte allein – in den Psalmen angesprochene Gefühle, Erfahrungen, Handlungsweisen zu vermitteln und zu wecken. Psalmenmusik stiftet Harmonie und Identität und bringt sie in den Sozialformen Gottesbeziehung, Gemeindebeziehung, Selbstbeziehung zum Ausdruck respektive konstituiert diese mit. Ihr eignet eine transformierende, seelsorglich-heilsame Fähigkeit. Die Tradition des Psalmengesangs hat von Israel über die Alte Kirche und die klösterlichen Liturgien bis heute eine lange Geschichte mit grossem Reichtum (s.o., I. 3., III. 1./2. und VII. 1.) – ein Fundus, der (neu) entdeckt und gehoben werden kann. Viele Kirchengesangbücher enthalten Psalmvertonungen und an Psalmworte angelehnte Nachdichtungen, die singbar gemacht wurden.[51] Und neue Erfahrungen können – wie in den bibl. Psalmen selber – neue Lieder und/oder Melodien hervorrufen. Zwischen dem Sprechen und dem Singen steht das Kantillieren von Psalmen, welches ebenfalls eine lange Tradition aufweist. Schliesslich gesellt sich zum vokalen Psalmenvortrag die Instrumentalbegleitung – von der Orgelmusik bis zur Begleitung mit Saiteninstrumenten, Flöten, Rhythmusinstrumenten und anderen mehr. Auch konzertante Psalmenaufführungen vermögen Psalmen nahezubringen. Vergleichbare Beteiligungsformen wie bei der Verlesung sind auch bei vokalem und instrumentalem Vortragen von Psalmen denkbar – vom Sologesang über den Chorgesang sowie den Wechselgesang bis hin zum Gemeindegesang, und vom Soloinstrument über Gruppeninstrumentierungen bis hin zum Orchester. Zudem besteht heute die Möglichkeit von Einspielungen mittels Tonträgern. Namentlich die Darbringung von Gotteslob geschieht weithin in gesungener und musizierter Form – dies bestätigt ein Blick auf den himmlischen Gottesdienst (vgl. Lk 2,13f.; Offb 5,9f.; 14,1–3). Entsprechend gehört Psalmenmusik, in der Wort, Bedeutung und Klang in enge Wechselbeziehung treten, zum Herzstück christl. Gottesdienste.

Gegenüber der bibl. Welt leben wir heute in einer stark visualisierten und digitalisierten Zeit. Die "Wortbilder" der Psalmen sind die ersten Formen der Sichtbarwerdung des Psalters (s.o., III. 2. D). Sie, aber auch andere Sequenzen aus den Psalmen laden ein, ihnen mit künstlerischem oder seelsorglich-therapeutischem Anliegen Gestalt zu geben: mit Zeichnungen, Gemälden, Collagen oder Plastiken, hergestellt aus Knetmasse, Ton, Holz, Stein, Metallen oder andern Materialien. Wir können primäre oder sekundäre Psalmen-Bilder oder -Gegenstände meditieren. Mit ihnen lassen sich Gefühle, Einstellungen, Sichtweisen verbinden, ausdrücken, bearbeiten. Bevor Bilder äusserlich Gestalt annehmen können, bedarf es meist innerer Bilder, die durch Prozesse des Imaginierens und Assoziierens zustande kommen. Ähnlich wie bei der Musik erreichen Bilder und Symbole andere bzw. tiefere Schichten unseres Menschseins als dies durch das Wort allein geschieht. Von daher hat die Betrachtung und Bearbeitung solcher "Psalmen"-Bilder über den Unterricht und die Erwachsenenbildung hinaus in Seelsorge und (Psycho-)Therapie einen besonderen Platz. Für die Meditation, den Gottesdienst oder andere gemeindliche Gefässe eignen sich auch mit Psalmen verbundene Visualisierungen (Bilder, Photos). Dazu steht uns heute eine Vielzahl von Hilfsmitteln zur Verfügung. Im Übrigen kann selbst der Text von Psalmen "ins Bild gesetzt" werden. Die Psalmen mit ihrem Wiederverwendungscharakter laden geradezu ein, sie "midraschartig" mit anderen (Bibel-)Texten, eigenen Kommentierungen oder aktuellen Erfahrungen auch bildlich ins Gespräch zu bringen bzw. neu zu ver(kon)texten.

---

[51] Angaben, unter welcher Nummer der jeweilige Psalm in den deutschsprachigen Kirchengesangbüchern der grossen Konfessionen textlich oder vertont vorhanden ist, finden sich in Wb Pss I/II am Ende jeder Psalm-Erörterung.

Psalmworte sind schliesslich auch Ver-laut-barungen bzw. Sprechbewegungen, die ihrerseits "bewegen" wollen. Sie vollziehen sich zunächst in der rhythmisch-strukturierten Wiedergabe der in Versen geformten Psalmen (vgl. III. 2. C). Im Weiteren ist daran zu erinnern, dass die Aufführung des ersten Lieds, welches das Gottesvolk in der Bibel anstimmt (vgl. Ex 15,1–18.21), durch "Bewegungen", Schlagen der Handpauke und Reigentanz, begleitet wurde. Über die Aufführung hinaus verweisen auch Psalmeninhalte auf Bewegungen und sprechen von ihnen. Diese genannten, auf Gestaltung wie Gehalt bezogenen "Bewegungsweisen" regen an, aufgenommen und "performt" zu werden. Dazu gehören Gebärden (Mimik, Gestik), (Ausdrucks-)Tanz, Pantomime, Anspiel, filmische Sequenzen und weitere Formen. Impulse aus der neueren Homiletik und Liturgik aufnehmend, bietet es sich ferner an, Psalmen mit ihrer oft hohen Dramatik zu inszenieren bzw. in szenische Darstellungen zu transponieren. Dabei können – selbst in einer Kirche – unterschiedliche Handlungsorte (z.B. Kanzel, Kirchenschiff, Empore etc.), Zeitdimensionen, Platzierungen und Personen(gruppen) choreographisch verbunden werden. Mit derartigen Formen von "Liturgie" kann die in den Psalmen zum Ausdruck kommende Intensität und Dynamik im modernen Kontext aktualisiert und erlebbar gemacht werden. Sollen nicht nur einzelne Psalmen, sondern der Psalter oder jedenfalls Teile davon in Bewegung umgesetzt werden, so lässt sich dies in der Form eines Stationenwegs tun. So kann auch der Wechsel von Leid und Zuversicht, Freude und Leid, Notgeschrei und Gotteslob zum Ausdruck gebracht und zu einer Ganzheit gefügt werden, die Leben und Glauben entspricht.

D) Verwendungsweisen

Die Ouvertüre (Ps 1–3) hat den Psalter als Mit- und Ineinander von "Liturgie", "Prophetie" und "Weisheit" verstehen gelernt (vgl. 2 IV.). Einiges von dem, in diesen Leserichtungen und Bedeutungshorizonten eingelagerten Reichtum konnte entfaltet werden (vgl. 3 bis 6). Nachfolgend sollen diese Verstehensperspektiven auf mögliche Verwendungsweisen hin geöffnet werden.

a) Liturgie

Bei der "Liturgie" steht die Verwendung der Psalmen als gesprochenes oder gesungenes *Gebet und Gotteslob*, insbesondere im Gottesdienst, im Vordergrund. In der (kirchlichen) Verwendung wird es darum gehen, damalige Situations- und Verwendungszusammenhänge unter Mitbedenkung ihrer Wirkungsgeschichte für heutige Verwendungen fruchtbar zu machen. Das persönliche Gebet ist der Liturgie zugewiesen, weil der Betende zur Gemeinde derer gehört, die Gott anrufen. Das Beten in Vereinzelung und Not hat – in der Sicht der Psalmen – als Ziel die Neuintegration in die Heilsgemeinschaft Gottes und seines Volkes. Ausgang und Mitte allen Betens ist die Anrufung Gottes mit seinem Namen und in der Vielfalt der für ihn gewählten Bezeichnungen, die verschiedene Aspekte seines Wirkens offenlegen (s.o., VI.). Zur christl. Psalmen-Liturgie gehört die Anrufung Jesu als *kürios*, die ihr Vorbild in den vielfachen *kürie*-Anrufungen Jesu der Evangelien hat.[52] Ihren Höhepunkt und ihr Ziel hat die liturgische Verwendungsweise der Psalmen im Gotteslob als Antwort auf das Wunderwirken Gottes in Schöpfung und Geschichte zum Heil seines Volkes. Im Vollzug christl. Betens (auch) mit den bibl. Psalmen ist eine trinitarische Kommunikation (Beten zum Vater, in Jesu Namen, mit dem Heiligen Geist) angemessen.

Besondere Bedeutung und Kraft für die (Erneuerung der) Psalmenverwendung als Gebet und für die darin zum Ausdruck kommende spirituelle Dimension fliesst aus dem Bedenken der Wechselseitigkeit von Menschenwort und Gotteswort sowie dem Einbezug von Jesus Christus als davidisch-messianischem Beter (s.o., VI. 1.): Er leiht uns in und mit den Psalmen sein Wort, in welchem er zu uns spricht und wir zugleich im identifizierenden Nachbeten oder -singen der Psalmen unsere Worte zu ihm bringen dürfen. Weil es zugleich seine Worte sind, sind sie "recht" gesprochen und dürfen mit Erhörung rechnen.

b) Prophetie

Die proph. Dimension ist im Psalter selbst angelegt (vgl. 4 III.) und in der Wirkungs- und Verwendungsgeschichte in vielerlei Weise eingelöst worden (vgl. 4 II. 3. und 7 V. 3., VII. 1.). Als proph. gedeutete Schrift lässt der Psalter uns Christus zum Heil erkennen. In ihm spiegeln sich seine göttliche Sendung und zugleich sein irdischer Leidensweg. Wie die Psalmen als erfüllte Prophetie auf Christus hin und von ihm her gelesen werden können, tun uns die Schriften des NTs, aber auch die christologische Auslegung der Kirche kund. Sie zeigen Einlösungsmöglichkeiten der in den Psalmen sich äussernden Stimme(n) als Stimme(n) Christi, über/von Christus, an Christus oder auch mit Christus (s.o., VII. 1. B).

Der Jahres- und Festkalender bietet reichlich Möglichkeiten, den Weg und das Wirken Christi anhand von Psalmen aufzuzeigen (vgl. 3 III. 2. D e): in der Passions- und Osterzeit mit den entsprechenden Psalmworten (u.a. aus Ps 16; 22; 69), mit denen das NT sein Leiden, Sterben und Auferstehen aussagt bzw. deutet, oder in der Advents- und Weihnachtszeit durch Passagen aus königlichen-messianischen und anderen Psalmen (u.a. aus Ps 2; 45; 118; 145). Die Adventszeit eröffnet zudem Horizonte proph. Erwartung und Erfüllung (Wiederkunft Jesu Christi, Realisierung des Reiches Gottes). Die Vermittlung von Hoffnung war und ist eine wesentliche Dimension proph. Psalmlesung und -deutung.

---

[52] Die Bedeutung des Glaubensbekenntnisses *kürios Iäsous* "HERR ist Jesus" stellt der Apostel Paulus mit folgenden Worten heraus: "… das ist das Wort des Glaubens, das wir verkündigen, dass, wenn du mit dem Mund bekennst 'Herr ist Jesus' und glaubst in deinem Herzen, dass Gott ihn auferweckt hat aus den Toten, du errettet werden wirst. Denn mit dem Herzen wird geglaubt zur Gerechtigkeit, mit dem Mund aber wird bekannt zur Rettung. Denn es gibt hier kein Unterschied zwischen Jude und Grieche. Denn er ist Herr über alle, reich für alle, die ihn anrufen. Denn jeder, wer immer den Namen des Herrn anrufen wird, wird errettet werden." (Röm 10,8b–13)

c) Weisheit

Bibl. Weisheit (vgl. 5) lehrt den Psalter als Gotteswort verstehen und will uns darin und damit unterweisen. Vermittelt eine proph. Psalmenlesung Hoffnung für die Zukunft, so gibt eine Tora- und Weisheits-bezogene Psalmenlesung der Gemeinschaft Glaube für die Gegenwart. Diese von Sue GILLINGHAM (Liturgy, 477) vorgeschlagene funktionale Differenzierung zeigt Richtiges. Allerdings sind beide Interpretationsweisen verknüpft und zeigen Überschneidungen. Das äussert sich etwa darin, dass Prophetie nicht nur auf die Zukunft gerichtet ist, sondern ebenso sehr die Gegenwart deutet.

Die Rezeption des Psalters unter weish. Aspekt kann unterschiedlich geschehen. Weisheits- und Tora-Psalmen laden zur persönlichen Meditation und Reflexion ein. Ihnen ist ein pädagogisches Moment eigen: Einerseits belehren und vergewissern sie, andererseits führen sie zu Klärungen hin und fordern zu Entscheidungen heraus. Über die individuelle Betrachtung und Erbauung hinaus ist an weish. Psalmeninterpretation unter dem Stichwort "Glaubensgemeinde als Lerngemeinschaft" zu denken: Unterweisung (Katechetik), Predigt, Erwachsenenbildung u.a. Vergegenwärtigung und Aktualisierung von in den Psalmen präsenter Heilsgeschichte bieten zusammen mit dem Schöpfungslob weitere Anschlussmöglichkeiten (und lassen sich oft mit Stationen des Festkalenders oder Jahreszeiten verbinden). Darüber hinaus ist der Psalter als Ganzer weisheitlich bestimmt: in der Abfolge und sinnstiftenden Verkettung der Psalmen zu einer "unterweisenden Erzählung". Auswendig- oder besser Inwendiglernen, also die Memorierung und Verinnerlichung (vgl. Ps 1,2), ist Ausdruck von Weisheit. Das Ziel ist die Gottesnähe und -liebe, die gelingendes Leben zuteilwerden lässt. Diese Gesamtperspektive wird in der Psalmenforschung gegenwärtig zwar stark reflektiert, in der kirchlichen und frömmigkeitlichen Praxis kommt ihr aber – abgesehen von klösterlichen Gemeinschaften – noch kaum der ihr gebührende Stellenwert zu. Schliesslich macht die Weisheit deutlich und zeigt es im Schlussfinale des Psalters (Ps 145/146–150) an (vgl. 6), dass Ziel und Erfüllung im Lobpreis liegen, in den zur Ehre Gottes die gesamte Schöpfung einstimmt.

E) Ein Wort zum Schluss

Die aufgewiesene Dreidimensionalität als Liturgie, Prophetie und Weisheit macht die Besonderheit dieses Buches aus, in dem die Bibel sich einzigartig verdichtet. Martin Luthers Wort von der "Kleinen Biblia" bringt dies auf den Punkt. Der Überblick über Vielheit und Einheit, Kommunikation, Gestalten und Verwendungsweisen wollte einige Anstösse zur Einlösung des Psalters und seiner Psalmen in heutigen kirchlichen und anderen Kontexten geben. Die Vielfalt lädt zum Experimentieren ein, soll aber nicht zu einem Zuviel verleiten. Auch Stille und eine bewusste Reduktion der Sinnhaftigkeit können den Boden bereiten, dass die Psalmen in und mit ihrer Schönheit, Ausdruckskraft und Botschaft (neu) zum Sprechen kommen. In allem ist stets zu fragen, welche Texte und Formen sowohl dem Psalter als auch der jeweiligen (gemeindlichen) Situation angemessen sind – mit dem Ziel, dass die Psalmen nicht entmündigt werden, ihr Wort vielmehr behalten und es den Menschen unserer Zeit darzureichen und an sie auszurichten vermögen – *soli Deo gloria.*

LITERATURVERZEICHNIS

Nachfolgend ist neue Literatur zu Psalmen und Psalter (ab ca. 1990) zusammengetragen, insofern sie nicht bereits in Wb Pss I/II aufgelistet wurde. Die Rubriken sind identisch mit denen in Wb Pss I/II (ausser dass in I. 3. zur besseren Übersichtlichkeit der betreffende Psalm vorangestellt ist). Sie dienen zur thematischen Erschliessung (Titel werden mehrfach aufgeführt, wenn sie zu mehreren Psalmen oder Rubriken gehören). Was die Abkürzungen bei bibliographischen Angaben (Zeitschriften, Buchreihen etc.) angeht, richten sich diese nach S.M. SCHWERTNER, Internationales Abkürzungsverzeichnis für Theologie und Grenzgebiete (IATG²), Berlin – New York, NY ²1992 bzw. S.M. SCHWERTNER, Theologische Realenzyklopädie. Abkürzungsverzeichnis, Berlin – New York, NY ²1994 oder: Abkürzungen Theologie und Religionswissenschaften nach RGG⁴ (UTB 2868), Tübingen 2007.

I. Literatur zu Psalmen und Psalter

1. Textausgaben und allgemeinverständliche Erläuterungen

BENEDIKT XVI., Die Botschaft der Psalmen. Mit dem Papst beten, Stuttgart 2006

BERG S. / BERG H.K., "Wach auf, meine Seele". Mit Psalmen das Leben entdecken, Stuttgart / München 2003

BOECKER H.J., Das Lob des Schöpfers in den Psalmen, Neukirchen-Vluyn 2008

DIETRICH W., Marburger Psalter. Lebensgesänge dieser Zeit, Münster 2004

DUNKAN J.M., The Book of Psalms: A Panoramic View of the Bible, Philadelphia, PA 2006

EATON J.H., Meditating the Psalms, Louisville, KY 2004

EGGERS U. (Hrsg), Lobe… und du lebst! Mit den Psalmen durch das Jahr, Wuppertal 2008.

Elberfelder Bibel 2006. Standardausgabe, Witten 2006

FENZ A.K., Das grosse Buch der Psalmen. Der Psalter neu übersetzt mit vertiefenden Meditationen, Leipzig 2007

GUARDINI R., Deutscher Psalter, Ostfildern 2010

HOFMANN S., Der Ingolstädter Psalter. Ein deutscher Psalter des Spätmittelalters aus der Universitätsbibliothek Heidelberg, Regensburg 2010

KAPP E., Denn bei dir ist die Quelle des Lebens. Ein Psalmenbrevier, Stuttgart 2005

KIZHAKKEYIL S., The Psalms: The Prayer Book of the Bible, Ruhalaya, Ujjain (India) 2005

KOHLENBERGER J.R. (Ed.), A Comparative Psalter: Hebrew (Masoretic Text) – Revised Standard Version Bible – The New English Translation of the Septuagint – Greek (Septuagint), Oxford 2007

KRAUS W. / KARRER M. (Hrsg.), Septuaginta Deutsch. Das griechische Alte Testament in deutscher Übersetzung, Stuttgart 2009

KUNTZ M., Die Psalmen in ihrer strophischen Gestalt, Stuttgart 2008

LEWIS A.M., The Lord Is My Shepherd: Psalms to Accompany Us on Our Journey Through Aging, Grand Rapids, MI – Cambridge U.K. 2003

MANSER M., Die schönsten Worte der Psalmen, Giessen 2004

Mönche lesen die schönsten Psalmen des Münsterschwarzacher Psalters (2 Audio-CDs), Münsterschwarzach 2009

Münsterschwarzacher Psalter. Die Psalmen, Münsterschwarzach 2003

MUNTANJOHL F. / HEYMEL M., Du stellst meine Füße auf weiten Raum. Psalmworte für schöne und schwere Tage, Gütersloh 2010
NIEUVIARTS J. u.a., Guide de lecture et de prière des Psaumes, Montrouge 2008
JOHANNES PAUL II. / BENEDIKT XVI., Die Psalmen. Das Abendgebet der Kirche, Augsburg 2006
PETERS B., Das Buch der Psalmen. Teil 1: Psalm 1–41, Dillenburg 2004
RÖMER T., Psaumes interdits. Du silence à la violence de Dieu, Poliez-le-Grand 2007
STEUSSY M.J., Psalms (Chalice Commentaries for Today), St. Louis, MO 2004
STIER F., Mit Psalmen beten, Stuttgart 2010 (Neuausgabe, herausgegeben von E. BECK)
Stuttgarter Psalter (Einheitsübersetzung). Mit Einleitungen und Kurzkommentaren von Erich Zenger, Stuttgart 2005
WALTKE B.K. / HOUSTON J.M., The Psalms. A Devotional Commentary, Grand Rapids, MI 2009
WALTNER J.H., Psalms (Believer's Church Bible Commentary), Scottdale, PA 2006
WEIGAND S., 100 Psalmworte, Freiburg i.Br. 2010
ZEHENDNER C. (Hrsg.), Im Blick. Neue Fenster in die Welt der Psalmen, Giessen – Basel 2004
Zürcher Bibel 2007, Zürich 2007

2. Wissenschaftliche Literatur zum Psalter insgesamt und zu einzelnen Teilgruppen

ACHENBACH R., Zum Sitz im Leben mesopotamischer und altisraelitischer Klagegebete. Teil I: Zum rituellen Umgang mit Unheilsdrohungen in Mesopotamien, ZAW 116 (2004) 364–378
ACHENBACH R., Zum Sitz im Leben mesopotamischer und altisraelitischer Klagegebete. Teil II: Klagegebet des Einzelnen im Psalter, ZAW 116 (2004) 581–594
ALBREKTSON B., Två psaltarställen i den nya bibelöversättningen, SEÅ 70 (2005) 11–20
AUFFRET P., Que seulement de tes yeux tu regardes... Étude structurelle de treize Psaumes (BZAW 330), Berlin – New York, NY 2003
AUSLOOS H., למנצח in the Psalm Headings and Its Equivalent in LXX, in: M.K.H. PETERS (Ed.), XII Congress of the International Organization for Septuagint and Cognate Studies. Leiden, 2004 (SBL.SCSt 54) Atlanta, GA 2006, 131–139
AUWERS J.-M., Où va l'exégèse du Psautier? Bilan de six années d'études psalmiques (1995–2000), RTL 32 (2001) 374–410
AUWERS J.-M., Les voies de l'exégèse canonique du Psautier, in: J.-M. AUWERS / H.J. DE JONGE (Ed.), The Biblical Canons (BEThL 163), Leuven 2003, 5–26
AUWERS J.-M., "Psalmodiez intelligemment" (Ps 46,8 LXX). Publications récentes sur le Psautier, RTL 37 (2006) 60–78
AUWERS J.-M., Le Psautier comme livre biblique. Édition, rédaction, fonction, in: E. ZENGER (Ed.), The Composition of the Book of Psalms (BEThL 238), Leuven 2010, 67–89
AVRAHAMI Y., בוש in the Psalms – Shame or Disappointment?, JSOT 34 (2010) 295–313
BADER G., Psalterspiel. Skizze einer Theologie des Psalters (HUTh 54), Tübingen 2009
BALLARD H.W., Reading the Psalms in Light of 9-11: The Dialectic of War and Peace as a *Leitmotif* in the Psalms of Ascents, PRSt 31 (2004) 441–451
BALLHORN E., "Glücklich der Mensch...". Weisung und Gebrauchsanweisung für das Psalmenbuch, PBl (2003) 12–16
BALLHORN E., Zur Pragmatik des Psalters als eschatologisches Lehrbuch und Identitätsbuch Israels, in: A. GERHARDS u.a. (Hrsg.), Identität durch Gebet. Zur gemeinschaftsbildenden Funktion institutionalisierten Betens in Judentum und Christentum (Studien zu Judentum und Christentum), Paderborn u.a. 2003, 241–259
BALLHORN E., Die gefährliche Doxologie. Eine Theologie des Gotteslobs in den Psalmen, BiLi 77 (2004) 11–19

BALLHORN E., Kontext wird Text. Die Psalmen in Forschungsgeschichte, in biblischer Zeit und in christlicher Liturgie, BiLi 77 (2004) 161–170

BALLHORN E., Zum Telos des Psalters. Der Textzusammenhang des Vierten und Fünften Psalmenbuches (Ps 90–150) (BBB 138), Berlin – Wien 2004

BALLHORN E., Der Torapsalter. Vom Gebetbuch zum Buch der Weisung, BiKi 65 (2010) 24–27

BARBIERO G., Le premier livret du Psautier (Ps 1–41). Une étude synchronique, RevSR 77 (2003) 439–480

BARBIERO G., Il regno di JHWH e del suo Messia. Salmi scelti dal primo libro del Salterio (Studia Biblica 7), Rom 2008

BARKER D.G., Voices for the Pilgrimage: A Study in the Psalms of Ascent, ET 116 (2004/5) 109–116

BARRERA J.T., Libro de los Salmos, Madrid 2001

BARTHÉLEMY D., Critique textuelle de l'Ancien Testament: Tome 4. Psaumes (OBO 50/IV), Fribourg 2005

BASSON A., 'Die Here is my skild': Metaforiese Spreke oor God in 'n Seleksie Outestamentiese Psalms, Scriptura 81 (2002) 344–353

BASSON A., Divine Metaphors in Selected Hebrew Psalms of Lamentation (FAT II/15), Tübingen 2006

BAUER U.F.W., Rachgier – Lohnsucht – Aberwitz: Eine Analyse antijudaistischer Interpretationen und Sprachmuster in Psalmenkommentaren des deutschen Protestantismus im 19. und 20. Jahrhundert (ATM 22), Münster 2009

BECKING B. / PEELS E. (Ed.), Psalms and Prayers. Papers Read at the Joint Meeting of the Society of Old Testament Study and Het Oudtestamentisch Werkgezelschap in Nederland en België, Apeldoorn August 2006 (OTS 55), Leiden – Boston, MA 2007

BECKWITH R.T., Factors Bearing on the Early History of the Psalter, in: R.T. BECKWITH, Calendar, Chronology and Worship: Studies in Ancient Judaism and Early Christianity (AGJU 61), Leiden 2005, 147–170

BELLINGER W.H., Psalms: Reading and Studying the Book of Praises, Peabody, MA 2009

BERGES U., "God staat aan de kant van de armen" (Ps. 109,31). Armoede en rijkdom in het psalmenboek, TTh 44 (2004) 108–123

BERNSTEIN M.J., A Jewish Reading of Psalms: Some Observations on the Method of the Aramaic Targum, in: P.W. FLINT / P.D. MILLER (Ed.), The Book of Psalms. Composition and Reception (VT.S 99 / Formation and Interpretation of Old Testament Literature 4), Leiden – Boston, MA 2005, 476–504

BOADT L., The Use of "Panels" in the Structure of Psalms 73–83, CBQ 66 (2004) 533–550

BODA M.J., The Priceless Gain of Penitence: From Communal Lament to Penitential Prayer in the "Exilic" Liturgy of Israel, HBT 25 (2003) 51–75

BOECKER H.J., Das Lob des Schöpfers in den Psalmen, Neukirchen-Vluyn 2008

BONS E., L'approche canonique du livre des Psaumes. À propos de deux monographies récentes, RevSR 76 (2002) 371–381

BORTOLINI J., Salmos violentos: Por que não rezá-los?, Espaços 13 (2005) 155–165

BOSMA C.J., Discerning the Voices in the Psalms: A Discussion of Two Problems in Psalmic Interpretation, CTJ 43 (2008) 183–212 + 44 (2009) 127–170

BRAULIK G., Psalms and Liturgy: Their Reception and Contextualisation, Verbum et Ecclesia 24 (2003) 309–332

BRAULIK G., Psalter und Messias. Zum christologischen Verständnis der Psalmen im Alten Testament und bei den Kirchenvätern. Ein Brückenschlag, in: G. BRAULIK / N. LOHFINK, Liturgie und Bibel. Gesammelte Aufsätze (ÖBS 28), Frankfurt a.M. 2005, 481–502 [engl. = Psalter and Messiah. Towards a Christological Understanding of the Psalms in the Old Testament and the Church Fathers, in: D.J. HUMAN / C.J.A. VOS (Ed.), Psalms and Liturgy (JSOT.S 410), London – New York, NY 2004, 15–40]

BRAULIK G., Rezeptionsästhetik, kanonische Intertextualität und unsere Meditation des Psalters, in: G. BRAULIK / N. LOHFINK, Liturgie und Bibel. Gesammelte Aufsätze (ÖBS 28), Frankfurt a.M. 2005, 523–547 [Erstabdruck in: HlD 57 (2003) 38–56]

BRIDGE E.J., Loyalty, Dependency and Status with YHWH: The Use of *ʿbd* in the Psalms, VT 59 (2009) 360–378
BROWN W.P., Seeing the Psalms. A Theology of Metaphor, Louisville, KY – London 2002
BROWN W.P., "Come, O Children ... I Will Teach You the Fear of the Lord" (Psalm 34:12): Comparing Psalms and Proverbs, in: R.L. TROXEL u.a. (Ed.), Seeking Out the Wisdom of the Ancients, Winona Lake, IN 2005, 85–102
BROWN W.P., "Night to Night, " "Deep to Deep": The Discourse of Creation in the Psalms, in: R.L. FOSTER / D.M. HOWARD (Ed.), "My Words Are Lovely". Studies in the Rhetoric of the Psalms (Library of Hebrew Bible / Old Testament Studies 467), New York, NY – London 2008, 63–74
BROWN W.P., "Here Comes the Sun!". The Metaphorical Theology of Psalms 15–24, in: E. ZENGER (Ed.), The Composition of the Book of Psalms (BEThL 238), Leuven 2010, 259–277
BROYLES C.C., Psalms Concerning the Liturgies of Temple Entry, in: P.W. FLINT / P.D. MILLER (Ed.), The Book of Psalms. Composition and Reception (VT.S 99 / Formation and Interpretation of Old Testament Literature 4), Leiden – Boston, MA 2005, 248–287
BRUEGGEMANN W., Necessary Conditions of a Good Loud Lament, HBT 25 (2003) 19–49
BRUEGGEMANN W., The Psalms in Theological Use: On Incommensurability and Mutuality, in: P.W. FLINT / P.D. MILLER (Ed.), The Book of Psalms. Composition and Reception (VT.S 99 / Formation and Interpretation of Old Testament Literature 4), Leiden – Boston, MA 2005, 581–602
BRUEGGEMANN W., Praying the Psalms: Engaging the Scripture and the Life of the Spirit, Eugene, OR ²2007
BRÜNING C., "Gott möge ihnen einen Blitz ins Gesäss jagen!" Zu den Feindpassagen in den Psalmen, EuA 82 (2006) 128–138
BRÜTSCH M., Israels Psalmen in Qumran. Ein textarchäologischer Beitrag zur Entstehung des Psalters (BWANT 193), Stuttgart 2010
BULLOCK C.H., Encountering the Book of Psalms: A Literary and Theological Introduction, Grand Rapids, MI 2004
BULTMANN C., Friedensvisionen im Alten Testament und für Leser des Alten Testaments, in: C. BULTMANN u.a. (Hrsg.), Religion, Gewalt, Gewaltlosigkeit. Probleme – Positionen – Perspektiven, Münster 2003, 288–290
BURNETT J.S., Forty-Two Songs for Elohim: An Ancient Near Eastern Organizing Principle in the Shaping of the Elohistic Psalter, JSOT 31 (2006) 81–101
BURNETT J.S., A Plea for David and Zion: The Elohistic Psalter as Psalm Collection for the Temple's Restoration, in: J.S. BURNETT u.a. (Ed.), Diachronic and Synchronic: Reading the Psalms in Real Time. Proceedings of the Baylor Symposium on the Book of Psalms (Library of Hebrew Bible / Old Testament Studies 488), New York, NY – London 2007, 95–113
BURNETT J.S. u.a. (Ed.), Diachronic and Synchronic: Reading the Psalms in Real Time. Proceedings of the Baylor Symposium on the Book of Psalms (Library of Hebrew Bible / Old Testament Studies 488), New York, NY – London 2007
CAPPELLETTO G., Rilettura della storia nei Salmi, PaVi 50/4 (2005) 40–46
CIMOSA M., Lampada ai miei passi è la Tua Parola (Salmi 101–150), Città del Vaticano 2002
CIMOSA M., Mia luce e mia salvezza è il Signore. Commento esegetico-spirituale dei Salmi (Salmi 1–50), Città del Vaticano 2004
CIMOSA M., Perché, Signor, mi nascondi il Tuo Volto (Salmi 51–100), Città del Vaticano 2004
CLIFFORD R.J., Psalms 1–72 (Abingdon Old Testament Commentary), Nashville, TN 2002
CLIFFORD R.J., Psalms 73–150 (Abingdon Old Testament Commentary), Nashville, TN 2003
CLOETE T.T., Deurlopende Motiewe in die Psalms, IDS 36 (2002) 137–146
CORDES A., Die Asafpsalmen in der Septuaginta. Der griechische Psalter als Übersetzung und theologisches Zeugnis (HBS 41), Freiburg i.Br. u.a. 2004
CORTESE E., La preghiera del re. Formazione, redazione e teologia dei "Salmi di Davide" (RevBib.S 43), Bologna 2004

CORTESE E., Una teologia dei Salmi storica. Storia della fede e della preghiera d'Israel nel Salterio, LASBF 57 (2008) 29–81

COTTRILL A.C., The Articulate Body: The Language of Suffering in the Laments of the Individual, in: N.C. LEE / C. MANDOLFO (Ed.), Lamentations in Ancient and Contemporary Cultural Contexts (SBS.SS 43), Atlanta, GA 2008, 103–112

COTTRILL A.C., Language, Power, and Identity in the Lament Psalms of the Individual (Library of Hebrew Bible / Old Testament Studies 493), New York, NY – London 2008

COUFFIGNAL R., Les Psaumes de l'hôte de Yahvé (CRG 68), Paris 2006

COVA G.D., L'esigenza di giustizia nei Salmi imprecatori, RStB 14 (2002) 111–117

CREACH J.F.D., The Destiny of the Righteous in the Psalms, St. Louis, MO 2008

CRÜSEMANN F., Der Gewalt nicht glauben. Hiobbuch und Klagepsalmen – zwei Modelle theologischer Verarbeitung traumatischer Gewalterfahrungen, in: F. CRÜSEMANN u.a. (Hrsg.), Dem Tod nicht glauben. Sozialgeschichte der Bibel. FS L. Schottroff, Gütersloh 2004, 251–268

CRUTCHFIELD J.C., The Redactional Agenda of the Book of Psalms, HUCA 74 (2003) 21–47

CULLEY R.C., The Kingship of Yahweh Psalms, in: G.A. PHILLIPS / N. WILKINSON DURAN (Ed.), Reading Communities Reading Scripture. FS D. Patte, Harrisburg, PA 2002, 258–271

CURTIS A.H.W., La mosaïque de l'histoire d'Israël: Quelques considérations sur les allusions "historiques" dans les Psaumes, in: D. MARQUERAT / A. CURTIS (Ed.), Intertextualités: La Bible en echoes (MoBi 40), Genf 2000, 13–29

CURTIS A.H.W., Psalms (Epworth Commentary), London 2004

CURTIS A.H.W., "Our Father...": An Inherited Title and Its Presence (or Absence) in the Psalms?, in: B. BECKING / E. PEELS (Ed.), Psalms and Prayers (OTS 55), Leiden – Boston, MA 2007, 45–63

DAHMEN U., Psalmen- und Psalterrezeption im Frühjudentum. Rekonstruktion, Textbestand, Struktur und Pragmatik der Psalmenrolle 11QPs[a] aus Qumran (StTDJ 49), Leiden – Boston, MA 2003

DAHMEN U., "Gepriesen sei der Herr, der Gott Israels, vom Anfang bis ans Ende der Zeiten" (Ps 106,48). Beobachtungen zur Entstehungsgeschichte des Psalters im vierten und fünften Psalmenbuch, BZ 49 (2005) 1–25

DAHMEN U., Davidisierung und Messianismus: Messianismus in der Psalmenüberlieferung von Qumran, in: J. FREY / M. BECKER (Hrsg.), Apokalyptik und Qumran, Paderborn 2007, 169–189

DAVISON L.W., "My Soul Is Like a Weaned Child That Is with Me": The Psalms and the Feminine Voice, HBT 23 (2001) 155–167

DAY J.N., The Imprecatory Psalms and Christian Ethics, BS 159 (2002) 166–186

DAY J.N., Crying for Justice: What the Psalms Teach Us about Mercy and Vengeance in an Age of Terrorism, Grand Rapids, MI 2005

DAY J., How Many Pre-Exilic Psalms are There?, in: J. DAY (Ed.), In Search of Pre-Exilic Israel. Proceedings of the Oxford Old Testament Seminar (JSOT.S 406), London – New York, NY 2004, 225–250

DAY J., The Ark and The Cherubim in the Psalms, in: B. BECKING / E. PEELS (Ed.), Psalms and Prayers (OTS 55), Leiden – Boston, MA 2007, 65–77

DECLAISSÉ-WALFORD N.L., Introduction to the Psalms. A Song from Ancient Israel, St. Louis, MO 2005

DECLAISSÉ-WALFORD N.L., Reading Backwards from the Beginning: My Life with the Psalter, Verbum et Ecclesia 27 (2006) 455–467

DELL K.J., "I Will Solve My Riddle to the Music of the Lyre" (Psalm XLIX 4 [5]): A Cultic Setting for Wisdom Psalms?, VT 54 (2004) 445–458

DELLAZARI R., Teologia dos Salmos, Teocommunicação 32 (2002) 705–741

DORIVAL G., Septante et texte massorétique. Le cas des Psaumes, in: A. LEMAIRE (Ed.), Congress Volume Basel 2001 (VT.S 92), Leiden – Boston, MA 2002, 139–161

DORIVAL G., Les titres des Psaumes en hébreu et en grec: les écarts quantitative, in: D. BÖHLER u.a. (Ed.), L'Écrit et l'Esprit. Études d'histoire du texte et de théologie biblique. FS A. Schenker (OBO 214), Fribourg / Göttingen 2005, 58–70

DOYLE B., Where Is God When You Need Him Most? The Divine Metaphor of Absence and Presence as a Binding Element in the Composition of the Book of Psalms, in: E. ZENGER (Ed.), The Composition of the Book of Psalms (BEThL 238), Leuven 2010, 377–390

EATON J.H., The Psalms. A Historical and Spiritual Commentary, London – New York, NY 2003

EBACH J., Der Ton macht die Musik. Stimmungen und Tonlagen in den Psalmen und ihre Lektüre. (Un)musikalischer Vortrag in fünf Sätzen, in: M. GEIGER / R. KESSLER (Hrsg.), Musik, Tanz und Gott. Tonspuren durch das Alte Testament (SBS 207), Stuttgart 2007, 11–40

EGO B., "Seine Tage gehen dahin wie ein Schatten". Zur Vergänglichkeitsmotivik in den Psalmen, in: M. BAUKS u.a. (Hrsg.), Was ist der Mensch, dass du seiner gedenkst? (Psalm 8,5). Aspekte einer theologischen Anthropologie. FS B. Janowski, Neukirchen-Vluyn 2008, 77–91

EIDEVAL G., Images of God, Self, and the Enemy in the Psalms. On the Role of Metaphor in Identity Constructions, in: P. VAN HECKE (Ed.), Metaphor in the Hebrew Bible (BEThL 187), Leuven u.a. 2005, 55–65

ESTES D.J., Handbook on the Wisdom Books and Psalms, Grand Rapids, MI 2005

EVANS C.A., Praise and Prophecy in the Psalter and in the New Testament, in: P.W. FLINT / P.D. MILLER (Ed.), The Book of Psalms. Composition and Reception (VT.S 99 / Formation and Interpretation of Old Testament Literature 4), Leiden – Boston, MA 2005, 551–579

FIRTH D.G., Surrendering Retribution in the Psalms. Responses to Violence in the Individual Complaints (Paternoster Biblical Monographs), Carlisle 2005

FISCHER G., Jeremia und die Psalmen, in: E. ZENGER (Ed.), The Composition of the Book of Psalms (BEThL 238), Leuven 2010, 469–478

FLINT P.W., Psalms and Psalters in the Dead Sea Scrolls, in: J.H. CHARLESWORTH (Ed.), The Bible and the Dead Sea Scrolls. Volume I: Scripture and the Scrolls, Waco, TX 2006, 233–272

FOKKELMAN J.P., Major Poems of the Hebrew Bible at the Interface of Prosody and Structural Analysis: Volume III: The Remaining 65 Psalms (SSN 43), Assen 2003

FOKKELMAN J.P., The Psalms in Form. The Hebrew Psalter in Its Poetic Shape, Leiden 2003

FORTI T., A New Criterion for Identifying "Wisdom Psalms", in: C. COHEN u.a. (Ed.), Birkat Shalom. Studies in the Bible, Ancient Near Eastern Literature, and Postbiblical Judaism. FS S.M. Paul, Winona Lake, IN 2008, 365–379

FOSTER R.L., *Topoi* of Praise in the Call to Praise Psalms: Toward a *Theology* of the Book of Psalms, in: R.L. FOSTER / D.M. HOWARD (Ed.), "My Words Are Lovely". Studies in the Rhetoric of the Psalms (Library of Hebrew Bible / Old Testament Studies 467), New York, NY – London 2008, 75–88

FOSTER R.L. / HOWARD D.M. (Ed.), "My Words Are Lovely". Studies in the Rhetoric of the Psalms (Library of Hebrew Bible / Old Testament Studies 467), New York, NY – London 2008

FREEDMAN D.N. / MIANO D., Non-Acrostic Alphabetic Psalms, in: P.W. FLINT / P.D. MILLER (Ed.), The Book of Psalms. Composition and Reception (VT.S 99 / Formation and Interpretation of Old Testament Literature 4), Leiden – Boston, MA 2005, 87–96

FUCHS O., Gott in Dunkelheit erahnen. Die biblische Verbindung von Lob und Klage, BiKi 63 (2008) 22–27

FUTATO M.D., Interpreting the Psalms. An Exegetical Handbook (Handbooks for Old Testament Exegesis), Grand Rapids, MI 2007

GANTENBEIN J.G., Die so genannten "Rache-" und "Feindpsalmen": eine exegetische, theologische und pastorale Herausforderung, JETh 18 (2004) 27–44

GAUTHIER R., From Formula to Quotation: A Study of Intratextuality in the Hebrew Text of the Psalms with Comparisons from the LXX and Targum, OTE 21 (2008) 635–652

GELLER S.A., Wisdom, Nature and Piety in Some Biblical Psalms, in: T. ABUSCH (Ed.), Riches Hidden in Secret Places. FS T. Jacobsen, Winona Lake, IN 2002, 101–121

GELSTON A., Editorial Arrangement in Book IV of the Psalter, in: K.J. DELL u.a. (Ed.), Genesis, Isaiah and Psalms. FS J. Emerton (VT.S 135), Leiden – Boston, MA 2010, 165–176

GERICKE J.W., Yhwh Unlimited: Theo-Mythology in the Psalms and Realism vs. Non-Realism in Philosophy and Religion, in: D.J. HUMAN (Ed.), Psalms and Mythology (Library of Hebrew Bible / Old Testament Studies 462), New York, NY – London 2007, 38–57

GERSTENBERGER E.S., The Psalter, in: L.G. PERDUE (Ed.), The Blackwell Companion to the Hebrew Bible, Oxford 2001, 402–417

GERSTENBERGER E.S., "World Dominion" in Yahweh Kingship Psalms: Down to the Roots of Globalizing Concepts and Strategies, HBT 23 (2001) 192–210

GERSTENBERGER E.S., Life Situations and Theological Concepts of Old Testament Psalms, OTE 18 (2005) 82–92

GERSTENBERGER E.S., Theologies in the Book of Psalms, in: P.W. FLINT / P.D. MILLER (Ed.), The Book of Psalms. Composition and Reception (VT.S 99 / Formation and Interpretation of Old Testament Literature 4), Leiden – Boston, MA 2005, 603–625

GERSTENBERGER E.S., Die "Kleine Biblia". Theologien im Psalter, in: E. ZENGER (Ed.), The Composition of the Book of Psalms (BEThL 238), Leuven 2010, 391–397

GILLINGHAM S., The Zion Tradition and the Editing of the Hebrew Psalter, in: J. DAY (Ed.), Temple and Worship in Biblical Israel (Library of Hebrew Bible / Old Testament Studies 422), London – New York, NY 2005, 308–341

GILLINGHAM S., Studies of the Psalms: Retrospect and Prospect, ET 119 (2007–2008) 209–216

GILINGHAM S., Psalms Through the Centuries: Volume One (Blackwell Bible Commentaries), Oxford 2008

GILLINGHAM S., The Levitical Singers and the Editing of the Hebrew Psalter, in: E. ZENGER (Ed.), The Composition of the Book of Psalms (BEThL 238), Leuven 2010, 91–123

GILLMAYR-BUCHER S., Relecture of Biblical Psalms. A Computer Aided Analysis of Textual Relations Based on Semantic Domains, in: J. COOK (Ed.), Bible and Computer, Leiden 2002, 309–321

GILLMAYR-BUCHER S., Body Images in the Psalms, JSOT 28 (2003) 301–326

GILLMAYR-BUCHER S., The Psalm Headings. A Canonical Relecture of the Psalms, in: J.-M. AUWERS / H.J. DE JONGE (Ed.), The Biblical Canons (BEThL 163), Leuven 2003, 247–254

GILLMAYR-BUCHER S., Wenn die Dichter verstummen. Das Schweigen in den Psalmen, ThGl 93 (2003) 316–332

GILLMAYR-BUCHER S., Glücklich, wer gebahnte Wege im Herzen hat, Protokolle zur Bibel 14 (2005) 67–79

GILLMAYR-BUCHER S., "Meine Zunge – ein Griffel eines geschickten Schreibers". Der kommunikative Aspekt der Körpermetaphern in den Psalmen, in: P. VAN HECKE (Ed.), Metaphor in the Hebrew Bible (BEThL 187), Leuven u.a. 2005, 197–213

GILLMAYR-BUCHER S., "Like Olive Shoots around Your Table". Images of Space in the Psalms of Ascents, in: E. ZENGER (Ed.), The Composition of the Book of Psalms (BEThL 238), Leuven 2010, 489–500

GOLDINGAY J., Psalms. Volume 1: Psalms 1–41 (Baker Commentary on the Old Testament), Grand Rapids, MI 2006

GOLDINGAY J., Psalms. Volume 2: Psalms 42–89 (Baker Commentary on the Old Testament), Grand Rapids, MI 2007

GOLDINGAY J., Psalms. Volume 3: Psalms 90–150 (Baker Commentary on the Old Testament), Grand Rapids, MI 2008

GOLOVANOV I., Integrität des vierten Psalmenbuches, BN 119/120 (2003) 63–70

GÖRG M., Gott als König. Die Bedeutung einer komplexen Metapher für das Gottesverständnis in den Psalmen, in: H. IRSIGLER (Hrsg.), Mythisches in biblischer Bildsprache. Gestalt und Verwandlung in Prophetie und Psalmen (QD 209), Freiburg i.Br. 2004, 64–102

GOULDER M., The Social Setting of Book II of the Psalter, in: P.W. FLINT / P.D. MILLER (Ed.), The Book of Psalms. Composition and Reception (VT.S 99 / Formation and Interpretation of Old Testament Literature 4), Leiden – Boston, MA 2005, 349–367

GOSSE B., Le livre d'Isaïe, le Psautier et les Cantiques, Henoch 24 (2002) 267–294

GOSSE B., Le livre d'Isaïe et le Psautier. De "mon serviteur" et "mon élu" en Ps 89,4, à "mes serviteurs" et "mes élus" en Isa 65,9, ZAW 115 (2003) 376–387

GOSSE B., Le prophète Jérémie solon le Psautier et solon le livre d'Ézéchiel, RB 112 (2005) 511–520

GOSSE B., L'influence du livre d'Ézéchiel et du Psautier sur la rédaction du livre de Jérémie, OTE 18 (2005) 603–615

GOSSE B., L'appel de la sagesse de Proverbes 1 et la constitution finale du Psautier, RB 113 (2006) 552–569

GOSSE B., Le livre des Proverbes, la Sagesse, la Loi et le Psautier, ETR 81 (2006) 387–393

GOSSE B., Le rôle du livre des Proverbes dans la constitution du Psautier, en relation avec divers textes bibliques, RB 114 (2007) 403–415

GOSSE B., L'influence de Proverbes 30,1–14 sur les cantiques bibliques, à travers le Psautier, ZAW 119 (2007) 387–393

GOSSE B., L'influence de Pr 30,1–14 et du livre des Proverbes sur le Psautier et les textes qui en dépendent, BN 136 (2008) 73–83

GOSSE B., Relations du livre d'*Isaïe* avec les livres des *Rois*, des *Chroniques* et le *Psautier*, Transeuphratène 38 (2009) 139–157

GOSSE B., Le parallélisme synonymique *ḥsd ʾmwnh*, le Ps 89 et les réponses du quatrième livre du Psautier, Ps 90–106, ZAW 122 (2010) 185–198

GOSSE B., L'usage des Psaumes d'Asaph dans la présentation du retour de l'exil en Isaïe 40–52, OTE 23 (2010) 66–81

GRANT J.A., The King as Exemplar. The Function of Deuteronomy's Kingship Law in the Shaping of the Book of Psalms (SBL.Academia Biblica 17), Atlanta, GA / Leiden – Boston, MA 2004

GROGAN G.W., Psalms (Two Horizons Old Testament Commentary), Grand Rapids, MI 2008

GROHMANN M., Fruchtbarkeit und Geburt in den Psalmen (FAT 53), Tübingen 2007

GROHMANN M., Jüdische Psalmenexegese als Paradigma kanonischer Intertextualität. Dargestellt am Beispiel von Ps 139 und Lev 12,2, in: E. BALLHORN / G. STEINS (Hrsg.), Der Bibelkanon in der Bibelauslegung. Methodenreflexionen und Beispielexegesen, Stuttgart 2007, 62–73

GROL H.W.M. VAN, Psalm, Psalter, and Prayer, in: R. EGGER-WENZEL / J. CORLEY (Ed.), Prayer from Tobit to Qumran (Deuterocanonical and Cognate Literature Yearbook 2004), Berlin – New York, NY 2004, 41–70

GROL H. VAN, David and His *Chasidim*. Place and Function of Psalms 138–145, in: E. ZENGER (Ed.), The Composition of the Book of Psalms (BEThL 238), Leuven 2010, 309–337

GROSS W., Bedrohliche Gottesnähe als Gebetsmotiv, in: G. EBERHARDT / K. LIESS (Hrsg.), Gottes Nähe im Alten Testament (SBS 202), Stuttgart 2004, 65–83

GRUBER M.I., Rashi's Commentary on Psalms (The Brill Reference Library of Judaism 12), Leiden – Boston, MA 2004

GRUND A., "Aus der Schönheit Vollendung strahlt Gott auf" (Ps 50,2). Bemerkungen zur Wahrnehmung des Schönen in den Psalmen, in: A. GRUND (Hrsg.), "Wie schön sind deine Zelte, Jakob!" Beiträge zur Ästhetik des Alten Testaments (BThSt 60), Neukirchen-Vluyn 2003, 100–129

GRUND A., "Aus Gott geboren". Zu Geburt und Identität in der Bildsprache der Psalmen, in: D. DIECKMANN / D. ERBELE-KÜSTER (Hrsg.), "Du hast mich aus meiner Mutter Leib gezogen". Beiträge zur Geburt im Alten Testament (BThSt 75), Neukirchen-Vluyn 2006, 99–120

HAMPEL W., The Morning and Evening Sacrifice. A Sacrifice of Praise Through the Psalms, AThJ 34 (2002) 1–11

HANEY R.C., Text and Concept Analysis in Royal Psalms (Studies in Biblical Literature 30), New York, NY 2002

HARMAN A., Commentary on the Psalms (A Mentor Commentary), Tain U.K. 1998

HARTENSTEIN F. u.a. Art. "Psalmen/Psalter", RGG[4] (2003) 1761–1785

HARTENSTEIN F., Das Angesicht JHWHs. Studien zu seinem höfischen und kultischen Bedeutungshintergrund in den Psalmen und in Exodus 32–34 (FAT 55), Tübingen 2008

HARTENSTEIN F., Wettergott – Schöpfergott – Einziger. Kosmologie und Monotheismus in den Psalmen, in: F. HARTENSTEIN / M. RÖSEL (Hrsg.), JHWH und die Götter der Völker. FS K. Koch, Neukirchen-Vluyn 2008, 77–97

HARTENSTEIN F., Zur Bedeutung der Schöpfung in den Geschichtspsalmen, in: R. ACHENBACH / M. ARNETH (Hrsg.), "Gerechtigkeit und Recht zu üben" (Gen 18,19). Studien zur altorientalischen und biblischen Rechtsgeschichte, zur Religionsgeschichte Israels und zur Religionssoziologie. FS E. Otto (BZAR 13), Wiesbaden 2009, 335–349

HARTENSTEIN F., "Schaffe mir Recht, JHWH!" (Psalm 7,9). Zum theologischen und anthropologischen Profil der Teilkomposition Psalm 3–14, in: E. ZENGER (Ed.), The Composition of the Book of Psalms (BEThL 238), Leuven 2010, 229–258

HARTENSTEIN F. / JANOWSKI B., Psalmen (BK XV/1), Neukirchen-Vluyn 2010ff.

HECKE P. VAN / LABAHN A. (Ed.), Metaphors in the Psalms (BEThL 231), Leuven 2011

HILBER J.W., Cultic Prophecy in the Psalms in the Light of Assyrian Prophetic Sources, TynB 56 (2005) 141–145

HILBER J.W., Cultic Prophecy in the Psalms (BZAW 352), Berlin – New York, NY 2005

HILBER J.W., Cultic Prophecy in Assyria and in the Psalms, JAOS 127 (2007) 29–40

HOLT E.K. / NIELSEN K. (Ed.), Dansk Kommentar til Davids Salmer, 3 volumes, Copenhagen 2002

HOLTMANN S., Die Asafpsalmen als Spiegel der Geschichte Israels. Überlegungen zur Komposition von Ps 73–83. *Teil 1*, BN 122 (2004) 45–79

HOLTMANN S., Die Asafspsalmen als Spiegel der Geschichte Israels. Überlegungen zur Komposition von Ps 73–83. *Teil 2*, BN 123 (2004) 49–63

HOSSFELD F.-L., Messianische Texte des Psalters. Ein Überblick mit hermeneutischen Konsequenzen, in: I.Z. DIMITROV u.a. (Hrsg.), Das Alte Testament als christliche Bibel in orthodoxer und westlicher Sicht. Zweite europäische orthodox-westliche Exegetenkonferenz im Rilakloster vom 8.–15. September 2001 (WUNT 174), Tübingen 2004, 307–324

HOSSFELD F.-L., Das Erzählen der Ruhmestaten und Wunder Gottes in den Psalmen, rhs 49 (2006) 338–343

HOSSFELD F.-L., Der gnädige Gott und der arme Gerechte. Anthropologische Akzente in der Psalmengruppe 111–118, in: C. BÖTTIGHEIMER / H. FILSER (Hrsg.), Kircheneinheit und Weltverantwortung. FS P. Neuner, Regensburg 2006, 51–63

HOSSFELD F.-L., Festtraditionen im Psalter, in: E. BLUM / R. LUX (Hrsg.), Festtraditionen in Israel und im Alten Orient (VWGTh 28), Gütersloh 2006, 157–173

HOSSFELD F.-L., König David im Wallfahrtspsalter, in: S. GILLMAYR-BUCHER u.a. (Hrsg.), Ein Herz soweit wie der Sand am Ufer des Meeres. FS G. Hentschel (EThSt 90), Würzburg 2006, 219–233

HOSSFELD F.-L., Das Heil der Anderen. Das Vorbild der JHWH-Verehrer aus den Völkern im Psalter, in: H. FRANKEMÖLLE / J. WOHLMUTH (Hrsg.), Das Heil der Anderen bei Juden und Christen (QD 238), Freiburg i.Br. 2010, im Druck

HOSSFELD F.-L., Der elohistische Psalter Ps 42–83. Entstehung und Programm, in: E. ZENGER (Ed.), The Composition of the Book of Psalms (BEThL 238), Leuven 2010, 199–213

HOSSFELD F.-L. / ZENGER E., The So-Called Elohistic Psalter: A New Solution for an Old Problem, in: B.A. STRAWN / N.R. BOWEN (Ed.), A God So Near. Essays on Old Testament Theology. FS P.D. Miller, Winona Lake, IN 2003, 35–51

HOSSFELD F.-L. / ZENGER E., Psalms 2. A Commentary on Psalms 51–100 (Hermeneia), Minneapolis, MN 2005

HOSSFELD F.-L. / ZENGER E., Psalm 101–150 (HThKAT), Freiburg Br. u.a. 2008

HOSSFELD F.-L. / ZENGER E., Überlegungen zur Davidisierung des Psalters, in: U. DAHMEN / J. SCHNOCKS (Hrsg.), Juda und Jerusalem in der Seleukidenzeit. Herrschaft – Widerstand – Identität. FS H.-J. Fabry (BBB 159), Göttingen 2010, 79–90

HÜLLSTRUNG W., "Der *Nabal* spricht in seinem Herzen: Es gibt nicht Gott" (Psalm 14,1). Zur These vom sogenannten praktischen Atheismus im Psalter, in: M. BAUKS u.a. (Hrsg.), Was ist der Mensch, dass du seiner gedenkst? (Psalm 8,5). Aspekte einer theologischen Anthropologie. FS B. Janowski, Neukirchen-Vluyn 2008, 165–175

HUMAN D., Monolatries-monoteïstiese Perspektiewe in die Psalms: Konsep vir 'n Teologiese Ontwerp uit Eksodus 15:1b–18, HTS 58 (2002) 1605–1624

HUNTER A.G, An Introduction to the Psalms (Approaches to Biblical Studies), New York, NY – London 2008

JACOBSON R.A., "Many are Saying". The Function of Direct Discourse in the Hebrew Psalter (JSOT.S 397), London – New York, NY 2004

JACOBSON R., "The Altar of Certitude": Reflections on "Setting" and Rhetorical Interpretations of the Psalms, in: R.L. FOSTER / D.M. HOWARD (Ed.), "My Words Are Lovely". Studies in the Rhetoric of the Psalms (Library of Hebrew Bible / Old Testament Studies 467), New York, NY – London 2008, 3–18

JAKOBZEN L., The Individual's Suffering in Psalms and in Mesopotamian Narratives, BetM 168 (2001) 33–56 [hebr.]

JANOWSKI B., *De profundis*. Tod und Leben in der Bildsprache der Psalmen, in: U. MITTMANN-RICHERT u.a. (Hrsg.), Der Mensch vor Gott. Forschungen zum Menschenbild in Bibel, antikem Judentum und Koran. FS H. Lichtenberger, Neukirchen-Vluyn 2003, 41–64

JANOWSKI B., "Du hast meine Füsse auf weiten Raum gestellt" (Psalm 31,9). Gott, Mensch und Raum im Alten Testament, in: A. LOPRIENO (Hrsg.), Mensch und Raum von der Antike bis zur Gegenwart (Colloquium Rauricum 9), München – Leipzig 2006, 35–70 [erweiterte Fassung des Beitrags in: F.-L. HOSSFELD / L. SCHWIENHORST-SCHÖNBERGER (Hrsg.), Das Manna fällt auch heute noch. Beiträge zur Geschichte und Theologie des Alten, Ersten Testaments. FS E. Zenger (HBS 44), Freiburg i.Br. u.a. 2004, 312–339]

JANOWSKI B., Die Kostbarkeit des Lebens. Zur Theologie und Semantik eines Psalmmotivs, JBTh 21 (2006) 55–71

JANOWSKI B., Das Licht des Lebens. Zur Lichtmetaphorik in den Psalmen, in: B. JANOWSKI, Die Welt als Schöpfung. Beiträge zur Theologie des Alten Testaments 4, Neukirchen-Vluyn 2008, 221–248

JANOWSKI B., Konfliktgespräche mit Gott. Eine Anthropologie der Psalmen, Neukirchen-Vluyn [3]2009 (2003)

JANOWSKI B., Die rettende Gerechtigkeit. Zum Gerechtigkeitsdiskurs in den Psalmen, in: R. ACHENBACH / M. ARNETH (Hrsg.), "Gerechtigkeit und Recht zu üben" (Gen 18,19). Studien zur altorientalischen und biblischen Rechtsgeschichte, zur Religionsgeschichte Israels und zur Religionssoziologie. FS E. Otto (BZAR 13), Wiesbaden 2009, 362–376

JANOWSKI B., Ein Tempel aus Worten. Zur theologischen Architektur des Psalters, in: E. ZENGER (Ed.), The Composition of the Book of Psalms (BEThL 238), Leuven 2010, 279–306

JEPPESEN K., The Psalter in Canon, in: H. IRSIGLER (Hrsg., unter Mitarbeit von K. ÓLASON), Wer darf hinaufsteigen zum Berg JHWHs? Beiträge zu Prophetie und Poesie des Alten Testaments. FS S.Ö. Steingrímsson (ATSAT 72), St. Ottilien 2002, 265–278

JEREMIAS J., Worship and Theology in the Psalms, in: D.J. HUMAN / C.J.A. VOS (Ed.), Psalms and Liturgy (JSOT.S 410), London – New York, NY 2004, 89–101

JESURATHNAM K., Towards a Dalit Liberative Hermeneutics: Re-reading the Psalms of Lament, BTF 34 (1/2002) 1–34

JOFFE L., The Answer to the Meaning of Life, the Universe and the Elohistic Psalter, JSOT 27 (2002) 223–235

JOHNSON V.L., David in Distress: His Portrait Through the Historical Psalms (Library of Hebrew Bible / Old Testament Studies 505), London – New York, NY 2009

JOHNSTON P.S., Ordeals in the Psalms?, in: J. DAY (Ed.), Temple and Worship in Biblical Israel (Library of Hebrew Bible / Old Testament Studies 422), London – New York, NY 2005, 271–291

JOHNSTON P.S. / FIRTH D.G., Interpreting the Psalms. Issues and Approaches, Leicester 2005

JONKER L.C., Another Look at the Psalm Headings: Observations on the Musical Terminology, JNWSL 30 (2004) 65–85

JONKER L.C., Revisiting the Psalm Headings: Second Temple Levitical Propaganda?, in: D.J. HUMAN / C.J.A. VOS (Ed.), Psalms and Liturgy (JSOT.S 410), London – New York, NY 2004, 103–122

KEEL O., Das je verschiedene theologische Profil der Klagelieder und der Volksklagen, in: D. BÖHLER u.a. (Ed.), L'Écrit et l'Esprit. FS A. Schenker (OBO 214), Fribourg / Göttingen 2005, 128–142

KIM J., The Strategic Arrangement of Royal Psalms in Books IV–V, WThJ 70 (2008) 143–157

KLINGBEIL M.G., "De lo Profundo, Jehová, a ti Clamo". Conocer al Dios de Israel a Través del Himnario Veterotestamentario, in: G.A. KLINGBEIL u.a. (Ed.), Pensar la iglesia boy: Haciu una eclesiologh Adventista. FS R. Deken, San Martin (Argentina) 2002, 41–56

KLINGBEIL M.G., Off the Beaten Track: An Evangelical Reading of the Psalms without Gunkel, Bulletin of Biblical Research 16 (2006) 25–39

KLINGBEIL M.G., Mapping the Literary to the Literal Image. A Comparison Between Submetaphors of the *Heavenly Warrior* Metaphor in the Hebrew Psalter and Iconographic Elements of the *Storm-* and *Warrior-god* Ba'al in ANE Iconography, WO 39 (2009) 205–222

KLOPPER F., Aspects of Creation: The Water in the Wilderness Motif in the Psalms and the Prophets, OTE 18 (2005) 253–264 (FS J.A. Loader)

KLOPPERS E., 'n Perspektief op die Nuwe Psalmomdigting – Reaksie op 'n Reaksie, HTS 58 (2002) 235–249

KLOPPERS E., 'Woorde in die Mond Gelê'? Psalmomdigting en die Proses van Kononvorming, Acta Theologica 22 (2002) 42–56

KNAUF E.A., Salome Alexandra and the Final Redaction of Psalms, lectio difficilior 2/2009, 16 pages (www.lectio.unibe.ch)

KNOWLES M.D., The Flexible Rhetoric of Retelling: The Choice of David in the Texts of the Psalms, CBQ 67 (2005) 236–249

KOH Y.V., G. H. Wilson's Theories on the Organization of the Masoretic Psalter, in: K.J. DELL u.a. (Ed.), Genesis, Isaiah and Psalms. FS J. Emerton (VT.S 135), Leiden – Boston, MA 2010, 177–192

KOOREVAAR H., The Psalter as a Structured Theological Story with the Aid of Subscripts and Superscripts, in: E. ZENGER (Ed.), The Composition of the Book of Psalms (BEThL 238), Leuven 2010, 579–592

KÖRTING C., Zion in den Psalmen (FAT 48), Tübingen 2006

KRATZ R.G., Der Mythos vom Königtum Gottes in Kanaan und Israel, ZThK 100 (2003) 147–162

KRATZ R.G., Reste hebräischen Heidentums am Beispiel der Psalmen (NAWG.PH 2), Göttingen 2004

KREUZER F., הללויה – eine psaltergliedernde Inklusion, BN 135 (2007) 43–53

KREUZER S., Die Psalmen in Geschichte und Gegenwart. Aspekte der Erforschung und der Bedeutung der Psalmen, in: K. ERLEMANN u.a. (Hrsg.), Kontexte: Biografische und forschungsgeschichtliche Schnittpunkte der alttestamentlichen Wissenschaft. FS H.J. Boekker, Neukirchen-Vluyn 2008, 327–348

KUNTZ J.K., Does Qohelet's Image of "A Chasing After Wind" Apply to Wisdom Psalms Scholarship?, Proceedings of the Central States Society of Biblical Literature and the American Schools of Oriental Research 5 (2002) 87–102

KUNTZ J.K., Growling Dogs and Thirsty Deer: Uses of Animal Imagery in Psalmic Rhetoric, in: R.L. FOSTER / D.M. HOWARD (Ed.), "My Words Are Lovely". Studies in the Rhetoric of the Psalms (Library of Hebrew Bible / Old Testament Studies 467), New York, NY – London 2008, 46–62

LABUSCHAGNE C., Significant Compositional Techniques in the Psalms: Evidence for the Use of Numbers as an Organizing Principle, VT 59 (2009) 583–605 [Erratum in VT 60 (2010) 304–307]

LABUSCHAGNE C., Significant Sub-Groups in the Book of Psalms. A New Approach to the Compositional Structure of the Psalter, in: E. ZENGER (Ed.), The Composition of the Book of Psalms (BEThL 238), Leuven 2010, 623–634

LANDON M., The Psalms as Mission, RestQ 44 (2002) 165–175

LEE S.-H., Lament and the Joy of Salvation in the Lament Psalms, in: P.W. FLINT / P.D. MILLER (Ed.), The Book of Psalms. Composition and Reception (VT.S 99 / Formation and Interpretation of Old Testament Literature 4), Leiden – Boston, MA 2005, 224–247

LEMON J.M., Yahweh's Winged Form in the Psalms. Exploring Congruent Iconography and Texts (OBO 242), Fribourg 2010

LEUENBERGER M., Konzeptionen des Königtums Gottes im Psalter. Untersuchungen zu Komposition und Redaktion der theokratischen Bücher IV–V im Psalter (AThANT 83), Zürich 2004

LEUENBERGER M., Aufbau und Pragmatik des 11QPs^{a}-Psalters, RdQ 22 (2005) 165–211

LEVIN C., Die Entstehung der Büchereinteilung des Psalters, VT 54 (2004) 83–90

LEVINE N., Vertical Poetics: Interlinear Phonological Parallelism in Psalms, JNWSL 29 (2003) 65–82

LIESS K., »Die auf JHWH hoffen, werden das Land besitzen« (Psalm 37,9). Zur Landthematik in den Psalmen, JBTh 23 (2008) 47–73

LORENZIN T., I Salmi: Nuova versione, introduzione e commento, Milano ^{2}2002

LORENZIN T., Itinerario attraverso il terzo libro dei Salmi, PAVi 50/4 (2005) 4–7

LORENZIN T., Itinerario attraverso il quarto libro dei Salmi, PaVi 50/4 (2005) 23–25

LORENZIN T., Itinerario attraverso il quinto libro dei Salmi, PaVi 50/5 (2005) 4–10 (I) und 50/6 (2005) 4–11 (II)

LORETZ O., Der altorientalische rechtliche Hintergrund der biblischen "Klage des Einzelnen". "Fortschrittsglaube" in der kanonischen Auslegung des Psalters, in: K. KIESOW / T. MEURER (Hrsg.), Textarbeit. Studien zu Texten und ihrer Rezeption aus dem Alten Testament und der Umwelt Israels. FS P. Weimar (AOAT 294), Münster 2003, 285–310

LUGT P. VAN DER, Cantos and Strophes in Biblical Hebrew Poetry with Special Reference to the First Book of the Psalter (OTS 53), Leiden – Boston, MA 2006

LUGT P. VAN DER, Cantos and Strophes in Biblical Hebrew Poetry II. Psalms 42–89 (OTS 57), Leiden – Boston, MA 2010

LUGT P. VAN DER, The Mathematical Centre and Its Meaning in the Psalms, in: E. ZENGER (Ed.), The Composition of the Book of Psalms (BEThL 238), Leuven 2010, 643–651

MAIER M.P., Israel und die Völker auf dem Weg zum Gottesberg. Komposition und Intention der ersten Korachpslamensammlung (Ps 42–49), in: E. ZENGER (Ed.), The Composition of the Book of Psalms (BEThL 238), Leuven 2010, 653–665

MALONEY L.D., Inertextual Links: Part of the Poetic Artistry within the Book I Acrostic Psalms, RestQ 49 (2007) 11–21

MANDOLFO C., Finding Their Voices: Sanctioned Subversion in Psalms of Lament, HBT 24 (2004) 27–52

MARTILLA M., Collective Reinterpretation in the Psalms. A Study of the Redaction History of the Psalter (FAT II/13), Tübingen 2006

MAYS J.L., The God Who Reigns. The Book of Psalms, in: A.A. DAS / F.J. MATERA (Ed.), The Forgotten God. Perspectives in Biblical Theology. FS P.J. Achtemeier, Louisville, KY – London 2002, 29–38

MAYS J.L., Preaching and Teaching the Psalms, Louisville, KY 2006

MCCANN J.C., Righteousness, Justice and Peace: A Contemporary Theology of the Psalms, HBT 23 (2001) 111–131

MCCANN J.C. u.a., Horizons in Biblical Theology, HBT 23 (2001) 111–221

MCCANN J.C., "The Way of the Righteous" in the Psalms. Character Formation and Cultural Crisis, in: W.P. BROWN (Ed.), Character & Scripture. Moral Formation, Community, and Biblical Interpretation, Grand Rapids, MI 2002, 135–149

MCCANN J.C., The Book of Psalms, in: W. BRUEGGEMANN (Ed.), The New Interpreter's Bible. Old Testament Survey, Nashville, TN 2005, 197–221

MCCANN J.C., The Shape of Book I of the Psalter and the Shape of Human Happiness, in: P.W. FLINT / P.D. MILLER (Ed.), The Book of Psalms. Composition and Reception (VT.S 99 / Formation and Interpretation of Old Testament Literature 4), Leiden – Boston, MA 2005, 340–348

MCCANN J.C., The Hope of the Poor: The Psalms in Worship and Our Search for Justice, in: C.M. BECHTEL (Ed.), Touching the Altar: The Old Testament for Christian Worship, Grand Rapids, MI 2008, 155–178

MCEWEN A., The Suffering of God's Servants in the Psalms, VR 67 (2002) 3–23

MELLO A., Lessico del Salterio, LASBF 54 (2004) 25–52

MELLO A., L'ordine dei Salmi, LASBF 56 (2006) 47–70

MENN E.M., Sweet Singer of Israel: David and the Psalms in Early Judaism, in: H.W. ATTRIDGE / M.E. FASSLER (Ed.), Psalms in Community. Jewish and Christian Textual, Liturgical, and Artistic Traditions (SBL.SS 25), Atlanta, GA 2003, 61–74

MILLARD M., Art. "Psalter", WiBiLex 2008, www.wibilex.de

MILLARD M., Die "Mitte des Psalters". Ein möglicher Ansatz einer Theologie der Hebräischen Bibel, in: E. BALLHORN / G. STEINS (Hrsg.), Der Bibelkanon in der Bibelauslegung. Methodenreflexionen und Beispielexegesen, Stuttgart 2007, 252–260

MILLER P.D., The Psalter as a Book of Theology, in: H.W. ATTRIDGE / M.E. FASSLER (Ed.), Psalms in Community. Jewish and Christian Textual, Liturgical, and Artistic Traditions (SBL.SS 25), Atlanta, GA 2003, 87–98

MILLER P.D., The Way of the Lord. Essays in Old Testament Theology (FAT 39), Tübingen 2004

MILLER P.D., "Deinem Namen die Ehre". Die Psalmen und die Theologie des Alten Testaments, EvTh 67 (2007) 32–42

MILLER P.D., The Land in the Psalms, in: J. VAN RUITEN / J.C. DE VOS (Ed.), The Land of Israel in Bible, History and Theology. FS E. Noort (VT.S 124), Leiden – Boston, MA 2009, 183–196

MILLER R.D., The Origin of the Zion Hymns, in: E. ZENGER (Ed.), The Composition of the Book of Psalms (BEThL 238), Leuven 2010, 667–675

MITCHELL D.C., 'God Will Redeem My Soul from Sheol': The Psalms of the Sons of Korah, JSOT 30 (2006) 365–384

MITCHELL D.C., Lord, Remember David: G.H. Wilson and the Message of the Psalter, VT 56 (2006) 526–548

MONDOLFO C., God in the Dock. Dialogic Tension in the Psalms of Lament (JSOT.S 357), Sheffield 2002

MOWINCKEL S., The Psalms in Israel's Worship (The Biblical Resource Series), Grand Rapids, MI 2004 (1962/1967)

MÜLLER A.R., Der Psalter – eine Anthologie. Überlegungen zur sogenannten Psalterexegese, BN 119/120 (2003) 118–131

MÜLLER H.-P., Feinde, Tiere und Dämonen. Ein kleiner Beitrag zu den Klage- und Bittpsalmen des Einzelnen, in: K. KIESOW / T. MEURER (Hrsg.), Textarbeit. Studien zu Texten und ihrer Rezeption aus dem Alten Testament und der Umwelt Israels. FS P. Weimar (AOAT 294), Münster 2003, 329–333

MÜLLER R., Jahwe als Wettergott. Studien zur althebräischen Kultlyrik anhand ausgewählter Psalmen (BZAW 387), Berlin – New York, NY 2008

MURPHY S.J., Is the Psalter a Book with a Single Message?, BS 165 (2008) 283–293

NASUTI H.P., Historical Narrative and Identity in the Psalms, HBT 23 (2001) 132–153

NASUTI H.P., The Interpretative Significance of Sequence and Selection in the Book of Psalms, in: P.W. FLINT / P.D. MILLER (Ed.), The Book of Psalms. Composition and Reception (VT.S 99 / Formation and Interpretation of Old Testament Literature 4), Leiden – Boston, MA 2005, 311–339

NOGALSKI J.D., Reading David in the Psalter: A Study in Liturgical Hermeneutics, HBT 23 (2001) 168–191

NORTON G.J., Dahood's Commentary on the Psalms: A Review of an Academic Grandparent's Work After Thirty Years, in: C. MCCARTHY / J.F. HEALEY (Ed.), Biblical and Near Eastern Essays. FS K.J. Cathcart (JSOT.S 375), London – New York, NY 2004, 212–226

NORTON G.J., A Diplomatic Edition of the Psalter?, in: Y.A.P. GOLDMAN u.a. (Ed.), Sôfer Mahîr. FS A. Schenker. Offered by the Editors of *Biblia Hebraica Quinta* (VT.S 110), Leiden – Boston, MA 2006, 193–205

NOWELL I., War and Peace in the Psalms: How to Pray in Times of Crisis, BiTod 46 (2008) 149–153

OEMING M., Das Buch der Psalmen. Psalm 1–41 (NSK.AT 13/1), Stuttgart 2000

OEMING M., Wisdom as a Hermeneutical Key to the Book of Psalms, in: L.G. PERDUE (Ed.), Scribes, Sages, and Seers. The Sage in the Eastern Mediterranean World (FRLANT 219), Göttingen 2008, 154–162

OEMING M. / VETTE J., Das Buch der Psalmen. Psalm 42–89 (NSK.AT 13/2), Stuttgart 2010

OORSCHOT J. VAN, Strukturen des Gebetes, in: R. EGGER-WENZEL / J. CORLEY (Ed.), Prayer from Tobit to Qumran (Deuterocanonical and Cognate Literature Yearbook 2004), Berlin – New York, NY 2004, 17–39

OTTO E., The Judean Legitimation of Royal Rulers in Its Ancient Near Eastern Contexts, in: D.J. HUMAN / C.J.A. VOS (Ed.), Psalms and Liturgy (JOST.S 410), London – New York, NY 2004, 131–139

OTTO E., Myth and Hebrew Ethics in the Psalms, in: D.J. HUMAN (Ed.), Psalms and Mythology (Library of Hebrew Bible / Old Testament Studies 462), New York, NY – London 2007, 26–37

PARRISH V.S., A Story of the Psalms. Conversation, Canon, and Congregation, Collegeville. MN 2003

PATTERSON R.D., Singing the New Song: An Examination of Psalms 33, 96, 98, and 149, BS 164 (2007) 416–434

PIETERSMA A., Septuagintal Exegesis and the Superscriptions of the Greek Psalter, in: P.W. FLINT / P.D. MILLER (Ed.), The Book of Psalms. Composition and Reception (VT.S 99 / Formation and Interpretation of Old Testament Literature 4), Leiden – Boston, MA 2005, 443–475

PRINSLOO G.T.M., Unit Delimitation in the Egyptian Hallel (Psalms 113–118). An Evaluation of Different Traditions, in: M.C.A. KORPEL / J.M. OESCH (Ed.), Unit Delimitation in Biblical Hebrew and Northwest Semitic Literature (Pericope 4), Assen 2003, 232–263

PRINSLOO G.T.M., The Role of Space in the שירי המעלות (Psalms 120–134), Bib. 86 (2005) 457–477

RADEBACH-HUONKER C., Opferterminologie im Psalter (FAT II/44), Tübingen 2010

RADERMAKERS J., Les Psaumes et nous. Quelques ouvrages récents, NRTh 124 (2002) 630–639

RAMOS F.F., La oración en los Salmos (I), Naturaleza y Gracia 49 (2002) 403–449

RAJA R.J., "Peoples with the People": Universalism in the Psalms, Indian Theological Studies 43 (2006) 325–340

REEMTS C., Christus begegnen. Das Psalmengebet bei den Vätern der Kirche, EuA 82 (2006) 139–149

REGEV E., Sacrifices of Righteousness: Visiting the Temple and Bringing Sacrifices as Religious Experiences in Psalms, Tarb. 53 (2005) 365–386 [hebr.]

RENAU B., Les Psaumes: Un état de la recherche, in: C. COULOT u.a. (Ed.), Les Psaumes de la liturgie à la littérature, Strasbourg 2006, 9–32

RENDTORFF R., The Psalms of David: David in the Psalms, in: P.W. FLINT / P.D. MILLER (Ed.), The Book of Psalms. Composition and Reception (VT.S 99 / Formation and Interpretation of Old Testament Literature 4), Leiden – Boston, MA 2005, 53–64

REVENTLOW H. Graf, Das Gebet im Alten Testament, in: R. EGGER-WENZEL / J. CORLEY (Ed.), Prayer from Tobit to Qumran (Deuterocanonical and Cognate Literature Yearbook 2004), Berlin – New York, NY 2004, 1–15

RIEDE P., Die Sprache der Bilder. Zur Bedeutung und Funktion der Metaphorik in den Feindpsalmen des Alten Testaments am Beispiel der Psalmen 57 und 59, in: P. VAN HECKE (Ed.), Metaphor in the Hebrew Bible (BEThL 187), Leuven u.a. 2005, 19–40

ROBERTS J.J.M., God's Imperial Reign According to the Psalter, HBT 23 (2001) 211–221

ROBERTS J.J.M., The Enthronement of Yhwh and David: The Abiding Theological Significance of the Kingship Language of the Psalms, CBQ 64 (2002) 675–686

ROBERTS J.J.M., Mowinckel's Enthronement Festival: A Review, in: P.W. FLINT / P.D. MILLER (Ed.), The Book of Psalms. Composition and Reception (VT.S 99 / Formation and Interpretation of Old Testament Literature 4), Leiden – Boston, MA 2005, 97–115

ROOY H.F. VAN, The Headings of the Psalms in the Dead Sea Scrolls, JNWSL 28 (2002) 127–141

ROOY H.F. VAN, Towards a Critical Edition of the Headings of the Psalms in the Different Syriac Traditions, in: J. COOK (Ed.), Bible and Computer, Leiden 2002, 545–554

ROOY H.F. VAN, The Psalms in Early Syriac Tradition, in: P.W. FLINT / P.D. MILLER (Ed.), The Book of Psalms. Composition and Reception (VT.S 99 / Formation and Interpretation of Old Testament Literature 4), Leiden – Boston, MA 2005, 537–550

ROSE M., Le lève les yeux vers les montagnes, vers nos alphes de neige, que Dieu les protège, in: D. BÖHLER u.a. (Ed.), L'Écrit et l'Esprit. Études d'histoire du texte et de théologie biblique. FS A. Schenker (OBO 214), Fribourg / Göttingen 2005, 295–303

ROSENDAL B., "Du hast mich herausgeholt aus dem Reich des Todes". Die Bilder des Todes und des Lebens im Buch der Psalmen, in: E. K. HOLT / H.J. LUNDAGER JENSEN (Ed.), Mellem tekster. FS K. Nielsen, Kopenhagen 2003, 123–137

ROUX J.H. LE, Augustine and the Study of the Psalms (Or: The Psalms as a Book of Enjoyment and as an Answer to a Question), OTE 16 (2003) 625–634

ROUX J.H. LE, Augustine, Gadamer and the Psalms (Or: The Psalms as the Answer to a Question), in: D.J. HUMAN / C.J.A. VOS (Ed.), Psalms and Liturgy (JSOT.S 410), London – New York, NY 2004, 123–130

RUIZ E.R., El silencio en el primer libro del Salterio (Salmos 1–41). Primer aparte, RevBib 67 (2005) 31–83

SANDERS P., The Colometric Layout of Psalms 1 to 14 in the Aleppo Codex, in: M. KORPEL / J. OESCH (Ed.), Studies in Scriptural Unit Divisions (Pericope Scripture as Written and Read in Antiquity 3), Assen 2002, 226–257

SANDERS P., *Argumenta ad Deum* in the Plague Prayers of Mursili II and in the Book of Psalms, in: B. BECKING / E. PEELS (Ed.), Psalms and Prayers (OTS 55), Leiden – Boston, MA 2007, 181–217

SANDERS P., Five Books of Psalms?, in: E. ZENGER (Ed.), The Composition of the Book of Psalms (BEThL 238), Leuven 2010, 677–687

SAUR M., Die Königspsalmen. Studien zur Entstehung und Theologie (BZAW 340), Berlin – New York, NY 2004

SAUR M., "Herr, höre meine Worte, merke auf mein Reden!" (Ps 5,2). Mensch und Gebet in den Psalmen, in: C. AUS DER AU (Hrsg.), Menschsein denken. Anthropologien in theologischen Perspektiven, Neukirchen-Vluyn 2005, 9–21

SAUR M., Die theologische Funktion der Königspsalmen innerhalb der Komposition des Psalters, in: E. ZENGER (Ed.), The Composition of the Book of Psalms (BEThL 238), Leuven 2010, 689–699

SAUTER G., "Was ist der Mensch, daß du seiner gedenkst?". Selbstwahrnehmung in Psalmengebeten, EvTh 66 (2006) 317–319

SCAIOLA D., The End of the Psalter, in: E. ZENGER (Ed.), The Composition of the Book of Psalms (BEThL 238), Leuven 2010, 701–710

SCHNOCKS J., Mose im Psalter, in: A. GRAUPNER / M. WOLTER (Hrsg.), Moses in Biblical and Extra-Biblical Traditions (BZAW 372), Berlin – New York, NY 2007, 79–88

SCHNOCKS J., Vergänglichkeit und Gottesferne, in: A. BERLEJUNG / B. JANOWSKI (Hrsg.), Tod und Jenseits im alten Israel und in seiner Umwelt (FAT 64), Tübingen 2009, 3–23

SCHNOCKS J., Psalmen (UTB.Basiswissen Theologie), Paderborn 2011

SEMEN P. / SEMEN I.R., The Formative Value of the Davidic Psalms in Cult and Culture, Sacra Scripta 3 (2005) 1–2.175–185

SEYBOLD K., Feindbild und Menschenwürde. Das Zeugnis der Psalmen, in: E. HERMS (Hrsg.), Menschenbild und Menschenwürde (VWGTh 17), Gütersloh 2001, 307–319

SEYBOLD K., David als Psalmsänger in der Bibel. Entstehung einer Symbolfigur, in: W. DIETRICH / H. HERKOMMER (Hrsg.), König David – biblische Schlüsselfigur und europäische Leitgestalt. 19. Kolloquium (2000) der Schweizerischen Akademie der Geistes- und Sozialwissenschaften, Fribourg / Stuttgart 2003, 145–163

SEYBOLD K.D., Zur Geschichte des vierten Davidpsalters (Pss 138–145), in: P.W. FLINT / P.D. MILLER (Ed.), The Book of Psalms. Composition and Reception (VT.S 99 / Formation and Interpretation of Old Testament Literature 4), Leiden – Boston, MA 2005, 368–390

SEYBOLD K., Poetik der Psalmen (Poetologische Studien zum Alten Testament 1), Stuttgart 2003

SEYBOLD K., Poetica dei Salmi (Introduzione allo studio della Bibbia; supplementi 35), Brescia 2007

SEYBOLD K., Das Gebet des Kranken im Alten Testament. Untersuchung zur Bestimmung und Zuordnung der Krankheits- und Heilungspsalmen, Stuttgart ^{2}2009 (1973)

SEYBOLD K., Dimensionen und Intentionen der Davidisierung der Psalmen. Die Rolle Davids nach den Psalmüberschriften und nach dem Septuagintapsalm 151, in: E. ZENGER (Ed.), The Composition of the Book of Psalms (BEThL 238), Leuven 2010, 125–140

SHVEKA A., A Trace of the Tradition of Diplomatic Correspondence in Royal Psalms, JSSt 50 (2005) 297–320

SIMIAN-YOFRE H., "Mi tiempo está en tus manos". La esperanza orante en los Salmos, in: J.A. BADIOLA (Ed.), La carne humana de la Escritura. FS Don A. Ibáñez Arana (BibVict 6), Vitoria-Gasteiz 2007, 275–296

SMEND R., Wellhausen on the Psalms, in: K.J. DELL u.a. (Ed.), Genesis, Isaiah and Psalms. FS J. Emerton (VT.S 135), Leiden – Boston, MA 2010, 230–246

SNOW FLESHER L., Rapid Change of Mood: Oracles of Salvation, Certainty of a Hearing, or Rhetorical Play?, in: R.L. FOSTER / D.M. HOWARD (Ed.), "My Words Are Lovely". Studies in the Rhetoric of the Psalms (Library of Hebrew Bible / Old Testament Studies 467), New York, NY – London 2008, 33–45

SNYMAN D., Die Ontwikkeling van Monoteïsme in Israel as Agtergrond vir die Verstaan van die *JHWH-mlk-psalms*, Verbum et Ecclesia 27 (2006) 676–691

SPIECKERMANN H., Der theologische Kosmos des Psalters, BThZ 21 (2004) 61–79

SPIECKERMANN H., Schweigen und Beten. Von stillem Lobgesang und zerbrechender Rede im Psalter, in: F.-L. HOSSFELD / L. SCHWIENHORST-SCHÖNBERGER (Hrsg.), Das Manna fällt auch heute noch. Beiträge zur Geschichte und Theologie des Alten, Ersten Testaments. FS E. Zenger (HBS 44), Freiburg i.Br. u.a. 2004, 567–584

STEC D.M., The Targum of Psalms: Translated, with a Critical Introduction, Apparatus, and Notes (The Aramaic Bible 16), Collegeville, MN 2004

STEUSSY M.J., The Enemy in the Psalms, Word & World 28 (2008) 5–12

STEYMANS H.U., Traces of Liturgies in the Psalter: The Communal Laments, Psalms 79, 80, 83, 89 in Context, in: D.J. HUMAN / C.J.A. VOS (Ed.), Psalms and Liturgy (JSOT.S 410), London – New York, NY 2004, 168–234

STEYMANS H.U., Le psautier messianique – une approche sémantique, in: E. ZENGER (Ed.), The Composition of the Book of Psalms (BEThL 238), Leuven 2010, 141–197

STRAUSS H., "...eine kleine Biblia". Exegesen von dreizehn ausgewählten Psalmen Israels (BThSt 56), Neukirchen-Vluyn 2003

STROLA G., Il simbolismo dei Salmi. Dio Slavatore: "Il nostro Dio è un Dio che salva", PaVi 50/5 (2005) 48–50

STROLA G., Il simbolismo dei Salmi. Il Dio con noi: "Do sta in essa non potrà vacillare", PaVi 50/6 (2005) 45–47

SÜSSENBACH C., Der elohistische Psalter. Untersuchungen zur Komposition und Theologie von Ps 42–83 (FAT II/7), Tübingen 2005

TOMES R., "I Have Written to the King, My Lord". Secular Analogies for the Psalms (Hebrew Bible Monographs 1), Sheffield 2005

TOMES R., Sing to the Lord a New Song, in: B. BECKING / E. PEELS (Ed.), Psalms and Prayers (OTS 55), Leiden – Boston, MA 2007, 237–252

TOWNER W.S., "Without Our Aid He Did Us Make": Singing the Meaning of the Psalms, in: B.A. STRAWN / N.R. BOWEN (Ed.), A God So Near. Essays on Old Testament Theology. FS P.D. Miller, Winona Lake, IN 2003, 17–34

TRUBLET J., Approche canonique des Psaumes du Hallel, in: E. ZENGER (Ed.), The Composition of the Book of Psalms (BEThL 238), Leuven 2010, 339–376

TRUDINGER P.L., The Psalms of the Tamid Service. A Liturgical Text from the Second Temple (VT.S 98), Leiden – Boston, MA 2004

TUCKER W.D., Democratization and the Language of the Poor in Psalms 2–89, HBT 25 (2003) 161–178

TUCKER W.D., A Polysemiotic Approach to the Poor in the Psalms, PRSt 31 (2004) 425–439

TUCKER W.D., Is Shame a Matter of Patronage in the Communal Laments?, JSOT 31 (2007) 465–480

TUCKER D., Empires and Enemies in Book V of the Psalter, in: E. ZENGER (Ed.), The Composition of the Book of Psalms (BEThL 238), Leuven 2010, 723–731

TULL P.K., Bakhtin's Confessional Self-Accounting and Psalms of Lament, Bibl.Interpr. 13 (2005) 41–55

VASSAR J.S., Recalling a Story Once Told: An Intertextual Reading of the Psalter and the Pentateuch, Macon, GA 2007

VEGAS MONTANER L., Towards a Computer-Assisted Classification of Discourse Types in the Psalms, in: J. COOK (Ed.), Bible and Computer, Leiden 2002, 189–208

VEIJOLA T., Zum Problem der Tempora in der Psalmenübersetzung, StOr 99 (2004) 385–399

VESCO J.-L., Le Père Langrange et l'exégèse du Psautier, in: D. BÖHLER u.a. (Ed.), L'Écrit et l'Esprit. Études d'histoire du texte et de théologie biblique. FS A. Schenker (OBO 214), Fribourg / Göttingen 2005, 410–417

VESCO J.-L., Le Psautier de David traduit et commenté I/II (LeDiv 210–211), Paris 2006

VILLANUEVA F.G., The '*Un*certainty of a Hearing'. A Study of the Sudden Change of Mood in the Psalms of Lament (VT.S 121), Leiden – Boston, MA 2008

VILLIERS P. DE, The Psalms and Spirituality, OTE 12 (1999) 416–439

VOS C.J.A., Theopoetry of the Psalms, Pretoria 2005

VOS C. DE, Klage als Gotteslob aus der Tiefe. Der Mensch vor Gott in den individuellen Klagepsalmen (FAT II/11), Tübingen 2005

WAGNER A., Beten und Bekennen. Über Psalmen, Neukirchen-Vluyn 2008

WAGNER A., Strukturen des Gebets im Alten Testament, in: M. WITTE / J.F. DIEHL (Hrsg.), Orakel und Gebete. Interdisziplinäre Studien zur Sprache der Religionen in Ägypten, Vorderasien und Griechenland in hellenistischer Zeit (FAT II/38), Tübingen 2009, 197–215

WAAIJMAN K., Awe and Respect in the Psalms, in: P.G.R. DE VILLIERS u.a. (Ed.), The Spirit that Empowers: Perspectives on Spirituality (Acta Theologica. Supplementum 11), Bloemfontein 2008, 234–242

WÄLCHLI S., Gottes Zorn in den Psalmen. Eine Studie zur Rede vom Zorn Gottes in den Psalmen im Kontext des Alten Testaments und des Alten Orients (OBO), Fribourg 2010

WALLACE H.N., King and Community: Joining with David in Prayer, in: B. BECKING / E. PEELS (Ed.), Psalms and Prayers (OTS 55), Leiden – Boston, MA 2007, 267–277

WALLACE H.N., Psalms (Readings: A New Biblical Commentary), Sheffield 2009

WATANABE C.E., Necessary Conditions of a Good Lament, HBT 25 (2003) 19–49

WEBER B., Le caractère poétique des Psaumes et son incidence sur leur interprétation. Quelques considérations sur une approche littéraire des Psaumes, RevSR 77 (2003) 481–496

WEBER B., Einige poetologische Überlegungen zur Psalmeninterpretation verbunden mit einer exemplarischen Anwendung an Psalm 130, OTE 18 (2005) 891–906

WEBER B., Entwurf einer Poetologie der Psalmen, in: H. UTZSCHNEIDER / E. BLUM, Lesarten der Bibel. Untersuchungen zu einer Theorie der Exegese des Alten Testaments, Stuttgart 2006, 127–154

WEBER B., Mit den Psalmen leben, in: W. HAUBECK / W. HEINRICHS (Hrsg.), Geistlich leben. Spiritualität in Gemeinde und Alltag (Theologische Impulse 15), Witten 2007, 46–72

WEBER B., Kanonische Psalterexegese und -rezeption. Forschungsgeschichtliche, hermeneutische und methodologische Bemerkungen, in: E. BALLHORN / G. STEINS (Hrsg.), Der Bibelkanon in der Bibelauslegung. Methodenreflexionen und Beispielexegesen, Stuttgart 2007, 85–94

WEBER B., "HERR, wie viele sind geworden meine Bedränger ..." (Ps 3,2a). Psalm 1–3 als Ouvertüre des Psalters unter besonderer Berücksichtigung von Psalm 3 und seinem Präskript, in: E. BALLHORN / G. STEINS (Hrsg.), Der Bibelkanon in der Bibelauslegung. Methodenreflexionen und Beispielexegesen, Stuttgart 2007, 231–251

WEBER B., Psalm 78 als "Mitte" des Psalters? – ein Versuch, Bib. 88 (2007) 305–326

WEBER B., Makarismus und Eulogie im Psalter. Buch- und kanontheologische Erwägungen, OTE 21 (2008) 193–218

WEBER B., "Ein neues Lied", BN 142 (2009) 39–46

WEBER B., Asaf – ein Name, seine Träger und ihre Bedeutung, in: M. WITTE / J.F. DIEHL (Hrsg.), Orakel und Gebete. Interdisziplinäre Studien zur Sprache der Religion in Ägypten, Vorderasien und Griechenland in hellenistischer Zeit (FAT II/38), Tübingen 2009, 235–259

WEBER B., Von der Psaltergenese zur Psaltertheologie: der nächste Schritt der Psalterexegese?! Einige grundsätzliche Überlegungen zum Psalter als Buch und Kanonteil, in: E. ZENGER (Ed.), The Composition of the Book of Psalms (BEThL 238), Leuven 2010, 733–744

WEEKS S., Wisdom Psalms, in: J. DAY (Ed.), Temple and Worship in Biblical Israel (Library of Hebrew Bible / Old Testament Studies 422), London – New York, NY 2005, 292–307

WENHAM G.J., Towards a Canonical Reading of the Psalms, in: C.G. BARTHOLOMEW u.a. (Ed.), Canon and Biblical Interpretation (Scripture and Hermeneutics Series 7), Grand Rapids, MI 2006, 333–351

WENHAM G., Prayer and Practice in the Psalms, in: B. BECKING / E. PEELS (Ed.), Psalms and Prayers (OTS 55), Leiden – Boston, MA 2007, 279–295

WEYDE K.W., "Has God Forgotten Mercy, in Anger Withheld His Compassion?" Names and Concepts of God in the Elohistic Psalter, in: R.G. KRATZ / H. SPIECKERMANN (Ed.), Divine Wrath and Divine Mercy in the World of Antiquity (FAT II/33), Tübingen 2008, 122–139

WILLIAMSON H.G.M., Reading the Lament Psalms Backwards, in: B.A. STRAWN / N.R. BOWEN (Ed.), A God So Near. Essays on Old Testament Theology. FS P.D. Miller, Winona Lake, IN 2003, 3–15

WILLMES B., Das Königtum Gottes in den Psalmen auf dem Hintergrund kanaanäischer Mythologie, in: H. IRSIGLER (Hrsg.), Mythisches in biblischer Bildsprache. Gestalt und Verwandlung in Prophetie und Psalmen (QD 209), Freiburg i.Br. 2004, 103–133

WILSON G.H., Psalm and Psalter. Paradigm for Biblical Theology, in: S.J. HAFEMANN (Ed.), Biblical Theology. Retrospect and Prospect, Downers Grove, IL – Leicester 2002, 100–110

WILSON G.H., King, Messiah, and the Reign of God: Revisiting the Royal Psalms and the Shape of the Psalter, in: P.W. FLINT / P.D. MILLER (Ed.), The Book of Psalms. Composition and Reception (VT.S 99 / Formation and Interpretation of Old Testament Literature 4), Leiden – Boston, MA 2005, 391–406

ZAKOVITCH Y., Juxtapositionen im Buch der Psalmen ("Tehillim"), in: F.-L. HOSSFELD / L. SCHWIENHORST-SCHÖNBERGER (Hrsg.), Das Manna fällt auch heute noch. Beiträge zur Geschichte und Theologie des Alten, Ersten Testaments. FS E. Zenger (HBS 44), Freiburg i.Br. u.a. 2004, 660–673

ZENGER E., "Ich aber sage: Du bist mein Gott" (Ps 31,14). Kirchliches Psalmengebet nach der Schoa, in: A. RAFFELT (Hrsg.), Weg und Weite. FS K. Lehmann, Freiburg i.Br. 2001, 15–31

ZENGER E., Der Psalter im Horizont von Tora und Prophetie. Kanongeschichtliche und kanonhermeneutische Perspektiven, in: J.-M. AUWERS / H.J. DE JONGE (Ed.), The Biblical Canons (BEThL 163), Leuven 2003, 111–134

ZENGER E., Der Psalter als Buch der Tora Davids. Zur Bedeutung der Verschriftung und Kanonisierung von Gebeten und Liedern, in: A. HOLZEM (Hrsg.), Normieren, Tradieren, Inszenieren. Das Christentum als Buchreligion, Darmstadt 2004, 157–176

ZENGER E., Der Zion als Ort der Gottesnähe. Beobachtungen zum Weltbild des Wallfahrtspsalters Ps 120–134, in: G. EBERHARDT / K. LIESS (Hrsg.), Gottes Nähe im Alten Testament (SBS 202), Stuttgart 2004, 84–114

ZENGER E., Die Komposition der Wallfahrtspsalmen Ps 120–134. Zum Programm der Psalterexegese, in: M. EBNER / B. HEININGER (Hrsg.), Paradigmen auf dem Prüfstand. FS K. Müller (NTA.NF 47), Münster 2004, 173–190

ZENGER E., "Es segne dich JHWH vom Zion aus ..." (Ps 134,3). Die Gottesmetaphorik in den Wallfahrtspsalmen 120–134, in: M. WITTE (Hrsg.), Gott und Mensch im Dialog. FS O. Kaiser (BZAW 345/I+II), Berlin 2004, 601–622

ZENGER E., Grundformen der Psalmendichtung, Zur Debatte 35/5 (2005) 1–7

ZENGER E., Mit Gott ums Leben kämpfen. Zur Funktion der Todesbilder in den Psalmen, JBTh 19 (2004) 63–78

ZENGER E., JHWH als Lehrer des Volkes und der Einzelnen im Psalter, in: B. EGO / H. MERKEL (Hrsg.), Religiöses Lernen in der biblischen, frühjüdischen und frühchristlichen Überlieferung (WUNT 180), Tübingen 2005, 47–67

ZENGER E., Geld als Lebensmittel? Über die Wertung des Reichtums im Psalter (Psalmen 15; 49; 112), JBTh 21 (2006) 73–96

ZENGER E., Zion – Ort des Segens. Beobachtungen zur Theologie des Wallfahrtspsalters Ps 120–134, in: N.C. SCHNABEL (Hrsg.), Laetare Jerusalem. Festschrift zum 100jährigen Ankommen der Benediktinermönche auf dem Jerusalemer Zionsberg (Jerusalemer Theologisches Forum 10), Münster 2006, 64–103

ZENGER E., "Erhebe dich doch als Hilfe für uns!" Die Komposition Ps 42–44; 46–48 als theologische Auseinandersetzung mit dem Exil, in: I. KOTTSIEPER u.a. (Hrsg.), Berührungspunkte. Studien zur Sozial- und Religionsgeschichte Israels und seiner Umwelt. FS R. Albertz (AOAT 350), Münster 2008, 295–316

ZENGER E., Der Psalter – das Gebetbuch der Bibel, IKaZ 37 (2008) 547–559

ZENGER E., Mythos und Mythisierung in den Psalmen, in: A. LANGE / K.F.D. RÖMHELD (Hrsg.), Wege zur Hebräischen Bibel. Denken – Sprache – Kultur. FS in memoriam H.-P. Müller (FRLANT 228), Göttingen 2009, 95–115

ZENGER E., Psalmenexegese *und* Psalterexegese. Eine Forschungsskizze, in: E. ZENGER (Ed.), The Composition of the Book of Psalms (BEThL 238), Leuven 2010, 17–65

3. Einzelbeiträge zu den Psalmen 1–150

Nachfolgend aufgelistet ist neuere Literatur zu Einzelpsalmen und Psalmengruppen als Nachtrag zu den entsprechenden Rubriken in WbPss I/II. Die Liste geht der Reihenfolge der Psalmen entlang (innerhalb des jeweiligen Psalms Auflistung nach dem Erscheinungsdatum, bei gleichem Publikationjahr nach dem Alphabet).

1 LOMBAARD C.J.S., By Implication: Didactical Strategy in Psalm 1, OTE 12 (1999) 506–514

MAIER J., Psalm 1 im Licht antiker jüdischer Zeugnisse, in: J. MAIER, Studien zur jüdischen Bibel und ihrer Geschichte (SJ 28), Berlin – New York, NY 2004, 359–374

BOTHA P.J., Intertextuality and the Interpretation of Psalm 1, OTE 18 (2005) 503–520

LEFEBVRE M., Torah-Meditation and the Psalms: The Invitation of Psalm 1, in: P.S. JOHNSTON / D.G. FIRTH (Ed.), Interpreting the Psalms. Issues and Approaches, Leicester 2005, 213–225

RUSSEL B., Psalm 1 as an Interpreter of Scripture, IBSt 26 (2005) 170–193

TYROL A., Salmo 1 – il portale introduttivo al Salterio, Folia Theologica 15 (2005) 173–179

WEBER B., Psalm 1 und seine Funktion der Einweisung, in: P. NANZ (Hrsg.), Der Erneuerung von Kirche und Theologie verpflichtet. FS J.H. Schmid, Riehen 2005, 175–212

FABRE V., La prophétie des Psaumes selon saint Augustin. À propos de Ps 1,1, NRTh 128 (2006) 546–560

JANOWSKI B., Freude an der Tora. Psalm 1 als Tor zum Psalter, EuA 82 (2006) 150–163

WEBER B., Der Beitrag von Psalm 1 zu einer "Theologie der Schrift", JETh 20 (2006) 83–113

WEBER B., Psalm 1 and Its Function as a Directive into the Psalter and Towards a Biblical Theology, OTE 19 (2006) 237–260

ARNETH M., Psalm 1: seine Stellung im Psalter und seine Bedeutung für die Komposition der Bergpredigt, in: R. ACHENBACH u.a., Tora in der Hebräischen Bibel. Studien zur Redaktionsgeschichte und synchronen Logik diachroner Transformationen (BZAR 7), Wiesbaden 2007, 294–309

BOTHA P.J., Intertextuality and the Interpretation of Psalm 1, OTE 18 (2005) 503–520 [Neuabdruck in: D.J. HUMAN (Ed.), Psalms and Mythology (Library of Hebrew Bible / Old Testament Studies 462), New York, NY – London 2007, 58–76]

JANOWSKI B., Freude an der Tora. Psalm 1 als Tor zum Psalter, EvTh 67 (2007) 18–42

JANOWSKI B., Wie ein Baum an Wasserkanälen. Psalm 1 als Tor zum Psalter, in: F. HARTENSTEIN / M. PIETSCH (Hrsg.), "Sieben Augen auf einem Stein" (Sach 3,9). Studien zur Literatur des Zweiten Tempels. FS I. Willi-Plein, Neukirchen-Vluyn 2007, 121–140 [Neuabdruck in: Die Welt als Schöpfung. Beiträge zur Theologie des Alten Testaments 4, Neukirchen-Vluyn 2008, 199–218]

SCHWIENHORST-SCHÖNBERGER L., "Er wird wie Christus sein". Psalm 1 in der Auslegung des Hieronymus, in: E. BALLHORN / G. STEINS (Hrsg.), Der Bibelkanon in der Bibelauslegung. Methodenreflexionen und Beispielexegesen, Stuttgart 2007, 212–230

SNYMAN S.D., Suffering in Post-Exilic Times – Investigating Mal 3:13–24 and Psalm 1, OTE 20 (2007) 786–797

WALTKE B.K., Preface to the Psalter: Two Ways, Crux 43.3 (2007) 2–9

WEBER B., Psalm 1 als Tor zur Tora JHWHs. Wie Ps 1 (und Ps 2) den Psalter an den Pentateuch anschliesst, SJOT 21 (2007) 179–200

MOSIS R., Rat von Frevlern und Weisung des Herrn. Beobachtungen zu Psalm 1,1–2, TThZ 118 (2009) 16–35

TUELL S.S., Psalm 1, Interp. 63 (2009) 278–280

WEBER B., "Dann wird er sein wie ein Baum ..." (Psalm 1,3). Zu den Sprachbildern von Psalm 1, OTE 23 (2010) im Druck

1f. HOSCH H.E., Psalms 1 and 2: A Discourse Analysis, Notes on Translation 15 (3/2001) 4–12

RENAUD B., Le Psautier sous le signe du jugement de Dieu. L'unité rédactionelle des Psaumes 1 et 2, in: E. BONS (Ed.), Le jugement dans l'un et l'autre Testaments. FS R. Kuntzmann (LeDiv 197), Paris 2004, 225–242

BOTHA P.J., The Ideological Interface Between Psalm 1 and Psalm 2, OTE 18 (2005) 189–203 (FS J.A. Loader)

HELBERG J.L., Geïntegreerdheid van die Psalms volgens die Verband tussen Psalm 1 (en 2) en die res van die Psalms, IDS 39 (2005) 673–694

HELBERG J.L., Kyk, Beleef of Luister? Spiritualiteit in die Psalms in die Lig van Psalm 1 en 2, IDS 39 (2005) 273–292

HELBERG J.L., Wat het van die Land geword? Die Psalms (veral Psalms 1 en 2) oor die land, gelees teen die agtergrond van Josua 1, OTE 18 (2005) 616–628

1ff. SANDERS P., The Colometric Layout of Psalms 1 to 14 in the Aleppo Codex, in: M. KORPEL / J. OESCH (Ed.), Studies in Scriptural Unit Divisions (Pericope Scripture as Written and Read in Antiquity 3), Assen 2002, 226–257

WEBER B., "HERR, wie viele sind geworden meine Bedränger ..." (Ps 3,2a). Psalm 1–3 als Ouvertüre des Psalters unter besonderer Berücksichtigung von Psalm 3 und seinem Präskript, in: E. BALLHORN / G. STEINS (Hrsg.), Der Bibelkanon in der Bibelauslegung. Methodenreflexionen und Beispielexegesen, Stuttgart 2007, 231–251

2 AUFFRET P., Étude structurelle du Psaume 2, EstB 59 (2001) 307–323

GARCÍA UREÑA L., La metáfora de la gestación y del parto al servicio de la analogía. Una lectura de Sl 2,1–7, Roma 2003

HUBER K., Psalm 2 in der Offenbarung des Johannes, in: A. VONACH / G. FISCHER (Hrsg.), Horizonte biblischer Texte. FS J.M. Oesch (OBO 196), Fribourg 2003, 247–273

KNOHL I., Religion and Politics in Psalm 2, in: S.M. PAUL u.a. (Ed.), Emanuel. Studies in Hebrew Bible, Septuagint and Dead Sea Scrolls. FS E. Tov (VT.S 94), Leiden – Boston, MA 2003, 725–727

OTTO E., Psalm 2 in neuassyrischer Zeit. Assyrische Motive in der judäischen Königsideologie, in: K. KIESOW / T. MEURER (Hrsg.), Textarbeit. Studien zu Texten und ihrer Rezeption aus dem Alten Testament und der Umwelt Israels. FS P. Weimar (AOAT 294), Münster 2003, 335–349

TIGAY J.H., Divine Creation of the King in Psalms 2:6, ErIs 27 (2003) 246–251

BACKHAUS K., Gott als Psalmist. Psalm 2 im Hebräerbrief, in: D. SÄNGER (Hrsg.), Gottessohn und Menschensohn. Exegetische Studien zu zwei Paradigmen biblischer Intertextualität (BThSt 67), Neukirchen-Vluyn 2004, 198–231

GARCÍA UREÑA L., He tejido my rey (Sl 2,6). La importancia del contexto, EstB 62 (2004) 171–184

HARTENSTEIN F., "Der im Himmel thront, lacht" (Ps 2,4). Psalm 2 im Wandel religions- und theologiegeschichtlicher Kontexte, in: D. SÄNGER (Hrsg.), Gottessohn und Menschensohn. Exegetische Studien zu zwei Paradigmen biblischer Intertextualität (BThSt 67), Neukirchen-Vluyn 2004, 158–188

KAHL W., Psalm 2 und das Neue Testament. Intertextuelle Aspekte anhand ausgewählter Beispiele, in: D. SÄNGER (Hrsg.), Gottessohn und Menschensohn. Exegetische Studien zu zwei Paradigmen biblischer Intertextualität (BThSt 67), Neukirchen-Vluyn 2004, 232–250

KAIMAKIS D., Der zweite Psalm. Eine orthodoxe Annäherung, in: I.Z. DIMITROV u.a. (Hrsg.), Das Alte Testament als christliche Bibel in orthodoxer und westlicher Sicht. Zweite europäische orthodox-westliche Exegetenkonferenz im Rilakloster vom 8.–15. September 2001 (WUNT 174), Tübingen 2004, 325–337

OTTO E., Politische Theologie in den Königspsalmen zwischen Ägypten und Assyrien. Die Herrscherlegitimation in den Psalmen 2 und 18 in ihren altorientalischen Kontexten, Verbum et Ecclesia 25 (2004) 619–652

PIETERSMA A., Empire Re-Affirmed: A Commentary on Greek Psalm 2, in: J.H. ELLENS u.a. (Ed.), God's Word for Our World. Volume II. FS J. de Vries (JSOT.S 389), London – New York, NY 2004, 46–62

STEUDEL A., Psalm 2 im antiken Judentum, in: D. SÄNGER (Hrsg.), Gottessohn und Menschensohn. Exegetische Studien zu zwei Paradigmen biblischer Intertextualität (BThSt 67), Neukirchen-Vluyn 2004, 189–197

VOS C.J.A., Psalm 2 as Liedteks – 'n Literêre en Teologiese Evaluering, Verbum et Ecclesia 25 (2004) 769–783

SABOTTKA L., Ps 2,12: "Küsst den Sohn!"?, Bib. 87 (2006) 96–97

WITETSCHEK S., Der Lieblingspsalm des Sehers: die Verwendung von Ps 2 in der Johannesapokalypse, in: M.A. KNIBB (Ed.), The Septuagint and Messianism (BEThL 195), Leuven 2006, 263–289

USUE E.O., Theological-Mythological Viewpoints on Divine Sonship in Genesis 6 and Psalm 2, in: D.J. HUMAN (Ed.), Psalms and Mythology (Library of Hebrew Bible / Old Testament Studies 462), New York, NY – London 2007, 77–90

WALTKE B.K., Ask of Me, My Son: Exposition of Psalm 2, Crux 43.4 (2008) 2–19

CARDELLINI I., Sal 2,12aα: complicazioni testuali e difficoltà interpretative, RivBib 56 (2008) 19–36

ROUWHORST G. / POORTHUIS M., "Why do the Nations Conspire?" Psalm 2 in Post-Biblical Jewish and Christian Traditions, in: A. HOUTMAN u.a. (Ed.), Empsychoi Logoi – Religious Innovations in Antiquity. FS P.W. van der Horst (Ancient Judaism and Early Christianity 73), Leiden – Boston, MA 2008, 425–453

3 COETZEE J., Retoriese Strategieë in Psalm 3: Interaksie Tussen Geïmpliseerde Outeur, Bidder en Gehoor, OTE 12 (1999) 401–415

PIETERSMA A., When Dauid Fled Abessalom: A Commentary on the Third Psalm in Greek, in: S.M. PAUL u.a. (Ed.), Emanuel. Studies in Hebrew Bible, Septuagint and Dead Sea Scrolls. FS E. Tov (VT.S 94), Leiden – Boston, MA 2003, 645–659

FIDLER R., A Touch of Support: Ps 3,6 and the Psalmist's Experience, Bib. 86 (2005) 192–212

TADIELLO R., Studio sintattico del Salmo 3, BeO 48 (2006) 193–203

WEBER B., "HERR, wie viele sind geworden meine Bedränger ..." (Ps 3,2a). Psalm 1–3 als Ouvertüre des Psalters unter besonderer Berücksichtigung von Psalm 3 und seinem Präskript, in: E. BALLHORN / G. STEINS (Hrsg.), Der Bibelkanon in der Bibelauslegung. Methodenreflexionen und Beispielexegesen, Stuttgart 2007, 231–251

BOTHA P.J. / WEBER B., 'Killing Them Softly with this Song ...' The Literary Structure of Psalm 3 and Its Psalmic and Davidic Contexts. Part I: An Intratextual Interpretation of Psalm 3, OTE 21 (2008) 18–37

BOTHA P.J. / WEBER B., 'Killing Them Softly with this Song ...' The Literary Structure of Psalm 3 and Its Psalmic and Davidic Contexts. Part II: A Contextual and Intertextual Interpretation of Psalm 3, OTE 21 (2008) 273–297

WALTKE B.K., Psalm 3: A Fugitive King's Morning Prayer, Crux 44.1 (2008) 2–13

BEYER A., Vom Traumorakel zum Morgenlied. Literarische und kompositionsgeschichtliche Erwägungen zur Textgeschichte von Psalm 3, BN 144 (2010) 71–85

3ff. HARTENSTEIN F., "Schaffe mir Recht, JHWH!" (Psalm 7,9). Zum theologischen und anthropologischen Profil der Teilkomposition Psalm 3–14, in: E. ZENGER (Ed.), The Composition of the Book of Psalms (BEThL 238), Leuven 2010, 229–258

4 AUFFRET P., Dieu ma justice. Étude structurelle du Psaume 4, BN 118 (2003) 5–12

GOLDINGAY J., Psalm 4: Ambiguity and Resolution, TynB 57 (2006) 161–172

5 ASSEL H., Der Name Gottes bei Luther. Trinität und Tetragramm – ausgehend von Luthers Auslegung des fünften Psalms, EvTh 64 (2004) 363–378

6 BALLHORN E., Vom Gebet zum Psalm. Am Beispiel von Psalm 6, PBl (2005) 17–21

AUFFRET P., Il a entendu, Yhwh. Étude structurelle du Psaume 6, ETR 82 (2007) 595–602

KUCKHOFF A., Psalm 6 und die Bitten im Psalter. Ein paradigmatisches Bitt- und Klagegebet im Horizont des Gesamtpsalters (BBB 160), Göttingen 2010

7 BONS E., Die Übersetzung und Kommentierung von Psalm 7 (LXX). Ein Blick in die Werkstatt der *Septuaginta Deutsch*, BiLi 75 (2002) 282–287

AURELIUS E., Davids Unschuld. Die Hofgeschichte und Psalm 7, in: M. WITTE (Hrsg.), Gott und Mensch im Dialog. FS O. Kaiser (BZAW 345/I+II), Berlin 2004, 391–412

BONS E., Le Psaume 7 dans la version de la Septante, RevSR 77 (2004) 512–528

DOYLE B., Words with Teeth and Childbearing Men: Metaphors in Psalm 7, in: D.J. HUMAN / C.J.A. VOS (Ed.), Psalms and Liturgy (JSOT.S 410), London – New York, NY 2004, 41–61

GROHMANN M., Ambivalent Images of Birth in Psalm VII 15, VT 55 (2005) 439–449

HIEKE T., Psalm 7, in: C. DILLER u.a. (Hrsg.), "Erforsche mich, Gott, und erkenne mein Herz!" Beiträge zur Syntax, Sprechaktanalyse und Metaphorik im Alten Testament. FS H. Irsigler, St. Ottilien 2005, 37–60

8 PITKIN B., Psalm 8:1–2, Interp. 55 (2001) 177–180

TATE M.E., An Exposition of Psalm 8, PRSt 28 (2001) 343–359

VOS C.J.A / OLIVIER G.C., Die Psalms in die liturgie met verwysing na Psalm 8 as liedteks, HTS 58 (2002) 1431–1446

STEYN G.J., Some Observations about the *Vorlage* of Ps 8:5–7 in Heb 2:6–8, Verbum et Ecclesia 24 (2003) 493–514

HILBRANDS W., "Du hast ihn wenig niedriger gemacht als Gott". Zur hohen Anthropologie von Psalm 8, in: R. HILLE / H.H. KLEMENT (Hrsg.), Ein Mensch – was ist das? Zur theologischen Anthropologie. FS H. Burkhardt (Systematisch-Theologische Monographien 10), Wuppertal – Giessen / Basel 2004, 89–105

FREVEL C., "Eine kleine Theologie der Menschenwürde". Ps 8 und seine Rezeption im Buch Ijob, in: F.-L. HOSSFELD / L. SCHWIENHORST-SCHÖNBERGER (Hrsg.), Das Manna fällt auch heute noch. Beiträge zur Geschichte und Theologie des Alten, Ersten Testaments. FS E. Zenger (HBS 44), Freiburg i.Br. u.a. 2004, 244–272

NEUMANN-GORSOLKE U., "Aus dem Munde von Kindern und Säuglingen…". Ps 8,3 vor dem Hintergrund Jerusalemer Vorstellungen, in: M. AUGUSTIN / H.M. NIEMANN, "Basel und Bibel". Collected Communications to the XVIIth Congress of the International Organization for the Study of the Old Testament, Basel 2001 (BEAT 51), Frankfurt a.M. 2004, 179–187

NEUMANN-GORSOLKE U., Herrschen in den Grenzen der Schöpfung. Ein Beitrag zur alttestamentlichen Anthropologie am Beispiel von Psalm 8, Genesis 1 und verwandten Texten (WMANT 101), Neukirchen-Vluyn 2004

SCHNIERINGER H., Psalm 8. Text – Gestalt – Bedeutung (ÄAT 59), Wiesbaden 2004

COETZEE J.H., "Yet Thou Hast Made Him Little Less than God": Reading Psalm 8 from a Bodily Perspective, OTE 19 (2006) 1124–1138 [Neuabdruck in: R.L. FOSTER / D.M. HOWARD (Ed.), "My Words Are Lovely". Studies in the Rhetoric of the Psalms (Library of Hebrew Bible / Old Testament Studies 467), New York, NY – London 2008, 91–106]

MARÉ L.P., Psalm 8: God's Glory and Humanity's Reflected Glory, OTE 19 (2006) 926–938

SOLÉ M.C., El Salm 8, un himme a la sobirania de Jahvè, delgada en l'home, Scripta Biblica 7 (2006) 81–109

WHITEKETTLE R., Taming the Shrew, Shrike, and Shrimp: The Form and Function of Zoological Classification in Psalm 8, JBL 125 (2006) 749–795

GILLINGHAM S., Psalm 8 Through the Looking Glass: Reception History of a Multi-Faceted Psalm, in: J.S. BURNETT u.a. (Ed.), Diachronic and Synchronic: Reading the Psalms in Real Time. Proceedings of the Baylor Symposium on the Book of Psalms (Library of Hebrew Bible / Old Testament Studies 28), New York, NY – London 2007, 167–196

MALUL M., "Out of the Mouth of Babes and Sucklings You Have Founded Strength …" (Ps 8:3). Did Children Serve as Prophetic Mediums in Biblical Times?, JNWSL 33.2 (2007) 1–32

MEEGEN S. VAN, Psalm 8: Würde des Menschen, in: J. WEHRLE u.a. (Hrsg.), Gottes Wort – unser Leben (Bibel und Ethik 1), Münster 2007, 57–71

KUNZ-LÜBCKE A., Gotteslob aus Kindermund. Zu einer Theologie der Kinder in Psalm 8, in: A. BERLEJUNG / R. HECKL (Hrsg.), Mensch und König. Studien zur Anthropologie des Alten Testaments. FS R. Lux (HBS 53), Freiburg i.Br. 2008, 85–106

PIETERSMA A., Not Quite Angels: A Commentary on Psalm 8 in Greek, in: A. VOITTILA / J. JOKIRANTA (Ed.), Scripture in Transition: Essays on the Septuagint, Hebrew Bible, and Dead Sea Scrolls. FS R. Sollamo (JSJ.S 126), Leiden – Boston, MA 2008, 255–274

PIETERSMA A., Text-Production and Text-Reception. Psalm 8 in Greek, in: M. KARRER / W. KRAUS (Hrsg.), Die Septuaginta-Texte, Kontexte, Lebenswelten. Internationale Fachtagung, veranstaltet von Septuaginta Deutsch (LXX.D), Wuppertal 20.–23. Juli 2006 (WUNT 219), Tübingen 2008, 487–501

WEBER C., "Was sind wir doch, was haben wir …?" Eine sommerliche Predigt zu Psalm 8 im Gespräch mit Paul Gerhardt, in: M. BAUKS u.a. (Hrsg.), Was ist der Mensch, dass du seiner gedenkst? (Psalm 8,5). Aspekte einer theologischen Anthropologie. FS B. Janowski, Neukirchen-Vluyn 2008, 537–539

BRÜNENBERG E., Der Mensch in Gottes Herrlichkeit. Psalm 8 und seine Rezeption im Neuen Testament (fzb 119), Würzburg 2009

9 ALTHANN R., Ellipsis in Psalm 9,19, Qohelet 11,5 and Esther 2,1, in: A. VONACH / G. FISCHER (Hrsg.), Horizonte biblischer Texte. FS J.M. Oesch (OBO 196), Fribourg 2003, 91–98

9f. STRUGNELL u.a., It's Elementary. Psalms 9 and 10 and the Order of the Alphabet, BiRe 17/3 (2001) 41–44

MILLER P.D., The Ruler in Zion and the Hope of the Poor. Psalms 9–10 in the Context of the Psalter, in: B.F. BATTO / K.I. ROBERTS (Ed.), David and Zion. Biblical Studies. FS J.J.M. Roberts, Winona Lake, IN 2004, 187–197 [Neuabdruck in: P.D. MILLER, The Way of the Lord. Essays in Old Testament Theology (FAT 39), Tübingen 2004, 167–177]

SAGER D., Polyphonie des Elends. Psalm 9/10 im konzeptionellen Diskurs und literarischen Kontext (FAT II/21), Tübingen 2006

11 AUFFRET P., C'est l'homme droit que regardera sa face: Étude structurelle du Psaume 11, JANES 30 (2006) 1–7

HAUSMANN J., Wiederherstellung der Ordnung um den Preis von Gewalt? Überlegungen zu einem Neben(?)aspekt im 11. Psalm, in S. GEHRIG / S. SEILER (Hrsg.), Gottes Wahrnehmungen. FS H. Utzschneider, Stuttgart 2009, 177–185

11f. MCCANN J.C., On Reading the Palms as Christian Scripture: Psalms 11–12 as an Illustrative Case, in: J.S. BURNETT u.a. (Ed.), Diachronic and Synchronic: Reading the Psalms in Real Time. Proceedings of the Baylor Symposium on the Book of Psalms (Library of Hebrew Bible / Old Testament Studies 28), New York, NY – London 2007, 129–142

12 JANZEN J.G., Another Look at Psalm XII 6, VT 54 (2004) 157–164

SINGER O., Evils and Its Symbols in Psalms 14; 53; 36; 12, in: H. Graf REVENTLOW / Y. HOFFMAN (Ed.), Congress Volume (JSOT.S 366), London – New York, NY 2004, 43–57

13 WEBER B., Zum sogenannten "Stimmungsumschwung" in Psalm 13, in: P.W. FLINT / P.D. MILLER (Ed.), The Book of Psalms. Composition and Reception (VT.S 99 / Formation and Interpretation of Old Testament Literature 4), Leiden – Boston, MA 2005, 116–138

WEBER B., Klagen ist nicht das Letzte. Das Gespräch mit Gott als Prozess der Leidbewältigung. Gedanken zu Psalm 13, Brennpunkt Seelsorge 141 (3+4/2005) 46–51

14 BOTHA P.J., Ironie as sleutel tot die verstaan van Psalm 14, Skrif en kerk 16 (1995) 16–27

AUFFRET P., Quand il fera revenier … son peuple: Étude structurelle des Psaumes 14 et 53, BeO 45 (2003) 35–48

SINGER O., Evils and Its Symbols in Psalms 14; 53; 36; 12, in: H. Graf REVENTLOW / Y. HOFFMAN (Ed.), Congress Volume (JSOT.S 366), London – New York, NY 2004, 43–57

HUNTER A.G., 'The Righteous Generation'. The Use of *dôr* in Psalms 14 and 24, in: R. RETZKO u.a. (Ed.), Reflection and Refraction. FS A.G. Auld (VT.S 113), Leiden – Boston, MA 2007, 187–205

HÜLLSTRUNG W., "Der *Nabal* spricht in seinem Herzen: Es gibt nicht Gott" (Psalm 14,1). Zur These vom sogenannten praktischen Atheismus im Psalter, in: M. BAUKS u.a. (Hrsg.), Was ist der Mensch, dass du seiner gedenkst? (Psalm 8,5). Aspekte einer theologischen Anthropologie. FS B. Janowski, Neukirchen-Vluyn 2008, 165–175

15 ZENGER E., Geld als Lebensmittel? Über die Wertung des Reichtums im Psalter (Psalmen 15; 49; 112), JBTh 21 (2006) 73–96

OEMING M., 'Psychoanalytische Rituale' in den biblischen Psalmen. Eine Auslegung von Psalm 15, in: B. ROTHÖHLER / A. MANISALI (Hrsg.), Mythos & Ritual. FS J. Assmann (Religionswissenschaft: Forschung und Wissenschaft 5), Münster 2008, 163–175

15ff. BROWN W.P., "Here Comes the Sun!". The Metaphorical Theology of Psalms 15–24, in: E. ZENGER (Ed.), The Composition of the Book of Psalms (BEThL 238), Leuven 2010, 259–277

16 AUFFRET P., "Mon Seigneur, c'est toi". Étude structurelle du Psaume 16, OTE 15 (2002) 310–319

LIESS K., Der Weg des Lebens. Psalm 16 und das Lebens- und Todesverständnis der Individualpsalmen (FAT II/5), Tübingen 2004

TRULL G.V., An Exegesis of Psalm 16:10, BS 161 (2004) 304–321

LORETZ O., Der akkadisch-ugaritisch-hebräische Parallelismus *libbu/lb* || *kabattu/kbd* "Herz" || "Leber" in Psalm 16,9, UF 37 (2005) 395–404

SCHÜTZEICHEL H., Der eine Gott genügt. Calvins Auslegung des 16. Psalms, TThZ 114 (2005) 46–61

WEBER B., Notizen zu Form, Pragmatik und Struktur von Psalm 16, BN 125 (2005) 25–38

LORETZ O., Die postmortale (himmlische) Theoxenie der *npš* "Seele, Totenseele" in ugaritisch-biblischer Sicht nach Psalm 16,10–11, UF 38 (2007) 445–497

GROENEWALD A., Psalm 16 (LXX Ps 15) and Acts of the Apostles – Part I/II, OTE 21 (2008) 89–109.345–357

GROENEWALD A., The Ethical "Way" of Psalm 16, in: E. ZENGER (Ed.), The Composition of the Book of Psalms (BEThL 238), Leuven 2010, 501–511

17 HÄUSL M., Ps 17 – Bittgebet einer kinderlosen Frau?, in: H. IRSIGLER (Hrsg., unter Mitarbeit von K. ÓLASON), Wer darf hinaufsteigen zum Berg JHWHs? Beiträge zu Prophetie und Poesie des Alten Testaments. FS S.Ö. Steingrímsson (ATSAT 72), St. Ottilien 2002, 205–222

BASSON A., "Hide Me in the Shadow of Your Wings". An Image-Schematic Notion in Psalm 17:8b, Journal of Semitics 14 (2005) 40–54

SIGURVINSSON J.Á., Ps 17,14c–e: Vorwurf an JHWH oder Fluch über die Feinde? Die Deutung von *ṣāpūn=ka* als eine sprachliche *crux interpretum*, in: C. DILLER u.a. (Hrsg.), "Erforsche mich, Gott, und erkenne mein Herz!" Beiträge zur Syntax, Sprechaktanalyse und Metaphorik im Alten Testament. FS H. Irsigler, St. Ottilien 2005, 61–79

HUNZIKER-RODEWALD R., "Ne me quitte plus des yeux!" À propos du langage figuratif en *Psaume* 17,8, RHPhR 89 (2009) 129–146

18 SANDERS P., Ancient Colon Delimitations: 2 Samuel 22 and Psalm 18, in: M.C.A. KORPEL / J.M. OESCH (Ed.), Delimitation Criticism. A New Tool in Biblical Scholarship (Pericope 1), Assen 2000, 277–311

GUILLAUME P. / BLOCKMAN N., By My God, I Bull Leap (Psalm 18:30 // 2 Samuel 22:30), lectio difficilior 2/2004, 8 pages (www.lectio.unibe.ch)

OTTO E., Politische Theologie in den Königspsalmen zwischen Ägypten und Assyrien. Die Herrscherlegitimation in den Psalmen 2 und 18 in ihren altorientalischen Kontexten, Verbum et Ecclesia 25 (2004) 619–652

YOUNG T., Psalm 18 and 2 Samuel 22: Two Versions of the Same Song, in: R.L. TROXEL u.a. (Ed.), Seeking Out the Wisdom of the Ancients. FS M.V. Fox, Winona Lake, IN 2005, 53–69

SHNIDER S., Psalm XVIII: Theophany, Epiphany, Empowerment, VT 56 (2006) 386–398

DEWALD H., Kognitive Struktur und Funktion von Gottesmetaphern im 18. Psalm, BN 132 (2007) 23–54

19 GRUND A., Auf die ganze Erde geht ihre "Messschnur" aus – die Ordnung des Himmels in Ps 19,5a und der babylonische Sternenkatalog BM 78161, BN 110 (2001) 66–75

GRUND A., Die Tora JHWHs ist vollkommen. Psalm 19 als Dokument jüdischen Glaubens, Leqach 3 (2002) 7–31

KRUGER P., "Die Hemel vertel die eer van God". Natuur, Skriftuur, en die bidder en Psalm 19, Verbum et Ecclesia 23 (2002) 111–124

LORETZ O., Ugaritologisches zu einer neuen Auslegung von Psalm 19. Vom "Rechtsfall" zur "Tora-Frömmigkeit" oder zur "Theologisierung" des israelitisch-jüdischen Rechts?, UF 35 (2003) 761–782

OEMING M., Auf der Suche nach Verbindungslinien – Psalm 19 als Ganzheit betrachtet, in: M. OEMING, Verstehen und Glauben. Exegetische Bausteine zu einer Theologie des Alten Testaments (BBB 142), Berlin – Wien 2003, 231–242

GRUND A., "Die Himmel erzählen die Herrlichkeit Gottes". Psalm 19 im Kontext der nachexilischen Toraweisheit (WMANT 103), Neukirchen-Vluyn 2004

NEL P., Psalm 19: The Unbearable Lightness of Perfection, JNWSL 30 (2004) 103–117

VOS C.J.A., Theopoetical and Liturgical Patterns of the Psalms with Reference to Psalm 19, in: D.J. HUMAN / C.J.A. VOS (Ed.), Psalms and Liturgy (JSOT.S 410), London – New York, NY 2004, 251–289

AUWERS J.-M., Une tente dans ou pour la soleil? Ps 18(19),5 dans la LXX et le TM, in: M.A. KNIBB (Ed.), The Septuagint and Messianism (BEThL 195), Leuven 2006, 195–202

ARNETH M., Psalm 19: Tora oder Messias?, in: R. ACHENBACH u.a., Tora in der Hebräischen Bibel. Studien zur Redaktionsgeschichte und synchronen Logik diachroner Transformationen (BZAR 7), Wiesbaden 2007, 310–339

VIVIERS H., Who Really 'Created'? Psalm 19 and Evolutionary Psychology in Dialogue, OTE 21 (2008) 546–563

BÖHLER D., "Der bestirnte Himmel über mir und das moralische Gesetz in mir"? Was betrachtet der Sänger von Ps 19, BZ 53 (2009) 82–93

20 KOCH K., Königspsalmen und ihr ritueller Hintergrund. Erwägungen zu Ps 89,20–38 und Ps 20 und ihren Vorstufen, in: P.W. FLINT / P.D. MILLER (Ed.), The Book of Psalms. Composition and Reception (VT.S 99 / Formation and Interpretation of Old Testament Literature 4), Leiden – Boston, MA 2005, 9–52 [Erstveröffentlichung unter: Rituelle Bezüge in den Königspsalmen? Erwägungen zu Ps 89,20–38 und Ps 2 (sic! = Ps 20), in: E. ZENGER (Hrsg.), Ritual und Poesie. Formen und Orte religiöser Dichtung im Alten Orient, im Judentum und im Christentum (HBS 36), Freiburg i.Br. u.a. 2003, 211–249]

21 ZELIG ASTER S., On the Place of Psalm 21 in Israelite Royal Ideology, in: N. SACHER FOX u.a. (Ed.), Mishneh Todah: Studies in Deuteronomy and Its Cultural Environment. FS J.H. Tigay, Winona Lake, IN 2009, 307–320

22 AVRIL A.-C. u.a., Mon Dieu, pourquoi m'as-tu abandonné? Psaume 22 (CEv.Supplément 121), Paris 2002

DORIVAL G. u.a., David, Jésus et la reine Esther. Recherches sur le Psaume 21 (22 TM) (Collection de la Revue des Études juives), Leuven 2002

ALEXANDRE J., "A quoi m'as-tu abandonné?" La lecture de Psaume 22,2 dans Matthieu 27,46 et Marc 15,34 EThr 75 (2004) 65–68

BARRÉ M.L., The Crux of Psalm 22:17c. Solved at Long Last?, in: B.F. BATTO / K.I. ROBERTS (Ed.), David and Zion. Biblical Studies. FS J.J.M. Roberts, Winona Lake, IN 2004, 287–306

BAUKS M., Die Feinde des Psalmisten und die Feinde Ijobs. Untersuchungen zur Freund-Klage im Alten Testament am Beispiel von Ps 22 (SBS 203), Stuttgart 2004

GONZÁLEZ PADILLA E., El Messianismo del Salmo 22, Qol 35 (2004) 91–98

MARÉ L.P., Psalm 22: To Pray Like Jesus Prayed, OTE 17 (2004) 443–454

PATTERSON R.D., Psalm 22: From Trial to Triumph, JETS 47 (2004) 213–233

SWENSON K.M., Psalm 22:17: Circling Around the Problem Again, JBL 123 (2004) 637–648

GREN C.R., Piercing the Ambiguities of Psalm 22:16 and the Messiah's Mission, JETS 48 (2005) 283–299

HÄRTLING P., Nicht zu verstummen. Eine österliche Predigt zu Psalm 22, BiLi 78 (2005) 34–36

LESCOW T., Psalm 22,2–22 und Psalm 88. Komposition und Dramaturgie, ZAW 117 (2005) 217–231

LINVILLE J.R., Psalm 22:17b: A New Guess, JBL 124 (2005) 733–744

NEL P.J., Animal Imagery in Psalm 22, JNWSL 31 (2005) 75–88

NEL P.J., "I am a Worm". Metaphor in Psalm 22, Journal of Semitics 14 (2005) 40–54

BAUKS M., ›Auf die Hörner der Einhörner hin …‹: Hinweise auf eine messianische Relecture des Ps 21 (LXX)?, in: M.A. KNIBB (Ed.), The Septuagint and Messianism (BEThL 195), Leuven 2006, 203–215

GROHMANN M., "Du hast mich aus meiner Mutter Leib gezogen". Geburt in Psalm 22, in: D. DIECKMANN / D. ERBELE-KÜSTER (Hrsg.), "Du hast mich aus meiner Mutter Leib gezogen". Beiträge zur Geburt im Alten Testament (BThSt 75), Neukirchen-Vluyn 2006, 73–97

BESTER D., Körperbilder in den Psalmen. Studien zu Psalm 22 und verwandten Texten (FAT II/24), Tübingen 2007

BONS E., Die Septuaginta-Version von Psalm 22, in: D. SÄNGER (Hrsg.), Psalm 22 und die Passionsgeschichten der Evangelien (BThSt 88), Neukirchen-Vluyn 2007, 12–32

OMERZU H., Die Rezeption von Psalm 22 im Judentum zur Zeit des zweiten Tempels, in: D. SÄNGER (Hrsg.), Psalm 22 und die Passionsgeschichten der Evangelien (BThSt 88), Neukirchen-Vluyn 2007, 33–76

SÄNGER D. (Hrsg.), Psalm 22 und die Passionsgeschichten der Evangelien (BThSt 88), Neukirchen-Vluyn 2007

TRUDINGER P., The Introductory Heading of Psalm 22: A Textual-Critical Observation, DR 440 (2007) 221–222

WELLMANN B., Von David, Königin Ester und Christus. Psalm 22 im Midrasch Tehillim und bei Augustinus (HBS 47), Freiburg i.Br. 2007

AUVINEN V., Psalm 22 in Early Christian Literature, in: A. LAATO / J. VAN RUITEN (Ed.), Rewritten Bible Reconsidered. Proceedings of the Conference in Karkku, Finland, August 24–26 2006 (Studies in Rewritten Bible 1), Turku – Winona Lake, IN 2008, 199–214

BROWN TKACZ C., Esther, Jesus, and Psalm 22, CBQ 70 (2008) 709–728

BAR S., Critical Notes on Psalm 22:30, JBQ 37 (2009) 169–174

SALS U., Of Worms and Worlds. Psalm 22:7, 90:4, and 85:11 in Light of Jewish-Christian Contacts in the Middle Ages, in: M. GROHMANN / Y. ZAKOVITCH (Ed.), Jewish and Christian Approaches to Psalms (HBS 55), Freiburg i.Br. u.a. 2009, 95–111

ZERNECKE A.E., *Lectio probabilior*. Ein neuer Vorschlag zu Ps 22,22, Kleine Untersuchungen zur Sprache des Alten Testaments und seiner Umwelt (KUSATU) 10 (2009) 39–65

22ff. DECLAISSÉ-WALFORD N.L., An Intertextual Reading of Psalms 22, 23, and 24, in: P.W. FLINT / P.D. MILLER (Ed.), The Book of Psalms. Composition and Reception (VT.S 99 / Formation and Interpretation of Old Testament Literature 4), Leiden – Boston, MA 2005, 139–152

23 ILLMAN K.-J. / ILLMAN S., Psalm 23, Tem. 37–38 (2001–2002) 107–130

RUIZ D., Estética y poesia de la palabra. Salmo 23 (22), RevBib 64 (2002) 225–232

SCHUMAN N.A., Pastorale. Psalm 23 in Bijbel en Liturgie verwoord uitgebeeld, Zoetermeer 2002

MARLOWE W.C., No Fear! Psalm 23 as a Careful, Conceptual Chiasm, AsbTJ 57/2–58/1 (2002–2003) 65–80

COUFFIGNAL R., De la bête à l'ange: le Psaume 23, miroir de l'aventure spirituelle, ZAW 115 (2003) 557–577

DIESEL A.A. / WAGNER A., "Jahwe ist mein Hirte". Zum Verständnis der Nominalen Behauptung in Ps 23,1, in: F. SEDLMEIER (Hrsg.), Gottes Wege suchend. Beiträge zum Verständnis der Bibel und ihrer Botschaft. FS R. Mosis, Würzburg 2003, 377–398 [Neuabdruck in: A. WAGNER, Beten und Bekennen. Über Psalmen, Neukirchen-Vluyn 2008, 197–215]

TANNER B., King Yahweh as the Good Shepherd. Taking Another Look at the Image of God in Psalm 23, in: B.F. BATTO / K.I. ROBERTS (Ed.), David and Zion. Biblical Studies. FS J.J.M. Roberts, Winona Lake, IN 2004, 267–284

ARTERBURY A.E. / BELLINGER W.H., "Returning" to the Hospitality of the Lord. A Reconsideration of Psalm 23,5–6, Bib. 86 (2005) 387–395

AUFFRET P., Ma coupe est comble. Étude structurelle du Psaume 23, BN 126 (2005) 37–43

DILLER C., "Du füllst mir reichlich den Becher ...". Der Becher als Zeichen der Gastfreundschaft am Beispiel von Ps 23, in: C. DILLER u.a. (Hrsg.), "Erforsche mich, Gott, und erkenne mein Herz!" Beiträge zur Syntax, Sprechaktanalyse und Metaphorik im alten Testament. FS H. Irsigler, St. Ottilien 2005, 81–104

BONS E., Le Psaume 23: "Le Seigneur est mon berger", in: C. COULOT u.a. (Ed.), Les Psaumes de la liturgie à la littérature, Strasbourg 2006, 33–49

BONS E., Le Psautier de la Septante est-il influencé par des idées eschatologiques et messianiques? Le cas de Psaumes 22LXX et 71LXX, in: M.A. KNIBB (Ed.), The Septuagint and Messianism (BEThL 195), Leuven 2006, 217–238

NEL P.J., Yahweh is a Shepherd: Conceptual Metaphor in Psalm 23, HBT 27 (2/2005) 79–103

ZENGER E., Der Psalter als biblisches Buch. Alte und neue Wege der Psalmenauslegung am Beispiel von Psalm 23, Religionsunterricht an höheren Schulen 49 (2006) 324–337

CLINES D.J.A., Psalm 23 and a Confluence of Methods, Sino-Christian Studies 4 (2007) 7–38

CLINES D.J.A., Translating Psalm 23, in: R. RETZKO u.a. (Ed.), Reflection and Refraction. FS A.G. Auld (VT.S 113), Leiden – Boston, MA 2007, 67–80

MÜLLER A.R., Psalm 23,1 und der identifizierende Nominalsatz, in: S.Ö. STEINGRÍMSSON / K. ÓLASON (Ed.), Literatur- und sprachwissenschaftliche Beiträge zu alttestamentlichen Texten. FS W. Richter (ATSAT 83), St. Ottilien 2007, 137–153

ZENGER E., "... denn du bist bei mir!" Psalm 23 als ein Schlüssel zum Psalter als der "kleinen Biblia", BiLi 81 (2008) 232–237

BONS E., La version grecque du Psaume 23 (22). Observations sur le texte de départ de l'exégèse patristique, RevSR 83 (2009) 325–335

DESCOURTIEUX P., Le Psaume 23 (22) chez les Pères latins, de Cyprian à Bède le Vénérable, RevSR 83 (2009) 365–393

FRICKER D., Interpréter le Psaume 23 (22), entre hier et aujourd'hui, RevSR 83 (2009) 395–409

FRANZ A., Die Bedeutung der Bibel für die Liturgie. Ortsbesichtigungen am Beispiel von Ps 23, BiKi 64 (2009) 233–238

HUNZIKER-RODEWALD R., Le Psaume 23 selon la version massorétique. À propos des aspects solaire du Dieu-berger, RevSR 83 (2009) 313–324

PRINZIVALLI E., Didimo il Cieco e l'interpretazione del Salmo 23 (22), RevSR 83 (2009) 353–364

TRUDINGER P., The Changes in Person and Mood in Psalm 23, DR 447 (2009) 139–142

VINEL F., Interpréter le Psaume 23 (22): sens littéral, sens historique, RevSR 83 (2009) 337–352

SCHNOCKS J., Metaphern für Leben und Tod in den Psalmen 23 und 88, in: P. VAN HECKE / A. LABAHN (Ed.), Metaphors in the Psalms (BEThL 231), Leuven 2011, 237–250

23f. GOULDER M., David and Yahweh in Psalm 23 and 24, JSOT 30 (2006) 463–473

24 LANDY F., From David to David: Psalm 24 and David Clines, in: C.J. EXUM / H.G.M. WILLIAMSON (Ed.), Reading from Right to Left. FS D.J.A. Clines (JSOT.S 373), Sheffield 2003, 275–289

MAIER J., Psalm 24,1: Rabbinische Interpretation, jüdische *b^{e}rakah* und christliche Benediktion, in: J. MAIER, Studien zur jüdischen Bibel und ihrer Geschichte (SJ 28), Berlin – New York, NY 2004, 375–390

SEREMAK J., Psalm 24 als Text zwischen den Texten (ÖBS 26), Frankfurt a.M. 2004

HUNTER A.G., 'The Righteous Generation'. The Use of *dôr* in Psalms 14 and 24, in: R. RETZKO u.a. (Ed.), Reflection and Refraction. FS A.G. Auld (VT.S 113), Leiden – Boston, MA 2007, 187–205

BOTHA P.J., Answers Disguised as Questions: Rhetoric and Reasoning in Psalm 24, OTE 22 (2009) 535–553

25 DOYLE B., Just You, and I, Waiting – the Poetry of Psalm 25, OTE 14 (2001) 199–213

AUFFRET P., De mes détresses fais-moi sortir. Étude structurelle du Psaume 25, RivBib 51 (2003) 257–279

PORCHER M.-J., Le Psaume 25: ordre et désordre, in: C. COULOT u.a. (Ed.), Les Psaumes de la liturgie à la littérature, Strasbourg 2006, 51–66

BOTHA P.J., The Relationship Between Psalms 25 and 37, OTE 20 (2007) 543–566

O'KENNEDY D.F., Vergifnis ter wille van JHWH se Naam (Ps 25:11), HTS 64 (2008) 921–934

26 AUFFRET P., Dans les assemblées je bénirai YHWH: Nouvelle étude structurelle du Psaume XXVI, VT 56 (2006) 303–312

27 AUFFRET P., "Mais YHWH m'accueilera". Nouvelle étude structurelle du Psaume 27, EstB 60 (2002) 479–492

SIMIAN-YOFRE H., Sintaxis y proceso espiritual en el Salmo 27, in: J.L. D'AMICO / E. DE LA SERNA (Ed.), Donde está El Espíritu está la libertad. FS L.H. Rivas, Buenos Aires 2003, 221–232

28 AUFFRET P., "Béni soit YHWH car il a entendu. Étude structurelle du Psaume 28, Theoforum 34 (2003) 209–222

PIETERSMA A., The Seven Voices of the Lord: A Commentary on Septuagint Psalm 28, in: F. GARCÍA MARTÍNEZ / M. VERVENNE (Ed.), Interpreting Translation. Studies on the LXX and Ezekiel. FS J. Lust (BEThL 192), Leuven 2006, 311–329

BESTER D., Die Sprache der Hände. Zu Korrespondenz und Kontrast eines Bildes in Psalm 28, in: M. BAUKS u.a. (Hrsg.), Was ist der Mensch, dass du seiner gedenkst? (Psalm 8,5). Aspekte einer theologischen Anthropologie. FS B. Janowski, Neukirchen-Vluyn 2008, 23–32

28ff. ZENGER E., Theophanien des Königsgottes JHWH: Transformationen von Psalm 29 in den Teilkompositionen Ps 28–30 und Ps 93–100, in: P.W. FLINT / P.D. MILLER (Ed.), The Book of Psalms. Composition and Reception (VT.S 99 / Formation and Interpretation of Old Testament Literature 4), Leiden – Boston, MA 2005, 407–442

29 ZENGER E., Psalm 29 als hymnische Konstituierung einer Gegenwelt, in: K. KIESOW / T. MEURER (Hrsg.), Textarbeit. Studien zu Texten und ihrer Rezeption aus dem Alten Testament und der Umwelt Israels. FS P. Weimar (AOAT 294), Münster 2003, 569–584

VENTER P.M., Spatiality in Psalm 29, in: D.J. HUMAN / C.J.A. VOS (Ed.), Psalms and Liturgy (JSOT.S 410), London – New York, NY 2004, 235–250

PARDEE D., On Psalm 29: Structure and Meaning, in: P.W. FLINT / P.D. MILLER (Ed.), The Book of Psalms. Composition and Reception (VT.S 99 / Formation and Interpretation of Old Testament Literature 4), Leiden – Boston, MA 2005, 153–183

TIGAY J.H., "The Voice of YHWH Causes Hinds to Calve" (Psalm 29:9), in: C. COHEN u.a. (Ed.), Birkat Shalom. Studies in the Bible, Ancient Near Eastern Literature, and Postbiblical Judaism. FS S.M. Paul, Winona Lake, IN 2008, 399–411

HANDY L.K. (Ed.), Psalm 29 Through Time and Tradition (PTMS), Eugene, OR 2009

30 AUFFRET P., Pour toujours je te rendrai grâce. Étude structurelle du Psaume 30, ScEs 55 (2003) 185–196

LOADER J.A., Psalm 30 Read Twice and Understood Two Times, OTE 16 (2003) 291–308

WEBER B., Psalm 30 als Paradigma für einen heutigen "Kasus der Wiederherstellung". Überlegungen zu einer Schnittstelle zwischen Altem Testament und kirchlichem Handeln im Blick auf eine Theologie und Praxis der Dankbarkeit, JETh 21 (2007) 31–50

MÜLLER H.-P., Formgeschichtliche und sprachliche Beobachtungen zu Psalm 30, in: A. LANGE / K.F.D. RÖMHELD (Hrsg.), Wege zur Hebräischen Bibel. Denken – Sprache – Kultur. FS in memoriam H.-P. Müller (FRLANT 228), Göttingen 2009, 1–12

JENNI E., Psalm 30,6a – eine ungewöhnliche Sentenz, in: A. LANGE / K.F.D. RÖMHELD (Hrsg.), Wege zur Hebräischen Bibel. Denken – Sprache – Kultur. FS in memoriam H.-P. Müller (FRLANT 228), Göttingen 2009, 13–28

31 AUFFRET P., "Que se rassure vortre cœur!" Étude structurelle de Psaume 31, SEL 19 (2002) 59–76

BASSON A., "You are my Rock and Fortress". Refuge Metaphors in Psalm 31: A Perspective from Cognitive Metaphor Theory, Acta Theologica 25.2 (2005) 1–17

BASSON A., "Friends Becoming Foes": A Case Study of Social Rejection in Psalm 31, Verbum et Ecclesia 27 (2006) 398–415

32 PORCHER M.-J., Quelques considérations sur l'usage du Psaume 32 dans l'épître aus Romains (Rm 4,1–12), RevSR 77 (2003) 552–564

SNYMAN S.D., Psalm 32 – Structure, Genre, Intent and Liturgical Use, in: D.J. HUMAN / C.J.A. VOS (Ed.), Psalms and Liturgy (JSOT.S 410), London – New York, NY 2004, 155–167

33 JOBES K.H., Got Milk? Septuagint Psalm 33 and the Interpretation of 1 Peter 2:1–3, WThJ 64 (2002) 1–14

BONS E., Comment le Psaume 32LXX parle-t-il de la création?, in: F. GARCÍA MARTÍNEZ / M. VERVENNE (Ed.), Interpreting Translation. Studies on the LXX and Ezekiel. FS J. Lust (BEThL 192), Leuven 2006, 55–64

JOST L., Psalm 33, America, and Empire, Direction 35 (2006) 70–81

PATTERSON R.D., Singing the New Song: An Examination of Psalms 33, 96, 98, and 149, BS 164 (2007) 416–434

BONS E., Psalm 33,7: *nd* oder *n'd*, 'Deich' oder 'Schlauch'?, Kleine Untersuchungen zur Sprache des Alten Testaments und seiner Umwelt (KUSATU) 8.9 (2008) 19–32

JACOBSON D., Psalm 33 and the Creation Rhetoric of a Torah Psalm, in: R.L. FOSTER / D.M. HOWARD (Ed.), "My Words Are Lovely". Studies in the Rhetoric of the Psalms (Library of Hebrew Bible / Old Testament Studies 467), New York, NY – London 2008, 107–120

ZENGER E., "Es sei dein Liebe, JHWH, über uns!" Beobachtungen zu Aufbau und Theologie von Psalm 33, in: R. ACHENBACH / M. ARNETH (Hrsg.), "Gerechtigkeit und Recht zu üben" (Gen 18,19). Studien zur altorientalischen und biblischen Rechtsgeschichte, zur Religionsgeschichte Israels und zur Religionssoziologie. FS E. Otto (BZAR 13), Wiesbaden 2009, 350–361

34 GOUS I.G.P., Reason to Believe: Cognitive Strategy in the Acrostic Psalm 34, OTE 12 (1999) 455–467

KLAUS N., The Pivot Pattern – Psalm 34:9–13, BetM 168 (2001) 65–79 [hebr.]

AUFFRET P., Yhwh entendant. Étude structurelle du Psaume 34, ZAW 116 (2004) 348–363

GILMOUR M.J., Crass Casuality or Purposeful Pain? Psalm 34's Influence on Peter's First Letter, Word & World 24 (2004) 404–411

BOTHA P.J., Annotated History – the Implications of Reading Psalm 34 in Conjunction with 1 Samuel 21–26 and Vice Versa, OTE 21 (2008) 593–617

35 BASSON A., Divine Metaphors in Psalm 35 Explored from a Cognitive Anthropological Perspective, OTE 18 (2005) 9–21

BARRÉ M.L., A Problematic Line in a Shamash Prayer and Psalm 35:14, JAOS 127 (2007) 195–198

BASSON A., 'Rescue Me from the Young Lions'. An Animal Metaphor in Psalm 35:17, OTE 21 (2008) 9–17

GROHMANN M., Jewish and Christian Approaches to Psalm 35, in: M. GROHMANN / Y. ZAKOVITCH (Ed.), Jewish and Christian Approaches to Psalms (HBS 55), Freiburg i.Br. u.a. 2009, 13–29

36 BOTHA P.J., The Textual Strategy and Ideology of Psalm 36, OTE 17 (2004) 506–520

SINGER O., Evils and Its Symbols in Psalms 14; 53; 36; 12, in: H. Graf REVENTLOW / Y. HOFFMAN (Ed.), Congress Volume (JSOT.S 366), London – New York, NY 2004, 43–57

LORETZ O., Das Wort *'dn* "Wonne" als Metonym für "Schnee" und "Regen" in KTU 1.4 V 6–9 und Psalm 36,9, UF 39 (2007) 551–554

37 COULOT C., Un jeu de persuasion sectaire: le commentaire du Psaume 37 découvert à Qumran, RevSR 77 (2003) 544–551

VOS C.J.A., A Hermeneutical-Homiletic Reading of Psalm 37 with Reference to H.J.C. Pieterse's Homiletics, Verbum et Ecclesia 23 (2002) 575–585

MAIER J., Auslegungsgeschichtliche Beobachtungen zu Ps 37,1.7.8, in: J. MAIER, Studien zur jüdischen Bibel und ihrer Geschichte (SJ 28), Berlin – New York, NY 2004, 391–404

BOTHA P.J., The Relationship Between Psalms 25 and 37, OTE 20 (2007) 543–566

BAUKS M., "Das Land erben" oder "Die Erde in Besitz nehmen" in Ps 36 (37 MT), in: M. KARRER / W. KRAUS (Hrsg.), Die Septuaginta-Texte, Kontexte, Lebenswelten. Internationale Fachtagung, veranstaltet von Septuaginta Deutsch (LXX.D), Wuppertal 20.–23. Juli 2006 (WUNT 219), Tübingen 2008, 502–522

38 AUFFRET P., Seigneur, devant toi tout mon désir. Étude structurelle du Psaume 38, BeO 46 (2004) 47–63

40 STYGER P. / HUMAN D.J., 'n Moontlinke Interpretasie van Psalm 40. Gerald H. Wilson se Navorsing oor die Samennag van die Psalmbundel, IDS 38 (2004) 291–309

GOSSE B., Le Psaume 40 et le livre de Jérémie, ZAW 117 (2005) 395–404

STYGER P. / STEENKAMP Y. / HUMAN D.J., Psalm 40 as a Torah Psalm, IDS 39 (2005) 133–153

JASSEN, A., Intertextual Readings of the Psalms in the Dead Sea Scrolls: *4Q160 (Samuel Apocryphon)* and *Psalm 40*, RdQ 22 (2006) 403–430

41 AUFFRET P., En ceci j'ai su que tu m'as aimé. Étude structurelle du Psaume 41, Theoforum 35 (2004) 267–278

42f. STROLA G., I Sal 42–43 nella storia dell'exegesi, Gr. 82 (2001) 637–688

BETTE H., Fragmentarische Überlegungen – zu Luthers Umgang mit dem hebräischen Text von Psalm 42/43, in: J.F. DIEHL u.a. (Hrsg.), "Einen Altar von Erde mache mir …". FS D. Conrad (Kleine Arbeiten zum Alten und Neuen Testament 4/5), Waltrop 2003, 21–40

STROLA G., Il desiderio di Dio. Studio dei Salmi 42–43 (StRic), Assisi 2003

SCHAPER J., "Wie der Hirsch lechzt nach frischem Wasser". Studien zu Psalm 42/43 in Religionsgeschichte, Theologie und kirchlicher Praxis (BThSt 63), Neukirchen-Vluyn 2004

OLOFSSON S., "Som hjorten längtar till bäckens vatten". En studie av Ps 42–43 med fokus på metaforspråk och teologi, SEÅ 70 (2005) 229–245

POULSEN F., Strukturen i Salme 42–43, DTT 70 (2007) 303–317

ZENGER E., Innerbiblische und nachbiblische Leseweisen des Psalmenpaares 42/43, in: M. GROHMANN / Y. ZAKOVITCH (Ed.), Jewish and Christian Approaches to Psalms (HBS 55), Freiburg i.Br. u.a. 2009, 31–55

42ff. ZENGER E., "Erhebe dich doch als Hilfe für uns!" Die Komposition Ps 42–44; 46–48 als theologische Auseinandersetzung mit dem Exil, in: I. KOTTSIEPER u.a. (Hrsg.), Berührungspunkte. Studien zur Sozial- und Religionsgeschichte Israels und seiner Umwelt. FS R. Albertz (AOAT 350), Münster 2008, 295–316

MAIER M.P., Israel und die Völker auf dem Weg zum Gottesberg. Komposition und Intention der ersten Korachpslamensammlung (Ps 42–49), in: E. ZENGER (Ed.), The Composition of the Book of Psalms (BEThL 238), Leuven 2010, 653–666

44 MARÉ L.P., Psalm 44: Die God wat nooit Sluimer of Slaap nie … Moet Wakker Word, Verbum et Ecclesia 25 (2004) 152–165

BERLIN A., Psalms and the Literature of Exile: Psalms 137, 44, 69, and 78, in: P.W. FLINT / P.D. MILLER (Ed.), The Book of Psalms. Composition and Reception (VT.S 99 / Formation and Interpretation of Old Testament Literature 4), Leiden – Boston, MA 2005, 65–86

PAPPAS H., Theodore of Mopsuestia's *Commentary on Psalm 44: A* Study of Exegesis and Christology, Bulletin of Biblical Studies 23 (2005) 77–96

LEUNG LAI B.M., Psalm 44 and the Function of Lament and Protest, OTE 20 (2007) 418–431

ROM-SHILONI D., Psalm 44: The Powers of Protest, CBQ 70 (2008) 683–698

DECLAISSÉ-WALFORD N.L., Psalm 44: O God, Why Do You Hide Your Face?, in: R.L. FOSTER / D.M. HOWARD (Ed.), "My Words Are Lovely". Studies in the Rhetoric of the Psalms (Library of Hebrew Bible / Old Testament Studies 467), New York, NY – London 2008, 121–131 [Erstabdruck in: RExp 104 (2007) 745–760]

SCHÖNEMANN H., Der untreue Gott und sein treues Volk. Anklage Gottes angesichts unschuldigen Leidens nach Psalm 44 (BBB 157), Göttingen 2009

45 BOWEN N.R., A Fairy Tale Wedding? A Feminist Intertextual Reading of Psalm 45, in: B.A. STRAWN / N.R. BOWEN (Ed.), A God So Near. Essays on Old Testament Theology. FS P.D. Miller, Winona Lake, IN 2003, 53–71

MÜLLER M., "Er ist dein Herr – wirf dich vor ihm nieder!" (Ps 45,12). Einige Bemerkungen zum Psalm 45, zur königlichen Hochzeit und zur Hofetikette, WuD 27 (2003) 107–130

PROPP W.H.C., Is Psalm 45 an Erotic Poem?, BiRe 20/2 (2004) 33–37.42

STEYN G.J., The *Vorlage* of Psalm 45:6–7 (44:7–8) in Hebrews 1:8–9, HTS 60 (2004) 1085–1103

AUSLOOS H., Psalm 45, Messianism and the Septuagint, in: M.A. KNIBB (Ed.), The Septuagint and Messianism (BEThL 195), Leuven 2006, 239–251

46 UEHLINGER C. / GRANDY A., Vom Toben des Meeres zum Jubel der Völker. Psalterexegetische Beobachtungen zu Psalm 46, in: D. BÖHLER u.a. (Ed.), L'Écrit et l'Esprit. Études d'histoire du texte et de théologie biblique. FS A. Schenker (OBO 214), Fribourg / Göttingen 2005, 372–393

GRUND A., »Eine Festung ist uns der Gott Jakobs«. Psalm 46 in jüdischen und christlichen Deutungen, in: M. GROHMANN / Y. ZAKOVITCH (Ed.), Jewish and Christian Approaches to Psalms (HBS 55), Freiburg i.Br. u.a. 2009, 57–76

47 BODNER K., The "Embarrassing Syntax" of Psalm 47:10. A [Pro]vocative Option, JThS 54 (2003) 570–575

SEELIGMAN I.L., Psalm 47, Textus 23 (2007) 211–228 [Erstabdruck in: Tarbiz 50 (1980/81) 25–36]

ZUCKER D.J., Restructuring Psalm 47, JBQ 35 (2007) 166–172

GOSSE B., Abraham dans les Ps 105 et 47, BZ 65 (2010) 83–91

SCHÄDER J.-M., Understanding (the Lack of) Space in Psalm 47:6 in Light of Its Neighbouring Psalms: A Spatial Reading of Psalms 46–48, OTE 23 (2010) 139–160

48 MORA C.E., Comparación de los conceptos "monte" y "lados del norte" en el Salmo 48:1–3 con el antiguo Cercano Oriente: studio de caso, DavarLogos 5 (2006) 31–41

49 OLOFSSON S., Death Shall Be Their Shepherd. An Interpretation of Ps 49:15 in LXX, in: R. SOLLAMO / S. SIPILÄ (Ed.), Helsinki Perspectives on the Translation Technique of the Septuagint. Proceedings of the IOSCS Congress in Helsinki 1999 (SESJ 82), Göttingen 2002, 139–165

ESTES D.J., Poetic Artistry in the Expression of Fear in Psalm 49, BS 161 (2004) 55–71

DELKURT H., "Der Mensch ist dem Vieh gleich, das vertilgt wird." Tod und Hoffnung gegen den Tod in Ps 49 und bei Kohelet (BThSt 50), Neukirchen-Vluyn 2005

ZUCKER D.J., The Riddle of Psalm 49, JBQ 33 (2005) 143–152

ZENGER E., Geld als Lebensmittel? Über die Wertung des Reichtums im Psalter (Psalmen 15; 49; 112), JBTh 21 (2006) 73–96

SPANGENBERG I.J.J., Constructing a Historical Context for Psalm 49, OTE 20 (2007) 201–214

TAIT M., Till Death Us Do Join. Resurrection as Marriage in Psalm 49, RivBib 56 (2008) 177–198

BARBIERO G., Das Rätsel von Psalm 49, in: A. LEMAIRE (Ed.), Congress Volume Ljubljana 2007 (VT.S 133), Leiden – Boston 2010, 41–56

49f. ATTARD S., Establishing Connections between Pss 49 and 50 within the Context of Pss 49–52. A Synchronic Analysis, in: E. ZENGER (Ed.), The Composition of the Book of Psalms (BEThL 238), Leuven 2010, 413–424

50 AUFFRET P., 'Sacrifie à Dieu un sacrifice d'action de grâce'. Nouvelle étude structurelle du Psaume 50, OTE 16 (2003) 175–194

GIGNAC A., Procès de l'humain ou procès de Dieu? Le jeu intertextuel entre Rm 3,1–9 et Ps 50 (LXX), RB 112 (2005) 46–62

WHITEKETTLE R., Bugs, Bunny, or Boar? Identifying the *Zîz* Animals of Psalms 50 and 80, CBQ 67 (2005) 250–264

GOSSE B., L'alignement du Psaume 50 sur la redaction sapientielle d'ensemble du Psautier, ETR 88 (2008) 419–423

WHITEKETTLE R., Forensic Zoology: Animal Taxonomy and Rhetorical Persuasion in Psalm L, VT 58 (2008) 401–419

IBITA M.S., "O Israel I Will Testify against You". Intensification and Narrativity in the Lament-Lawsuit of the "Unsilent" God in Psalm 50, in: E. ZENGER (Ed.), The Composition of the Book of Psalms (BEThL 238), Leuven 2010, 537–549

50f. GAISER F.J., The David of Psalm 51: Reading Psalm 51 in Light of Psalm 50, Word & World 23 (2003) 382–394

51 NICLÓS J.V., El commentari al Salm 51 i la litúrgia del perdó: Rashi i la invitació a la penitència, in: PUIG I TÀRRECH A. (Ed.), Perdó i reconciliació en la tradició jueva (Scripta Biblica 4), Barcelona 2002, 233–244

HUCK B. / GREINER A. / GYSEL D., Théologie et vie chrétienne à partir du Psaume 51 (1), Théologie evangelique 2 (2003) 247–266

HUCK B. / GREINER A. / GYSEL D., Théologie et vie chrétienne à partir du Psaume 51 (2), Théologie evangelique 2 (2004) 65–82

HUMAN D.J., God Accepts a Broken Spirit and a Contrite Heart – Thoughts on Penitence, Forgiveness and Reconciliation in Psalm 51, Verbum et Ecclesia 26 (2005) 114–132

PFEIFFER H., "Ein reines Herz schaffe mir, Gott!" Zum Verständnis des Menschen nach Ps 51, ZThK 102 (2005) 293–311

TAGLIACARNE P., Beobachtungen zur Struktur und zum Kontext von Psalm 51, in: M. HÄUSL / D. VOLGGER (Hrsg.), Vom Ausdruck zum Inhalt, vom Inhalt zum Ausdruck. Beiträge zur Exegese und Wirkungsgeschichte Alttestamentlicher Texte. FS T. Seidl, St. Ottilien 2005, 155–182

AUFFRET P., Étude structurelle du Psaume 51, RivBib 54 (2006) 5–28

CRÜSEMANN F., "Nimm deine heilige Geistkraft nicht von mir". Ps 51,13 und die theologische Aufgabe von Exegese im Spannungsfeld von Religionswissenschaft und theologischer Tradition, in: S. LUBS u.a. (Hrsg.), Behutsames Lesen. Alttestamentliche Exegese im interdisziplinären Methodendiskurs. FS C. Hardmeier, Leipzig 2007, 367–381

HARTENSTEIN F., Gott als der Horizont des Menschen. Nachprophetische Anthropologie in Psalm 51 und 139, in: R. LUX / E.-J. WASCHKE (Hrsg.), Die unwiderstehliche Wahrheit. Studien zur alttestamentlichen Prophetie. FS A. Meinhold (Arbeiten zur Bibel und ihrer Geschichte 23), Leipzig 2007, 491–412

MARÉ L.P., Psalm 51: "Take Not Your Holy Spirit away from Me", Acta Theologica 28 (2008) 92–104

GROENEWALD A., Psalm 51 and the Criticism of the Cult: Does This Reflect a Divided Religious Leadership?, OTE 22 (2009) 47–62

KLEIN A., From the "Right Spirit" to the "Spirit of Truth". Oberservations on Psalm 51 and 1QS, in: D. DIMANT / R.G. KRATZ (Ed.), The Dynamics of Language and Exegesis at Qumran (FAT II/35), Tübingen 2009, 171–191

SEYBOLD K., Zum Textprofil des 51. Psalms, in: C. KARRER-GRUBE u.a. (Hrsg.), Sprachen – Bilder – Klänge. Dimensionen der Theologie im Alten Testament und in seinem Umfeld. FS R. Bartelmus (AOAT 359), Münster 2009, 295–303

53 AUFFRET P., Quand il fera revenier … son peuple: étude structurelle des Psaumes 14 et 53, BeO 45 (2003) 35–48

POSTELL S., Psalm 53: The Fool, the Wise Man, and the Messianic Motif, Faith and Mission 22 (3/2005) 87–103

SINGER O., Evils and Its Symbols in Psalms 14; 53; 36; 12, in: H. Graf REVENTLOW / Y. HOFFMAN (Ed.), Congress Volume (JSOT.S 366), London – New York, NY 2004, 43–57

54 TOLONI G., "Gli stranieri sono insorti contro di me" (Sal 54 [53],5). Un sentimento xenofobo nella Bibbia ebraica?, AION 62 (2002) 1–17

55 HUNTER A.G., Inside Outside Psalm 55: How Jonah Grew out of a Psalmist's Conceit, in: B. BECKING / E. PEELS (Ed.), Psalms and Prayers (OTS 55), Leiden – Boston, MA 2007, 129–139

56 POIDLOUÉ J., La structure du Psaume 56 comme éclairage sur l'entretien, Analecta Bruxellensia 9 (2004) 55–61

SEIDL T., Tränenschlauch und Lebensbuch. Syntax und Semantik von Psalm 56,9, in: M. EBNER / B. HEINIGER (Hrsg.), Paradigmen auf dem Prüfstand. Exegese wider den Strich. FS K. Müller (NTA 47), Münster 2004, 155–172 [Neuabdruck in: OTE 21 (2008) 161–179]

57 WEBER B., Formgeschichtliche und sprachliche Beobachtungen zu Psalm 57, SJOT 15 (2001) 295–305

ERBELE-KÜSTER D., Le Psaume 57 comme prière. L'apport de l'esthétique de la réception à l'exégèse biblique, RevSR 77 (2003) 487–511

RIEDE P., Die Sprache der Bilder. Zur Bedeutung und Funktion der Metaphorik in den Feindpsalmen des Alten Testaments am Beispiel der Psalmen 57 und 59, in: P. VAN HECKE (Ed.), Metaphor in the Hebrew Bible (BEThL 187), Leuven u.a. 2005, 19–40

58 AUFFRET P., Certes il y un Dieu jugeant sur la terre! Étude structurelle du Psaume 58, JANES 29 (2002) 1–15

FEO F. DE, Desiderio di giustizia nell'architettura poetica del Salmo 58, Anton. 77 (2002) 649–681

LORETZ O., Der juridische Begriff *niḫlatum* / *nḥlt* / *naḥ^{a}lāh* "Erbbesitz" als ammoritisch-kanaanäischer Hintergrund von Psalm 58, UF 34 (2002) 453–479

MARÉ L.P., Psalm 58: A Prayer for Vengeance, OTE 16 (2003) 322–331

DIETERLÉ C., Psaume 58: Appel à la vengeance!, Lire et Dire 60 (2004) 25–35

KSELMAN J.S., A Note on *ʾELEM* in Psalm LVIII 2, VT 54 (2004) 400–402

59 DOYLE B., Howling Like Dogs. Metaphorical Language in Psalm LIX, VT 54 (2004) 61–82

DOYLE B., God as a Dog. Metaphorical Allusions in Psalm 59, in: P. VAN HECKE (Ed.), Metaphor in the Hebrew Bible (BEThL 187), Leuven u.a. 2005, 41–53

KSELMAN J.S., Double Entendre in Psalm 59, in: P.W. FLINT / P.D. MILLER (Ed.), The Book of Psalms. Composition and Reception (VT.S 99 / Formation and Interpretation of Old Testament Literature 4), Leiden – Boston, MA 2005, 184–189

RIEDE P., Die Sprache der Bilder. Zur Bedeutung und Funktion der Metaphorik in den Feindpsalmen des Alten Testaments am Beispiel der Psalmen 57 und 59, in: P. VAN HECKE (Ed.), Metaphor in the Hebrew Bible (BEThL 187), Leuven u.a. 2005, 19–40

KOTZÉ Z., The Witch in Psalm 59: An Afro-centric Interpretation, OTE 21 (2008) 383–390

60 STENDEBACH F.J., Glaube und Politik – Überlegungen zu Psalm 60, in: F. NINOW (Hrsg.), Wort und Stein. Studien zur Theologie und Archäologie. FS U. Worschech (Beiträge zur Erforschung der Antiken Moabitis [Ard el-Kerak] 4), Frankfurt a.M. 2003, 231–237

63 GILLMAYR-BUCHER S., David, Ich und der König – Fortschreibung und relecture in Psalm 63, in: A. VONACH / G. FISCHER (Hrsg.), Horizonte biblischer Texte. FS J.M. Oesch (OBO 196), Fribourg 2003, 71–89

AUFFRET P., A l'ombre de tes ailes je crie de joie. Nouvelle étude structurelle du Psaume 63, BZ 50 (2006) 90–98

64 BOTHA P.J., The Textual Strategy and Social Background of Psalm 64 as Keys to Its Interpretation, Journal of Semitics 11 (2002) 64–82

AUFFRET P., Il se réjouit, le juste, en YHWH. Nouvelle étude structurelle du Psaume 64, RivBib 57 (2009) 29–41

65 AUFFRET P., Tu as couronné l'année de ton bienfait. Nouvelle étude structurelle du Psaume 65, OTE 20 (2007) 307–319

LUX R., »Man lobt dich in der Stille« Ps 65,2. Ein biblisches Essay über Gott und das Schweigen in den Psalmen, Leqach 9 (2009) 7–19

66 AUFFRET P., Voyez les œuvres de Dieu. Étude structurelle du Psaume LXVI, VT 53 (2003) 431–444

67 AUFFRET P., Que te rendent grâce les peuples, eux tous! Nouvelle étude structurelle du Psaume 67, ETR 79 (2004) 575–582

BOTHA P.J., Psalm 67 in Its Literary and Ideological Context, OTE 17 (2004) 365–379 [Neuabdruck in: H.M. NIEMANN / M. AUGUSTIN (Ed.), Stimulations from Leiden. Collected Communications to the XVIIIth Congress of the International Organization for the Study of the Old Testament, Leiden 2004 (BEAT 54), Frankfurt a.M. 2006, 161–175]

68 LORETZ O., Der ugaritisch-hebräische Parallelismus *rkb ʿrpt* || *rkb bʿrbwt* in Psalm 68,5, UF 34 (2002) 521–526

STRAWN B.A., *wĕnilʾā(h)* "O Victorious One", in Ps 68,10, UF 34 (2002) 785–798

ARNOLD B.T. / STRAWN B.A., *b^{e}yāh s^{e}mô* in Psalm 68,5: A Hebrew Gloss to an Ugaritic Epithet?, ZAW 115 (2003) 428–432

HEYER F., Psalm 68 Vers 32: "Äthiopien streckt seine Hand aus nach Gott". Selbstidentifikation des äthiopischen Volkes, in: A. MEINHOLD / A. BERLEJUNG (Hrsg.), Der Freund des Menschen. FS G.C. Macholz, Neukirchen-Vluyn 2003, 205–206

CHARLESWORTH J.H., Bashan, Symbology, Haplography, and Theology in Psalm 68, in: B.F. BATTO / K.I. ROBERTS (Ed.), David and Zion. Biblical Studies. FS J.J.M. Roberts, Winona Lake, IN 2004, 351–372

EGGER-WENZEL R., "Du Taube mit silbernen Schwingen, mit goldenem Flügel!" (Ps 68,14b.c), in: M. WITTE (Hrsg.), Gott und Mensch im Dialog. FS O. Kaiser (BZAW 345/I+II), Berlin 2004, 591–600

DAN D., *'lārokeb bāʿ^{a}rābôt'* (Psalm 68:5) = Who Rides Through the Deserts: A Reexamination Literary and Philological of the Meaning of this Phrase, BetM 184 (2005) 43–62.95 [hebr.]

GOMBIS T.G., Cosmic Lordship and Divine Gift-Giving: Psalm 68 in Ephesians 4:8, NT 47 (2005) 367–380

MÜLLER H.-P., Zur Grammatik und zum religionsgeschichtlichen Hintergrund von Ps 68,5, ZAW 117 (2005) 206–216

PFEIFFER H., Jahwes Kommen von Süden. Jdc 5; Hab 3; Dtn 33 und Ps 68 in ihrem literatur- und theologiegeschichtlichen Umfeld (FRLANT 211), Göttingen 2005

REEMTS C., Psalm 68 (67), EuA 81 (2005) 39–56

GAMPER A., Überlegungen zur Vorgeschichte von Ps 68,6. Mit einem Vorwort von Josef Oesch, in: F. GRUBER u.a. (Hrsg.), Geistes-Gegenwart. Vom Lesen, Denken und Sagen des Glaubens. FS P. Hofer (Linzer Philosophisch-Theologische Beiträge 17), Frankfurt a.M. 2009, 31–36

69 GROENEWALD A., The "Book of Life" (Psalm 69:29) – a Question of Life or Death?, Verbum et Ecclesia 24 (2003) 93–103

GROENEWALD A., Psalm 69: Its Structure, Redaction and Composition (ATM 18), Münster 2003

GROENEWALD A., Psalm 69:36c–37b: A Reinterpretation of a Deuteronomic-Deuteronomistic Formula?, HTS 59 (2003) 1187–1198

GROENEWALD A., Who Are the "Servants" (Psalm 69:36c–37b)? A Contribution to the History of the Literature of the Old Testament, HTS 59 (2003) 735–761

GROENEWALD A., Cult-Critical Motif in Psalm 69.32 – Does It Portray an Anti-Culitc Stance?, in: D.J. HUMAN / C.J.A. VOS (Ed.), Psalms and Liturgy (JOST.S 410), London – New York, NY 2004, 62–72

BERLIN A., Psalms and the Literature of Exile: Psalms 137, 44, 69, and 78, in: P.W. FLINT / P.D. MILLER (Ed.), The Book of Psalms. Composition and Reception (VT.S 99 / Formation and Interpretation of Old Testament Literature 4), Leiden – Boston, MA 2005, 65–86

GROENEWALD A., "And Please, Do not Hide Your Face from Your Servant!" (Ps 69:18a): The Image of the "Hidden God", in: M. HÄUSL / D. VOLGGER (Hrsg.), Vom Ausdruck zum Inhalt, vom Inhalt zum Ausdruck. Beiträge zur Exegese und Wirkungsgeschichte Alttestamentlicher Texte. FS T. Seidl, St. Ottilien 2005, 121–138

GROENEWALD A., Post-exilic Conflict as "Possible" Historical Background in Psalm 69:10ab, HTS 61 (2005) 131–141

GROENEWALD A., Die Beeld van die 'Verborge Gesig' van God: 'En Moet Asseblief nie u Aangesig vir u Kneg Verberg nie!' (Ps 69:18a), OTE 19 (2006) 831–850

GROENEWALD A., "Indeed – the Zeal for Your House Has Consumed Me!": Possible Historical Background to Psalm 69:10 ab, in: H.M. NIEMANN / M. AUGUSTIN (Ed.), Stimulations from Leiden. Collected Communications to the XVIIIth Congress of the International Organization for the Study of the Old Testament, Leiden 2004 (BEAT 54), Frankfurt a.M. 2006, 177–185

VOS C. DE / KWAKKEL G., Psalm 69: The Petitioner's Understanding of Himself, His God, and His Enemies, in: B. BECKING / E. PEELS (Ed.), Psalms and Prayers (OTS 55), Leiden – Boston, MA 2007, 159–179

GROENEWALD A., Psalm 69:33-34 in the Light of the Poor in the *Psalter* as a Whole, Verbum et Ecclesia 28 (2008) 425–441

GROENEWALD A., Psalm 69:36 in the Light of the Zion-tradition, OTE 21 (2008) 358–372

70 CREACH J.F.D., Psalm 70, Interp. 60 (2006) 64–66

71 CRAVEN T., Psalm 71, Interp. 58 (2004) 56–58

OBINWA I.M.C., Yahweh My Refuge. A Critical Analysis of Psalm 71 (EHS.T 839), Frankfurt a.M. 2006

CLAASENS J., Praying from the Depths of the Deep: Remembering the Image of God as a Midwife in Psalm 71, RExp 104 (2007) 761–776

72 CLEMENTS R.E., Psalm 72 and Isaiah 40–66: A Study in Tradition, PRSt 28 (2001) 333–341

HUMAN D.J., An Ideal for Leadership – Psalm 72: The (Wise) King – Royal Mediation of God's Universal Reign, Verbum et Ecclesia 233 (2002) 658–677

MEINHOLD A., Verstehen und Übersetzen. Versuch zu Psalm 72, Leqach 4 (2004) 85–107

BAZYLÍNSKI S., La *crux* del Sal 72,5, LASBF 55 (2005) 41–58

BONS E., Le Psautier de la Septante est-il influencé par des idées eschatologiques et messianiques? Le cas de Psaumes 22LXX et 71LXX, in: M.A. KNIBB (Ed.), The Septuagint and Messianism (BEThL 195), Leuven 2006, 217–238

CORESE E., Il Salmo 72: Autoritá e dilatazione messianica, RStB 18 (2006) 1–2.105–115

BARBIERO G., The Risks of a Fragmented Reading of the Psalms: Psalm 72 as a Case in Point, ZAW 120 (2008) 67–91

BONS E., Translating and Annotating Ps 72 LXX, in: H. AUSLOOS u.a. (Ed.), Translating a Translation. The LXX and Its Modern Translations in the Context of Early Judaism (BEThL 213), Leuven 2008, 133–149

BECKER U., Psalm 72 und der Alte Orient. Grenzen und Chancen eines Vergleichs, in: A. BERLEJUNG / R. HECKL (Hrsg.), Mensch und König. Studien zur Anthropologie des Alten Testaments. FS R. Lux (HBS 53), Freiburg i.Br. 2008, 123–140

73 POTGIETER J.H., Menswaardig of Godwaardig? Psalm 73, in: C.J.A. VOS / J.C. MÜLLER (Ed.), Menswaardig, Johannesburg 1994, 99–111

MIHAILA C., The Theological and Canonical Place of Psalm 73, Faith and Mission 18/3 (2001) 52–59

JANOWSKI B. / LIESS K., Gerechtigkeit und Unsterblichkeit. Psalm 73 und die Frage nach dem "ewigen Leben", in: R. HESS / M. LEINER (Hrsg.), Alles in allem. Eschatologische Anstösse. FS J.C. Janowski, Neukirchen-Vluyn 2005, 69–92

LORENZIN T., Salmo 73: Il cammino di fede di una comunità israelitica in difficoltà, PaVi 50/4 (2005) 8–15

CLAYTON J.N., An Examination of Holy Space in Psalm 73: Is Wisdom's Path Infused with an Eschatologically Oriented Hope?, Trinity Journal 27 (2006) 117–142

POLA T., Theodizee im Alten und Neuen Testament. Unter besonderer Berücksichtigung von Psalm 73, in: T. POLA, Gott fürchten und lieben. Studien zur Gotteserfahrung im Alten Testament (BThSt 59), Neukirchen-Vluyn 2007, 79–149 [Erstveröffentlichung in: M. DIETRICH (Hrsg.), Homosexualität und Seelsorge. Versuch einer Standortbestimmung, Frankfurt a.M. 1996, 125–202]

GILLMAYR-BUCHER S., Gefürchtet, bewundert und überwunden – Die »Anderen« in Psalm 73, in: M. GROHMANN / Y. ZAKOVITCH (Ed.), Jewish and Christian Approaches to Psalms (HBS 55), Freiburg i.Br. u.a. 2009, 77–94

SCHWIENHORST-SCHÖNBERGER L., "Bis ich eintrat in die Heiligtümer Gottes". Ps 73 im Horizont biblischer und theologischer Hermeneutik, in: R. ACHENBACH / M. ARNETH (Hrsg.), "Gerechtigkeit und Recht zu üben" (Gen 18,19). Studien zur altorientalischen und biblischen Rechtsgeschichte, zur Religionsgeschichte Israels und zur Religionssoziologie. FS E. Otto (BZAR 13), Wiesbaden 2009, 387–402

73ff. BOADT L., The Use of "Panels" in the Structure of Psalms 73–83, CBQ 66 (2004) 533–550

HOLTMANN S., Die Asafpsalmen als Spiegel der Geschichte Israels. Überlegungen zur Komposition von Ps 73–83. *Teil 1*, BN 122 (2004) 45–79

HOLTMANN S., Die Asafspsalmen als Spiegel der Geschichte Israels. Überlegungen zur Komposition von Ps 73–83. *Teil 2*, BN 123 (2004) 49–63

74 CORDES A. / HANSBERGER T. / ZENGER E., Die Verwüstung des Tempels – Krise der Religion? Beobachtungen zum Volksklagepsalm 74 und seine Rezeption in der Septuaginta und im Midrasch Tehillim, in: J. HAHN (Hrsg.), Zerstörungen des Jerusalemer Tempels: Geschehen – Wahrnehmung – Bewältigung (WUNT 147), Tübingen 2002, 61–91

GOSSE B., La mention du sanctuaire en Exode 15,17 en relation au Psaume 74 et au Psautier, RB 113 (2006) 188–200

BASSON A., 'Only Ruins Remain'. Psalm 74 as a Case of *Mundus Inversus*, OTE 20 (2007) 128–137

BAUMANN G., Psalm 74: Myth as the Source of Hope in Times of Devastation, Verbum et Ecclesia 27 (2006) 416–430 [Neuabdruck in: D.J. HUMAN (Ed.), Psalms and Mythology (Library of Hebrew Bible / Old Testament Studies 462), New York, NY – London 2007, 91–103]

VENTER P.P., Salvation for Earth? A Body Critical Analysis of Psalm 74, OTE 21 (2008) 533–545

75 BOTHA P.J., 'The Honour of the Righteous Will Be Restored': Psalm 75 in Its Social Context, OTE 15 (2002) 320–334

77 STEVENSEN G.M., Communal Imagery and the Individual Lament. Exodus Typology in Psalm 77, RestQ 39 (1997) 215–229

AUFFRET P., Toi le Dieu faisant merveille. Étude structurelle du Psaume 77, BeO 47 (2005) 123–138

WEBER B., "Es sahen dich die Wasser – sie bebten …" (Ps 77:17b). Die Funktion mythopoetischer Sprache in Psalm 77, OTE 19 (2006) 261–280 [engl. = "They Saw You, the Waters—They Trembled" (Psalm 77:17b): The Function of Mytho-poetic Language in the Context of Psalm 77, in: D.J. HUMAN (Ed.), Psalms and Mythology (Library of Hebrew Bible / Old Testament Studies 462), New York, NY – London 2007, 104–125]

KAMUWANGA L., Exile and Suffering: Reading Psalm 77 in African Context, OTE 20 (2007) 720–735

77f. FISCHER G., Wenn Geschichte zum Gebet wird. Zur Aufnahme des Auszugs aus Ägypten in den Asaf-Psalmen (Ps 77; 78; 81), in: R. ROLLINGER / B. TRUSCHNEGG (Hrsg.), Altertum und Mittelmeerraum: die antike Welt diesseits und jenseits der Levante. FS P.W. Haider (OeO 12), Stuttgart 2006, 473–483

78 KIM Y. / ROOY H.F. VAN, Reading Psalm 78 Multidimensionally: The Authorial Dimension, Scriptura 84 (2003) 468–484

KIM Y. / ROOY H.F. VAN, Reading Psalm 78 Multidimensionally: The Dimension of the Reader, Scriptura 88 (2005) 101–117

BERLIN A., Psalms and the Literature of Exile: Psalms 137, 44, 69, and 78, in: P.W. FLINT / P.D. MILLER (Ed.), The Book of Psalms. Composition and Reception (VT.S 99 / Formation and Interpretation of Old Testament Literature 4), Leiden – Boston, MA 2005, 65–86

WITTE M., From Exodus to David – History and Historiography in Psalm 78, in: N. CALDUCH-BENAGES / J. LIESEN (Ed.), History and Identity. How Israel's Later Authors Viewed Its Earlier History. International Conference of the ISDCL at Barcelona, Spain, 2–6 July 2005 (Deuterocanonical and Cognate Literature. Yearbook 2006), Berlin – New York, NY 2006, 21–42

WEBER B., Psalm 78 als "Mitte" des Psalters? – ein Versuch, Bib. 88 (2007) 305–326

LEONARD J.M., Identifying Inner-Biblical Allusions: Psalm 78 as a Test Case, JBL 127 (2008) 241–265

FRISCH A., Ephraim and Treachery, Loyalty and (the House of) David: The Meaning of a Structural Parallel in Psalm 78, VT 59 (2009) 190–198

MUTIUS H.-G. VON, Die Zitierung von Psalm 78,51 im Midrasch ha-Gadol des David Ben Amram aus Aden (13./14. Jh.) und in der alt-irischen Vetus Latina (Ps 77,51), BN 140 (2009) 31–34

79 BOTHA P.J., The Poetic Structure and Strategy of Psalm 79, Verbum et Ecclesia 25 (2004) 357–377

SCHNOCKS J., »Gott, es kamen Völker in dein Erbe«. Ps 79 und seine Rezeption in 1 Makk, in: U. DAHMEN / J. SCHNOCKS (Hrsg.), Juda und Jerusalem in der Seleukidenzeit. Herrschaft – Widerstand – Identität. FS H.-J. Fabry (BBB 159), Göttingen 2010, 147–160

79f. STEYMANS H.U., Traces of Liturgies in the Psalter: The Communal Laments, Psalms 79, 80, 83, 89 in Context, in: D.J. HUMAN / C.J.A. VOS (Ed.), Psalms and Liturgy (JSOT.S 410), London – New York, NY 2004, 168–234

80 BAZAK J., The Structure and Contents of Ps 80, BetM 172 (2002) 69–76 [hebr.]

GOSSE B., Le Psaume 80 dans le cadre du Psautier et Ezéchiel 17, SJOT 19 (2005) 48–60

WHITEKETTLE R., Bugs, Bunny, or Boar? Identifying the *Zîz* Animals of Psalms 50 and 80, CBQ 67 (2005) 250–264

AUFFRET P., Fais luire ta face et nous serons sauvés. Nouvelle étude structurelle du Psaume 80, OTE 19 (2006) 1052–1063

HAAG E., Psalm 80 und der Menschensohn. Zur Vorgeschichte der Menschensohngestalt im Danielbuch, TThZ 117 (2008) 15–38

81 LORETZ O., Konflikt zwischen Neujahrsfest und Exodus in Psalm 81, in: A. LANGE u.a. (Hrsg.), Mythos im Alten Testament und seiner Umwelt. FS H.P. Müller (BZAW 278), Berlin 1999, 127–143

WEYDE K.W., "Hør, mitt folk, jeg formaner deg". Formaningstalen i Sal 81,6b–17, TTK 72 (2001) 161–176

WEBER B., Prophetische Predigt im Asaph-Psalm 81, JETh 17 (2003) 35–44

FISCHER G., Wenn Geschichte zum Gebet wird. Zur Aufnahme des Auszugs aus Ägypten in den Asaf-Psalmen (Ps 77; 78; 81), in: R. ROLLINGER / B. TRUSCHNEGG (Hrsg.), Altertum und Mittelmeerraum: Die antike Welt diesseits und jenseits der Levante. FS P.W. Haider (OeO 12), Stuttgart 2006, 473–483

82 ZAKOVITCH Y., Psalm 82 and Biblical Exegesis, in: C. COHEN u.a. (Ed.), Sefer Moshe. The Moshe Weinfeld Jubilee Volume. Studies in the Bible and the Ancient Near East, Qumran, and Post-Biblical Judaism [FS M. Weinfeld], Winona Lake, IN 2004, 213–228

MOSSER C., The Earliest Patristic Interpretations of Psalm 82, Jewish Antecedents, and the Origin of Christian Deification, JThS 56 (2005) 30–74

SCHMID K., Gibt es "Reste hebräischen Heidentums" im Alten Testament? Methodische Überlegungen anhand von Dtn 32,8f und Ps 82, in: A. WAGNER (Hrsg.), Primäre und sekundäre Religion als Kategorie der Religionsgeschichte des Alten Testaments (BZAW 364), Berlin – New York, NY 2006, 105–120

LORETZ O., Mythische Götterrebellion und königliche Sozialpflichten als gemeinsamer altorientalischer Hintergrund von Ps 82, in: I. KOTTSIEPER u.a. (Hrsg.), Berührungspunkte. Studien zur Sozial- und Religionsgeschichte Israels und seiner Umwelt. FS R. Albertz (AOAT 350), Münster 2008, 393–408

ARNETH M., Erkenntnis Gottes und des Menschen nach Psalm 82 und Genesis 3, ZAR 13 (2007) 304–318

HUMAN D., Psalm 82: God Presides in a Deflated Pantheon to Remain the Sole Just Ruler, in: I. CORNELIUS / L. JONKER (Ed.), "From Ebla to Stellenbosch". Syro-Palestinian Religions and the Hebrew Bible (ADPV 37), Wiesbaden 2008, 154–168

MAIER J., Das jüdische Verständnis des Psalms 82 und das Zitat aus Ps 82,6a in Joh 10,34–35, in: K. HUBER / B. REPSCHINSKI (Hrsg.), Im Geist und in der Wahrheit. Studien zum Johannesevangelium und zur Offenbarung des Johannes sowie andere Beiträge. FS M. Hasitschka (NTA 52), Münster 2008, 15–28

83 STEYMANS H.U., Traces of Liturgies in the Psalter: The Communal Laments, Psalms 79, 80, 83, 89 in Context, in: D.J. HUMAN / C.J.A. VOS (Ed.), Psalms and Liturgy (JSOT.S 410), London – New York, NY 2004, 168–234

84 OOSTING R., Appearing in Zion: The Role of Zion in Psalm 84 from a Linguistic Point of View, JNWLS 29 (2003) 87–106

JEROME O.B., "How Lovely Is Your Dwelling Place": The Desire of God's House in Psalm 84 (Diss.T 87). St. Ottilien 2004

84ff. FIDANZIO M., Composition des Psaumes 84–88, in: E. ZENGER (Ed.), The Composition of the Book of Psalms (BEThL 238), Leuven 2010, 463–468

85 EBACH J., "Gerechtigkeit und Frieden küssen sich" oder: "Gerechtigkeit und Frieden kämpfen" (Psalm 85,11). Über eine biblische Grundwertdebatte, in: J. EBACH, Vielfalt ohne Beliebigkeit. Theologische Reden 5, Bochum 2002, 57–69 [Erstveröffentlichung in: U. BAIL / R. JOST (Hrsg.), Gott an den Rändern. Sozialgeschichtliche Perspektiven auf die Bibel. FS W. Schottrof, Gütersloh 1996, 42–52]

AUFFRET P., Fais-nous voir, Yhwh, ton amour. Nouvelle étude structurelle de Psaume 85, BeO 49 (2007) 65–78

SEYBOLD K., Psalm 85 als sprachliches Kunstwerk, in: J. LUCHSINGER u.a. (Hrsg.), «... der seine Lust hat am Wort des Herrn!» FS E. Jenni (AOAT 336), Münster 2007, 330–343

ZUCKER D.J., Restructuring Psalm 85, JBQ 35 (2007) 47–55

COETZEE J.H., Psalm 85: Yearning for the Restoration of the Whole Body, OTE 22 (2009) 554–563

SALS U., Of Worms and Worlds. Psalm 22:7, 90:4, and 85:11 in Light of Jewish-Christian Contacts in the Middle Ages, in: M. GROHMANN / Y. ZAKOVITCH (Ed.), Jewish and Christian Approaches to Psalms (HBS 55), Freiburg i.Br. u.a. 2009, 95–111

86 PALMA G. DI, "Di te si dicono cose stupende, città di Dio." Il Salmo 86 tra le fonti bibliche del *De civitate Dei*, Asp. 51 (2004) 207–222

87 ZENGER E., Psalm 87: A Case for Ideological Criticism?, in: C.J. EXUM / H.G.M. WILLIAMSON (Ed.), Reading from Right to Left. FS D.J.A. Clines (JSOT.S 373), Sheffield 2003, 450–460

MAIER C.M., "Zion wird man Mutter nennen". Die Zionstradition in Psalm 87 und ihre Rezeption in der Septuaginta, ZAW 118 (2006) 582–596

MAIER C.M., Psalm 87 as a Reappraisal of the Zion Traditon and Its Reception in Galatians 4:26, CBQ 69 (2007) 473–486

RAUTENBACH N., YHWH Loves Zion – Zion Loves YHWH. An Exploration of the Workings of Ancient Near Eastern Social Values in Psalm 87, OTE 21 (2008) 422–434

BARBIERO G., "Di Sion si dirà: Ognuno è stato generato in essa". Studio esemplare del Sal 87, in: J.N. ALETTI / J.L. SKA (Ed.), Biblical Exegesis in Progress. Old and New Testament Essays (AnBib 176), Roma 2009, 209–264

88 AUFFRET P., Ta justice dans la terre de l'oubli? Étude structurelle du Psaume 88, FolOr 37 (2001) 5–18

BERGES U., Schweigen ist Silber – Klagen ist Gold. Das Drama der Gottesbeziehung aus alttestamentlicher Sicht mit einer Auslegung zu Ps 88 (Salzburger Exegetische Theologische Vorträge 1), Münster 2003

CRÜSEMANN F., Rhetorische Fragen!? Eine Aufkündigung des Konsenses über Psalm 88:11–13 und seine Bedeutung für das alttestamentliche Reden von Gott und Tod, Bibl.Interpr. 11 (2003) 345–360

EMERTON J.A., Some Problems in Psalm 88.16, in: C. MCCARTHY / J.F. HEALEY (Ed.), Biblical and Near Eastern Essays. FS K.J. Cathcart (JSOT.S 375), London – New York, NY 2004, 95–103

LESCOW T., Psalm 22,2–22 und Psalm 88. Komposition und Dramaturgie, ZAW 117 (2005) 217–231

SCHILLER J., "Für die Toten wirst du ein Wunder tun?" Randbemerkungen zur Interpretation von Ps 88,11–13, Protokolle zur Bibel 14 (2005) 61–66

SCHLEGEL J., Psalm 88 als Prüfstein der Exegese. Zu Sinn und Bedeutung eines beispiellosen Psalms (BThSt 72), Neukirchen-Vluyn 2005

MANDOLFO C., Psalm 88 and the Holocaust: Lament in Search of a Divine Response, Bibl.Interpr. 15 (2007) 151–170

WEBER B., "JHWH, Gott der Rettung" und das Schreien aus "finsterem Ort". Klangmuster und andere Stilmittel in Psalm 88, OTE 20 (2007) 471–488

HOWARD D.M., Psalm 88 and the Rhetoric of Lament, in: R.L. FOSTER / D.M. HOWARD (Ed.), "My Words Are Lovely". Studies in the Rhetoric of the Psalms (Library of Hebrew Bible / Old Testament Studies 467), New York, NY – London 2008, 132–146

WEBER B., "JHWH, Gott der Rettung!" Beobachtungen und Erwägungen zur Struktur von Psalm LXXXVIII, VT 58 (2008) 595–607

SCHNOCKS J., Metaphern für Leben und Tod in den Psalmen 23 und 88, in: P. VAN HECKE / A. LABAHN (Ed.), Metaphors in the Psalms (BEThL 231), Leuven 2011, 237–250

ZIEGERT C., "Mein Auge verschmachtet vor Elend". Zu Kontext und Struktur von Psalm 88, BZ 54 (2010) 73–82

89 GOSSE B., Le livre d'Isaïe et le Psautier. De "mon serviteur" et "mon élu" en Ps 89,4, à "mes serviteurs" et "mes élus" en Isa 65,9, ZAW 115 (2003) 376–387

KOCH K., Königspsalmen und ihr ritueller Hintergrund. Erwägungen zu Ps 89,20–38 und Ps 20 und ihren Vorstufen, in: P.W. FLINT / P.D. MILLER (Ed.), The Book of Psalms. Composition and Reception (VT.S 99 / Formation and Interpretation of Old Testament Literature 4), Leiden – Boston, MA 2005, 9–52 [Erstveröffentlichung: Rituelle Bezüge in den Königspsalmen? Erwägungen zu Ps 89,20–38 und Ps 2 (sic! = Ps 20), in: E. ZENGER (Hrsg.), Ritual und Poesie. Formen und Orte religiöser Dichtung im Alten Orient, im Judentum und im Christentum (HBS 36), Freiburg i.Br. u.a. 2003, 211–249]

STARBUCK S.R.A., Theological Anthropology at a Fulcrum. Isaiah 55:1–5; Psalm 89, and Second Stage Tradition in the Royal Psalms, in: B.F. BATTO / K.I. ROBERTS (Ed.), David and Zion. Biblical Studies. FS J.J.M. Roberts, Winona Lake, IN 2004, 247–265

STEYMANS H.U., Traces of Liturgies in the Psalter: The Communal Laments, Psalms 79, 80, 83, 89 in Context, in: D.J. HUMAN / C.J.A. VOS (Ed.), Psalms and Liturgy (JSOT.S 410), London – New York, NY 2004, 168–234

VENTER P.M., Psalm 89 and Daniel 7, OTE 17 (2004) 678–691

CREACH J.F.D., The Mortality of the King in Psalm 89 and Israel's Postexilic Identity, in: J.T. STRONG / S.S. TUELL (Ed.), Constituting the Community. Studies on the Polity of Ancient Israel. FS S.D. McBride, Winona Lake, IN 2005, 237–249

MITCHELL M.W., Genre Disputes and Communal Accusatory Laments: Reflections on the Genre of Psalm LXXXIX, VT 55 (2005) 511–527

SCAIOLA D., Salmo 89: canterò senza fine le grazie del Signore, PAVi 50/4 (2005) 16–22

STEYMANS H.U., Psalm 89 und der Davidbund. Eine strukturale und redaktionsgeschichtliche Untersuchung (ÖBS 27), Frankfurt a.M. 2005

VENTER P.M., The Translation of Psalm 89:13 and Its Implications, HTS 61 (2005) 531–544

BARBIERO G., Alcune osservazioni sulla conclusione del Salmo 89 (vv. 47–53), Bib. 88 (2007) 536–545

SCHNOCKS J., "Verworfen hast du den Bund mit deinem Knecht" (Ps 98,40). Die Diskussion um den Bund in Ps 89 und dem vierten Psalmenbuch, in: C. DOHMEN / C. FREVEL (Hrsg.), Für immer verbündet. Studien zur Bundestheologie der Bibel. FS F.-L. Hossfeld (SBS 211), Stuttgart 2007, 195–202

GOSSE B., Le Psaume 132 nouvelle réponse au Psaume 89, in: J.E. AGUILAR CHIU u.a. (Ed.), Bible et Terre Sainte. Mélanges M. Beaudry, Bern u.a. 2008, 97–104

GOSSE B., Le parallélisme synonymique *ḥsd ʾmwnh*, le Ps 89 et les réponses du quatrième livre du Psautier, Ps 90–106, ZAW 122 (2010) 185–198

90 BRANDSCHEIDT R., "Unsere Tage zu zählen, so lehre du" (Psalm 90,12). Literarische Gestalt, theologische Aussage und Stellung des 90. Psalms im vierten Psalmenbuch, TThZ 113 (2004) 1–33

CLIFFORD R.J., Psalm 90: Wisdom Meditation or Communal Lament?, in: P.W. FLINT / P.D. MILLER (Ed.), The Book of Psalms. Composition and Reception (VT.S 99 / Formation and Interpretation of Old Testament Literature 4), Leiden – Boston, MA 2005, 190–205

KRAUS T.J., Septuaginta-Psalm 90 in apotropäischer Verwendung: Vorüberlegungen für eine kritische Edition und (bisheriges) Datenmaterial, BN 125 (2005) 39–73

MAZZINGHI L., Salmo 90: "Signore, tu sei stato per noi un rifugio", PaVi 50/4 (2005) 26–31

TUCKER W.D., *Exitus, Reditus,* and Moral Formation in Psalm 90, in: J.S. BURNETT u.a. (Ed.), Diachronic and Synchronic: Reading the Psalms in Real Time. Proceedings of the Baylor Symposium on the Book of Psalms (Library of Hebrew Bible / Old Testament Studies 28), New York, NY – London 2007, 143–154

ZIEBA Z., The Meaning of the Expression *l^{e}bab ḥāk^{e}māh* 'The Heart of Wisdom' (Ps 90:12) in the Context of the Transitory and Frail Life of Human Beings in Psalm 90, The Polish Journal of Biblical Research 7 (2008) 113–124

KÖCKERT M., Zeit und Ewigkeit in Psalm 90, in: R.G. KRATZ / H. SPIECKERMANN (Hrsg.), Zeit und Ewigkeit als Raum göttlichen Handelns. Religionsgeschichtliche, theologische und philosophische Perspektiven (BZAW 390), Berlin – New York, NY 2009, 155–185

KRAUS T.J., 'He that Dwelleth in the Help of the Highest': Septuagint Psalm 90 and the Iconographic Program on Byzantine Armbands, in: C.A. EVANS / H.D. ZACHARIAS (Ed.), Jewish and Christian Scripture as Artifact and Canon (Studies in Scripture in Early Judaism and Christianity 13 / Library of Second Temple Studies 70), London – New York, NY 2009, 137–147

SALS U., Of Worms and Worlds. Psalm 22:7, 90:4, and 85:11 in Light of Jewish-Christian Contacts in the Middle Ages, in: M. GROHMANN / Y. ZAKOVITCH (Ed.), Jewish and Christian Approaches to Psalms (HBS 55), Freiburg i.Br. u.a. 2009, 95–111

90ff. LIESS K., Sättigung mit langem Leben. Vergänglichkeit, Lebenszeit und Alter in den Psalmen 90–92, in: M. BAUKS u.a. (Hrsg.), Was ist der Mensch, dass du seiner gedenkst? (Psalm 8,5). Aspekte einer theologischen Anthropologie. FS B. Janowski, Neukirchen-Vluyn 2008, 329–342

91 GÖRG M., "Schreiten über Löwe und Otter": Beobachtungen zur Bildsprache in Ps 91,13a, in: J. FRÜHWALD-KÖNIG u.a. (Hrsg.), Steht nicht geschrieben? Studien zur Bibel und ihrer Wirkungsgeschichte. FS G. Schmuttermayr, Regensburg 2001, 37–48

SCHUMAN N.A., Psalm 91: Tekst, Context, en een Diversiteit aan Herlezingen, Jaarboek voor liturgieonderzoek 17 (2001) 237–256

LICHTENBERGER H., Ps 91 und die Exorzismen in 11QPsAp^{a}, in: A. LANGE u.a. (Hrsg.), Die Dämonen – Demons, Tübingen 2003, 416–421

GAISER F.J., "It Shall not Reach You": Talisman or Vocation? Reading Psalm 91 in Time of War, Word & World 25 (2005) 191–202

HENZE M., Psalm 91 in Premodern Interpretation and at Qumran, in: M. HENZE (Ed.), Biblical Interpretation at Qumran, Grand Rapids, MI 2005, 168–193

SCHÜTZEICHEL H., Im Schutz des Höchsten (Psalm 91), TThZ 115 (2006) 60–76

SMITH M.S., Primary and Secondary Religion in Psalm 91 and 139. A Response to Andreas Wagner, in: A. WAGNER (Hrsg.), Primäre und sekundäre Religion als Kategorie der Religionsgeschichte des Alten Testaments (BZAW 364), Berlin – New York, NY 2006, 99–103

WAGNER A., Ps 91 – Bekenntnis zu Jahwe, in: A. WAGNER (Hrsg.), Primäre und sekundäre Religion als Kategorie der Religionsgeschichte des Alten Testaments (BZAW 364), Berlin – New York, NY 2006, 73–97

STEYMANS H.U., Harry Potter's Preservation and Horus' Protective Power: The Semiotic of the Horus-Stelae and the Semantic of Psalm 91:13, in: D.J. HUMAN (Ed.), Psalms and Mythology (Library of Hebrew Bible / Old Testament Studies 462), New York, NY – London 2007, 126–146

KÖRTING C., Text and Context – Ps 91 and 11QPsAp^{a}, in: E. ZENGER (Ed.), The Composition of the Book of Psalms (BEThL 238), Leuven 2010, 567–577

92 EK G. VAN, Tijd en Ruimte: een Studie over Psalm 92, Zoetermeer 2002

93 CROSS F.M., Notes on Psalm 93: A Fragment of a Liturgical Poem Affirming Yahweh's Kingship, in: B.A. STRAWN / N.R. BOWEN (Ed.), A God So Near. Essays on Old Testament Theology. FS P.D. Miller, Winona Lake, IN 2003, 73–77

KSELMAN, J.S., Sinai and Zion in Psalm 93, in: B.F. BATTO / K.I. ROBERTS (Ed.), David and Zion. Biblical Studies. FS J.J.M. Roberts, Winona Lake, IN 2004, 69–76

HUMAN D.J., Psalm 93: Yahweh Robed in Majesty and Mightier than the Great Waters, in: D.J. HUMAN (Ed.), Psalms and Mythology (Library of Hebrew Bible / Old Testament Studies 462), New York, NY – London 2007, 147–169

GELLER S.A., Myth and Syntax in Psalm 93, in: N. SACHER FOX u.a. (Ed.), Mishneh Todah: Studies in Deuteronomy and Its Cultural Environment. FS J.H. Tigay, Winona Lake, IN 2009, 321–331

REIF S.C., Psalm 93: An Historical and Comparative Survey of Its Jewish Interpretations, in: K.J. DELL u.a. (Ed.), Genesis, Isaiah and Psalms. FS J. Emerton (VT.S 135), Leiden – Boston, MA 2010, 193–214

93ff. ZENGER E., Theophanien des Königsgottes JHWH: Transformationen von Psalm 29 in den Teilkompositionen Ps 28–30 und Ps 93–100, in: P.W. FLINT / P.D. MILLER (Ed.), The Book of Psalms. Composition and Reception (VT.S 99 / Formation and Interpretation of Old Testament Literature 4), Leiden – Boston, MA 2005, 407–442

94 GALLAGHER W.R., On DMH/DWMH in Ez 27:32 and Psalm 94:17, 115:17, AfO 50 (2003/2004) 423–428

95 KRAUS W., Septuaginta Deutsch (LXX.D) – Issues and Challenges: Ps 95 MT/94 LXX as a Test Case, in: H. AUSLOOS u.a. (Ed.), Translating a Translation. The LXX and Its Modern Translations in the Context of Early Judaism (BEThL 213), Leuven 2008, 119–131

SEMBRANO L., Salmo 95: "Venite, applaudiamo al Signore", PaVi 50/4 (2005) 32–39

VAN PETEGEM P.B., Sur le Psaume 95, SJOT 22 (2008) 237–251

96 FOSTER R.L., A Plea for New Songs: A Missional/Theological Reflection on Psalm 96, CThMi 33 (2006) 285–290

PATTERSON R.D., Singing the New Song: An Examination of Psalms 33, 96, 98, and 149, BS 164 (2007) 416–434

97 ORTLUND E.N., An Intertextual Reading of the Theophany of Psalm 97, SJOT 20 (2006) 273–285

98 PATTERSON R.D., Singing the New Song: An Examination of Psalms 33, 96, 98, and 149, BS 164 (2007) 416–434

99 LEUCHTER M., The Literary Strata and Narrative Sources of Psalm XCIX, VT 55 (2005) 20–38

100 MARÉ L.P., Psalm 100 – uitbundige lof oor die Godheid, Goedheid en Grootheid von Jahwe, OTE 13 (2000) 218–234

LESCOW T., Die literarische Struktur des Psalms 100, BN 110 (2001) 38–41

VILLIERS F.T. DE, Psalm 100:3. A Short Note, OTE 15 (2002) 616–619

AUFFRET P., Venez à ses portails! Étude structurelle du Psaume 100, ZAW 119 (2007) 236–240

101 BASSE M., Ideale Herrschaft und politische Realität. Luthers Auslegung des 101. Psalms im Kontext von Spätmittelalter und Reformation, ZKG 114 (2003) 45–71

BOTHA P.J., Psalm 101: Inaugural Address or Social Code of Conduct?, HTS 60 (2004) 725–741

BARRÉ M.L., The Shifting Focus of Psalm 101, in: P.W. FLINT / P.D. MILLER (Ed.), The Book of Psalms. Composition and Reception (VT.S 99 / Formation and Interpretation of Old Testament Literature 4), Leiden – Boston, MA 2005, 206–223

102 BELLINGER W.H., Psalm 102: Lament and Theology in Exilic Setting, in: R.L. FOSTER / D.M. HOWARD (Ed.), "My Words Are Lovely". Studies in the Rhetoric of the Psalms (Library of Hebrew Bible / Old Testament Studies 467), New York, NY – London 2008, 147–155

BOSSHARD E., Ferne und Langzeitigkeit Jhwhs. Zur theologischen Auseinandersetzung in Jes 63,7–66,4 und Ps 102, in: T. NAUMANN / R. HUNZIKER-RODEWALD (Hrsg.), Diasynchron. Beiträge zur Exegese, Theologie und Rezeption der Hebräischen Bibel. FS W. Dietrich, Stuttgart 2009, 39–55

103 DAVIS E., Evening Prayer, Sunday, 21 January 2001: Psalm 103, in: H.W. ATTRIDGE / M.E. FASSLER (Ed.), Psalms in Community. Jewish and Christian Textual, Liturgical, and Artistic Traditions (SBL.SS 25), Atlanta, GA 2003, 403–406

MARÉ L.P., Psalm 103: Lofprysing word Gebore uit de Swaarkry an die Lewe, HTS 61 (2005) 1273–1284

AUFFRET P., Un père envers des fils. Nouvelle étude structurelle du Psaume 103, Theoforum 37 (2006) 25–43

GREGORY B.C., The Legal Background of the Metaphor of Forgiveness in Psalm CIII 12, VT 56 (2006) 549–551

FOKKELMAN J., Psalm 103: Design, Boundaries, and Mergers, in: B. BECKING / E. PEELS (Ed.), Psalms and Prayers (OTS 55), Leiden – Boston, MA 2007, 109–118

SCAIOLA D., Lento all'ira e ricco di misericordia (Sal 103,8), ED 60 (2007) 81–97

PICKUT W.D., Additional Oberservations Relating to Legal Significance of Psalm CIII 12, VT 58 (2008) 550–556

103ff. WILSON L., On Psalm 103–106 as a Closure to Book IV of the Psalter, in: E. ZENGER (Ed.), The Composition of the Book of Psalms (BEThL 238), Leuven 2010, 755–766

104 HOSSFELD F.-L., Schöpfungsfrömmigkeit in Ps 104 und bei Jesus Sirach, in: I. FISCHER u.a. (Hrsg.), Auf den Spuren der schriftgelehrten Weisen. FS J. Marböck (BZAW 331), Berlin – New York, NY 2003, 129–138

KLAUS N., The Pivot Pattern – Psalm 104,10b–18, BetM 174 (2003) 238–259 [hebr.]

BERLIN A., The Wisdom of Creation in Psalm 104, in: R.L. TROXEL u.a. (Ed.), Seeking Out the Wisdom of the Ancients. FS M.V. Fox, Winona Lake, IN 2005, 71–83

BROWN W.P., Joy and the Art of Cosmic Maintenance: An Ecology of Play in Psalm 104, in: F.J. GAISER / M.A. THRONTVEIT (Ed.), "And God Saw It Was Good". FS T.E. Fretheim, St. Paul, MN 2006, 23–32

COETZEE J.H., Psalm 104: A Bodily Interpretation of 'Yahweh's History', OTE 21 (2008) 298–309

KRÜGER A., "Der Weg, die Grösse Gottes zu erkennen ..." (pIns. 30,18). Beobachtungen zu Papyrus Insinger Kap. 24 und Psalm 104, in: M. BAUKS u.a. (Hrsg.), Was ist der Mensch, dass du seiner gedenkst? (Psalm 8,5). Aspekte einer theologischen Anthropologie. FS B. Janowski, Neukirchen-Vluyn 2008, 271–280

KRÜGER A., Das Lob des Schöpfers. Studien zur Sprache, Motivik und Theologie von Psalm 104 (WMANT 124), Neukirchen-Vluyn 2009

KRÜGER A., Psalm 104 und der Große Amarnahymnus. Eine neue Perspektive, in: E. ZENGER (Ed.), The Composition of the Book of Psalms (BEThL 238), Leuven 2010, 609–621

105 HOSSFELD F.-L., Eine poetische Universalgeschichte. Ps 105 im Kontext der Psalmentrias 104–106, in: F.-L. HOSSFELD / L. SCHWIENHORST-SCHÖNBERGER (Hrsg.), Das Manna fällt auch heute noch. Beiträge zur Geschichte und Theologie des Alten, Ersten Testaments. FS E. Zenger (HBS 44), Freiburg i.Br. u.a. 2004, 294–311

MASCARENHAS T., Psalm 105: The Plagues: Darkness and Its Significance, in: S. PAGANINI u.a. (Hrsg.), Führe mein Volk heraus. Zur innerbiblischen Rezeption der Exodusthematik. FS G. Fischer, Frankfurt a.M. 2004, 79–93

TUCKER W.D., Revisiting the Plagues in Psalm CV, VT 55 (2005) 401–411

BRETTLER M.Z., The Poet as Historian: The Plague Tradition in Psalm 105, in: K.F. KRAVITZ / D.M. SHARON (Ed.), Bringing the Hidden to Light: The Process of Interpretation. FS S.A. Geller, Winona Lake, IN 2007, 19–28

GOSSE B., Abraham dans les Ps 105 et 47, BZ 65 (2010) 83–91

105f. PASSARO A., Theological Hermeneutics and Historical Motifs in Pss 105–106, in: N. CALDUCH-BENAGES / J. LIESEN (Ed.), History and Identity. How Israel's Later Authors Viewed Its Earlier History. International Conference of the ISDCL at Barcelona, Spain, 2–6 July 2005 (Deuterocanonical and Cognate Literature. Yearbook 2006), Berlin – New York, NY 2006, 43–55

OLBRICHT T.H., The Rhetoric of Two Narrative Psalms 105 and 106, in: R.L. FOSTER / D.M. HOWARD (Ed.), "My Words Are Lovely". Studies in the Rhetoric of the Psalms (Library of Hebrew Bible / Old Testament Studies 467), New York, NY – London 2008, 156–170

106 HOSSFELD F.-L., Ps 106 und die priesterliche Überlieferung des Pentateuchs, in: K. KIESOW / T. MEURER (Hrsg.), Textarbeit. Studien zu Texten und ihrer Rezeption aus dem Alten Testament und der Umwelt Israels. FS P. Weimar (AOAT 294), Münster 2003, 255–266

CERESKO A.R., Endings and Beginnings: Alphabetic Thinking and the Shaping of Psalms 106 and 150, CBQ 68 (2006) 32–46

ROETMAN J.-A. / VISSER 'T HOOFT C., Le Psaume 106 et le Pentateuque, ETR 85 (2010) 233–243

GÄRTNER J., The Torah in Psalm 106. Interpretations of JHWH's Saving Act at the Red Sea, in: E. ZENGER (Ed.), The Composition of the Book of Psalms (BEThL 238), Leuven 2010, 479–488

107 PERI C., Li ha riscattati dalle mani del Nemico: un'interpretazione mitologica del Salmo 107, Materia Giudaica 9 (2004) 129–136

AUFFRET P., Qui est sage? Qu'il regarde cela! Nouvelle étude structurelle du Psaume 107, BN 129 (2006) 25–52

109 EGWIM S., Determining the Place of VV. 6–19 in Ps 109: A Case Presentation Analysis, EThL 90 (2003) 112–130

PUALSELL W., Sermon on Psalm 109, LexTQ 39 (4/2004) 167 –175

EGWIM S., ‘Ânî w^{e}ʾebyon: 'Poor and Needy' or 'Humble Disposition'? An Investigation of Ps 109, Sacra Scripta 5 (2007) 142–163

KITZ A.M., Effective Simile and Effective Art: Psalm 109, Numbers 5, and *KUB* 26, CBQ 69 (2007) 440–456

ADAMO D., Reading Psalm 109 in African Christianity, OTE 21 (2008) 575–592

110 ARNOLD J., König David als Typus Christi in der "Ordnung Melchisedeks". Musikologische und theologische Bemerkungen zu Antonio Vivaldis Dixit Dominus (Ps 110 bzw. Ps 109, Vulgata), in: W. DIETRICH / H. HERKOMMER (Hrsg.), König David – biblische Schlüsselfigur und europäische Leitgestalt. 19. Kolloquium (2000) der Schweizerischen Akademie der Geistes- und Sozialwissenschaften, Fribourg / Stuttgart 2003, 661–685

BAIL U., Psalm 110. Eine intertextuelle Lektüre aus alttestamentlicher Perspektive, in: D. SÄNGER (Hrsg.), Heiligkeit und Herrschaft. Intertextuelle Studien zu Heiligkeitsvorstellungen und zu Psalm 110 (BThSt 55), Neukirchen-Vluyn 2003, 94–121

BONS E., Die Septuaginta-Version von Psalm 110 (109 LXX). Textgestalt, Aussagen, Auswirkungen, in: D. SÄNGER (Hrsg.), Heiligkeit und Herrschaft. Intertextuelle Studien zu Heiligkeitsvorstellungen und zu Psalm 110 (BThSt 55), Neukirchen-Vluyn 2003, 122–145

BORMANN L., Ps 110 im Dialog mit dem Neuen Testament, in: D. SÄNGER (Hrsg.), Heiligkeit und Herrschaft. Intertextuelle Studien zu Heiligkeitsvorstellungen und zu Psalm 110 (BThSt 55), Neukirchen-Vluyn 2003, 171–205

HILBER J.W., Psalm CX in the Light of Assyrian Prophecies, VT 53 (2003) 353–366

PILGAARD A., Salme 110 i Markusevangeliets kristologi, in: E. K. HOLT / H.J. LUNDAGER JENSEN (Ed.), Mellem tekster. FS K. Nielsen, Kopenhagen 2003, 55–67

TILLY M., Psalm 110 zwischen hebräischer Bibel und Neuem Testament, in: D. SÄNGER (Hrsg.), Heiligkeit und Herrschaft. Intertextuelle Studien zu Heiligkeitsvorstellungen und zu Psalm 110 (BThSt 55), Neukirchen-Vluyn 2003, 146–170

AUFFRET P., Il est seigneur sur les nations. Étude structurelle du Psaume 110, BN 123 (2004) 65–73

ROTA SCALABRINI P., Salmo 110: la guerra del Messia sacerdote, PaVi 50/5 (2005) 11–17

BRUYN J.J. DE / HUMAN D.J., 'n Kontekstuele Uitleg van Psalm 110 binne sy historiese Raamwerk, IDS 40 (2006) 465–582

CORDES A., Spricht Ps 109LXX von einem Messias oder nicht?, in: M.A. KNIBB (Ed.), The Septuagint and Messianism (BEThL 195), Leuven 2006, 263–289

LORETZ O., Der Thron des Königs "zur Rechten" der Gottheit beim Siegesmahl nach Psalm 110,1–2, UF 38 (2006) 415–436

SCHENKER A., Critique textuelle ou littéraire au Ps 110(109), 3. Les initiatives de la Septante et de l'édition protomassorétique à la fin du 3e ou au 2e siècle, in: I. HIMBAZA / A. SCHENKER (Ed.), Un carrefour dans l'histoire de la Bible. Du texte à la théologie au IIe siècle avant J.–C. (OBO 233), Fribourg / Göttingen 2007, 112–130

NORDHEIM M. VON, Geboren von der Morgenröte? Psalm 110 in Tradition, Redaktion und Rezeption (WMANT 117), Neukirchen-Vluyn 2008

NORDHEIM-DIEHL M. VON, Spricht Ps 110,3 von מִשְׁחָר oder מִשַּׁחַר? Ein Plädoyer für die masoretische Lesart, Kleine Untersuchungen zur Sprache des Alten Testaments und seiner Umwelt (KUSATU) 10 (2009) 25–37

GRANERØD G., Abraham and Melchizedek. Scribal Activity of Second Temple Times in Genesis 14 and Psalm 110 (BZAW 406), Berlin – New York, NY 2010

111 ZENGER E., "Er hat geboten in Ewigkeit seinen Bund." Weisheitliche Bundestheologien in Psalm 111, in: C. DOHMEN / C. FREVEL (Hrsg.), Für immer verbündet. Studien zur Bundestheologie der Bibel. FS F.-L. Hossfeld (SBS 211), Stuttgart 2007, 271–280

BRETTLER M.Z., A Jewish Approach to Psalm 111?, in: M. GROHMANN / Y. ZAKOVITCH (Ed.), Jewish and Christian Approaches to Psalms (HBS 55), Freiburg i.Br. u.a. 2009, 141–159

BRETTLER M.Z., The Riddle of Psalm 111, in: D.A. GREEN / L.S. LIEBER (Ed.), Scriptural Exegesis. The Shapes of Culture and the Religious Imagination. FS M. Fishbane, Oxford 2009, 62–73

DECAEN V., Theme and Variation in Psalm 111: Metrical Phrase and Foot in Generative Perspective, JSSt 54 (2009) 81–109

111f. LEEUWEN R.C. VAN, Form Criticism, Wisdom, and Psalms 111–112, in: M.A. SWEENEY u.a. (Ed.), The Changing Face of Form Criticism for the Twenty-First Century, Grand Rapids, MI 2003, 65–84

WEBER B., Zu Kolometrie und strophischer Struktur von Psalm 111 – mit einem Seitenblick auf Psalm 112, BN 118 (2003) 62–67

ZENGER E., Dimensionen der Tora-Weisheit in der Psalmenkomposition Ps 111–112, in: M. FASSNACHT u.a. (Hrsg.), Die Weisheit – Ursprünge und Rezeption (NTA 44), Münster 2003, 37–58

SCAIOLA D., Salmi 111–112: due Salmi gemelli, PaVi 50/5 (2005) 18–24

111ff. HOSSFELD F.-L., Der gnädige Gott und der arme Gerechte. Anthropologische Akzente in der Psalmengruppe 111–118, in: C. BÖTTIGHEIMER / H. FILSER (Hrsg.), Kircheneinheit und Weltverantwortung. FS P. Neuner, Regensburg 2006, 51–63

ZAKOVITCH Y., The Interpretative Significance of the Sequence of Psalms 111–112.113–118.119, in: E. ZENGER (Ed.), The Composition of the Book of Psalms (BEThL 238), Leuven 2010, 215–227

112 ZENGER E., Geld als Lebensmittel? Über die Wertung des Reichtums im Psalter (Psalmen 15; 49; 112), JBTh 21 (2006) 73–96

113 HUMAN D., Yahweh, the Israelite High God Bends Down to Uplift the Downtrodden: Perspectives on the Incomparability of Yahwe in Psalm 113, JNWSL 30 (2004) 41–64

GROHMANN M., Psalm 113 und das Lied der Hanna (1 Sam 2,1–10) – Paradebeispiel für eine intertextuelle Lektüre?, in: S. ALKIER / R.B. HAYS (Hrsg.), Die Bibel im Dialog der Schriften. Konzepte intertextueller Bibellektüre (Neutestamentliche Entwürfe zur Theologie 10), Tübingen – Basel 2005, 137–156

KING A.D., Our Incomparable God!: Psalm 113, Kerux 20/3 (2005) 3–10

BASSON A., Two Instances of *Mundus Inversus* in Psalm 113:7-9, Verbum et Ecclesia 30 (2009) 1–14

113f. STEVENS E.L., Singing God's Praises: The Translation and Liturgical Uses of Hallel Psalms 113 and 114, in: H.W. ATTRIDGE / M.E. FASSLER (Ed.), Psalms in Community. Jewish and Christian Textual, Liturgical, and Artistic Traditions (SBL.SS 25), Atlanta, GA 2003, 365–372

113ff. PRINSLOO G.T.M., Unit Delimitation in the Egyptian Hallel (Psalms 113–118). An Evaluation of Different Traditions, in: M.C.A. KORPEL / J.M. OESCH (Ed.), Unit Delimitation in Biblical Hebrew and Northwest Semitic Literature (Pericope 4), Assen 2003, 232–263

TORTI MAZZI R., Salmi 113–118: l' *Hallel* egiziano, PaVi 50/5 (2005) 25–32

PRINSLOO G.T.M., *Š*^{e}*ʾôl –› Y*^{e}*rûšālayim ‹– Šāmayim*: Spatial Orientation in the Egyptian Hallel (Psalm 113–118), OTE 19 (2006) 739–760

114 WITTE M., Psalm 114 – Überlegungen zu seiner Komposition im Kontext der Psalmen 113 und 115, in: J.F. DIEHL u.a. (Hrsg.), "Einen Altar von Erde mache mir…". FS D. Conrad (Kleine Arbeiten zum Alten und Neuen Testament 4/5), Waltrop 2003, 293–311

BERLIN A., Myth and Meaning in Psalm 114, in: J.S. BURNETT u.a. (Ed.), Diachronic and Synchronic: Reading the Psalms in Real Time. Proceedings of the Baylor Symposium on the Book of Psalms (Library of Hebrew Bible / Old Testament Studies 28), New York, NY – London 2007, 67–80

BERLIN A., The Message of Psalm 114, in: C. COHEN u.a. (Ed.), Birkat Shalom. Studies in the Bible, Ancient Near Eastern Literature, and Postbiblical Judaism. FS S.M. Paul, Winona Lake, IN 2008, 347–363

ZENGER E., "Als Israel auszog aus Ägypten …" Dramaturgie und Theologie von Psalm 114 im Kontext der Festkantate Ps 113–118, in: O. DYMA / A. MICHAEL (Hrsg.), Sprachliche Tiefe – theologische Weite (BThSt 91), Neukirchen-Vluyn 2008, 49–89

114f. PRINSLOO G.T.M., Psalms 114 and 115: One or Two Poems?, OTE 16 (2003) 669–690

115 ZENGER E., Der Gott Israels und die Völker der Welt. Das Programm von Psalm 115 im Kontext des Pessach-Hallel, in: E.W. STEGEMANN / K. WENGST (Hrsg.), "Eine Grenze hast Du gesetzt". FS E. Brocke (Judentum und Christentum 13), Stuttgart 2003, 145–161

GALLAGHER W.R., On DMH/DWMH in Ez 27:32 and Psalm 94:17, 115:17, AfO 50 (2003/2004) 423–428

116 FOKKELMAN J.P. / RENDSBURG G.A., נגדה נא לכל עמו (Psalm CXVI 14B, 18B), VT 53 (2003) 328–336

STEGMAN T.D., 'Επίστευσα, διὸ ἐλάλησα (2 Corinthians 4:13): Paul's Christological Reading of Psalm 115:1a LXX, CBQ 69 (2007) 725–745

PINKER A., Psalm 116,15 – Death of the Saints?, ZAW 121 (2009) 529–539

118 BOTHA P.J., Psalm 118 and Social Values in Ancient Israel, OTE 16 (2003) 195–215

LUX R., Gott ist mein Lied. Bibelarbeit zu Psalm 118, in: R. LUX, Jenseits des Paradieses. Vorträge und Bibelarbeiten zum Alten Testament, Leipzig 2003, 204–222

POTGIETER J.H., The Structure and Intent of Psalm 118, OTE 16 (2003) 389–400

PRINSLOO G.T.M., A Contextual and Intertextual Reading of Psalm 118, OTE 16 (2003) 401–421

HAUZENBERGER H., Ich werde leben und des Herrn Werke verkündigen. Predigt zu Psalm 118, in: P. NANZ (Hrsg.), Der Erneuerung von Kirche und Theologie verpflichtet. FS J.H. Schmid, Riehen 2005, 375–378

STROLA G., Salmo 118: "Ti endo grazie perché sei stato la mia salvezza", PaVi 50/5 (2005) 33–39

MOSETTO F., Per una lettura cristiana del Salmo 118 (117 LXX), RivBib 55 (2007) 3–24

KWON H.J., Psalm 118 (117 LXX) in Luke-Acts: Application of a 'New Exodus Motif', Verbum et Ecclesia 30 (2009), Art. #59, 6 pages

119 BOTHA P.J., Die Teologiese Funksie van die Torah-woordveld in die driehoeksverhouding Jahwe-vrome-vyand in Psalm 119. Diss. theol. masch. Pretoria 1986

ZENGER E., Torafrömmigkeit. Beobachtungen zum poetischen und theologischen Profil von Psalm 119, in: C. HARDMEIER u.a. (Hrsg.), Freiheit und Recht. FS F. Crüsemann, Gütersloh 2003, 380–396

MAZINGHI L., Salmo 119: meditazione sulla legge del Signore, PaVi 50/5 (2005) 40–47

NODDER M., What Is the Relationship Between the Different Stanzas of Psalm 119?, ChM 119 (2005) 323–342

AUFFRET P., Mais tu élargiras mon cœur. Nouvelle étude structurelle du Psaume 119 (BZAW 359), Berlin – New York, NY 2006

CLARK D.J., Translating Psalm 119: Some Practical Suggestions, BiTr 58 (2007) 185–189

FINSTERBUSCH K., Multiperspektivität als Programm. Das betende Ich und die Tora in Psalm 119, in: M. BAUKS u.a. (Hrsg.), Was ist der Mensch, dass du seiner gedenkst? (Psalm 8,5). Aspekte einer theologischen Anthropologie. FS B. Janowski, Neukirchen-Vluyn 2008, 93–104

REYNOLDS K.A., The Answer of Psalm CXIX 9, VT 58 (2008) 265–269

SARGENT B., The Dead Letter? Psalm 119 and the Spirituality of the Bible in the Local Church, EvQ 81 (2009) 99–115

REYNOLDS K.A., Torah as Teacher. The Exemplary Torah Student in Psalm 119 (VT.S 137), Leiden – Boston, MA 2010

ARNOLD T., Die Einladung zu einem "glücklichen" Leben. Tora als Lebensraum nach Ps 119,1–3, in: E. ZENGER (Ed.), The Composition of the Book of Psalms (BEThL 238), Leuven 2010, 401–412

120 STAUDIGEL H., Anmerkung zu Ps 120, ZAW 118 (2006) 269–270

120ff. BALLARD H.W., Reading the Psalms in Light of 9-11: The Dialectic of War and Peace as a *Leitmotif* in the Psalms of Ascents, PRSt 31 (2004) 441–451

ZENGER E., Der Zion als Ort der Gottesnähe. Beobachtungen zum Weltbild des Wallfahrtspsalters Ps 120–134, in: G. EBERHARDT / K. LIESS (Hrsg.), Gottes Nähe im Alten Testament (SBS 202), Stuttgart 2004, 84–114

ZENGER E., Die Komposition der Wallfahrtspsalmen Ps 120–134. Zum Programm der Psalterexegese, in: M. EBNER / B. HEININGER (Hrsg.), Paradigmen auf dem Prüfstand. FS K. Müller (NTA.NF 47), Münster 2004, 173–190

ZENGER E., "Es segne dich JHWH vom Zion aus ..." (Ps 134,3). Die Gottesmetaphorik in den Wallfahrtspsalmen 120–134, in: M. WITTE (Hrsg.), Gott und Mensch im Dialog. FS O. Kaiser (BZAW 345/I+II), Berlin 2004, 601–622

PRINSLOO G.T.M., The Role of Space in the שירי המעלות (Psalms 120–134), Bib. 86 (2005) 457–477

SCAIOLA D., Salmi 120–134: I canti delle ascensioni, PaVi 50/6 (2005) 12–17

ZENGER E., Zion – Ort des Segens. Beobachtungen zur Theologie des Wallfahrtspsalters Ps 120–134, in: N.C. SCHNABEL (Hrsg.), Laetare Jerusalem. Festschrift zum 100jährigen Ankommen der Benediktinermönche auf dem Jerusalemer Zionsberg (Jerusalemer Theologisches Forum 10), Münster 2006, 64–103

STEVENS D.G., The Songs of the Return (Psalms 120–134). A Critical Commentary with Historical Introduction, Translation, and Indexes (Analecta Gorgiana 76), Piscataway, NJ 2008

BOUET F., Les Cantiques des degrés (Psaumes 119–133) selon la Bible grecque des Septante (Collection de la Revue des Études Juives 50), Leuven 2010

GILLMAYR-BUCHER S., "Like Olive Shoots around Your Table". Images of Space in the Psalms of Ascents, in: E. ZENGER (Ed.), The Composition of the Book of Psalms (BEThL 238), Leuven 2010, 489–500

121 RICHTER H.-F., Von den Bergen kommt keine Hilfe. Zu Psalm 121, ZAW 116 (2004) 406–408

ZENGER E., Der Hüter Israels. Die Theopoesie von Psalm 121, in: T. KLOSTERKAMP / N. LOHFINK (Hrsg.), Wohin du auch gehst. FS F.J. Stendebach, Stuttgart 2005, 163–178

MARÉ L.P., Psalm 121: Yahweh's Protection against Mythological Powers, OTE 19 (2006) 712–722

KRAUS T.J., "Der Herr wird deinen Eingang und deinen Ausgang bewahren". Über Herkunft und Fortleben von LXX Psalm CXX 8A, VT 56 (2006) 58–75

MARÉ L.P., Some Remarks on Yahweh's Protection against Mythological Powers in Psalm 121, in: D.J. HUMAN (Ed.), Psalms and Mythology (Library of Hebrew Bible / Old Testament Studies 462), New York, NY – London 2007, 170–180

122 AGOSTINI L., O Sl 122: um exemplo de oração para quem busca Deus e o bem de 'sua casa', Coletânea 5 (2006) 57–89

SCHWIENHORST-SCHÖNBERGER L., "Zum Haus des Herrn wollen wir gehen". Ps 122 – ursprüngliche Bedeutung und geistiger Sinn, in: N.C. SCHNABEL (Hrsg.), Laetare Jerusalem. Festschrift zum 100jährigen Ankommen der Benediktinermönche auf dem Jerusalemer Zionsberg (Jerusalemer Theologisches Forum 10), Münster 2006, 104–120

WIERINGEN A. VAN, Psalm 122. Syntax and the Position of the I-figure and the Text-immanent Reader, in: E. ZENGER (Ed.), The Composition of the Book of Psalms (BEThL 238), Leuven 2010, 745–754

123 BOTHA P.J., Social Values and the Interpretation of Psalm 123, OTE 14 (2001) 189–198

124 MEURER T. / KIESOW K., Unmittelbarkeit? Überlegungen zur Korrelationsfähigkeit alttestamentlicher Texte am Beispiel von Ps 124, in: K. KIESOW / T. MEURER (Hrsg.), Textarbeit. Studien zu Texten und ihrer Rezeption aus dem Alten Testament und der Umwelt Israels. FS P. Weimar (AOAT 294), Münster 2003, 311–328

PRINSLOO G.T.M., Historical Reality and Mythological Metaphor in Psalm 124, OTE 18 (2005) 790–810 [Neuabdruck in: D.J. HUMAN (Ed.), Psalms and Mythology (Library of Hebrew Bible / Old Testament Studies 462), New York, NY – London 2007, 181–203]

125 STEPANTSOV S.A., "Sicut torrens in austro". Ps 125:4b [126:4b] in St. Augustin's Interpretation, VDI 254 (2005) 143–151

RIEDE P., "Die auf JHWH vertrauen, sind wie der Berg Zion, der nicht ins Wanken gerät" (Psalm 125,1). Zur Verbindung von Anthropologie und Kosmologie in Psalm 125, in: M. BAUKS u.a. (Hrsg.), Was ist der Mensch, dass du seiner gedenkst? (Psalm 8,5). Aspekte einer theologischen Anthropologie. FS B. Janowski, Neukirchen-Vluyn 2008, 421–434

126 MOSIS R., "Mit Jauchzen werden sie ernten". Beobachtungen zu Psalm 126, in: J. ZMIJEWSKI (Hrsg.), Die alttestamentliche Botschaft als Wegweisung. FS H. Reinelt, Stuttgart 1990 [Neuabdruck in: Gesammelte Aufsätze zum Alten Testament (fzb 93), Würzburg 1999, 359–381]

NICKLAS T., Der Text und die Texte. Berührungspunkte von Textkritik, Textgeschichte und Interpretationsgeschichte am Beispiel von Ps 126, Bib. 81 (2000) 252–261

GIERCKE A., Eine Zunge voller Jubel – sprachliche Bilder als Emotionsträger in Psalm 126, in: S. GILLMAYR-BUCHER u.a. (Hrsg.), Ein Herz so weit wie der Sand am Ufer des Meeres. FS G. Hentschel (EThSt 90), Würzburg 2006, 377–387

ZAKOVITCH Y., What Makes an Interpretation Jewish? Psalm 126 as an Examle [sic!], in: M. GROHMANN / Y. ZAKOVITCH (Ed.), Jewish and Christian Approaches to Psalms (HBS 55), Freiburg i.Br. u.a. 2009, 161–171

127 ASSIS E., Family and Community as Substitutes for the Temple After Its Destruction. New Readings in Psalms 127 and 133, EThL 85 (2009) 55–62

ASSIS E., Psalm 127 and the Polemic of the Rebuilding of the Temple in the Post Exilic Period, ZAW 121 (2009) 256–272

HUMAN D.J., "From Exile to Zion". Ethical Perspectives from the *Sîrē Hamaʿalôt* Psalm 127, in: E. ZENGER (Ed.), The Composition of the Book of Psalms (BEThL 238), Leuven 2010, 523–535

127f. HUMAN D., "From Exile to Zion" – Ethical Perspectives from the Twin Psalms 127 and 128, OTE 22 (2009) 63–87

128 PRESTEL P., Anleitungen zum glücklichen Leben. Psalm 128, Martin Luther und Martial 10,47, WuD 27 (2003) 45–56

129 BOTHA P.J., A Social-Scientific Reading of Psalm 129, HTS 58 (2002) 1401–1414

130 PRINSLOO G.T.M., Psalm 130. Poetic Patterns and Social Significance, OTE 15 (2002) 453–469

WEBER M., "Aus Tiefen rufe ich dich". Die Theologie von Psalm 130 und ihre Rezeption in der Musik (Arbeiten zur Bibel und ihrer Geschichte), Leipzig 2003

NASUTI H.P., Plumbing the Dephts. Genre Ambiguity and Theological Creativity in the Interpretation of Psalm 130, in: H. NAJMAN / J.H. NEWMAN (Ed.), The Idea of Biblical Interpretation. FS J.L. Kugel (JSJ.S 85), Leiden – Boston, MA 2004, 95–124

HOSSFELD F.-L., Ps 130 und die Gnadenrede vom Sinai in Ex 34, in: T. KLOSTERKAMP / N. LOHFINK (Hrsg.), Wohin du auch gehst. FS F.J. Stendebach, Stuttgart 2005, 48–56

SCAIOLA D., Salmo 130: "Dal profono a te grido, o Signore", PaVi 50/6 (2005) 18–23

WEBER B., Einige poetologische Überlegungen zur Psalmeninterpretation verbunden mit einer exemplarischen Anwendung an Psalm 130, OTE 18 (2005) 891–906

ZENGER E., Übersetzungstechniken und Interpretation im Septuagintapsalter. Am Beispiel von Ps 129 [= MT 130], in: M. KARRER / W. KRAUS (Hrsg.), Die Septuaginta-Texte, Kontexte, Lebenswelten. Internationale Fachtagung, veranstaltet von Septuaginta Deutsch (LXX.D), Wuppertal 20.–23. Juli 2006 (WUNT 219), Tübingen 2008, 523–543

131 BOTHA P.J., To Honour Yahweh in the Face of Adversity: A Socio-Critical Analysis of Psalm 131, Skrif en kerk 19 (1998) 525–533

VOS C.J.A., Die Psalms: Soorte, Funksie, Aard en die Omdigting van Psalm 131, IDS 36 (2002) 125–133

KNOWLES M.D., A Woman at Prayer: A Critical Note on Psalm 131:2b, JBL 125 (2006) 385–391

LABUSCHAGNE C.J., The Metaphor of the So-Called 'Weaned Child' in Psalm CXXXI, VT 57 (2007) 114–123

GROHMANN M., The Imagery of the "Weaned Child" in Psalm 131, in: E. ZENGER (Ed.), The Composition of the Book of Psalms (BEThL 238), Leuven 2010, 513–522

132 BALLHORN E., Der Davidbund in Ps 132 und im Kontext des Psalters, in: C. DOHMEN / C. FREVEL (Hrsg.), Für immer verbündet. Studien zur Bundestheologie der Bibel. FS F.-L. Hossfeld (SBS 211), Stuttgart 2007, 11–18

GOSSE B., Le Psaume 132 nouvelle réponse au Psaume 89, in: J.E. AGUILAR CHIU u.a. (Ed.), Bible et Terre Sainte. Mélanges M. Beaudry, Bern u.a. 2008, 97–104

BOOIJ T., Psalm 132: Zion's Well-Being, Bib. 90 (2009) 75–83

STEYMANS H.U., David als Erzvater des Zion. Ps 132 und der Pentateuch, in: R. ACHENBACH / M. ARNETH (Hrsg.), "Gerechtigkeit und Recht zu üben" (Gen 18,19). Studien zur altorientalischen und biblischen Rechtsgeschichte, zur Religionsgeschichte Israels und zur Religionssoziologie. FS E. Otto (BZAR 13), Wiesbaden 2009, 403–422

133 BOTHA P.J., Die Konsep van Eer as Sleutel tot die Interpretasie von Psalm 133, Skrif en Kerk 19 (1998) 1–10

MEDINA R.W., La Unidad de la iglesia según el Salmo 133, in: G.A. KLINGBEIL u.a. (Ed.), Pensar la Iglesia Hoy, Entre Rios 2002, 57–69

MAYS J.L., There the Blessing: An Exposition of Psalm 133: B.A. STRAWN / N.R. BOWEN (Ed.), A God So Near. Essays on Old Testament Theology. FS P.D. Miller, Winona Lake, IN 2003, 79–90

BAZAK J., Oh, How Good and Pleasant (Ps. 133), BetM 52 (2007) 80–90 [hebr.]

ASSIS E., Family and Community as Substitutes for the Temple After Its Destruction. New Readings in Psalms 127 and 133, EThL 85 (2009) 55–62

NDOGA S.S., Psalm 133 asa a Responseot Xenophobic Attitudes in South Africa, ThViat 33 (2009) 422–434

135 AUFFRET P., Ton nom pour toujours: novuelle étude structurelle du Psaume 135, ScEs 57 (2005) 229–241

136 HUMAN D.J., Psalm 136: A Liturgy with Reference to Creation and History, in: D.J. HUMAN / C.J.A. VOS (Ed.), Psalms and Liturgy (JSOT.S 410), London – New York, NY 2004, 73–88

HUMAN D.J., Psalm 136: 'n Liturgie as herinnering en herbelewenis van God se krag in die skepping en in die geskiedenis, HTS 61 (2005) 1209–1226

FLESHER L.S., Psalm 136, Interp. 60 (2006) 434–436

NEUWIRTH A., Zeit und Ewigkeit in den Psalmen und im Koran (Ps 136 und Sure 55), in: R.G. KRATZ / H. SPIECKERMANN (Hrsg.), Zeit und Ewigkeit als Raum göttlichen Handelns. Religionsgeschichtliche, theologische und philosophische Perspektiven (BZAW 390), Berlin – New York, NY 2009, 319–341

137 KRÜGER T., "An den Strömen von Babylon..." Erwägungen zu Zeitbezug und Sachverhalt in Ps 137, in: R. BARTELMUS u.a. (Hrsg), Sachverhalt und Zeitbezug. FS A. Denz, Wiesbaden 2001, 79–84

MARÉ L.P., Psalm 137: 'n (On)Christelike Psalm?, Verbum et Ecclesia 22 (2001) 341–351

STEENKAMP Y., Violence and Hatred in Psalm 137: The Psalm in Its Ancient Social Context, Verbum et Ecclesia 25 (2004) 294–310

BELLINGER W.H., Psalm 137: Memory and Poetry, HBT 27/2 (2005) 5–20

HAYS C.B., How Shall We Sing? Psalm 137 in Historical and Canonical Context, HBT 27/2 (2005) 35–55

MAZZINGHI L., Salmo 137: "Se ti dimentico, Gerusalemme!", PaVi 50/6 (2005) 24–30

SESSA S.M., Sal 137: il ruggito della fede. Par una riconsiderazione de genere letterario imprecatorio come chiave di lettura fondamentale, RivBib 53 (2005) 129–172

BERLIN A., Psalms and the Literature of Exile: Psalms 137, 44, 69, and 78, in: P.W. FLINT / P.D. MILLER (Ed.), The Book of Psalms. Composition and Reception (VT.S 99 / Formation and Interpretation of Old Testament Literature 4), Leiden – Boston, MA 2005, 65–86

SCHAEFER K., Salmo 137, canto de amor y oración violenta, Qol 39 (2005) 3–18

RISSE S., "Wohl dem, der deine kleinen Kinder packt und sie am Felsen zerschmettert". Zur Auslegungsgeschichte von Ps 137,9, Bibl.Interpr. 14 (2006) 364–384

ZENGER E., Lieder der Gotteserinnerung. Psalm 137 im Kontext seiner Nachbarpsalmen, in: M. THEOBALD / R. HOPPE (Hrsg.), "Für alle Zeiten zur Erinnerung" (Jos 4,7). Beiträge zu einer biblischen Gedächtniskultur (SBS 209), Stuttgart 2006, 25–50

COUFFIGNAL R., Approches nouvelles du Psaume 137, ZAW 119 (2007) 59–74

AHN J., Psalm 137: Complex Communal Lament, JBL 127 (2008) 267–289

BARKER K., Divine Illocutions in Psalm 137. A Critique of Nicholas Wolterstorff's 'Second Hermeneutic', TynB 60 (2009) 1–14

BECKING B., Does Exile Equal Suffering? A Fresh Look at Psalm 137, in: B. BECKING / D. HUMAN (Ed.), Exile and Suffering: A Selection of Papers Read at the 50th Anniversary Meeting of the Old Testament Society of South Africa OTWSA/OTSSA, Pretoria August 2007 (OTS 50), Leiden – Boston 2009, 181–202

HAUSMANN J., Heilige Texte und Gewalt – Annäherungen an das Thema am Beispiel von Psalm 137, in: K.D. DOBOS / M. KÖSZEGHY (Ed.), With Wisdom as a Robe: Qumran and Other Jewish Studies. FS I. Fröhlich (Hebrew Bible Monographs 21), Sheffield 2009, 86–93

LEIGHTON M., "Dichoso el que tome tus niños y los estrelle contra la peña!" Una introducción a los Salmos imprecatorios y una exposición del Salmo 137, in: A. PUIG I TÀRRECH A. (Ed.), La violènca en la Bíblia (Scripta Biblica 9), Barcelona 2009, 135–149

ZAIHITA, When Praising God Is Inappropriate: An Analysis of Psalm 137 and Its Significance to the Malagsy Context, ThViat 33 (2009) 171–203

MARÉ L.P., Exile – Not the Time for Singing the Lord's Song, OTE 23 (2010) 116–128

138 AUFFRET P., Tu me feras vivre. Étude structurelle du Psaume 138, OTE 18 (2005) 472–481

138ff. SEYBOLD K.D., Zur Geschichte des vierten Davidpsalters (Pss 138–145), in: P.W. FLINT / P.D. MILLER (Ed.), The Book of Psalms. Composition and Reception (VT.S 99 / Formation and Interpretation of Old Testament Literature 4), Leiden – Boston, MA 2005, 368–390

BUYSCH C., Der letzte Davidpsalter. Interpretation, Komposition und Funktion der Psalmengruppe Ps 138–145 (SBB 63), Stuttgart 2009

GROL H. VAN, David and His *Chasidim*. Place and Function of Psalms 138–145, in: E. ZENGER (Ed.), The Composition of the Book of Psalms (BEThL 238), Leuven 2010, 309–337

139 IRSIGLER H., Psalm 139 als Gebetsprozess, in: H. IRSIGLER (Hrsg., unter Mitarbeit von K. ÓLASON), Wer darf hinaufsteigen zum Berg JHWHs? Beiträge zu Prophetie und Poesie des Alten Testaments. FS S.Ö. Steingrímsson (ATSAT 72), St. Ottilien 2002, 223–264

LENCHAK T.A., Puzzling Passages: Psalm 139:21–22, BiTod 40 (2002) 320–321

MAIER C., Beziehungsweisen. Körperkonzept und Gottesbild in Ps 139, in: Hedwig-Jahnow-Forschungsprojekt (Hrsg.), Körperkonzepte im Ersten Testament. Aspekte einer Feministischen Anthropologie, Stuttgart 2003, 172–188

PRESSLER C., Certainty, Ambiguity, and Trust: Knowledge of God in Psalm 139, in: B.A. STRAWN / N.R. BOWEN (Ed.), A God So Near. Essays on Old Testament Theology. FS P.D. Miller, Winona Lake, IN 2003, 91–99

IRSIGLER H., Keine Flucht vor Gott. Zur Verwendung mythischer Motive in der Rede vom richterlichen Gott in Amos 9,1–4 und Psalm 139, in: H. IRSIGLER (Hrsg.), Mythisches in biblischer Bildsprache. Gestalt und Verwandlung in Prophetie und Psalmen (QD 209), Freiburg i.Br. 2004 ,184–233

MAIER J., Die Feinde Gottes. Auslegungsgeschichtliche Beobachtungen zu Ps 139,21–22, in: J. MAIER, Studien zur jüdischen Bibel und ihrer Geschichte (SJ 28), Berlin – New York, NY 2004, 405–424

BOOIJ T., Psalm CXXXIX: Text, Syntax, Meaning, VT 55 (2005) 1–19

COETZEE J.H., Silence, Ye Women! God Is at Work in the Womb. Psalm 139 as Illustration of Israel's Embodies Patriarchal Theology of Containment, OTE 18 (2005) 521–530

MOSETTO F., Salmo 139: "Signore, tu mi scruti e mi conosci", PaVi 50/6 (2005) 31–36

GROHMANN M., Jüdische Psalmenexegese als Paradigma kanonischer Intertextualität. Dargestellt am Beispiel von Ps 139 und Lev 12,2, in: E. BALLHORN / G. STEINS (Hrsg.), Der Bibelkanon in der Bibelauslegung. Methodenreflexionen und Beispielexegesen, Stuttgart 2007, 62–73

HARTENSTEIN F., Gott als der Horizont des Menschen. Nachprophetische Anthropologie in Psalm 51 und 139, in: R. LUX / E.-J. WASCHKE (Hrsg.), Die unwiderstehliche Wahrheit. Studien zur alttestamentlichen Prophetie. FS A. Meinhold (Arbeiten zur Bibel und ihrer Geschichte 23), Leipzig 2007, 491–412

PEELS H.G.L., "Ik haat hen met een volkomen haat" (Psalm 139:21–22), Nederlands Theologisch Tijdschrift 61 (2007) 1–16

TRUDINGER P., An Antiphon to a Hymn of Hate: Reflections on Psalm 139, DR 438 (2007) 67–70

WAGNER A., Permutatio religionis – Ps. CXXXIX und der Wandel der israelitischen Religion zur Bekenntnisreligion, VT 57 (2007) 91–113

HOLMAN J., Are Idols Hiding in Psalm 139:20?, in: B. BECKING / E. PEELS (Ed.), Psalms and Prayers (OTS 55), Leiden – Boston, MA 2007, 119–128

PEELS E., 'I Hate Them with Perfect Hatred' (Palm 139:21-22), TynB 59.1 (2008) 35–51

141 BOOIJ T., Psalm 141: A Prayer for Discipline and Protection, Bib. 86 (2005) 97–106

SETTEMBRINI M., The Snares Laid for the Faithful Lips. Hellenistic Apostasy in Psalm 141, in: E. ZENGER (Ed.), The Composition of the Book of Psalms (BEThL 238), Leuven 2010, 711–722

142 BASSON A., Image Schemata of Containment and Path as Underlying Structures for Core Metaphors in Psalm 142, OTE 21 (2008) 261–272

144 SCHROER S., Frauenkörper als architektonische Elemente. Zum Hintergrund von Ps 144,12, in: S. BICKEL u.a. (Hrsg.), Bilder als Quellen / Images as Sources. Studies on Ancient Near Eastern Artefacts and the Bible. FS O. Keel (OBO), Fribourg / Göttingen 2007, 425–450

HOLTZ S.E., The Thematic Unity of Psalm CXLIV in Light of Mesopotamian Royal Ideology, VT 58 (2008) 367 380

BOOIJ T., Psalm 144: Hope of Davidic Welfare, VT 92 (2009) 173–180

145 KRATZ R.G., Das *Sch^{e}ma^{c}* des Psalters. Die Botschaft vom Reich Gottes nach Psalm 145, in: M. WITTE (Hrsg.), Gott und Mensch im Dialog. FS O. Kaiser (BZAW 345/I+II), Berlin 2004, 623–638

BOOIJ T., Psalm 145: een lofzang van David, in: H. BLOK u.a. (Ed.), Om voor te lezen – Miqra. FS F.J. Hoogewoud (ACEBT.Supplements 4), Maastricht 2005, 35–42

BOOIJ T., Psalm CXLV: David's Song of Praise, VT 58 (2008) 633–637

146 AUFFRET P., YHWH aimant les justes. Études structurelle du Psaume 146, ScEs 57 (2005) 49–57

146ff. ZENGER E., "Durch den Mund eines Weisen werde das Loblied gesprochen" (Sir 15,10). Weisheitstheologie im Finale des Psalters Ps 146–150, in: I. FISCHER u.a. (Hrsg.), Auf den Spuren der schriftgelehrten Weisen. FS J. Marböck (BZAW 331), Berlin – New York, NY 2003, 139–155

ZENGER E., "Aller Atem lobe JHWH!" Anthropologische Perspektiven im Hallel Ps 146–150, in: M. BAUKS u.a. (Hrsg.), Was ist der Mensch, dass du seiner gedenkst? (Psalm 8,5). Aspekte einer theologischen Anthropologie. FS B. Janowski, Neukirchen-Vluyn 2008, 565–579

147 LIMBURG J., Quoth the Raven: Psalm 147 and the Environment, in: B.A. STRAWN / N.R. BOWEN (Ed.), A God So Near. Essays on Old Testament Theology. FS P.D. Miller, Winona Lake, IN 2003, 101–111

VIVIERS H., Why Is Psalm 147 Still "Catchy"?, in: R.L. FOSTER / D.M. HOWARD (Ed.), "My Words Are Lovely". Studies in the Rhetoric of the Psalms (Library of Hebrew Bible / Old Testament Studies 467), New York, NY – London 2008, 171–186

148 VIVIERS H., 'n Eko-billike Beoordeling van Psalm 148, HTS 60 (2004) 815–830

MORENCO BOVONE M.R., Salmo 148: "La splendida lode al Dio creatore", PaVi 50/6 (2005) 37–44

SCHMUTZER A.J. / GAUTHIER R.X., The Identity of "Horn" in Psalm 148:14a: An Exegetical Investigation in the MT and LXX Version, Bulletin for Biblical Research 19 (2009) 161–183

149 PATTERSON R.D., Singing the New Song: An Examination of Psalms 33, 96, 98, and 149, BS 164 (2007) 416–434

BOOIJ T., Psalm 149,5: "They Shout with Joy on Their Couches", Bib. 89 (2008) 104–108

LEUENBERGER M., "... und ein zweischneidiges Schwert in ihrer Hand" (Ps 149,6). Beobachtungen zur theologiegeschichtlichen Verortung von Ps 149, in: E. ZENGER (Ed.), The Composition of the Book of Psalms (BEThL 238), Leuven 2010, 635–642

150 AUFFRET P., Par le tambour et par la danse. Étude structurelle du Psaume 150, ETR 77 (2002) 257–261

CERESKO A.R., Endings and Beginnings: Alphabetic Thinking and the Shaping of Psalms 106 and 150, CBQ 68 (2006) 32–46

DAFNI E.G., Psalm 150 According to the Septuagint: Integrating Translation and Tradition Criticism into Modern Septuagint Exegesis, Verbum et Ecclesia 27 (2006) 431–454

STRAWN B.A. u.a., 'Everything That Has Breath': Animal Praise in Psalm 150:6 in the Light of Ancient Near Eastern Iconography, in: S. BICKEL u.a. (Hrsg.), Bilder als Quellen / Images as Sources. Studies on Ancient Near Eastern Artefacts and the Bible. FS O. Keel (OBO), Fribourg / Göttingen 2007, 451–485

4. Materialien und diverse Literatur im Umfeld von Exegese, Poesie und Theologie der Psalmen

AMZALLAG N. / AVRIEL M., Complex Antiphony in David's Lament and Its Literary Significance, VT 60 (2010) 1–14

ATKINSON K., I Cried to the Lord. A Study of the Psalms of Solomon's Historical Background and Social Setting (JSJ.S 84), Leiden – Boston, MA 2004

BAIL U., "Die verzogene Sehnsucht hinkt an ihren Ort". Literarische Überlebensstrategien nach der Zerstörung Jerusalems im Alten Testament, Gütersloh 2004

BAR-EFRAT S., Wie die Bibel erzählt. Alttestamentliche Texte als literarische Kunstwerke verstehen, Gütersloh 2006

BARRE M.L., The Lord Has Saved Me. A Study of the Psalm of Hezekiah (Isaiah 38:9–20) (CBQ.MS 39), Washington 2005

BAUTCH R.J., Developments in Genre Between Post-Exilic Penitential Prayers and the Psalms of Communal Lament (SBL.Academia Biblica 7), Atlanta, GA / Leiden – Boston, MA 2003

BAUTCH R.J., "May Your Eyes Be Open and Your Ears Attentive": A Study of Penance and Penitence in the Writings, in: M.J. BODA / G.T. SMITH (Ed.), Repentance in Christian Theology, Collegeville, MN 2006, 67–85

BECK M., Messiaserwartung in den Geschichtsbüchern? Bemerkungen zur Funktion des Hannaliedes (I Sam 2,1–10) in diversen literarischen Kontexten (vgl. Ex 15; Dtn 32; II Sam 22), in: M. BECK / U. SCHORN (Hrsg.), Auf dem Weg zur Endgestalt von Genesis bis II Regum. FS H.-C. Schmitt (BZAW 370), Berlin – New York, NY 2006, 231–251

BEENTJES P.C., Psalms and Prayers in the Book of Chronicles, in: B. BECKING / E. PEELS (Ed.), Psalms and Prayers (OTS 55), Leiden – Boston, MA 2007, 9–44

BERLEJUNG A. / JANOWSKI B. (Hrsg.), Tod und Jenseits im Alten Israel und in seiner Umwelt. Theologische, religionsgeschichtliche, archäologische und ikonographische Aspekte (FAT 64), Tübingen 2009

BERLIN A., Introduction to Hebrew Poetry, in: W. BRUEGGEMANN (Ed.), The New Interpreter's Bible. Old Testament Survey, Nashville, TN 2005, 167–181

BERLIN A., The Dynamics of Biblical Parallelism. Revised and Expanded Edition, Grand Rapids, MI – Cambridge U.K. 2008 [Erstausgabe: 1985]

BERRIN S., *Pesher Nahum, Psalms of Solomon* and Pompey, in: E.G. CHAZON u.a. (Ed.), Reworking the Bible: Apocryphal and Related Texts at Qumran. Proceedings of a Joint Symposium by the Orion Center for the Study of the Dead Sea Scrolls and Associated Literature and the Hebrew University Institute for Advanced Studies Research Group on Qumran, 15–17 January 2002 (StTDJ 58), Leiden – Boston, MA 2005, 65–84

BLOCH Y., The Prefixed Perfective and the Dating of Early Hebrew Poetry, VT 59 (2009) 34–70

BLOCKMAN N. / GUILLAUME P., Bull-Leaping in Ancient Israel, UF 37 (2005) 5–8

BODA M.J. u.a. (Ed.), Seeking the Favor of God. Volume 1: The Origins of Penitential Prayer in Second Temple Judaism (SBL.EJL 21), Leiden / Atlanta, GA 2006

BODA M.J. u.a. (Ed.), Seeking the Favor of God. Volume 2: The Development of Penitential Prayer in Second Temple Judaism (SBL.EJL 22), Leiden / Atlanta, GA 2007

BODA M.J. u.a. (Ed.), Seeking the Favor of God. Volume 3: The Impact of Penitential Prayer beyond Second Temple Judaism (SBL.EJL 23), Leiden / Atlanta, GA 2008

BODA M.J., The Priceless Gain of Penitence, in: N.C. LEE / C. MANDOLFO (Ed.), Lamentations in Ancient and Contemporary Cultural Contexts (SBS.SS 43), Atlanta, GA 2008, 81–101

BODA M.J., A Severe Mercy: Sin and Its Remedy in the Old Testament (Siphrut: Literature and Theology of the Hebrew Scriptures 1), Winona Lake, IN 2009

BOMBECK S., Das althebräische *w*-Perf. für Gegenwart und Vergangenheit in den hinteren Propheten und den Psalmen, in: R. BARTELMUS / N. NEBES (Hrsg.), Sachverhalt und Zeitbezug. Semitistische und alttestamentliche Studien. FS A. Denz (JBVO 4), Wiesbaden 2001, 21–34

BROWN W.P., "Come, O Children ... I Will Teach You the Fear of the Lord" (Psalm 34.12): Comparing Psalms and Proverbs, in: R.L. TROXEL u.a. (Ed.), Seeking Out the Wisdom of the Ancient. FS M.V. Fox, Winona Lake, IN 2005, 85–102

BRUEGGEMANN W., Worship in Ancient Israel: An Essential Guide, Nashville, TN 2005

CHAZON E.G. (Ed.), Liturgical Perspectives. Prayer and Poetry in Light of the Dead Sea Scrolls. Proceedings of the Fifth International Symposium of the Orion Center for the Study of the Dead Sea Scrolls and Associated Literature, 19–23 January 2000 (StTDJ 48), Leiden – Boston, MA 2003

CHRISTIAN M.A., Revisiting Levitical Authorship: What Would Moses Think?, ZAR 13 (2007) 194–236

CORLEY J., Rhyme in the Hebrew Prophets and Wisdom Poetry, BN 132 (2007) 55–69

COULANGE P., Dieu, ami des pauvres. Étude sur la connivence entre le Très-Haut et les petits (OBO 223), Fribourg / Göttingen 2007

DAY J. (Ed.), Temple and Worship in Biblical Israel (Library of Hebrew Bible / Old Testament Studies 422), London – New York, NY 2005

DENNERLEIN N., Die Bedeutung Jerusalems in den Chronikbüchern, Frankfurt a.M. 1999

DIETRICH C., Asyl. Vergleichende Untersuchung zu einer Rechtsinstitution im alten Israel und seiner Umwelt (BWANT 182), Stuttgart 2008

DIETRICH W., David. Der Herrscher mit der Harfe (Biblische Gestalten 14), Leipzig 2006

DOAN W. / GILES T., The Song of Asaph: A Performance-Critical Analysis of 1 Chronicles 16:8–36, CBQ 70 (2008) 29–43

DÖHLING J.-D., Der bewegliche Gott. Eine Untersuchung des Motivs der Reue in der Hebräischen Bibel (HBS 61), Freiburg i.Br. u.a. 2009

DYMA O., Die Wallfahrt zum Zweiten Tempel. Untersuchungen zur Entwicklung der Wallfahrtsfeste in vorhasmonäischer Zeit (FAT II/40), Tübingen 2009

EBERHARDT G., JHWH und die Unterwelt. Spuren einer Kompetenzausweitung JHWHs im Alten Testament (FAT II/23), Tübingen 2007

FINKELSTEIN I. / SINGER-AVITZ L., Reevaluating Bethel, ZDPV 125 (2009) 33–48

FISCHER A.A., Tod und Jenseits im Alten Orient und Alten Testament, Neukirchen-Vluyn 2005

FRANZ M., Der barmherzige und gnädige Gott. Die Gnadenrede vom Sinai (Exodus 34,6–7) und ihre Parallelen im Alten Testament und seiner Umwelt (BWANT 160), Stuttgart 2003

FREULING G., "Wer eine Grube gräbt...". Der Tun-Ergehen-Zusammenhang und sein Wandel in der alttestamentlichen Weisheitsliteratur (WMANT 102), Neukirchen-Vluyn 2004

FREVEL C. (Hrsg.), Biblische Anthropologie. Neue Einsichten aus dem Alten Testament (QD 237), Freiburg i.Br. 2010

FREY J. / STEGEMANN H. (Hrsg.), Qumran kontrovers. Beiträge zu den Textfunden vom Toten Meer, Paderborn 2003

GASSER C.A., Apokryphe Psalmen aus Qumran. Ihr Beitrag zur Frage nach dem Kanon, Zürich 2010

GEYER J.B., Mythology and Lament. Studies in the Oracles about the Nations (Ashgate, Society for Old Testament Study Monograph Series), Aldershot 2004

GOMES J.F., The Sanctuary of Bethel and the Configuration of Israelite Identity (BZAW 368), Berlin – New York, NY 2006

GOSSE B., La Constitution du corpus des écritures à l'époque Perse, dans la continuité de la tradition biblique (Transeuphratène Supplément 10), Paris 2003

GOSSE B., 2 Chronique 20, le livre d'Isaïe et les Psaumes et Cantiques Bibliques, OTE 19 (2006) 650–670

GOSSE B., Le prophète Jérémie en Jer 11,18–12,6 dans le cadre du livre de Jérémie et en rapport avec le Psautier, ZAW 118 (2006) 549–557

GOSSE B., Abraham and David, JSOT 34 (2009) 25–31

GOSSE B., Abraham et Canaan dans le livre d'Ezéchiel, Néhémie et le Psautier, BN 144 (2010) 61–70

GROENEWALD A., Mythology, Poetry and Theology, HTS 62 (2006) 909–924

GROSS W., Die Stellung der Zeitangabe in Sätzen mit zwei oder mehr nominalen / pronominalen Satzteilen vor dem Verbum finitum in alttestamentlicher Poesie, in: R. BARTELMUS / N. NEBES (Hrsg.), Sachverhalt und Zeitbezug. Semitistische und alttestamentliche Studien. FS A. Denz (JBVO 4), Wiesbaden 2001, 3–50

GULDE S.U., Der Tod als Herrscher in Israel und Ugarit. Eine motiv- und religionsgeschichtliche Studie (FAT II/22), Tübingen 2007

HAMILTON M.W., The Body Royal. The Social Poetics of Kingship in Ancient Israel (Bibl.Interpr.S 78), Leiden – Boston, MA 2005

HARASTA E., Lob und Bitte. Eine systematisch-theologische Untersuchung über das Gebet, Neukirchen-Vluyn 2005

HARASTA E. (Hrsg.), Mit Gott klagen. Eine theologische Diskussion, Neukirchen-Vluyn 2008

HARDMEIER C., Erzähldiskurs und Redepragmatik im Alten Testament. Unterwegs zu einer performativen Theologie der Bibel (FAT 46), Tübingen 2005

HARTENSTEIN F., "Wach auf, Harfe und Leier, ich will wecken das Morgenrot" (Psalm 47,9) – Musikinstrumente als Medien des Gotteskontakts im Alten Orient und im Alten Testament, in: M. GEIGER / R. KESSLER (Hrsg.), Musik, Tanz und Gott. Tonspuren durch das Alte Testament (SBS 207), Stuttgart 2007, 101–127

HIECKE P. VAN, Pastoral Metaphors in the Hebrew Bible and in Its Ancient Near Eastern Context, in: R.P. GORDON / J.C. DE MOOR (Ed.), The Old Testament in Its World (OTS 52), Leiden – Boston, MA 2005, 200–217

HECKE P. VAN (Ed.), Metaphor in the Hebrew Bible (BEThL 187), Leuven 2006

HERRMANN W., תודה. Ein Kapitel alttestamentlicher Theologie, ZAW 119 (2007) 90–99

HICKMANN E. u.a. (Hrsg.), Studien zur Musikarchäologie V. Musikarchäologie im Kontext: Archäologische Befunde, historische Zusammenhänge, soziokulturelle Beziehungen. Vorträge des 4. Symposiums der Internationalen Studiengruppe Musikarchäologie im Kloster Michaelstein, 19.–26. September 2004, Rahden 2006

HJELDE S., Sigmund Mowinckel und seine Zeit. Leben und Werk eines norwegischen Alttestamentlers (FAT 50), Tübingen 2006

HOBBINS J.F., Regularities in Ancient Hebrew Verse: A New Descriptive Model, ZAW 119 (2007) 564–585

HOLT E.K., Singet und glaubet. Eine Skizze zu einer Theologie des Gesangs (en sangens teologi), in: E. K. HOLT / H.J. LUNDAGER JENSEN (Ed.), Mellem tekster. FS K. Nielsen, Kopenhagen 2003, 139–155

HUGHES J.A., Scriptural Allusions and Exegesis in the Hodyot (StTDJ 59), Leiden – Boston, MA 2006

HULTGREN S., *4Q521,* the Second Benediction of the *Tefilla*, the *ḥăsîdîm*, and the Development of Royal Messianism, RdQ 23 (2008) 313–340

IRSIGLER H., Vom Mythos zur Bildsprache. Eine Einführung am Beispiel der "Solarisierung" JHWHs, in: H. IRSIGLER (Hrsg.), Mythisches in biblischer Bildsprache. Gestalt und Verwandlung in Prophetie und Psalmen (QD 209), Freiburg i.Br. 2004, 9–42

JANZEN J.G., Prayer and/as Self-Address: The Case of Hannah, in: B.A. STRAWN / N.R. BOWEN (Ed.), A God So Near. Essays on Old Testament Theology. FS P.D. Miller, Winona Lake, IN 2003, 113–127

JANOWSKI B., Das Dankopfer. Theologische und kultgeschichtliche Aspekte, in: C. GRAPPE (Ed.), Le Repas de Dieu / Das Mahl Gottes. 4. Symposium Strasbourg, Tübingen, Uppsala. Strasbourg 11–15 septembre 2002 (WUNT 169), Tübingen 2004, 51–68

JANOWSKI B., Sehnsucht nach Unsterblichkeit. Zu J. Assmann, Tod und Jenseits im alten Ägypten, JBTh 19 (2004) 431–445

JANOWSKI B., Der Himmel auf Erden. Zur kosmologischen Bedeutung des Tempels in Israel und in seiner Umwelt, JBTh 20 (2005) 85–110

JANOWSKI B., "Du hast meine Füsse auf weiten Raum gestellt" (Ps 31,9). Gott, Mensch und Raum im Alten Testament, in: A. LOPRIENO (Hrsg.), Mensch und Raum von der Antike bis zur Gegenwart (Colloquium Rauricum 9), München – Leipzig 2006, 35–70

JANOWSKI B., Vom natürlichen zum symbolischen Raum. Aspekte der Raumwahrnehmung im Alten Testament, in: M. RATHMANN (Hrsg.), Wahrnehmung und Erfassung geographischer Räume in der Antike, Mainz 2007, 51–64

JANOWSKI B., Das Doppelgesicht der Zeit. Alttestamentliche Variationen zum Thema »Mythos und Geschichte«, in: M. GROHMANN / Y. ZAKOVITCH (Ed.), Jewish and Christian Approaches to Psalms (HBS 55), Freiburg i.Br. u.a. 2009, 113–139

JANOWSKI B., "Heile mich, denn ich habe an dir gesündigt!" (Ps 41,5). Zum Konzept von Krankheit und Heilung im Alten Testament, in: G. THOMAS / I. KARLE (Hrsg.), Krankheitsdeutung in der postsäkularen Gesellschaft. Theologische Ansätze im interdisziplinären Gespräch, Stuttgart 2009, 47–66

JARICK J. (Ed.), Sacred Conjectures. The Context and Legacy of Robert Lowth and Jean Astruc, London 2006

JENNI E., Untersuchungen zum hebräischen Kohortativ, ZAH 15/16 (2002/2003) 19–67

JEREMIAS J., Die Reue Gottes. Aspekte alttestamentlicher Gottesvorstellung (BThSt 31), Neukirchen-Vluyn ^{3}2002 (1975)

JEREMIAS J., Der Zorn Gottes im Alten Testament. Das biblische Israel zwischen Verwerfung und Erwählung (BThSt 104), Neukirchen-Vluyn 2009

KAISER O., Beobachtungen zur Komposition und Redaktion der Psalmen Salomos, in: F.-L. HOSSFELD / L. SCHWIENHORST-SCHÖNBERGER (Hrsg.), Das Manna fällt auch heute noch. Beiträge zur Geschichte und Theologie des Alten, Ersten Testaments. FS E. Zenger (HBS 44), Freiburg i.Br. u.a. 2004, 362–378

KEEL O., Die Geschichte Jerusalems und die Entstehung des Monotheismus. Teil 1+2 (OLB 4,1), Göttingen 2007

KESSLER R., *David musicus.* Zur Genealogie eines Bildes, in: M. GEIGER / R. KESSLER (Hrsg.), Musik, Tanz und Gott. Tonspuren durch das Alte Testament (SBS 207), Stuttgart 2007, 77–99

KLEMENT H.H., Trompeten und Musik im alttestamentlichen Gottesdienst, JETh 21 (2007) 69–81

KLINGBEIL G.A., Bridging the Gap: Ritual and Ritual Texts in the Bible (Bulletin for Biblical Research Supplements 1), Grand Rapids, MI 2007

KNIGGE C., Das Lob der Schöpfung. Die Entwicklung ägyptischer Sonnen- und Schöpfungshymnen (OBO 212), Fribourg / Göttingen 2006

KOCH K., Tausend Jahre Tempel Jahwäs in Jerusalem. Gottes einzigartig segenspendendes Erscheinen für sein Volk im erwählten Heiligtum auf dem Berg Zion – immerwährend oder heilsgeschichtlich befristet?, in: M. BAUKS u.a. (Hrsg.), Was ist der Mensch, dass du seiner gedenkst? (Psalm 8,5). Aspekte einer theologischen Anthropologie. FS B. Janowski, Neukirchen-Vluyn 2008, 251–270

KÖHLMOOS M., Bet-El – Erinnerungen an eine Stadt. Perspektiven der alttestamentlichen Bet-El-Überlieferung (FAT), Tübingen 2006

KOOREVAAR H.J., The Torah Model as Original Macrostructure of the Hebrew Canon: A Critical Evaluation, ZAW 122 (2010) 64–80

KOTTSIEPER I., 11Q5 (11QPsa) XIX – a Plea of Deliverance?, in: F. GARCÍA MARTÍNEZ u.a. (Ed.), From 4QMMT to Resurrection. FS É. Puech (StTDJ 61), Leiden – Boston, MA 2006, 125–150

KRATZ R.G., Der Mythos vom Königtum Gottes in Kanaan und Israel, ZThK 100 (2003) 147–162

KUGEL J. (Ed.), Prayers That Cite Scripture, Cambridge, MA 2006

LABAHN A., Licht und Heil. Levitischer Herrschaftsanspruch in der frühjüdischen Literatur aus der Zeit des Zweiten Tempels (BThSt 112), Neukirchen-Vluyn 2010

LANGER R. / FINE S. (Ed.), Liturgy in the Life of the Synagogue. Studies in the History of Jewish Prayer (Duke Judaic Studies 2), Winona Lake, IN 2005

LEMARDELÉ C., De l'aveau aux vœu: le rite *tôdāh* d'exaltation, BN 137 (2008) 5–16

LEMON J.M., The Power of Parallelism in KTU[2] 1.119. Another "Trial Cut", UF 37 (2005) 375–394

LENZI A., Invoking the God: Interpreting Invocations in Mesopotamian Prayers and Biblical Laments of the Individual, JBL 129 (2010) 303–315

LEUENBERGER M., Segen und Segenstheologien im alten Israel. Untersuchungen zu ihren religions- und theologiegeschichtlichen Konstellationen und Transformationen (AThANT 90), Zürich 2008

LIPSCHITZ O., The Fall and Rise of Jerusalem. Judah under Babylonian Rule, Winona Lake, IN 2005

LIPSCHITZ O. / OEMING M. (Ed.), Judah and the Judeans in the Persian Period, Winona Lake, IN 2006

LUCHSINGER J.T., Poetik der alttestamentlichen Spruchweisheit (Poetologische Studien zum Alten Testament 3), Stuttgart 2010

LUNN N.P., Word-Order Variation in Biblical Hebrew Poetry. Differentiating Pragmatic Poetics (Paternoster Biblical Monographs), Carlisle 2006

MAIER C.M., Daughter Zion, Mother Zion. Gender, Space, and the Sacred in Ancient Israel, Minneapolis, MN 2008

MANDOLFO C., Dialogic Form Criticism: An Intertextual Reading of Lamentations and Psalms of Lament, in: R. BOER (Ed.), Bakhtin and Genre Theory in Biblical Studies (SBL.Semeia Studies 63), Atlanta, GA 2007, 69–90

MARTTILA M., The Song of Hannah and Its Relationship to the Psalter, UF 38 (2006) 499–524

MCDOWELL M.H., Prayers of Jewish Women. Studies of Patterns of Prayer in the Second Temple Period (WUNT II/211), Tübingen 2006

MEINHOLD A., Zur kosmologischen Dimension des davidischen Königs (am Beispiel Salomos als Tempelbauer und Affenimporteur), in: S. GILLMAYR-BUCHER u.a. (Hrsg.), Ein Herz so weit wie der Sand am Ufer des Meeres. FS G. Hentschel (EThSt 90), Würzburg 2006, 47–54

MICHEL A., Ist mit der "Gnadenformel" von Ex 34,6(+7?) der Schlüssel zu einer Theologie des Alten Testaments gefunden?, BN 118 (2003) 110–123

MILLER C.L., Ellipsis Involving Negation in Biblical Poetry, in: R.L. TROXEL u.a. (Ed.), Seeking Out the Wisdom of the Ancient. FS M.V. Fox, Winona Lake, IN 2005, 37–52

MILLER C.L., The Relation of Coordination to Verb Gapping in Biblical Poetry, JSOT 31 (2007) 41–60

NICCACCI A., The Biblical Hebrew Verbal System in Poetry, in: S.E. FASSBERG / A. HURVITZ (Ed.), Biblical Hebrew in Its Norhwest Semitic Setting: Typological and Historical Perspectives, Jerusalem 2006, 247–268

OEMING M., "Mein Herz ist durchbohrt in meinem Innern" (Ps 109,22) – Krankheit und Leid in alttestamentlicher Sicht, in: M. OEMING, Verstehen und Glauben. Exegetische Bausteine zu einer Theologie des Alten Testaments (BBB 142), Berlin – Wien 2003, 243–260

OLYAN S.M., Biblical Mourning. Ritual and Social Dimensions, Oxford 2004

OSTMEYER K.-H., Kommunikation mit Gott und Christus. Sprache und Theologie des Gebetes im Neuen Testament (WUNT 197), Tübingen 2006

OTTEN W. / POLLMANN K., Poetry and Exegesis in Premodern Latin Christianity. The Encounter Between Classical and Christian Strategies of Interpretation (SVigChr 87), Leiden – Boston, MA 2007

PITKÄNEN P., Central Sanctuary and Centralization of Worship in Ancient Israel. From the Settlement to the Building of Solomon's Temple, New York, NY 2003

POLA T., Gott fürchten und lieben. Studien zur Gotteserfahrung im Alten Testament (BThSt 59), Neukirchen-Vluyn 2003

PRICE J.D., The Syntax of Masoretic Accents in the Hebrew Bible (SBEC 27), Lewiston, NY 1990

RAND M., Introduction to the Grammar of Hebrew Poetry in Byzantine Palestine (Gorgias Dissertations, Language and Linguistics 22/1), Piscataway, NJ 2006

REITEMEYER M., Weisheitslehre als Gotteslob. Psalmentheologie im Buch Jesus Sirach (BBB 127), Berlin – Wien 2000

RÖMER W.H.P., Die Klage über die Zerstörung von Ur (AOAT 309), Münster 2004

RUDNIG T.A., »Ist denn Jahwe nicht auf dem Zion?« (Jer 8,19). Gottes Gegenwart im Heiligtum, ZThK 104 (2007) 267–286

RUSSELL B.D., The Song of the Sea: The Date of Composition and Influence of Exodus 15:1–21 (Studies in Biblical Literature 101), New York, NY u.a. 2007

SCHMITT R., Magie im Alten Testament (AOAT 313), Münster 2004

SCHULLER E.M., Some Reflections on the Function and Use of Poetical Texts among the Dead Sea Scrolls, in: E.G. CHAZON (Ed.), Liturgical Perspectives: Prayer and Poetry in Light of the Dead Sea Scrolls. Proceedings of the Fifth International Symposium of the Orion Center for the Study of the Dead Sea Scrolls and Associated Literature, 19–23 January, 2000 (StTDM 48), Leiden – Boston, MA 2003, 173–189

SCHULLER E.M., Prayers and Psalms from the Pre-Maccabean Period, DSD 13 (2006) 306–318

SPIECKERMANN H., Der nahe und der ferne Gott. Ein Spannungsfeld alttestamentlicher Theologie, in: G. EBERHARDT / K. LIESS (Hrsg.), Gottes Nähe im Alten Testament (SBS 202), Stuttgart 2004, 115–134

SPUY R. VAN DER, Hebrew Alphabetic Acrostics – Significance and Translation, OTE 21 (2008) 513–532

STAUBLI T. u.a., Musik in biblischer Zeit und orientalisches Musikerbe, Stuttgart 2007

STEINBERG J., Die Ketuvim. Ihr Aufbau und ihre Botschaft (BBB 152), Berlin – Wien 2006

STEINHILBER M.G., Die Fürbitte für die Herrschenden im Alten Testament, Frühjudentum und Christentum (WMANT 128), Neukirchen-Vluyn 2010

STEINS G., Die Psalmen Salomos – ein Oratorium über die Barmherzigkeit Gottes und die Rettung Jerusalems, in: N.C. SCHNABEL (Hrsg.), Laetare Jerusalem. Festschrift zum 100jährigen Ankommen der Benediktinermönche auf dem Jerusalemer Zionsberg (Jerusalemer Theologisches Forum 10), Münster 2006, 121–141

STIEBERT J., Shame and the Body in Psalms and Lamentations of the Hebrew Bible and in Thanksgiving Hymns from Qumran, OTE 20 (2007) 798–829

STRAWN B.A., What Is Stronger than a Lion? Leonine Image and Metaphor in the Hebrew Bible and the Ancient Near East (OBO 212), Fribourg / Göttingen 2005

TATU S., The Qatal/Yiqtol (Yiqtol/Qatal) Verbal Sequence in Semitic Couplets. A Case Study in Systemic Functional Grammar with Applications on the Hebrew Psalter and Ugaritic Poetry (Gorgias Ugaritic Studies 3), Piscataway, NJ 2008

THRONTVEIT M.A., Songs in a New Key: The Psalmic Structure of the Chronicler's Hymn (I Chr 16:8–36), in: B.A. STRAWN / N.R. BOWEN (Ed.), A God So Near. Essays on Old Testament Theology. FS P.D. Miller, Winona Lake, IN 2003, 153–170

TIETZ C., Was heisst: Gott erhört Gebet?, ZThK 106 (2009) 327–344

TOV E., Revised Lists of the Texts from the Judaean Desert, Leiden – Boston, MA 2010

TROYER K. DE, Die Septuaginta und die Endgestalt des Alten Testaments. Untersuchungen zur Entstehungsgeschichte alttestamentlicher Texte (UTB 2599), Göttingen 2004

TSUMURA D., Creation and Destruction: A Reappraisal of the *Chaoskampf* Theory in the Old Testament, Winona Lake, IN 2005

TSUMURA D.T., Vertical Parallelism in Hebrew Poetry, JBL 128 (2009) 167–181

ULRICH E. (Ed.), The Biblical Qumran Scrolls. Transcriptions and Textual Variants (VT.S 134), Leiden – Boston, MA 2010

URBANZ W., Die Gebetsschule des Jesus Sirach. Bemerkungen zu Inhalten, Subjekten und Methoden des Gebets im Sirachbuch, Protokolle zur Bibel 18 (2009) 31–48

URBANZ W., Gebet im Sirachbuch. Zur Terminologie von Klage und Lob in der griechischen Texttradition (HBS 60), Freiburg i.Br. u.a. 2009

WAGNER A. (Hrsg.), Parallelismus membrorum (OBO 224), Fribourg / Göttingen 2007

WAGNER A. (Hrsg.), Anthropologische Aufbrüche. Alttestamentliche und interdisziplinäre Zugänge zur historischen Anthropologie (FRLANT 232), Göttingen 2009

WAGNER A., Gottes Körper. Zur alttestamentlichen Vorstellung der Menschengestaltigkeit Gottes, Gütersloh 2010

WASCHKE E.-J., Mose und David. Ein überlieferungs- und redaktionsgeschichtliches Desiderat?, in: M. BECK / U. SCHORN (Hrsg.), Auf dem Weg zur Endgestalt von Genesis bis II Regum. FS H.-C. Schmitt (BZAW 370), Berlin – New York, NY 2006, 217–230

WASCHKE E.-J., Die Bedeutung der Königstheologie für die Vorstellung der Gottesebenbildlichkeit des Menschen, in: A. WAGNER (Hrsg.), Anthropologische Aufbrüche. Alttestamentliche und interdisziplinäre Zugänge zur historischen Anthropologie (FRLANT 232), Göttingen 2009, 235–252

WATSON R.S., Chaos Uncreated. A Reassessment of the Theme of "Chaos" in the Hebrew Bible (BZAW 341), Berlin – New York, NY 2005

WATTS J.W., Biblical Psalms Outside the Psalter, in: P.W. FLINT / P.D. MILLER (Ed.), The Book of Psalms. Composition and Reception (VT.S 99 / Formation and Interpretation of Old Testament Literature 4), Leiden – Boston, MA 2005, 288–309

WEBER B., Art. "Poesie", WiBiLex 2007, www.wibilex.de

WEBER B., Art. "Asaf / Asafiten / Asafpsalmen", WiBiLex 2009, www.wibilex.de

WEBER B., "Ein neues Lied", BN 142 (2009) 39–46

WEBER B., Asaf – ein Name, seine Träger und ihre Bedeutung, in: M. WITTE / J.F. DIEHL (Hrsg.), Orakel und Gebete. Interdisziplinäre Studien zur Sprache der Religion in Ägypten, Vorderasien und Griechenland in hellenistischer Zeit (FAT II/38), Tübingen 2009, 235–259

WEINFELD M., Early Jewish Liturgy. From Psalms to the Prayers in Qumran and Rabbinic Literature, Jerusalem 2004

WENDLAND E.R., Aspects of the Principle of 'Parallelism' in Hebrew Poetry, JNWSL 33 (2007) 101–124

WEYDE K.W., The Appointed Festivals of YHWH. The Festival Calendar in Leviticus 23 and the *sukkôt* Festival in Other Biblical Texts (FAT II/4), Tübingen 2004

WHITNEY K.W., Two Strange Beasts: Leviathan and Behemoth in Second Temple and Early Rabbinic Judaism (HSM 63), Cambridge, MA / Winona Lake, IN 2006

WIDMER M., Moses, God, and the Dynamics of Intercessory Prayer. A Study of Exodus 32–34 and Numbers 13–14 (FAT II/8), Tübingen 2004

WILLI T., Evokation und Bekenntnis. Art und Ort der chronistischen Vokal- und Instrumentalmusik, in: C. KARRER-GRUBE u.a. (Hrsg.), Sprachen – Bilder – Klänge. Dimensionen der Theologie im Alten Testament und in seinem Umfeld. FS R. Bartelmus (AOAT 359), Münster 2009, 351–361

WILLI-PLEIN I., הִשְׁתַּחֲוָה – Ehrenbezeugung oder Proskynese? Pragmatische Zugänge zur Bedeutung eines etymologisch umstrittenen hebräischen Verbs, in: C. KARRER-GRUBE u.a. (Hrsg.), Sprachen – Bilder – Klänge. Dimensionen der Theologie im Alten Testament und in seinem Umfeld. FS R. Bartelmus (AOAT 359), Münster 2009, 363–377

WITTE M. / DIEHL J.F. (Hrsg.), Orakel und Gebete. Interdisziplinäre Studien zur Sprache der Religionen in Ägypten, Vorderasien und Griechenland in hellenistischer Zeit (FAT II/38), Tübingen 2009

WOLFF H.W., Anthropologie des Alten Testaments. Mit zwei Anhängen neu herausgegeben von Bernd Janowski, Gütersloh 2010

WRIGHT R.B. (Ed.), The Psalms of Solomon: A Critical Edition of the Greek Text, New York, NY 2007

WYATT N., The Mythic Mind. Essays on Cosmology and Religion in Ugaritic and Old Testament Literature, London 2005

YONA S., A Type of Expanded Repetition in Biblical Parallelism, ZAW 119 (2007) 586–601
ZEHNDER M., Umgang mit Fremden in Israel und Assyrien. Ein Beitrag zur Anthropologie des "Fremden" im Licht antiker Quellen (BWANT 168), Stuttgart 2005
ZGOLL A., Die Kunst des Betens. Form und Funktion, Theologie und Psychagogik in babylonisch-assyrischen Handerhebunsgebeten an Ischtar (AOAT 308), Münster 2003
ZGOLL A., Der betende Mensch. Zur Anthropologie in Mesopotamien, in: B. JANOWSKI / K. LIESS (Hrsg.), Der Mensch im alten Israel. Neue Forschungen zur alttestamentlichen Anthropologie (HBS 59), Freiburg i.Br. u.a. 2009, 121–140

II. Die Psalmen in Wirkungsgeschichte und Praxis

1. Die Rezeption der Psalmen im Judentum und Christentum

ADAMO D.T., The Use of Psalms in the Igbo Christianity in Nigeria, in: G. WEST / M.W. DUBE (Ed.), The Bible in Africa: Transactions, Trajectories and Trends, Leiden – Boston, MA 2001, 336–349
AEJMELAEUS A., Usko, toivo ja semantiika: Septuagintan psalmien kielestä ja sen vaikutuksesta Paavaliin, TAik 109 (2004) 247–258
AEJMELAEUS A., Faith, Hope and Interpretation. A Lexical and Syntactical Study of the Semantic Field of Hope in the Greek Psalter, in: P.W. FLINT u.a. (Ed.), Studies in the Hebrew Bible, Qumran, and the Septuagint. FS E. Ulrich (VT.S 101), Leiden – Boston, MA 2006, 360–375
AHEARNE-KROLL S.P., The Psalms of Lament in Mark's Passion: Jesus' Davidic Suffering (MSSNTS 142), Cambridge U.K. 2007
ALEXANDERSON B., Ennarrationes in Psalmos 134–140, Aug. 44 (2004) 145–153
ALEXANDRE J., "A quoi m'as-tu abandonné?" La lecture de Psaume 22,2 dans Matthieu 27,46 et Marc 15,34 EThr 75 (2004) 65–68
ARZT-GRABNER P., Psalms as Magic? P.Vindob G 39205 Revisited, in: J. COOK (Ed.), Septuagint and Reception. Essays Prepared for the Association for the Study of the Septuagint in South Africa (VT.S 127), Leiden – Boston, MA 2009, 37–43
ASSEL H., Der Name Gottes bei Luther. Trinität und Tetragramm – ausgehend von Luthers Auslegung des fünften Psalms, EvTh 64 (2004) 363–378
ATKINSON K., I Cried to the Lord. A Study of the Psalms of Solomon's Historical Background and Social Setting (JSJ.S 84), Leiden – Boston, MA 2004
ATTRIDGE H.W., Giving Voice to Jesus: Use of the Psalms in the New Testament, in: H.W. ATTRIDGE / M.E. FASSLER (Ed.), Psalms in Community. Jewish and Christian Textual, Liturgical, and Artistic Traditions (SBL.SS 25), Atlanta, GA 2003, 101–112
AUSLOOS H., למנצח in the Psalm Headings and Its Equivalent in LXX, in: M.K.H. PETERS (Ed.), XII Congress of the International Organization for Septuagint and Cognate Studies. Leiden, 2004 (SBL.SCSt 54) Atlanta, GA 2006, 131–139
AUSLOOS H., Psalm 45, Messianism and the Septuagint, in: M.A. KNIBB (Ed.), The Septuagint and Messianism (BEThL 195), Leuven 2006, 239–251
AUSTERMANN F., ἀνομία im Septuaginta-Psalter. Ein Beitrag zum Verhältnis von Übersetzungsweise und Theologie, in: R. SOLLAMO / S. SIPILÄ (Ed.), Helsinki Perspectives on the Translation Technique of the Septuagint. Proceedings of the IOSCS Congress in Helsinki 1999 (SESJ 82), Göttingen 2002, 99–137
AUSTERMANN F., Von der Tora zum Nomos. Untersuchungen zu Übersetzungsweise und Interpretation im Septuaginta-Psalter (AAWG.PH 257 / MSU 27), Göttingen 2003

AUVINEN V., Psalm 22 in Early Christian Literature, in: A. LAATO / J. VAN RUITEN (Ed.), Rewritten Bible Reconsidered. Proceedings of the Conference in Karkku, Finland, August 24–26 2006 (Studies in Rewritten Bible 1), Turku – Winona Lake, IN 2008, 199–214

AUWERS J.-M., Une tente dans ou pour la soleil? Ps 18(19),5 dans la LXX et le TM, in: M.A. KNIBB (Ed.), The Septuagint and Messianism (BEThL 195), Leuven 2006, 195–202

AVRIL A.-C. u.a., Mon Dieu, pourquoi m'as-tu abandonné? Psaume 22 (CEv.Supplément 121), Paris 2002

BACKHAUS K., Gott als Psalmist. Psalm 2 im Hebräerbrief, in: D. SÄNGER (Hrsg.), Gottessohn und Menschensohn. Exegetische Studien zu zwei Paradigmen biblischer Intertextualität (BThSt 67), Neukirchen-Vluyn 2004, 198–231

BALLHORN E., Ein Judentum für die Menschheit oder: Die Orthodoxie erfindet sich neu. Psalmenauslegung bei Samson Raphael Hirsch, in: M. KONKEL u.a. (Hrsg.), Die Konstruktion des Jüdischen in Vergangenheit und Gegenwart. Studien zu Judentum und Christentum, Paderborn u.a. 2003, 87–101

BALLHORN E., Der Psalter als Bild Christi, PBl (2001) 213–216

BALLHORN E., Kontext wird Text. Die Psalmen in Forschungsgeschichte, in biblischer Zeit und in christlicher Liturgie, BiLi 77 (2004) 161–170

BASSE M., Ideale Herrschaft und politische Realität. Luthers Auslegung des 101. Psalms im Kontext von Spätmittelalter und Reformation, ZKG 114 (2003) 45–71

BAUER U.F.W., Rachgier – Lohnsucht – Aberwitz: eine Analyse antijudaistischer Interpretationen und Sprachmuster in Psalmenkommentaren des deutschen Protestantismus im 19. und 20. Jahrhundert, Münster 2009

BAUKS M., ›Auf die Hörner der Einhörner hin ...‹: Hinweise auf eine messianische Relecture des Ps 21 (LXX)?, in: M.A. KNIBB (Ed.), The Septuagint and Messianism (BEThL 195), Leuven 2006, 203–215

BAUKS M., "Das Land erben" oder "Die Erde in Besitz nehmen" in Ps 36 (37 MT), in: M. KARRER / W. KRAUS (Hrsg.), Die Septuaginta-Texte, Kontexte, Lebenswelten. Internationale Fachtagung, veranstaltet von Septuaginta Deutsch (LXX.D), Wuppertal 20.–23. Juli 2006 (WUNT 219), Tübingen 2008, 502–522

BERNSTEIN M.J., The Righteous and the Wicked in the Aramaic Version of Psalms, Journal of the Aramaic Bible 3 (2002) 5–26

BERNSTEIN M.J., A Jewish Reading of Psalms: Some Observations on the Method of the Aramaic Targum, in: P.W. FLINT / P.D. MILLER (Ed.), The Book of Psalms. Composition and Reception (VT.S 99 / Formation and Interpretation of Old Testament Literature 4), Leiden – Boston, MA 2005, 476–504

BETTE H., Fragmentarische Überlegungen – zu Luthers Umgang mit dem hebräischen Text von Psalm 42/43, in: J.F. DIEHL u.a. (Hrsg.), "Einen Altar von Erde mache mir...". FS D. Conrad (Kleine Arbeiten zum Alten und Neuen Testament 4/5), Waltrop 2003, 21–40

BLAISING C.A. / HARDIN C.S. (Ed.), Psalms 1–50 (Ancient Christian Commentary on Scripture: Old Testament 7), Downers Grove, IL 2008

BÖHM T., Athanasius. An Marcellinus. Der Psalter als Mitte des Lebens der Kirche, BiLi 77 (2004) 155–160

BONS E., Le Psaume 7 dans la version de la Septante, RevSR 77 (2003) 512–528

BONS E., Die Septuaginta-Version von Psalm 110 (109 LXX). Textgestalt, Aussagen, Auswirkungen, in: D. SÄNGER (Hrsg.), Heiligkeit und Herrschaft. Intertextuelle Studien zu Heiligkeitsvorstellungen und zu Psalm 110 (BThSt 55), Neukirchen-Vluyn 2003, 122–145

BONS E., Comment le Psaume 32LXX parle-t-il de la création?, in: F. GARCÍA MARTÍNEZ / M. VERVENNE (Ed.), Interpreting Translation. Studies on the LXX and Ezekiel. FS J. Lust (BEThL 192), Leuven 2006, 55–64

BONS E., Le Psautier de la Septante est-il influencé par des idées eschatologiques et messianiques? Le cas de Psaumes 22LXX et 71LXX, in: M.A. KNIBB (Ed.), The Septuagint and Messianism (BEThL 195), Leuven 2006, 217–238

BONS E., Beobachtungen zur Übersetzung und Neubildung von Parallelismen im Septuaginta-Psalter, in: A. WAGNER (Hrsg.), Parallelismus membrorum (OBO 224), Fribourg / Göttingen 2007, 117–130

BONS E., Die Rede von Gott in den Psalmen^{LXX}, in: H.-J. FABRY / D. BÖHLER (Hrsg.), Im Brennpunkt: Die Septuaginta. Band 3: Studien zur Theologie, Anthropologie, Ekklesiologie, Eschatologie und Liturgie der Griechischen Bibel (BWANT 174), Stuttgart 2007, 182–202

BONS E., Die Septuaginta-Version von Psalm 22, in: D. SÄNGER (Hrsg.), Psalm 22 und die Passionsgeschichten der Evangelien (BThSt 88), Neukirchen-Vluyn 2007, 12–32

BONS E., Der Septuaginta-Psalter. Übersetzung, Interpretation, Korrektur, in: M. KARRER / W. KRAUS (Hrsg.), Die Septuaginta-Texte, Kontexte, Lebenswelten. Internationale Fachtagung, veranstaltet von Septuaginta Deutsch (LXX.D), Wuppertal 20.–23. Juli 2006 (WUNT 219), Tübingen 2008, 450–470

BONS E., Translating and Annotating Ps 72 LXX, in: H. AUSLOOS u.a. (Ed.), Translating a Translation. The LXX and Its Modern Translations in the Context of Early Judaism (BEThL 213), Leuven 2008, 133–149

BONS E., La version grecque du Psaume 23 (22). Observations sur le texte de départ de l'exégèse patristique, RevSR 83 (2009) 325–335

BORMANN L., Ps 110 im Dialog mit dem Neuen Testament, in: D. SÄNGER (Hrsg.), Heiligkeit und Herrschaft. Intertextuelle Studien zu Heiligkeitsvorstellungen und zu Psalm 110 (BThSt 55), Neukirchen-Vluyn 2003, 171–205

BOUET F., Les Cantiques des degrés (Psaumes 119–133) selon la Bible grecque des Septante (Collection de la Revue des Études Juives 50), Leuven 2010

BOULDING M., St. Augustine's View of the Psalms as a Communion of Faith Between Generations, DR 443 (2008) 125–134

BRADSHAW P.F., Reconstructing Early Christian Worship, London 2009

BRAULIK G., Psalter und Messias. Zum christologischen Verständnis der Psalmen im Alten Testament und bei den Kirchenvätern. Ein Brückenschlag, in: G. BRAULIK / N. LOHFINK, Liturgie und Bibel. Gesammelte Aufsätze (ÖBS 28), Frankfurt a.M. 2005, 481–502 [engl. = Psalter and Messiah. Towards a Christological Understanding of the Psalms in the Old Testament and the Church Fathers, in: D.J. HUMAN / C.J.A. VOS (Ed.), Psalms and Liturgy (JSOT.S 410), London – New York, NY 2004, 15–40]

BROCK S.P., A Neglected Revision of the Peshitta Psalter, in: C. MCCARTHY / J.F. HEALEY (Ed.), Biblical and Near Eastern Essays. FS K.J. Cathcart (JSOT.S 375), London – New York, NY 2004, 131–142

BROWN TKACZ C., Esther, Jesus, and Psalm 22, CBQ 70 (2008) 709–728

BRUCKNER R., Schritte auf dem Weg zu einer dokumentierten Übersetzung der Septuaginta. Ein Werkstattbericht am Beispiel des Psalters, in: S. KREUZER / J.P. LESCH (Hrsg.), Im Brennpunkt: Die Septuaginta. Studien zur Entstehung und Bedeutung der Griechischen Bibel. Band 2 (BWANT 9), Stuttgart 2004, 247–258

BRÜNENBERG E., Der Mensch in Gottes Herrlichkeit. Psalm 8 und seine Rezeption im Neuen Testament (fzb 119), Würzburg 2009

BUSCH E. u.a. (Hrsg.), Der Psalmenkommentar. Eine Auswahl (Calvin-Studienausgabe 6), Neukirchen-Vluyn 2008

BYASSEE J., Praise Seeking Understanding: Reading the Psalms with Augustine, Grand Rapids, MI 2007

CAHND W., Illuminated Psalter Commentaries, in: H.W. ATTRIDGE / M.E. FASSLER (Ed.), Psalms in Community. Jewish and Christian Textual, Liturgical, and Artistic Traditions (SBL.SS 25), Atlanta, GA 2003, 241–264

CARBAJOSA I., Las características de la versión siríaca des los Salmos (Sal 90–150 de la Peshitta) (AnBib 162), Rom 2006

CARBAJOSA I., The Character of the Syriac Version of Psalms. A Study of Psalms 90–150 in the Peshitta (MPIL 17), Leiden – Boston, MA 2008

CARLO F. DE, "Dio mio, Dio mio, perché mi hai abbandonato?" (Mc 15,34). I Salmi nel racconto della passione di Gesù secondo Marco (AnBib 179), Roma 2009

CHARLESWORTH J.H. / MCSPADEEN J.D., The Sociological and Liturgical Dimensions of *Psalm Pesher 1* (4QpPs[a]): Some Prolegomenous Reflections, in: J.H. CHARELSWORTH (Ed.), The Bible and the Dead Sea Scrolls. Volume II: The Dead Sea Scrolls and the Qumran Community, Waco, TX 2006, 301–315

CHAZON E.G., The Use of the Bible as a Key to Meaning in Psalms from Qumran, in: S.M. PAUL u.a. (Ed.), Emanuel. Studies in Hebrew Bible, Septuagint and Dead Sea Scrolls. FS E. Tov (VT.S 94), Leiden – Boston, MA 2003, 85–96

CIMOSA M., John Chrysostom and the Septuagint (Job and Psalms), in: M.K.H. PETERS (Ed.), XII Congress of the International Organization for Septuagint and Cognate Studies. Leiden, 2004 (SBL.SCSt 54), Atlanta, GA 2006, 117–130

CIMOSA M., The Greek Psalms in the New Testament, in: E. ZENGER (Ed.), The Composition of the Book of Psalms (BEThL 238), Leuven 2010, 425–441

COLLINS A.Y., The Psalms and the Origins of Christology, in: H.W. ATTRIDGE / M.E. FASSLER (Ed.), Psalms in Community. Jewish and Christian Textual, Liturgical, and Artistic Traditions (SBL.SS 25), Atlanta, GA 2003, 113–123

COLLINS A.Y. / COLLINS J.J., King and Messiah as Son of God. Divine, Human, and Angelic Messianic Figures in Biblical and Related Literature, Grand Rapids, MI – Cambridge U.K. 2008

COLLINS J.J., Amazing Grace: The Transformation of the Thanksgiving Hymn at Qumran, in: H.W. ATTRIDGE / M.E. FASSLER (Ed.), Psalms in Community. Jewish and Christian Textual, Liturgical, and Artistic Traditions (SBL.SS 25), Atlanta, GA 2003, 75–85

COOPER A.M., Elements of Popular Piety in Late Medieval and Early Modern Jewish Psalms Commentary, in: S. DOLANSKY (Ed.), Sacred History, Sacred Literature. FS R.E. Friedman, Winona Lake, IN 2008, 275–291

CORDES A., Die Asafpsalmen in der Septuaginta. Der griechische Psalter als Übersetzung und theologisches Zeugnis (HBS 41), Freiburg i.Br. u.a. 2004

CORDES A., Spricht Ps 109LXX von einem Messias oder nicht?, in: M.A. KNIBB (Ed.), The Septuagint and Messianism (BEThL 195), Leuven 2006, 263–289

CORDES A., Sans la loi ou contre la loi? Le groupe des mots ΠΑΡΑΝΟΜΙΑ, ΠΑΡΑΝΟΜΟΣ et ΠΑΡΑΝΟΜΕΟ dans le Psautier de la Septante, in: I. HIMBAZA / A. SCHENKER (Ed.), Un carrefour dans l'histoire de la Bible. Du texte à la théologie au IIe siècle avant J.–C. (OBO 233), Fribourg / Göttingen 2007, 93–111

CORDES A., Textbezüge des griechischen Psalters zum Pentateuch, in: U. DAHMEN / J. SCHNOCKS (Hrsg.), Juda und Jerusalem in der Seleukidenzeit. Herrschaft – Widerstand – Identität. FS H.-J. Fabry (BBB 159), Göttingen 2010, 243–258

CORDES A. / ZENGER E., Übersetzungstechniken und Interpretationen im Septuagintapsalter. Beobachtungen am Beispiel von Ps 84[85] und Ps 119[120], in: H.-J. FABRY / D. BÖHLER (Hrsg.), Im Brennpunkt: Die Septuaginta. Band 3: Studien zur Theologie, Anthropologie, Ekklesiologie, Eschatologie und Liturgie der Griechischen Bibel (BWANT 174), Stuttgart 2007, 106–131

COULOT C., Un jeu de persuasion sectaire: le commentaire du Psaume 37 découvert à Qumran, RevSR 77 (2003) 544–551

COULOT C. u.a. (Ed.), Les Psaumes de la liturgie à la littérature, Strasbourg 2006

DAHMEN U., Psalmen- und Psalter-Rezeption im Frühjudentum. Rekonstruktion, Textbestand, Struktur und Pragmatik der Psalmenrolle 11QPs[a] aus Qumran (StTDJ 49), Leiden – Boston, MA 2003

DALEY B., Finding the Right Key: The Aims and Strategies of Early Christian Interpretation of the Psalms, in: H.W. ATTRIDGE / M.E. FASSLER (Ed.), Psalms in Community. Jewish and Christian Textual, Liturgical, and Artistic Traditions (SBL.SS 25), Atlanta, GA 2003, 189–205

DALEY B.E., Is Patristic Exegesis Still Usable? Some Reflections on Early Christian Interpretation of Psalms, in: E.F. DAVIES / R.B. HAYES (Ed.), The Art of Reading Scripture, Grand Rapids, MI 2003, 69–88

DALY-DENTON M., David the Psalmist, Inspired Prophet: Jewish Antecedents of a New Testament *Datum*, ABR 52 (2004) 32–47

DEBEL H., 'The Lord Looks at the Heart' *(1 Sam 16,7)*. 11QPs *151A-B as a 'Variant Literary Edition' of* Ps *151 LXX*, RdQ 23 (2008) 459–473

DEBEL H., Amalgamator or Faithful Translator? A Translation-Technical Assessment of Psalm 151, in: E. ZENGER (Ed.), The Composition of the Book of Psalms (BEThL 238), Leuven 2010, 443–461

DESCOURTIEUX P., Le Psaume 23 (22) chez les Pères latins, de Cyprian à Bède le Vénérable, RevSR 83 (2009) 365–393

DEVENS M.S., A Concordance to Psalms in the Ethiopic Version (ÄthF 59), Wiesbaden 2001

DORIVAL G., Les titres des Psaumes en hébreu et en grec: les écarts quantitatifs, in: D. BÖHLER u.a. (Ed.), L'Écrit et l'Esprit. Études d'histoire du texte et de théologie biblique. FS A. Schenker (OBO 214), Fribourg / Göttingen 2005, 58–70

DORIVAL G., Der Beitrag der Kirchenväter zum Verständnis der Psalmenüberschriften aus philologischer Perspektive, in: M. KARRER / W. KRAUS (Hrsg.), Die Septuaginta-Texte, Kontexte, Lebenswelten. Internationale Fachtagung, veranstaltet von Septuaginta Deutsch (LXX.D), Wuppertal 20.–23. Juli 2006 (WUNT 219), Tübingen 2008, 471–486

DYSINGER L., Psalmody and Prayer in the Writings of Evagrius Ponticus (OTM), Oxford 2004

EDWARDS T., Exegesis in the Targum of Psalms: The Old, the New and the Rewritten (Georgias Dissertation 28 / Biblical Studies 1), Piscataway, NJ 2007

EGGER-WENZEL R. / CORLEY J. (Ed.), Prayer from Tobit to Qumran (Deuterocanonical and Cognate Literature Yearbook 2004), Berlin – New York, NY 2004

EHRLICH U., The Nonverbal Language of Prayer (TSAJ 105), Tübingen 2004

EIRE C., Calvin's Geneva and the Psalms, in: H.W. ATTRIDGE / M.E. FASSLER (Ed.), Psalms in Community. Jewish and Christian Textual, Liturgical, and Artistic Traditions (SBL.SS 25), Atlanta, GA 2003, 285–291

ELWOLDE J., The Hodayot's Use of the Psalter: Text-critical Contributions (Book 1), in: B. BECKING / E. PEELS (Ed.), Psalms and Prayers (OTS 55), Leiden – Boston, MA 2007, 79–108

EMMENEGGER G., Le texte du Psautier copte d'al Mudil. Oberservations de critique et d'histoire du texte, in: D. BÖHLER u.a. (Ed.), L'Écrit et l'Esprit. Études d'histoire du texte et de théologie biblique. FS A. Schenker (OBO 214), Fribourg / Göttingen 2005, 71–86

EMMENEGGER G., Der Text des koptischen Psalters aus al-Mudil. Ein Beitrag zur Textgeschichte der Septuaginta und zur Textkritik koptischer Bibelhandschriften, mit der kritischen Ausgabe des Papyrus 37 der British Library London (U) und des Papyrus 39 der Leipziger Universitätsbibliothek (2013) (TU 159), Berlin – New York, NY 2007

EVANS C.A., The Aramaic Psalter and the New Testament. Praising the Lord in History and Prophecy, in: C.A. EVANS (Ed.), From Prophecy to Testament. The Function of the Old Testament in the New, Peabody, MA 2004, 44–91

EVANS C.A., Praise and Prophecy in the Psalter and in the New Testament, in: P.W. FLINT / P.D. MILLER (Ed.), The Book of Psalms. Composition and Reception (VT.S 99 / Formation and Interpretation of Old Testament Literature 4), Leiden – Boston, MA 2005, 551–579

FABRE V., La prophétie des Psaumes selon saint Augustin. À propos de Ps 1,1, NRTh 128 (2006) 546–560

FABRI H.-J., Le texte de la Bible à Qumran. L'exemple des Psaumes, in: A. SCHENKER / P. HUGO (Ed.), L'enfance de la Bible hébraique. L'histoire du texte de l'Ancien Testament à la lumière des recherches récentes (Le Monde de la Bible 52), Genève 2005, 132–147

FASSLER M., Hildegard and the Dawn Song of Lauds: An Introduction to Benedictine Psalmody, in: H.W. ATTRIDGE / M.E. FASSLER (Ed.), Psalms in Community. Jewish and Christian Textual, Liturgical, and Artistic Traditions (SBL.SS 25), Atlanta, GA 2003, 215–239

FREUDENBERG M., Von Gott reden. Johannes Calvins Gottesverständnis in seiner Psalmenauslegung, in: K. ERLEMANN u.a. (Hrsg.), Kontexte: Biografische und forschungsgeschichtliche Schnittpunkte der alttestamentlichen Wissenschaft. FS H.J. Boecker, Neukirchen-Vluyn 2008, 81–96

FRICKER D., Interpréter le Psaume 23 (22), entre hier et aujourd'hui, RevSR 83 (2009) 395–409

GASSER C.A., Apokryphe Psalmen aus Qumran. Ihr Beitrag zur Frage nach dem Kanon, Zürich 2010

GAUTHIER R., From Formula to Quotation: A Study of Intratextuality in the Hebrew Text of the Psalms with Comparison from the LXX and Targum, OTE 21 (2008) 635–652

GAUTHIER R.X., Examining the "Pluses" in the Greek Psalter: A Study of the Septuagint Translation of *Qua* Communication, in: J. COOK (Ed.), Septuagint and Reception. Essays Prepared for the Association for the Study of the Septuagint in South Africa (VT.S 127), Leiden – Boston, MA 2009, 45–76

GEDDES J., Der Albani-Psalter. Eine englische Prachthandschrift des 12. Jahrhunderts für Christina von Markyate, Regensburg 2005

GERHARDS A. u.a. (Hrsg.), Identität durch Gebet. Zur gemeinschaftsbildenden Funktion institutionalisierten Betens in Judentum und Christentum (Studien zu Judentum und Christentum), Paderborn 2003

GIGNAC A., Procès de l'humain ou procès de Dieu? Le jeu intertextuel entre Rm 3,1–9 et Ps 50 (LXX), RB 112 (2005) 46–62

GILLINGHAM S., Psalms Through the Centuries: Volume One (Blackwell Bible Commentaries), Oxford 2008

GILMOUR M.J., Crass Casuality or Purposeful Pain? Psalm 34's Influence on Peter's First Letter, Word & World 24 (2004) 404–411

GOFF M.J., Songs of Wisdom: Wisdom Psalms in the Hebrew Bible and the Dead Sea Scrolls, in: M.J. GOFF, Discerning Wisdom. The Sapiental Literature of the Dead Sea Scrolls (VT.S 116), Leiden – Boston, MA 2007, 230–263

GOMBIS T.G., Cosmic Lordship and Divine Gift-Giving: Psalm 68 in Ephesians 4:8, NT 47 (2005) 367–380

GONZÁLEZ PADILLA E., El Messianismo del Salmo 22, Qol 35 (2004) 91–98

GROENEWALD A., Psalm 16 (LXX Ps 15) and Acts of the Apostles – Part I/II, OTE 21 (2008) 89–109.345–357

GROHMANN M., Jüdische Psalmenexegese als Paradigma kanonischer Intertextualität. Dargestellt am Beispiel von Ps 139 und Lev 12,2, in: E. BALLHORN / G. STEINS (Hrsg.), Der Bibelkanon in der Bibelauslegung. Methodenreflexionen und Beispielexegesen, Stuttgart 2007, 62–73

GRUBER M.I., Rashi's Commentary on Psalms (The Brill Reference Library of Judaism 12), Leiden – Boston, MA 2004

HAAG E., Psalm 80 und der Menschensohn. Zur Vorgeschichte der Menschensohngestalt im Danielbuch, TThZ 117 (2008) 15–38

HANDY L.K. (Ed.), Psalm 29 Through Time and Tradition (PTMS), Eugene, OR 2009

HARRIS R.A., Rashi and "Messianic" Psalms, in: C. COHEN u.a. (Ed.), Birkat Shalom. Studies in the Bible, Ancient Near Eastern Literature, and Postbiblical Judaism. FS S.M. Paul, Winona Lake, IN 2008, 845–862

HENZE M., Psalm 91 in Premodern Interpretation and at Qumran, in: M. HENZE (Ed.), Biblical Interpretation at Qumran, Grand Rapids, MI 2005, 168–193

HIEBERT R.J.V., The Place of the Syriac Versions in the Textual History of the Psalms, in: P.W. FLINT / P.D. MILLER (Ed.), The Book of Psalms. Composition and Reception (VT.S 99 / Formation and Interpretation of Old Testament Literature 4), Leiden – Boston, MA 2005, 505–536

HILAIRE DE POITIERS, Traité sur les Psaumes, Turnhout 2003

HILL R.C., His Master's Voice: Theodore of Mopsuestia on the Psalms, HeyJ 45 (2004) 40–53

HILL R.C. (Ed.), Diodore of Tarsus: Commentary on Psalms 1–51 (SBL.Writings from the Greco-Roman World 9), Leiden – Boston, MA / Atlanta, GA 2005

HILL R.C., Reading the Old Testament in Antioch (The Bible in Ancient Christianity 5), Leiden – Boston, MA 2005

HILL R.C., Theodore of Mopsuestia: Commentary on Psalms 1–81 (SBL.Writings from the Greco-Roman World 5), Leiden – Boston, MA / Williston, VT 2006

HOFFMAN L.A., Hallels, Midrash, Canon, and Loss: Psalms in Jewish Liturgy, in: H.W. ATTRIDGE / M.E. FASSLER (Ed.), Psalms in Community. Jewish and Christian Textual, Liturgical, and Artistic Traditions (SBL.SS 25), Atlanta, GA 2003, 33–57

HUBER K., Psalm 2 in der Offenbarung des Johannes, in: A. VONACH / G. FISCHER (Hrsg.), Horizonte biblischer Texte. FS J.M. Oesch (OBO 196), Fribourg 2003, 247–273

JAIN E. / STEUDEL A., Les manuscrits psalmiques de la Mer Morte et la réception du Psautier à Qumran, RevSR 77 (2003) 529–543

JANOWSKI B., Die jüdischen Psalmen in der christlichen Passionsgeschichte. Eine rezeptionsgeschichtliche Skizze, in: C. HARDMEIER u.a. (Hrsg.), Freiheit und Recht. FS F. Crüsemann, Gütersloh 2003, 397–413

JASSEN A., Intertextual Readings of the Psalms in the Dead Sea Scrolls: *4Q160 (Samuel Apocryphon)* and *Psalm 40*, RdQ 22 (2006) 403–430

JEFFERY P., Philo's Impact on Christian Psalmody, in: H.W. ATTRIDGE / M.E. FASSLER (Ed.), Psalms in Community. Jewish and Christian Textual, Liturgical, and Artistic Traditions (SBL.SS 25), Atlanta, GA 2003, 147–187

JOBES K.H., Got Milk? Septuagint Psalm 33 and the Interpretation of 1 Peter 2:1–3, WThJ 64 (2002) 1–14

JOHNSON A.P., The Blackness of Ethiopians: Classical Ethnography and Eusebius's Commentary on the Psalms, HThR 99 (2006) 165–186

JOKIRANTA J., Social Identity Approach: Identity-Constructing Elements in the Psalms Pesher, in: F. GARCÍA MARTÍNEZ / M. POPOVIÆ (Ed.), Defining Identities: We, You, and the Other in the Dead Sea Scrolls. Proceedings of the Fifth Meeting of the IOQS in Groningen (StTDJ 70), Leiden – Boston, MA 2007, 85–109

JONES S., "Soul Anatomy": Calvin's Commentary on the Psalms, in: H.W. ATTRIDGE / M.E. FASSLER (Ed.), Psalms in Community. Jewish and Christian Textual, Liturgical, and Artistic Traditions (SBL.SS 25), Atlanta, GA 2003, 265–284

JOOSTEN J., The Impact of the Septuagintal Pentateuch on the Greek Psalms, in: M.K.H. PETERS (Ed.), XIII Congress of the International Organization for Septuagint and Cognate Studies Ljubljana, 2007 (SBL.SCSt 55), Atlanta, GA 2008, 197–205

KAHL W., Psalm 2 und das Neue Testament. Intertextuelle Aspekte anhand ausgewählter Beispiele, in: D. SÄNGER (Hrsg.), Gottessohn und Menschensohn. Exegetische Studien zu zwei Paradigmen biblischer Intertextualität (BThSt 67), Neukirchen-Vluyn 2004, 232–250

KANNENGIESSER C., Handbook of Patristic Exegesis (The Bible in Ancient Christianity 1), Leiden – Boston, MA 2006

KALIMI I., *Midrash Psalms Shocher Tov.* Some Theological and Methodological Features and a Case Study – the View of God, in: J.H. ELLENS u.a. (Ed.), God's Word for Our World. Volume II. FS J. de Vries (JSOT.S 389), London – New York, NY 2004, 63–76

KLEIN A., From the "Right Spirit" to the "Spirit of Truth". Observations on Psalm 51 and 1QS, in: D. DIMANT / R.G. KRATZ (Ed.), The Dynamics of Language and Exegesis at Qumran (FAT II/35), Tübingen 2009, 171–191

KOCH S., Der Psalter im Neuen Testament, in: E. ZENGER (Ed.), The Composition of the Book of Psalms (BEThL 238), Leuven 2010, 551–566

KOLBET P.R., Athanasius, the Psalms, and the Reformation of the Self, HThR 99 (2006) 85–101

KOWALSKI B., Rewritten Psalms in the Gospel of John, in: A. LAATO / J. VAN RUITEN (Ed.), Rewritten Bible Reconsidered. Proceedings of the Conference in Karkku, Finland, August 24–26 2006 (Studies in Rewritten Bible 1), Turku – Winona Lake, IN 2008, 151–175

KOWALSKI B., Der matthäische Gebrauch des Psalters im Kontext seiner Parabelüberlieferung, in: E. ZENGER (Ed.), The Composition of the Book of Psalms (BEThL 238), Leuven 2010, 593–608

KRAUS T.J., Septuaginta-Psalm 90 in apotropäischer Verwendung: Vorüberlegungen für eine kritische Edition und (bisheriges) Datenmaterial, BN 125 (2005) 39–73

KRAUS T.J., "Der Herr wird deinen Eingang und deinen Ausgang bewahren". Über Herkunft und Fortleben von LXX Psalm CXX 8A, VT 56 (2006) 58–75

KRAUS T.J., 'He that Dwelleth in the Help of the Highest': Septuagint Psalm 90 and the Iconographic Program on Byzantine Armbands, in: C.A. EVANS / H.D. ZACHARIAS (Ed.), Jewish and Christian Scripture as Artifact and Canon (Studies in Scripture in Early Judaism and Christianity 13 / Library of Second Temple Studies 70), London – New York, NY 2009, 137–147

KRAUS W., Septuaginta Deutsch (LXX.D) – Issues and Challenges: Ps 95 MT/94 LXX as a Test Case, in: H. AUSLOOS u.a. (Ed.), Translating a Translation. The LXX and Its Modern Translations in the Context of Early Judaism (BEThL 213), Leuven 2008, 119–131

KRAUS W. / KARRER M. (Hrsg.), Septuaginta Deutsch. Das griechische Alte Testament in deutscher Übersetzung, Stuttgart 2009

KWON H.J., Psalm 118 (117 LXX) in Luke-Acts: Application of a 'New Exodus Motif', Verbum et Ecclesia 30 (2009), Art. #59, 6 pages

LADOUCEUR D.J., The Latin Psalter: Introduction, Text and Commentary, London 2005

LARA J., Feathered Psalms: Old World Forms in a New World Garb, in: H.W. ATTRIDGE / M.E. FASSLER (Ed.), Psalms in Community. Jewish and Christian Textual, Liturgical, and Artistic Traditions (SBL.SS 25), Atlanta, GA 2003, 293–309

LEE A.H.I., From Messiah to Preexistent Son. Jesus' Self-Consciousness and Early Christian Exegesis of Messianic Psalms (WUNT II/192), Tübingen 2005

LEUENBERGER M., Aufbau und Pragmatik des 11QPs^{a}-Psalters, RdQ 22 (2005) 165–211

LEMAIRE A., Le Psaume 154: sagessse et site de Qoumrân, in: F. GARCÍA MARTÍNEZ u.a. (Ed.), From 4QMMT to Resurrection. FS É. Puech (StTDJ 61), Leiden – Boston, MA 2006, 195–204

LÖHR H., Strukturen des Gebets im frühesten Christentum (1./2. Jh. n.Chr.), in: M. WITTE / J.F. DIEHL (Hrsg.), Orakel und Gebete. Interdisziplinäre Studien zur Sprache der Religionen in Ägypten, Vorderasien und Griechenland in hellenistischer Zeit (FAT II/38), Tübingen 2009, 217–232

MAIER J., Das jüdische Verständnis des Psalms 82 und das Zitat aus Ps 82,6a in Joh 10,34–35, in: K. HUBER / B. REPSCHINSKI (Hrsg.), Im Geist und in der Wahrheit. Studien zum Johannesevangelium und zur Offenbarung des Johannes sowie andere Beiträge. FS M. Hasitschka (NTA 52), Münster 2008, 15–28

MARÉ L.P., Psalm 137: 'n (On)Christelike Psalm?, Verbum et Ecclesia 22 (2001) 341–351

MARÉ L.P., Psalm 22: To Pray Like Jesus Prayed, OTE 17 (2004) 443–454

MCDOWELL, Prayers of Jewish Women. Studies of Patterns of Prayer in the Second Temple Period (WUNT II/211), Tübingen 2006

MENN E.M., Sweet Singer of Israel: David and the Psalms in Early Judaism, in: H.W. ATTRIDGE / M.E. FASSLER (Ed.), Psalms in Community. Jewish and Christian Textual, Liturgical, and Artistic Traditions (SBL.SS 25), Atlanta, GA 2003, 61–74

MENN E.M., Prayerful Origins. David as Temple Founder in Rabbinic Psalms Commentary (*Midrash Tehillim*), in: C.A. EVANS (Ed.), Of Scribes and Sages. Early Jewish Interpretation and Transmission of Scripture. Volume 2: Later Versions and Traditions (Studies in Scripture in Early Judaism and Christianity 10), London 2004, 77–89

MILLER P.D., Gregory of Nyssa: The Superscriptions of the Psalms, in: K.J. DELL u.a. (Ed.), Genesis, Isaiah and Psalms. FS J. Emerton (VT.S 135), Leiden – Boston, MA 2010, 215–229

MIURA Y., David in Luke-Acts. His Portrayal in the Light of Early Judaism (WUNT II/232), Tübingen 2007

MORROW W., The Revival of Lament in Medieval *Piyyutim*, in: N.C. LEE / C. MANDOLFO (Ed.), Lamentations in Ancient and Contemporary Cultural Contexts (SBS.SS 43), Atlanta, GA 2008, 139–150

MOSSER C., The Earliest Patristic Interpretations of Psalm 82, Jewish Antecedents, and the Origin of Christian Deification, JThS 56 (2005) 30–74

MOYISE S.P. / MENKEN M.J. (Ed.), The Psalms in the New Testament, London – New York, NY 2004

MUTIUS H.-G. VON, Die Zitierung von Psalm 78,51 im Midrasch ha-Gadol des David Ben Amram aus Aden (13./14. Jh.) und in der alt-irischen Vetus Latina (Ps 77,51), BN 140 (2009) 31–34

NEUWIRTH A., Zeit und Ewigkeit in den Psalmen und im Koran (Ps 136 und Sure 55), in: R.G. KRATZ / H. SPIECKERMANN (Hrsg.), Zeit und Ewigkeit als Raum göttlichen Handelns. Religionsgeschichtliche, theologische und philosophische Perspektiven (BZAW 390), Berlin – New York, NY 2009, 319–341

NICLÓS J.V., El commentari al Salm 51 i la litúrgia del perdó: Rashi i la invitació a la penitència, in: PUIG I TÀRRECH A. (Ed.), Perdó i reconciliació en la tradició jueva (Scripta Biblica 4), Barcelona 2002, 233–244

OLOFSSON S., Death Shall Be Their Shepherd. An Interpretation of Ps 49:15 in LXX, in: R. SOLLAMO / S. SIPILÄ (Ed.), Helsinki Perspectives on the Translation Technique of the Septuagint. Proceedings of the IOSCS Congress in Helsinki 1999 (SESJ 82), Göttingen 2002, 139–165

OMERZU H., Die Rezeption von Psalm 22 im Judentum zur Zeit des zweiten Tempels, in: D. SÄNGER (Hrsg.), Psalm 22 und die Passionsgeschichten der Evangelien (BThSt 88), Neukirchen-Vluyn 2007, 33–76

PAK G.S., Martin Luther's Teaching on Security in the Psalms and Their Significance for the Art of Reading Scripture, ExAu 24 (2008) 78–96

PALMA G. DI, "Di te si dicono cose stupende, città di Dio." Il salmo 86 tra le fonti bibliche del *De civitate Dei*, Asp. 51 (2004) 207–222

PAPPAS H., Theodore of Mopsuestia's *Commentary on Psalm 44: A* Study of Exegesis and Christology, Bulletin of Biblical Studies 23 (2005) 77–96

PIETERSMA A., When Dauid Fled Abessalom: A Commentary on the Third Psalm in Greek, in: S.M. PAUL u.a. (Ed.), Emanuel. Studies in Hebrew Bible, Septuagint and Dead Sea Scrolls. FS E. Tov (VT.S 94), Leiden – Boston, MA 2003, 645–659

PIETERSMA A., Empire Re-Affirmed: A Commentary on Greek Psalm 2, in: J.H. ELLENS u.a. (Ed.), God's Word for Our World. Volume II. FS J. de Vries (JSOT.S 389), London – New York, NY 2004, 46–62

PIETERSMA A., Septuagintal Exegesis and the Superscriptions of the Greek Psalter, in: P.W. FLINT / P.D. MILLER (Ed.), The Book of Psalms. Composition and Reception (VT.S 99 / Formation and Interpretation of Old Testament Literature 4), Leiden – Boston, MA 2005, 443–475

PIETERSMA A., Exegesis in the Septuagint: Possibilities and Limits (The Psalter as a Case in Point), in: W. KRAUS / R.G. WOODEN (Ed.), Septuagint Research. Issues and Challenges in the Study of the Greek Jewish Scriptures (SBL.SCSt 53), Atlanta, GA 2006, 33–45

PIETERSMA A., The Seven Voices of the Lord: A Commentary on Septuagint Psalm 28, in: F. GARCÍA MARTÍNEZ / M. VERVENNE (Ed.), Interpreting Translation. Studies on the LXX and Ezekiel. FS J. Lust (BEThL 192), Leuven 2006, 311–329

PIETERSMA A., Messianism and the Greek Psalter: in Search of the Messiah, in: M.A. KNIBB (Ed.), The Septuagint and Messianism (BEThL 195), Leuven 2006, 49–75

PIETERSMA A., Not Quite Angels: A Commentary on Psalm 8 in Greek, in: A. VOITTILA / J. JOKIRANTA (Ed.), Scripture in Transition: Essays on the Septuagint, Hebrew Bible, and Dead Sea Scrolls. FS R. Sollamo (JSJ.S 126), Leiden – Boston, MA 2008, 255–274

PIETERSMA A., Translating a Translation: with Examples from the Greek Psalter, in: H. AUSLOOS u.a. (Ed.), Translating a Translation. The LXX and Its Modern Translations in the Context of Early Judaism (BEThL 213), Leuven 2008, 169–182

PIETERSMA A., Text-Production and Text-Reception. Psalm 8 in Greek, in: M. KARRER / W. KRAUS (Hrsg.), Die Septuaginta-Texte, Kontexte, Lebenswelten. Internationale Fachtagung, veranstaltet von Septuaginta Deutsch (LXX.D), Wuppertal 20.–23. Juli 2006 (WUNT 219), Tübingen 2008, 487–501

PILGAARD A., Salme 110 i Markusevangeliets kristologi, in: E. K. HOLT / H.J. LUNDAGER JENSEN (Ed.), Mellem tekster. FS K. Nielsen, Kopenhagen 2003, 55–67

PORCHER M.-J., Quelques considérations sur l'usage du Psaume 32 dans l'épître aus Romains (Rm 4,1–12), RevSR 77 (2003) 552–564

PRINZIVALLI E., Didimo il Cieco e l'interpretazione del Salmo 23 (22), RevSR 83 (2009) 353–364

REBIGER B., Sefer Shimmush Tehillim – Buch vom magischen Gebrauch der Psalmen. Edition, Übersetzung und Kommentar (TSAJ), Tübingen 2010

REEMTS C., Psalm 68 (67), EuA 81 (2005) 39–56

REEMTS C., Christus begegnen. Das Psalmengebet bei den Vätern der Kirche, EuA 82 (2006) 139–149

REIF S.C., Psalm 93: An Historical and Comparative Survey of Its Jewish Interpretations, in: K.J. DELL u.a. (Ed.), Genesis, Isaiah and Psalms. FS J. Emerton (VT.S 135), Leiden – Boston, MA 2010, 193–214

RIEMANN P.A., Dissonant Pieties: John Calvin and the Prayer Psalms in the Psalter, in: J. KALTNER / L. STULMAN (Ed.), Inspired Speech: Prophecy in the Ancient Near East. FS H.B. Huffmon (JSOT.S 378), London – New York, NY 2004, 354–400

RISSE S., Katholische Psalmenerklärungen für Laien aus der Zeit der Reformation und Gegenreformation, ThGl 93 (2003) 333–352

RONIG F., Wie kommen Bilder des neutestamentlichen Christus in den alttestamentlichen Psalter? Ein Beitrag zur Ikonographie des Psalters, erläutert mit Bildern der Passion und des Ostersieges Christi in Psalterien des frühen Mittelalters, in: R. BRANDSCHEIDT / T. MENDE (Hrsg.), Schöpfungsplan und Heilsgeschichte. FS E. Haag (TThSt 70), Trier 2002, 195–234

ROOY H.F. VAN, Die nuwe Psalmomdigting: Die Messias weggelaat?, HTS 60 (2004) 755–767

ROOY H.F. VAN, The Headings of the Psalms in the Two Syriac Versions of the Commentary of Athanasius, OTE 17 (2004) 659–677

ROOY H.F. VAN, The Psalms in Early Syriac Tradition, in: P.W. FLINT / P.D. MILLER (Ed.), The Book of Psalms. Composition and Reception (VT.S 99 / Formation and Interpretation of Old Testament Literature 4), Leiden – Boston, MA 2005, 537–550

ROOY H.F. VAN, The Peshitta and Biblical Quotations in the Longer Syriac Version of the Commentary of Athanasius on the Psalms (BL Add. 14568), with Special Attention to Psalm 23 (24) and 102 (103), in: B. TER HAAR ROMENY (Ed.), The Peshitta: Its Use in Literature and Liturgy. Papers Read at the Third Peshita Symposium (Monographs of the Peshitta Institute Leiden 15), Leiden – Boston, MA 2006, 311–325

ROOY H.F. VAN, The Headings of the Psalms in the East Syriac Tradition Reconsidered, Bib. 89 (2008) 505–525

ROUWHORST G. / POORTHUIS M., "Why do the Nations Conspire?" Psalm 2 in Post-Biblical Jewish and Christian Traditions, in: A. HOUTMAN u.a. (Ed.), Empsychoi Logoi – Religious Innovations in Antiquity. FS P.W. van der Horst (Ancient Judaism and Early Christianity 73), Leiden – Boston, MA 2008, 425–453

ROUX J. LE, Augustine and the Study of the Psalms (Or: The Psalms as a Book of Enjoyment and as an Answer to a Question), OTE 16 (2003) 625–634

RÜSEN-WEINHOLD U., Der Septuagintapsalter im Neuen Testament. Eine textgeschichtliche Untersuchung, Neukirchen-Vluyn 2004

RYAN S.D., Dionysius Bar Salibi's Factual and Spiritual Commentary on Psalm 73–82 (CRB 57), Paris 2004

RYAN S.D., The Reception of the Peshitta Psalter in Bar Salibi's Commentary on the Psalms, in: B. TER HAAR ROMENY (Ed.), The Peshitta: Its Use in Literature and Liturgy. Papers Read at the Third Peshitta Symposium (Monographs of the Peshitta Institute Leiden 15), Leiden – Boston, MA 2006, 327–338

SAMUEL H., Albert Renovanz: »תהלים שלשלמה – die Psalmen Salomo's ins Hebräische übersetzt«, Leqach 9 (2009) 79–117

SÄNGER D. (Hrsg.), Psalm 22 und die Passionsgeschichten der Evangelien (BThSt 88), Neukirchen-Vluyn 2007

SCHENKER A., Critique textuelle ou littéraire au Ps 110(109), 3. Les initiatives de la Septante et de l'édition protomassorétique à la fin du 3e ou au 2e siècle, in: I. HIMBAZA / A. SCHENKER (Ed.), Un carrefour dans l'histoire de la Bible. Du texte à la théologie au IIe siècle avant J.–C. (OBO 233), Fribourg / Göttingen 2007, 112–130

SCHNEIDER F., Christus praedicatus et creditus. Die reformatorische Christologie Luthers in den »Operationes in Psalmos« (1519–1521), dargestellt mit beständigem Bezug zu seiner Frühzeitchristologie, Neukirchen-Vluyn 2004

SCHNOCKS J., »Gott, es kamen Völker in dein Erbe«. Ps 79 und seine Rezeption in 1 Makk, in: U. DAHMEN / J. SCHNOCKS (Hrsg.), Juda und Jerusalem in der Seleukidenzeit. Herrschaft – Widerstand – Identität. FS H.-J. Fabry (BBB 159), Göttingen 2010, 147–160

SCHUMAN N.A., Paschal Liturgy and Psalmody in Jerusalem 380–384 CE: Some Observations and Implications, in: D.J. HUMAN / C.J.A. VOS (Ed.), Psalms and Liturgy (JOST.S 410), London – New York, NY 2004, 140–154

SCHÜTZEICHEL H., Im Schutz des Höchsten (Psalm 91), TThZ 115 (2006) 60–76

SCHWENDENER G., A Fragmentary Psalter from Karanis and Its Context, in: C.A. EVANS / H.D. ZACHARIAS (Ed.), Jewish and Christian Scripture as Artifact and Canon (Studies in Scripture in Early Judaism and Christianity 13 / Library of Second Temple Studies 70), London – New York, NY 2009, 117–136

SCHWIENHORST-SCHÖNBERGER L., "Zum Haus des Herrn wollen wir gehen". Ps 122 – ursprüngliche Bedeutung und geistiger Sinn, in: N.C. SCHNABEL (Hrsg.), Laetare Jerusalem. Festschrift zum 100jährigen Ankommen der Benediktinermönche auf dem Jerusalemer Zionsberg (Jerusalemer Theologisches Forum 10), Münster 2006, 104–120

SCHWIENHORST-SCHÖNBERGER L., "Er wird wie Christus sein". Psalm 1 in der Auslegung des Hieronymus, in: E. BALLHORN / G. STEINS (Hrsg.), Der Bibelkanon in der Bibelauslegung. Methodenreflexionen und Beispielexegesen, Stuttgart 2007, 212–230

SELDERHUIS H.J., Gott in der Mitte. Calvins Theologie der Psalmen, Leipzig 2004

SELDERHUIS H.J., Calvin's Theology of the Psalms (Texts and Studies in Reformation and Post-Reformation Thought), Grand Rapids, MI 2007

SMITH J., The Meaning and Funktion of 'Αλληλουϊά in the Old Greek Psalter, in: M.K.H. PETERS (Ed.), XII Congress of the International Organization for Septuagint and Cognate Studies. Leiden, 2004 (SBL.SCSt 54) Atlanta, GA 2006, 141–151

SMITH J., Translated Hallelujahs. A Linguistic and Exegetical Commentary on Select Septuagint Psalms (Contributions to Biblical Exegesis & Theology 56), Leuven 2010

SOLLAMO R., The Place of the Enclitic Personal Pronouns in the Old Greek Psalter, in: M.K.H. PETERS (Ed.), XII Congress of the International Organization for Septuagint and Cognate Studies. Leiden, 2004 (SBL.SCSt 54) Atlanta, GA 2006, 153–160

SPRINKS B.D., A Note on the Peshitta Psalms and Their Use at Ramsa (Evening Prayer) in the East Syrian Tradition, in: H.W. ATTRIDGE / M.E. FASSLER (Ed.), Psalms in Community. Jewish and Christian Textual, Liturgical, and Artistic Traditions (SBL.SS 25), Atlanta, GA 2003, 207–212

STEC D.M., The Targum of Psalms: Translated, with a Critical Introduction, Apparatus, and Notes (The Aramaic Bible 16), Collegeville, MN 2004

STEGMAN T.D., 'Επίστευσα, διὸ ἐλάλησα (2 Corinthians 4:13): Paul's Christological Reading of Psalm 115:1a LXX, CBQ 69 (2007) 725–745

STEPANTSOV S.A., "Sicut torrens in austro". Ps 125:4b [126:4b] in St. Augustin's Interpretation, VDI 254 (2005) 143–151

STEUDEL A., Psalm 2 im antiken Judentum, in: D. SÄNGER (Hrsg.), Gottessohn und Menschensohn. Exegetische Studien zu zwei Paradigmen biblischer Intertextualität (BThSt 67), Neukirchen-Vluyn 2004, 189–197

STEYMANS H.U., Die Gottesbezeichnung Kyrios im Psalter der Septuaginta, in: D. BÖHLER u.a. (Ed.), L'Écrit et l'Esprit. Études d'histoire du texte et de théologie biblique. FS A. Schenker (OBO 214), Fribourg / Göttingen 2005, 325–338

STEYN G.J., Some Observations about the *Vorlage* of Ps 8:5–7 in Heb 2:6–8, Verbum et Ecclesia 24 (2003) 493–514

STEYN G.J., The *Vorlage* of Psalm 45:6–7 (44:7–8) in Hebrews 1:8–9, HTS 60 (2004) 1085–1103

STEYN G.J., Attempting a First Translation of the Septuagint Psalms into Afrikaans: Problems and Challenges, IDS 41 (2007) 457–478

STROLA G., I Sal 42–43 nella storia dell'exegesi, Gr. 82 (2001) 637–688

SWANCUTT D.M., Christian "Rock" Music at Corinth?, in: H.W. ATTRIDGE / M.E. FASSLER (Ed.), Psalms in Community. Jewish and Christian Textual, Liturgical, and Artistic Traditions (SBL.SS 25), Atlanta, GA 2003, 125–143

TAYLOR D.G.K., The Psalm Headings in the West Syrian Tradition, in: B. TER HAAR ROMENY (Ed.), The Peshitta: Its Use in Literature and Liturgy. Papers Read at the Third Peshitta Symposium (Monographs of the Peshitta Institute Leiden 15), Leiden – Boston, MA 2006, 365–378

TAFT R.F., Christian Liturgical Psalmody: Origins, Development, Decomposition, Collapse, in: H.W. ATTRIDGE / M.E. FASSLER (Ed.), Psalms in Community. Jewish and Christian Textual, Liturgical, and Artistic Traditions (SBL.SS 25), Atlanta, GA 2003, 7–32

TILLY M., Psalm 110 zwischen hebräischer Bibel und Neuem Testament, in: D. SÄNGER (Hrsg.), Heiligkeit und Herrschaft. Intertextuelle Studien zu Heiligkeitsvorstellungen und zu Psalm 110 (BThSt 55), Neukirchen-Vluyn 2003, 146–170

TRUDINGER P.L., The Psalms of the Tamid Service. A Liturgical Text from the Second Temple (VT.S 98), Leiden – Boston, MA 2004

VESCO J.-L., Le Père Langrange et l'exégèse du Psautier, in: D. BÖHLER u.a. (Ed.), L'Écrit et l'Esprit. Études d'histoire du texte et de théologie biblique. FS A. Schenker (OBO 214), Fribourg / Göttingen 2005, 394–409

VINEL F., Interpréter le Psaume 23 (22): sens littéral, sens historique, RevSR 83 (2009) 337–352

WATTS R.E., The Lord's House and David's Lord: The Psalms and Mark's Perspective on Jesus and the Temple, Bibl.Interpr. 15 (2007) 307–322

WEBER A., Psalter- und Psalmenexegese bei Gregor von Nyssa, BZ 51 (2007) 216–234

WELLMANN B., Von David, Königin Ester und Christus. Psalm 22 im Midrasch Tehillim und bei Augustinus (HBS 47), Freiburg i.Br. 2007

WERLINE R.A., The *Psalms of Solomon* and the Ideology of Rule, in: B.G. WRIGHT / L.M. WILLS (Ed.), Conflicted Boundaries in Wisdom and Apocalypticism (SBL.SS 35), Atlanta, GA 2005, 69–87

WESSELSCHMIDT Q.F. (Ed.), Psalms 51–150 (Ancient Christian Commentary on Scripture: Old Testament 8), Downers Grove, IL 2008

WILLIAMS R., Augustine and the Psalms, Interp. 58 (2004) 17–27

WITETSCHEK S., Der Lieblingspsalm des Sehers: die Verwendung von Ps 2 in der Johannesapokalypse, in: M.A. KNIBB (Ed.), The Septuagint and Messianism (BEThL 195), Leuven 2006, 263–289

WÜNSCHE A., Midrasch Tehillim I/II, Hildesheim – Zürich – New York, NY 1999 (1892)

ZENGER E., Übersetzungstechniken und Interpretation im Septuagintapsalter. Am Beispiel von Ps 129 [= MT 130], in: M. KARRER / W. KRAUS (Hrsg.), Die Septuaginta-Texte, Kontexte, Lebenswelten. Internationale Fachtagung, veranstaltet von Septuaginta Deutsch (LXX.D), Wuppertal 20.–23. Juli 2006 (WUNT 219), Tübingen 2008, 523–543

ZENGER E., Innerbiblische und nachbiblische Leseweisen des Psalmenpaares 42/43, in: M. GROHMANN / Y. ZAKOVITCH (Ed.), Jewish and Christian Approaches to Psalms (HBS 55), Freiburg i.Br. u.a. 2009, 31–55

2. Die Psalmen in Predigt, Unterricht und Erwachsenenbildung

BALDERMANN I., Kinder entdecken sich selbst in den Psalmen, BiLi 77 (2004) 192–198
BERG S. / BERG H.K., "Wach auf, meine Seele". Mit Psalmen das Leben entdecken, Stuttgart / München 2003
BARNARD M., Waiting for Meaning – Psalms in Cult and Culture, in: D.J. HUMAN / C.J.A. VOS (Ed.), Psalms and Liturgy (JSOT.S 410), London – New York, NY 2004, 1–14
BÖHM T. u.a., PsAlltag – vom Umgang mit dem Buch der Psalmen, BiLi 77 (2004) 153–216
BROWN S.A. / MILLER P.D. (Ed.), Lament. Reclaiming Practices in Pulpit, Pew, and Public Square, Louisville, KY 2005
DESELAERS P., Psalmen predigen. Ermutigung aus der neuen Psalmenforschung, in: F.-L. HOSSFELD / L. SCHWIENHORST-SCHÖNBERGER (Hrsg.), Das Manna fällt auch heute noch. Beiträge zur Geschichte und Theologie des Alten, Ersten Testaments. FS E. Zenger (HBS 44), Freiburg i.Br. u.a. 2004, 158–173
GANTENBEIN J.G., Die so genannten "Rache-" und "Feindpsalmen": eine exegetische, theologische und pastorale Herausforderung, JETh 18 (2004) 27–44
HARN R.E. VAN / STRAWN B.A. (Ed.), Psalms for Preaching and Worship: A Lectionary Commentary, Grand Rapids, MI – Cambridge U.K. 2009
HÄRTLING P., Nicht zu verstummen. Eine österliche Predigt zu Psalm 22, BiLi 78 (2005) 34–36
HAUZENBERGER H., Ich werde leben und des Herrn Werke verkündigen. Predigt zu Psalm 118, in: P. NANZ (Hrsg.), Der Erneuerung von Kirche und Theologie verpflichtet. FS J.H. Schmid, Riehen 2005, 375–378
ITZE U. / MOERS E., Psalmen. Gestalten – erleben – verstehen (Werkbuch Religionsunterricht 1.–4. Klasse), Horneburg 2006
LÄMMLIN G., Die Lust am Wort und der Widerstand der Schrift. Homiletische Re-Lektüre des Psalters (Heidelberger Studien zur Praktischen Theologie 4), Münster 2002
LUX R., Gott ist mein Lied. Bibelarbeit zu Psalm 118, in: R. LUX, Jenseits des Paradieses. Vorträge und Bibelarbeiten zum Alten Testament, Leipzig 2003, 204–222
MAYS J.L., Preaching and Teaching the Psalms, Louisville, KY 2006
Mit Psalmen leben, Bibel heute 168 (4/2006)
MEURER T. / KIESOW K., Unmittelbarkeit? Überlegungen zur Korrelationsfähigkeit alttestamentlicher Texte am Beispiel von Ps 124, in: K. KIESOW / T. MEURER (Hrsg.), Textarbeit. Studien zu Texten und ihrer Rezeption aus dem Alten Testament und der Umwelt Israels. FS P. Weimar (AOAT 294), Münster 2003, 311–328
POLSTER M. / TEMPORIN E., Gib mir Wurzeln, lass mich wachsen. Psalmen für Kinder, Stuttgart – Wien 2006
PUALSELL W., Sermon on Psalm 109, LexTQ 39 (4/2004) 167 –175
ROTZETTER A., Der Stern des Messias. Psalmbetrachtungen für Advent und Weihnachten, Freiburg i.Br. 2004
SALMEN-LEGLER A., Der Herr ist mein Hirte. Psalmen für Kinder, Freiburg i.Br. 2007
SCHWEGLER A. / BÜHLMANN W. / SCHWEGLER U., Psalmen erfahren und feiern. Für Bibelunterricht und Gemeindekatechese, Stuttgart 2006 (mit CD-ROM)
TANNER B., Texts in Context: Preaching the Penitential Psalms, Word & World 27 (2007) 88–98
VOS C.J.A., Theopoetry of the Psalms, Pretoria 2005
WEBER B., Prophetische Predigt im Asaph-Psalm 81, JETh 17 (2003) 35–44
WEBER C., "Was sind wir doch, was haben wir …?" Eine sommerliche Predigt zu Psalm 8 im Gespräch mit Paul Gerhardt, in: M. BAUKS u.a. (Hrsg.), Was ist der Mensch, dass du seiner gedenkst? (Psalm 8,5). Aspekte einer theologischen Anthropologie. FS B. Janowski, Neukirchen-Vluyn 2008, 537–539

3. Die Psalmen in Gebet, Lied und Gottesdienst

ADEMILUKA S.O., The Use of Imprecatory Psalms in African Context, African Journal of Biblical Studies 23/2 (2006) 53–62

ARNOLD J., König David als Typus Christi in der "Ordnung Melchisedeks". Musikologische und theologische Bemerkungen zu Antonio Vivaldis Dixit Dominus (Ps 110 bzw. Ps 109, Vulgata), in: W. DIETRICH / H. HERKOMMER (Hrsg.), König David – biblische Schlüsselfigur und europäische Leitgestalt. 19. Kolloquium (2000) der Schweizerischen Akademie der Geistes- und Sozialwissenschaften, Fribourg / Stuttgart 2003, 661–685

BALLHORN E., Kontext wird Text. Die Psalmen in Forschungsgeschichte, in biblischer Zeit und in christlicher Liturgie, BiLi 77 (2004) 161–170

BALTRUWEIT F. / ARNOLD J., Lesungen und Psalmen lebendig gestalten (Gemeinsam Gottesdienst gestalten 2), Hannover 2004

BARNARD M., Waiting for Meaning – Psalms in Cult and Culture, in: D.J. HUMAN / C.J.A. VOS (Ed.), Psalms and Liturgy (JSOT.S 410), London – New York, NY 2004, 1–14

BENEDIKT XIV., Die Botschaft der Psalmen. Mit dem Papst beten, Stuttgart 2006

BLOCK J., Verstehen durch Musik: das gesungene Wort in der Theologie. Ein hermeneutischer Beitrag zur Hymnologie am Beispiel Martin Luthers (Mainzer Hymnologische Studien 6), Tübingen – Basel 2002

BÖHM T. u.a., PsAlltag – vom Umgang mit dem Buch der Psalmen, BiLi 77 (2004) 153–216

BÖKLER A.M., Jüdischer Gottesdienst. Wesen und Struktur, Berlin 2002

BOND G.I., Psalms in a Contemporary African American Church, in: H.W. ATTRIDGE / M.E. FASSLER (Ed.), Psalms in Community. Jewish and Christian Textual, Liturgical, and Artistic Traditions (SBL.SS 25), Atlanta, GA 2003, 313–323

BRAULIK G., Die Feier des Paschamysteriums im Wochenpsalter des "Benediktinischen Antiphonale". Am Beispiel der Vesperpsalmodie vom Donnerstag bis zum Sonntag, HlD 62 (2008) 183–201

BRAULIK G., Psalmen beten mit dem Benediktinischen Antiphonale, LJ 59 (2009) 3–39

BROWN S.A. / MILLER P.D. (Ed.), Lament. Reclaiming Practices in Pulpit, Pew, and Public Square, Louisville, KY 2005

BUCHINGER H., Zur Hermeneutik liturgischer Psalmenverwendung. Methodische Überlegungen im Schnittpunkt von Bibelwissenschaft, Patristik und Liturgiewissenschaft, HID 54 (2000) 193–222

CLIFFORD R.J., Texts and Translations in Tension, in: H.W. ATTRIDGE / M.E. FASSLER (Ed.), Psalms in Community. Jewish and Christian Textual, Liturgical, and Artistic Traditions (SBL.SS 25), Atlanta, GA 2003, 359–364

DAVIS E., Evening Prayer, Sunday, 21 January 2001: Psalm 103, in: H.W. ATTRIDGE / M.E. FASSLER (Ed.), Psalms in Community. Jewish and Christian Textual, Liturgical, and Artistic Traditions (SBL.SS 25), Atlanta, GA 2003, 403–406

DOMBKOWSKI HOPKINS D., Journey Through the Psalms, St. Louis, MO [2]2002

EDEL R.-F., Die Psalmen. Zum Beten und Vorlesen für Psalmenbetrachtung und Wechselgebet, Lüdenscheid 2004

FASSLER M.E. (Ed.), Joyful Noise. Psalms in Community: Jewish and Christian Textual, Liturgical, and Artistic Traditions [DVD], Williston, VT 2007

FIETZEK P., Ins eigene Leben geschrieben. Psalmen für heute, Ostfildern 2010

FRANZ A., Die Bedeutung der Bibel für die Liturgie. Ortsbesichtigungen am Beispiel von Ps 23, BiKi 64 (2009) 233–238

FUCHS O., Wer darf die jüdischen Klagepsalmen beten? Praktisch-theologische Überlegungen zu einem ebenso universalen wie unbeliebigen Bibelbezug, in: S. CHAPMAN u.a. (Hrsg.), Biblischer Text und theologische Theoriebildung (BThSt 44), Neukirchen-Vluyn 2001, 135–161

GAISER F.J., "I Sing to You and Praise You" (Psalm 30): Paul Gerhardt and the Psalms, Word & World 27 (2007) 195–205

GERHARDS A. u.a. (Hrsg.), Identität durch Gebet. Zur gemeinschaftsbildenden Funktion institutionalisierten Betens in Judentum und Christentum (Studien zu Judentum und Christentum), Paderborn 2003

HAMPEL W., The Morning and Evening Sacrifice. A Sacrifice of Praise Through the Psalms, AThJ 34 (2002) 1–11

HARN R.E. VAN / STRAWN B.A. (Ed.), Psalms for Preaching and Worship: A Lectionary Commentary, Grand Rapids, MI – Cambridge U.K. 2009

HARTENSTEIN F. u.a. Art. "Psalmen/Psalter", RGG^4 (2003) 1761–1785

HASENMÜLLER M. / RUSSI A., Der Psalter für den Gottesdienst. Mit Lobgesängen aus dem Alten und Neuen Testament, Stuttgart 2007

KAMUWANGA L., Prayer for Protection: A Comparative Perspective on the Psalms in Relation to Lozi Traditional Prayers, OTE 21 (2008) 670–691

KLIGMAN M., Chanting Psalms Today: The *Zemirot* in Syrian Sabbath Prayers, in: H.W. ATTRIDGE / M.E. FASSLER (Ed.), Psalms in Community. Jewish and Christian Textual, Liturgical, and Artistic Traditions (SBL.SS 25), Atlanta, GA 2003, 325–340

KOSSE L. u.a., Die Psalmen (Audio-CD), Asslar 2009

LESCOW T., "Mein Herz schwimmt im Blut". Die Solokantate BW 199 von J.S. Bach als individuelles Klagelied in der Tradition der alttestamentlichen Klagepsalmen, BN 121 (2004) 95–102

LINGAS A., Tradition and Renewal in Contemporary Greek Orthodox Psalmody, in: H.W. ATTRIDGE / M.E. FASSLER (Ed.), Psalms in Community. Jewish and Christian Textual, Liturgical, and Artistic Traditions (SBL.SS 25), Atlanta. GA 2003, 341–356

LATHROP G., Texts in Tension: Translations for Comtemporary Worship, in: H.W. ATTRIDGE / M.E. FASSLER (Ed.), Psalms in Community. Jewish and Christian Textual, Liturgical, and Artistic Traditions (SBL.SS 25), Atlanta, GA 2003, 373–378

LOCKYER H., All the Music of the Bible. An Exploration of Musical Expressions in Scripture and Church Hymnody, Peabody, MA 2000

MARÉ L.P., A Pentecostal Perspective on the Use of Psalms of Lament in Worship, Verbum et Ecclesia 29 (2008) 91–109

MCCANN J.C., The Hope of the Poor: The Psalms in Worship and Our Search for Justice, in: C.M. BECHTEL (Ed.), Touching the Altar: The Old Testament for Christian Worship, Grand Rapids, MI 2008, 155–178

MEIER S., Psalmen, Lobgesänge und geistliche Lieder. Studien zur musikalischen Exegese und biblischen Grundlegung evangelischer Kirchenmusik (Kontexte 36), Frankfurt a.M. u.a. 2004

MERING K. VON, Gottesdienste mit Psalmenmeditationen I. Advent bis Pfingsten (DAW 115), Göttingen 2008

MERING K. VON, Gottesdienste mit Psalmenmeditationen II. Trinitatis bis Ewigkeitssonntag (DAW 117), Göttingen 2008

NIEUVIARTS J. u.a., Guide de lecture et de prière des Psaumes, Montrouge 2008

NOGALSKI J.D., Reading David in the Psalter: A Study in Liturgical Hermeneutics, HBT 23 (2001) 168–191

PETZEL P., Das christliche Psalmengebet. Die Doxologie als Erkennungszeichen, FrRu 11 (2004) 201–206

POLMAN B. (Ed.), Hymns for Worship, Grand Rapids, MI 2009

RIEM H., Das Kirchenlied am Anfang des 21. Jahrhunderts in den evangelischen und katholischen Gesangbüchern des deutschen Sprachbereichs. Eine Dokumentation (Mainzer Hymnologische Studien 12), Tübingen 2004

PRASSL F.-K., "Dein Wort ist Licht und Wahrheit". Zur Verwendung des Psalters in der Messliturgie, BiLi 77 (2004) 171–182

PUZICHA M., Das Buch der Psalmen im Kontext der Benediktusregel, BiLi 77 (2004) 182–192

RÖSSLER M., Psalter und Harfe, wacht auf. Liedpredigten, Stuttgart 2009

Salzburger Äbtekonferenz (Hrsg.), Monastisches Stundenbuch – Wochenpsalter. Die Feier des Stundengebetes. Für die Benediktiner des deutschen Sprachgebiets, St. Ottilien 2009

SCHNEIDER-FLUME G., Leben in Gottes Geschichte. Psalmen als Gebete des christlichen Glaubens, EuA 82 (2006) 164–174

SEERFELD C., Voicing God's Psalms [Audio CD Included], Grand Rapids, MI 2005

STEVENS E.L., Singing God's Praises: The Translation and Liturgical Uses of Hallel Psalms 113 and 114, in: H.W. ATTRIDGE / M.E. FASSLER (Ed.), Psalms in Community. Jewish and Christian Textual, Liturgical, and Artistic Traditions (SBL.SS 25), Atlanta, GA 2003, 365–372

ROTZETTER A., Der Stern des Messias. Psalmbetrachtungen für Advent und Weihnachten, Freiburg i.Br. 2004

THORNHILL J., The Psalms as Christian Prayers, The Australian Catholic Record 81 (2004) 272–281

VOS C.J.A., Die Psalms as Himnes in 'n Liturgiese Konteks, HTS 60 (2004) 673–686

VOS C.J.A., Psalm 2 as Liedteks – 'n Literêre en Teologiese Evaluering, Verbum et Ecclesia 25 (2004) 769–783

VOS C.J.A., Theopoetry of the Psalms, Pretoria 2005

VOS C.J.A. / OLIVIER G.C., Die Psalms in die Liturgie met Verwysing na Psalm 8 as Liedteks, HTS 58 (2002) 1431–1446

WEBER B., Psalm 30 als Paradigma für einen heutigen "Kasus der Wiederherstellung". Überlegungen zu einer Schnittstelle zwischen Altem Testament und kirchlichem Handeln im Blick auf eine Theologie und Praxis der Dankbarkeit, JETh 21 (2007) 31–50

WEBER M., "Aus Tiefen rufe ich dich". Die Theologie von Psalm 130 und ihre Rezeption in der Musik (Arbeiten zur Bibel und ihrer Geschichte 13), Leipzig 2003

WENIG M.M., Mizmor l'David, in: H.W. ATTRIDGE / M.E. FASSLER (Ed.), Psalms in Community. Jewish and Christian Textual, Liturgical, and Artistic Traditions (SBL.SS 25), Atlanta, GA 2003, 395–402

WITVLIET J.D., The Biblical Psalms in Christian Worship. A Brief Introduction and Guide to Resources (Calvin Institute of Christian Worship Liturgical Studies Series), Grand Rapids, MI 2007

WOLFF J., Metapher und Kreuz. Studien zu Luthers Christusbild (HUTh 47), Tübingen 2005

ZEHENDNER C. / STAIGER M., Im Blick. Neue Fenster in die Welt der Psalmen [Musik-CD], Giessen 2004

ZENGER E., "Ich aber sage: Du bist mein Gott" (Ps 31,14). Kirchliches Psalmengebet nach der Schoa, in: A. RAFFELT (Hrsg.), Weg und Weite. FS K. Lehmann, Freiburg i.Br. 2001, 15–31

ZWANGER H., Psalmen beten – ohne Verchristlichung, FrRu 11 (2004) 9–14

4. Die Psalmen in Theologie, Seelsorge und Psychotherapie

BÖKE H., Kranke und Sterbende begleiten. Psalmen, Gebete, Gedichte und Geschichten, Gütersloh 2004

CRÜSEMANN F., Der Gewalt nicht glauben. Hiobbuch und Klagepsalmen – zwei Modelle theologischer Verarbeitung traumatischer Gewalterfahrungen, in: F. CRÜSEMANN u.a. (Hrsg.), Dem Tod nicht glauben. Sozialgeschichte der Bibel. FS L. Schottroff, Gütersloh 2004, 251–268

HAUZENBERGER H., Die Psalmen in der Seelsorge. Ein Beitrag aus der Praxis für die Praxis, in: P. NANZ (Hrsg.), Der Erneuerung von Kirche und Theologie verpflichtet. FS J.H. Schmid, Riehen 2005, 122–131

LANDON M., The Psalms as Mission, RestQ 44 (2002) 165–175

MUNTANJOHL F. / HEYMEL M., Du stellst meine Füße auf weiten Raum. Psalmworte für schöne und schwere Tage, Gütersloh 2010

SONS R., Umgang mit Stimmungsschwankungen im Spiegel der Psalmen, ThBeitr 38 (2007) 29–40

SWENSON K.M., Living Through Pain. Psalms and the Search for Wholeness, Waco, TX 2005
WEBER B., Klagen ist nicht das Letzte. Das Gespräch mit Gott als Prozess der Leidbewältigung. Gedanken zu Psalm 13, Brennpunkt Seelsorge 141 (3+4/2005) 46–51
WEBER B., Psalm 30 als Paradigma für einen heutigen "Kasus der Wiederherstellung". Überlegungen zu einer Schnittstelle zwischen Altem Testament und kirchlichem Handeln im Blick auf eine Theologie und Praxis der Dankbarkeit, JETh 21 (2007) 31–50

5. Die Psalmen und ihre Nachdichtungen in der Literatur und in heutiger Spiritualität

BALLARD H.W., Reading the Psalms in Light of 9-11: The Dialectic of War and Peace as a *Leitmotif* in the Psalms of Ascents, PRSt 31 (2004) 441–451
BRAULIK G., Rezeptionsästhetik, kanonische Intertextualität und unsere Meditation des Psalters, in: G. BRAULIK / N. LOHFINK, Liturgie und Bibel. Gesammelte Aufsätze (ÖBS 28), Frankfurt a.M. 2005, 523–547 [Erstabdruck in: HlD 57 (2003) 38–56]
COULOT C. u.a. (Ed.), Les Psaumes de la liturgie à la littérature, Strasbourg 2006
CLAUSSEN J.H. (Hrsg.), Spiegelungen. Biblische Texte und moderne Lyrik, Zürich 2004
FIETZEK P., Ins eigene Leben geschrieben. Psalmen für heute, Ostfildern 2010
HAMLIN H., Psalm Culture and Early Modern English Literature, Cambridge U.K. 2007
HAWKINS P.S., Singing a New Song: The Poetic Afterlife of the Psalms, in: H.W. ATTRIDGE / M.E. FASSLER (Ed.), Psalms in Community. Jewish and Christian Textual, Liturgical, and Artistic Traditions (SBL.SS 25), Atlanta, GA 2003, 381–394
HERMRI M., Du zeigst mir den Pfad zum Leben, Mainz 2004
JESURATHNAM K., Towards a Dalit Liberative Hermeneutics: Re-reading the Psalms of Lament, BTF 34 (1/2002) 1–34
KLOPPER F., Lament, the Language for Our Times, OTE 21 (2008) 124–135
LOMBAARD C.J.S., Four Recent Books on Spirituality and the Psalms: Some Contextualising Analytical and Evaluative Remarks, Verbum et Ecclesia 27 (2006) 909–929
MAYER M., Das Verstehen des Unverständlichen. Zur Psalmendichtung des 20. Jahrhunderts, in: O. WISCHMEYER / S. STOLZ (Hrsg.), Die Bibel als Text. Beiträge zu einer textbezogenen Hermeneutik (Neutestamentliche Entwürfe zur Theologie 14), Tübingen – Basel 2008, 135–151
NAUDÉ J.A., The Representation of Parallelisms in the Afrikaans Bible Translations of the Psalms. A Corpus-Based Analysis, OTE 18 (2005) 763–776
MARTI K., Die Psalmen. Annäherungen, Stuttgart 2004 [Neuauflage in einem Band]
PUZICHA M., Das Buch der Psalmen im Kontext der Benediktusregel, BiLi 77 (2004) 182–192
Rauf und runter – mit Psalmen gehen (Mein Weg durch die Fastenzeit 9), München 2007
SARGENT B., The Dead Letter? Psalm 119 and the Spirituality of the Bible in the Local Church, EvQ 81 (2009) 99–115
WEBER B., Mit den Psalmen leben, in: W. HAUBECK / W. HEINRICHS (Hrsg.), Geistlich leben. Spiritualität in Gemeinde und Alltag (Theologische Impulse 15), Witten 2007, 46–72
WEIGAND S., 100 Psalmworte, Freiburg i.Br. 2010
WIEDER L., Words to God's Music: A New Book of Psalms, Grand Rapids, MI – Cambridge U.K. 2003
ZINK J. (mit Bildern von A. FELGER), Gib den Augen meines Herzens Licht. Psalmen, Lieder und Gebete der Bibel, Stuttgart 2004

6. Psalmen und Bilder

BALLHORN E., Der Psalter als Bild Christi, PBl (2001) 213–216
Die Psalmen mit Bildern von Sieger Köder, Stuttgart 2009
FELGER A. / HASSLER E., Die Psalmen. Aquarelle, Hünfelden 2007
GEDDES J., Der Albani-Psalter. Eine englische Prachthandschrift des 12. Jahrhunderts für Christina von Markyate, Regensburg ^{2}2010 (2005)
HOFMANN S., Der Ingolstädter Psalter. Ein deutscher Psalter des Spätmittelalters aus der Universitätsbibliothek Heidelberg, Regensburg 2010
HÜRLIMANN F., Möglichkeiten der Psalterillustration. Der Utrechter und Stuttgarter Psalter im Vergleich, München 2010
RONIG F., Wie kommen Bilder des neutestamentlichen Christus in den alttestamentlichen Psalter? Ein Beitrag zur Ikonographie des Psalters, erläutert mit Bildern der Passion und des Ostersieges Christi in Psalterien des frühen Mittelalters, in: R. BRANDSCHEIDT / T. MENDE (Hrsg.), Schöpfungsplan und Heilsgeschichte. FS E. Haag (TThSt 70), Trier 2002, 195–234
WIEGAND S., 100 Psalmworte, Freiburg i.Br. 2010

REGISTER

I. Stellenregister (Auswahl)

1. Bibel

Psalmen (Fortsetzung)

2. Übrige Texte

II. Sach- und Namensregister (Auswahl)